KB160973

동아시아속의
중세한국과 일본

동아시아속의
중세한국과 일본

村井章介 지음
손승철 · 김강일 편역

景仁文化社

책을 내면서

⋮

최근 일본학계의 한일관계사 연구동향은 1980년대 이후 확실히 커다란 변화를 일으키고 있으며, 그 주도적인 역할을 하고 있는 학자가 이 책의 저자인 東京大學의 무라이 쇼스케[村井章介]교수이다. 그의 이론을 한마디로 정의한다는 일은 쉽지는 않지만, 역시 중세한일관계를 <線의 歷史>에서 <面의 歷史>로 설명한다는 점이다.

고대의 한일관계가 한반도와 일본열도의 국가권력을 중심으로 이루어졌고, 그에 대한 연구가 주류를 이루고 있는데 반해, 중세의 한일관계는 고려·조선이 일본의 장군에서부터 중소영주, 상인, 무사층에 이르기까지 다양한 계층이 비대칭적인 放射狀의 다원적인 관계로 이루어져 갔다는 것이다. 특히 고려 후기와 조선시대 전기에는 쓰시마[對馬島] 倭人이 중심이 되어 조선과 일본의 국경지역을 넘나들며 국가의 영역과 차원이 다른 <地域>을 만들어 갔으며, 이들을 <境界人>이라 부르기도 했다. 소위 <마지널맨(marginal man)>론이다.

마지널맨이란 <문화를 달리하는 복수의 집단(또는 사회)에 속하며, 이질적인 2가지 이상의 문화와 집단생활의 영향을 동시에 받지만, 그 어느 것에도 완전하게 소속될 수 없는 자. 주로 사회학에서 쓰는 용어이며, 각 집단, 각 문화의 경계에 위치하고 있는 사람이라는 뜻으로 境界人·限界人>이라고 한다.

중세 한일관계사연구의 새로운 지평을 열만한 주목할 만한 탁견이다. 그러나 <마지널맨>론은 두 가지의 문제점을 가지고 있다. 하나는 <마지널맨>의 범주이고, 그들의 활동영역이다. 또 하나는 <마지널맨>의 활동에 대한 평가이다. 이 두 가지가 선명하게 설명되지 않는다면 중세의 한일관계사는 매우 혼란스러워진다. 이러한 점에서 무라이 교수의 연구는 우리 학계에 많은 화두를 던진다.

역자가 무라이 교수를 처음 만난 것은 1986년 북해도대학에 1년간 유학을 하고, 귀국길에 동경대학 사료편찬소에 한 달 간 머물렀을 때이다. 당시 다나카 다케오[田中健夫]·아라노야스노리[荒野泰典]·이시이 마사히토[石井正敏]와 함께 만났는데, 이 만남이 계기가 되어 ≪アジアのなかの日本史≫의 편찬에 참여하게 되었다. 나는 이 과정에서 한일관계사 연구를 위해서는 일본학자들의 연구성과를 제대로 파악해야 하고, 그들과 학술교류를 하지 않으면 안 되겠다는 생각을 했고, 뜻을 같이한 하우봉교수와 함께 1992년에 <韓日關係史學會>를 설립했다. 그간 학회는 여러 회원들의 열성적인 참여로 한국 역사학계에서 그 나름대로 자리매김을 했다고 평가받고 있다. 물론 학회의 성장에는 일본학자들과의 학술적인 교류가 큰 밑거름이 되기도 했다.

한일 양국 학자 간에는 연구주제나 접근방법, 연구내용과 목적 등에 관해 많은 의견차이가 있다. 그러나 의견의 차이가 있다고 해서, 그것이 잘못된 것은 아니다. 왜 차이가 있는지, 공통점은 공통점대로, 차이점은 차이점대로 상대를 파악하고, 무엇이 잘못되었는지 상호이해와 인식을 심화해 갈 때, 양 민족간의 역사적 경험을 공유해 갈 수 있을 것이다. 이러한 점에서 상호간에 중세이후 지난 천 년간의 역사적 경험만 공유하더라도, 반목과 왜곡의 역사로부터 한일관계의 새시대·새천년을 향한 공존의 역사를 이끌어 낼 수 있을 것이다.

이것이 한국에서 이 책을 출판하는 이유이며, 이러한 작업을 계속해 나가야 하는 명분이다.

이 책에 수록된 23편의 논문은 이 단행본을 위해서 쓰여진 글들은 아니다. 무라이교수가 그동안 한일관계에 관련해서 쓴 논문을 한데 모은 것이고, 체제와 내용에 대해서는 무라이교수의 서문으로 대신한다.

이 논문들을 번역하여 한권의 책으로 엮는 데는 많은 노력이 필요했다. 2005년부터 2년간 강원대학교 대학원수업에서 정독을 했는데, 노연수·이미숙·이영주·박미현·이원희·김영미·김성근·정지연·이홍권·한성주·황은영·風間千秋 님 등이 초역에 참여했고, 그것을 김강일씨와 함께 꼼꼼하게 다시 번역하고 정리했다. 이 자리를 빌어 3년여 긴 시간의 노고에 대한 위로와 기쁨을 함께 하고 싶다. 번역에는 몇 가지 원칙을 적용했다. 국한문 혼용으로 하되, 일본에서 통용되고 있는 인명·지명·고유명사 등은 저자가 사용한 용어를 그대로 직역했다. 예를 들면 <日韓> <日朝> <동지나해> <日本海> 등 많은데, 독자들의 양해를 구한다.

끝으로 이 책의 출판을 허락해 준 무라이교수와 <경인한일관계 연구총서>의 발간에 전폭적인 지원을 아끼지 않는 한정희사장과 출판에 애써준 신학태팀장·김경주님에게 감사드린다.

2008년 9월   일

손 승 철 · 김 강 일

저자서문

⋮

　이번에 중세 일한(한일)관계에 관하여 拙論을 모은 책이 『동아시아 속의 중세 한국과 일본』이라는 제목으로 한국어로 간행하게 되었다. 들어보니 일본 학자의 일본어 논문 중에서 한국어로 소개할 만한 것을 골라 연속으로 간행하는 시리즈의 한 권이라고 한다. 그처럼 높은 평가를 받은 것을 영광으로 생각함과 아울러서, 출판계획을 입안하시고 목차까지 정리해 준 畏友 孫承喆교수와 김강일씨를 비롯해 번역에 힘써주신 분들에게 먼저 감사의 말을 전하고 싶다. 수록 논문은 모두 전에 발표한 것들인데, 이와 같은 구성의 拙著가 일본에서 나와 있는 것은 아니며, 그런 의미에서 이 책은 손교수와 나의 공동제작이라고 해도 과언은 아니다.

　이 책에서는 「中世」라는 시대를 일본에서 통상 사용하는 것보다는 좀 더 넓게 파악하여 9세기부터 17세기 전반까지를 다루고 있다. 한국사에서는 이 시기가 대체로 고려시대와 조선시대 전기에 해당한다. 9세기에 일본과 당・신라의 국가간 외교가 두절되지만, 이것이 일본이 동아시아 속에서 고립상태가 된 것을 의미하지는 않는다. 관계의 담당자는 외교사절에서 민간의 무역상인・승려・해적으로 옮겨가고, 관계의 형태는 무역・표착・해적・불교 등으로 다양화하였다. 공간적으로 파악하면 首都와 국가 원수들 사이의 관계는 소원해진 데비하여, 일본의 큐슈(九州), 한국의 남해안 일대, 중국의 江浙 지방 등 바다로 연결된 확산이 커다란 접촉면으로 서로 뒤섞이게 된다. 고대의 관계가 線的이었다면, 중세는 面的인 관계라고 할 수 있다.

　이제 이 책이 다루는 일조관계로 한정해서 보자면, 양국 사이에 있는 對馬島가 독특한 역할을 하는 공간으로 주목된다. 조선인이 「倭人」이라고 할 때 그 대부분은 쓰시마에서 온 사람을 가리키며, 「일본인」과는 구별하였다. 倭人은 쓰시마라는 경계적인 장소를 주된 무대로 활약했던 「境界人」이며, 그들의 활동을 통하여 日朝 간의 「國境」을 넘어서서 국가 영역과는 차원이 다른 「地域」이 생겨났다.

15세기 초반, 일본과 明 사이에 册封關係가 성립하고, 거의 같은 시기에 조선과의 사이에도 册封關係가 다시 설정되어 동아시아 3국이 안정적인 관계로 연결되자 日朝 양국 간에 정식 외교관계가 열렸다. 이 사건이 일본사에서는 南北朝 분열의 극복, 한국사에서는 고려에서 조선으로의 왕조 교대와 서로 연결되어 있는 것은 內政과 外交가 서로 밀접하게 관계하고 있음을 보여준다. 다만 그 실태는 조선측의 창구가 <國王－禮曹－慶尙道－三浦>로 일원화되어 있었음에 비하여, 일본측은 위로는 國王에서부터 아래로는 商人과 中小 武士에 이르기까지 다양한 계층이 조선과 개별적인 관계를 맺는다는 비대칭적인 放射狀을 나타냈다. 이것은 明을 중심으로 하는 册封이라는 公的 關係가 前代 이래의 私的 關係를 집어삼킨 결과 등장한 것이라고 할 수 있다.

이 책 제2장에 수록된 고려시대의 논문은 「刀伊入寇」와 「蒙古襲來」를 다룬 두 편 뿐이며 매우 불충분한 것이다. 고려시대의 연구가 충분치 못한 것은 일한 양국에 공통된 경향이지만 한국에서는 南基鶴씨와 李領씨가 등장했고, 일본에서도 젊은 연구자가 계속 자라고 있다. 나도 승려의 왕래를 중심으로 하는 일·중·고려의 문화교류에 관심을 갖고 연구를 진행 중이다.

제3장에 수록된 조선시대 전기의 논문은 倭人·倭寇와 三浦를 다룬 여섯 편과, 임진·정유왜란을 다룬 두 편의 논문으로 나누어진다. 『老松堂日本行錄』과 大藏經 求請은 외교와도 접점을 갖는 소재이지만, 거기서도 나의 주된 관심은 국가간 외교에서 불거져 나오는 부분에 있었다. 또한 서울에서의 왜인들의 동향은 매우 흥미깊은 것이며, 小著 『中世倭人傳』(岩波新書 274, 岩波書店, 1993년)의 속편이라는 생각으로 쓴 셈이지만, 그 후에도 연구는 별로 진행되지 못한 것으로 생각된다. 16세기 말의 전쟁에 관해서는 미개척 연구영역과 사료가 방대하게 있으며, 최근에 조금씩 손을 대고 있다. 우선 가토 기요마사(加藤淸正)·고니시 유키나가(小西行長)의 대립과 「降倭」의 움직임, 조선 사료에서 본 「倭城」에 대하여 논문을 발표하였다(이 책에는 수록하지 않음).

중세 일본의 대외관계의 특징은 불교, 특히 禪宗의 색채가 매우 짙다는 점이다. 외교관을 필두로 매개자의 다수는 禪僧이며, 바다를 왕래했던 문화에도 禪宗의 요소가 대부분을 차지한다. 제4장에 수록된 네 편의 논문에서는 일본의 禪宗 사료와 『朝鮮王朝實錄』을 이용하여 불교의 관점에서 日朝關係를 다루고자 했다.

제5장에 실린 논문 네 편 가운데 첫 번째는 歷史學研究會 1982年度大會 中世史部會에서 발표한 것으로 일본 중세의 국제의식 전반을 다룬 것이지만, 당일 및 나중에 논쟁이 된 것은 오로지 중세 일본인의 조선관을 둘러싼 문제였다. 일한 양국인의 상호인식은 예로부터 콘트라스트와 엇갈림이 현저하며, 오늘날까지 계속 이어지는 문제이다. 1471년에 申叔舟가 저술한 『海東諸國紀』에 실린 그림지도는 이 과제에 있어서도 가장 중요한 사료이다.

이상 4개의 章에 끼워넣는 형태로, 제1장에는 중세 일한관계의 연구 시각을 정리한 두 편이, 제6장에는 일한관계사 사료를 비교사의 관점에서 개관한 두 편이 수록되어 있다. 각각 朝鮮史研究會, 環日本海松江國際交流會議, 國史編纂委員會, 東京大學史料編纂所에서 행했던 강연·보고를 기초로 한 논문들이다. 특히 제6장의 두 편은 일한 양국을 대표하는 사료편찬기관이 주최하는 회의에서 발표한 것이며, 일개 대학 교원에 불과한 저자의 분에 넘치는 작업이었지만, 나에게는 역사학 연구의 기초가 되는 사료에 관하여 그 편찬업무까지 포함해서 견해를 정리하는 좋은 기회였다.

손교수와 나의 교제는 1990년 무렵으로 거슬러 올라간다. 내가 韓國文化研究振興財團(현 韓哲文化財團)에서 연구비를 받으며 수행했던 공동연구「三浦에서 부산왜관으로 — 조선시대의 대일교역과 항구 —」에 가담하면서 한국·일본의 옛 항구를 찾아다녔다. 1991년 여름에는 손교수가 운전하는 작은 자동차에 여섯 명이 타고「三浦」의 흔적을 돌아다녔다. 그 성과는 나의 저서 『中世倭人傳』에 모두 담겨 있다(한국어판은 『중세 왜인의 세계』 李領 譯, 한림신서·일본학 총서 37, 소화간, 1998).

일한 월드컵이 열렸던 2002년 여름부터 가을까지 손교수의 초청으로 춘천시에 있는 강원대학교에서 3개월간 머물렀던 일은 짧지만 귀중한 한국생활의 체험이 되었다. 그때의 일은 『史學雜誌』의「歷史の風」이라는 칼럼에「역사 바람」이라는 제목으로 쓴 글이 있다(나중에 史學會編『歷史の風』, 刀水書房, 2007년에 수록). 그 글에서 맺음말 비슷한 한 구절을 인용하겠다.

지금 일한 역사학계에는 교과서 문제라는 정치에 얽힌 바람이 휘몰아치고 있습니다. 사실은 손교수도 그 당사자로서 고생하고 있는 사람입니다. 그렇지만 한국의 역사·고고학·미술사의 세계에는 일본에 유학했던 연구자가 도처에서 활약하고 있습니다. 거꾸로 한국에 유학 중인 일본 학생과도 몇 차례 인가 만났습니다. 일본과 한국의 끊기 어려운 굴레가 확실히 깊어지고 있습니다. 이것이야말로 새로운「역사 바람」이 아니겠습니까?

동일한 바람은 연구 성과의 상호 소개에도 불고 있다. 한일관계사로 한정하여 생각나는 대로 예를 들면, 손교수의『近世朝鮮と日本－交隣關係の虛と實－』(鈴木信昭 監譯, 山里澄江·梅村雅英 譯, 明石書店, 1998년)을 비롯하여, 河宇鳳『朝鮮實學者の見た近世日本』(井上厚史 譯, ぺりかん社, 2001년), 동『朝鮮王朝時代の世界觀と日本認識』(金兩基 監譯, 小幡倫裕 譯, 明石書店, 2008년), 李薰『朝鮮後期漂流民と日朝關係』(池內敏 譯, 法政大學出版局, 2008년) 등이 출판되었다. 이번에 이 책이 들어간 시리즈도 그와 같은 동향을 가속시킬 것이다.

이 책을 입수한 한국분들이 일본의 중세라는 다양하고 다면적이며 한편으로 불가사의하기도 한 시대에 대하여 조금이라도 흥미를 느끼신다면 저자로서 더 이상 다행이 없겠다.

2008년 9월 일

무라이 쇼스케(村井章介)

〈목 차〉

제3장 조선시대 한일관계

제4장 한일관계와 불교

제5장 한일 상호인식

제6장 한일관계사료

제1장
중세 한일관계사론

제1절 國家를 초월하는 視覺
—일본 中世史의 입장에서—

우선 두 가지만 먼저 말씀드리겠습니다. 하나는 이 자리가 「朝鮮史硏究會」인데도 제 이야기에 조선에 관한 부분이 조금밖에 나오지 않는다는 점입니다. 저는 조선사에 관한 논문을 조금 쓰기도 했습니다만 전공은 일본 중세사이며, 갖고 있는 과제의식은 일본사의 입장에서 나오는 것밖에 없습니다. 그래서 오늘 이 자리에 어울리지는 않습니다만, 그것보다는 솔직하게 제 생각을 밝혀 보고, 그것을 통해서 조선사와의 접점을 찾아보려고 합니다.

또 하나는 제 이야기의 제목이 회보에 실린 것(「일본인의 조선관」)과 다르다는 것입니다. 이것은 전적으로 저의 태만 때문이며, 「대회가 다가왔으니까 논제를 제출하라」는 말을 들었을 때 다급해서 그만 입에서 나오는 대로 말해 버렸습니다. 오늘의 제목도 지나치게 과장된 감이 있어서 羊頭狗肉이라는 비난을 면치 못하겠습니다마는, 미음에 드는 문구가 떠오르지 않았기 때문에 그렇게 되었습니다. 이점 이해를 부탁드리고 잠시만 참고 들어주시기 바랍니다.

I. 현재의 관심과 문제의식

저는 1982년에「고려·삼별초의 난과 몽골 침입 前夜의 일본」이라는 논문[1]을 썼습니다. 이것이 『史學雜誌』의「회고와 전망」朝鮮 항목에서 다루어지게 됐는데,「현재의 관심에서 결론을 서둘렀다는 인상을 부정할 수 없다」며 냉정하게 취급당한 적이 있습니다.[2] 제 논문에서 성급하게 일본 측의 국제의식이 미숙하다는 것을 너무 강조했다는 것은 사실입니다. 다만 꺼림칙한 것은, 이것은 제가 잘못 본 것인지도 모르겠습니다만, 비평자의 말투에「현재의 관심」을 연구에 도입하는 것을 나무라는 듯한 뉘앙스가 있었다는 점입니다. 나무랄 것은「현재의 관심」을 연구에 도입하는 것 그 자체가 아니라,「현재의 관심」을 연구에 반영시킬 때의 절차가 충분히 학문적으로 행해졌는지 여부에 있다고 생각합니다. 「현재의 관심」을 연마하는 일 없이는 연구에 새로운 국면을 개척하기가 어렵다는 것을 이 자리에서 다시 강조하고 싶습니다.

그래서 저는 <아시아 속의 중세일본>을 연구테마로 삼고 있는 관계상[3] 아시아와 일본 관계의 현상과 장래에 대해 특히 관심을 가지고 있습니다. 그래서 올해부터 신문기사를 스크랩하기 시작했습니다. 올해도 NICs의 약진, 아시아에서 고향을 떠난 노동자의 격증, 버마 사태, 서울 올림픽 등 중요한 문제에는 모자람이 없습니다만, 저의 연구 테마와 관련하여 가장 관심을 끌었던 것은 이들 큰 기사의 그늘에 가려져 있던 작은 기사였습니다.[4]

올해 5월, 아이누 어민들이 조직한 根室 標津의 우타리 어업생산조합이 소련의 사할린주 어업공단과의 합병사업으로 쿠나시리섬(國後島) 주변에서

---

1) 村井章介, 『アジアのなかの中世日本』, 校倉書房, 1988, Ⅳ장.
2) 『史學雜誌』 92편 5호, 1983, 218쪽.
3) 주 1)의 책에서 지금까지의 연구 총괄을 시도하였다.
4) 『朝日新聞』, 1988년 6월 6일; 8월 4일.

송어의 海中養殖을 시작한다는 협정을 맺었는데, 이 소식을 들은 외무성이 저지하려 한다는 기사가 6월 초의 신문에 나왔습니다. 이 이야기는 소련과 일본 양국의 소수민족의 교류로써, 우타리 어업생산조합 조합장이 길리야크와의 문화교류로 사할린을 방문했을 때 나온 이야기입니다. 민간 주도의 국제교류가 「민족」이라는 계기를 매개로 실현한 드문 사례라고 생각합니다.

여기에 외무성이 클레임을 건 이유는 「소련에 의한 북방영토 불법점거를 인정하는 일이 된다」는 것이었습니다. 속보에 따르면, 「합병사업 제안은 북방영토를 둘러싼 일본의 국내여론 분열을 노린 소련의 교묘한 속임수다」, 혹은 「국경의 바다에는 여기까지는 하얀색, 여기부터는 빨간색이라는 식으로 색이 칠해져 있으므로 어민들이 자유롭게 할 수 없다」는 것이 외무성의 진심인 것 같습니다. 이에 대해 아이누 측은 「일본인이 반환을 외치고 있는 『북방영토』란 원래 아이누 땅이며, 일본 것도 아니었고 소련 것도 아니었다」라며 반론하였습니다. 7월 말에 사업이 시작되었고, 위기감에 사로잡힌 외무성은 漁業法이나 外爲法을 적용하여 중지 쪽으로 몰아넣는 방향으로 움직이기 시작했다고 합니다.

아이누 어민들이 경제적 자립을 위한 지렛대로 기대했던 합병사업이 왜 「북방영토」를 소련 영토로 인정하는 일이 되는지, 그 이치가 저에게는 어쩐지 납득이 가지 않습니다. 민간 차원의 합병사업이 성공한 것 쯤으로 국가 차원의 영토문제에 악영향이 생길 만큼 일본 측의 논거는 빈약한 것일까요. 만일 그렇다면 「북방영토」 반환 따위는 처음부터 가능성이 없는 얘기고, 합병사업 정도로 그렇게 예민해 질 필요도 없겠지요.

외무성이 정말로 걱정하고 있는 것은 아무래도 일본 측 당사자가 아이누라는 소수민족이기 때문이라는 생각을 금할 수 없습니다. 왜냐하면 같은 「북방영토」에 속하는 하보마이제도(齒舞諸島) 카이가라섬(貝殼島)의 다시마 어업은 민간 차원의 사업으로 영토문제를 보류하는 차원에서 인정받았기 때문입니다. 외무성이 두려워하는 「국내 여론의 분열」이란 일부 여론이 소련의 주장에 동조하는 것이니까, 외무성은 아이누를 그러한 위험성이 있는 다른 종족으로 간주하고 있다, 이렇게 보는 것이 저의 잘못된 추측일까요?

외무성 쪽 의견의 배후에는 아이누가 민족으로 자립해서 일본 사회에 존재하는 것 자체가 「단일민족국가」 일본에 있어서 바람직하지 않은 상태라는 생각이 있습니다. 아이누 측의 논거가 되어 있는 「북방영토는 원래 아이누의 땅」이라는 주장을 소련과 내통하는 이적행위로서 억눌러버리자는 의도로 생각할 수 있습니다.

또한 소련이 제기하는 모든 제안의 배후에 일본을 함정에 빠뜨리려는 교묘한 속임수를 찾으려고 하는 태도는 전쟁 후의 냉전구조 속에서 미국이 퍼뜨린 <사악한 제국 러시아>라는 관념에서 외무성이 아직도 자유롭지 못하고 있음을 나타내고 있습니다.

일본이나 소련이 나타나기 전부터 우리들의 땅, 「아이누 모시리」였던 해역에서 생업을 이어가려는 아이누 어민들과, 아무것도 없는 바다에 머릿속에서 선을 긋고 바다를 색칠하고 구별하려는 외무성. 국제정치의 현실은 어찌됐든 어느 쪽이 인간다운 정직한 사고방식인지는 명백한 것이 아니겠습니까.

아이누 어민이 요구하는 경제적 자립은 모든 지역주민에게 공통된 극히 자연스러운 욕구입니다. 외무성이 이것을 억압하고, 거기에 정당성이 있다고 판단하는 전제에는 「북방영토」의 반환이라는 「國益」이 개개 지역주민의 이해보다 우선한다는 사고방식입니다. 이것은 정부뿐만이 아니라 아마 국민의 다수의견이기도 하겠지요. 하지만 그 「國益」이란 지역주민이 인간다운 생활을 하는 권리를 무시하면서까지 지켜야 하는 절대적인 가치일까요?

국민에게 생존의 조건을 보장하는 것이 국가의 최소한의 임무라면, 「국익」의 추구가 그 조건을 훼손하는 것에 대한 이의제기에 귀를 기울이고, 그 「국익」이 정말로 국민 전체의 이익인지를 묻는 자유로운 논의를 보장하는 것도 국가의 의무입니다. 그런데 「국익」에 절대적인 가치를 인정해 버리면

「국익」에 대한 이의제기는 그 주장의 옳고 그름을 냉정하게 검토하는 일 없이 모두 적을 이롭게 하는 것으로 간주하게 된다는 무시무시한 판단이 버젓이 통하게 되고 맙니다. 더구나 단일민족국가 환상이 아직도 지배적인 일본에서는 아이누와 같은 민족적 소수자가 행하는 이의제기는 바로 「非國民」이라는 낙인을 찍는 근거가 되어 버릴 위험성이 있습니다. 외무성 쪽의 「국내여론의 분열」 운운하는 의견에서 위험한 냄새가 나는 것은 웃고 말아야 하는 과대망상일까요.

일본 국내의 민족적 소수자 중에서 압도적 다수를 차지하는 것이 재일한국 · 조선인이라는 것은 말할 필요도 없습니다. 이 문제에 깊이 관여해 온 국제법학자 大沼保昭씨는 「じゃぱゆきさん(취업을 목적으로 입국한 여성들)」 몰아내기에서 볼 수 있는 일본의 「人的 쇄국정책」에 대하여 언급하는 중에 다음과 같은 말씀을 하셨습니다.[5] 일본의 폐쇄성을 비난하는 국제여론에 대하여 규제완화라는 외교용 대응을 약속하는 것만으로는 설득력 있는 반론이라고 할 수 없다. 먼저 국내의 민족적 소수자에 대한 차별을 없애도록 노력하는 것이 필요하다. 그리고나서 「매년 일정한 사람들을 가까운 아시아 각국에서 받아들이고 장래의 본격적인 다민족 사회 · 일본에서 차츰 우리의 생활감각을 익히도록 하는 일이야말로 현재 요구되고 있는 정책이 아닐까?」

이상 아이누 어민의 대소련 합병사업의 고찰과 「다민족사회 · 일본」이라는 大沼씨의 지적을 받아 제 연구테마에 관련된 현재의 문제의식을 몇 가지 정리해 두고자 합니다.

① 오래 전부터 일본은 다민족국가였으며, 현재도 여전히 그렇다는 엄연한 사실을 국민 전체에 있어서 자명한 사실로 한다.

② 「단일민족국가」라는 지울 수 없는 상식은 사실상 일본사회의 일원으로서 존재하는 민족적 소수자에게 일본인으로의 동화, 즉 민족적 존재로서의 소멸을 강요

---

5) 大沼保昭, 『倭國と極東のあいだ-歷史と文明のなかの「國際化」』, 中央公論社, 1988, 제5장.

하는 것이며, 따르지 않은 자를 「비국민」으로서 배제한다는 동화=배제의 신화
와 다를 바가 없음을 확실하게 밝힌다.

③ 다민족국가라는 자기인식을 전제로, 민족적 소수자에 대한 차별을 없애는 데 필
요한 보호를 실시하는 동시에, 일본국가 속에서 일본인(민족으로서의)이 차지하
는 위치를 상대화하고, 국가나 천황에 의존하지 않는, 민족으로서의 주체성을
발견한다.

④ 아시아 속에서 일본이 차지하는 경제적 지위로 인하여 아시아 제민족이 유입되는
것을 어쩔 수 없는 것으로 파악하여 본격적인 다민족사회 도래를 받아들일 체제
를 만들고, 그것을 통해 아시아 제민족과의 관계를 自覺的으로 창조해 간다.

위의 네 가지를 다시 요약해 보면, 일본인이 국가적인 이해를 모든 것에
우선시키는 사고에서 벗어나 민족으로서의 자기의 존재를 발견하고, 그것을
통해서 국내의 민족적 소수자와의 관계, 나아가서는 아시아 제민족과의 관
계를 창조적으로 만들어 가는 과제라고 할 수 있습니다. 이 과제를 염두에
두는 경우 우리들의 역사 연구는 어떤 역할을 할 수 있을까요.

Ⅱ. 일본 중세사 연구에 대하여

위와 같은 과제에 도움이 될 수 있는 역사 연구라면 당연히 근대 이후가
중심이 됩니다. 그럼에도 불구하고 당신은 왜 중세처럼 아득히 먼 시대를
연구하고 있느냐, 이렇게 의심스럽게 생각하실지도 모르겠습니다. 단 제 경
우는 중세사 연구에 매달리면서 위와 같은 과제의식에 이르게 된 것이고,
과제의식에서 연구대상을 끌어낸 것은 아닙니다. 그런데 중세를 연구해서는
앞의 과제를 해명하는 데에는 거의 쓸모가 없지 않은가 하는 질문을 받습니
다. 그러나 의외로 그렇지도 않다는 것이, 자기 변호인지는 모르겠습니다만,
솔직한 심정입니다. 이렇게 말씀드리는 것도 중세라는 시대에는 국가 중심

의 사고를 상대화하는 데에 유효한 계기를 전근대의 다른 시기에 비하여 풍부하게 찾을 수 있다고 생각하기 때문입니다.

그 계기는 크게 나누어 두 가지가 있습니다. 하나는 국가 그 자체의 통일성, 구심성이 중세로 들어가면 현저히 약해진다는 점입니다. 幕府의 등장은 불완전하마나 그런대로 통일성을 가지고 있던 율령국가를 천황과 장군을 정점으로 하는 二中心的 구조로 변모시켰습니다. 몽골 침입 직전에 전달된 牒狀에 답장을 보낼지 어떨지를 일본의 국가의사로 결정할 때 실질적으로 결론을 좌우한 것은 막부였습니다. 절차상으로는 어디까지나 朝廷에 결정권이 있다는 원칙이 막부 스스로에 의하여 견지되었습니다. 이리하여 天皇=朝廷에 의한 대외적 기능의 독점이 무너졌음에도 불구하고 새롭게 막부가 외교권을 전면적으로 장악하는 것도 아닌, 일종의 애매한 무책임 상황이 출현합니다. 이와 같은 상황은 조정·막부 이외의 세력이 대외교통에 참가하는 것에 대한 심리적 저항을 현저하게 약화시켰습니다. 무로마치 시대가 되면 위로는 국왕부터 아래는 왜구로 변신한 자에 이르기까지 다양한 세력들이 조선 통교에 가담하고 있습니다. 그 역사적 전제를 여기에서 찾을 수 있습니다.

또 하나의 계기는 바다를 건너는 교역의 규모가 고대에 비하여 훨씬 커졌다는 것입니다. 예를 들어 12세기 중엽, 일본 사회에 중국의 화폐가 유통하기 시작합니다. 율령국가의 정책 수준에서는 어디까지나 이것을 억제하는 것이 원칙이었습니다. 그러나 화폐의 유입은 이 무렵 일본 사회에 널리 퍼지게 된 莊園制 所領知行 체제와 여기에 상응하는 유통구조에 의하여 뒷받침된 저항하기 어려운 움직임이었습니다. 이처럼 광범위하게 사회에 뿌리를 내린 경제적 요인에서 발생하는 움직임을 국가가 일원적으로 통제하는 것은 극히 어려운 일입니다. 율령국가의 정책결정자임과 동시에 장원의 최고 지배자이기도 한 귀족층에게 있어서 이런 흐름을 막는다는 것은 도저히 불가능한 일이었습니다.

이상과 같은 국가와 사회 쌍방에 내재하는 國家相對化의 계기는 국경을
초월하는 지역의 등장을 촉진하게 됩니다. 그 예로 서두에 서술한 아이누
어민들의 발상을 역사적으로 거슬러 올라가 보겠습니다.

그들이 「北方領土」를 둘러싼 소련과 일본의 논쟁에 대치했던 「아이누
모시리」라는 생각은 일본인의 억압에 대한 저항의 근거가 되어 왔습니다.
최근 고고학의 입장에서 이것을 증명하는 주목할만한 연구가 나왔습니다.
올해 7월 히로사키(弘前)에서 개최된 심포지엄 「북쪽으로부터의 日本史」에
서 북해도대학 菊池俊彦씨가 발표한 「캄차카 출토 18매의 寬永通寶」라는
제목의 논문입니다.6)

菊池씨는 캄차카 반도 동남부의 몇몇 유적에서 17세기에 일본에서 주조
된 寬永通寶가 발견되었다는 소련 고고학자의 보고에서부터 언급하였습니
다. 이 寬永通寶는 같은 지역의 유적에서 나오는 內耳土器(난로 위에 걸어
놔도 묶은 끈이 타지 않게 안쪽에 귀를 붙인 취사용 토기) 및 회전식 銛頭
(사냥할 때 사냥감을 찌르면 반회전하면서 손잡이에서 분리되어 동물의 몸
에서 빠지지 않게 고안한 작살 끝 부분)와 함께 아이누문화를 구성하는 일
련의 유물이며, 모두 北海道에서 기원하는 것으로 판단됩니다. 또한 17세기
말부터 18세기 초의 러시아 탐험가가 남긴 기록을 보면, 남북 千島에 있어
서 교역의 주역은 「쿠릴」이라고 불리는 아이누였고, 그들은 캄차카까지 교
역을 나가 현지인(캄차다르)과 거래를 하고 있었던 것을 알 수 있습니다. 이
상에서 菊池씨는 아이누가 北海道에서 千島·사할린으로 퍼져 가는 민족이
동을 상정하고, 이것을 14·15세기까지 거슬러 올라가는 것으로 생각하여
이 이동으로 오호츠크문화의 담당자인 길리야크와의 주역 교대가 생겼다고
하는 커다란 구도를 제시하셨습니다.

잘 아시는 바와 같이 현재 北海道에서 千島·사할린을 거쳐 대륙으로 이

6) 北海道·東北史硏究會編, 『北からの日本史·第2集－弘前シンポジウム』, 三省堂,
1990.

르는 지역은 일본과 소련이라는 진영을 달리하는 두 국가에 의하여 분할되어 왕래조차 뜻대로 안 되는 상태에 있습니다. 그러나 중세에서 근세에 걸쳐 아이누의 교역활동으로 연결된 지역적 일체성, 아이누 모시리라는 사고방식의 근거를 이루는 일체성은 국가영역의 에어 포켓 속에서 국가라는 개념에 관계없이 성립되고 있습니다.

이리하여 우리들의 발상의 틀을 구성하고 있는 국가영역 혹은 국경이라는 관념에서 벗어나 지역을 다시 보았을 때, 일본열도를 둘러싼 넓은 세계가 시야 속에 들어옵니다.

그리고 아이누를 매개로 하여 북아시아로, 琉球를 매개로 하여 동남아시아로, 이런 식으로 시야를 넓혀 가면 <동아시아 세계> 속의 일본이라는 파악법이 이중의 의미에서 불충분한 것임을 깨달을 수 있습니다. 하나는 동아시아라는 공간을 고정된 틀로써 설정해 버리는 경향이 있다는 것입니다. 또 하나는 그 <동아시아 세계>가 대개의 경우 일본·중국·조선(최대한 넓혀도 베트남까지)이라는 세계 혹은 네개의 국가를 구성단위로 하며, 국가간의 무역·외교·전쟁을 계기로 성립하는 것으로 생각되고 있다는 것, 요컨대 국가로부터 자유로운 발상이 아니라는 것입니다.

일본과 조선의 관계를 보더라도 <한일관계>라는 말을 사용해 버리면 두 국가의 상호관계밖에 머리에 떠오르지 않습니다. 그런 것이 아니라 對馬島를 매개로 하는 한반도와의 연결을, 예를 들면 九州와 한반도 남부를 포함하는 하나의 지역문제로 자리매김을 다시 한다, 이와 같은 발상이 필요합니다. 網野善彦씨는 일본의 특질을 「섬나라」에서 찾는 상식적 발상에 대해 집요하게 이의를 제기하고 있습니다만,[7] 현재의 국경에 얽매인 발상에서 자유로워지자는 호소로서 귀를 기울여야 한다고 생각합니다.

단 網野씨의 주장에는 '국경을 벗어나서 생각하는 것은 즉 국가를 픽션

---

7) 網野善彦, 「日本論の視座」(『日本民俗文化大系1·風土と文化』, 小學館, 1986). 同 『中世再考－列島の地域と社會』(日本エディタースクール出版部, 1986) 등.

으로 간주하는 것이다'라는 비약이 있는 것으로 보입니다. 새로운 시야를 획득하기 위한 시뮬레이션이었던 것이 언제부터인가 실재하는 국가에 대한 과소평가에 빠져버려 지역론 속에서 국가를 정당하게 자리매김하는 길을 막아버린 것 같습니다. 구체적인 예를 하나 살펴봅시다.

이번달 7월에 網野씨와 中國史를 전공하는 谷川道雄씨와의 대담을 수록한 『交感하는 中世』라는 책이 나왔습니다.[8] 이 대담에서 網野씨의 「섬나라론」 비판에 대하여 谷川씨가 일본이라는 정치적 통일체에 대한 의식이라는 것, 다시 말하면 일본인의 일본에 대한 단일한 의식을 생기게 하는 통일적인 픽션이라는 것은 내부에서의 다양한 이질성에도 불구하고 역시 존재했던 것이 아닌가 라고 반문합니다. 그래서 網野씨는 내 말이 바로 그렇다는 식으로, '『일본』이 픽션이라는 것은 뒤집어서 말하자면 그렇지 않은, 『일본』의 환상과는 다른 현실이 있다는 것입니다'라고 발언하셨습니다.

같은 픽션이라는 말을 쓰고 있어도 두 사람 사이에는 이해에 차이가 있는 것 같습니다. 谷川씨는 '픽션이라고 해도 단순한 공상이 아니라 이른바 정치권력 그 자체가 어떤 의미에서는 픽션이라는 의미로 말하는 것입니다'라고 미리 말하고 있습니다. 즉 국가와 정치권력의 실체를 인식하기 위한 하나의 방법으로서 자리매김하고 있는 것입니다(그러니까 오히려 이데올로기라는 말 쪽이 내용에 어울린다고 생각합니다). 그런데 網野씨의 경우는 픽션이란 환상이며, 요컨대 실체가 없는 것입니다. 「일본」이라는 픽션을 불식했을 때 나타나는 「현실」이야말로 실체이며, 그것은 「일본」이 어쨌든 항상 변하지 않고 존재하는 것입니다. 흐린 유리창을 닦으면 바깥 경치가 잘 보이는 것과 마찬가지이며, 바깥 경치는 흐린 유리창과 전혀 관계없이 스스로 존재하고 있습니다.

하지만 그러한 지역의 「현실」에 뿌리를 내리지 않고 국가가 존립할 수는 없습니다. 차라리 「현실」 자체가 국가를 무시할 수 없는 계기로 포함시

---

8) 網野善彦・谷川道雄, 『交感する中世 ― 日本と中國』, ユニテ, 1988, 217~218쪽.

키고 받아들이면서 존립하고 있다고 말하는 것이 좋겠지요. 몇 년 전에 제가 '≪국경을 벗어나서 생각한다≫는 것 뿐인 지역론으로는 충분하지 않고, 지역의 성립 자체에 국가가 씌우는 틀이 어떤 영향을 주고 있는지 생각하고, 지역과 국가라는 차원을 달리하는 틀이 서로 相剋하는 상황을 시야에 넣지 않으면 지역론은 역사적 규정성을 시야에서 놓치게 될 것이다'라고 말한 것은9) 網野說에 대하여 위와 같은 의문을 가졌기 때문입니다.

이 제언에는 다행히 秋田大學의 遠藤巖씨가 공감한다는 뜻을 알려 왔습니다.10) 遠藤씨는 東北史의 입장에서 아이누를 매개로 하는 북아시아 세계와 일본과의 관계에 대하여 대담한 가설을 제기하셨는데, 동시에 일본 중세 국가의 틀을 규정하는 일이 지역권력의 자립화나 민족문제와 어떻게 관계를 가지고 있었는지, 그 구체적인 모습을 주시해야 할 필요성까지 강조하셨습니다.

국경을 절대시하는 프레임 워크에서 벗어나 경계 영역을 다시 보고, 그곳에 지역이나 민족의 자립성·일체성을 찾아내는 것, 발견된 자립성·일체성에 국가라는 틀이 어떤 그림자를 드리우고 있는지 주시하고, 그곳에서 지역과 민족의 성립·발전·쇠퇴·사멸의 요인을 찾아내는 것. 이 두 가지는 결코 상반된 시각이 아니라고 생각합니다. 오히려 어느 한 쪽에 빠져도 지역과 민족을 그 역사성에 있어서 파악하는 일이 어려워질 것입니다. 그런 의미에서 遠藤씨가 "'蝦夷 자신"이라는 시각에서 "蝦夷"의 역사발전을 향한 관여를 구체적으로 해명해 나가기 위해서도 다른 한편에서 "국가라는 테두리 설정"의 실태를 가능한 한 파악하는 작업을 게을리 해서는 안된다'라는 말씀에 대해 진심으로 찬성의 뜻을 표시하고자 합니다.

---

9) 村井, 주 1)의 책, 134쪽.
10) 遠藤巖,「應永初期の蝦夷反亂-中世國家の蝦夷問題によせて-」, 北海道·東北史研究會編,『北からの日本史-函館シンポジウム』, 三省堂, 1988, 181쪽.

Ⅲ. <일본－조선>이라는 문맥 속에서

그러면 遠藤씨가 일본의 북쪽 국경을 무대로 추진하고 계신 작업을 서쪽의 경계 영역, 구체적으로 말하자면 北九州에서 對馬島를 거쳐 한반도 남해안에 이르는 지역(이 지역을 「A지역」으로 부르겠습니다)에서 보면 어떻게 될까요.

高麗牒狀不審條々
一.以前狀文永五年揚蒙古之德, 今度狀文永八年韋毛者無遠慮云々, 如何,
一.文永五年狀書年號, 今度不書年號事,
一.以前狀, 歸蒙古之德, 成君臣之禮云々, 今狀, 遷宅江華近四十年, 被髮左衽
　　聖賢所惡, 仍又遷都珍嶋事,
一.今度狀, 端二ハ不從成戰之思也, 奧二ハ爲蒙被使云々, 前後相違如何,
一.漂風人護送事,
一.屯金海府之兵, 先廿許人, 送日本國事,
一.我本朝統合三韓事,
一.安寧社稷, 待天時事,
一.請胡騎數萬兵事,
一.達凶旒許, 垂寬宥事,
一.奉贄事,
一.貴朝遣使問訊事,

제가 이 문제를 생각하기 시작한 계기는 위에 적은 한 통의 문서였습니다. 이것은 「東京大學史料編纂所保管文書」 중에서 石井正敏씨가 발견한 것이며,[11] 文永 8년(1271) 고려에서 일본으로 보낸 牒狀에 대하여 文永 5년의

---

11) 石井正敏, 「文永八年來日の高麗使について―三別抄の日本通交史料の紹介―」 『東京大學史料編纂所報』 12호, 1978.

牒狀과 비교해서 의심스럽게 생각되는 점을 골라서 기록한 것입니다. 세 번째 條에 「珍島로 遷都한다」는 문장이 있고, 이 부분에서 文永 8年의 牒狀은 몽골 및 몽골에 굴복한 고려정부에 항거하여 당시 珍島에서 농성 중이던 三別抄로부터 보내 온 것임을 알 수 있습니다. 또한『吉續記』라는 귀족의 일기에서, 이 첩장 속에서 三別抄는 일본에 군량미와 지원군을 보내도록 요청했음을 알 수 있습니다.

당면한 문제관심에 따라 이 문서에서 끌어낼 수 있는 문제는 두 가지 있습니다. 하나는 三別抄가 몽골에 저항하기 위하여 일본의 조력을 구한다는 발상의 배경에, A지역을 무대로 활동하는 사람들이 획득했던 열린 시야를 엿볼 수 있다는 것입니다. 그들은 몽골에 의한 고려 책봉이라는 국가적인 테두리 설정에서 자유로운 지평에 서서 일본과의 사이에 「漂風人護送」(제5조) 혹은 「遣使問訊」(제12조)으로 표현되는 평등 · 호혜 관계를 구상하기에 이르고 있습니다.

또 하나는, 그럼에도 불구하고 그들은 어디까지나 고려 정부의 정통적인 계승자로서 행동하고 있다는 것입니다. 珍島로 이동한 것을 遷都라고 칭했다는 사실이나, 「社稷을 安寧히 해서 天時를 기다린다」고 한 문장(제8조)이 그것을 나타내고 있습니다. 그들은 당시의 현실에서 벗어난 開明的인 국제관계를 구상할 수 있었지만, 그것은 어디까지나 국가 상호간의 관계로서 그랬던 것이었고, A지역에 귀속의식을 가지고 그곳에 거주하는 일본인과 연합하려던 것은 아니었습니다.

A지역에 있어서 국가와 지역의 상극은 1419년의 應永外寇를 둘러싸고 첨예하게 나타납니다. 이 사건의 원인 자체가 지역교류의 한 형태인 왜구가 연안에 거주하는 조선인민 및 인민을 보호할 의무를 지닌 조선정부 사이에서 심각한 대립을 일으킨 데 있었습니다. 일반적으로 왜구는 지역교류의 담당자인 동시에, 원래는 지역의 일원인 조선 · 중국 연해 인민에 대한 무자비한 약탈과 살인을 생업으로 하는 해적집단이기도 했습니다. 그리고 이

대립의 배경에는 왜인과 연해 주민의 직접교역을 꺼려하는 국가적인 규제력이 있었음은 말할 필요도 없습니다. 그것은 결국 「海禁」으로 제도화됩니다. 확실히 왜구란 국가와 지역의 모순을 한 몸에 짊어진 존재였다고 할 수 있습니다.

그러나 지금 주목하고 싶은 것은 應永外寇의 復交 교섭과정에서 일어난 어떤 작은 사건입니다.[12] 1420년 초반 對馬島主 宗貞盛의 사자를 자칭하는 「時應界都」(읽는 법을 알 수 없으니까 이후 이 사람을 B라고 부르겠습니다)가 조선에 강화조건을 제시했습니다. 조건은 두 가지였는데, 첫째, 對馬島 인민을 경상도 거제도로 옮겨서 조선의 外護-防人이라고 할까요-로 삼고 그들이 거두는 田稅의 일부를 貞盛에게 급여한다. 둘째로, 對馬島에 조선 국내의 州郡에 따라 州名을 붙이고, 貞盛은 조선에서 辭令을 받고 신하가 된다. 조선 정부는 이 조건을 받아들여서 즉시 對馬島를 경상도에 소속시키고 貞盛에게 「宗氏都都熊丸」이라는 인장을 주도록 결정했습니다. 조선 측에서는 이것으로 對馬島와의 講和가 이루어진 것으로 이해하고 있었습니다.

그러나 日本回禮使로서 京都로 가던 宋希璟은 對馬島에서 貞盛으로부터 뜻하지 않은 진상을 듣게 됩니다. B가 貞盛의 使者라는 것은 새빨간 거짓말이었고, 그의 제안은 宗氏와 상관없는 일이다, 만일 對馬島가 경상도 소속이 되고 만다면 대대로 對馬島를 다스려 온 少貳씨가 죽기를 각오하고 對馬島를 위해 싸울 것이라는 이야기였습니다.

B의 제안이 사실은 전쟁으로 조선과의 교역에 타격을 입은 對馬島의 일부 세력이 교역 회복을 노리고 획책했던 것으로 추정됩니다. 對馬島라는 경계적인 지역에서 조선과의 교역을 생업으로 삼는 그들에게 일본이라는 국가에 대한 귀속의식은 희박했을 겁니다. 오히려 그들은 조선에 대한 경제적인 의존을 통해서 對馬島를 조선에 귀속시킨다는 발상을 가져도 이상하지

---

12) 村井章介校注, 『老松堂日本行錄-朝鮮使節の見た中世日本-』, 岩波文庫, 1987. 부록3, 『세종실록』抄, 및 해설 310~311쪽.

않은 입장에 놓여 있었다고 할 수 있습니다. 宗氏의 사신을 사칭하여 조선을 속인 행동은 칭찬할 수 없습니다만, 그렇다고 해서 그들을 매국노라는 내셔널리즘의 관점에서 비난하는 것도 국가에 구속된 시각이라고 생각합니다. 그들의 귀속의식은 일본 혹은 조선이라는 국가가 아니라 오히려 A라는 지역을 향하고 있었던 것이 아닐까요.

이에 대해 宗氏의 입장은 완전히 다릅니다. 이 무렵 少貳氏에 대한 宗氏의 종속적 관계는 유명무실해져 있었습니다. 그러한 宗氏가 전쟁 후의 긴박했던 상황 아래서 일부러 少貳氏의 의향을 강조하는 것은 少貳氏를 매개로 해서 일본의 중앙국가와 연결되어 있다는 宗氏의 자기인식의 표현이 아닐까요?

이상의 예에서 A라는 지역을 향하여 귀속의식을 갖는 B와, 少貳氏를 매개로 중앙국가와 연결되고자 하는 宗氏의 대립을 관찰할 수 있습니다. 이에 관하여 B가 실체이며 宗氏는 픽션이라는 식으로 간결하게 구별하는 것은 도저히 불가능합니다. 오히려 B, 宗氏, B와 宗氏의 관계 모든 것이 A지역을 형성하는 불가결의 구성요소를 이루고 있다고 보아야 합니다. 여기서 지역이 국가라는 계기를 포함하면서 성립하고 있다는 견해를 증명하는 좋은 예를 발견할 수 있습니다.

더욱 흥미로운 일로는 조선이라는 국가와 A지역과의 관계에 있어서도 같은 사태가 일어나고 있었습니다.[13] 應永外寇가 있던 이듬해 倭通事(일본어 통역) 朴貴라는 사람이 부모를 돌보지 않고 對馬島의 왜인 平道全을 따르려고 했다는 혐의로 체포되었는데, 朴貴 자신은 곧장 80대, 부모 同產은 관노 편입이라는 엄중한 처벌을 당했습니다. 이 역시 국가에 대한 반역으로 파악하기보다 경계를 왕래하는 通事에게는 경계 양쪽에 있는 국가 어느 한쪽에 대한 것보다 경계를 포함하면서 성립하고 있는 A 지역에 대하여 귀속의식을 품게 되었다고 해석할 수 있습니다.

---

13) 村井 주 1)의 책, 120쪽.

그리고 高橋公明씨와 田中健夫씨의 최근의 연구[14)]에 의하여 조선에서의 제주도가 일본에서의 對馬島와 동일한 성격을 띤 경계영역이라는 사실이 밝혀졌습니다. 그리고 제주도와 대마도는 둘 다 14·15세기에 한반도를 휩쓴 「왜구」의 근거지－田中씨의 표현을 빌리면 한반도 남쪽을 무대로 하는 「倭寇劇」의 「분장실」－가 되었습니다. 게다가 이 연극에 등장하는 「왜구」 라는 배우도 사실은 종종 조선인이었다는 것입니다.

이것은 왜구에 대한 완전히 새로운 시각이며, 이와 같은 새로운 견해에 의하여 비로소 조선인이 A지역 및 이곳을 포함한 <環中國海 지역>의 형성에 일본인 해적과 중국인 밀무역상, 琉球人과 나란히 능동적으로 관계하고 있었음이 보이기 시작했습니다. 그러는 사이에 「倭」라는 용어가 그들 다양한 지역형성자의 공통성을 나타내는 키워드가 됩니다. 예를 들어서 「倭服」은 동아시아 해역의 해적들에게 공통된 복장이었고, 「倭語」는 그들의 공통어였음을 엿볼 수 있는 사료가 있습니다. 倭의 옷을 입고, 倭의 말을 함으로써 그들은 귀속하는 국가나 민족집단에서 벗어나 이른바 자유민으로 다시 태어날 수 있었던 것이 아닐까? 그러한 망상마저 떠오릅니다.

이처럼 국가를 초월한 「倭寇」 집단에게는 비농업적이며 떠도는 성격이 강합니다. 국가의 힘이 미치는 범위 안에서는 유랑하는 그들을 장악할만한 유효한 수단이 없었습니다. 內海를 둘러싼 지역이, 국가의 강제력을 초월하여 성립할 수 있었던 조건의 하나가 여기에 나타나 있습니다. 그리고 국가가 그들을 두려워했던 진정한 이유는, 그들의 해적행위가 정주하는 농경민의 생활을 위협하는 점에 있었습니다. 국가가 조세와 부역을 과하고, 그 댓가로 보호해 주고 있는 정주 농경민의 생활을 지키지 못하게 되면 국가 그 자체의 존재 의의가 의심을 받게 되기 때문입니다.

---

14) 高橋公明, 「中世東アジア海域における海民と交流－濟州島を中心として－」『名古屋大學文學部研究論集』 史學33호, 1987.

田中健夫, 「倭寇と東アジア通交圈」『日本の社會史』 1·列島內外の交通と國家, 岩波書店, 1987.

그러나 이것은, 국가와 「倭寇」 집단의 대립은 동시에 국가의 보호를 받고 있는 정주 농경민과 국가를 초월한 지역의 담당자인 비농업민·유랑민과의 대립이기도 하다는 것을 의미합니다. 이리하여 지역과 국가의 상극은 인민 간의 이와 같은 심각한 대립을 피하기 어렵게 만들기도 합니다. 이것을 반대 입장에서 다시 말하면, 「민족사회의 내부에서 널리 볼 수 있는 비농업민과 농민의 대립은, 그 外延部에 있어서는 지역과 국가의 모순으로서 존재하는 現象이다」 라는 말로 定式化할 수 있습니다. 그렇게 되면 농업사회의 성숙, 비농업민의 정주화라는 움직임은 지역의 존립 요건의 근본이 되는 뿌리를 파내어 무너뜨리는 일이 됩니다. 16세기 이후에 전개되는 지역 쇠망의 기저를 이루는 요인은 이와 같은 부분에 있지 않을까요.15)

Ⅳ. 한 통의 書契에서 -맺음말을 대신하여-

이야기가 약간 앞서버렸습니다만, 15세기에는 列島 주변의 지역교류가 화려한 피크를 맞이합니다. 그것을 상징하는 가장 큰 움직임은 왜구적인 세력이 향료·藥種·염료 등 동남아시아산 물품을 가지고 속속 조선에 도착했다는 사실입니다. 그들이 동남아시아산 물품을 입수한 장소는 아마도 나하(那覇)일 것입니다. 이곳에서 왜구적 세력과 유구인을 두개의 매개로 하여 한반도-九州-오키나와를 거쳐 동남아시아로 이르는 광대한 교역 루트를 볼 수 있습니다.

日本國肥前州田平寓鎭源朝臣　　(朱印, 印文「源簧」)兼　　　謹上書
朝鮮國禮曹大人足下　伏白
　今歲亦隨例遣使船接待惟幸去歲

---

15) 村井 주 1)의 책, 334쪽.

貴國之使价達于吾

朝兩國之通好莫如焉至祝

進上胡椒伍斤

領有多幸

　所望者白苧布

恩賜所希也

　恐惶不宣

天正十九年六月　　日

　　　　源朝臣　　　　兼　　　(朱印, 印文「源兼」)

위에서 예시한 16세기 말의 「田平源兼書契」도 언뜻 보기에는 이와 같은 광대한 교역을 표현하고 있는 것으로 보입니다. 田平이란 왜구적 세력의 일익을 맡은 松浦党 일족이며, 그들이 조선에 진상했던 후추는 대표적인 동남아시아산 물품이기 때문입니다. 그런데 長節子씨의 연구16)에 따라서 이 문서의 배경을 더듬어 가면, 표면에 나타난 내용과는 전혀 다른 실태가 떠오릅니다.

田平씨라는 姓은 15세기 말에 사라져 버렸으며, 그 후 田平씨의 이름을 이용하여 조선과 통교하고 있던 사람은 사실은 對馬島主였던 宗義調였습니다. 조선통교를 생명줄로 여기는 對馬의 여러 세력들은 조선에 통교제한 완화를 청원하는 한편 이와 같은 픽션을 꾸며서 조선통교의 권한을 자기 손에 끌어모았던 것입니다. 그 배경에는 1510년의 三浦倭亂을 계기로 조선 측의 통교제한이 한층 엄격해졌다는 사정이 있습니다. 이후 宗氏는 이와 같은 픽션이나 다른 얼굴로 바뀌가며 사용하는 일에 익숙해지게 되었고, 마침내 임진왜란에서 본의 아니게 침략의 첨병 역할을 하지 않을 수 없었습니다.

宗氏는 기본적으로 A지역의 가장 주요한 매개자로서 14~16세기를 살아왔습니다. 그러나 그는 동시에 對馬守護로서 국가권력의 지역 지배에 있어

---

16) 長節子, 『中世日朝關係と對馬』, 吉川弘文館, 1987, 제2부 제2장.

서 중핵을 이루는 존재였고, 국가의 대조선 교섭의 창구가 되지 않을 수 없는 입장에 있었습니다. 秀吉이 조선국왕의 入朝 요구를 전달하도록 宗氏에게 명했을 때 宗氏는 이를 「假道入明」 즉 「조선의 길을 빌려 明으로 들어가고 싶다」는 내용으로 바꿔치기해서 조선에 전달합니다. 이와 같은 宗氏의 획책은 秀吉의 專制的인 권력 앞에서 결국 실패로 끝났고, 오히려 문제를 더욱 꼬이게 만들어 버렸습니다만, 어떻게 해서든 결정적인 파국만은 피하여 A지역의 일체성을 유지해 나가고 싶다는 눈물겨운 노력이라고 할 수도 있겠지요.

사실 이상과 같은 내용은 田代和生씨가 가장 잘 아시는 연구영역이라서 아마추어가 실수하면 안되니까 이 정도로 하겠습니다. 그래서 마지막으로 田平源兼의 書契가 오늘날까지 남아 있는 이유에 대하여, 이것도 長씨의 연구에 따르면서 말씀드리고 마무리짓고자 합니다.

15세기 이후 엄청난 수의 일본인 통교자가 조선으로 갔고, 이와 같은 書契를 禮曹에 올렸을 것입니다. 그런데 조선 측에는 16세기 이전 書契의 正文은 한 통도 남아 있지 않은 모양이며, 일본 측에 전해진 이 문서가 남아 있는 正文의 유일하고 귀중한 예가 됩니다. 조선의 기록 보존 방법은 도래한 문서를 謄錄에 기록하고―이것을 후에 『實錄』 편찬의 재료로 사용하게 됩니다만,―正文은 파기해 버리는 시스템이었던 것 같습니다. 일본에서는 正文 자체에 높은 가치를 두는 것이 특징이라서 조선과는 아주 대조적입니다. 그 이유가 어디에 있는지는 조선과 일본의 比較史에서 중요한 문제라고 생각합니다만 오늘은 언급할 여유가 없습니다.

이 書契의 작성일자인 天正 19년(1591) 6월은 마침 宗氏가 조선과 「假道入明」 교섭을 시도하고 있던 시기이며, 9월에는 출병준비 명령 및 壹岐・對馬에서 축성이 있었고, 10월에는 肥前 名護屋城이 추조되었으며, 이듬해 20년 정월에 渡海 명령이 내려졌고, 4월에 드디어 부산에서 전투가 시작됐습니다. 宗氏는 무역선을 보낼 때의 분주함 정도가 아니라 큰 전쟁의 한복판에 말려들게 되었던 것입니다. 조선으로 보낸 書契의 正文이 일본에 남게 된 이유는 이것으로 알 수 있습니다. 즉 源兼의 書契가 남아 있는 이유는 아이러니컬하게도 문서가 제 기능을 다 하지 못했기 때문이었습니다.

　이상으로 제 이야기를 마치도록 하겠습니다. 들어주서서 감사합니다.

(『朝鮮史硏究會論文集』 26집, 1989.3. 『國境を超えて－東アジア海域世界の中世－』, 校倉書房, 1997. 12에 다시 수록)

제2절 中世 日本의 안과 밖

방금 소개받은 村井이라고 합니다. 화려한 노래와 춤으로 한창인 곳에서 재미없는 이야기를 하는 것은 매우 곤란한 일이지만 의무이기 때문에 발표하도록 하겠습니다.

「중세 일본의 안과 밖」이라는 테마를 정해보았는데, 이번 국제회의의 주제인 「高麗」와 「佛敎文化」·「山陰」 등 세 개의 키워드 중 어느 하나도 들어 있지 않은 셈인데, 구체적인 이야기 속에도 주제와 관계되는 내용이 조금 밖에 들어 있지 않습니다. 아주 죄송하지만 사정이 좀 있었습니다. 이 발표를 요청 받았을 때 다음에 발표하시는 井上(寬司) 선생이 山陰大名의 朝鮮通交에 대하여 상세한 말씀을 하시기 때문에 그 바깥 테두리를 포함하는 일본 전체에 대하여 이야기하면 좋겠다고 말씀하셨기 때문에, 그렇다면 저도 발표할 만 하다는 생각이 들어서 받아들이기로 했습니다.

그럼 구체적인 내용으로 들어가겠습니다만, 오늘 이야기의 테마는 중세 일본인이 자신들이 살고 있는 일본이라는 세계, 혹은 그보다 좀 더 좁은 경우도 있습니다만, 자신들이 존재하는 공간을 어떻게 의식하고 있었을까 하는 문제를 먼저 알아보고, 이어서 자신들을 의식한다는 것은 동시에 바깥 세계를 의식하는 것이므로, 밖으로 펼쳐진 세계를 어떻게 의식하고 있었는가 하는 문제, 넓게 말하자면 중세 일본인의 세계관이라는 문제에 접근해 보려고 합니다. 요컨대 안과 밖이라고 말씀드려도 실체적인 무역이라든가 외교관계, 전쟁 등 그런 면이 아니라 의식 혹은 사상이라는 면에서 중세 일본의 안과 밖을 알아보는 것이 되겠습니다.

Ⅰ. 「淨-穢」의 동심원

우선 중세라는 시대를 여기서는 좀 더 고대로 잡아서 9세기로 정해 볼까 합니다. 보통 중세라면 카마쿠라막부가 성립된 12세기 말부터 생각하는 경우가 많습니다만, 세계관 혹은 自國觀이라는 면에서는 9세기가 고대에서 중세로 전환하는 시기라고 생각되므로 여기서는 9세기부터 이야기를 시작하겠습니다.

9세기 무렵의 일본에서 기본적인 세계관이라고 부를만한 것이 있다면, 그 재료로서 먼저 거론하고 싶은 것은 『延喜式』이라는 책입니다. 이 책은 10세기 초, 즉 律令制가 붕괴되던 시기에 편찬되어 律令을 수정하는 법령을 모은 것인데, 그 속에 일본의 영역은 어디까지인가를 적은 부분이 있습니다. 어떠한 文脈으로 그것이 기록되어 있는가 하는 점에 주목하고 싶습니다만, 일본의 제일 끝부분인 바깥에, 안에 있는 더러운 것을 내버리고 안쪽을 깨끗이 한다는 문맥입니다. 즉 이 세계관의 근본에는 不潔觀이라는 것이 있고, 불결함을 그 안에서 추방해야 하는 범위로서 일본의 영역을 파악하고 있다는 것을 알 수 있습니다.

이러한 王朝貴族의 의식 형태에 있어서 不潔觀이라는 것은 단순히 개인적인 불결에 대한 공포는 결코 아닙니다. 불결이 어떤 경우에 발생하는 것인가? 예를 들어서 神社의 지붕에 새가 똥을 싸는 것이 불결의 발생 원인이 되는 것입니다. 그러면 더러운 것이 만들어집니다. 그리고 그 더러운 것을 접촉하거나 더러운 장소에 들어간 사람이 있으면 그 사람에게 더러운 것이 옮겨가는 것입니다. 그런 식으로 불결이 점차 전염되어 가는 것입니다만, 그렇게 되면 어떻게 해서든 본래의 청결한 상태로 돌아가지 않으면 안됩니다. 이를 위한 수단은 여러 가지라고 생각합니다. 그리고 이상에서 말한 것처럼 불결의 발생 · 전파 · 소멸까지의 과정을 국가가 규정한다는 부분이 이 시기의 不潔觀에서 중요한 점이라고 할 수 있습니다.

국가가 불결의 발생·전파·소멸의 과정을 규정하고 관리하는 목적은 반드시 청정하게 유지하지 않으면 안 되는 것을 지키는 것입니다. 그러면 지켜지는 것이 무엇인가 하면 일련의 국가기구이기도 하고 도읍(京都를 중심으로 하는 지역)이라는 장소가 되기도 합니다. 그리고 청결해진 중심에 위치하면서 무엇보다도 불결에서 멀리 떨어져야 하는 것은 天皇의 몸 그 자체였습니다. 때문에 천황은 자신을 청정하게 보호할 수 있도록 여러 겹의 타부(Taboo)로 둘러싸여 있었던 것입니다.

천황의 신체의 청정이라는 것을 논리적인 출발점으로 하여 그것이 차츰 지역적인 범위로 펴져 갑니다. 그 최초의 단위는 무엇이 되는가 하면 우선은 천황의 거소, 즉 이른바 御所가 되는 것입니다. 그리고나서 御所를 포함하는 도읍, 京都가 되는 것입니다. 이 도읍이라는 것은 동시에 왕조귀족들이 사는 장소이기도 하므로 그들 왕조귀족이 불결에 접촉하는 것, 이것을 觸穢라고 합니다만, 그 觸穢에 대하여 우리들의 입장에서 보면 우스꽝스러울 정도로 신경질적인 공포감을 가지고 있습니다. 이처럼 不潔觀은 도읍을 장소로 하여, 도읍에 살고 있는 귀족들이 불결한 것에 접촉하면 안 된다는 것을 축으로 성립한 것입니다.

따라서 도읍 밖(洛外)은 왕조귀족에게 있어서 상대적으로 불결해도 상관없는 장소였다는 것이 됩니다. 그런 것을 나타내는 한가지 예로는 도읍(洛中)에서 청소를 담당하는 일꾼으로 河原者라는 사람들이 있었습니다. 청소라는 작업은 더러운 것과 접촉하는 것을 피할 수 없는 일입니다. 그렇게 되면 더러워진 그들의 몸을 도읍에 둘 수는 없습니다. 그래서 그들의 도읍 밖거주를 법률로 강제하는 것입니다.

동일한 논리는 도읍 밖으로 더욱 넓어저 갑니다. 우선 도읍 밖을 포함하여 畿內라는 범위가 있습니다. 京都를 중심으로 하는 5개의 나라(國)로 구성된 畿內입니다. 그곳은 畿外에 비하여 상대적으로 청정한 공간이었습니다.

그것을 나타내는 사실로서, 797년의 어떤 법령에 따르면 山城에 있는 나라의 주민이 죽은 사람을 집 근처에 매장하는 것을 금하고 있습니다. 죽은 자는 死穢라는 죽음의 불결을 발생시키기 때문입니다. 그리하여 이 법령에 위반하는 자가 있으면 그 자는 외국, 이 말은 畿外의 나라라는 의미입니다만, 외국으로 이주시킨다는 것을 규정하고 있습니다. 이것은 외국에 비하여 畿內가 상대적으로 청정한 공간이었다는 것을 나타내고 있습니다.

그러던 것이 중세가 되면 畿內와 외국의 대비는 수그러들고 東國과 西國의 대비로 바뀌어 갑니다. 즉 京都를 포함하는 西國 쪽이 東國에 비하여 상대적으로 청정하다는 의미로 바뀌어 가는 것입니다만, 그것은 東國과 西國에 존재하는 神社의 유래를 살펴보면 알 수 있습니다. 유래라는 것은 神社와 절의 발상에서부터 현재에 이르기까지의 과정을 서술한 신화적인 역사입니다.

西國의 대표로서 京都 남쪽에 있는 石淸水八幡宮을 예로 들자면, 石淸水八幡宮의 불결에 관한 감각으로 매우 인상적인 것은 피에 대한 불결입니다. 예를 들면 상처를 입어서 피를 흘리고, 그 피가 境內를 더럽히는 것을 몹시도 두려워하는 것입니다. 境內가 조금이라도 피로 더럽혀지면 모든 건물을 전부 다시 짓기까지 합니다. 이에 비하여 東國을 대표하는 信濃國 諏訪社의 유래를 보면, 諏訪이란 잘 아시는 것처럼 狩獵의 신입니다. 수렵이라는 것은 아무래도 짐승 죽이는 일을 피할 수 없다는 것보다 죽이는 일 자체가 수렵입니다. 그것을 수호하는 신이니까 잡은 짐승을 죽이고 피를 보는 일을 어떤 형태로든 합리화시키지 않으면 안됩니다. 어떤 것인가 하면, 짐승을 죽이는 일은 그 짐승들을 부처로 만드는 것이다, 成佛시키기 위한 善行이다, 이런 형태로 의미를 부여하는 것입니다. 여기서 東國과 西國의 피의 불결에 대한 커다란 감각의 차이를 발견할 수 있습니다.

東國과 西國이라는 대비는 동과 서라는 형태가 됩니다만, 사실 이것은 京都를 중심으로 하는 동심원적인 범위를 고려하는 편이 합당한 것으로 생각됩니다. 그 까닭은, 京都를 중심으로 해서 東國과 정반대에 있는 南九州, 지금의 鹿兒島縣과 熊本縣, 宮崎縣의 남부 일대는 수렵에 대한 관념이 東國과 아주 흡사한 면이 있습니다. 요컨대 京都에서 멀어지면 멀어질수록 피의 불결에 대한 기피 감각이 엷어진다는 느낌이 드는 것입니다.

이런 식으로 파악해 가면, 앞에서 말씀드린『延喜式』의 일본의 끝은 어딘가 하는 문제와 겹치게 됩니다. 일본의 동쪽 끝을 外浜이라고 합니다. 이와는 반대로 서쪽의 끝은 鬼界島입니다. 즉 일본의 동서의 경계영역을 外濱과 鬼界島라고 부릅니다. 그리고 外濱과 鬼界島의 성격을 여러 가지 사료에서 찾아 보면, 그곳은 범죄자를 유배보내는 곳이라거나 혹은 안쪽에서 발생하는 각종 怪物이라든가 도깨비 따위를 버리는 장소이기도 했습니다. 즉 범죄라는 것도 일종의 불결함을 발생시키는 행위이니까 불결함을 일본 밖으로 버리기 위한 장소로 생각하고 있었던 것입니다.

이런 경우의 境界라는 것은 우리들의 상식적인 감각과 큰 차이가 있습니다. 보통 경계라는 것은 면적이 없는 선으로 의식되고 있습니다. 그러나 중세의 경계라는 것은 결코 선이 아니라 상당한 공간을 가진 面이었다는 점을 먼저 밝혀두지 않으면 안됩니다. 그와 같은 경계가 갖고 있는 성격이 무엇인가 하면, 안쪽과 바깥쪽 모두의 성격을 띠고 있습니다. 어떤 면에서 보면 안쪽처럼 보이기도 하고, 다른 면에서 보면 바깥쪽 요소도 가지고 있는, 이른바 양면적인 성격을 가진 애매한 장소였습니다. 그리고 장소가 애매하면 그곳에 사는 사람들도 애매성을 지니게 됩니다.

그러한 것을 보여주는 가장 좋은 사료는『平家物語』에 나오는 鬼界島 이야기입니다. 원문을 조금 읽어보겠습니다. 「원래부터 사람은 있어도 이 곳 사람과 닮지 않았으며, 피부가 검어서 소와 같다. 몸에는 항상 털이 나 있고, 말을 해도 무슨 말인지 알기 어렵다. 남자는 모자(烏帽子)도 쓰지 않았으며, 여자는 머리를 묶어서 드리우지도 않았다」. 그곳에 사람은 살고 있지만 일본 中央部 사람들과 닮지 않았으며, 피부색은 검어서 소처럼 보이고,

몸에는 털이 많이 나 있고, 언어는 무슨 말을 하는지 알아들을 수 없다고
합니다. 옷차림도 좀 우습고 남자들은 모자를 쓰고 있지 않다고 했습니다.
즉 중세 일본의 단정한 남자는 모두 모자를 써야 했고, 모자 없이 맨 머리로
지낼 수는 없었으며, 여자들은 단정하게 머리를 묶어서 뒤로 늘어뜨려야 했
는데, 鬼界島의 여자들은 그렇게 하지 않았다는 것입니다. 즉 여기서는 京
都 주변의 남녀와 다르다는 점을 일부러 강조하고 있기는 하지만, 그렇다고
해서 그들이 사람이 아니라는 말을 하지는 않았습니다. 앞에서 말한 애매성
이라는 것이 여기서 나타나는데, 인간이기는 하지만 평범한 인간은 아니라
는 식의 파악 방법이 경계에서 사는 사람에 대한 인식이었습니다.

　이러한 범위에서 일본을 파악할 경우에, 그렇다면 일본의 바깥은 어떻게
되는가 하는 문제가 당연히 나오게 됩니다. 그리고 바깥을 정하는 방식은,
일본의 내부를 가장 청정한 天皇의 몸에서부터 시작하여 同心圓 모양으로
퍼지면서 점차 불결이 강해진다고 여기니까, 그것과 다른 논리로 바깥 세계
가 정해질 리는 없습니다. 즉 가장 바깥 세계라는 것은 당연히 가장 불결한
공간이 되는 것입니다. 요컨대 경계 밖은 불결이 가득한 공간이며, 그곳에
사는 사람들도 더러움에 찌든 사람이 됩니다. 그리고 그런 사람들에 대한
중앙부 사람들의 인식은 한편으로 멸시하는 동시에 그들은 사람이 아니기
때문에 人力이 미치지 않는다, 즉 몹시도 무섭고 두려운 대상이기도 하였습
니다. 그것을 구체화시킨 것이 바로 귀신입니다.

　예를 들면, 중세의 예능 중 하나에 幸若舞라는 춤이 있는데, 그 춤은 일
종의 연극 형식을 취하고 있습니다. 그 연극의 희곡에 해당하는 幸若舞曲
중에 「百合若大臣」이라는 작품이 있습니다. 百合若이 어떤 장면에서, 이 작
품은 몽골 침입 이후에 만들어진 것이니까 「무꾸리」는 몽골을 말하는데, 무
꾸리와 싸우는 장면이 나옵니다. 그 장면에서 무꾸리가 어떻게 묘사되어 있
는가 하면, 삽화를 보면 잘 알 수 있습니다만, 뿔이 달려 있고 입에서는 불
을 내뿜습니다. 요컨대 아무리 보아도 귀신으로 볼 수 밖에 없는 존재로 묘

사되어 있는 것입니다. 蝦夷(北海島의 옛 이름)에 대해서도 똑같은 말을 할 수 있는데, 蝦夷의 경우는 불이 아니라 안개를 내뿜습니다. 추운 고장이라서 그런지 모르겠습니다. 그런 차이는 있습니다만, 어느 것이든 귀신이 됩니다.

그러면 어떤 경우에 경계 밖의 사람들을 귀신으로 의식했는가 하면, 南北朝의 내란을 그린 『太平記』라는 작품 속에 귀신을 퇴치하는 이야기가 실려 있습니다. 어떤 무사가 귀신을 물리치러 가는데, 그가 귀신을 물리친 방법은 모모타로(桃太郎)처럼 칼로 베는 것이 아닙니다. 노래를 부르는 것이었습니다. 그 노래는 「풀이든 나무든, 우리 大君의 나라라면 어느 곳이 귀신의 거처가 되겠는가」 라는 노래입니다. 즉 우리 大君의 나라, 天皇이 지배하는 나라이니까 도대체 어느 곳이 귀신의 소굴이란 말인가, 라고 하면 귀신은 「아이고!」 하면서 겁을 먹고 달아났다는 이야기입니다. 이것은 천황의 지배하에 속했을 때 귀신은 사람이 된다, 천황의 지배에 복종하지 않고 거역하는 자는 모두 귀신이다, 라는 형태로 귀신과 인간을 구별했다는 것입니다.

이상 말씀드린 것처럼 중세에 있어서 일본의 안과 밖이라는 것이 확실한 경계선으로 나뉘어 있었던 것은 아닙니다. 청정해지는 것의 궁극적인 중심으로 천황의 몸이 있습니다. 그리고 그것을 몇 겹의 동심원이 둘러싸고 점차 밖으로 확대되어 갑니다. 바깥쪽으로 갈수록 더러움의 정도가 심해지고, 마침내 경계의 바깥은 귀신의 소굴이 되고 맙니다. 이른바 <청정-불결>의 동심원으로서 일본의 범위를 의식하고 있었던 것이지요.

이러한 인식 속에서 외교라는 것은 어떻게 자리매김되는 것일까요? 동심원의 가장 바깥쪽은 인간이 사는 곳이 아니라 귀신의 소굴입니다. 귀신과의 사이에 외교가 성립할 리는 없습니다. 실제로 이 9세기 무렵을 경계로 적어도 京都의 귀족은 외국과 정식으로 국교를 갖지 않는 것을 원칙으로 하게 되었습니다. 외국에서 사신이 찾아와도 이런 저런 구실을 붙여서 쫓아내고 맙니다. 정식적인 국가 간의 관계는 足利義滿이 등장하는 15세기 초까지 없었습니다. 즉 10세기 이후 귀족층의 대외의식이 극단적으로 소극적이 되고 어떤 국가와도 정식으로 국교를 맺지 않는 것을 원칙으로 하게 된 것입니다만, 그 사상적인 배경에는 지금 말씀드린 不潔觀, 그리고 不潔觀에 기초한 <청정－불결>의 동심원이라는 세계에 대한 인식 방법이 있었다는 것을 먼저 짚어두어야 할 필요가 있다고 생각합니다.

Ⅱ. 中國觀과 朝鮮觀

위에서 말씀드린 것은 무엇이 가장 기본적인 것인가를 인식하기 위하여 문제를 극도로 단순화시킨 결과이고, 실제에 있어서 일본인의 모든 對外觀을 <청정－불결>의 동심원이라는 것으로 파악할 수 있는 것은 아닙니다. 중세의 대외관에는 <청정－불결>의 동심원이라는 단순 소박한 自尊觀念을 상대화시키는 요소도 있었습니다.

그 중요한 내용의 하나로서 이른바 末法思想을 들 수 있습니다. 末法思想이라는 것은 釋迦가 죽은 후의 시대를 正法, 像法, 末法이라는 세 시기로 파악하고, 인간 세상은 차츰 악화되어 가며, 末法에 이르면 이미 구할 방법이 없는 濁世에 이르고 만다는 일종의 불교적인 終末觀입니다. 일본에서는 11세기 중엽부터 末法에 들어선다고 믿고 있었는데, 그 무렵부터 이러한 시대관념이 널리 퍼지게 되었습니다. 거기에서 나오는 것이 소위 淨土敎인데, 濁世이니만큼 죽은 후에는 어떻게든 이상적인 세계, 阿彌陀淨土에 다시 태어나고 싶다는 강렬한 동경을 품게 되어 平等院 같은 건축이 만들어지기도 하는 것입니다.

末法思想이라는 것은 역사를 파악하는 방법인 동시에 공간을 파악하는 방법이기도 했습니다. 이것은 그다지 알려지지는 않았지만 佛敎가 탄생했던 「天竺」 즉 인도, 그리고 그 후 불교가 전해져서 매우 번성했던 중국, 당시의 말로는 「震旦」, 그리고 다시 일본, 「本朝」라는 말로 불렸습니다만 그러한 天竺·震旦·本朝라는 세 개의 요소로 세계를 파악하는 공간 인식이 있었는데, 그 순서에 따라서 價値가 떨어져 갑니다. 즉 일본은 불교적인 세계, 天竺을 중심으로 하는 세계 속에서는 가장 변두리에 있습니다. 그리고 일본에서 더 나가면 바다밖에 없기 때문에 그 이상은 넓혀 갈 수가 없는 것입니다. 요컨대 일본은 불교적 세계의 가장 변두리에 위치해 있었고, 佛法은 변두리인 만큼 확산이 어렵습니다. 그러니까 지금의 일본이 惡世라는 것은 피할 수 없는 必然이라는 인식이 11세기 무렵 헤이안 시대 후기부터 확산되어 가는 것입니다.

그리고 天竺·震旦·本朝의 순서로 가치가 떨어져 간다고 보니까, 거꾸로 하면 本朝·震旦·天竺의 순서로 가치는 상승하는 것이 되며, 그렇게 되면 天竺과 震旦을 동경의 대상으로 삼는 관념이 등장하는 것은 필연입니다. 즉 이것은 일본의 바깥에서 일본보다 좋은 세계를 보게 되는 것이기 때문에, 앞에서 말했던 <청정-불결>의 동심원이라는 인식 방법과는 반대되는 것이라고 할 수 있습니다.

한 가지 예를 들고 싶은데, 교토의 嵯峨에 淸涼寺라는 절이 있습니다. 淸涼寺의 本尊은 사람 키만한 釋迦如來 立像입니다. 아주 유명해서 국보로 지정되기도 했습니다만, 관람하신 분도 많을 것으로 생각합니다. 이 불상은 東大寺의 승려인 조연(奝然)이 10세기에 중국, 당시는 宋이라는 나라가 막 세워진 때입니다만, 宋으로 건너가서 여러 가지 문화재를 가지고 돌아옵니다. 좀 전에 말씀드린 대장경도 간행된지 얼마 안 된 것을, 이것은 세계에서 최초로 인쇄된 대장경입니다만, 그것을 통째로 가져왔습니다. 다만 이 대장경은 유감스럽게도 현재 전하지 않습니다.

이 釋迦如來像의 胎內文書가 전후에 발견되면서 여러 가지 사실을 알게 되었는데, 어떤 과정을 통해서 이 釋迦像을 만들었는가도 기록되어 있었습니다. 그 기록에 따르면, 조연이 중국에서 불상 조각가에게 어떤 釋迦像과 똑같은 불상을 만들게 했다고 합니다. 즉 일종의 복사품을 만들게 한 셈인데, 같은 자세의 불상을 새로운 나무로 조각하게 한 것입니다. 오리지널 불상 역시 유명한 것인데, 원래 天竺에서 釋迦가 아직 살아 있을 때의 모습을 그대로 조각한 것으로, 그것이 중국에 전해진 것이라고 합니다. 이것은 역사적인 사실이 아니라 전설입니다만 당시에는 그렇게 믿고 있었던 것입니다. 그 불상을 다시 복사해서 일본으로 가져 온 것입니다. 요컨대 淸凉寺의 釋迦像은 생전의 釋迦의 모습 그대로라는 해석이 성립하게 되는 것입니다. 그러한 이유로 대단한 신앙을 모은 불상이기 때문에 사람들이 다투어 이 불상에 참배했다는 내용이 平安貴族의 일기 속에 나오고 있습니다.

이 불상에 대하여 흥미로운 점은, 헤이안시대 말기부터 이 불상은 복사품이 아니라는 주장이 퍼지기 시작한 것입니다. 진품이라든가, 天竺에서 중국에 전해진 釋迦像 그 자체가 다시 일본으로 건너 온 것이라는 이야기가 나왔습니다. 어떻게 해서 奝然에게 그런 일이 가능했는가 하면, 중국인 불상 조각가에게 복제품을 만들게 하고, 그 복제품에 연기를 쏘여서 오래된 것처럼 보이게 합니다. 이것은 가짜 미술품을 만들 때 흔히 쓰는 수법인데, 그렇게 했다는 것입니다. 『寶物集』이라는 책에 「新佛을 古佛처럼 연기로 쐬어 그을리고, 栴檀(전단, 단향목)으로 불상을 다시 만들어서 모신다」라고 되어 있습니다. 이렇게 되면 奝然은 불상을 훔친 도둑이 되고 맙니다만, 그렇게까지 해서 淸凉寺에 있는 釋迦如來像이 天竺에서 온 바로 그 불상이라고 믿으려는 의식 상태가 있었던 것입니다. 그러한 해석 위에 이 석가상은 살아 있는 釋迦如來, 즉 생전의 석가모니를 그대로 복제한 조각이며, 더욱이 살아 있는 석가모니 그 자체라는 해석이 일반화하는 것입니다. 요컨대 당시 사람들은 불교적인 세계 속에서 가장 변두리이며 나쁜 곳인 일본에서 살아 있는 석가모니의 모습을 보이고자 했던 것입니다.

그리고 더욱 흥미로운 사실은 淸凉寺의 의심할 여지 없는 복제품 불상, 이것을 淸凉寺式 釋迦如來像이라고 부릅니다만, 카마쿠라 시대를 정점으로 이것을 만드는 일이 유행합니다. 지금도 이 淸凉寺式 釋迦如來像은 일본 전국에서 수십 구가 확인되고 있습니다. 그리고 淸凉寺 불상을 다시 모방한 작품과 淸凉寺式 釋迦如來像 자체 사이에도 동일한 불상이라는 해석이 추가되는데, 예를 들면 동일한 나무로 조각되었다든가 하는 그런 내용입니다. 그렇게 하면 淸凉寺 불상의 模作을 모신 지방의 사찰에도 살아 있는 석가모니가 출현하는 것이 됩니다. 天竺까지의 머나먼 거리, 혹은 유구한 시간의 흐름, 그러한 時空의 간격이 한꺼번에 소멸되는 것이기 때문에 末法의 혼탁한 세상에서 허덕이고 있던 사람들이 살아 있는 석가와 대면한다는, 더할 나위 없는 행운을 체험할 수 있었던 것입니다.

그런데 『今昔物語集』이라는 유명한 책이 있습니다. 11세기 초 쯤에 만들어졌다고 하는데, 전체가 天竺·震旦·本朝의 3부로 이루어져 있습니다. 잘 알려진 이야기는 대개 本朝部에 있습니다만, 분량적으로는 天竺·震旦이 차지하는 비율이 의외로 큽니다. 여기서도 天竺과 震旦에 대한 동경을 찾아볼 수 있습니다.

그러나 좀 더 깊이 파고 들어가면 그러한 동경은 아득한 時空을 초월하여 석가가 살아 있던 시대인 天竺까지 날아가는 것이므로, 동시대의 실제 인도와 중국에 대한 인식이라고 할 수는 없습니다. 이러한 사고방식에 있어서 인도나 중국이라는 것은 자신의 삶과는 무관한 이른바 다른 세계이며, 그런 곳이 어떻게 묘사되는가 하면, 바다 밑 龍宮처럼 일종의 理想鄕, 이 세상에는 존재하지 않고 바다 밑에나 있을 수 있는 理想鄕으로 묘사됩니다. 아니면 閻魔廳처럼 지옥으로 묘사되기도 합니다만, 어떤 경우든 건물은 중국식의 화려한 왕궁같은 이미지로 파악되어 있습니다. 즉 관념 속의 세계가 아니면 존재하지 않는, 그런 점에서 한계를 인정할 수 있다고 생각합니다.

동심원이라는 인식 방법을 상대화시키는 요소로서 방금 天竺·震旦에 대한 동경이라는 것을 알아봤습니다만, 거기에서 누락되어 있는 부분이 한반도입니다. 佛法은 震旦에서 本朝로 직접 전래된 것이 아닙니다. 한반도를

거쳤다는 것은 다 아는 사실입니다. 그런데 중세의 「三國」이라는 인식 방법
에서는 한반도의 위치 선정이 쑥 빠진 것입니다.

중세인이 그 점을 인식하지 못했던 것은 아닙니다. 왜 한반도를 빼놓았
는가 하는 설명으로서, 「三韓」은 중국에 속해 있지만 일본은 다른 나라에
속했던 적이 없다, 언제나 독립해 있었다는 것을 근거로 한반도의 여러 국
가를 일본보다 한 단계 낮은 위치에 둔다는 결론에 이르는 것입니다. 거기
에서 조선에 대한 일종의 우월감을 볼 수 있습니다만, 그 우월감을 떠받들
고 있던 것이 무엇인가 하면 일본은 신이 보호해 주는 나라, 神國이라는 이
른바 神國思想이었습니다.

이렇게 하여 일본을 특별히 신성한 지역으로 자리매김할 수 있었기 때문
에, 앞에서 보았던 佛法의 변두리로서 비참한 일본이라는 위치 인식을 나름
대로 극복할 수 있는 것입니다. 반대로 「三國(중국·인도·일본을 말함)이
모두 우리 나라」라는 표현이 나옵니다만, 神國思想을 이용함으로써 변경인
일본을 있는 그대로의 형태로, 말하자면 장갑을 뒤집듯이 「삼국을 모두 우
리 나라」로 만들어 버릴 수 있었습니다. 참으로 안이한 방법이긴 합니다만
神國思想에 뿌리를 둔 日本神聖觀이라고도 할 수 있는 사상이 중세의 自國
觀 속에 널리 침투해 갑니다.

그러한 의식 속에서 高麗의 위치 설정이 어떠했는가를 말씀드리자면, 앞
에서 언급한 境界觀 속에 여러 가지 地名이 등장합니다. 앞에서는 外浜과
鬼界島를 소개했는데, 外浜 밖에 있는 장소를 蝦夷島라고 합니다. 그리고 鬼
界島의 밖, 이것이 琉球가 됩니다만, 이와 마찬가지로 고려도 자리매김한다
는 견해, 즉 「鬼界, 高麗」라는 표현 방법이 중세의 문학작품 속에 나옵니다.
그리고 그와 같은 朝鮮觀, 이것이 蒙古 침입이라는 사건을 거치면서 더욱
증폭됩니다. 조선을 짐승처럼 여긴다고 할 수 있는 노골적인 멸시관이 자리
잡아 가는 것입니다.

예를 들어서 카마쿠라 말기에 성립했던 八幡宮의 유래 중 하나에 『八幡

愚童訓』이라는 것이 있습니다. 八幡神이란 応神天皇의 還生이며, 応神天皇
은 神功皇后의 아들이 되기 때문에 당연히 神功皇后 이야기가 八幡의 유래
중 가장 먼저 나옵니다. 연세가 드신 분은 잘 아시는 「神功皇后의 三韓征伐」
이야기입니다. 이 이야기에 따르면, 신라의 왕이 神功皇后에게 항복하고 맹
세를 합니다. 이것은 어디까지나 문학작품상의 이야기니까 화를 내시면 안
됩니다만, 「우리는 일본의 개가 되고, 일본을 수호해야 하며, 매년 80척의
공물을—공물이라는 표현이 아주 재미있습니다만—바쳐야 한다, 조금이라
도 게을리하면 안된다」, 그런 맹세를 합니다. 이 말을 들은 황후는 바위에
글을 새겼습니다. 「신라국 대왕은 일본의 개다」라고 썼다고 합니다.

　이와 같은 대외관은 지배층의 생각이었고, 때문에 그만큼 지배적인 대외
관이었으며, 그 영향력은 결코 무시할 수 없는 것이었다고 생각합니다. 하
지만 전형적으로는 역시 중앙 귀족과 승려의 머리 속에 있는 생각이었습니
다. 그들은 고대에 있어서 百濟와 新羅의 朝貢이라는 역사적 지식, 이것은
『日本書紀』 등에 기록되어 있습니다만, 그것을 관념 속에서, 말하자면 化石
化하여 미래의 영구불변인 것으로 치부했습니다. 그리고 현실의 한반도 국
가인 고려는 여러 차례 일본과 대등한 국교를 수립하려고 시도합니다만 일
본 측은 그것을 무례하다고 보고 거듭 거절했습니다.

　하지만 그러한 사고방식을 모든 일본인이 가지고 있었던 것은 아닙니다.
계층적으로 보다 더 낮은 계층, 지역적으로 보다 더 변두리에 사는 사람들
은 자연히 다른 생각을 가지고 있었다고 생각됩니다.

　그것을 생각나게 하는 흥미있는 재료 중 하나에 善光寺 阿彌陀如來에 관
한 전설이 있습니다. 이 阿彌陀如來는 아까 보았던 淸凉寺의 釋迦如來 신앙
과 아주 비슷한데, 이것도 역시 三國에서 전래된 살아 있는 부처라고 믿고
있었던 것입니다. 그리고 마찬가지로 善光寺 불상의 복제품이 상당히 조각
되어 東國을 중심으로 전국에 분포되어 있습니다. 그러니까 거기에는 역시
天竺에 대한 동경을 읽을 수 있습니다. 그런데 재미있는 것은 이 경우의 삼

국이란 天竺과 百濟와 일본을 말하는 것이며, 震旦이 들어있지 않다는 것입니다. 그리고 善光寺의 유래를 보면 백제 왕을 천황, 백제의 왕궁을 內裏로 부르고 있는데, 용어상으로 보아도 일본의 천황과 동일한 존재로 생각하고 있는 것입니다. 여기에는 조선을 깔보는 관념이 보이지 않습니다. 이것은 필시 앞에서 말한 것처럼 東國에는 不潔觀이 희박하다는 말과 상응합니다. 즉 東國의 주민들은 京都의 승려나 귀족들과는 다른 의식, 不潔觀도 그렇고 對外觀이라는 측면에서도 다른 의식을 가지고 있던 것이 아닐까 하는 생각을 합니다.

어쩌면 對馬라는 장소를 고려해 보아도, 헤이안 말기의 어떤 史料에 변변치 않은 물건을 가지고 한반도를 왕래하며 생계를 꾸려가고 있는 對馬의 상인이 나오는데, 그들은 중앙의 지배 사상에 깊은 유대감을 갖고 있지 않기 때문에 조선에 대한 멸시와 편견이 있었다고는 생각할 수 없습니다.

Ⅲ. 國境을 초월한 地域의 등장

다음으로, <淨－穢>의 동심원이라는 의식구조가 어떻게 붕괴되어 갔는가 하는 문제를 본다면, 그 첫 번째 요인은 카마쿠라막부의 성립이었다고 생각합니다. 예를 들면 日蓮이라는 사람은 東國 출신인데, 교토보다는 막부에 친근감을 가지고 있던 사람입니다. 日蓮의 편지 속에 이런 구절이 있습니다. 「세상의 작은 배들이 筑紫에서 坂東에 이르고, 카마쿠라에서 이노시마(北海島) 등지까지 이르러도 唐土에는 오지 않는다」. 이 편지에는 九州에서부터 關東, 關東에서부터 北海道에 이르는 太平洋 쪽의 항로가 나온다는 점에서도 흥미있는 사료입니다만, 동시에 여기에는 畿內가 나오지 않는다는 것입니다. 카마쿠라 혹은 坂東이야말로 일본의 중심이라는 의식을 읽을 수 있는데, 그것은 역시 막부라는 새로운 권력이 京都가 아니라 카마쿠라에 성립되었다는 사실의 영향일 것이라고 생각합니다. 실제로 막부는 카마쿠라를 중심으로 독자적인 지역을 편성해 갔고, 카마쿠라는 그런 속에서 首都라고 불리도 좋을 만한 성격의 도시로 되어 갔습니다. 그리고 카마쿠라 街道라고 부르는 카마쿠라에서 방사상으로 뻗은 교통로도 형성되어 갔습니다. 요컨대 카마쿠라막부의 성립으로 중세 국가의 구조라는 것은 동심원 구조에서, 그 구조의 틀은 아직 남아있지만, 두개의 중심을 가진, 말하자면 二中心的인 구조로 바뀌었다고 말할 수 있습니다.

그러나 그것 만으로는 동심원 구조 그 자체의 근본적인 전복이라고 할 수 없습니다. 『曾我物語』라는 책 속에 賴朝가 나오는 꿈 이야기가 있는데, 그 이야기에 의하면 賴朝는 왼발로 外浜를, 오른발로 鬼界島를 밟고 일본 전체를 지배했다고 합니다. 이 꿈에 나타난 대외관을 귀족의 대외관과 비교 하면 적극적이긴 하지만, 外浜과 鬼界島를 경계 영역으로 하는 기본적인 공 간인식 구조는 여전히 살아 있다고 하지 않을 수 없습니다.

카마쿠라에도 조금씩 변하기는 했으나 여전히 남아 있던 그 동심원 구조 가 언제쯤 붕괴되는 것일까? 또한 어떻게 붕괴되는 것일까 하는 문제입니다 만, 결론부터 말씀드리자면 변경이라든지 境界, 혹은 그 밖의 장소에서 활 동하는 인간 유형이 널리 등장하고, 그들의 행동을 통하여 日本海와 東中國 海가 그 주변 지역을 연결하는 바다로 되어 갑니다. 즉 內海를 둘러싼 지역 이 등장함에 따라서 붕괴되었을 것입니다. 그 싹은 13세기라고 생각합니다.

우선 日蓮의 편지에도 나오는 日本列島를 둘러싼 水上交通의 발전이라 는 것이 있습니다. 日蓮의 편지에는 太平洋 쪽의 항로가 나와 있지만, 日本 海 쪽의 항로는 그것보다도 일찍, 보다 더 대규모로 전개되고 있었습니다. 若狹에서 蝦夷地에 이르는 루트가 항상적으로 기능하고 있었다는 것은 몇 몇 사료에서 확인할 수 있습니다. 그러한 水上交通의 활성화가 日本列島의 주변부인 한반도라든가 蝦夷地, 琉球 등지로 사람과 물품이 흘러들게 하는 교통수단을 제공했습니다. 그리고 왜구의 출현은 1220년대입니다만, 그것도 사람과 물자가 유통되는 표현이었다고 생각할 수 있습니다.

이에 따라 日本列島의 주변부인 蝦夷와 琉球를 주로 생각해 보아도, 그곳에서 경제적인 변동으로 생겨나게 된, 말하자면 未開에서 文明으로의 이행이 일어난 것도 같은 13세기의 일이었을 것으로 생각합니다. 그 이행을 간단히 말씀드리면, 蝦夷地에서는 그 무렵 擦文文化에서 아이누文化로의 이행이 시작되었다고 생각합니다. 정치적인 움직임에서도 13세기 후반부터 14세기에 걸쳐 일본의 중앙 사료에 蝦夷의 반란이라고 부르는 사건이 기록되어 있습니다. 그것도 擦文文化에서 아이누文化로 문화가 변용해 가는 표현이 아닐까 하고 생각합니다.

그리고 오키나와섬을 보더라도 14세기 후반이 되어 사료에 나오는 세개의 정치세력, 이것을 三山이라고 합니다만, 그 싹은 13세기에 돋아난 것이 아닐까요? 그 무렵의 오키나와에서는 유력한 지방 호족인 按司라고 블리는 사람들이 서로 싸우고, 그런 가운데 점차 정치적인 통합을 보게 되었으며, 세 개의 그룹으로 형성되어 가는 움직임이 일어나고 있었던 것으로 생각합니다.

그리하여 13세기에 동심원 구조를 무너뜨릴만한 요소가 잇달아 등장한 것입니다만, 이런 요소들이 성숙되는 것은 15세기였을 것으로 생각합니다. 日本海 쪽의 해상교통은 더욱 활발해지고, 若狹과 函館을 연결하는 정기 항로가 성립하게 됩니다. 그 루트를 통하여 광범위한 인신매매가 행해지게 되고, 노예상인들의 활동이 『說經節』이라는 중세 후기의 문학작품 속에 종종 등장하고 있습니다. 유명한 「山椒太夫」 속에서 廚子王丸의 어머니가 越後의 直江浦(지금의 直江津)에서 이리 저리 팔리다가 蝦夷地까지 팔려갔다는 이야기가 나옵니다만, 이것은 역시 日本海 쪽의 해상교통을 문학적으로 검증한 것으로 생각할 수 있습니다. 또한 御伽草子라는 중세 후기의 이야기 중에 「御曹子島渡海」라는 것이 있습니다. 이것은 義經이 蝦夷地로 잠입하여 어떤 병법서를 가지고 돌아온다는 줄거리인데, 蝦夷地로 건너갈 때 津輕의

十三湊라는 곳에서 배를 타고 떠나는 장면이 있습니다. 十三湊는 津輕半島 서해안에 있는 중세에 번창했던 항구인데, 그곳에 北國船과 蝦夷船, 즉 北陸 지방이라든가 아이누의 배와 함께 高麗船이 출입했다고 기록되어 있습니다. 요컨대 이곳에는 日本海 건너편과 교통했던 사실의 한 자락이 나타나 있습니다.

그리고 이와 같은 15세기 무렵의 環日本海 지역의 교통을 장악하고 있던 사람은 도대체 누구였을까 하는 점을 생각할 때 떠오르는 인물이 十三湊를 중요한 근거지의 하나로 蝦夷地와 광범위하게 교역을 하던 安藤이라는 武士입니다. 安藤은 蝦夷地와의 교역으로 막대한 이익을 올리고 있었으며, 그 일부를 막부에 바쳤다는 사료가 있습니다. 또 당연한 일이기도 하지만 아이누와도 밀접한 접촉을 가지고 있었습니다. 그러한 접촉 중에 北海島와 樺太를 경유하여 대륙에 이르는 루트가 있고, 이와는 달리 對馬에서 한반도를 경유하여 같은 곳에 이르는 루트가 있으며, 두 길은 지금의 러시아 沿海州 부근에서 만난다는 인식을 가지고 있던 흔적이 있습니다. 즉 그곳에서는 이미 日本海가 닫힌 圓環이라는 인식을 볼 수 있는 것입니다.

日本海와 마찬가지로 內海를 둘러싼 또 하나의 지역으로 環中國海라는 곳도 생각할 수 있습니다. 이 문제는 오늘의 테마와는 다소 거리가 있기 때문에 간단히 말씀드리자면, 그 지역의 담당자로는 여러 부류가 나옵니다만 최초에는 琉球人이 활약하였습니다. 琉球는 그 당시 일본·중국·조선, 아울러서 동남아시아 각국을 연결하는 광범위한 무역으로 나라를 일으켰습니다. 그러한 琉球를 차츰 무력으로 쫓아 내고, 琉球로부터 일본 또는 조선에 이르는 루트를 장악했던 주인공은 남북 九州를 중심으로 하는 武士團, 즉 왜구였다고 생각됩니다. 나중에는 포르투갈 상인들도 이 경쟁에 참여하였고, 그렇게 다양한 민족으로 이루어진 집단으로 環中國海 지역이라는 것이 성립되었다고 할 수 있습니다.

그러나 그 주축을 이루고 있던 것이 누구인가 하면 역시 중국인 밀무역상이었다고 보는 것이 타당할 것으로 생각합니다. 당시 중국을 지배하고 있던 明은 국내 상인이 바다로 나가는 것을 금지하고 있었습니다. 이것을 「海禁」이라고 합니다만, 그 때문에 민간의 무역활동은 모두 비합법적인 형태로 행해질 수 밖에 없었습니다. 그래서 밀무역상이 되어 버린 중국 상인들은 온갖 수단을 동원하여 무역활동을 계속하는 것입니다만, 그 표현방식이 포르투갈인을 끌어들인다든가 왜구와 제휴한다든가 琉球에서 明으로 파견하는 사절단을 이용한다든가 하는 그런 형태였습니다.

그리고 그런 다민족적인 집단 속으로 일본인도 몸을 던졌다고 생각할 수 있습니다. 예를 들면 16세기의 왜구 수령에 王直이라는 중국인이 있었습니다. 그는 중국의 연해안에 본거지를 가지고 있었습니다만, 明의 관헌 때문에 그곳에서 쫓겨나고 平戶로 근거지를 옮겼습니다. 거기에서 3천명의 부하를 거느리고, 36곳에 이르는 섬의 주민들을 지휘하면서 임금님같은 생활을 누렸다고 합니다. 3천명이나 되는 부하의 대부분은 일본인이었겠지요. 王直을 따랐던 일본인들의 의식을 추측해 보면, 그들이 일본이라는 국가에 소속되었다는 귀속의식을 가지고 있었다고는 도저히 생각할 수 없습니다. 국가보다는 국경을 초월한 영역을 가진, 이른바 環中國海 지역 속에서 더 많이 살았던 사람들이었다고 생각합니다.

마지막으로 중세라는 시대의 특징을 간단히 정리해 보겠습니다. 중세 전후의 시대, 즉 고대나 근세에 비하면 국가의 구조가 미약하고, 인민에 대한 국가의 규제력이 약하다고 할 수 있습니다. 약하기 때문에 그만큼 외부 세계와의 교류가 다양한 형태로 나타났으며, 다양한 사람들이 참가하는 다양한 형태의 교류를 볼 수 있게 된 것입니다. 그것을 「중세 일본의 안과 밖」이라는 테마로 끌어들여서 생각해 보면, 사실은 안과 밖이라는 구별 자체가 지금 우리들이 생각하는 것만큼 절대적이지는 않았다는 사실에서, 말하자면 테마 그 자체를 부정하는 모양새가 되어 버리는 것이 아닌가 하는 생각을 합니다.

중세라는 시대는 우리의 상식으로 생각하면 안됩니다. 우리의 상식으로는, 우리는 전부 어느 한 나라의 국적을 가지고 있습니다. 그리고 국적이라는 것은 단지 어떤 나라에 소속되어 있다는 법적 형식에 그치지 않습니다. 공통체적인 의식이라고나 할까요, 영어로 말하면 내셔날리티(국가주의)입니다. 그러한 것도 동시에 가지고 있습니다. 국경 밖의 세계와는 상당히 다른 존재로서 스스로를 의식하지 않으면 안되는 상황에 놓여 있다고 생각하는 것입니다.

그러나 국가를 절대시하는, 국가를 모든 것 위에 두는 그와 같은 견해가 최근의 세계 정세를 볼 때 과연 언제까지 이어질 것인지 의문이 듭니다. 그리고 지금 環日本海라는 교류를 생각할 때도 국가라는 기본적인 원칙은 원칙으로서 존재하는 것입니다만, 그것과는 별개로 개인적 차원에서 다양한 교류를 축적하는 것이 日本海를 지금까지의 긴장의 바다에서 교류의 바다로 풍부하게 변모시켜 가기 위하여 필요한 것이 아닌지, 그리고 그러한 과제로서 중세의 상황은 하나의 암시를 주는 것이 아닌지 하는 것을 결론으로 하면서 저의 이야기를 마치겠습니다. 대단히 감사합니다.

제2장
고려시대 한일관계

제1절 고려·三別抄의 반란과
몽골 침입 전야의 일본

I. 머리말

몽골침략은 섬나라 일본이 외국군의 침공을 경험했던 드문 사건으로서 그 후의 일본에 많은 영향을 주었다. 그 중에서도 현대인의 입장에서 간과할 수 없는 것은 일본인의 국제의식에 미친 規定性일 것이다. 이른바 "神風"이 침략의 피해를 최소한으로 막은 것은 ≪일본은 신성 불가침하고 至上의 국가≫라는 맹신을 조장하였다. 그것은 아주 최근까지 일본인의 국제의식을 주술처럼 구속해 왔고, 무모한 침략전쟁으로 일본인을 몰고 간 끝에 외국군에 의한 국토의 전면 점령이라는 미증유의 불행을 초래하였다.

패전 전의 몽골침략 연구는 대략 이와 같이 편협하고 독선적인 국제의식을 증폭시키는 방향으로 추진되었다. 무사의 勇戰이 칭송되고, 당시의 역사 단계에서 보아 허구에 불과한 "전국민의 적개심 앙양"이 떠들썩하게 선전되었으며, "보이지 않는 神佛의 도움"에 감격의 눈물을 흘렸다. 몽골침략이 고려를 전진기지로 이용하여 수행되었다는 사실도 고려는 앞장서서 몽골을 안내했던 가증스런 적일 뿐이라는 견해에서 평가되었고, 고려와 일본이 같은—이렇게 단언해 버리기에는 너무나 가혹한—운명에 처하게 된 같은 처지에서 파악하려는 시각이 부족하였다.

한편 전후의 일본 중세사 연구에서는 "大東亞共榮圈"적인 과대망상에 대한 반발의 탓도 있어 일종의 쇄국적 경향이 진하게 배어 있는 것으로 생각된다. 그 이유의 하나는 遣唐使 폐지 이후 足利義滿의 明에 대한 朝貢에 이르기까지는 국가간의 공식적인 외교관계가 두절되어 있었다는 사실에 뿌리를 두고 있으며, 또 하나는 일본 중세의 진보를 짊어진 것으로 평가되는 領主制가 궁벽한 농촌에서 시작된다는 발상에 근거를 두고 있다. 그 결과 국제 환경의 규정성을 捨象하고 일본의 역사과정을 논의하는 경향이 지배적이 되었으며, 외교사 내지 대외관계사 분야는 극소수의 연구자에게 맡겨진 특수한 연구 영역으로 간주되어 왔다. 종합적으로 보아 일본 중세사 연구의 주류는 근대 일본의 국제의식을 특징짓는 거만한 독선적 경향과 비굴한 자학적 경향, 게다가 그 밑바닥에 있는 ≪脫亞論≫적 발상을 극복하는 작업에 별로 기여하지 못했다고 말할 수 있다.

제목으로 정한 고려 三別抄의 반란은 몽골의 고려 침략에 대한 최대의 무력저항이며, 아울러서 몽골의 일본 공격에 걸림돌이 된 사건이다. 그래서 여기서는 다음의 두 가지를 과제로 삼기로 한다.

① 몽골의 침략이라는 국가적 · 민족적 위기에 대한 고려측의 대응으로서 이 반란이 어떠한 위치를 차지하는지 밝혀보기로 한다.
② 외국에서 발생했고, 이름조차 거의 알려져 있지 않은 이 반란이 일본의 역사과정과 얼마나 밀접한 연관을 가지고 있었는지를 밝힌다.

위의 작업을 통하여 동아시아의 여러 국가 중 하나로서 일본이 차지하는 위치에는 다른 나라들과의 사이에 어떠한 공통점과 차이가 있었는지, 복합

적인 시각에서 몽골침략의 의미를 다시 생각하는 실마리를 얻고자 한다. 그
것은 또한 국제정치 무대에 어쩔 수 없이 끌려나온 중세 일본이 스스로를
둘러싼 상황에 주체적으로 어떻게 대응하려고 했는지(또는 하지 않았는지)
고찰해 보는 것을 통해서 일본인의 아시아 인식에 반성을 촉구하는 재료가
될 수도 있을 것이다.

II. 고려사에서 삼별초의 난

1. 사건개요

삼별초 난의 역사적 성격을 검토하기에 앞서 삼별초란 무엇인가, 반란은
어떻게 진행되었는가-하는 두 가지 점에 대하여 간략하게 설명하고자 한
다.[1]

삼별초란 무엇인가

別抄란 군에서 용맹한 병사를 선발하여 편성한 부대를 가리킨다. 1174년
崔忠獻이 문신 趙位寵의 반란을 진압할 때 「別抄都令」에서 선발되었다는
것이 사료에서 볼 수 있는 첫 기록이다. 1170년과 1173년 무신에 의한 문신
살육(庚寅·癸巳의 난) 이후 고려는 무인정권시대로 돌입했으며, 몇 차례의
정변을 거친 뒤 1196년에 崔忠獻이 李義旼을 살해하고 권력을 빼앗아 무인
정권을 확립한다.[2] 정규군(府兵)의 무력화에 수반하여 정예부대인 別抄가

---

1) 이 節의 기술은 일일이 밝히지 않지만 池內宏,「高麗の三別抄について-附錄、
  三別抄の叛亂」(『史學雜誌』 37편 9호, 1926년, 뒤에 同著 『滿鮮史硏究』 中世第
  三册, 吉川弘文館, 1963에 다시 수록) 및 旗田巍, 『元寇-蒙古帝國の內部事情』
  (中公新書, 1965) 제2·4장에 의거하였다.
2) 무인정권의 성격에 대해서는 金鍾國「高麗武臣政權の特質に關する一考察-私兵

무인정권과 계속 밀접한 관계를 가지면서 등장하는 것에 주의해야 한다.
  그러나 초기의 別抄는 필요에 따라 편성되었고, 임무를 마치면 해산하는
임시적인 부대였다고 생각된다. 다른 한편에서는 지방군에서 선발된 別抄
(「慶州別抄軍」,「都護別抄」 등)와 무인의 사병인 「馬別抄」도 볼 수 있다. 이
들 別抄는 수도에 본거지를 둔 상비군으로서의 三別抄와 직접 연결되는 것
은 아니다.

  사료 I
    원종 11년 5월(1270)에 三別抄를 해산시켰다. 이전에 崔瑀가 나라에 도적이
  많음을 근심하여 용사들을 모아서 밤마다 순행하며 폭행을 금지시켰는데 이로 인하
  여 夜別抄라 불렀다. 그 후 도적이 각 도에서 일어나자 별초군을 각지로 나누어
  보내 이들을 잡게 했는데, 별초군의 수가 매우 많아져서 좌우 별초로 나누게 되었
  다. 또한 고려 사람으로서 몽골에서 도망하여 돌아온 사람들을 모아 한 부대를 조
  직하고 神義軍이라 불렀는데 이것을 三別抄라고 하였다. 權臣들이 정권을 잡자
  三別抄를 자기의 조아(爪牙 - 호위자)로 삼고 그들에게 봉급을 후하게 하거나 사사
  로이 혜택을 주고 또 죄인의 재산을 몰수하여 나누어 주었으므로 三別抄는 권력있
  는 신하들이 하라는 대로 하고 그들의 기분을 맞추려고 앞다투어 힘써 일하였다.
  金浚이 崔竩를 죽인 일과 林衍이 金浚을 죽인 일이나 宋松禮가 惟茂를 죽인 일
  이 모두 三別抄의 힘을 빌린 것이다. 그런데 왕(元宗)이 옛 서울로 도읍을 다시
  옮기게 되자 三別抄가 도리어 딴 마음을 품었으므로 이들을 해산시켰다.(『高麗史』
  卷81, 兵志 1, 五軍)

  위의 사료에 따르면 夜別抄는 崔瑀(충헌의 아들)의 집권시대(1219~1249)
에 나라의 도적 추포를 위하여 설치한 것이며, 그 후 병사 수가 증가하자
좌우의 두 부대로 나누었고, 다시 몽골에서 도망해 온 고려인으로 편성한
神義軍을 합쳐서 三別抄로 총칭하게 되었다고 한다. 夜別抄가 사료상에 처
음 보이는 것은 1232년 崔瑀가 몽골 침략을 피하여 강화도 천도를 결행했

  集團と經濟的基盤を中心として-」(『朝鮮學報』 17집, 1960년) 참조.

을 때 「夜別抄指揮金世冲」이 이에 반대하여 開京 사수를 주장했다는 기록
이다. 1231년에 시작되어 약 30년간 여섯 번에 걸쳐 반복된 몽골의 고려 침
략은 전국을 「骸骨이 들판을 뒤덮는」 참상에 빠뜨렸다. 그동안 야별초는 종
종 강화도에서 몽골군이 침략하는 州縣으로 출동하여, 국내의 치안유지에서
反蒙古 抵抗戰으로 활동의 중점을 옮겨 갔다.

1257년, 崔瑀의 뒤를 이은 아들 沆이 병사하였다. 이듬해 沆의 아들 竩가
金浚에게 살해당하고 최씨 무인정권은 4대로 멸망한다. 고려왕 高宗은 마침
내 몽골의 요구를 받아들이기로 결의하고 1259년에 태자 倎을 몽골에 입조
시켰고 얼마 후 죽었다. 같은 해 몽골에서도 황제 몽케가 죽었고, 내분 끝에
이듬해 쿠빌라이가 皇位에 오른다. 쿠빌라이는 종래의 무력침략 방침을 전
환하여 귀국 후 왕위에 오른 倎(元宗)과 강화를 맺었다. 이리하여 양국 관계
는 새로운 국면을 맞이하게 되지만, 남은 최대의 현안은 고려가 약속에 따
라 수도를 개경으로 다시 옮기는 것, 즉 出陸의 실행이었다. 30년간의 전투
중에서 강화도는 反蒙 저항운동의 심벌이 되어 있었기 때문에 出陸은 고려
의 완전한 굴복을 의미하였다.

그런데 『고려사』 권129 崔沆傳에 다음과 같은 기사가 보인다.

사료 Ⅱ
　　崔沆이 죽자 … 대장군 崔瑛 · 蔡槇 및 能 등이 夜別抄 · 神義軍 · 書房 3
　　番, 都房 36번을 집합시키고 (최의를) 옹위한 후 (崔沆의) 사망을 발표하였다.(『高
　　麗史』 권129 崔沆傳)

여기서는 「夜別抄 · 神義軍」 즉 三別抄가-이것은 神義軍의 첫 사료이다
-최씨의 「門客을 상층으로, 家僮을 하층으로 하는 私兵集團」[3]인 都房 및
「문객 중의 文人으로 조직되어 三番으로 나누어서 교대로 숙위를 담당」[4]했

---

　3) 李基白 『韓國史新論 改訂新版』 (武田幸男他 譯, 學生社, 1979) 179쪽.
　4) 위의 책, 181쪽.

던 書房과 함께 崔沆의 장례식을 호위하고 있다. 삼별초는 성립경위부터 확실히 국가의 공적인 군대이며 무인의 私兵은 아니다. 그럼에도 불구하고 실제의 활동에서는 두 가지가 일체화하여[5] 무인의 給養을 받으면서 「그들이 하라는 대로 하고」, 그들의 「호위병(爪牙)」으로서 기능하고 있다(사료 I).

그러나 都房 등이 최씨 등 무인의 개별 가문에 예속되어 있음에 반하여 사료 I에서 최씨 멸망 이후 몇 번의 정변이 모두 三別抄의 힘을 빌려서 거행되었다는 기록에서 알 수 있듯이 三別抄는 특정 가문으로부터는 독립적인 존재이다.[6] 정변으로 차례 차례 주인이 바뀌는 과정에서 「權臣들의 집권」에 그들 마음대로 부려먹는 것처럼 보이지만, 사실은 정권의 방향을 결정하는 주체가 三別抄 쪽으로 옮겨가고 있었던 것이 아닐까?

반란의 경과

1268년 金俊을 살해하고 권력을 잡은 무인 林衍은 다음 해 6월 出陸 실행을 서두르던 元宗을 폐하고 자신의 꼭두각시로서 元宗의 동생인 安慶公 淐을 왕위에 올렸다. 입조 중이던 왕세자 심(諶)에게서 이 사건을 들은 쿠빌라이는 몽골의 허락 없이 행해진 국왕의 폐위를 林衍의 반역으로 간주하고 元宗의 복위와 元宗·淐·林衍의 입조를 명하였다. 11월에 林衍은 할 수 없이 元宗을 복위시켰고, 다음 달 元宗은 入朝의 길에 올랐다. 林衍의 책모는 몽골의 고려 간섭에 절호의 구실을 주는 결과를 초래하였다.

---

5) 『高麗史』 권129 崔沆傳 高宗36년(1249)에, 崔瑀 사망에 즈음하여 그의 심복이던 周肅이 「領夜別抄及內外都房, 欲復政于王」하였다고 기록되어 있다. 이것이 夜別抄와 都房이 함께 기록된 첫 사례이다. 여기서는 都房이 夜別抄와 함께 최씨 집정을 부정하는 책모에 이용되고 있으며, 都房 가문으로부터 어느 정도 독립하였음을 알 수 있다.

6) 池內 注 1)의 책, 92~93쪽. 內藤雋輔 「高麗兵制史管見」(『靑丘學叢』 15~16집, 1934년, 뒤에 同著 『朝鮮史研究』 京都大學文學部內 東洋史研究會刊, 1961년에서 다시 수록)에서는 三別抄를 「私兵」 항목에서 다루고, 都房 등과 사실상 동일시하고 있지만 이것은 본질과 現象 형태를 구별하지 않은 논의이며 따를 수 없다.

이듬해 1270년 2월, 林衍은 근심 끝에 병사하고 아들 惟茂가 뒤를 이었지만 惟茂도 5월 14일에 出陸派 宋松禮·洪文系 등에게 살해되면서 고려의 무인정권 시대는 끝난다. 이리하여 出陸에 반대하는 정치세력은 일소된 것처럼 보였다. 元宗은 5월 27일 호위병을 사칭하는 몽골군의 대부대를 따라서 개경으로 돌아왔다.

그러나 이보다 앞선 23일, 三別抄는 元宗의 뜻을 받은 강화도의 宰樞가 出陸 기일을 발표했지만 이에 따르지 않았으며, 관청의 창고를 파괴하고 돈과 식량을 반출하기 시작했다. 사신의 설득도 효과가 없는 것을 본 元宗은 29일 金之氐를 강화도로 보내 삼별초 폐지를 통고하고 그 名簿를 몰수하였다. 명부가 조만간 몽골의 손에 들어갈 것을 예상한 三別抄는 다음날(6월 1일) 전국에 「蒙古兵大至, 殺戮人民, 凡欲輔國者, 皆會毬庭」[7]이라는 격문을 띄우고 반란을 일으켰다.

그런데 사료 I 에서 알 수 있듯이 林惟茂를 제거하는 실행부대는 다름아닌 三別抄이며, 그 후 10일 사이에 삼별초의 태도에는 급격한 변화가 있었음을 알 수 있다. 그 배경에는 권신의 단순한 도구로서의 지위에서 벗어나 스스로를 주체적인 정치세력으로 재인식한다는 三別抄의 정치적 성장이 있었다고 생각된다.[8] 왕실이 몽골에 완전히 굴복하려고 했던 그 순간 자각은 행동으로 전환되었다. 이리하여 삼별초는 ≪反蒙救國≫이라는 민족적인 과제를 담당한 주체로서 역사의 전면에 등장하게 되었다.

반란군의 수령은 裵仲孫·盧永禧 두 명이며, 왕족인 承化侯 溫을 국왕으

---

7) 『高麗史』 권130 裵仲孫傳.
8) 旗田은 주 1)의 책 83쪽에서 「그 사이의 변화는 크지만 사료가 없기 때문에 사정을 알 수 없다」고 하면서, 「林惟茂의 誅殺에는 그 중의 극히 일부가 이용되었던 것같다」고 추측하고 있다. 그러나 『元高麗紀事』(『廣倉學宭叢書』甲類 제2집 수록)에 실린 至元 9년 정월의 세자 愖의 上表에는 「往年五月十四日夜, 宿向前軍所, 及夜半, 松禮與衍之壻洪文系, 克期會到, 扮使神義軍屬松禮, 即刻扮先率不多人突入, 左右邊三別抄, 所密諭而能合衆心, 比曉與三別抄攻破惟茂家, 滅之」라고 나와 있으며 旗田의 추측은 받아들이기 어렵다.

로 옹립하여 관부를 세우고 인원을 배치했다고 한다. 이것은 「반란이 단순한 폭동이 아니라 몽골에 굴복한 구 국왕, 구 정부를 부인하고 새로운 독립정부의 수립을 목표로 했다는 것을 보여준다」.9) 사실 이듬해에 반란군이 일본에 구원을 요청했을 때 그들은 고려의 정통 정부임을 내세우고 있었다.10)

반란군은 즉시 적의 본영에 가까운 강화도를 떠나, 1천여 척의 배11)에 각종 재화와 元宗의 귀국을 맞이하러 섬을 나가 있던 宰臣의 잔류 가족들을 태우고 한반도 서해안을 남하하여 이윽고 서남단 해상의 珍島를 근거지로 정했다. 고려 정부군과 몽골군은 9월부터 연말까지 여러 차례 珍島를 공격했으나 그때마다 격퇴당했다. 이듬해 1271년 3월 무렵에는 반란군의 세력이 정점에 달하여 전라도 전체를 거의 제압하였고, 이웃한 경상도 남해안일대를 공략하기에 이르렀다. 그런데 4월 중순부터 몽골이 본격적으로 진압에 나서자 형세는 바로 역전되어 5월 15일에는 여몽 연합군이 珍島를 공략하였다. 承化侯 溫은 살해되고 1만여 명이 잡혔으며, 잔당은 金通精에게 이끌려 더 남쪽 해상에 있는 탐라(제주도)로 도주하였다.

잠시 거취를 숨기고 있던 반란군은 연말이 되자 다시 한반도 남해안에 모습을 드러낸다. 이듬해 1272년 3월 이후 전라도 연안을 중심으로 동쪽은 경상도 합포 · 거제까지 세력을 뻗었고, 북쪽은 충청도 · 경기도에 출몰하며 개경을 위협하기에 이르렀다. 元(1271년 11월 국호를 세웠다)과 고려의 토벌책은 이번에는 시간을 두고 신중하게 진행되었다. 1272년 11월, 元은 屯田軍(몽골군) · 漢軍 · 고려군을 합쳐 1만여 명의 출병을 결정하였다. 이듬해 2월, 토벌군은 남하를 개시하여 4월 28일에 제주성이 함락되고 金通精은 자살했으며 휘하의 三別抄 1,300여 명이 투항했다. 이리하여 햇수로 4년에 걸

---

9) 旗田 주 1)의 책, 85쪽.

10) 石井正敏, 「文永八年來日の高麗使について―三別抄の日本通交史料の紹介―」(『東京大學史料編纂所報』 12호, 1978년) 4쪽.

11) 여몽 연합군이 삼별초 진압에 사용했던 배는 400척을 넘지 않았고, 文永의 役에서 병사 2만 6천을 실은 배는 900척이었다(후술). 「千餘艘」의 배 모두가 전함은 아니었겠지만 반란군의 세력을 어느 정도 알 수 있다.

친 반란은 완전히 패배하였다.

6월, 元은 탐라에 招討司를 두고 鎭邊軍을 배치하여 직할령으로 삼았다. 동북면의 雙城摠管府, 서북면의 東寧府 설치(후술)에 이어서 다시 고려의 영토가 元으로 넘어간 것이다.

2. 역사적 성격

역사를 돌아보면 반란의 역사적 성격에 대하여 두 가지 견해가 존재하는 것을 알 수 있다. 그래서 두 학설의 사료적 근거를 검토하면서 이 문제를 더 심도있게 생각해 보고자 한다.

叛賊인가 義兵인가

三別抄의 반란에 처음으로 주목한 池內宏은 반란군을 「賊」, 「叛賊」, 혹은 「海賊」이라는 말로 표현하고 있다.[12] 池內의 주요한 관심은 三別抄를 고려의 兵制史로 파악하고 무인정권 시대의 정치과정과 관련지어서 그 연혁을 서술하는 데 있으며, 따라서 반란의 성격을 적극적으로 규정하려고 하지는 않았다. 「叛敵」이라는 표현은 논술 중의 주요 전거인 『高麗史』의 용어를 그대로 차용한 것으로 생각된다. 그러나 池內가 반란의 성격규정에 불가결한 사료인 三別抄의 檄(앞에서 언급하였음)에 대하여 한 마디도 언급하지 않으면서, 한편에서 「三別抄의 賊穴이 몽골군의 강력한 원조로 무너진 결과 그 근거지였던 탐라도는 몽골의 소유가 되었다」[13] 는 식으로 서술하는 것을 보면, 연구자의 사상·감정을 제거하고 오로지 논리적 합리성을 추구하는 「일종의 논리학」이라고까지 평가되는[14] 그의 연구도 역시 시대의 산물

---

12) 池內 주 1)의 논문의 附說 「三別抄の叛亂」.
13) 池內宏, 『元寇の新研究』(1), 東洋文庫, 1931, 86쪽.
14) 旗田巍, 「日本における東洋史學の傳統」, 幼方直吉 기타 편, 『歷史像再構成の課題』, 御茶の水書房, 1966, 214쪽.

이라는 느낌이 든다.

池內에 대하여 「우스운 일은, 종래 일본의 역사가도 三別抄를 역적이나 해적으로 보았다. 王朝史觀에 감염되어 있었던 것이다」라고 비판하면서,

> 삼별초의 상대는 몽골·고려라는 이중의 권력이었다. 이같은 이중의 강적을 상대로 삼별초가 여기까지 저항할 수 있었던 것은 농민을 비롯하여 광범위한 민중의 지지를 받고 있었기 때문이다. 외적에 대한 저항은 동시에 외적과 결탁한 국내 지배층에 대한 투쟁이기도 하였다.

라고 하며 이른바 三別抄＝義兵說을 전개한 것이 旗田巍이다.[15] 그 학설의 사료적 근거는 三別抄가 ≪反蒙救國≫을 표어로 온 나라에 궐기를 호소했던 앞의 檄 외에, 그들이 「광범위한 민중의 지지를 받고 있었다」는 것을 보여주는 세 가지 사료이다(모두 『高麗史』 世家 元宗 12년(1271)條. 池內는 이 사료에 대해서도 언급하지 않았다).[16]

사료Ⅲa

정월 병술일(22)에 … 密城郡에 사는 方甫·桂年·朴平·朴公·朴慶純·慶祺 등이 군내 사람들을 모아 장차 珍島와 호응하기 위하여 副使 李頤를 죽이고 마침내 攻國兵馬使를 자칭하면서 군현에 통첩을 보냈으며, 도당을 보내 淸道監務 林宗 (崔良梓라고 적은 곳도 있다)을 죽였다. 청도군 사람들이 그들에게 거짓으로 항복하고 술을 마시게 하여 취한 다음에 모조리 잡아죽였다. 이때 密城 사람 趙阡이 一善 縣令으로 있었는데 적들이 趙阡을 불러다가 같이 반역할 것을 약속하자고 하니 趙阡이 이에 동의하였다. 그는 얼마 후 그 일당이 淸道에서 몰살당했다는 소식을 듣고 고을 사람 孫逸과 더불어 역적의 괴수를 죽일 계획을 세웠다. 안찰사

---

15) 旗田 주 1)의 책, 106쪽.
16) 위의 책 88~89쪽. 물론 한국 연구자는 旗田보다 먼저 이 사건에 주목하고 있었지만(예를 들면 金庠基『韓國全史 高麗時代史』, 東國文化社, 서울, 1961년, 576~577쪽), 필자는 한국어를 잘 모르기 때문에 이용할 수 없었다.

李敖(李淑眞이라고 쓴 곳도 있다)가 金州防禦使 金晅, 慶州判官 嚴守安과 함께
군대를 인솔하고 갑자기 이르니 趙阡 등이 方甫 등을 죽이고 항복하였다. 이리하
여 반란이 평정되었다.

사료Ⅲb

　　정월 계사일(29)에 관노 崇謙, 功德 등이 무리를 모아 達魯花赤과 나라의 관
직에 있는 자들을 죽이고 珍島로 가서 투항하려고 음모하였는데, 隊正 宋思均이
변란을 고발하였으므로 왕이 장군 崔文本·曹子一에게 명하여 이들을 문초하였
다. 그런데 갑자기 祗侯 辛佐宣이 항간에서 7~8명의 사람들이 모여 수군거리는
것을 보고 왕에게 달려와 일이 급하다고 아뢰었다. 그때는 해질 무렵이었는데 宰樞
및 承宣, 重房, 內侍, 茶房 등이 서로 돌아보며 크게 놀라 실색하였고 어찌할 바
를 몰랐다. 왕이 知樞密院事 李玄原과 上將軍 鄭子璵를 보내 탈타아(脫朶兒, 다
루가치)에게 구원을 청했다. 탈타아는 洪茶丘 등과 함께 재상들을 모아놓고 崇謙
등 10여 명을 체포하여 고문하니 모두 사실이라고 자복하였다.

사료Ⅲc

　　2월(7) 신축일에 窄梁의 초소를 지키고 있던 몽골병이 大部島에 들어가 주민
들을 침탈하니 주민들의 원망이 심했다. 大部島 사람들이 崇謙 등이 궐기했다는
소식을 듣고 마침내 몽골 병사 6명을 죽이고 반란을 일으켰다. 水州副使 安悅이
군사를 거느리고 이를 토벌하여 평정했으므로 安悅의 관직을 5품으로 올려주었다.

　　(注)『高麗史』권106「嚴守安傳」에는「攻」자를「改」자로 적었다.「改國兵
馬使」쪽이 뜻이 통한다.

　　a는 경상도 密城에서 일어난 사건이며, 주민 方甫 등이 珍島의 三別抄에
호응하여 密城郡의 관리를 죽이고「改國兵馬使」를 자칭하며 주변의 군현에
동참을 구했다고 한다. 다른 사료[17]에는 군현이「皆隨風而靡」했다고 하여
상당한 궐기가 있었던 것같으나 趙阡이라는 자의 배신으로 진압되고 만다.

───────────────

17)『高麗史』권106, 金晅傳.

b는 개경의 관노, 즉 국가 소유의 노예가 「達魯花赤[18] 및 전국의 位에 있는 자」, 요컨대 당시 고려의 지배계급을 죽이고 三別抄에 가담하려던 사건인데, 「서로 돌아보고 안색을 잃었으나 계책을 내지 못했다」고 할 정도로 정부 수뇌를 궁지에 빠뜨렸지만 다루가치 등 몽골인이 나서서 겨우 주모자를 체포하였다.[19]

c는 b에 호응하여 개경 근처인 大部島에서 일어났던 봉기이다. 이와 같은 연쇄현상은 삼별초의 난이 계기가 되어 국내에서 잇달아 반란 상황이 확산되어 갈 가능성을 나타내고 있다.[20]

위의 여러 사건들은 旗田의 관점이 옳음을 증명하기에 충분하지만, 旗田說의 약점은 반란군 자체의 내부 분석을 거의 하지 않았던 데에 있으며, 이와 같은 점에서 池內의 학설을 완전히 극복할 수 있었다고 할 수는 없다.

---

18) 「그 글자는 총독·지사 등을 뜻하는 몽골어 darughachi의 對音이며」, 1270년 5월 開京에 부임한 초대 다루가치가 사료 Ⅲb 속에 보이는 타타르이다(池內宏, 「高麗に駐在した元の達魯花赤について」, 池內 앞의 책 『滿鮮史硏究』 중세 제3책).

19) 『高麗史節要』 元宗 12년 정월조에 「茶丘欲使崇謙等辭連本國, 因謀起兵襲取京城, 密與脫朶兒議之, 脫朶兒執不可」라고 나와 있고, 『高麗史』 권130 洪福源傳에도 어느 정도 상세한 기록이 있다. 고려인이면서 아비 福源 때부터 몽골에 투항하였고, 고국을 궁지에 빠뜨리는 계책에는 가장 열심이던 洪茶丘가 다시 중대한 음모를 타타르에게 획책하였다. 「崇謙 등의 辭」란 아마 다루가치 살해 계획을 가리키는 것이며, 茶丘는 이것을 고려 정부의 책임으로 바꿔치기함으로써 일거에 몽골군에 의한 개경 점령=직할화를 노렸던 것이다. 타타르의 반대로 미수에 그쳤지만 崇謙의 亂의 충격이 얼마나 컸는지 알 수 있다.

20) 『高麗史』 元宗 世家 12년(1271) 10월 갑신조에 따르면, 副다루가치 焦天翼이 고려인에게 병기의 私藏를 금하고, 珍島 공격에 사용했던 병기를 몰수하여 鹽州의 屯所로 운반시켰다(몽골은 3월에 屯田經略司를 鳳州에 두었고, 이어서 12월에는 鹽州·白州로 옮겼다). 이듬해 1272년 6월, 고려는 원에 대하여 「우리나라 병졸의 弓箭甲車는 모두 거두어들여 대개의 병사는 徒手裸身이다」라고 탄식하고 있으며(元宗 世家 13년 6월 壬子條), 이 상태는 1273년 2월 탐라출격 명령과 동시에 「스스로 兵仗을 만드는 것을 허락한다」는 詔則이 고려에 내려질 때(동, 14년 2월 丙申條)까지 계속되었을 것이다. 이 사실은 탐라의 삼별초가 한숨을 돌릴 수 있었던 이유의 일부를 설명해 줄 뿐만 아니라, 원이 삼별초의 움직임보다도 고려 민중의 반몽감정을 두려워하고 있었다는 것을 보여주고 있다.

왜냐하면 池內의 「叛賊」說에도 확실한 사료적 근거가 있고, 그것이 반란군의 내부 구성과 관련되어 있기 때문이다.

반란군의 내부 모순

삼별초 반란의 추이를 살펴보면, 이 반란을 전후의 2기로 구분짓는 珍島 전투와 관련하여 두 가지의 이상한 사실을 알 수 있다. 하나는 珍島 반란군 세력의 너무나 급속한 몰락이다. 1271년 3월, 고려가 몽골로 보낸 陳情表에는 「今逆賊日益蔓衍, 侵及慶尙道金州・密城, 加又掠取南海・彰善・巨濟・合浦・珍島等處, 至於濱海部落, 悉皆怵奪」[21]이라고 적혀 있어 반란군이 날마다 세력을 펴고 있던 상황을 읽을 수 있다. 그런데 불과 두 달 뒤에는 珍島가 어이없이 함락되어 버린다. 그 사이에 무슨 일이 있었을까? 또 하나는 珍島 전투를 묘사한 여러 사료[22]에 반란군의 수령 裵仲孫이라는 이름이 전혀 보이지 않는다는 점이다. 지금까지는 이 전투에서 裵仲孫이 전사한 것으로 추측하고 있었다. 그러나 전사했든 도주한 채 잠적했든 반란군 수령의 상태를 확인하는 일은 토벌군에게 가장 큰 관심사였을텐데,[23] 이에 대하여 사료가 침묵하고 있는 것은 이해할 수 없다. 裵仲孫은 과연 이 전쟁터에 있었던 것일까? 이 수수께끼를 푸는 열쇠가 사실은 池內의 「叛賊」說의 근거가 된 사료 중에 있다.

---

21) 『高麗史』 元宗 世家 12년 3월 是月條.

22) 『高麗史』 권104, 金方慶傳이 자세하고, 그밖에 元宗世家 12년 5월 정축조, 권130 洪福源傳, 『元史』 世祖本紀 至元 8년 5월 을미조, 권154 洪俊奇傳, 권208 高麗傳, 『元高麗紀事』 至元 8년 5월 是月條 등이 있다. 가장 중요한 『高麗史』 권130 裵仲孫傳은 중간부터 중손 개인에 대한 기록에서 벗어나 반란 자체의 서술로 되어 있으며, 중손의 동향에 관해서는 입을 다물고 있다.

23) 실제로 반란 후기의 수령 金通精의 경우는 앞의 裵仲孫傳에 「通精率七十餘人, 遁入山中, 縊死」라고 명기되어 있어서 사체 발견에 시간이 걸렸던 것으로 보이며, 두 달이 지난 윤6월 6일, 탐라 留鎭軍이 「得賊魁金通精屍, 以聞」하고 있다 (『高麗史』 元宗 世家 14년 윤6월 병진조).

사료Ⅳa

二月甲辰(10일) … 命忽都答兒, 持詔, 招諭高麗林衍余党裴仲孫.

三月己卯(16일) 中書省臣言, 『高麗叛臣裴仲孫乞, 「諸軍退屯, 然後內附」, 而
忻都未從其請. 今願, 「得全羅道以居, 直隷朝廷」』. 詔, 以其飾詞遷延歲月,
不允.

四月壬寅(9일) 高麗鳳州經略司忻都言, 叛臣裴仲孫, 稽留使命負固不服, 乞林
与赤忽 · 王國昌分道進討. 從之. … 命高麗, 簽軍征珍島.

(『元史』 世祖本紀 至元8年條)

사료Ⅳb

4월 정미(14일)에 追討使 金方慶이 보고하기를, 『珍島의 반적이 사람을 시켜
서 忻都에게 전하기를 「비밀리에 의논할 일이 있으니 당신이(忻都) 잠깐 이 섬에
왔으면 좋겠다」고 하였다. 忻都가 말하기를, 「나는 황제의 명을 받지 못하였으니
어찌 감히 (너희들이 있는 곳에) 들어가겠는가?」라고 거절하였다. 그들이 또 술과
안주를 갖고 찾아와서 대접할 것을 청하니 그것은 허락했다고 하였다. 忻都가 황
제에게 보고하기를, 「반역한 신하 裴仲孫 등이 사신을 억류해 두고 지리가 험한
것을 믿고 항복하지 않으니 忽林赤 · 王國昌과 더불어 여러 길로 나누어 추격 토
벌할 수 있도록 허락해 주시기 바랍니다」라고 하였다. 황제가 이것을 허락하였다.

(『高麗史』 元宗世家 12年條)

池內는 사료Ⅳa의 3월 己卯條를 인용하면서, 「裴仲孫이 전라도를 얻어
몽골에 直屬하겠다고 말한 것은 틀림없이 崔坦의 故智에서 배웠기 때문일
것이다」라고 말하고 있다.[24] 崔坦이란 林衍의 왕 폐립사건 수개월 후 林衍
토벌을 구실로 西京(현재 평양)留守 및 서북면 諸州의 지방관을 죽이고 몽
골에 內屬을 청했던 인물이다. 몽골은 이를 기화로 崔坦 등의 세력범위인
慈悲嶺 이북의 60城을 고려의 영토에서 분리시키고 이곳에 「東寧府」라는
자국의 행정구획을 설치하였다.[25] 崔坦 등은 이 공적으로 쿠빌라이로부터

---

24) 池內 주 13)의 책, 83쪽.

금패를 받고 東寧府「惣管」에 발탁되었다.26) 池內는 裵仲孫의 「內附」 요구
가 崔坦의 그것과 동질이라고 주장했던 것이다. 이 문제에 대하여 旗田는,
「그(裵仲孫)는 몽골군이 철수한 후 교섭에 응하겠다고 대답했다」27)며 간단
히 매듭짓고 있다. 그러나 사료Ⅳ를 사심 없이 읽는 한 裵仲孫이 의도했던
내용이 「교섭에 응하겠다」는 것으로 끝나는 것이 아님은 명백하다.

삼별초에 대한 招諭使로서,28) 또한 고려 주둔 몽골군의 지휘관인 屯田經
略使로서 파견된 忻都에 대하여 裵仲孫은 「비밀회담」을 제안하였다. 그 내
용은 「모든 군대가 철수하면 그 후에 內附하겠다」는 것이다. 忻都가 이를
거절하자 이번에는 「전라도를 얻어서 살고 조정(=몽골)에 直隷」하기를 원
했다. 여기서는 「모든 군대의 철수」가 빠져버린 것에 주의해야 하며, 裵仲
孫이 崔坦과 비슷한 부류로 전락했음이 확실하다.29) 裵仲孫의 이와 같은 행
동은 반란군 내부가 결코 반몽골이라는 한 덩어리가 아닌, 모순을 내포한
것이었음을 추측하게 한다. 이 사실을 반란군이 수립했던 임시정부에서 「左
右承宣」이라는 요직에 있던 劉存奕과 李信孫의 행동에서 찾아보도록 하
자.30)

李信孫은 반란 발생 당시 尙書左丞으로 있던 문신이며 당연히 삼별초의
병사는 아니다. 그러나 신정권의 요직을 차지했다는 사실은 그가 단순한 「협
력자」가 아니라 적극적인 반란 가담자였음을 보여준다. 珍島가 함락되었을
때 「적을 따라 탐라로 가려고」 했지만 결국 「중간에 돌아왔다」. 1273년 2월,

25) 池內 주 13)의 책, 제4장 「高麗に於ける林衍の廢立と蒙古への叛附」.
26) 『高麗史』 권130, 崔坦傳.
27) 旗田 주 1)의 책, 94쪽.
28) 池內 주 13)의 책, 98쪽에 따르면 사료Ⅳa의 忽都答兒와 忻都는 동일인물이다.
29) 사료Ⅳ에서는 또 裵仲孫과 忻都의 교섭이 고려정부에는 비밀리에 진행되었음을
    알 수 있다. 고려정부는 4월 14일이 되어서, 즉 珍島의 무력 공격이 결정된 뒤에
    비로소 양자의 교섭을 알았던 것이며, 그것도 교섭 내용을 이루는 중손의 來附
    요구에 대해서는 「密議」라는 것 밖에는 알려지지 않았다.
30) 『高麗史』 권130 裵仲孫傳. 「承宣」은 왕과 신하를 잇는 역할이며, 일본의 藏人에
    해당한다.

判閣門事 직에 있으면서 충청도 水路防護使를 맡았고,[31] 1274년 말에는 賀
正使로서 원나라에 다녀왔으며,[32] 1277년에는 左庶尹에 올랐다.[33] 珍島의
반란군은 李信孫 같은 동요분자가 다수 포함되어 있었던 것으로 생각된다.
裵仲孫은 점차 이와 같은 세력에게 영향을 받아 갔던 것으로 보인다. 한편
劉存奕의 경력은 반란 발생 당시 대장군직에 있던 무인이라는 것 이외에는
아무 것도 알 수 없다. 珍島 전투 때「南海縣에 근거를 두고 연해를 剽掠」
하고 있었는데, 반란군이 탐라로 도주했다는 말을 듣고「또한 80여척을 가
지고 이를 따랐다」. 결정적인 순간에 그는 李信孫과 대조적으로 삼별초와
운명을 함께 하는 길을 택했던 것이다.

　반란군 멤버의 대다수를 차지하는 이름없는 병사들 개개의 행동은 거의
알 수 없다. 그러나 위에서 밝힌 약간의 사례로도 다음과 같은 추정이 성립
할 수 있다. 즉 반란군의 세력이 정점에 달했던 1271년 3월 무렵, 이미 그
내부에서는 두 세력이 대립하고 있었다. 한쪽은 裵仲孫이나 李信孫으로 대
표되는 동요분자로서, 상황에 따라서는 몽골이나 고려정부와 결탁하여 자신
의 영달을 도모하려는 세력이며, 다른 한쪽은 金通精과 劉存奕으로 대표되
는 反蒙救國 세력이다. 두 세력은 처음에는 고려정부에 대한 반역이라는 한
가지 점에서 공동 행동을 취할 수 있었으나, 裵仲孫이 몽골에게 來附를 청
함에 이르러서는 모순이 현실로 드러나게 되었고, 내분으로 발전하였다. 이
상과 같은 추정을 근거로 앞에서 말한 두 가지 수수께기를 풀 수 있다. 반란
군 세력의 급속한 몰락은 이같은 내분이 초래한 결과이며, 또한 裵仲孫은
내분 과정에서 珍島 함락 이전에 숙청되었을 것이다. 炘都가 裵仲孫의 청을
거절하고 무력제압의 길을 선택한 것은 이 내분이 반란군의 약체화를 초래
할 것이라는 사실, 그럼에도 불구하고 반란군 내부에서는 반몽세력이 여전
히 우세했다는 것을 예측하고 있었기 때문이라고 생각할 수 있다.

---

31)『高麗史』元宗 世家 14년 3월 계축조.
32)『高麗史』忠烈王 世家 즉위년 12월 을사조.
33)『高麗史』忠烈王 世家 3년 정월 갑오조.

위의 고찰에서 반란이 그 전반과 후반에 있어서 근거지 뿐만 아니라 성격에도 변화가 있다는 것이 판명된다. 珍島의 반란군은 다양한 세력이 동거하는 복잡한 구성을 가졌고, 몽골과 고려정부의 움직임에 대한 대응도 복잡하였다. 이에 대하여 탐라의 반란군은 1272년 4월에 왔던 「濟州逆賊招諭使」 琴熏을 「爾等嘗遣人珍島, 誘我緩其心, 引大軍攻破, 惟是父母妻子人情最愛重, 悉已驅掠而去, 兹乃我輩怨入骨髓者也, 今又欲盡滅吾屬而來誘, 則爾等固當殄戮無遺, 然若爾, 則今此事意誰當往告者, 兹用放爾」라고 「嫚罵」하며 「招諭文字」와 함께 쫓아보냈다.[34] 8월, 洪茶丘의 계책에 따라 고려가 金通精의 친척을 탐라로 보내 투항을 권고했을 때도 동요했던 모습은 전혀 없다.[35] 반란군은 珍島 전투에서 수가 줄었고, 어쩔 수 없이 본토에서 멀리 떨어진 탐라로 옮겨가면서도 전반기에 비하여 훨씬 더 끈질기게 싸웠다. 행동범위는 충청도·경기도까지 넓어졌고, 공격목표는 몽골병사·전함·貢米(漕船)·고려 관리로 좁혀졌다. 珍島에서의 패배는 동요분자를 탈락시키는 것으로서 오히려 반란군을 보다 순수한 반몽·반정부세력으로 첨예화시키는 결과를 낳았다.

그러나 반란이 국내 민중의 반정부운동을 차례로 불러 일으키고 정부를 위기에 빠뜨렸던 것은 전반기 뿐이었으며, 후반기에는 그러한 움직임이 보이지 않았다는 것도 잊어서는 안된다. 전반기에 보였던 국내에 대한 정치적인 작용[36]은 모습을 감추었고, 오로지 병선을 이용한 유격전법에 의지하게 된다. 소수 정예화한 반란군은 사상적으로는 어찌됐든 정치적으로는 전반기 만큼의 영향력을 가질 수 없었다고 할 수 있다.

---

34) 『高麗史』 元宗 世家 13년 5월 갑신조.
35) 『高麗史』 元宗 世家 13년 8월 병술조.
36) 1270년 8월, 삼별초는 「矯帝旨, 令全羅道按察使督民收穫, 徒居海島」라는 말을 했고(『高麗史』 元宗 世家 11년 8월 丙戌條), 9월에는 羅州 주민이 삼별초의 행동에 호응한듯 全州에서 항복을 권유하고 있다(『高麗史』 권104, 金方慶傳).

反蒙과 노예 해방

그러면 전·후기를 통해서 이 반란군이 지녔던 역사적 과제—탐라 함락으로 끝내 이루어지지 않았지만—는 어떻게 정리될 수 있을까? 첫 번째 과제가 ≪反蒙救國≫을 내건 봉기 당시의 격문에서 볼 수 있듯이 몽골·고려라는 이중권력에 대한 저항이었다는 것은 의심의 여지가 없다. 이 점은 旗田이 역점을 두고 서술한 부분이며, 여기서도 여러 곳에서 지적했으므로 반복하지는 않겠다. 지금 주목하고자 하는 것은 앞에서 언급한 관노 崇謙 일행의 亂이 제기한 과제, 즉 隷屬身分에서 해방시켜 달라는 요구를 반란군이 어떻게 받아들였는가 하는 문제이다.

사료Ⅴa

12월 을묘(20일)에 세자 王諶이 몽골의 斷事官 不花·孟琪 등과 함께 돌아왔다. 왕이 교외까지 나가 마중하였다. … 또한 詔書에서 이르기를, 「요새 고려의 권신이 난을 일으키려 하므로 군대를 파견하여 동쪽으로 내려가게 하였던 바 이것은 다만 林衍 만을 문책하려는 것이며, 그의 위협에 못이겨 굴종한 자들까지 처단하려는 것은 아니다. 다른 사람에게 기만당하여 사업에서 실수한 자들까지도 공연히 제 혼자서 의심하고 두려워하며 때로는 숨어서 나타나지 않는 자도 있으며, 또는 다른 지역으로 달아나서 결국 그 때문에 반역자가 되는 일이 있다. 나의 본심은 당신의 나라를 평안케 해 주려는 데 있는 만큼 이 조서가 내린 후에 만일 스스로 잘못을 뉘우치고 자기 나라로 돌아오는 자가 있거든 그 이전의 허물을 모두 용서해 줄 것이다. 그들 가운데 일찍이 자기 상전을 배반하고 국내에 숨어 있는 자가 있더라도 역시 안심하고 생업에 종사케 할 것이며, 그들의 상전에게 그들을 찾아낼 것을 허락하지 않을 것이다. 만일 그러지 않는다면 후회해도 미치지 못할 것이다」라고 하였다. 왕이 원외랑 朴天澍로 하여금 황제의 조서를 가지고 삼별초에게 가서 논의하도록 하였다.(『高麗史』 元宗 世家 11년조)

사료Ⅴb

六月 … 世子愖言, 叛兵劫府庫, 燒圖籍, 逃入海中.
(『元史』 卷208 高麗傳 至元 7년조)

Ⅴa는 珍島의 반란군이「이 詔書는 나와 논의하자는 것이 아니다」라고 하면서 쫓아보낸 조서이다. 조서에는, 지난 번에 林衍을 문책하기 위하여 군대를 고려로 보냈는데, 삼별초가 함부로 의심하고 두려워하며 반역을 일으킨 것은 의외의 일이었다. 나는 고려의 안녕을 원하는 사람이므로 지난 날의 잘못을 뉘우치고 본국으로 복귀한다면 이전의 허물은 모두 용서하겠다는 말이 담겨 있었다. 그리고 또 말하기를,「그 중에서 일찍이 주인을 배반하고 너희 나라로 도망하여 숨는 자가 있다 하더라도 또한 생업에 종사케하여 인민으로 삼고 各主의 認識을 허락하지 않겠다」고 하였다. 당시 고려의 혼란스런 상황 속에서 주인의 지배 하에서 도망하여 국내를 유랑하는 예속민 무리가 있었다. 몽골은 그들을 원래의 주인에게 돌려보내지 않고 자립을 인정하겠다는 것이다. 이것은 아마도 삼별초가 예속신분의 해방을 내세운 것에 대항하여 그들을 자기 편에 묶어두려는 정책이었을 것이다.

이렇게 생각하면 사료 Ⅴb에서「圖籍을 불태웠다」는 삼별초의 행위가 주목된다. 강화도 府庫에 보관되어 있던 圖籍이란 토지대장과 田圖 이하 국가의 인민 지배에 관계되는 장부와 도면을 총칭하는 것으로 생각되는데, 그속에는 당연히「賤籍」[37]도 포함되어 있었을 것이다. 圖籍을 태우는 것은 국가가 장악하고 있던 지배-예속관계를 알 수 없게 하고, 결과적으로 예속신분의 해방을 초래하는 행위이다. 그렇기 때문에 개경의 관노 崇謙 등은 삼별초에 가담함으로써 자신의 신분해방에 대한 희망을 의탁했던 것이다.

---

37) 1198년 開京에서 일어난 私僮(豪族이 소유하는 노예) 萬積의 亂에서 萬積 일행은「公私 노예와 공모하여 崔忠獻 등을 죽이고 <u>賤籍을 불태워 三韓</u>이래 賤人을 없애고 정권을 자기 수중에 장악하려고 계획하였다」고 한다(邊太燮「萬積亂發生의 社會的素地-武臣의 亂後における身分構成の變質を基盤として-」三品彰英抄譯,『朝鮮研究年報』2호, 1960년, 58쪽).

Ⅲ. 삼별초의 난과 일본

1. 몽골의 일본원정에 대한 영향

趙良弼을 國信使로 삼아 이루어진 몽골의 제5차 일본 招諭는 단순한 위협의 단계를 넘어서 고려에 둔전군을 파견하여 일본원정의 기지로 삼는 구체적인 조치를 수반하고 있었다는 점에서 그 이전과는 다른 의미를 가지고 있었다.[38] 그리고 이 招諭와 원정준비는 마치 삼별초의 난과 서로 얽혀 있는 듯이 진행되었다. 「自玆以往, 或南宋或日本, 若有事, 則兵馬 · 戰艦 · 資粮, 宜早措置」[39]라는 詔勅은 삼별초 招諭에 사용되었던 Ⅴa의 조칙과 함께 고려에 보내졌다. 趙良弼이 고려로 온 것은 密城의 난이나 崇謙의 난(Ⅲa · b)과 같은 달이다. 屯田經略使로서 고려에 온 忻都는 「朕嘗遣信使, 通諭日本, 不謂, 執迷固閉, 難以善言開諭, 此卿所知, 今將經略於彼, 勅有司, 發卒屯田, 用爲進取之計」[40]라는 조칙을 가져온 한편 즉시 삼별초 초유에 들어갔으며(Ⅳ), 이어서 珍島에서 전투를 벌렸다. 趙良弼은 珍島 함락으로 겨우 일본에 갈 수 있었다. 元의 각료회의에서는 「若先有事日本, 未見其逆順之情, 恐有後辭, 可先平耽羅, 然後觀日本從否」[41]라는 방침을 결정한다. 元은 탐라가 평정된 이듬해가 되어서야 비로소 고려에게 일본 원정용 전함을 건조하도록 지시할 수 있었다. 여기서는 위와 같이 긴밀한 양자의 연관을 두 측면에서 살펴보기로 한다.

---

38) 旗田 주 1)의 책, 91쪽.
39) 『高麗史』 元宗 世家 11년 12월 을묘조.
40) 『高麗史』 元宗 世家 12년 3월 병인조.
41) 『元史』 권208, 高麗傳附耽羅.

저지 요인

삼별초의 난이 몽골의 일본원정에 큰 장애가 되었다는 것은 상식적으로도 상상할 수 있으며, 池內·旗田의 연구에서도 여러 곳에서 지적하고 있다. 따라서 여기서는 문제별로 약간의 정리를 하는 정도로 그치겠다.

첫째는 일본원정을 기다리며 고려에 주둔 중이던 몽골의 둔전군과 원정에서 사용해야 할 전함에 대한 직접적인 타격이다. 이 움직임은 반란 후기에 현저하게 나타났는데, 구체적인 예로는

(1) 1272년 9월, 충청도 孤瀾島를 습격하여 전함 6척을 불태우고 船匠을 죽였으며 造船 감독관을 잡아갔다.[42]

(2) 같은 해 11월, 경상도 合浦를 습격하여 전함 20척을 불태우고 몽골 烽卒 4명을 잡아갔다.[43]

(3) 1273년 정월, 다시 合浦를 습격하여 전함 32척을 불태우고 몽골병 10여명을 죽였다.[44]

등의 사건이 있다. 珍島 함락 후 몽골은 고려를 무장해제 상태로 두고 있었기 때문에[45] 몽골군은 절호의 공격목표가 되었을 것이다.

둘째는 고려정부의 財源인데, 둔전군의 공급원이기도 한 「貢賦」가 경상·전라 양도에서 올라오지 않게 되었다는 것이다. 1271년 3월에 몽골로 보내진 陳情表는 둔전군에 대한 공급 불능을 다음과 같이 호소하고 있다.[46]

---

42) 『高麗史』 元宗 世家 13년 9월 무진조.
43) 『高麗史』 元宗 世家 13년 11월 을해조.
44) 『高麗史』 14년 정월 壬午條. 경상도 合浦는 일본 출격 기지로 예정되어 있던 지점이며, 그 무렵 둔전군과 전함이 집결되어 있었다. 삼별초가 이곳을 자주 습격한 것은 의도적으로 일본정벌을 방해했다는 느낌마저 들게 한다.
45) 주 20)을 볼 것.
46) 이 전후에도 고려는 자주 백성들의 궁핍을 호소하며 둔전 폐지를 요청하고 있다 (『高麗史』 元宗 世家 12년 정월 병자; 2월 을묘; 사월 是月條).

사료 VI

경상·전라도의 貢賦를 지금은 육상으로 나르지 못하고 반드시 바다로 운반해
야 한다. 그런데 지금 역적들이 거점으로 삼고 있는 珍島는 해상 수로의 목구멍과
같은 요충지인 까닭에 내왕하는 선박들이 그곳을 통과할 수 없다. 군량, 사료, 종자
는 비록 징수하여도 운반할 길이 없다.(『高麗史』 元宗世家 12년 3월 시월조)

이런 상태는 珍島 함락 후에도 별반 차이가 없었으며, 貢賦를 운반하는
「漕船」이 자주 삼별초의 습격을 받았다.[47] 탐라 함락 직전에 이르러서도 여
전히 開京의 宰樞들은 元宗에게 「出都以來, 諸道漕穀皆耗, 倉庫虛竭, 經略司
及諸般供億, 尙不能支」라고 호소하면서 「以慶尙道庚午(1270)·辛未(1271)兩
年租稅, 輸助軍粮, 全羅州壬申年祿, 轉悉令上納」할 것을 청했다.[48]

셋째는 일본원정을 위한 둔전군을 삼별초 진압에 전용하지 않을 수 없었
던 일이다. 1272년 6월에 고려가 원으로 보낸 表[49]에는 삼별초가 경상·전
라도 여러 주현의 漕船을 약탈하고 있는 상황을 누누이 서술한 다음에, 「全
羅州道戰艦造成役」을 삼별초의 방해로부터 지키기 위하여 「金州住在上朝軍
馬」 2천명[50]을 전라도로 옮기도록 요청하고 있다. 탐라 공격에 투입되었던
「屯田軍二千」[51]은 거의 틀림없이 이 移駐軍과 동일한 부대였을 것이다.

반란 鎭壓戰과 일본 征伐戰의 연관

그러나 저지요인은 역시 일부에 지나지 않는다. 고려·몽골 연합군이 삼
별초 진압전에서 얻은 경험은 그 직후의 일본원정에 대하여 어떤 의미를 가

---

47) 『高麗史』 元宗 世家 13년 3월 계유; 5월 신유; 6월 임자; 8월 임신조.
48) 『高麗史』 元宗 世家 14년 4월 계미조.
49) 『高麗史』 元宗 世家 13년 6월 임자조.
50) 이 2천명은 고려에 주둔하는 둔전군의 일부이며, 1271년 8월 忽林赤의 인솔로
合浦로 가서 趙良弼이 일본 招諭를 교섭하고 있는 동안 그곳을 지키는 임무가
부여되어 있었다(池內 주 13)의 책, 91~101쪽). 그리고 여기서 金州와 合浦는
거의 같은 뜻이다.
51) 『元史』 세조 본기 至元 9년 11월 기사조.

졌던 것일까?

첫째는 쌍방의 전투가 海戰이 필수였다는 점이다. 육상 전투에서는 기마군을 구사하는 기동전법으로 무적을 자랑하던 몽골군이었지만, 육지에서 불과 수백 미터 떨어진 강화도에 근거를 둔 고려정부의 저항에는 40년 가까이 고전을 면치 못했고, 삼별초가 남으로 내려간 뒤에야 겨우 이 섬에 들어갈 수 있는 형편이었다.[52] 1266년, 최초의 日本招諭使 黑的 일행이 巨濟島에서 對馬島를 바라보며 「끝없이 펼쳐진 망망대해, 바람과 파도가 하늘을 찌르는 것을 보고」 헛되이 발길을 돌렸다는 유명한 이야기도 고려의 재상 李藏用과 미리 꾸민 연극이었다고 단언할 수만도 없는, 바다에 대한 몽골인의 본능적인 공포를 생각나게 한다. 또 1268년부터 중국의 漢水 부근 襄陽에서 南宋軍에게 포위당한 몽골군이 이것을 벗어나는데 6년이나 걸렸던 일도 수군력 열세에 주된 원인이 있었다.[53] 그러한 몽골군에게 있어서 고려군을 지원하여 珍島·탐라를 공격한 전투는 최초의 본격적인 해전이었다. 무엇보다도 탐라와 한반도 사이에는 대한해협(조선-對馬)보다 넓은 제주해협이 있으며, 이 공격전의 경험은 일본원정의 절호의 연습이 되기도 했을 것이다.

둘째로, 진도·탐라·일본 원정에 투입된 고려군의 수를 비교해 보자. 진도에 대해서는 1271년 4월, 몽골이 고려에게 「宣於旁近簽軍六千人, 分附攻取珍島」[54]라고 명한데 대하여 다음 달 고려가 「委諸中外, 依數調發, 亟令進討」[55]라고 답하고 있으므로 그 수를 알 수 있다. 탐라를 공격한 고려군이 6천명이었다는 것은 『元史』 世祖本紀에 명기되어 있으며,[56] 池內는 원의

---

52) 『高麗史』 元宗 世家 11년 6월 계유·8월 무인조.
53) 1270년 3월, 몽골군의 무장 阿朮·劉整은 쿠빌라이에게 「圍守襄陽, 必當以教水軍造戰艦, 爲先務」라고 진언하였고, 쿠빌라이는 이에 대하여 「教水軍七萬餘人, 造戰艦五千艘」이라고 대답하였다(『元史』 世祖本紀 至元 7년 3월 무오조). 襄陽 함락으로 전황은 단숨에 元 쪽에게 유리하게 되었으며, 그것은 탐라가 함락되기 전전달의 일이었다.
54) 『高麗史』 元宗 世家 12년 4월 정사조.
55) 『高麗史』 元宗 世家 12년 5월 병자조.

제1차 일본원정에 동참했던 고려군의 수가 약 6천 정도였을 것으로 계산하고 있다.[57] 요컨대 어느 전투든 종군했던 고려군의 수는 약 6천명이 되는 셈이며, 이것이 당시 고려가 부담할 수 있었던 최대한의 병력이었을 것이다. 부상과 사망으로 다소의 교체는 있었겠지만, 그들 대다수는 4년 동안 3회의 종군을 강요당한 것이 되며, 그 피폐의 정도를 상상할 수 있다.

셋째로, 세 번의 전투에 이용된 선박의 공출·건조는 모두 고려의 부담이 되었다. 그 척수는 珍島의 경우, 1271년 4월 몽골 中書省 移文에「珍島邊見有兵船二百六十艘, 令本國添發兵船一百四十艘」[58]이라고 나와 있으므로 약 400척이었다. 탐라의 경우는 배가 160척에 병사 1만이라고 하지만[59] 이것은 잘못이며 300척 전후로 추정된다.[60] 일본 원정용 전함은 대소 합쳐서 900척이며, 1274년 정월에 건조 명령을 받은 고려는 6월에 완료를 보고하고 있다.[61] 놀라운 속도인데, 아마 900척 중에는 삼별초 진압에 사용했던 배도 포함되어 있었을 것이다.

넷째로, 탐라 및 일본 원정군의 구성에 대하여 다음 사료에서 살펴보고자 한다.

---

56) 주 51)과 같음.
57) 池內 주 13)의 책, 126쪽.
58) 주 54)와 같음.
59) 池內 주 13)의 책, 85쪽 등.
60) 배 160 / 병사 1만으로 계산하면 1척당 병사수는 62.5명이 되어 제1차 일본 원정군의 29명(배 900 / 병사 2만 6천), 삼별초의 병선 35.5명(『高麗史』元宗 世家 13년 6월 임자조에 반란군 도망자의 보고로서「逆賊以船十一隻, 分載兵三百九十人 …」이라고 나와 있다)과 비교하여 너무 많다. 이 착오는『高麗史』元宗 世家 14년 4월 경술조의「金方慶與忻都·茶丘等, 以全羅道一百六十艘, 水陸兵一萬餘人, 至耽羅」라는 문장을 검토 없이 그대로 인용했기 때문이다. 이 문장은 아마도『高麗史』권104 金方慶傳의「方慶更鍊卒幷水軍萬餘人, 與忻都·茶丘, 屯瀋南縣, 將發, 諸道戰船皆爲風簸蕩, 獨以全羅道一百六十艘, 次楸子島, …」를 부정확하게 요약한 것이며, 金方慶傳의 160척은 方慶이 이끈 고려군을 태운 선박수이며, 몽골군·漢軍의 배를 포함하지 않는다는 것을 알 수 있다.
61) 池內 주 13)의 책, 120~124쪽.

사료Ⅶa

　勅發屯田軍二千・漢軍二千・高麗軍六千, 仍益武衛軍二千,[62] 征耽羅,

　　(『元史』 世祖本紀 至元9년 11월 己巳條)

사료Ⅶb

　(夢漢軍 2만 5천 명과 아군 8천 명, 초공, 引海－바닷길 안내자－, 水手 6천

　　7백 명과 전함 9백여 척으로 일본을 정벌했다)

　(『高麗史』 忠烈王 世家 즉위년 10월 乙巳條)

　둔전군(몽골군)・고려군(아군)에 대해서는 설명할 필요가 없다. 漢軍이란 金의 옛 영토였던 북부 중국에 거주하는 중국인의 군대이다. 또 여기에는 보이지 않지만 두 차례의 전쟁에 「女直軍」이 종군했다는 사실도 확인할 수 있다.[63] 이상에서 두 전쟁의 원정군은 몽골・한・고려・女直의 네 가지 구성요소로 이루어진다는 점에 있어서－요소 사이의 비중은 서로 다르지만－전적으로 동질임을 알 수 있다.[64] 일본원정이 탐라공격의 연장선상에 자리

---

62) 池內 주 13)의 책, 115~116쪽의 고증에 따르면 「武衛軍二千」은 「漢軍二千」과 이름만 다를 뿐 실체는 같다.

63) 『元史』 권154 鄭溫傳에 「詔溫, 統蒙古・漢人・女眞・高麗諸部軍萬人, 渡海征耽羅」, 같은 책 世祖本紀 至元 11년 3월 庚寅條에 「勅鳳州經略使忻都・高麗軍民總管洪茶丘等, 將屯田軍及女直軍幷水軍合萬五千人・戰船大小合九百艘征日本」이라고 나와 있다. 후자와 사료Ⅶb를 대조하면 「水軍」이란 漢軍에 해당한다는 것을 알 수 있다. 몽골이 수군력을 漢軍에 의존하고 있었다는 것은 南宋 공격 때 몽골의 장수 阿朮이 「所領者蒙古軍, 若遇山水砦柵, 非漢軍不可, 宜令史樞率漢軍, 協力征進」이라는 말을 한 것에서도 알 수 있다(『元史』 世祖本紀 至元 5년 6월 갑신조).

64) 珍島 토벌군은 「金方慶・忻都・洪茶丘・熙・雍等, 率三軍討珍島」라고 기록되어 있듯이(『高麗史』 元宗世家 12년 5월 丁丑條), 金方慶이 이끄는 고려군 6천명(앞에서 서술), 忻都가 이끄는 둔전군(병력수 불명), 洪茶丘가 이끄는 둔전군(?) 500여 명(『高麗史』 元宗世家 12년 5월 癸亥條), 永寧公綧의 두 왕자 熙・雍이 이끄는 요동지방에 거주하는 고려군 400명(『高麗史』 元宗世家 12년 4월 壬子條)으로 구성되어 있으며, 漢軍과 女直軍은 포함되어 있지 않다.

잡고 있었다는 것은 이것을 보아도 명백하다.

2. 국제적 공조의 가능성

1) 삼별초의 일본 求兵

앞 절에서 고찰한 것은 삼별초와 일본과의 관계를 한반도의 정치상황에서 객관적으로 바라본 것이며, 그 점에 있어서 양자는 몽골(元)의 세계침략을 매개로 간접적으로 연결되어 있었다. 그러나 삼별초의 근거지는 九州에 좀 더 가까운 한반도 남부의 섬들이었으므로, 그들이 일본에 대하여 주체적 내지 직접적으로 교섭을 시도할 가능성은 충분히 있다. 이 점에 주목했던 根本誠은 다음의 사료를 근거로 하여 양자가 실제로 교섭을 가졌다고 주장하였다.[65]

사료Ⅷ

二日, 癸亥, 晴, 參內, 關東使隨身高麗牒狀, 向西園寺大納言許,〔實兼〕亞相〔後嵯峨〕參院申入云々,

三日, 晴, … 高麗牒狀事, 於仙洞有評定, 帥卿奉行,〔中御門經任〕關白殿·德大寺入道〔鷹司基忠〕相國·前左府·內府·堀川大納言·源中納言·帥·菅宰相·左大弁宰相等〔洞院實雄〕〔花山院師繼〕〔基具〕〔北島師親〕〔高辻長成〕〔日野資宣〕也, 左大弁讀申牒狀二通, 菅宰相依辭退也,

四日, 晴, 不出仕, 件牒狀趣, 蒙古兵可來責日本, 又乞糧, 此外乞救兵歟, 就狀了見區分,

五日, 晴, 參內, 藤翰林茂範祗候, 被召御前, 被讀牒狀二通, 無停滯讀申之, 牒狀之旨趣, 明日於仙洞可有評定云々, 帥卿奉行也, 面々被書賦牒狀云々,

六日, 丁卯, 晴, 藤翰林入來, 牒狀間事有相談事, 貼字事, 此字釋以物爲質, 然者其儀不叶道理若書寫之誤歟, 然者可叶道理歟, 此字釋窺視也, 如唐韻所見

---

65) 根本誠「文永の役までの日蒙外交—特に蒙古の遣使と日本の態度—」(『軍事史學』 5호, 1966) 58~60쪽.

者, 貼字釋典也, 字釋區分, 如唐韻者可叶其儀歟, 玄 此字釋, 本ハシメト可讀之
由申之, 或タカヒ, 此說協理云々, 此等條々, 可和讒之由申之, …

　　七日, 晴, 參院 … 今日高麗牒狀事有評議, … 菅八座讀申牒狀, 左大弁先
日不讀居云々, 大丞日來無稽古之名譽, 人以不信用,

　　（『吉續記』 8년(1271) 9月條）

　　여기에 보이는 「高麗牒狀」을 池內는 고려정부가 趙良弼의 일본 방문에
앞서 몽골의 뜻을 수락하도록 일본을 설득하기 위하여 보낸 것으로 해석하
고 있고,[66] 이것이 정설이 되어 있었다. 이에 대하여 根本은 Ⅷ의 9월 4일
조를 인용하면서 牒狀은 몽골이 일본을 침공한다는 위험을 알려서 식량과
지원병을 구하고 있는 것이므로, 「여기의 고려는 정부군이 아니라 반란군이
었을 것이다」라고 추측했던 것이다. 이러한 추측은 石井正敏이 『동경대학
사료편찬소보관문서』에서 찾아 내어 소개한[67] 다음 사료에 의하여 확실한
근거를 얻게 되었다.

　　사료Ⅸ

　　高麗牒狀不審條々

　　一. 以前狀文永五年揚蒙古之德, 今度狀文永八年韋毛者無遠慮云々, 如何,

　　一. 文永五年狀書年號, 今度不書年號事,

　　一. 以前狀, 歸蒙古之德, 成君臣之禮云々, 今狀, 遷宅江華近四十年, 被髪
　　　　左袵聖賢所惡, 仍又遷都珍嶋仕,

　　一. 今度狀, 端不從成戰之思也, 奧爲蒙被使云々, 前後相違如何,

　　一. 漂風人護送事,

　　一. 屯金海府之病, 先卄許人, 送日本國事,

　　一. 我本朝統合三韓事

---

66) 池內 註 13)의 책, 101~102쪽. 趙良弼이 筑前 今津에 도착한 때는 같은 해 9월
　　19일이다.
67) 石井 註 10)의 논문. 卷頭에 해당 사료의 사진이 나와 있다.

一. 安寧社稷, 待天時事,

一. 請胡騎數萬兵事,

一. 奉執事,

一. ○遣使問訊事,
_(貴朝)

이것은 文永 8년에 온 고려첩장(즉 사료Ⅷ에 보이는 것)에서 확실치 않은 부분을—제1~4조에서는 文永 5년의 첩장[68]과 대비시키면서—조정의 外交部局[69]이 발췌한 것이며, 아마도 Ⅷ에 보이는 後嵯峨院이 논의하는 자리에 상정되었던 토의자료일 것이다. 자세한 내용에 대해서는 石井의 논문을 참고하기로 하고, 여기서는 제3조의 「珍島로 천도한다」라는 문구가 삼별초에 관한 것으로 생각할 수 밖에 없다는 것을 확인하면 충분하다.[70] 본 원고의 입장은 文永 8년의 「高麗牒狀」이 실제로는 삼별초가 보낸 것이라는 사실 자체가 아주 중요하다. 왜냐하면 이 사실은 몽골제국의 거대한 압박에 직면하여 이에 대한 저항과 반격을 공통의 과제로 하고 있던 조선·일본 두 민족이 국경을 초월하여 공조하는 <u>가능성이 실재했던</u> 것을 보여주고 있기 때문이다.

이상을 기초로 사료Ⅷ, Ⅸ에서 엿볼 수 있는 삼별초의 국제의식을 검토해 보자. 침략군에 대한 저항에 외국의 원조를 얻으려는 발상은 정세를 파

---

68) 至元 4년 9월에 고려국왕 王禃(元宗)의 이름으로 일본국왕에게 보낸 국서. 高麗使 潘阜가 至元 3년 8월에 몽골황제의 국서와 함께 일본으로 가져왔으며, 이로 인하여 일본은 처음으로 몽골의 일본 招諭의 의도를 알게 되었다. 두 국서의 사본은 宗性의 손에 들어온 것이 東大寺 尊勝院에 보존되어 있다.

69) 이 문서의 전래과정은 아직까지 확실하지 않으며, 文面 만으로는 막부 당국자가 입수했을 가능성도 없지는 않으나 일단 石井說을 따르기로 한다.

70) 石井 주 10)의 논문, 4쪽. 첩장은 삼별초가 珍島에 있던 시기, 즉 1272년 5월 이전에 쓰여진 것으로 생각된다(동 논문, 7쪽 주22). 더구나 첩장이 몽골에 대한 노골적인 적대감을 드러내고 있는 것으로 보아 I-2에서 언급한 삼별초의 내분이 반몽골파의 승리로 끝난 시기, 즉 珍島 함락 직전에 토벌군의 행동을 주시하면서 기록되었다고 추측할 수 있다.

악하는 사실적인 안목과 외국에 대한 차별의식으로부터 자유로운 정신이 없으면 결코 생각할 수 있는 일이 아니다. 게다가 삼별초는 일본에 원조를 구할 뿐만 아니라 몽골이 金海府의 둔전병 20명을 일본에 파견한 일(사료Ⅸ 제6조), 고려정부가 몽골에 수만의 기마병 출동을 요청했던 일(사료Ⅸ 제9조) 등 일본측의 외교정책 결정에 유용한 정보를 제공하고 있다. 또한「漂風人護送」과 같은 평등호혜의 국제관행 준수를 제기하거나(사료Ⅸ 제5조), 혹은 일본의 사신 파견을 요청하여(사료Ⅸ 제12조) 전시하의 임시조치에 그치지 않는 항상적인 외교관계를 맺는 자세도 보여주고 있다. 삼별초는 일본과의 사이에 대등·평등한 국제관계를 구상할 수 있는 시야를 갖고 있었다고 보아도 좋을 것이다.

그 이유의 하나는, 몽골의 난폭한 침략과 지배에 저항하는 싸움, 장기간에 걸친 억압을 견뎌 낸 경험이 낳은 의식이다(후술). 그리고 또 한 가지, 삼별초가 조선 남방의 해상방어에 치중하는 속에서 점차 일본의 존재를 발견하고 이해하기 시작했다는 사실도 잊어서는 안된다.

사료Ⅹa
(가을 7월 초하루 정미일에 왜구가 남도의 바닷가 고을들에 침입했으므로 장군 安洪敏 등에게 명하여 삼별초 군사들을 이끌고 이를 방어하도록 하였다)
(『高麗史』元宗世家 6년(1265)조)

사료Ⅹb
(5월 병오일에 경상도 안찰사가 급보를 보내 왔는데, "제주도 사람이 풍랑으로 표류하여 일본에 갔다가 돌아와서 말하기를「일본은 병선을 갖추어 장차 우리 나라를 침범하려고 한다.」"고 하였다. 이에 삼별초와 大角班(별초에 속한 군대)을 파견하여 해변을 순찰하고 경비하게 하였다)
(『高麗史』元宗世家 10년(1269)조)

여기서 삼별초는 일본인을 적으로 하여 싸우고 있다. 그러나 이를 통해

서 그들은 단순한 증오나 멸시에 그치지 않고, 선박을 이용한 전투에 뛰어
난 일본인의 특질을 이해했을 것이다.

2) 일본측의 대응

그러면 삼별초의 제안에 대하여 일본측은 어떻게 대처했던 것일까? 사료
Ⅷ·Ⅸ는 이 문제를 둘러싼 일본 조정의 움직임을 보여주는 것으로서도 중
요하다. Ⅸ의 필자는 첩장이 고려의 정통 정부에서 온 것이 아님을 어렴풋
이 감지하고 의심을 품었다. 그러나 이 의심은, 첩장이 몽골과 고려정부에
반항하며 珍島에 근거지를 마련한 반란군이 보냈다는 인식에까지는 이르지
못했다고 생각한다. Ⅷ에 보이는 院評定에서는 「狀에 의하여 了見이 區分되
었다(해석이 갈라졌다)」고 했으며, 또한 외교기술의 전문가여야 할 유학자
가 牒狀 문구의 해석에 어려움을 겪고 있다. 당시의 조정에는 외교문서를
정확하게 읽고 상대방의 입장과 의도를 명확하게 파악하는 능력을 가진 사
람이 없었던 것이다. 그 결과 評定은 일본의 국가로서의 외교적 대응책을
결정하는 중요한 회의라기보다 高辻長成, 日野資宣, 藤原茂範 등 유학자들
이 한문 독해능력을 겨루는 자리가 되어 버렸다(「停滯 없이 읽고 말씀드린
다」, 「평상시 연습의 명예가 없다」고 말한 吉田經長의 評言을 보라).

그러나 이처럼 미숙한 외교기술의 원인을 외교담당자 개개인의 무능력
만으로 돌릴 수는 없다. 일찍이 石母田正은 九條兼實이 宋나라가 남쪽으로
내려갔다는 사실을 반세기 후에 처음으로 알고 「希異」감을 보였다는 예를
들면서, 고대 말기의 귀족들의 국제인식을 「폐쇄적인 정신과 무지와 무견식」
으로 특징지었다.[71] 그러나 宋이 南遷할 무렵과는 달리 대륙의 움직임이 일
본에 대한 직접적인 위협이 되어 있던 이 시기에 있어서 위의 특징은 차라
리 희극적이라고 할 만큼 그 정도를 강화시키고 있다. Ⅷ에 보이는 평의 뒤

---

71) 石母田正「日本古代における國際意識について」(同著『日本古代國家論』第一部,
岩波書店, 1973) 313쪽.

에 조정은 仁王會를 개최했는데, 그때「御願趣」를 기록한 口宣에「有西蕃
(高麗)使介, 告北狄(蒙古)陰謀」라고 기록되어 있는데도 呪願文에는「高麗在
北, 蒙古在西」라고 적혀 있으며,「西北之義相違, 可爲何樣哉」라는 점이 논란
이 되었다. 吉田經長은 "몽골은 고려에서는 북쪽에 해당하지만 일본에서는
북쪽이 아니다"라는 그럴듯하지만 부정확한 감상을 거듭 밝히면서「於蒙古
國者不見經史」,「經史不詳之上, 難決者也」라고 하며 판단을 내리지 않고 있
다.[72] 구체적인 국제정세의 분석을 판단의 기초로 삼은 것이 아니라「經史」
라는 글자 자체에서 구하고 있다. 요컨대 13세기, 동시대에 흥기한 몽골이
「經史」에 보이지 않는다는 이유로 벽에 부딪치고 마는 것은 참으로 놀라울
만큼 둔한 감각이다. 그런데 이와는 달리「經史」에 근거가 있는「西蕃」「北
狄」이라는 外來의 華夷思想과 이에 기초하는 위대한(차라리 희극적인) 차별
의식은「대륙과 한반도의 변동과 현실에서 아무것도 배우려 하지 않는 무
관심이 지배하는 상황 속에서는 수정될 기회조차 없이 그 생명을 유지할 수
있었다」.[73] 그리고 이 仁王會에서의「異國御祈」가 삼별초의 요청에 대하여
조정이 보여주었던 유일한 대응다운 것이었다.

그러나 조정의 외교적 무능의 배경에는 전통적인 국제의식 이외에, 당시
의 조정이 카마쿠라 막부쪽으로 통치상의 권능을 넘겨주던 중이었다는 속
사정이 있다. 몽골침입 전후의 대외적 긴장 속에서 조정이 맡은 역할이란
거의 일관되게 異國降服을 바라는 기도 뿐이었으며, 외교정책의 결정에 관
하여 형식상의 권한은 조정(엄밀히 말하자면 일본국왕인 천황)에게 있어도
실제로는 막부의 의사가 관철되었다. 1269년에 온 두 번째 첩장에 대하여
조정이 일단 답장하기로 결정했으나 막부의 반대로 중지되었던 경위는 이
런 사정을 잘 보여주고 있다. 이와 같은 상황 아래서는 조정 내부에서의 외
교를 둘러싼 논의가 자질구레한 일에 매달리고 무책임한 것으로 전락하는

72)『吉續記』文永 8년 9월 21일, 22일조.
73) 石母田 주 72)의 책, 315쪽.

것이 차라리 필연적이었다.

　　사료 XI

　　蒙古人可襲來之由, 有其聞之間所差遣御家人等於鎭西也, 早速自身下向肥後國

　　所領, 相伴守護人, 且令致異國之防禦, 且可鎭領內之惡黨者, 依仰執達如件,

　　　　　　　　　　　　　　　　　　　　　　(北條時宗)

　　文永八年九月十三日　　　　　相模守(花押)

　　　　　　　　　　　　　　　　　　(北條政村)

　　　　　　　　　　　　　　　　在京權大夫(花押)

　　　　　　　(重使)

　　小代右衛門尉子息等

　　　　　　　　　　　　　　　(『小代文書』-『鎌倉遺文』10873호)

　이 문서는 삼별초의 움직임에 대한 막부의 대응을 보여주는 유일한 사료
이다. 그 내용은 九州에 所領을 가진 御家人에게 자신 또는 代官[74]이 九州
로 내려오도록 명하고, 守護의 지휘 아래서 이국 방어를 담당시킨 것이다.
아울러서 領內의 악당 진압을 명하여 국내의 치안유지를 도모하는 것도 잊
지 않았다. 대외적 위협에 대한 대책의 수립은 막부쪽이 조정보다 훨씬 더
현실적이며 효과적이었다. 그러나 원래 막부가 군사·경찰면에서 국가의
중추기구가 되었다는 내력 때문인지 몽골의 위협에 대한 대책도 그 방면에
치우친 경향이 있다. 牒狀·牒使에 대한 태도도 지나치게 무단적·획일적
이라는 느낌이 든다. 承久의 亂 이후 막부는 국가의사의 결정을 사실상 좌
우하는 정치세력이 되기는 했지만, 대륙의 상황을 정확하게 판단하여 이에
즉응하는 수단을 취할 수 있을 정도의 정치적 내지 외교적 역량을 갖추기에
는 이르지 못하였다.

　위와 같은 막부의 대응의 배후에 있는 국제의식이 어떤 것인지 살펴보는
것은 쉽지 않지만, 원나라의 제1차 일본원정이 실패로 끝난 이듬해, 막부가

---

74) 『二階堂文書』에 XI와 같은 날짜의 關東御敎書(『鎌倉遺文』, 10874호)가 있으며,
　　여기서는 薩摩國 阿田北方 地頭(여자)에 대하여 「器用代官」을 薩摩로 내려보내
　　도록 명하고 있다.

세운 「異國征伐」 계획75)에서 그 일면을 엿볼 수는 있다. 이 「異國」은 어떤 사료76)가 「爲高麗征伐被遺武士候」라고 명기한 것처럼 고려만을 가리키는 것이며 침략의 원흉인 元을 포함하지 않는다. 이 계획에는 전쟁에 지친 고려의 약점을 파고드는 모험적 침략주의 이외의 요소는 확인하기 어려우며, 청나라와 러시아에 대항하여 조선에 진출했던 근대 일본국가의 행동과 동일한 패턴이 이미 나타나 있다. 삼별초의 호의적인 제안에도 불구하고, 삼별초로 대표되는 조선민족의 주체적인 저항운동에 대하여 막부는 조그마한 이해도 보여줄 수 없었다. 그 기초에는 아마도 고대 이래 조선에 대한 차별의식이 있었을 것이다. 적어도 국제의식이라는 면에서는 막부가 조정을 초월할 수 있는 것을 아무것도 가질 수 없었다.

일본 지배층의 국제의식에서 볼 수 있는 이와 같은 빈곤함은 삼별초가 보여준 외교자세와 뚜렷한 대조를 이루고 있다. 이와 같은 차이의 근원적인 이유는 과연 어디에 있을까?

Ⅲ. 민족적 저항과 한·일의 국제의식
─맺음말을 대신하여─

石母田正은 11세기 일본의 국제의식이 고려와는 대조적으로 편견과 차별의식으로 채색되어 있는─그 양상은 13세기에도 거의 바뀌지 않았다─이유를 일본이 그 옛날 조공국 신라의 후예인 고려에 대하여 현실적 근거를

---

75) 相田二郎 『蒙古襲來の硏究』(吉川弘文館, 1958년) 제4장 1. 이 계획이 단순한 군사행동에 그치지 않고 국내 정치체제의 대규모 개혁을 수반하고 있었다는 것은 村井章介 「蒙古襲來と鎭西探題の成立」(『史學雜誌』 87편 4호, 1978년) 4~11쪽에서 서술하였다.

76) 『薩摩舊記雜錄前編』 建治二年後三月五日島津久時書狀寫 (『鎌倉遺文』 12293·12294호). 또한 相田 註 76)의 책, 129~130쪽 참조.

잃은 지배국가 의식을 고집하려고 했다는 점에서 구했다.[77] 이 지적은 일면
의 진실을 지적하고 있으나, 앞 장에서 살펴본 국제의식의 빈곤함은 「지배
국가의 의식형태」의 한 유형으로 분류해 버리기에는 너무나 특이한 색채를
띠고 있는 것으로 생각된다. 그래서 비교를 위하여 世界帝國의 전형인 몽골
(元)의 국제의식의 특징을 아주 간단하게 살펴보기로 한다.

1272년 3월, 원나라 중서성은 趙良弼이 보내 온 일본인 12명의 송환에
즈음하여 ≪금주의 戍兵을 옮겨서, 일본이 함부로 의구심을 품지 않도록 하
고 싶다≫는 趙良弼의 요청을 토론하였다. 그 자리에서 승상 安童은 ≪이
군대의 존재는 이미 일본이 아는 바이므로 이제와서 다른 곳으로 옮기는 것
은 득책이라고 할 수 없다. 만약 일본의 사신이 오면 <이 군대는 탐라 방어
를 위하여 잠시 둔 것이므로 너희들이 의심하고 두려워할 필요는 없다>고
설명하면 된다≫는 의견을 말하여 쿠빌라이의 찬동을 얻었다.[78] 이 사례에
서 원은 일본이 이웃나라 고려의 정세(탐라, 즉 삼별초의 동향을 포함해서)
를 정확하게 파악하고 민감하게 대응하는 존재로 생각하고 있으며, 따라서
자신들도 일본의 대응 방안을 이것 저것 예상해서 대책을 세우고 있다는 것
을 알 수 있다. 여기에는 대륙에서의 풍부한 외교교섭 경험이 배양한 날카
로운 외교감각이 있다.

몽골(元)은 단순하게 무력에만 의존해서 주변 제국을 壓服시킨 것이 결
코 아니다. 반드시 ≪和平을 청한다≫는 형식의 외교교섭부터 시작하고, 상
대방이 거부하면 ≪非禮의 죄를 묻는다≫는 구실로 무력을 행사하기에 이
른다.[79] 교섭하는 동안에는 상대방의 정보를 빠짐없이 조사하게 한다. 일본

---

77) 石母田 주 72)의 책, 312~316쪽.
78) 『元史』 世祖本紀 至元 9년 3월 을축조. 金州의 戍兵에 대하여는 註 50)을 볼 것.
79) 1261년, 討宋軍이 출정할 때 쿠빌라이가 내린 조칙에는 이 논리가 전형적으로
    드러나 있다(『元史』 世祖本紀 中統 2년 7월 기축조).
    朕卽位之後, 深以戢兵爲念, 故年前遣使於宋, 以通和好, 宋人不務遠圖, 伺我小隙,
    反啓邊釁, 東剽西掠, 曾無寧日. 朕今春還宮, 諸大臣皆以擧兵南伐爲請, 朕重以兩國
    生靈之故, 猶待信使還歸, 庶有悛心以成和議, 留而不至者, 今又半載矣, 往來之禮遽

에 대해서도 예를 들면, 1272년 말에 남국에서 일본을 거쳐 元으로 들어갔던 탐라인에게 도면을 그리게 하여 大宰府 주변 해안에는 군병 2, 3만의 상륙이 가능하다는 정보를 얻었으며,[80] 이듬해 귀국한 趙良弼에게서는 「日本君臣爵號·州郡名數·風俗土宜」에 관한 상세한 보고를 받고 있다.[81] 지배국가의 전형인 몽골(元)은 오만한 大國意識마저 일본과 공유하고 있기는 하지만—그 자체가 일본과는 달리 실력이 뒷받침하는 현실적 기초가 있었지만—사실적인 정세의 인식 능력에 있어서는 일본과 하늘과 땅만큼의 차이가 있었다.

고려와 일본의 국제의식의 차이를 「타민족에 대한 관계에 있어서 지배국가와 피지배국가가 상이한 국제의식을 구축해 가는 사정」[82]만으로 설명할 수 없다면, 다시 몽골의 강대한 압력에 대한 저항운동의 질적 차이를 주목하지 않으면 안된다. 그때는 국가의 의식형태를 문제삼을 뿐만 아니라 민족적인 체험의 척도에서 저항운동의 질을 묻는 것이 필요하게 된다.

고려의 경우 삼별초의 난을 정점으로 하는 반몽골 저항운동은 Ⅰ에서 본 바와 같이 왕실과 권신(武人)에서부터 군대, 민중, 노예에 이르는 모든 계층을 통하여 일관되게 투쟁했다. 물론 왕실의 굴복이나 삼별초의 내분은 운동의 내부모순을 보여주는 것이지만 그것은 이해관계가 다른 여러 계층을 포괄하는 운동인 이상 피할 수 없는 사태이며, 오히려 주목해야 하는 것

絶, 侵擾之暴不已. 彼嘗以衣冠禮樂之國自居, 理當如是乎, 曲直之分灼然可見. 今遣王道貞往論, 卿等當整爾士卒, 噶爾戈矛, 矯爾弓矢, 約會諸將, 秋高馬肥, 水陸分道以進, 以爲問罪之擧, 尙賴宗廟社稷之靈, 其克有勳. 卿等當宣布朕心, 明論將士, 各當自勉, 毋替朕命.

또한 趙良弼이 일본에 바친 至元 8년 9월 25일자의 書狀에도 「欽奉皇帝聖旨, 奉使日本國, 請和」라고 되어 있다(『東福寺文書』—『鎌倉遺文』 10884호).

80) 『元高麗紀事』 탐라 항목.
81) 『元史』世祖本紀 至元 10년 6월 戊申條 보고 속에서 趙良弼은 「舟師渡海, 海風無期, 禍害莫測, 是謂以有用之民力, 塡無窮之巨壑也」라고 하며 토벌의 단념을 호소하였다(『元史』권159, 趙良弼傳). 일본원정의 실패를 예언하는 듯한 말이다.
82) 石母田 주 72)의 책, 316쪽.

은 하층민일수록 강한 반몽골 입장으로 일관했다는 것이다. 일찍이 津田左右吉은 일본 고대의 조선 경략을 언급하면서, 「한 나라의 국민이라는 자각은 흔히 대외관계에서 생기지만, … (이 전쟁은) 국민생활의 내적 요구에서 일어난 것은 아니며」, 전투에 참가한 병사들이야 이민족에 대한 어느 정도의 적개심을 가졌을지도 모르지만, 「그 싸움이 자신들의 생존의 필요에서 생긴 것이 아닌 한, 이에 의해서 강력한 국민적 정신이 용솟음치는 일은 없다」고 서술하였다.[83] 고려의 반몽골운동은 한민족의 생활의 내적 요구에서 일어나고, 민족으로서의 생존을 건 전쟁이었기 때문에 사회의 저변에서 발생하는 강한 민족의식으로 뒷받침된 민족적 저항이 될 수 있었다. 「몽골병이 크게 이르러 인민을 살육한다. 무릇 나라를 돕고자 하는 자는 모두 毬庭에 모이라」는 삼별초의 격문은 위의 일을 가장 집약적으로 표현하고 있다.

그리고 민족의식이란 자기를 타민족과 대치함으로써 자기의 특질을 이해하려는 「민족적 집단의 자의식」[84]이기 때문에, 그곳에서 필연적으로 타민족에 대한 이해와 대응이 생겨난다. 강대한 침략국의 횡포에 오랜 동안 시달렸던 민족의 체험은 공통의 운명에 처하게 된 다른 민족과의 사이에 대등·평등한 관계를 구상하게 하는 원동력이 된다. II-2에서 서술한 삼별초의 일본 救兵을 민족문제의 관점에서 바라본다면 이상과 같은 의의를 가지고 있는 것이다.

그러면 몽골의 위협에 대한 일본의 대응은 민족적 저항의 시점에서 볼 때 어떠한 특질을 가지고 있는 것일까? 국가로서의 대응의 특질은 II-2에서 언급했으므로 반복하지 않겠지만, 그 특질을 바닥에서부터 규정하는 민족의식의 진술한 모습이 여기서의 문제이다.

---

83) 津田左右吉 『文學に現れたる我が國民思想の硏究』 貴族文學の時代 (1916). 인용은 岩波文庫版 제1책, 39~40쪽에 의한 것. 津田이 말하는 「국민」이란 「민족」과 바꿔서 표현해도 무방한 내용을 가지는 개념이다.

84) 上原專祿 「民族意識の歷史的形態」 (歷史科學大系15 『民族の問題』 校倉書房, 1976) 221쪽. 초판은 1952년.

日蓮이『立正安國論』에서 「他國侵逼難」의 발생을 예언했던 일은 유명하지만, 그것이 현실이 되었을 때 그는 막부의 실력자 平賴綱에게 「犬戎亂浪, 夷敵伺國, 先年所勘申, 立正安國論 近日令普合者也」라고 적어 보냈다.[85] 몽골을 戎夷로 멸시하는 사상은 여기에서도 뚜렷하게 볼 수 있다. 남송·고려가 몽골에게 패한 것은 「震旦·高麗 이미 禪門·念佛이 되어 守護善神이 떠난 사이, 그들은 몽골을 두려워하지 않는다」,[86] 즉 邪宗인 禪·念佛에 귀의했기 때문이라고 한다. 동아시아의 정세에 대하여 어느 정도 지식은 보이지만, 그것이 法華至上主義에 따라 강제로 질서를 이루기 위하여 현저하게 관념적이고 공허한 것이 되어 버린다. 그리고 엄청난 書狀에 담겨진 內典·外典에서의 古事 인용은 스스로 「外典書, 貞觀政要, 모든 外典의 이야기, 八宗의 相傳 등, 이런 것들 없이는 消息도 쓰지 못한다」[87]고 탄식하는 것처럼 그의 역사의식이 어떤 문장상의 근거 없이는 성립되기 어렵다는 것을 이야기하고 있다.

이상 華夷意識·觀念性·文證主義의 어느 것을 선택해도 日蓮의 국제의식은 Ⅱ-2에서 본 궁정귀족의 그것과 아주 닮았다는 것을 알 수 있다. 日蓮은 安房의 庄官(역주; 장원 領主의 代官) 집안에서 태어나 幕府에 친근감을 가진 東國人이며,[88] 京都의 公家와는 대조적인 인물이다. 이 두 사람에게서 매우 유사한 국제의식을 찾을 수 있다면, 그것은 일본사회의 상당히 광범위한 계층에 퍼져 있던 의식이라고 생각할 수 있다.

다음으로, 국민적 자각의 昻揚을 보여주는 것으로 전쟁 전의 역사학이 찬양을 거듭했던 禪僧 東巖慧安의 祈願文에는 어떠한 국제의식이 드러나 있을까? 東巖은 63일간의 기원이 結願하는 날 牒使가 「千萬怖畏, 還對神國,

---

85) 『日蓮聖人遺文』文永 8년 9월 12일 書狀, 『鎌倉遺文』 10872호.

86) 『日蓮聖人遺文』文永 7년 11월 28일 四條賴基宛書狀, 『鎌倉遺文』 10742호.

87) 『日蓮聖人遺文』, 文永 9년 3월 20일 弟子檀那等中宛書狀, 『鎌倉遺文』 10997호.

88) 註 86)의 문서에 「方今世悉歸關東, 人皆貴土風, 就中日蓮得生於此土, 豈不思吾國哉」라고 되어 있다.

懇望和親, 蒙古毛冠, 跪所奉獻」이라는 신기한 꿈을 꾸었다.89) 그의 주장에
서는 「草創以後, 雖經億千萬歲, 未聞爲異國進退」하는 일본이 몽골같은 나라
에 굴복할 리가 없다, 왜냐하면 神功皇后의 용맹심이 응결된 寶珠가 지금도
이 나라를 보호하고 「衆怨悉退散」시켜주기 때문이라고 말하는 것이다.90)

그의 神國思想은 타국과 대비하는 것으로 일본의 신성함을 강조하기 때
문에 민족의식의 맹아처럼 보이지만, 실제로는 진정한 민족의식에 불가결한
타민족에 대한 이해가 결여되어 있으며, 현실의 국제정세의 냉정한 분석을
처음부터 거부하는 신비주의에 불과하다. 이러한 이데올로기는 東巖이 삼별
초의 牒狀을 읽고 「高麗半違背蒙古, 隨順本朝」91)라는 인상을 가지면서 고
려의 입장을 객관적으로 이해하는 데 방해가 되고, 결국은 「二國(蒙古·高
麗)和合, 衣冠一致, 兩度牒使考高麗也, 顯然無疑」92)라고 자기를 납득시키는
것으로서 고려를 몽골과 동등한 적으로 보는 견해에 빠지고 만다. 다시 津
田의 말을 빌리면, 「神國이라는 개념」은 「일종의 국가적 개념」으로는 있을
수 있어도, 「그것에 자극받아 대외적 국민정신이 발달한다는 효과도 남기지
않았기 때문에 … 여전히 공허한 내용이었다. 元寇가 어떤 문학도 낳지 않
았던 이유는 역시 이 때문이었고, 대외전쟁이 국민의 사상에 새로운 것을
주지 않았던 것이다.」93)

타국과의 전투에 직접 참가했던 무사의 국제의식을 살필 수 있는 재료는
아주 적다. 단지 그들이 삼별초처럼 ≪반몽골국≫이라는 대의명분에 분기

89) 『正傳寺文書』 文永 8년 9월 15일 祈願文 (『鎌倉遺文』 10880호. 이 기원문은 뒤
　쪽에 「すへのよのすへのすへまてわか國はよろつのくにゝすくれたる國」라는 和歌
　가 기록되어 있는 탓에 「國體觀念의 발로」로서 거듭 다루어져 왔다. 그러나 牒
　狀이 조정에 도착한지 불과 10여일 뒤에 東巖이 이것을 열람할 수 있었다는 사
　실에 주의해야 하며, 그의 광신적인 日本至上觀이 그대로 국민 일반의 신념이
　아니었음은 말할 필요도 없다.
90) 『正傳寺文書』, 文永 6년 12월 27일 祈願文, 『鎌倉遺文』 10557호.
91) 주 90)과 같음.
92) 주 90)과 같음.
93) 津田 주 84)의 책, 武士文學の時代 (1917). 岩波文庫版 제3책, 99쪽.

하여 전쟁터로 나간 것이 아니었음은 확실하다. 竹崎季長이 「主君께 보여드릴 수 없다는 것, 弓箭의 용맹함을 무엇으로 하여야 하나」[94]라고 솔직하게 이야기하듯이, 軍功을 증명하는 守護의 「引付」에 이름이 등록되고 주군이 군공을 확인해 주는 것이 무사의 목표였다.[95] 증인을 세워서 전투에 임하거나 먼저 공을 세우려고 개인적인 행동에 나서는 것도 이같은 목표를 위한 수단이다. 군공의 확인은 포상의 전제이며, 포상은 자기 가문의 번영으로 이어진다. 그들에게는 국가간의 전투에 있어서 자국의 승리보다도 가문의 번영이 더욱 중요했다. 季長이 군공을 증명하기 위하여 카마쿠라로 갔을 때 三島·箱根·鶴岡에서 참배하며 진심으로 기원한 것도 神國思想의 발로와는 무관한, 「神明의 가호가 없으면 달리 (군공을) 말씀드리려고 해도 생각할 수 없을 정도」라는 이유 때문이다. 전투에서 이국인과 직접 마주친 무사조차도 이국과의 이질감을 인식함으로써 민족의식에 눈뜬 흔적은 없으며, 가문을 위하여, 주군을 위하여, 라는 종래의 윤리에 따라 싸우고, 그런 의미가 아니면 전투의 의미를 해석할 수 없었다. 「생포되어 이국으로 건너가는 것, 죽는 것보다 못하다」는 季長의 말도 「이국」에 중점이 있는 것이 아니라 적에게 생포되기보다 죽음을 택한다는 무사의 일반적인 윤리를 이국과의 전투에 적용시켜서 표출한 것에 불과하다.

몽골침입이 일본 민중의 국제의식에 무엇을 가져왔는지 해명하는 것은 한일 두 민족의 국제의식을 비교하는 데 있어서 불가결한 일이지만 사료가 적기 때문에 아주 어려운 작업이기도 하다. 다만 그 단서가 된다고 생각할 수 있는 것은 廣島의 原子雲을 사람들이 「무쿠리 코쿠리 구름」으로 의식했

---

94) 『竹崎季長畵詞』(日本思想大系 21, 『中世政治社會思想』上, 所收에 의거함). 이하 의 서술도 많은 부분이 이에 의거하였다.

95) 豊後의 御家人 志賀禪季는 이국방어의 催促을 惣領을 통하지 않고 守護에게서 직접 받고싶다고 신청했는데, 그 이유는 「若致分限大功之時者, 且預關東御注進, 且爲顯其名於御引付」였다(『志賀文書』建治 2년 윤3월 15일 僧禪季申狀案, 『鎌倉遺文』12303호). 또한 黑田俊雄『日本中世の國家と宗敎』(岩波書店, 1975년) 272~273쪽 참조.

다는 井伏鱒二의 소설『검은 비』에 수록된 이야기이다. 田中健夫는 이 이야기를 언급하면서, 일본 근대의 역사학은 「일본인의 해외 공포감에 대한 고찰」이 거의 없었으나, 일본의 「외국에 대한 대응의 心底에는 무쿠리 코쿠리에 대한 일본인의 공포감의 존재가 전혀 없었다고 단언할 수는 없다」고 말하였다.96)

지금 문제삼고자 하는 것은 무쿠리(몽골)와 코쿠리(고구려=고려)가 구별되는 일 없이 정체를 알 수 없는 존재로서 공포의 대상이 되었고, 그것이 수백년에 걸친 기억으로써 일본의 민중의식의 밑바닥에 계속 살아 왔다는 것이다. 여기에는 무쿠리코쿠리에 대한 夷狄觀念은 보이지 않지만, 대외의식의 구조로서는 앞에서 본 귀족이나 종교인과 차이가 없다. 그리고 夷狄觀念은 알 수 없는 것에 대한 공포심을 뒤집어서 표현한 것이라고 할 수 있을 것이다. 더구나 「神國에 살면서 神沙汰를 정지하다니, 正眞의 무쿠리코쿠리」라는 淨瑠璃의 대사97)에서는 무쿠리코쿠리가 神國의 否定物로 등장하고 있으며, 이 공포감이 민중의 神國觀念을 지탱하는 하나의 기둥이었음을 알 수 있다.

이상 살펴본 바와 같이 일본인의 국제의식이 민족의식으로 지탱되는 일이 적은, 상당히 미성숙한 단계에 머문 것은 대륙의 영향이 별로 없는 섬나라에 있어서 민족의 여러 계층을 하나로 묶는 공통된 과제의식을 가지면서 타민족과 대치하거나 혹은 함께한다는 경험이 부족했다는 것, 그런 의미에서 민족적인 통일이 아직 미성숙했다는 점에 기인할 것이다. 몽골침입과 삼별초의 지원병 요청은 그것을 극복하는 참으로 귀한 기회였는데, 일본인은 이 기회가 가지는 의미를 끝내 이해하지 못하고 간과해 버렸다.

그러면 이 미숙함은 언제 무엇으로 극복될 수 있는 것인가? 나는 그것이 현재에 이르러서도 여전히 극복되지 않았다고 생각하지만, 극복의 계기를

---

96) 田中健夫「ムクリコクリ」(『日本歷史』228호, 1967년). 89쪽.
97)『日本國語大辭典』「むくりこくり」항목에서 인용.

다소라도 품고 있는 것을 역사상에서 찾아 보면 倭寇와 禪僧의 활동이 떠오른다.

왜구는 교역과 약탈을 위하여 조선·중국으로 가서 타민족과 직접 접촉하는 기회를 가졌다. 이 점에서는 중국의 고전에 밝은 귀족이나 승려, 무예에 뛰어난 무사들보다도 훨씬 구체적인 국제의식을 획득할 가능성을 가지고 있다. 그리고 왜구의 근거지였던 西國 사람들에게는 왜구가 가져오는 정보에 의하여 京都나 東國과는 다른 국제의식과 민족의식이 성장하고 있었다고 할 수 있을 것이다. 또한 禪僧은 13세기 후반 이후 활발하게 중국의 강남으로 건너가서 동시대의 중국에 관한 구체적인 지식과 언어능력을 포함한 외교기술을 익히고 돌아왔다. 元寇가 일본에 깊은 상처를 남겼던 13세기 말 이후의 1세기 동안이 선승의 渡航熱이 가장 왕성했던 시기라는 것은 주목할 만하다.

14세기 후반, 왜구의 활동은 일본·조선·중국에 있어서 가장 중요한 국제적 정치문제로 발전한다. 그것은 일본으로 하여금 明을 맹주로 하는 책봉관계에 어쩔 수 없이 스스로를 새롭게 자리매김하게 만든 가장 기본적인 요인을 이루고 있다. 그리고 무로마치 막부의 이와 같은 외교적 대응은 선승을 五山이라는 형태로 자기의 통제 아래 조직하고, 그들이 가진 국제지식과 외교기술을 이용하지 않고는 도저히 할 수 없는 일이었다. 15세기 초에 성립했던 일본을 둘러싼 국제관계의 새로운 국면은 사실상 왜구와 선승이 가져온 것이라고 할 수 있을 것이다.

〈표〉 관계연표

서기		중국		고려		일본
1268	至元 5	5. 타타르·王國昌·劉傑 등을 고려로 보냄. 8. 蒙古兵 최초로 襄陽·樊城을 포위. 墨的·殷弘에게 명하여 國書를 일본에 보내 보이고, 고려에 길안내를 명함.	元宗 9	7. 潘阜 등 일행 일본에서 귀국, 즉시 몽골에 사신을 보내 일본의 대응을 알림. 10. 蒙使타타르·王國昌 등 입국, 軍備를 점검, 南木·일본 정벌에 대비함. 王國昌 일행 흑산도로 가서 일본으로의 통로를 시찰. 12. 申思佺·潘阜 등이 몽고사신의 殷弘을 안내하여 일본으로 건너감. 林衍, 왕명으로 金俊을 살해.	文永 5	1. 高麗使潘阜 등이 와서 蒙古·고려의 國書를 전함. ①日蓮 鎌倉에서 國書를 보고 예언의 의미를 읊었음. 2. 幕府 사신, 國書를 추加하고 京都로 상경. 朝廷에서 답장을 하지 않기로 결정. 幕府, 西國 御家人에게 蒙古 침공에 대비하도록 명함. 3. 北條時宗 집권함. 潘阜 일행, 소득 없이 귀국함.
1269	6	6. 쿠빌라이, 대마도민 접견 후 송환시킴. 7. 타타르 등을 다시 고려에 파견, 타타르로 가서 일본으로 가는 길을 시정하도록 함. 8. 高麗世子, 世祖에게 元宗 폐위사건을 알림. 9. 高麗世子에게 군사 3천을 주어 國難을 해결하도록 함. 10. 墨的 등을 고려로 보내 폐립을	10	4. 墨的 등 대마도민 데리고 몽골로 감. 세자 諶, 몽골로 감. 5. 倭人이 처들어온다는 정보 있음, 삼별초·大角班을 해안으로 보내 순검토록 함. 6. 林衍, 왕을 폐위하고 安慶公 淐을 세움. 7. 몽골의 명으로 金有成 등을 일본에 파견, 대마도민을 송환함.		6. 申忠佐·墨的 등이 대마도에 와서 도민 2명을 잡아감. 4. 막부, 引付를 復置함. 9. 金有成 등 大宰府에 옴, 몽골·고려의 國書를 전함. 10. 院評定, 답장을 결정했으나 막부의 반대로 중지됨. 12. 東巖慧安, 몽골 항복을 기원, 이듬해 3월에 이름.

		고려		고려·몽골		일본
		바로잡게 함. 11. 타타르 귀국, 崔坦의 內附를 일림.		10. 崔坦, 林衍 토벌을 명분으로 반란, 西京 이하 여러 성을 바치고 몽골에 내부함. 11. 몽골사신 墨的이 와서 꾸림을 따짐, 왕·洎·林衍의 入朝를 명함. 林衍, 왕을 복위시킴. 12. 왕, 몽골 入朝의 길에 오름.		7	11. 日蓮, 四條賴基에게 書狀을 올림.
1270	7	1. 崔坦의 내부를 받아 고려 서북면에 東寧府를 둠. 2. 고려왕, 세자와 몽골 공주의 혼인을 청함, 지원병을 얻어 귀국, 權臣을 제외하고 還都를 경행할 것을 청함. 몽골, 타타르를 고려구 다루가치에 임명, 왕의 還國을 호송토록 함. 11. 고려에 屯田經略司를 두고 忻都·史樞에게 병사 6천을 주어 일본 정벌을 준비함. 12. 趙良弼을 國信使로 일본에 파견.	11	2. 蒙古兵 옴, 慈悲嶺 이북을 점령. 林衍 病死, 아들 惟茂가 뒤를 이음. 5. 林惟茂, 出陸을 거부, 洪文系·宋松禮 등에게 피살됨. 강화도의 宰樞, 還都를 선포함. 삼별초, 임의로 府庫를 중동시킴. 왕, 開京으로 동어와서 삼별초를 폐지를 선포함. 6. 삼별초, 강화도에서 반란, 남하하여 珍島에 거점을 잡음. 蒙古兵 최초로 강화도 임성. 申思佺, 逆賊追討使가 됨. 9. 삼별초, 羅州 포위, 全州도 진군. 金方慶 포위, 思佺을 대신하여 追討使가 됨, 羅州 포위를 품.		

| 1271 | 8 | 8 | 2. 忽都答兒(忻都)를 고려에 파견, 屯田으로 함. 裵仲孫을 詔諭토록 함.
4. 忻都의 요청으로 고려에 珍島 토벌을 명함.
7. 고려세자 몽골의 인질이 됨.
11. 국호를 大元으로 정함. | 11. 삼별초, 탐라의 濟州城을 함락시킴.
12. 세자 諶, 몽골에서 귀국, 삼별초를 論하는 조직 등을 가져옴. | 12 | 1. 朴天澍, 구법단이의 詔勅을 가지고 珍島로 감, 주방됨. 왕, 몽골에 上表하여 宋·일본과의 교통 협항을 보고.
趙良弼, 洪茶丘 등과 함께 와서 渡日 길안내를 회상함.
密城郡 주민 方甫 등, 改國兵馬使를 칭하며 珍島와 응응하려고 함. 官奴 崇謙 등이 반란을 일으키고 官家 다루가치 및 전구의 관리를 살해하려고 도모함.
2. 大部島 주민, 崇謙의 난을 듣고 몽골 군 6명 살해 후 반난.
3. 忻都 史樞 등이 와서 鳳州에 둔전함.
이 무렵 삼별초, 한반도 남해안을 약탈.
裵仲孫, 몽골 절병과 진도로 內附를 청함. | 8 | 8. 幕府, 北條經時 時賴의 집권 재직 시 赦汰을 변부하지 않기로 함.
9. 幕府 사신 京都로 상경, 고려牒狀 (실제로는 삼별초의 書狀을 전함.) 院評定 있음.
日蓮, 平賴綱에게 書狀을 올림. 幕府, 日蓮을 龍口에서 목을 베려 했으나 佐渡로 유배보냄.
幕府, 御家人에게 九州로 내려감.
東嚴慧安, 기원을 石淸水八幡에 봉헌하고 몽골 항복을 기원함.
趙良弼, 今津 도착.
朝廷, 仁王會 개행.
10. 막부 사신 京都로 상경, 몽골 牒狀 전달, 院評定, 답장을 결정함. (결과적으로는 답장하지 않음). |

연대	元 (9)	高麗 (13)	日本 (9)
1272	9 1. 고려 세자, 일본 助征을 청함. 2. 張鎬, 일본인을 거느리고 도착. 구비타이, 入見을 허락함. 3. 일본인을 송환시킴. 또 趙良弼을 물리침. 金州戍兵 移牒 黑山·耽羅 略取를 논의함. 海道圖本으로 노의함. 5. 中書省·樞密院 탐라를 선취한 뒤에 일본의 從征을 보는 것이 상책이라 생각함.	13 1. 趙良弼, 일본인 12명을 데리고 귀국. 元이 書狀官 張鐸을 데리고 元으로 감. 2. 세자 諶, 元에서 귀국. 사람들이 胡服을 보고 통곡함. 3. 琴薰을 濟州逆賊追討使로서 耽羅에 파견함. 이 무렵부터 삼별초, 활발하게 남해안을 약탈함. 4. 忻都, 裵仲孫의 청을 거절함. 5. 金方慶·忻都·洪多丘 등, 珍島 공략. 金通精, 잔당을 거느리고 耽羅로 도주. 6. 세자 諶을 인질로 몽골에 보냄. 8. 忽林赤, 둔전군 2천을 거느리고 合浦에 주둔함. 9. 趙良弼, 合浦에서 일본으로 건너감. 10. 副다루가치 焦天翼, 고려인의 兵器를 몰수함. 12. 忻都, 이듬해 정월 내내 鳳州·白州에의 둔전군을 鹽州·白州로 옮김.	9 1. 幕府, 大友賴泰에게 筑前·肥前의 요충지 경비를 명함. 2. 六波羅南方北條時輔가 반란을 일으킴. 時宗에게 사면이 혜택을 입음. 名越時章·敎時도 사면이 혜택을 입음. 後嵯峨法皇 没. 3. 日蓮, 佐渡에서 제자 檀那中에게 書狀을 보내 典籍의 부족을 탄원함.

연도					
	10	이라고 정함. 6. 고려왕, 耽羅討伐을 청함. 8. 고려 全羅州에 군사를 증파함. 11. 조칙을 내려 병사 1만여명으로 탐라를 토벌하게 함. 탐라인에게 大宰府 일대의 도면을 그리게 함.	14	4. 원 사신 張鐸 趙良弼, 일본인과 함께 일본으로 건너감. 삼별초, 琴燻 주방. 6. 삼별초 선박 6척, 서해안으로 북상, 京城이 공포에 떪. 경상도의 병마 2천을 전라도로 옮길 것을 元에 요구함. 7. 倭船 金州에 도착. 慶尙道按撫使 曹子一, 이들을 몰매 보국수으로 송환함. 8. 洪多丘의 제안에 따라 金通精이 진적을 耽羅로 보내 투항을 독촉함. 9. 삼별초, 孤瀾島를 습격하여 전함을 불태우고 船匠을 죽이고 造船 업을 잡아감. 11. 삼별초, 北으로 王城을 위협하고, 東으로 巨濟合浦를 습격하여 전함을 불태우고 몽골병사를 죽임. 12. 洪多丘의 이어서 세자 諶 元으로 감.	4. 異國警固番役 시작. 5. 張鐸 趙良弼 도착. 10. 幕府, 諸國에 田文의 調進을 명함.
1273	10	1. 征宋軍, 樊城 함락. 2. 고려에 무기 제조를 허가함.	14	1. 삼별초, 合浦 습격, 전함을 불태우고 몽골병사를 죽임.	10	5. 連署北條政村 사망. 幕府, 鎭西御 家人의 鎌倉 參上을 금함.

연도		고려 관련		원(元) 관련		일본 관련
	11	征末軍, 襄陽 함락. 5. 趙良弼이 돌아와 일본의 현상을 보고하고 정벌 중지를 호소함. 6. 眈羅에서 招討司를 두고 식량평으로 삼음. 9. 襄陽의 투항군, 燕京 도착. 일본인 정의 從軍을 명함.		2. 洪茶丘 元에서 귀국. 忻都, 탐라토벌을 명하는 詔勅 전달. 정벌군, 남하 시작. 李信孫, 忠清道水路防護使가 됨. 3. 趙良弼, 일본에서 귀국. 태풍으로 인하여 서해·경상 양도의 전함을 점몰함. 4. 金方慶·忻都(洪多丘 등 탐라 공격. ⑥眈羅留鎭軍, 金通精의 시신을 찾아서 보고함. 眈羅國招討使 失里伯, 무인.		7. 幕府, 御家人에게 남보 토지의 무상 반환을 인정함. 8. 幕府, 御家人에게 所領을 보고하도록 명함. 이 해에 큰 가뭄이 듬.
1274	11 15	고려·忻都에게 일본정벌을 명함. 5. 고려세자, 燕京에서 쿠빌라이의 딸과 결혼. 9. 征末軍, 襄陽을 출발. 11. 忻都·洪多丘·劉復亨을 소환. 12. 征末軍, 鄂州 함락.		1. 元의 명에 따라 대소 전함 9백적 건조, 6월에 이르러 완료함. 5. 元의 일본 정벌군 1만 5천명 도착. 6. 元宗 沒. 8. 세자 諶, 元에서 돌아와 즉위(忠烈王). 10. 忻都·洪多丘·劉復亨이 인솔하는 元軍 2만, 金方慶이 인솔하는 고려군 6천, 일본으로 출정. 11. 일본 정벌군, 合浦로 돌아옴.	11	2. 幕府, 日蓮의 流罪를 사면함. 5. 日蓮, 鎌倉을 떠나 甲斐로 감. 6. 幕府, 御家人 所領의 他人和與를 금지함. 10. 元·고려 연합군, 對馬·壹岐 공격. 博多 도착. 태풍이 붙어 고려로 도망쳐서 돌아서 돌아옴.

제2절 1019년의 女眞 해적과 高麗·日本

寬仁 3년(1019, 顯宗 10), 「刀伊」라는 女眞人 해적이 對馬·壹岐·筑前·肥前을 습격했다. 그다지 대규모는 아니었지만 이민족과의 전투가 적었던 일본의 전근대사 속에서는 「刀伊의 入寇」라는 이름으로 대부분의 通史的 서술에서 다루고 있는 유명한 사건이다. 이에 대해서는 일찍이 池內宏이 한국사에 대한 관심을 가지고 넓은 시야에서 검토했으며,[1] 土田直鎭이 일본측의 사료를 다방면에서 활용하여 京都의 朝廷과 北九州의 모습을 그려내고 있다.[2] 또 최근에는 이 사건과 깊은 관계가 있는 「渡海制」를 둘러싼 논의가 활발하다(후술).

본고에서는 이 사건의 중심적 사료인 『小右記』의 사료적인 특징을 다루면서, 『小右記』의 裏書(역주; 背書 또는 移書. 書畵 따위의 뒤에 감정 결과를 쓰거나 족자 뒷면에 그 내력·주석을 씀)로 남겨진 희귀한 문서 두 통을 정독을 하여 다시 소개함과 아울러서 왕조 귀족의 高麗觀의 내용과 문제점을 생각해 보고 싶다. 발표하는 곳이 일본사 전문 학술지가 아닌 것을 고려

---

1) 池內宏a 「高麗に於ける東女眞の海寇」(『滿鮮歷史地理硏究報告』 제8책, 1920年 <『滿鮮史硏究·中世第二册』, 吉川弘文館, 1937년에 수록. 인용은 여기에 따름). 同b 「刀伊の賊-日本海に於ける海賊の横行」(『史林』 10권 4호, 1923년 <『滿鮮史硏究·中世 제1책』, 吉川弘文館, 1933년에 수록. 인용은 여기에 따름>). 또한 同 「刀伊の入寇及び元寇」(『岩波講座日本歷史』 1934년)의 刀伊의 入寇 부분은 b 논문의 요약이다.

2) 土田直鎭 『王朝の貴族 <日本の歷史5>』(中央公論社, 1965) 350~377쪽. 그 외 「刀伊の入寇」를 다룬 것으로 森亮己 「日麗交涉と刀伊賊の來寇」(『朝鮮學報』 37·38册, 1966年 <『續日宋貿易の硏究』 國書刊行會, 1975에 수록>), 石井正敏 「日本と高麗」(『平安文化の開花 <海外視点日本の歷史5>』, 1987년 수록) 등이 있다. 또한 이 사건의 관계사료는 『大日本史料第二編之十四』『同十五』에 망라되어 있다.

해서 사료의 인용은 모두 풀어서 읽기로 하고 작은 활자로 주를 추가했으며, 때로는 과감하게 意譯을 하였다.

I. 刀伊國兵船, 北九州를 습격하다

寬仁 3년 3월 말, 낯선 兵船 50여 척이 對馬島에 나타나서 살인과 방화를 자행했다. 對馬 태수 遠晴은 간신히 몸을 피했고, 3월 28일자로 발송한 對馬島解(역주; 律令制에서 하급관청이 상급관청으로 올리는 공문서)가 4월 7일 大宰府에 도착했다. 또 壹岐 島分寺 講師인 常覺도 같은 날 大宰府에 도착하여 壹岐 태수 藤原理忠 이하 관리와 백성들이 모두 살해당했다는 사실을 알렸다. 兵船은 같은 날 이미 筑前 해안에 출현하여 博多 서쪽의 怡土·志摩·早良 3郡이 피해를 입었다. 그때 志摩郡 주민 文室忠光은 많은 적을 사살하는 전공을 올리고 있다.

이 兵船은 일본측에서 보호 중이던 고려인 포로가 譯官에게 고한 바에 따르면 「刀伊國」의 배였다. 「刀伊」란 고려인이 여진인을 업신여기는 의미로 부르는 말이며 오랑캐라는 뜻이다. 행동이 기민하고 몹시 거칠어서 「빠르기가 매와 같다」고 하였다. 16일자의 大宰府 공문은 7일의 전투상황을 이렇게 전하고 있다(『朝野群載』 卷二十異國·寬仁 3년 4월 16일 大宰府解, 이하 寬仁 3년의 기록은 연호를 생략한다).

筑前國 怡土郡을 습격하고, 志摩·早良 등의 郡을 지나면서 인명과 재물을 빼앗고 민가를 불태웠다. 그 賊徒의 배는 길이가 혹은 12尋(尋; 물의 깊이나 새끼줄 등 길이의 단위, 약 1.8m), 혹은 8~9尋, 한 배에 노는 3~40개 정도, 승선 인원은 5~60인 또는 2~30인이다. 칼을 번뜩이면서 뛰어다닌다. 그리고 활과 화살을 휴대하고 방패를 가진 자가 7~80인 정도, 서로 어울리는 무리가 이와 같다. 1~20隊는 산으로 올라가 들판을 가로지르며 소와 말을 잡아먹고 개고기를 먹기도

한다. 늙은이와 아이들은 모두 참살당했으며, 젊은 남녀를 포로로 잡아 배에 태운 것이 4~500명이다. 또한 도처에서 약탈한 곡식의 종류는 그 수를 알지 못한다.

4월 8일, 刀伊軍은 博多灣 안의 能古島에 진을 쳤고, 다음 9일 博多의 警固所를 공격했지만 끝내 함락하지 못하고 能古島로 물러났다. 10일과 11일은 강한 북풍 때문에 활동을 못하고 있었으므로, 그 사이에 大宰府에서는 38척의 병선을 준비할 수 있었다. 刀伊軍은 12일 새벽에 행동을 개시하여 早良郡을 휩쓸고 志摩郡 船越津에 이르렀다. 같은 날 저녁 무렵, 기다리고 있던 일본측의 정예군과 격렬한 전투가 벌어졌으며, 40인 이상의 刀伊兵이 화살에 맞아 죽고 두 명이 생포되었는데 그 중 하나는 여자였다. 博多에서 小貳平致行・前監 大藏種材・大監 藤原致孝 이하 府官이 먼저 준비한 병선을 이끌고 추격했다. 刀伊軍은 서쪽으로 달아났고, 다음날 13일 肥前國 松浦郡에 이르러 온 마을을 황폐하게 만들었지만, 前肥前介 源知가 郡內의 병사를 이끌고 항전하여 마침내 刀伊軍은 북쪽으로 물러나 본거지로 돌아갔다.[3]

이렇게 해서 博多 주변에서는 일주일간의 전투로 刀伊軍을 격퇴시키기는 했지만 피해가 심대했다. 對馬에서는 사망자 36, 사로잡힌 자 346, 壹岐에서는 사망자 149, 사로잡힌 자가 239명에 이르렀으며, 생존자는 35명에 지나지 않았다고 한다. 筑前의 志摩・早良・怡土 3郡과 能古島에서는 사망자 180, 사로잡힌 자 704명이었다. 사망자보다 사로잡힌 사람이 3·5배나 많았고, 여자 어린이가 성인 남자의 약 3배를 넘고 있다. 그밖에 잡아먹힌 牛馬가 380頭였다(『小右記』 6월 29일조).[4]

방어전을 지휘한 것은 大宰權師 藤原隆家였다. 隆家는 藤原道長과 권세를 다투다 패했던 藤原伊周의 동생으로 권세에 아첨하지 않는 강직한 성격

---

3) 刀伊의 入寇에 있어서 일본측 무사단의 성격을 규명한 것으로 志方正和「刀伊の 入寇と九州武士団」(『日本歴史』 140호, 1960년)이 있다.

4) 피해 숫자는 『大日本古記録・小右記五』의 傍注에 따라 원문을 수정하였다. 또한 土田의 주 2)의 책 363쪽의 「여진족 습격에 의한 被害表」를 참조함.

으로 알려져 있었다. 그는 4월 7일과 다음날 8일 京都에 飛驛使를 보내 위급을 알렸다. 사신은 17일에 연달아 도착했고, 朝廷은 비로소 사건을 알게 되었다.

다음날 18일 內裏(天皇이 사는 대궐)에서 2통의 府解에 대하여 公卿들의 대책회의(陣定)가 열렸다. 이 회의에서 결정한 내용은 大宰府에 飛驛使를 보낼 것, 요충지 경비, 적의 토벌, 훈공자에게 상을 내릴 것, 각종 기도를 올릴 것, 山陰 · 山陽 · 南海 · 北陸道의 요충지도 경비할 것 등이었다. 이 회의에서 右大臣 藤原公季가 飛譯에 의한 急報는 천황에게 상주하는 형식을 취해야 하는데도 이번의 府解가 太政官에게 올리는 보고서 형식이라는 것을 문제 삼았고, 大宰府에 내리는 勅符에도 이것을 추가로 기입하게 되었다. 公季의 의견은 公式令의 飛驛式條를 근거로 하고 있다. 또 大宰府에 보내는 飛譯使에 관청의 말을 사용하게 할지 어떨지가 논의되었고, 書記官 外記에게 물었더니 「소견 없음」이라는 대답이 돌아왔다. 大納言 藤原實資는 후일 「飛驛式」을 보고—이것은 公式令의 飛譯式과는 다른 법령인 듯하다—보낼 때는 관청의 말을 주게 되어 있지만 돌아올 때의 규정은 없는 것을 확인하고, 「보낼 때의 예에 준해서 주어야 하는가」라는 의견을 일기에 적어 두었다(『小右記』4월 18일조). 이러한 논의는 사태의 긴급성이나 유연한 대응보다는 先例의 준수에 중점을 두는 당시 귀족사회의 풍조를 잘 전하고 있다.[5]

이후에도 隆家는 전투 종결 후인 4월 16일을 시작으로 6월 21일, 7월 13일, 8월 모일, 9월 모일에 府解를 보냈으며, 도착할 때마다 조정에서 회의가 열리고 있다. 그러나 전투의 종결을 알고는 귀족들의 열기도 식어버렸고, 6월 29일의 회의에서는 大納言 公任 · 中納言 行成 두 사람으로부터 전공자에게 상을 줄 필요가 없다는 의견마저 나올 정도였다. 두 사람의 의견은 「전공자에게 상을 준다는 勅符는 4월 18일자로 나왔지만, 실제 전투는 勅符가 大宰府에 도달하기 전에 끝나 버렸고, 상을 약속받고 올린 전공이 아닌 다

---

5) 土田 주 2)의 책 355~356쪽.

음에야 상을 줄 필요가 없다」는 궤변이었다. 하지만 이 회의를 주최했던 實資는 「勅符의 도착 일자 따위는 문제가 아니며, 약속이 없더라도 공이 있으면 상을 주는 것이 당연하다」고 질책하며 포상을 하기로 하였다(『小右記』 6월 29일조). 그러나 구체적인 상의 내용까지는 논의되지 않았으며, 총지휘자로서 활약했던 隆家에게 상이 주어진 흔적도 없다.

이 당시 刀伊軍이 공격을 가했던 곳은 北九州만이 아니다. 이 시기를 전후하여 한반도 동해안이 빈번하게 女眞 해적의 피해를 받았으며, 특히 日本海 안의 울릉도에 있던 于山國은 1018년, 19년, 22년에 연속해서 여진에게 노략질을 당했다. 12세기 중반 무렵 울릉도는 촌락의 자취가 7개소 뿐일 정도의 무인지경이 되고 말았다.[6] 女眞 해적의 본거지는 지금의 함경남도 함흥평야이며,[7] 그곳에서 한반도 동해안을 남하하여 對馬島에 나타났던 것이다. 당연히 그들은 고려에서도 해적행위를 행했으며, 일본측이 사로잡은 자 중에 고려인이 있었던 것도 그 때문이다. 조사에서 고려인은 「고려국이 刀伊賊을 막기 위하여 (자신을) 그들의 근거지에 파견했지만, 반대로 刀伊 때문에 포로가 되었다」고 진술하고 있다(앞에서 인용한 4월 16일 大宰府解).

또 고려는 刀伊軍이 한반도 동해안을 북상하여 본거지로 돌아가는 도중이던 4월 29일, 강원도 元山에서 가까운 鎭溟浦에서 兵船으로 공격을 가하여 붙잡힌 사람을 되찾았다. 『高麗史』 顯宗世家 10년 4월 丙辰條에 다음과 같이 기록되어 있다.

> 鎭溟 船兵都部署 張渭男 등이 해적 8척을 포획하다. 도적들이 노략한 일본포로 남녀 2백 59명을 供驛令 鄭子良을 보내 그 나라로 압송하게 하다.

이때의 고려 해군은 『高麗史』 兵志 2 · 鎭戍에 「顯宗이 즉위하여 防守하는 배 75척을 만들어 鎭溟口에 정박시키고 이로써 동북 해적을 막다」라고

---

6) 池內 b 論文 318~321쪽.
7) 池內 a 論文 299쪽 이하.

되어 있듯이, 현종 즉위년(1009)에 여진 해적에 대비하여 鎭溟浦에 배치해
두었던 부대였다. 뒤에서 소개하는 「內藏石女等申文」에 의하면, 刀伊軍의
포로가 된 石女 등은 이때 고려군에 의하여 탈환된 것 같다(申文에는 잘못
기억한 탓인지 「오월 중순」의 일로 기록되어 있지만). 그 후 石女 등은 驛馬
를 타고, 驛마다 은그릇에 대접을 받으면서 15일이나 걸려 경상도 金海府까
지 보내졌다. 이처럼 후대해 준 이유를 고려 관리는 「단지 너희를 위로하자
는 것이 아니라, 다만 일본을 존중해서 돕는 것이다」라고 石女 일행에게 설
명하고 있다. 石女 등은 金海府에서 6월 한달동안 머물며 휴식을 취했는데,
그 사이에도 白布를 의복으로 지급받고 좋은 음식을 대접받았다. 여기서 가
족의 안부를 알아보기 위하여 온 對馬島判官 代長岑諸近를 따라 7월 9일 對
馬로 돌아갔다. 그때 고려 정부는 귀국 식량으로 개인당 백미 3말 · 건어물
30集을 주고 술까지 지급했다.

이상과 같이 이 사건에 관해서 고려측이 일본에 보였던 태도는 극히 호
의적인 것이었다. 고려는 건국 후 일관되게 일본과 대등하고 우호적인 관계
를 맺으려고 노력해 왔으며, 이와 같은 자세는 이 사건에서도 명백히 드러
나 있다.

Ⅱ. 『小右記』의 사료적 성격과 그 裏書文書

「刀伊의 入寇」에 관하여 가장 양질이면서 풍부한 사료는 大納言 藤原實
資의 일기 『小右記』이다. 거기에는 이 사건을 둘러싼 조정에서의 논의가 상
세하게 기록되어 있을 뿐만 아니라 大宰府로부터의 다양한 정보가 고스란
히 기록되어 있으며, 도착한 문서가 그대로 필사된 케이스도 있다. 고려측
의 사료가 앞에서 인용한 『高麗史』 顯宗世家 10년 4월 丙辰條 밖에 없는 것
과 극히 대조적이며, 일본측의 사료가 『高麗史』처럼 국가적인 사업으로 정

비하여 편찬된 正史와는 현저하게 다른 성격을 갖추고 있음을 알 수 있다. 따라서 왜 『小右記』에 「刀伊의 入寇」가 상세히 기록되기에 이르렀는지를 생각해 보자.

實資는 당시 大納言이라는 상급 公卿이었지만 그가 九州의 정세를 파악할 수 있었던 것은 반드시 공직에 근거한 것은 아니었다. 그는 大宰府에서 보내는 공식 보고인 府解를 받아 보는 것 외에 大宰權帥 藤原隆家가 보내는 私信을 빈번하게 받고 있다. 그 횟수는 寬仁 3년 4월부터 9월 사이에 4월 17일·4월 25일·5월 24일·6월 21일·8월 3일·9월 19일의 6회에 이른다. 대부분은 사신이 가져오는 府解와 같은 것이었지만, 그 중에는 5월 10일 발송하여 5월 24일에 도착한 서신처럼 「刀伊賊을 추격하는 병선이 아직도 돌아오지 않았으며, 이에 거듭 보고하지 말고 돌아온 뒤에 府解를 올려야 할 것」이라고 되어 있어, 비공식적으로 급히 보고한 예도 있다. 정보의 내용은 아래와 같이 매우 중요한 것이며, 게다가 역사의 미묘한 사정을 언급한 부분이 있다(『小右記』 5월 24일조).

> 兵船 등이 壹岐에서 對馬로 향하지 않았다고 한다. 그 후 소식을 들을 수 없고, 역병이 발생하여 손 쓸 방법이 없다. 다만 만사를 제쳐두고 병선·무기 등을 만들어 요충지 방어를 힘써서 행하도록 한다. 刀伊를 추격하는 관군 등은 모두 府의 각별한 무사들인데 아직도 돌아오지 않고 있다. 참으로 답답하고 개탄스런 일이다.

隆家와 實資를 연결하는 굵은 정보 루트를 지탱하고 있던 것은 사실은 두 사람의 절친한 개인적 관계였다고 생각된다. 隆家의 처 숙부이며 隆家가 부재중인 집의 관리를 맡고 있었던 것으로 보이는 승려 惟円이 자주 實資의 小野宮第를 방문해 隆家가 보내는 정보를 제공하고 있다. 혈연상 같은 藤原氏라고는 해도 隆家의 부친 道隆과 實資는 증조부가 藤原忠平이라는 정도의 관계에 불과했지만, 두 사람은 道長의 권세에 대한 반골 정신을 공유하고 있었으며, 마음이 잘 맞았던 것 같다. 長和 원년(1012) 三條天皇의 후궁 娍子(故 大納言 藤原濟時의 딸)를 천황 자신의 희망에 따라 황후로 세우기로 했지만, 이미 딸 姸子를 황후로 세우고 있던 道長이 娍子의 立后式 당일에 姸子의 參內를 일부러 부추겨서 말썽을 일으켰다. 그 때문에 대신에게 의식의 上卿(주최자)을 권하지 않고 大納言 實資에게 순번이 돌아왔다. 이 의식에 참가했던 公卿은 實資를 포함해서 불과 4명이었는데 그 중 한 명이 中納言 隆家이며 이날 娍子의 皇后宮大夫로 임명되었다.[8] 또 隆家의 부재중인 집은 小野宮第 근처였던 것같다. 刀伊의 入寇가 京都에 전해지기 4일 전인 4월 13일, 小野宮 東町의 「小人宅」에서 방화가 일어났고, 隆家의 숙직자가 발견하여 사람들에게 알리고 즉시 진화하고 있다(『小右記』).[9]

이상과 같이 개인적 관계에 의하여 전달된 정보가 개인적 관심에 근거하여 일기에 기록되었다. 그 저변에 상급 公卿이라는 實資의 사회적 지위가 있었던 것은 말할 필요도 없지만, 국가적인 역사편찬 과정에서는 가장 먼저 탈락될 듯한 그러한 역사정보가 『小右記』에는 풍부하게 기록되어 있는 것도 사실이다. 그런 정보 중에서도 특히 희귀한 것이 앞에서 잠시 언급한 刀伊船으로부터의 생환자 內藏石女 · 多治比阿古見이라는 두 여성의 상주문일 것이다. 일본사 사료의 참다운 즐거움은 이처럼 재미있으면서도 신뢰도가 높은 사료를 원상태 그대로의 모습으로 읽을 수 있는 점에 있다고 필자는 항상 느끼고 있다.

『小右記』 8월 3일조의 釋奠과 相撲人의 기사 사이에, 「都督(藤原隆家)의 글에서 말하기를, 府解 및 內藏石女申文案을 첨부한다. 뒤쪽에 이를 注記한

---

8) 土田 주 2)의 책 280쪽 이하.
9) 吉田早苗 「藤原實資と小野宮第」(『日本歷史』 350호, 1977년)에 의하면 小野宮第 는 大炊御門南 · 무로마치 동쪽의 一町을 차지하고 있었지만, 이것과 烏丸 小路 를 사이에 두고 서로 마주보는 동쪽 지역이 小野宮東町이며, 지금의 中京區 少 將井町에 해당한다. 이곳은 당시 小野宮家의 소유지로서 家人들이 거주하는 구 역의 하나였다. 화재가 있었던 「小人宅」도 小野宮家의 家人宅이라고 생각된다.

다」고 되어 있다. 이날 隆家가 보낸 書狀이 또 도착했는데, 實資는 書狀의 내용은 생략하고 書狀에 첨부되어 있던 大宰府解와 內藏石女等申文이라는 7월 13일자 문서 2통의 사본을 일기의 料紙 뒤에 전문을 필사했다. 이 裏書는 8월 10일자에서부터 8월 8일자에 이르는 상당한 장문이지만 그것을 음미하는 것이 본 원고의 핵심을 이루고 있으므로 이하에 전문을 풀어서 인용한다.10)

A. 大宰府解
　　말씀드립니다. 對馬島判官 代長岑諸近이 고려국으로 건너가 刀伊賊徒의 포로가 된 여자 10명을 데리고 돌아온 보고서입니다.
　　2명은 筑前國 志摩郡 安樂寺 所領 板持庄 사람이며 즉시 府로 갔습니다. 1
　　　　명은 배 안에서 병이 나 府로 가지 못했습니다.
　　8명은 對馬島 사람입니다.
　　　　2명은 오는 도중에 병을 앓다가 죽었습니다.
　　　　5명 역시 병에 걸려 本島에 머물고 있습니다.
　　　　1명은 府로 갔습니다.
　　첨가문, 적에게 포로가 되었던 여자 內藏石女 등의 申文.

　　위의 對馬島에서 보낸 6월 17일자 海狀,
　　6월 21일 도래한 書狀에서 말하기를, 「管上縣郡 伊祭院司가 6월 16일 海狀에 이르기를 <刀伊 賊盜가 침입했을 때 判官代諸近 및 그 母·妻·子 등이 포로가 되었습니다. 그리고 賊船이 本島에 오던 날 諸近이 혼자 탈출하여 자기 집으로 돌아갔습니다. 그러는 사이에 어제 밤을 틈타 작은 배를 훔쳐서 도망해 버렸습

---

10) 池內 b논문 312~314쪽 및 a논문 279~280쪽에 內藏石女等申文案 전문이 소개되어 있지만, 본고는 그것과 약간 다르게 읽는 부분이 있다. 또 『小右記』의 이 부분의 底本에는 글자가 빠진 부분이 있지만, 『大日本古記錄·小右記五』의 注記를 참조하면서 빠진 글자를 보충한 다음에 읽어 내려갔다. 어떤 것이 빠진 글자인가는 번잡을 피하여 注記하지 않았으므로 의문이 있으면 『大日本古記錄』을 참조해 주시길 바란다.

니다. 틀림없이 本島의 재앙을 생각해서 육지로 건너간 것입니다. 빨리 大府에 上言해서 돌아가게 되길 청합니다>고 하였다. 섬 안의 인민이 적에게 포로가 되고, 겨우 남은 백성도 또 다른 지역으로 건너간다. 만약 돌아가게 하지 못한다면 억지로 遺民을 머물게 해서는 안된다. 원컨대 府가 판가름해서 管內 諸國에 명을 내려 머물 곳을 찾아 확실히 가려서 돌아가게 하도록 하라」고 하였다.

그리고 또 同島의 이번 달 9일의 상주문,

동 12일 도래한 것에 이르기를, 「문제의 諸近이 지난 6월 15일로 모습을 감추어 도망했습니다. 아울러 그 사정은 이미 보고드렸습니다. 그리고 이번 달 7일 諸近이 와서 말하기를, 『刀伊賊이 오던 날 諸近의 모 · 伯母 · 여동생 · 아내 · 아이 · 從者 등 10여 명이 함께 敵船에 실려 뜻밖에도 筑前 · 肥前 등을 왕래했습니다. 다만 적의 무리가 돌아갈 때 對馬島에 들렀습니다. 이때 諸近이 홀로 탈주하여 본도에 머물고 있습니다. 그리고 몰래 생각하기를, <노모 · 아내 · 아이와 헤어져서 혼자 살아남는다고 해도 이미 무슨 이익이 있을 것인가. 노모를 찾아서 刀伊의 땅에 목숨을 맡길 수밖에>라고 했습니다. 사정을 島司에게 말씀드리려고 해도 渡海의 제도는 엄중합니다. 이에 작은 배를 훔쳐서 高麗國으로 향했습니다. 刀伊의 땅으로 가서 노모의 생사를 물으려고 했습니다. 이에 그 나라의 통역 仁禮를 만났습니다. 말하기를, <刀伊의 賊徒가 전날 우리나라에 건너와서 사람을 죽이고 물건을 약탈했습니다. 맞서서 싸우려는 사이에 도망쳐서 일본국으로 향했습니다. 이에 배를 모으고 병사를 준비해서 기다리는 사이에 기미도 없이 돌아와서 거듭 해변을 분탕질했습니다. 이에 미리 5개소에 배 1000여 척을 준비하고, 곳곳을 습격하여 모두 擊殺해 버렸습니다. 그 중에 많은 일본국의 포로가 있었습니다. 5개소 중에서 먼저 3개소에 이르자 3백여 인이었습니다. 남은 2개소의 사람이 모이기를 기다려서 배에 태우고 일본국으로 가야 하는 바 이미 公定이 있었습니다. 우선 對馬島로 돌아가 이 사정을 말씀드려야 한다>고 했습니다. 이에 적의 포로 중에서 本朝人 등을 만나 노모의 생사를 물으니 말하기를, <賊徒 등이 고려 땅에 도착했을 때 건강한 고려인은 배에 태우고, 병들고 늙고 어린 사람들은 모두 바다에 밀어넣어 버렸다. 너의 어머니와 아내 · 여동생 등은 모두 죽었다>고 했습니다. 다만 백모한 사람만을 만났을 뿐입니다. 본토로 돌아가려 해도 異國으로 가는 우리나라의 제도가 이미 엄중합니다. 까닭없이 돌아가면 문책받을 것이 분명합니다. 가령 書牒을 얻는다 해도 증명할 수 없으면 더욱 신용받지 못할 것입니다. 이로 말미암아 일본인을 청해서 받고 證件人이 되어 돌아가고자 한다고 청했더니 고려국이 적의 포로 10인을 주어서 이에 충당하도록 했습니다. 애초에 諸近의 노모를 생각하는 것에 의해 이에 罪過를 참는다. 어머니의 죽음을 아는 지금에 이르러서는 몸을 公廳에 나아가, 좌우는 재판의 결정에 따를 것』이라 하였다. 이국에 투신하는 것은 조정의 법이 무겁다. 왜 그러는지 말할 필요도 없지만 근일 그 법은 더욱 무겁다. 이에 諸近을 불러 그 여성 3인을 붙여 島使前掾御室爲親을 가려 진상하는 것은 이와 같다』라고 하였다.

삼가 안내를 검토하니, 이국의 적도인 刀伊 · 고려는 그 의심이 아직도 결정되지 않았다. 지금 刀伊의 공격을 보고 고려의 짓이 아님을 알았다. 단 신라는 원래 적국이다. 국호를 고쳤다고 해도 아직 야심이 남아 있음을 혐오한다. 따라서 포로를 보낸 것도 기쁨을 나타내지 말라. 만약 승전의 기세를 자랑하고 때문에 성호의 변을 통할지도 모른다. 諸近의 행위는 선후가 부당하다. 외국에 건너간 것은 禁制는 원래 무겁다. 게다가 적도가 와 침입한 후이다. 경계해서 말하길, 먼저 간 자를 가지고 이국 편에 붙은 자로 간주하다라고. 따라서 처음으로 법을 어겨 도해해 서첩 없이 돌아왔다. 만약 포로를 데리고 온 것으로 대우해서 그 죄를 주지 않는다면 후에 법이 없어지지 않을까 두렵다. 愚民측에게 법이 느슨하다는 생각으로 쉽게 渡海하게 해선 안 된다. 이런 무리를 징벌하기 위해 그 몸을 가두고, 모름지기 고려국 사가 설명을 말씀드리는 것을 기다려야 한다. 그렇다고 해도 올지 안 올지 알기 어렵고, 10일간이나 지나가려고 하고 있다. 천민의 말은 참으로 믿기 어렵다고 해도, 境外는 침묵해서는 안 된다고 말하다. 이에 서장이 있음을 붙여 말씀을 올리는 것은 이와 같다. 삼가 상소합니다.

寬仁 3년 7월 13일

B. 內藏石女 等申文

注申, 刀伊의 적도에게 잡혀 고려국으로 향하는 海路의 제반 사정 및 본국으로 돌아온 사정 등의 보고.

위 石女는 安樂寺 소속 筑前國 志摩郡 板持廣에 거주자하던 자이고, 阿古見은 對馬島 거주자입니다. 각기 賊船에 실려 하루 사이 그 사정을 보다. 여러 곳에서 싸우던 날, 石女 등이 탄 두 대의 배 중에서 화살에 맞은 적도는 다섯 명이다.

그리고 對馬島 해안에 이르는 동안 모두 죽어버렸다. 그밖에 같은 배에 상처를 입고 사망한 자가 날이 지날수록 끊어지지 않았다. 고려국 해안에 도착한 후 賊徒 등이 매일 새벽 육지로 올라가 해변과 다른 섬의 주민을 모두 죽이고 물건을 옮길 사람을 잡았습니다. 낮에는 섬에 숨어서 건장한 사람을 골라서 잡고 노쇠한 자를 쳐죽였다. 또 일본 포로 중에서 늙고 병든 자는 모두 바다에 던져버렸다. 밤에는 각기 배를 급히 저어서 사라졌습니다. 이와 같이 20여 일을 보내는 도중, 5월 중순 무렵 고려국의 병선 수백 척이 내습하여 도적을 공격했습니다. 이에 賊人 등은 힘을 다 해 싸웠지만 고려의 기세가 맹렬하여 감히 상대하는 자가 없었습니다. 그 고려국의 배는 매우 크고 무기가 많아 배를 전복시키고 사람을 죽였습니다. 賊徒는 그 맹렬함을 견디지 못하고, 배 안의 포로를 살해하거나 혹은 바다에 던졌습니다. 石女 등도 마찬가지로 바다에 던져지고 파도에 휩쓸렸습니다. 따라서 싸우는 모습을 끝까지 볼 수는 없었습니다. 얼마 지나지 않아서 고려배가 구해주었습니다. 힘을 다 해 소생하도록 해 주었습니다. 구해 준 배 안을 보니 광대한 것이 보통 배와는 같지 않았습니다. 이중으로 만들었고, 위에 노를 세우는데 좌우에 각 4개였습니다. 별도로 노젓는 뱃꾼은 5~6명, 승선한 병사는 20여 명 정도였습니다. 노(檝)를 걸지 않았습니다. 또 한편은 7~8개입니다. 배 앞에 철로 뿔을 만들었습니다. 賊船과 충돌해서 파괴하는 데 쓰는 것입니다. 배 안에 온갖 물품을 실었습니다. 크고 작은 갑옷(鎧甲)과 칼날, 갈퀴 등입니다. 각 병사들이 사용하는 것입니다. 또 火石을 날려서 賊船을 격파합니다. 또 다른 배도 長大한 것이 이와 같습니다. 전투가 끝난 뒤에 石女 등 일행 30여 명은 각기 驛馬를 제공받아서 金海府로 가는 15일 동안 역마다 은그릇으로 대접을 받았습니다. 대접은 매우 풍부했습니다. 관리를 시켜 말하기를, 「너희를 위로하는 것이 아니라 단지 일본을 존중해서 받드는 것이다」라고 했습니다. 金海府에 도착한 후 먼저 흰 천으로 된 옷을 주었습니다. 아울러서 맛난 음식을 石女 등에게 주었습니다. 6월 30일 무렵 그의 府에 안치시켰습니다. 이에 對馬島 判官 代長岑 諸近이 賊徒에게 잡혀 포로가 된 어머니·아내·아이 등을 찾기 위하여 고려국으로 왔습니다. 모자의 사망 소식을 듣고 본국으로 돌아가려고 했습니다. 그리하여 증거로서 여자 포로 10명을 청했습니다. 떠나는 날 그 나라 조정의 公家는 돌아가는 여비로 각자에게 흰쌀 3말·건어물 3集을 주고 아울러서 술도 주었습니다. 金海府에 모인 일본인은 모두 3백여 명이고, 軍船 3척으로 가게 하였습니다. 나머지 2개소의 사람 등이 모인 후 관리를 차출해서 다시 나아가만 한다고 公家에 말하게 했으며 왕래한 사정을 이와 같이 보고드립니다.

寬仁 3년 7월 13일
多治比阿古見 · 內藏石女

Ⅲ. 군사적 관심과 고려관

위의 2통의 문서에는 刀伊의 병선에 포로가 되었다는 생사와 관련된 쓰라린 체험이 적혀 있다.

우선 對馬島 判官 代長岑諸近인데, A의 大宰府 상소의 인용부분이 그의 진술이다. 이에 따르면 3월 말에 刀伊軍이 對馬島에 나타났을 때 부모와 從者 모두 포로가 되었고, 배에 실려 對馬島에서부터 筑前 · 肥前을 왕래했으며, 돌아가는 길에 刀伊軍이 對馬島에 들렀을 때 혼자 탈출하여 집으로 돌아갔다. 그러나 가족과 헤어져 혼자 살아남아서는 안된다고 생각을 고쳐먹고 6월 15일에 소식을 알아보려고 작은 배를 훔쳐서 고려로 밀항했다. 고려 金海府에서 通事 仁禮라는 자를 만나 「고려군이 5개소에서 준비한 병선으로 일본에서 돌아오는 刀伊船과 싸워서 크게 이기고 일본인을 포함한 포로를 빼앗았는데, 우선 3개소에서 보내 온 일본인이 3백여 명」이라는 정보를 얻었다. 이것은 『高麗史』에 기록된 4월 말의 元山 앞바다의 해전을 가리키는 것으로 추측된다. 諸近은 일본인 포로에게 가족의 생사를 물었는데, 「賊徒는 고려에 도착하자 건장한 고려인을 골라서 배에 싣고, 병에 걸렸거나 체력이 허약한 자를 모두 바다에 던졌다. 당신의 어머니 · 아내 · 여동생은 모두 그렇게 죽었다」는 대답을 들었고, 친척은 백모가 혼자 살아남았을 뿐이었다. 낙담하여 對馬島로 돌아가려고 했으나 이대로 돌아가면 「渡海制」 —이 문제에 대하여는 다음 절에서 자세하게 검토하겠다—에 저촉되므로 증인으로서 일본인을 데리고 귀국할 것을 고려에 청원하여 10명의 포로를 동반하고 7월 9일 對馬島로 귀환했다.

다음은 石女와 阿古見인데, B의 申文에 의하면 刀伊船에 실린 후, 5월 중순(4월 하순을 잘못 기억한 것인가) 무렵 고려 해군의 공격을 받은 刀伊兵들은 포로를 살해하거나 바다에 던졌다. 파도에 떠다니던 石女 일행도 고려선에 구조되었다. 그 후 전술한 바와 같이 金海府로 보내지고 諸近을 만났으며, 10명의 증인에 가담하게 된다. 10명 중 두 사람은 筑前國 志摩郡 板持廣의 주민인데, 한 명은 배 안에서 병이 나고 남은 石女만이 大宰府에 도착했다. 8명은 對馬島 주민인데, 두 사람은 對馬島에 도착하기 전에 병사했고 다섯 명은 병 때문에 對馬島에 머물렀으며, 남은 阿古見만이 參府하였다. 구사일생으로 살아난 포로들이었지만 포로였을 때 받은 가혹한 취급이 원인이었는지 건강을 유지한 자는 20%에 지나지 않았던 것이다. 고려군이 되찾은 수백 명의 일본인도 얼마나 고향으로 돌아갔는지, 그런 의미에서도 이 申文은 귀중한 증언이라고 하지 않으면 안된다.

그러나 잊으면 안되는 것은 A · B에 기록된 정보는 濟近과 石女가 말하고 싶어했던 내용이라기보다 조사를 담당했던 大宰府의 관리들이 알고 싶어했던 내용이라는 점이다. 이런 관점에서 사료를 다시 읽어 보면, 조사관의 주요한 관심은 고려의 군사력의 정도를 알려고 하는 점에 있었음을 알 수 있다. 石女 등의 증언을 보면 오랫동안 타고 있던 刀伊의 배에 대한 정보는 없고 구조해 준 고려배에 대하여 다음과 같이 자세한 관찰이 있다.

> 탔던 배 안을 보면 통상의 배보다 훨씬 컸다. 선체는 이중으로 되어 있으며, 선상에는 노가 좌우에 4개씩 설치되어 있다. 노 젓는 水夫는 5~6인이고 병사는 20명 남짓 타고 있었다. 노는 없었다. 또 한 척은 노가 좌우에 7~8개씩이고 뱃머리에 쇠로 만든 뿔을 달고 있었다. 이것은 적선으로 돌격하여 파괴하기 위한 것이다. 배 안에는 다양한 무기가 마련되어 있었다. 갑옷 · 갑주 · 크고 작은 칼 · 갈퀴 따위이다. 병사들 각자가 이런 무기를 손에 들고 있는 것이다. 또 화약으로 돌을 날려서 적선을 파괴한다. 또 다른 배도 長大한 것은 같다.

전술한 바와 같이 고려측의 대일 자세는 극히 우호적이었음에도 불구하고 어째서 고려의 군사력이 그렇게 신경이 쓰였던 것일까? 그래서 A의「삼가 사정을 검토해 보니」이하의 부분, 즉 大宰府 자신의 의견을 보자.

> 異國의 賊徒가 刀伊인지 고려인지 의문이었지만 이제 刀伊가 공격했던 것으로 고려의 행위가 아님을 알았다. 다만 신라는 원래 적국이며 국호가 고려로 바뀌었다고는 해도 여전히 야심이 남아 있을지도 모른다. 비록 포로를 보내왔다고 해도 기뻐해서는 안된다. 혹시 싸움에 이긴 기세를 틈타 거짓으로 通好의 사신을 보낸 것일지도 모른다.

그리고 이런 관점에서 諸近의 도항에 불순한 동기가 없다는 것을 알고 있으면서,「만약 포로를 데려온 일로 그의 죄를 용서하면 후에 좋지 않은 선례를 남겨서 愚民 등이 단지 법이 느슨해졌다고 생각하여 쉽게 도항하려고 할 것이므로 여러 무리에 대한 본보기로써 그를 구금한다」는 조치를 취했다.

이러한 고려에 대한 의구심은 『小右記』의 본문에도 여러 군데 보인다. 4월 16일자 大宰府의 상소(『朝野群載』권20)가 27일 陳定에서 논의되었을 때 實資는 다음과 같은 의견을 밝혔다.

> 刀伊國 사람이라고 한다. 그런데 획득한 자 3인을 심문한 바, 말하기를「고려국은 刀伊賊을 막기 위하여 그 변경으로 파견됐으나 오히려 刀伊의 포로가 되었다」고 한다. 수천 명의 刀伊賊 이외에 어째서 고려인이 잡힌 것인가. 거짓으로 刀伊人을 사칭하는가.

16일의 府解에는 생포된 자가 모두 고려인이라는 것이 기록되어 있는데, 수천의 적이 있었는데 왜 고려인만이 잡혔는가, 적은 고려인이 거짓으로 刀伊人을 사칭하고 있는 것이 아닌가 하고 말하고 있다.

5월 29일 未斤達이라는 고려인이 筑前國 志摩郡에 표착했다. 이 사람은 지난 해에 開京에서 康州(경상남도 晉州의 옛 이름)로 뱃길을 타고 돌아가려던 도중 풍랑을 만나 宋의 明州(지금의 寧波)까지 가게 되었고, 이 해 5월 24일에 출항해서 고려로 향했지만 다시 역풍을 만나 志摩郡으로 와 버린 것으로 刀伊의 入寇와는 아무 관계도 없는 우연한 것이었다. 그러나 大宰府는 「크게 의심하는 바가 있으므로 가둬 두고 신문하라」고 하였다(『小右記』 6월 21일조). 이 말을 들은 조정에서도 6월 29일의 陳定에서 公卿들은 大宰府의 조치를 시인하고, 「요사이 표착한 무리에게 의심스런 바가 없지 않다. 다른 장소에 안치하여 거듭 심문하도록 하고, 말한 바를 (大宰府에) 알리도록 해야 한다」는 의견을 진술하고 있다(同 29일조).

또 4월 16일의 隆家 書狀을 휴대하고 동 25일에 實資를 방문했던 惟円은 飛驛使의 말을 전하며, 大宰府軍이 병선으로 刀伊軍을 추격했을 때 隆家가 「먼저 壹岐 · 對馬 등의 섬에 이를 것, 일본의 경계를 넘지 말고 습격 할 것, 신라의 경계로 들어가지 말 것」이라고 지시한 것을 알렸다. 이웃나라와의 부질없는 분쟁을 피하기 위한 조치였지만, 고려를 「敵國」 신라와의 연속성에서 이해하고 있다는 점도 간과할 수 없다.

그리고 「異國」의 내습을 듣고 선례로서 상기했던 것이 9세기말 寬平 연간에 北九州를 내습했던 신라 해적이었다. 4월 18일에 刀伊 습격의 첫 보고가 전해졌을 때의 陳定에서 「山陰 · 山陽 · 南海道의 요충지를 단단히 수비할 것」이라는 右大臣 藤原公季의 의견에 대해서 實資가 北陸道를 추가해야한다는 것을 진언하였고, 公季가 「寬平外記日記」를 보니 과연 「北陸 · 山陰 · 山陽 · 南海 등의 요충지에 警固가 있다」고 되어 있다(『小右記』). 이것은 寬平 6년(894) 4월 17일 신라가 對馬島를 공격했다는 보고를 받고 조정이 大宰府에 토빌을 명함과 동시에 北陸 · 山陰 · 山陽道의 諸國에 警固를 명한 선례를 가리키고 있다(『日本紀略』[11]). 또 4월 24일 實資는 「寬平 6년 신라

---

11) 『日本紀略』에는 南海道가 보이지 않지만 탈락일 것이다.

凶賊 때 宣命體로 쓴」小野美材의 자필 초본을 우연히 입수하여 源俊賢을 통해 道長·賴通의 上覽에 넣는 한편 필사해서 藤原公任에게 보내고 있다(『小右記』). 5월 3일에는 섭정 賴通이 大宰府로 보내는 勅符에「농업을 게을리 하지 말라는 취지」를 포함시키도록 지시하였고, 그때「신라 해적을 追討하는 일」을 명했던 寬平 5년 윤5월 16일 勅符가 참조되고 있다(同). 6월 29일의 陣定에서는 行賞의 선례로서 寬平 6년에 對馬島司 文室善友가 신라 도적을 쫓아내고 즉시 상을 받은 사실이 나와 있다(同).

9세기에 왕조 귀족들은 신라의 위협을 매우 심각하게 받아들이고 있었고, 排外主義 경향이 강해지는 한편 일본의 국토를 불가침의 성역으로 하는 神國觀이 소리를 높이게 되었다.[12] 承和 9년(842)의 官符는 그때까지 받아들이고 있던 신라인의 귀화를 일체 거부하고 표류의 경우와 똑같이 식량을 주어 돌려보낼 것을 명하고 있다. 이것은 寶龜 5년(774)의 官符가 귀화와 표류를 구별하여 후자만 식량을 주고 송환하던 것을 크게 전환시킨 것이며, 그 이유로서 官符는「(신라는) 舊例를 무시하고, 항상 奸心을 품고 苞苴(증물)를 바치지 않으며, 일을 商賣에 기탁하고 나라의 소식을 엿본다. 바야흐로 지금 백성은 궁하여 먹을 것이 궁핍한데, 만약 불의의 변이 있으면 무엇으로 재앙(天)을 막을 것인가」라고 진술하고 있다(『續日本後紀』承和 9년 8월 15일조). 그리고 承和 10년(843)에 모반 혐의로 체포된 전 筑前守 文室宮田麻呂는 신라의 거대한 해상 세력 張保皐와 사적인 거래관계가 있었고, 貞觀 12년(870)에 역시 모반 혐의로 구금된 大宰少貳 藤原元利麻呂는 신라 국왕과 통모하여 국가를 해치려 했다는 고발을 받고 있다.

그리고 元利麻呂 사건이 일어나기 전 해에 신라의 해적선 2척이 筑前國 那珂郡 荒津에 도래해서 豊前國의 年貢絹綿을 약탈하여 도주한 사건은 博

---

12) 이하, 佐伯有淸『日本古代の政治と社會』(吉川弘文館, 1970년) 제10장「九世紀の日本と朝鮮」, 山內晋次「古代における朝鮮半島漂流民の送還をめぐっつて」(大阪歷史科學協議會『歷史科學』122호, 1990년), 村井章介「九世紀の轉換と王土王民思想」(『思想』847호, 1995년) 제2절, 등 참조.

多의 코 앞에서 일어났기 때문인지 규모가 작은 것에 비해서는 히스테리같은 반신라의식을 고양시켰다. 貞觀 12년(870) 2월의 大宰府에 내린 칙명은 「蕞爾新羅, 凶毒狼戾」라고 심하게 욕하면서, 우연히 입경한 신라 상인에 대하여 「오랫동안 서로 관계하고 이 지역에 일시 기거하여 능히 物色을 살피고 우리의 방비가 없는 것을 알고 있으므로, 그들을 (신라에) 돌려보내면 약한 것을 적게 보여주는 것」이라며 두려워하고, 또 종래부터 九州에 거주하던 신라인에 대해서는 「겉으로는 귀화한 것처럼 보여도 안으로는 역모를 품어, 만약 (신라가) 침범한다면 반드시 내응할 것」이라며 의심하고 함께 陸奥의 빈 땅에 강제로 이주시킬 것을 명하고 있다(『三代實錄』 동년 2월 20일조). 또 같은 달에 宗像大神에게 바친 宣命은 「우리 일본 조정은 이른바 神明의 나라이며, 神明이 도와주시고 지켜주시므로 어떠한 兵寇가 가까이 올 수 있을까. 또 우리 皇太神은 입에 올리기도 송구스러운 大帶日姬(神功皇后)가 신라인을 항복시킬 때 함께 진력하였으니 우리 조정을 구해주시고 수호해주신다」며 神國 일본을 찬양하고 있다(同, 2월 15일조).

이후 寛平 5(893), 6년에 있었던 신라 해적의 北九州 습격에 대해서는 正史도 日記도 없는 시기이므로 자세한 것은 알 수 없으며, 博多의 警固所에 오랑캐 포로 50인의 增置를 명한 寛平 7년 3월 13일의 官符에 「지금 신라의 흉적이 자주 변경을 침범함에도 정벌하러 가는 군사, 용사가 여전히 부족하다」는(『類聚三代格』 권18) 기록이 눈에 띌 정도이다. 그러나 반신라의식의 고양이 재현된 것은 상상하기 어렵지 않으며, 實資가 선례로서 참조한 기록에도 그러한 분위기가 가득 차 있었을 것이다. 그 후 120년 이상 경과한 무렵의 刀伊 사건에서도 9세기와 같이 극단적이지는 않지만 신라의 후예 고려에 대한 경계심, 의구심은 씻지 못한 부분이 있었던 것이다.

Ⅳ. 「渡海制」를 둘러싼 문제

사료 A에는 해외 도항의 禁令을 의미한다고 생각되는 「渡海의 制」 및 유사한 표현이 자주 등장한다(굵은 글씨 부분). 우선 諸近의 진술에,

① 諸近은 육친의 소식을 알아보려고 고려 도항을 결의했으며, 그 뜻을 對馬島司에게 보고하려고 생각했지만 「渡海의 制」가 엄중하기 때문에 작은 배를 훔쳐서 고려로 밀항했다.

② 諸近은 육친의 죽음을 알고 對馬島로 돌아가려고 생각했지만 本朝는 「異國으로 가는 制」가 중하기 때문에 이대로 돌아가면 公의 견책을 면하지 못할 것이고, 또 고려의 「書牒」을 받았다고 해도 명료한 증거가 없으면 신용받지 못할 것으로 생각해서 刀伊의 포로였던 일본인을 증인으로 동반해 돌아갔다.

다음 對馬島에서 大宰府 앞으로 보내는 상소문에,

③ 異國에 투화하는 행위에 대해서는 전부터 「朝制」로 금지하고 있다. 하물며 최근 그 제도는 더욱 중해지고 있다. 그래서 諸近을 불러들이고, 그가 데려 온 증인을 덧붙여서 大宰府로 송치한다.

마지막으로 大宰府 자신의 말로서,

④ 諸近의 행위는 처음부터 끝까지 부당하다. 외국으로 도항하는 것은 원래 「禁制」로 엄중히 금하고 있다. 하물며 이번에 적도가 來侵했을 때 「먼저 가는 자는 이국을 편든 것으로 간주한다」는 경고를 발표했음에도 이 「制法」을 처음으로 범하고 도해했기 때문이다.

對馬島 관리인 諸近, 對馬島廳, 大宰府라는 3개의 레벨 모두에게 「渡海

制」가 강한 구속력을 가진 것으로 의식되고 있으며, 게다가 刀伊사건으로 인하여 그것이 한층 더 강해진 흔적이 있다.

헤이안시대의 이와 같은 渡海禁令에 대해서는 森克己가 延喜 연간(901~923)에「鎖國」정책의 일환으로 제정되었다는 견해를 밝혔으며,[13] 이것이 오랫동안 통설이 되어 있었다. 그런데 최근 山內晋次가 森說을 정면으로 비판하며 延喜 및 그 이후에 森이 말하는 것과 같은 법령이 나온 흔적은 전혀 없고, ①~④에 보이는「渡海制」의 法源은 현존의『律』사본에는 빠져 있지만 唐律에 의해 복원할 수 있는 衛禁律의 越度緣邊關塞條의 규정, 즉「모든 緣邊의 關塞을 越度하는 자는 徒2년」이라고 주장했다.[14] 이것을 계기로「渡海制」를 둘러싼 논의가 갑자기 활발하게 되었다. 榎本淳一는 山內의 森 비판에는 찬동하면서도 衛禁律에 누락된 조문은 없다며 山內說을 부정하며, ④의「異國의 편을 든다」와 ③의「이국에 투화한다」는 표현이 養老賊盜律의 疏가「모반」에「本朝를 배반하려고 蕃國에 투화하는 것」이라고 적혀 있는 것과 부합하기 때문에 賊盜律謀叛條야말로「渡海制」의 法源이라고 했다.[15] 또 稻川야요이도「渡海制」에 대하여는 거의 山內의 학설을 답습하면서, 바깥 틀로서의「渡海制」로 인하여 보호받으면서 국내의 교역 관리를 담당한「唐物使」에도 주목하여 헤이안시대 국가에 의한 대외교통 관리의 開明性을 강조했다.[16]

위의 山內·榎本·稻川의 3설은 서로 대립점을 포함하면서도 森이 10세기 이후 왕조국가의 대외자세를「쇄국적」·「퇴영적」으로 평가했던 것을 비판한다는 점에서는 공통적이며, 平安期 외교를 율령시대 이래의 대외정책의 계승 혹은 완성으로 파악하는 시각을 밝히고 있다. 이러한 학설은 10세기

---

13) 森克己『日宋貿易の研究』(國書刊行會, 1975) 83쪽 이하.
14) 山內晉次「古代における渡海禁制の再檢討」(大阪大學『待兼山論叢』史學編 22호, 1988년).
15) 榎本淳一「『小右記』にみえる「渡海制」について－律令國家の對外方針とその変質 －」(山中裕編『攝關時代と古記錄』吉川弘文館, 1991년, 수록).
16) 稻川やよい「「渡海制」と「唐物使」の檢討」(東京女子大學『史論』44호, 1991년).

외교의 정책기조를 대륙의 동란 상황에 휩쓸리는 것을 막기 위한 「중앙정부의 주체적인 정세 판단에 근거한 적극적인 고립주의라고 규정」하는 石上英一의 학설17)에서 큰 영향을 받고 있다.

그러나 내가 본 이러한 학설에는 두 가지 문제점이 있다. 하나는 율령시대부터의 전개를 직선적으로 파악하는 것이고, 또 하나는 귀족층의 대외정책을 합리성·개명성이라는 면에서만 평가하는 것이다.

첫 번째 점에 대하여, 山內·榎本의 두 학설이 말하는 것처럼 헤이안시대 대외정책의 法源이 율령에 있었다는 것은 충분히 생각할 수 있다. 「먼저간 자는 이국을 편든 것으로 간주한다」는 「制法」의 존재에서 榎本의 賊盜律謀叛條說이 유리한 것처럼 생각된다. 그러나 榎本의 山內說 비판은 다음의 두 가지 점에 대하여 완전한 것은 아니며, 越度緣邊關塞條가 「渡海制」의法源일 가능성도 남아 있다. ①山內가 唐 衛禁律의 越度緣邊關塞條와 직후의 緣邊城戍條의 불가분성을 근거로 해서 日本律에 후자가 존재하면서 전자를 빠뜨리는 부자연성을 지적했던 것18)은 내가 보는 한 山內說의 핵심을 이루는 것이지만 이것을 언급하지 않았다. ②唐 衛禁律 越度緣邊關塞條를「육상 국경만을 문제로 하고 있다」는 잘못된 전제 아래 해석하고 있다.19) 게다가 石井正敏은 「渡海制」를 延喜 11년(911)에 외국 상인의 來航에 年期

---

17) 石上英一 「日本古代10世紀の外交」(『東アジア世界における日本古代史講座7東アジアの変貌と日本律令國家』 學生社, 1982년) 136쪽.

18) 山內 주 14) 논문, 81~82쪽.

19) 唐衛禁律越度緣辺關塞條의 疏議에는 「緣辺의 關塞으로 華夷를 나누다」라고만 있고, 육상의 경계라는 한정은 어디에도 없다. 또 同緣辺城戍條의 疏議에는 「국경 緣辺은 모두 城戍이 있어 … 나와서 化外로 향하는 것으로, 혹은 荒海의 畔, 혹은 幽險의 안, …」이라고 있고, 이 「국경」은 확실히 해상의 것을 포함한다. 越度緣辺關塞條도 육상·해상 쌍방의 국경을 염두에 두고 있다고 생각해야 하는 것일 것이다. 榎本의 해석에는 「唐과 같은 대륙 국가와 달리 사면이 바다에 둘러싸여, 기본적으로 육상의 국경을 갖지 않는 일본은 너무나 국정이 다르다」(169쪽)라는 문장에 나타난 것 같은, 섬나라 일본의 특수성이라는 생각이 있는 것이 아닐까.

를 둔「年期制」, 대외교통의 국가적 관리라는 면에서 공통되는 것으로 파악하고, 「또한 延喜 11년의 제도는 외국 상인의 내항뿐만 아니라 일본인의 도항에 대해서도 제한하는 출입국관리령과 같은 것으로, 『小右記』 등에서 말하는 이른바「渡海制」의 法源은 여기에 있는 것으로 추측된다」고 서술하고 있다.[20] 石井과 같이 오늘의 사료에는 남아 있지 않지만 실정법으로서「渡海制」가 존재했다는 견해에도 아직 성립의 여지가 있다고 생각한다.

그렇지만 헤이안시대 대외정책의 法源이 율령에 있었다 해도 그 정책의 내용과 역사적 의의까지 율령시대의 단순한 연장선상에 있다고 할 수는 없다. 고대부터 중세로의 이행기에 있어서 율령이 한번도 개폐되는 일 없이 생성되어 온 것은 말할 필요도 없지만, 「준용」이나「절충」이라는 자유로운 법해석 기술로 중세의 현실에 맞추어 운용이 행해진 것도 간과할 수 없다.[21] 앞에서 인용했던 貞觀 12년 2월 20일의 大宰府에 내린 칙령에서 표류 신라인에 대하여「仁을 베풀어 돌려보내는 일은 尋常의 일이지만, 간사함을 품고 왕래하면 확실히 誅殺해야 한다」는 문장이 있다. 여기에서는 율령국가가 자랑스러운 듯이 말하던, 四夷가 일본의 덕을 흠모해서 모여든다는 <中華>의 이념―그 자체가 다분히 픽션이었지만―을 던져버리고 신라에 대한 배외의식이 적나라하게 드러나 있다.[22] 이러한 태도는 결코 율령시대부터의 연속성에서 모두 파악할 수 있는 것은 아니다.

두 번째 점에 대하여. 왕조 귀족이 대외자세를 선택할 때, 그들은 石上 등이 말처럼 이성적으로 상대편을 보고 있었을까? 9세기에 대외자세가 전환되는 기축은 신라와의 관계 악화에 따르는 멸시와 공포라는 兩面價値의 증대에 있었다. 때마침 귀족사회에 병적으로 증폭된 더러움에 대한 공포가

---

20) 石井正敏「10世紀の國際変動と日宋貿易」(『新版古代の日本2アジアからみた古代日本』角川書店, 1992년) 354쪽.
21) 佐藤進一「公家法の特質とその背景」(『日本思想大系22 中世政治社會思想下』해설, 岩波書店, 1981년).
22) 村井 주 22) 논문 35쪽.

만연하고, 그것이 공간에 투영되어 洛中에서 멀어지면 멀어질수록 더러움의 정도는 늘어나며, 국경 밖쯤 되면 더러움으로 가득찬 귀신들이 사는 세계가 펼쳐진다는 관념이 성립하였다.[23]

이러한 9세기의 정치적·사상적 전환은 귀족층의 대외의식(특히 한반도에 대한 의식)에 깊은 각인을 남겼다. 10세기의 동아시아 大動亂이 안정되며 새로운 국제질서가 모색되고, 고려가 일본과의 안정된 관계 수립을 목표로 우호적이고 적극적인 접근을 시도해 왔을 때, 고려를 보는 일본측의 시선은 「신라는 원래 敵國이다. 국호를 고쳤다고 해도 아직 야심이 남아 있음을 의심한다. 따라서 포로를 보낸다고 해도 기뻐하지 말라. 혹시 승전의 기세를 자랑하며 거짓으로 成好의 便을 통할지도 모른다」(사료 A)는 의구심에 가득 찬 것이었다. 諸近의 도항과 같은 케이스 역시 적국과의 내통을 의심하여 신병을 구속한다는 과잉반응도 같은 흐름 속에 있었다.

이러한 경직된 태도는 귀족층의 대외의식이라는 제한된 영역에 있어서는, 이를테면 化石化한 채로 중세를 통하여 보관 유지되어 간다. 10세기 이후 국제질서의 안정화와 민간 차원에서의 교역이 활발해짐에도 불구하고 귀족층의 기본적인 태도는 중국과 대등한 관계를 유지하면서 한반도의 모든 국가를 조공시킨다는 일본에서 있어야 할 국제관계의 자세—그것이 객관적으로 실재했던 일은 과거에 한 번도 없었지만—를 추구함에 있으며, 상대방이 그것을 받아들일 전망이 없는 이상은 관계를 맺지 않음으로써 관념 속에서 지켜 가는 것 말고는 방법이 없었다. 그러한 태도는 현실의 통교관계가 빈번해질수록 오히려 강고한 것이 된다는 역설적인 관계가 인정된다.

院政期에 일본의 대외자세에 일정한 개명화가 인정되고, 平氏 정권이 되면 핵심적인 정책에까지 반영되는 것이 사실이지만, 그것은 9세기에 퇴영된 대외자세와의 대결 속에서 실현되어 갔던 것이다. 하지만 이것으로 귀족층의 대외적인 시야에 진정하게 새로운 요소가 생겨났다고는 말하기 어렵다.

---

23) 村井章介 『アジアのなかの中世日本』(校倉書房, 1988년) 제Ⅰ장.

한반도의 모든 국가에 대한 경직된 태도는 아득하게 시대를 내려가서도 선례에 따르는 것을 최고의 행동 준칙으로 삼는 그들의 사고방식으로 뒷받침되어 平安期와 거의 같은 태도로 연장되어 갔다. 예를 들어서 貞治 6년(1369)에 왜구 금압을 요구하며 도래한 高麗 사신에 대하여 조정은 지참한 문서의 형식이 「무례」하다며 회답을 내지 않는 것으로 결정했지만, 그 논의 과정에서 大外記中 原師茂는 「異國의 牒狀이 왔을 때 회답을 생략하거나 혹은 장군 이하에서 보낸 예」를 조사해서 보고했다. 그 보고서에는 應神天皇 28년(228)이라는 극단적으로 낡은 예를 제외하면 長德 3년(997) 이후의 예가 기록되어 있다(『師守記』 貞治 6년 5월 9일조).

師茂의 보고서에서는 빠져 있지만, 刀伊사건 후 고려가 일본인 포로를 송환해 왔을 때도 조정의 태도는 기본적으로 변화가 없었다.『高麗史』에 보이는 송환사 鄭子良 일행은 8월말 또는 9월 초에 對馬島에 도착했다. 이 취지를 보고하는 9월 4일자의 隆家 書狀이 동 19일 實資 앞에 도착하였다(『小右記』). 다음날 實資 앞으로 전해진 道長의 의향은,

> 刀伊國의 도적에게 포로된 자가 270여 인이며 <남자 여섯 명, 여자 200여 명>이라고 한다. 보낸 자는 백여 명이라고 한다. 지금 對馬에 書牒하였다. 명하기를, 「비단, 쌀 등을 주어서 돌려보내야 한다」고 하였다. 우선 신라국 貢調 때 물건을 주는 예를 물어서 시행해야 하는가?

라는 것이었다(『小右記』 9월 21일조). 22일에 陣定이 열렸고, 實資는 개가 죽어서 더러운 것과 접촉했기 때문에 결석했지만 고려국사를 大宰府로 부르는 것 등 세 가지 사항이 결정되었다(동 9월 23일조,『左經記』 9월 22일조). 다음날 아침 前大納言 源俊賢이 實資에 편지를 보내 陣定의 결정에 불평하고 있다(『小右記』 9월 23일조).

> 다수의 자(高麗使)가 작은 섬(對馬)에 도착하여 몇 달을 보내면 나라(일본)의

강약을 헤아리고 衣食의 궁핍함을 알 것이다. 빨리 돌려보내야 한다. … 2백여 인
의 남녀가 어떻게 異朝의 謀作을 阿容(동의)할 수 있는가. 계속해서 심문하면 자
연히 사실 여부를 알 것이다. 使久住의 일은 아직 모르겠다. 그의 조정에서의 모략
의 취지에 의해 우리 조정이 推行(探索?)해야 할 모양을 아직도 생각해 두지 않았
으며, 觸穢로 인하여 僉議(陣定)에서 미리 사정을 보고하지 않았다. 지금 생각건대
억지로(고려사를 大宰府에) 불러 묻지 못하는가. 지금 사신을 보내 포로를 보내는
것으로 그 뜻을 삼아야 한다. 물건을 주고 빨리 돌려보내는 것이 상책인가?

　여기에 보이는 것은 일본의 쇠망을 고려 사신이 깨닫게 되는 것에 대한
의심에 찬 두려움이 있고, 그것 때문에 「우선 물건을 주고 빨리 귀환시키는
것이 제일」이라는 판단이 나오고 있다. 이런 것이 퇴영적인 외교자세이다.
24일에도 俊賢은 實資에게 서장을 보내 「고려 사신이 두 섬(對馬島・壹岐)
을 거쳐 大宰府에 오도록 하는 것이 어떤지, 가을에 접어든 후에는 풍파가
그치지 않는데 돌아갈 시기는 이미 엄동에 이르고, 고려에서 對馬島에 서첩
을 보내 사신이 그곳으로 향하고, 다시 大宰府로 불러서 왕래 도중에 만일
표류하게 되면 매우 불편할 것이다」라고 예언했다(同, 9월 24일조).
　과연 고려 사신 일행이 大宰府로 소환되어 博多로 향하는 도중, 30인을
실은 배가 침몰하고 2척이 간신히 도착했다. 이 소식을 들은 俊賢은 그믐날
밤 비를 무릅쓰고 實資에게 보낸 서장에서, 「對馬島에서 돌려보내지 않고
府에 맞이한 일은 극히 기이한 일이며, 예상대로 漂沒하니 불쌍하다」라고
썼다. 이것 보라, 내가 말하지 않았느냐라는 말이 나올 것 같지만 實資는
「그 일이 시사하는 바는 참으로 도리에 맞는다」라며 俊賢의 의견에 찬동하
고 있다. 實資도 俊賢도 불결을 이유로 陣定에 결석하고 있으면서, 그곳에서
의 결정에 「현명한 卿相이 결정한 바이다」라고 조소를 퍼붓는다.(동, 12월
30일조). 實資도 俊賢도 古例에 밝았고, 당대의 현자로 알려진 존재이다(實
資는 小野宮流故實의 大成者、俊賢은 故實書『西宮記』의 저자 源高明의 아
들). 그 두 사람으로 보건대 일본의 외교적 대응을 결정하는 장소에 대한 관

심은 이 정도의 것이었다.

그 후의 경과는 『小右記』가 寬仁 4년(1020)의 전반을 빠뜨리고 있기 때문에 그다지 분명하지 않지만, 동년 2월 음력 16일 밤 陣定에서 「高麗 反牒에 관한 일」이 논의되어 「大宰府로 하여금 고려국에 牒하게 하여 鄭子良 일행 및 생존 포로·표류민을 돌려보내는 일」이 의결되었다(『日本紀略』·『左經記』 동년 4월 11일조). 회답의 내용은 조정에서 결정했음에도 불구하고 표면은 大宰府가 독자적으로 낸 것처럼 가장했던 것이다. 이 방법은 정식의 국교를 맺지 않는다는 원칙을 지키면서 조정의 의지를 상대에게 통하기 위해서 이 시기에 자주 사용되던 것이었다.

제3장
조선시대 한일관계

제1절 倭寇와 朝鮮

Ⅰ. 머리말

왜구는 일본 중세의 대외관계에서 기저 부분을 구성하는 중요한 요소이다. 해외 여러 지역에서 왜구의 행동은 국가의 상호관계에 있어서 무엇보다도 먼저 해결해야 하는 외교문제로서 나타났다. 한편, 이 시기의 通交가 ≪寇=무리를 이루어 인민을 劫掠하는 자≫(『大漢和辭典』)로 표현할 수밖에 없었던 것은 국가의 외교정책으로 인하여 자유로운 무역이 봉쇄되었기 때문이다.

本章에서는 왜구와 외교의 이같은 상호 규정적 관계를 중심에 놓고 중세 한일관계의 흐름을 살펴보려 한다. 그 기회에 節마다 전형적인 사료를 제시하고 여기에 해설을 첨가하면서 논술하고자 한다.

Ⅱ. 倭寇는 언제 시작되었나?

[사료1] 吉川本『吾妻鏡』安貞 元年(1227) 5월 14일자

十四日, 壬辰, 霽, 高麗國牒狀到來, 今日及披覽云々, 其狀書樣,
高麗國 全羅州道按察使牒 日本國惣官大宰府
 当使准, 彼國對馬島人, 古來貢進邦物, 歲修和好, 亦我本朝, 從其所便,
 特營館舍, 撫以恩信, 是用海辺州縣島嶼居民, 恃前來交好, 無所疑忌,
 被告金海府, 對馬人等旧所住依之處, 奈何, 於丙戌六月(1226), 乘其夜
 寐, 入自城寶, 奪掠正屋訖, 比者已甚, 又何辺村塞, 擅使往來, 彼此一
 同, 無辜百姓侵擾不已, 今者 國朝取問上件事, 因当職此承存等二十人,
 賫牒前去, 且元來進奉札制, 廢絶不行, 船數結多, 無常往來, 作爲惡事,
 是何因由, 如此事理, 疾速廻報, 右具前事, 須牒
日本國惣官, 謹牒,
丁亥(1227) 二月 日牒
    副使兼監倉使轉輸提点刑獄兵馬公事龍虎軍郎將兼三司
    判官趙判,

 1223년부터 27년에 걸쳐서 「倭」가 고려의 경상도 해안가 州縣에 「寇」했
다는 기사가『高麗史』高宗世家에 빈번하게 나온다. 田中健夫는 「成語 또는
역사적 관념으로서의 倭寇는 성립하지 않는다」는 이유로 이것을 왜구의 범
주에 넣지 않는다.1) 하지만 왜구의 시작은 「倭寇」로 불릴 수 있는 실체의
출현에서 구해야 하는 것이 마땅하며 실체에 대응하는 완성된 관념의 성립
은 약간 늦는 것이 보통일 것이다.
 여기서 이 왜구의 실체를 검토해 보자.

---

1) 田中健夫『倭寇-海の 歷史』(敎育史, 1982년) 26쪽.

① 왜구의 주체에 대하여는 일본측 사료에「對島國惡徒等」(『百鍊抄』安
  貞 元年 7월 21일조) 등이 있다.

② 행동양식은 사료1에「乘其夜寐 入自城寶 奪掠正屋」「無辜百姓 侵擾
  不已」라고 되어 있으며, 다른 사료에「奪取人物 侵陸住民」(『百鍊抄』
  同前) 또는 「橫數十 兵船...滅亡民家 掠取資財」(『明月記』同前)라는 말
  이 보인다.

③ 행동지역은 金州 이외에 巨濟縣・熊神縣 등 경상도 연안에 집중되어
  있지만, 사료1이 全羅州道 按察使의 牒이며, 또한『百鍊抄』에「對島
  國惡徒等, 向高麗國全羅州」라고 하므로 전라도에도 미쳤던 것 같다.

④ 1227년 2월 고려는 일본에 사신을 보내「齎牒, 諭以歷世和好, 不宜來
  侵」했다(『高麗史』高宗世家 14년 是歲條). 牒은 5월 14일 카마쿠라에
  도착했다(사료1). 하지만 그 전에 大宰府의 실권을 잡은 小貳資賴는
  牒을「無左右開封見之」(『民經記』安貞 원년 5월 15일조),「不經上奏,
  於高麗國使前, 捕惡徒九十人斬首, 偸送返牒」(『百鍊抄』同前)하였다.

⑤ 5월 17일 고려에 도착한 資賴의 返牒은 賊船寇辺의 죄를 사죄하는 것
  과 함께 修好互市의 부활을 청하는 것이며(『高麗史』高宗 世家 14년
  5월 乙丑條), 그 배경에는 이전부터 대고려무역의「礼制」였던 進奉船
  制度(후술하는 1263년의 牒에 따르면「歲常進奉一度, 船不過二艘」라
  는 것)가 폐절되어 있었던 사실이 있다(사료1).

⑥ 侵寇의 정보를 얻은 京都의 귀족은「依末世之極, 敵國來伐歟, 可恐可
  悲」라고 일기에 기록했다(『明月記』嘉祿 2년 10월 16일조). 또한 ④
  의 경과에 대하여 조정에서는「我朝之恥也 牒狀無礼」라는 의견이 있
  었다(『百鍊抄』同前).

물론 이「倭寇」와 14세기 이후의 왜구와는 규모나 빈도에 있어서도 비
교할 수 없지만, 그 성격을 특징짓는 여러 요소로 비교한다면 양자에서 본

질적인 차이를 인정하기 어렵다.

즉 侵寇者의 행동양식과 행동지역이 14세기 이후의 왜구와 일치할(②, ③) 뿐만 아니라, 그 출신지도 훗날의 『三島之倭寇』와 일치하고 있다(①). 고려측이 일본으로 사신을 보내 禁寇를 요청했던(④) 것도 일본 조정이 전통적인 ≪畏怖＝蔑視≫의 태도로 문제를 방치했던(⑥)것에 비하여 武家가 나름대로 대응했던(④－단 이 경우는 幕府가 아니라 少貳氏였지만) 것도 14세기에 동일한 예가 있다. 조선측의 通交制限策과 왜구 발생과의 인과관계가 이 사례에서 이미 관찰되는(⑤) 것도 주목할 만하다.

게다가 침구는 1220년대 만으로 끝나지 않았다[2]. 1232년에는 肥前國 上松浦郡 鏡社의 주민이 「渡高麗, 企夜討, 盜取數多珍宝」하여 守護의 追捕를 받고 있다(『五妻鏡』 貞永 元年 윤9月 17일조). 40년 進奉船 문제를 주제로 하는 「高麗國牒狀」이 도래하여 조정에서 회의가 있었다(『平戸記』 仁治 元年 4月 12~17일조). 51년 고려는 「城金州, 以備倭寇」하였다(『高麗史』 권82, 兵志 2・城堡[3]). 59년 고려는 韓景胤・洪貯 두 사람을 일본으로 보내 해적의 금지를 요청하였다(『高麗史』 元宗 世家 즉위년 7月 경오조). 60년 고려는 濟州副使 判例賓省事 羅得璜에게 防護使를 겸하게 하여 제주도 부근을 왕래하는 「松商・島倭」에 대비하게 하였다(동, 원년 2月 경오조). 63년 金州 관내 熊神縣界 勿島를 왜인이 습격하여 貢船의 積荷(穀米 120석・紬布 43필)를 노략질하고, 이어서 椽島 주민의 가재도구를 약탈하였기 때문에 고려는 洪泞・郭王府에게 牒을 맡기어 일본으로 보냈다(동, 4년 4月 갑인조). 65년 왜인이 南道 沿海州郡을 습격하여 장군 安洪敏이 삼별초군을 거느리고 이

2) 田村洋行 『中世日朝貿易の研究』(三和書房, 1967년) 17쪽 이하 참조.
3) 이 기사는 原史料를 어느 정도 충실히 전하는지 확실하지 않지만, 일단 成語로서의 「倭寇」라는 말이 처음 보인다. 中村榮孝 『日鮮關係史の研究』 上(吉川弘文館, 1965年) 51~52쪽에서는 그 말을 후술하는 1278년 忠烈王의 쿠빌라이에 대한 청원으로 이야기한다. 후자 쪽이 원사료에 가까운 모습을 갖추고 있다는 것은 확실하다.

를 격퇴했다(동, 6년 7월 정미조).

　1266년 元의 日本詔諭使가 고려에 도착하고 日元 간의 긴장에 고려가 말려들기 시작했지만 그 후에도 「倭寇」는 끊임없이 계속되었다. 72년 倭船이 金州에 이르렀고, 慶尙道 按撫使 曹子一은 일본과의 통교가 元에 알려지는 것을 두려워하여 몰래 귀국시켰다(동, 13년 7월 갑자조). 78년 忠烈王은 쿠빌라이에게 「留合浦鎭戍軍 以備倭寇」할 것을 청하였다(同, 忠烈王 世家 4년 7월 무오조). 80년 왜적이 固城 漆浦와 合浦를 습격하고 어민을 잡아갔다(동, 16년 정월 丁未條). 90년 고려는 元卿을 元에 보내 일본이 국경을 침범하는 것을 고하였다(同, 16년 정월 정미조). 1323년 왜인이 群山島에서 會原의 漕船을 약탈하고 또한 楸子島 등을 습격하여 노약 남녀를 잡아갔으므로 宋頎가 전라도로 내려가 왜구의 목 백여 수급을 베는 전과를 올렸다(同, 忠肅王 世家 10년 6월 정해·동월 무자·7월 경자조).

　이상 빈번하다고 할 수는 없지만, 그렇다고 해서 긴 공백기도 없이 왜구의 침탈은 계속해서 14세기로 이어진다. 이들을 총괄해서 ≪초창기의 倭寇≫로 규정하는 것이 적절하다. 초창기의 왜구는 承久의 亂(1221년)으로 인한 일본 국내의 혼란을 시발점으로 하여 對馬島를 중심으로 하는 해상세력이 국가 규제의 틀을 벗어나 행동에 나선 것을 의미하며, 일본열도를 둘러싼 여러 지역에서 13세기에 일제히 발생한 구조적 변동의 일환을 이루고 있다.[4]

Ⅲ. 「庚寅以來之倭賊」과 麗日교섭

　[사료2] 『醍醐寺文書』 至正 26年(1366)征東行中書省咨文
　皇帝聖旨裏, 征東行中書省, 照得, 日本与本省所轄高麗地面, 水路相接, 凡愚

---

4) 村井章介「中世日本列島の地域空間と國家」『思想』732호, 1985년) 45쪽[『アジアのなかの中世日本』 Ⅲ章 122쪽]

貴國飄風人物, 往々依理好送, 不期, 自至正十年庚寅, 有賊船數多, 出自

貴國地面, 前來本省合浦等處, 毀損官廨, 搔擾百姓, 甚至殺害, 經及

一十余年, 海船不通, 辺界居民, 不能寧處, 蓋是島嶼居民, 不懼官

法, 專務貧婪, 潛地出海劫奪, 尙慮

貴國之廣, 豈能周知, 若便發兵勦捕, 恐非交隣之道, 除已差

萬戶金凡貴 · 千戶金龍等, 馳驛恭詣

國主前啓稟外, 爲此, 本省合行移文, 請

照驗, 煩爲, 行下槪官地面海嶋, 嚴加禁治, 毋使似前出境作耗, 仍希

公文日(回)示, 須至咨者

右□(呈)

日本國, 伏請

照驗, 謹咨,

1350년 2월 왜구가 경상남도 固城 · 竹林 · 巨濟를 습격했다. 『高麗史』(忠定王 世家 2년 2월조)는 이것을 「倭寇之侵, 始此」라고 기록한다. 이후 이 해의 간지를 딴 「庚寅以來之倭賊」과 같은 표현이 정착한다. 이 이후 계속적이고 또한 대규모로 왜구가 발생하였기 때문에 그 최초의 해로서 기억에 남았기 때문일 것이다.[5] 사료2에 「自至正十年庚寅…」으로 되어 있는 것은 이 표현이 보여주는 빠른 예이다.

초창기의 왜구가 한반도 남쪽 주변에서 활동했던 것에 비하여, 이 시기에는 그곳을 중심으로 하면서도 행동범위가 극히 넓어지게 된다. 1352년에는 이미 開京 근처까지 출몰하여 「婦女闐街痛哭, 都城大駭」하는 소동이 일어났다『高麗史』恭愍王世家 원년 3월 己未條). 같은 해 동해안 江陵道가 처음으로 습격을 받았다. 57년, 58년, 60년에 계속해서 開京 근교가 습격받아 「京城戒嚴」이 포고되었다.[6]

왜구의 최대 표적은 미곡이며, 貢租를 운반하는 漕船과 그것을 비축하는

---

5) 中村注(3)書 213쪽.
6) 田村注(2)書, 40쪽.

창고가 주된 목표가 되었다. 그 결과 관리에게 지급하는 봉록미 조차 부족할 정도였다. 하지만 1357년에 昇天府 興天寺에 난입해서 忠宣王의 초상을 가져가고, 65년에도 昌陵을 침범하여 쿠빌라이의 초상을 가져간 행동에서는 단순한 약탈을 넘어선 정치성이 느껴지기도 한다.

견디지 못한 고려는 1366년 일본에 사신을 보내「行下槪官地面海嶋, 嚴加禁治, 毋使似前出境作耗」을 요구하였다.[7](사료2) 사신은 出雲에 도착하여 京都로 향했고, 이듬해 3월 嵯峨의 天龍寺에 도착했다(『後愚昧記』貞治 6년 3월 24일조). 사료2는 이 사신이 지니고 온 牒狀이다. 征東行中書省(줄여서 征東行省)이라는 것은 사료2에「本省所轄 高麗地面」이라고 한 것처럼 元이 고려에 두었던 내정감독기관이다.[8] 그렇다고 해도 고려왕은 征東行省의 장관을 겸하고 있었기 때문에 사실상은 고려 정부가 보낸 사신으로 볼 수 있다.

이 牒狀을 받은 일본 조정에서는 처음에는 몽골 침략의 재현으로 알고 긴장했지만 결국 ≪答信하는 것이 마땅하지만 현재 九州는 南朝의 천하로 왜구 금압 등은 불가능하다. 만약 그러한 실정을 써 넣는다면 왕권이 전국에 미치지 못한다는 것이 알려져 후대에 本朝의 수치를 남기게 된다. 그렇다고 해서 금압이 가능하다고 거짓말을 쓸 수도 없다. 결국 답장을 보내지 않는 것이 좋다≫는 의견이 대세를 이루었다.(『後愚昧記』貞治 6년 5월 23일조) 이처럼 고심한 판단을 합리화하기 위하여, 고려측이 일본을 대등하게 다루는 형식의 문서를 보낸 것은「無禮」라는 전통적이며 형식적인 논리를 여기서도 끌어들였다.[9]

하지만 막부의 대응은 이것과는 달랐다. 조정에서 부질없는 논의가 진행되고 있는 동안 장군 義詮은 사신을 접견하고 있었다. 게다가 사신이 돌아

7) 이 事件에 대하여는 中村注(3)書, 6「『太平記』에 보이는 高麗人의 來朝－武家政權外交接收의 發端－」에 상세하다.
8) 北村秀人「高麗に於ける征東行省について」(『朝鮮學報』 32집, 1964년)
9) 高橋公明「室町幕府の外交姿勢」(『歷史學硏究』 546호, 1985년) 17쪽.

갈 때 답신을 보내지 않는다는 조정의 결정에도 불구하고 「自武家遣返牒, 行忠卿淸書 云々, 又大樹賜種種物等於彼牒使云云」라고 하였다(『後愚昧記』 貞治 6년 6월 26일조). 이 「返牒」은 禁寇를 약속한 것으로서, 天龍寺 주지 春屋妙葩의 書狀 형식을 따른 사문서였다고 추정된다. 禁寇는 상당히 실효가 있었던 듯하며, 1368년에는 드물게 入寇가 기록되어 있지 않다.

답신에 즈음하여 義詮은 春屋에게 「僧錄」이라는 직함을 사용하게 하였다(『鹿王院文書』[貞治 6년] 6월 7일 足利義詮 書狀). 이 단계에서는 아직 명목뿐이었지만, 1379년에 春屋이 임명된 「天下僧錄」이 되자 五山派 사찰의 운영이나 명·조선과의 외교 실무를 통괄하기에 이르렀다.[10] 막부 외교가 그 시작부터 조정보다 적극적·開明的일 수 있었던 요인은 어학력·작문력·유교적 교양으로 명이나 조선의 관리·승려와 의사소통이 가능했던 五山의 승려를 외교 관료로 등용할 수 있었던 데에 있다.[11] 『知覺普明國師年譜』에 따르면, 金龍 일행 25명은 春屋의 인자함을 우러러 衣盂를 받고 제자의 예를 올렸다고 한다. 사신이 떠날 때 春屋은 시를 지어 고려 사신을 송별했다(『知覺普明國師語錄』 卷六[12]).

　　　　送高麗使 萬戶 金龍歸
　　君恩山重一身輕, 萬里波濤跨怒鯨, 信物通風來日下, 地天交泰見時平, 秦童昔
　　採長生樂, 漢使中尋弱水程, 爭似今臨艱嶮際, 經民濟國悅皇情

---

10) 今枝愛眞「禪律方と鹿苑僧錄」(同書『中世禪宗史の硏究』東京大學出版會, 1970년)
11) 村井章介「建武·室町政權と東アジア」(『講座日本歷史』 中世2, 東京大學出版會, 1985년) 12～13쪽.
12) 이 사료는 貞治 6년 高麗史 관계 사료를 망라한 『大日本史料』 제6편 27·28에도 채록되어 있지 않고 先行硏究에도 인용되지 않았다. 그래서 본문에 인용하지 않은 나머지 2수를 게재해 둔다.
　　送從書記歸高麗(高麗生緣)
　　黃龍關子無人透, 把斷要津三百年, 今日海東開一路, 逢人解問我生緣,
　　送使禪人送高麗人
　　相送使臣逾幕時, 片帆衝浪去如飛, 和風吹到鷄林月, 帶得幾分春色歸,

送同使檢校中郎將歸

干戈不動將軍雄, 汗馬何論蓋代功, 詔命重承伝信遠, 聖聰終達沐恩同, 兆民和
樂有爲外, 萬國春風一笑中, 歸去麒麟応敞閣, 扶桑曉映瑞霞紅,

1370년대 왜구의 맹위가 정점에 달했을 무렵 고려는 다시 외교 교섭을 통한 문제해결을 시도한다. 75년 羅興儒를 사신으로 보내 막부로부터 臨川寺의 僧德 臾周佐의 私信 형식의 답서를 얻은 것을 시작으로 77년(2회)·78년·79년 계속해서 사신을 보낸다<표>. 이 사이에 일본의 국정에 대한 인식을 깊게 한 고려는 두 번째 사신인 安吉祥 이후 교섭 상대를 九州의 실력자 今川了俊·大內義弘으로 바꿨다. 양자는 포로를 송환하기도 하고 고려에 군병을 보내 왜구를 토벌하기도 하며 고려의 요청에 응답했다. 포로의 송환은 「贖歸」, 즉 유상으로 이루어졌기 때문에 이것을 일종의 노예무역으로 생각할 수도 있다.[13]

〈표〉 高麗國使의 來日

No.	연 대	사 신	관 직	비 고
①	1375	羅興儒	判典客寺事	幕府로부터 僧德 臾周佐의 私信 형태로 회답을 얻음.
②	1377	安吉祥	判典客寺事	사신은 일본에서 객사. 그러나 今川了俊과 연락이 되어 了俊은 왜구토벌을 위해 병사 69명을 고려에 보냄.
③	1377	鄭夢周	前大司成	了俊의 사신 周孟仁도 함께 귀국. 포로 수백명의 송환에 성공.
④	1378	李子庸 韓國柱	版圖判書 前司宰令	이듬해 子庸은 了俊에게서 포로 230여 명을 얻어 귀국하고, 國柱는 大內義弘의 군사 186명과 함께 귀국.
⑤	1379	尹思忠	檢校礼儀判書	詳細不明.

---

13) 이상 田中健夫 『中世對外關係史』(東京大學出版會, 1975년) 95쪽 이하.

Ⅳ. 倭寇의 창궐과 조선의 성립

[사료3] 『異稱日本傳』下之三, 三綱行實圖
烈婦崔氏靈巖士人祐女也, 適晋州戶長鄭滿, 生子女四人, 其季在襁褓, 洪武己
未(1379), 倭賊寇晋, 閭境奔竄, 時滿, 因事如京, 賊闌入里閭, 崔年方三十余,
且有姿色, 抱携諸息, 走避山中, 賊四出驅掠, 遇崔露刃以脅, 崔抱樹而拒, 奪罵
曰, 死等爾, 汚賊以生, 無寧死義, 罵不絶口, 賊遂害之, 斃於樹下, 賊擄子息以
去, 第三兒習, 甫六歲, 啼号屍側, 襁褓兒猶匍匐就乳, 血淋漓入口, 尋亦斃焉,

[사료4] 『禰寢文集』 永德元年(1381) 八月八日室町幕府御敎書
當國惡黨人等, 渡高麗致狼籍由事, 嚴密可加制止, 若猶不承引者, 爲有殊沙汰,
可注申名之狀, 依仰執達如件,
　　　　永德元年 八月八日　　　^{斯波義將}左衛門佐 御判
　　　　大隅國守護

　　왜구의 활동은 1370~80년대에 정점을 맞이한다. 그 원인으로 『高麗史』
(卷114, 金先致)는 이러한 이야기를 싣고 있다. 1375년 全羅道元帥 金先致는
왜구의 수령 藤經光을 술과 음식으로 꾀어 죽이려고 했지만 사전에 비밀이
새어나가 놓치고 말았다. 격노한 왜구는 이전에는 사람을 죽이지 않았는데
이후에는 항상 여자와 유아까지 도살하여 남기는 일이 없었다. 이 때문에
全羅道와 楊廣道의 해안가 州郡은 인적이 끊어지고 텅 비어 버렸다.… 그러
나 왜구가 활발해진 보다 근본적인 원인은 九州의 군사 정세가 변한 것에서
찾을 수 있다. 1370년에 九州探題가 된 今川了俊은 좀처럼 보기 드문 전략
적 재능을 구사하여 72년에는 南朝의 근거지 大宰府를 함락시켰다. 그러나
南朝 측의 征西府도 筑後 高良山 肥後菊池로 후퇴하면서도 끈질기게 저항하
여 九州 전역을 휩쓴 전란이 80년대까지 계속되었다. 이러한 혼란이 고려로
건너가서 狼籍을 일삼는 「惡黨人」을 횡행하게 만들었던(사료4) 것이 틀림없

다. 언뜻 보기에 한반도와 연관이 없을 것처럼 보이는 大隅에서조차 왜구를 움직이는 것이 있었던 것이다.[14]

이 시기 侵寇의 횟수는 1년에 수십 회 정도에 이르고, 행동범위는 한반도의 해안 전역에 미치며, 남부에서는 기마대를 이끌고 내륙 깊이까지 들어온 무리도 나타났다. 최고의 侵寇 횟수를 기록했던 1377년, 왜구는 楊廣道에 공격을 집중했는데, 이것은 고려군을 楊廣道로 유인해 놓고 빈틈을 타서 開京을 직접 공격하려는 작전이었다. 놀란 고려 조정에서는 내륙부의 鐵原으로 수도를 옮기는 일까지 논의하였다.

왜구의 피해를 크게 한 요인은 고려사회의 내부에도 있었다. 이 무렵 고려의 지방행정과 軍制는 파탄에 빠져 병사의 사기는 떨어지고 水軍의 준비도 빈약했다. 다음으로, 극단적으로 제한된 「進奉船」 제도마저 중단된 상태여서 고려와 교역을 희망하는 일본인은 비합법적인 私貿易에 의존할 수 밖에 없었다. 게다가 禾尺(牛馬의 도살, 피혁 가공, 柳器 제작 등을 업으로 하는 사람들)과 才人(가면극이나 곡예를 업으로 하는 사람들) 등의 천민들이 신분해방을 외치며 왜구를 가장하여 官庫나 民戶를 약탈하는 움직임도 있었다.[15] 1388년 大司憲 趙浚이 時弊를 논한 대목 중 하나에 「禾尺·才人, 不事耕種, 相聚山谷, 詐稱倭賊, 不可不早圖」라고 하였다(『高麗史』 卷84, 刑法志1·戶婚).

그렇다고 해도 왜구가 고려인들 대다수에게 참혹과 공포, 증오만의 대상이었던 사실에는 변함이 없다. 1379년 「騎七百, 步二千」이라는 대규모의 왜구가 慶尙道 晋州를 습격했을 때(『高麗史』 卷114, 楊伯淵 및 『高麗史節要』 辛禑 5년 5월조) 일어난 참극은 그 전형적인 사건이다(사료3). 崔씨의 열녀다운 모습은 먼 훗날까지 사람들의 입에 오르내린 듯하며, 살아 남은 그녀의 아이 「晋州 李鄭習」은 1410년 「獎節義, 勉勵風俗」이라는 이유로 「許赴

---

14) 永原慶二·池上裕子 「倭寇-その戰力源は何か」(『日本史の謎と發見』 7·南朝と北朝, 每日新聞社 1979년) 95~98쪽.
15) 田中注(1)書 34~35쪽.

雜科試」에 급제하였다(『세종실록』 2년 5월 갑술조).

≪왜구의 피해가 고려 멸망의 원인이 되었다≫는 이야기를 자주 하지만 이것은 어떤 면에서는 타당하고 어떤 면에서는 잘못되었다. 잘못되었다는 것은, 防倭策의 충실로 인하여 고려 말기에는 이미 왜구의 세력이 확실하게 쇄락을 보이고 있었기 때문이다. 1380년의 鎭浦海戰에서는 火砲가 위력을 발휘하여 500여 척의 왜선을 격침시켰다. 83년의 南海島 觀音浦에서 海道元帥 鄭地의 대승은 왜구가 뜻을 이루지 못한 최초의 싸움으로 칭송된다. 水軍의 정비에 호응하여 요충지에는 성책을 쌓았고, 陸戰에서는 崔瑩과 李成桂가 종횡무진으로 활약했다. 70년대부터 보이는 왜구의 난폭화, 행동범위의 확대, 내륙 깊숙한 침입은 고려군의 반격으로 만족스러운 전과를 얻지 못한 반작용이라고 할 수도 있다. 그 중에서도 89년에 감행된 慶尙道元帥 朴葳의 對馬島征伐은 효과적이었다고 볼 수 있으며, 이를 경계로 왜구의 횟수가 급감한다.[16]

하지만 간접적으로 왜구는 고려 멸망의 한 원인이 되고 있다. 왜구와 여진에 대한 방어·반격을 계기로 私兵을 축적한 武人이 등장하였고, 마침내 그 중 하나인 李成桂가 고려를 대신하여 조선을 건국했기 때문이다(1392년). 그가 武名을 떨친 것은 1380년 南原山城에서 왜구를 물리쳤던 전투였다.[17]

조선은 명과의 우호를 외교의 기본으로 삼고, 우여곡절 끝에 1401년에 정식으로 冊封을 얻었다. 일본에는 건국 후 즉시 왜구의 금지를 요구하였고, 막부는 先例에 따라 禪僧 絶海中津의 私信으로 「今將申命鎭西守臣, 禁遏賊船, 放還俘虜」를 약속했다(『善隣國寶記』). 1402년 足利義滿이 「日本國王」에 책봉되어 동아시아 삼국이 明 황제를 중심으로 하는 華夷 秩序 아래 정착되자 한일 간에도 쌍방의 국왕을 대등한 관계로 하는 정식 국교가 시작된다.

---

16) 이상 田中注(2)書 52~53쪽.
17) 田中注(1)書 32~34쪽.

조선의 기본적인 왜구대책은 회유와 통교장려였다. 일정한 경제적 급여와 교환으로 투항을 재촉하거나(降倭・投化) 귀순한 자에게 조선의 관직을 주기도 하고(受職倭人), 평화로운 교역자로서 조선에 오도록 권유한다든지(興利倭人) 일본의 각 세력의 사신이라는 명분으로 내조를 허락(使送客人)…하는 것이 그 내용이다.[18] 통교 제한과 왜구 발생의 인과관계(또는 왜구와 통교자가 동일 실체의 양면이라는 점)를 조선은 꿰뚫어보고 있었다. ≪신하에게 외교 없다≫는 동아시아 외교의 기본 원칙을 깨고「日本國王」이외의 서일본의 다양한 세력을 客人으로 접대했던 것도 왜구 방지의 질을 높이기 위해서이다.

이상, 조선 측 변방의 충실과 통교 환영으로의 자세 전환은「島倭革面來朝, 復通商賈」라는 상황을 발생시켜(『태종실록』4년 12월 계유조) 왜구의 창궐도 겨우 진정되기 시작했다.

V. 왜구의 후유증

[사료5] 『朝鮮王朝實錄』11年(1429) 12月 을해조
通信使朴瑞生, 具可行事件以啓, … 一, 倭賊嘗侵略我國, 虜我人民, 以爲奴婢, 或轉賣遠國, 俾不永還, 其父兄・子弟, 痛心切齒, 而未得報讐者, 幾何人乎, 臣等之行, 每泊舟處, 彼虜之人, 爭欲逃來, 以其主枷鎖堅囚未果, 誠可愍也, 日本, 人多食少, 多賣奴婢, 或竊人子弟賣之, 滔滔皆是, …

14세기 말에 세력이 쇠퇴해 가던 왜구는 1419년 요동의 望海堝에서 명군에게 참패를 당한데다가 조선 太宗의 對馬 討伐(應永의 外寇)로 근거지를 공격당해 결정적인 타격을 입었다. 하지만 이것으로 왜구 문제가 완전히 해

---

18) 田中健夫「倭寇の變質と日本貿易の展開」(同著『中世海外交涉史の硏究』東京大學出版會, 1959년)

소되었다고 할 수는 없다.

1482년 大司成 朴瑞生이 일본 통신사에 임명되고 이듬해 일본에 도착하였다. 표면적인 임무는 足利義持의 致祭(義持는 1428년 정월 사망)와 足利義教의 장군 취임 축하에 있었지만(『세종실록』 10년 12월 갑신조), 왜구의 본거지인 일본의 정세를 낱낱이 관찰하고 오는 것도 중요한 임무였다. 그의 귀국보고는 應永倭寇 직후의 回札使 宋希璟 · 通事 尹仁甫의 보고와 더불어 당시 일본사회의 실상을 생생하게 전해주는 귀중한 자료이다. 그 중에서 왜구 문제를 언급한 대목이 사료5이다.

이 사료가 왜적의 침략을 《일찌기 있었던 일》로 서술하고 있는 것처럼 왜구의 군사적 활동 자체는 이미 중요한 문제가 아니었다. 하지만 포로가 되어 일본으로 끌려간 조선 민중에게 왜구는 확실히 현재의 문제였다. 이 사료에서는 중세의 일본 사회에 납치와 인신매매가 횡행하고 있었다는 점, 왜구의 활동도 그 일부를 이루고 있으며, 瀬戸 내의 항구마다 노예로서 사역당하는 조선인 포로가 있었다는 점, 포로 중에는 먼 나라로 팔려나가 돌아오지 못한자 도 있었다는 점 등을 알 수 있다. 왜구의 약탈물로써 미곡과 더불어 중요한 것은 사람이었다. 그들은 《상품》으로서 일본 내외에서 광범위하게 《유통》되고 있었다.

그러면 조선 국내의 백성들은 왜구 문제로부터 해방되었던 것일까? 조선 조정에서는 일본인 통교자가 지참하는 물자의 매입과 요구하는 물자의 조달을 위해 가능한 한 노력을 아끼지 않았다. 그들의 조선 체류 중에 식량, 숙소 · 上京路 · 京中 · 조정 등에서 몇 차례나 열어주는 연회, 게다가 귀국 여비에 이르기까지 모든 비용을 조선이 부담하였다. 이처럼 좋은 조건을 누리므로 통교자가 쇄도하는 것은 당연하며, 그 중에는 한 자루의 칼을 바치고 사신이라 칭하는 자마저 있었다. 그들을 접대하는 노력 및 비용이 백성들에게 전가되었던 것은 말할 필요도 없다. 낙동강－鳥嶺－한강을 연결하는「倭人上京道路19)」부근의 各官·各驛의 백성은 물자 운반이나 노역에 지쳐서「奔走失農, 漸以流亡」하는 지경이었다(『세종실록』14년 정월 무진조).

나아가 조선 정부에게도 왜구 문제는 언제 재연될지 모르는 불씨였다. 통교자의 쇄도는 차차 국가재정의 악화로 이어져 통교의 제한이 필요하게 된다. 그런데 통교자는 왜구와 표리일체였으므로 통교의 제한은 그들을 왜구로 되돌리게 할 위험을 항상 안고 있다. 왜선이 들어오는 항구를 제한하고(三浦制), 對馬島主 宗氏가 발행하는 도항증명서(行狀·文引·路引)를 휴대하도록 의무화시키고, 지참하는 서면에 禮曹가 지급하는 私印(圖書)을 찍게 하고, 통교 명의인마다 매년 도항하는 선박수를 약정(歲遣船定約)하는 등의 다양한 수단20)을 고안해 내면서도 결국 생각한대로 통제의 성과가 오르지 않았던 것은, 조선에 있어서 왜구의 재발 방지야말로 지상명령이었기 때문이다.

이러한 조선 측의 약점을 알고 있는 통교자 측은 외교와 상거래의 상식을 넘어서는 억지를 부리려 한다. 1493년 琉球國王使의 명의를 사칭하며 조선으로 건너온 博多 상인 也次郎에 대하여 조선 측은 그 사칭을 확실히 알고 있으면서도「今若拒而不從, 則獸心之輩, 不計曲直, 懷憤必矣」라고 판단하고 어쩔 수 없이 答書와 回賜를 주었다.21) (『성종실록』24년 6월 갑술조) 또한 成宗朝(1470~94) 후반에 일본으로 반출되는 면포가 수십만 필에 달하여 조선의 국가재정이 위기에 처했다. 이것은 면포를 열망하는 일본인 통교자의 요구를 거절하지 못했기 때문이며, 양국 관계가 악화되는 원인의 하나가 되었다.

일본의 면포 요구는 국내에서의 목면 재배가 발달하지 못했던 데 기인한

---

19) 中村注(3)書 13「倭人上京道路」
20) 中村注(3)書 11「日朝交通の統制と書契および文引」·12「浦所の制限と倭館の設置」·14「朝鮮初期の受圖書倭人」同書·下(吉川弘文館, 1969년), 1「歲遣船定約の成立－15世紀朝鮮交隣體制の基本約條－」
21) 村井章介「朝鮮に大藏經を求請した僞史について」(田中健夫編『日本前近代の國家と對外關係』吉川弘文館, 1987年) 335쪽.

다. 다른 한편 조선은 일용의 鑄器에 다양하게 사용되는 구리를 일본에서
수입하고 있어서 「我國緊用之物, 皆自倭國來」라는 말까지 나왔다(『성종실록』
23년 5월 갑신조). 이처럼 양국에는 서로 상대편의 부족함을 메워주는 산물
이 있어서 국제분업을 기초로 무역을 확대할 수 있는 요인이 양쪽에 존재하
고 있었다. 하지만 현실에서는 1510년에 일어난 三浦 거주 일본인과 조선
관료와의 무력충돌(三浦의 亂)을 계기로 양국 관계는 긴장의 정도가 더해지
고 무역의 규모는 축소해 간다. 그 큰 원인은 조선 측에는 왜구에 대한 뿌리
깊은 공포가 있고, 일본 측에는 과대한 이익을 추구하는 횡포가 있어서—요
컨대 경제법칙의 실현을 방해하는 왜구의 후유증이 끈질기게 꼬리를 붙잡
고 있었던 것이다.

보론: 高麗・朝鮮人의 "倭寇"

1.

제3장 제1절은 『동아시아세계사탐구』에 기고를 부탁하여 쓴 논문이며, 논술 목표는 일본의 연구 상황을 토대로 하고, 여기에 전형적인 사료를 소개하면서 간결하게 한반도의 왜구를 논하는데 두었다. 그 결과 논문이 매우 「통설적」인 서술로 시종일관하게 되었다는 점은 부정하지 않는다. 그런데 아이러니컬하게도 논문집이 출판된 직후 종래의 倭寇觀을 일신할 수 있는 새롭고 획기적인 연구가 연이어 발표되었다. 즉 다나카 다케오(田中健夫)의 「倭寇와 동아시아 通交圈」(『일본 사회사』1 · 列島 내외의 교통과 국가, 岩波書店, 1987년 1월) 및 다카하시 기미아키(高橋公明)의 「중세 동아시아 海域에 있어서 海民과 교류─제주도를 중심으로─」(『名古屋大學文學部研究論集』<史學> 33호, 1987년 3월)이다. 두 논문은 서로 참조함이 없이 독립적으로 집필되었음에도 불구하고 거의 동일한 관점을 제기하고 있다. 즉 한반도에서 행동했던 "倭寇"의 주력은 실제로는 고려 · 조선인이 아니었을까? 하는 관점이다.

따라서 나의 논문을 원형 그대로 수록하는 것은 현시점에서는 거의 무의미하다. 그래서 두 논문을 소개 · 음미하고, 여기에서 자극을 받아 내 나름의 倭寇像을 그려보는 것으로 최소한의 파악이라도 하고 싶다. 물론 새롭게 사료를 탐색한 것은 아니며, 고찰의 소재는 두 논문에서 인용하고 있는 사료로 한정하였다.

2.

연구사의 비판적 검토에서 서술을 시작하고 있는 다나카의 논문부터 먼저 소개하겠다. ―종래 한반도의 왜구와 관련해서는 禾尺(牛馬의 도살, 피혁 가공, 柳器 제작 등을 業으로 하는 사람들)·才人(가면극과 곡예를 業으로 하는 사람들) 등의 고려 천민이 왜구를 가장하고 약탈했던 몇 가지 사례를 지적하기는(다나카 다케오 『日鮮關係史硏究』上, 吉川弘文館, 1965년, 147· 159쪽) 했지만, 그 주력을 일본인으로 보는 견해에 의혹을 갖지는 않았다. 그런데 전성기의 왜구에는 수백 척의 선박, 만여 명에 이르는 인원, 1천 필 이상의 말을 거느린 거대한 집단이 있다. 선박 건조, 말 조달, 인원·선박· 마필의 해상 수송 등이 어느 것이나 지극히 곤란하다는 점에서 볼 때, 이것 을 「모두 대마도민 또는 대마도 경유자로 생각하는 것은 조금 무리」이며, 「倭寇는 일본인만의 해적 집단이라는 견해는 부자연스럽고, 버리지 않을 수 없다」(149쪽). 왜구의 주력은 일본인과 고려·조선인이 연합한 집단 또는 고려·조선인만의 집단이며, 그들이 보유한 선박과 마필은 모두 현지에서 조달했던 것으로 생각하면 이와 같은 부자연스러움은 해소된다. 1446년에 判中樞府事 李順蒙이 국왕에게 바친 上書(『세종실록』 28년 10월 임술조)에

> 신이 듣자옵건대, 고려 왕조의 말기에 倭寇가 興行하여 백성들이 살 수가 없게 되었습니다. 그러나 그간의 倭人들은 <10명에> 1, 2명에 지나지 않았는데도, 本 國의 백성들이 거짓으로 왜인의 의복을 입고서 黨을 만들어 난을 일으켰으니,…
> (臣聞, 前朝(高麗)之季, 倭寇興行, 民不聊生, 然其間倭人不過一二, 而本國之 民, 假著倭服, 成黨作亂, …)

라고 되어 있는 것은 고려 말의 실태에 적합한 것이며, 禾尺·才人의 사료 는 그 증거가 된다. 양국 백성의 연합이 성립했던 요인은 두 나라의 정치적 혼란이 국가·민족에 대한 귀속의식을 희박하게 만들었던 것에서 찾을 수 있지만, 이 연합은 견고한 원리에 기초하여 連帶로 발전할 수 있을만한 것 은 아니며, 정치적 혼란이 수습되면 붕괴될 운명이었다.

한편, 다카하시 기미아키는 「以船爲家」하는 海民과 왜적 등의 해적과 불

가분의 관계에서 출발한다.—15세기 후반 한반도 남해안에 등장하는「水賊」
은「倭敵」의 대응개념으로서 조선인 해적을 가리키지만, 倭服을 입고 倭語
를 구사하는 등 그「행동 형태는 왜인과의 밀접한 교류를 전제로 하지 않으
면 이해할 수 없다」(7쪽). 그 실체는「豆禿也只」,「鮑作干」,「頭無岳」등의
이름으로 사료에 등장하는 제주도 海民이 많다. 국가는 해적행위의 규제를
위하여 本貫地로의 쇄환, 통행증 휴대 강제, 소유하는 선박의 등록 등을 시
도했지만 효과는 없었고, 마침내 現住地에서 호적에 이름을 기재하고 배를
등록하게 했지만 이것도 곤란했다. 이상을 전제로 14세기의 왜구를 고찰하
면, 모든 사료가 과장이라고 가정하지 않는 한「왜구에는 조선 국내의 많은
세력, 특히 해상세력이 관여하고 있다」고 판단하지 않을 수 없다」(19쪽).

두 논문은 이용하고 있는 사료도 상당히 중복되어 있으며, 문제 시각·
결론 모두 공통하는 부분이 많다. 결론은 대담하고 터무니없어 보이지만 논
리의 전개에 큰 오류는 없으며, 대체로 승인할 수 있는 것으로 생각한다. 그
렇다면 두 논문이 종래의 倭寇像 내지 동아시아지역사의 모습에 커다란 수
정을 가하도록 압박하는 것은 틀림없다. 그 점은 3에서 언급하기로 하고, 여
기서는 이후 두 논문에서 보충해야 할 문제점을 거론하기로 한다.

다나카 논문에서는 고려 농민의 왜구 참가라는 논점이 농장의 확대라는
상황증거의 제시에 머물러 있다.「일반 농민도 역시 왜구 구성원에 가담했
다」는 경우, 생업과 定住를 유지한 채로 왜구에 가담하는 것은 생각하기 어
려우며, 정주할 수 있는 상황이 파괴되어 부득이하게 유랑하는 것이 전제조
건이 될 것이다. 다나카도「逃散한 하급관리와 농민은 언제든 왜구로 바뀔
수 있는 상황 아래 놓여 있었다」고 언급하기는 했지만(150쪽), 고려·조선
인 왜구의 특징이 무엇보다 비농업적·유랑적 성격에 있으며, 그 전형을 禾
尺·才人에게서 구할 수 있다는 것을 더욱 선명하게 주장해도 좋다. 또 다
카하시 논문에서는 인용된 사료(『성종실록』) 5년 5월 갑진조)로 한정할 경
우,「水賊」을 다른 것과 구별하여 특별히 조선인 해적을 가리키는 듯한 뉘

앙스는 느낄 수 없다. 차라리 「盜賊」의 대응개념으로서 병마절도사에게 盜賊을, 수군절도사에게 水賊의 소탕을 명하고 있는 것으로 읽을 수도 있다. 조선인 · 제주인 · 왜인과 무관하게 「海賊」의 동의어로 보는 편이 좋지 않을까? 또한 水賊＝海賊이 제주도뿐만 아니라 한반도 남쪽 주민을 포함하고 있는 것은 인용된 사료에서 몇 군데에 명기되어 있다. 그 중에서 제주도 海民에게는 어떠한 독특한 성격이 있을까?

3.
두 논문이 왜구 연구에 가져온 충격적인 문제제기를 나의 관심과 연결시키면서 반박하고자 한다.

[1] 14·5세기의 「環中國海 지역」을 무대로 활동하는 조선인의 모습이 비로소 선명하게 보였다. 『アジアのなかの中世日本』의 제Ⅱ장의 원 논문에서 환중국해 지역의 담당자를 고찰하려 했을 때, 왜구 · 중국인 海商 · 류큐인 등의 모습은 얼른 떠올랐지만 조선인이 어떻게 맞물려 있었는가 하는 점이 석연치 않았는데, 부득이 아래의 注에서 얼버무렸던 것이다.

조선인의 움직임이 두드러지지는 않았지만, 왜구가 중국에서 약탈해 온 재물을 조선 남쪽의 백성과 교역하고 있었던 점(『세종실록』 즉위년 10월 을묘조)과, 전술한 조일 혼혈 상인의 활동은 조선인이 이 지역에서 소외되지는 않았다는 것을 보여주고 있다.

그런데 왜구의 주력이 조선인이라면, 조선인은 소외되기는 커녕 일약 환중국해 지역을 형성한 주역 중의 하나로 떠오르게 된다. 조선인과 환중국해 지역과의 관계를 오로지 수동적인 형태로서만 이해하고 있었던 나의 불충분함은 명백하며, 동중국해를 둘러싼 모든 지역의 주민이 환중국해 지역의 형성에 능동적으로 관여했던 것이다.

[2] 16세기 왜구와의 비교에 새로운 시각을 가져다주었다. 앞에서 다나카

는 14·5세기에 한반도와 중국 연해지방에서 활동했던 왜구를 「전기 왜구」, 16세기에 중국에서 활동했던 왜구를 「후기 왜구」로 부르는 호칭법에 대하여, 「두 시기의 왜구가 동질이며 연속성이 있는 것은 아니기」 때문에 부적절하다고 비판하고, 새롭게 「14~5세기의 왜구」, 「16세기의 왜구」라는 호칭법을 제안했다. 양자를 이질·불연속으로 보는 근거는, 전자가 일본인·조선인으로 구성되었음에 비하여 후자의 대부분이 중국인이며, 주도권도 중국인이 장악하고 있었던 것으로 이해하는 것이다(『對外關係와 文化交流』思文閣出版, 1982년, 373쪽 이하). 그러나 「왜구라고 불러도 왜인은 1~2할에 지나지 않는다」는 지적이 전자에 대해서도 타당하다면, 주지하다시피 후자에 관하여 전적으로 동일한 관찰이 중국인에게 행해지는 이상 양자를 전혀 이질적으로 보는 근거는 상실되는 것이 아닐까? 왜구의 본질은 중국인이 많다든가 조선인이 많다든가 일본인이 많다든가 하는 점에 있는 것이 아니라, 국적과 민족을 초월한 차원에서의 인간 집단이라는 점에 있으며, 그렇기 때문에 환중국해 지역의 담당자 될 수 있었던 것이다. 이런 시각으로 보자면, 두 시기의 왜구는 거꾸로 연속성·동질이라는 측면에서 다시 파악하지 않으면 안 된다.

[3] 왜구집단에게 있어서(아니면 왜구집단에게) 「倭」란 무엇인가 하는, 종래에 자각된 적이 없는 설문이 제기되었다. 조선인과 중국인이 해적행위를 하려고 했을 때, 어째서 「왜적처럼 속이고 행동할」 필요가 있었던 것일까? 왜인의 모습으로 가장한 것뿐이라면 진짜 왜적에게 죄를 덮어씌우기 위하여 그랬다는 설명도 가능하겠지만, 「제주 流移民」이 「혹 倭人이라 속이고, 혹은 濟州人이라 하며, 여러 섬에 정박하여 해산물을 채취하는 사람을 겁탈하고」(「學爲倭人言語·衣服, 侵掠採海人民」)했다는 사료(『성종실록』13년 윤8월 무인조)쯤 되면 「왜인과의 사이에 모종의 일체감을 공유하고」 있었을 가능성이 높으며, 「특히 언어를 공유했던 사실에는 중대한 의미를 인정하지 않을 수 없다」(다나카 논문, 153쪽).

여기서부터는 상상을 늘어놓는 이외에 달리 방법이 없지만, 倭服은 동아
시아 해역의 해적들에게 공통의 옷차림이었고, 倭語는 그들의 공통어였던
것이 아닐까? 倭服을 입고, 왜어를 말함으로써 그들은 귀속하는 국가와 민
족 집단으로부터 탈락(dropout)하여, 이른바 자유민으로 다시 태어날 수 있
었던 것이 아닐까? 그렇다면 어째서 「倭」만이 그러한 존재일 수 있었던 것
일까? 일본의 중세 국가가 중앙집권적·관료제적 권력 편성이라는 점에서
보자면 중국이나 조선과 비교할 수 없이 약체였고, 인민의 개별적인 파악
등은 바랄 수도 없었으며, 따라서 해적행위도 거의 방치된 상태였다는 점과
깊은 관계가 있는 듯하다.

[4] 조선 사회에 있어서 제주도의 자리매김의 특이성 및 제주도와 대마
도의 유사성에 주의를 돌리게 되었다. 1472년, 전라남도 樂安의 해적이 「或
詐爲倭人, 或爲濟州人, 依泊諸島, 劫掠採海人」했듯이(『성종실록』 3년 2월 갑
오조), 제주도는 조선이라는 국가영역의 안팎의 틈새에 가로놓인 애매한 영
역이었다. 제주도의 海民 「豆禿也只」가 「의복은 왜인 과 같으나, 언어는 왜
말도 아니고 漢語도 아니며, 船體는 왜인의 배보다 더욱 견실하고, 빠르기
는 이보다 지나치는데」(「衣服混於倭人, 言語非漢非倭, 船體視倭尤牢實, 而迅
疾則過之」)라고 하듯이 애매성을 띠고 있던(동, 8년 8월 기해조) 것도 이것
과 대응한다. 對馬가 일본의 경계영역에 있으며, 境內와 異域, 일본과 조선
에 대하여 兩屬性을 띤 장소였다는 것은 Ⅲ장에서 지적했지만(120쪽), 조선
에서의 제주도 역시 전적으로 동질의 장소였다. 때문에 두 섬은 조선인과
일본인이 한반도 남쪽을 무대로 함께 공연하는 왜구극의 「무대」가 될 수 있
었다(다나카 논문, 152~54쪽).

그러나 제주도의 특이성이 일본과 조선의 경계에 위치한다는 점만은 아
니다. 『元史』 권208, 考慮付耽羅에 「世祖(쿠빌라이), 旣臣服高麗, 以耽羅爲
南宋·日本衝要, 亦注意焉」이라고 되어 있듯이 고대부터 제주도(탐라)는 조
선·중국·일본 삼국을 연결하는 항로의 요충지였다. 앞에서 인용한 사료

에 「言語非漢非倭」라고 하여 「漢」이 등장하는 이유이다. 또한 1477년 與那
國島에 표착하여 先島를 포함한 琉球列島의 양상에 관하여 귀중한 정보를
가져다 준 것이 「濟州道人金裵・姜茂・李正等」이었듯이 남해 방면과의 교
류도 있었다. 「동아시아 세계」의 확대라는 전체 속에서 보지 않으면 제주도
의 역사적 위치는 정확하게 측정할 수 없을 것이다.

[5] 왜구집단의 비농업적・유랑적 성격이 국가정책과 충돌하는 양상을
구체적으로 드러냈다. 1388년에 大司憲 趙浚은 水尺(禾尺과 동일)・才人의
위험성을 「水尺과 才人은 밭갈고 씨뿌리는 것을 일삼지 않고, 앉아서 백성
의 곡식을 먹으며, 일정한 산업도 없고, 일정한 마음도 없으므로 서로 산골
에 모여서 왜적이라 사칭하는데, 그 형세가 무시할 수 없으니 일찍 도모하
지 않을 수 없습니다.」(「不事耕種, 坐食民租, 無恒產而無恒心, 相聚山谷, 詐
稱倭賊, 其勢可畏, 不可不早圖之」)라고 지적했으며, 그 대책으로서 「그들이
살고 있는 고을의 인구를 조사하여 호적을 만들어 이리저리 이동하지 못하
게 하고, 빈 땅을 주어 부지런히 경작하여 평민과 같이 살게 하며, 어기는
자가 있으면 그 지방의 官司가 법으로 다스리게 하소서」(「所居州郡, 課其生
口以成其籍, 使不得流移, 授以曠地, 俾勤耕種與平民同, 其有違者, 所在官司繩
之」)할 것을 제안했다(『고려사절요』 신우 14년 8월조). 1462년에 兵曹는 전
라도 연해의 인민이 「海島에 도망해 들어간 자가 많으니, …추쇄하라는 명
령이 내린 것을 들으면 가족을 데리고 사람이 없는 섬에 깊숙이 들어갔다가
조금 늦추어지면 돌아오기도 하고, 혹은 영구히 돌아오지 아니하는 자도 있
으니,」(「逃入諸島, …聞下推刷之令, 則挈家深入無人之島, 稍弛則還來, 或有
長往不返者」)하는 상태를 우려하여 「宜速刷還」하라고 아뢰었다(『세조실록』
7년 8월 계유조). 1482년 持平 李義亨은 「제주의 떠돌아다니는 백성들이 진
주와 사천지방에 많이 寓居하면서 호적에 <이름을> 등재하지 아니하고,
海中에 출몰하며 왜인의 말을 배우고 의복을 입고서, 海物을 채취하는 백성
들을 침략하니,」(「濟州流移人民, 多寓於晋州・泗川地面, 不載戶籍, 出沒海中,

學爲倭人言語·衣服, 侵掠採海人民」)이라고 지적하고, 「請推刷還本」할 것을
청했다(『성종실록』 13년 윤8월 무인조).

　　국가에 있어서 해적행위의 문제성은, 국가가 조세와 役을 부과하고, 그
대가로 보호해 주는 정주 농경민의 생활을 위협하는 점에 있으며, 그렇게
되면 자신의 존재 의의가 의문시된다. 그 대책으로서 유이민을 本貫으로 되
돌아가도록 하고, 토지를 주어 경작하게 함으로써 과세·호적 편입을 꾀하
려 했지만 국가에 그것을 강제할 유효한 수단이 없었으며, 그들이 자발적으
로 유랑을 멈추지 않는 한 실효성은 없었다. 국가가 그들을 두려워했던 진
짜 이유는 여기에 있다. 바꿔 말하자면, 內海를 둘러싼 지역이 국가의 강제
력을 넘어서서 성립할 수 있는 조건의 하나는 그들 유이민의 생활과 행동에
있었다. 그러나 이 사실은 국가의 보호를 받고 있는 정주 농경민과, 국가를
초월한 지역의 담당자인 비농민·漂迫民과의 대립이 피할 수 없었다는 것
을 의미하고 있다. 『アジアのなかの中世日本』의 제Ⅱ장에서, 지역은 국가와
의 대립 속에 왜곡을 거듭하면서 형성된다는 견해를 밝혔는데(95~97쪽), 그
중 구체적인 모습의 하나가 바로 이와 같은 인민들 간의 심각한 대립이다.
이리하여 민족사회의 내부에서 널리 볼 수 있는 농민과 비농민의 대립은,
그 외연부에서는 지역과 국가의 모순으로 나타나게 된다. 따라서 농업사회
의 성숙, 漂迫民의 정주화는 지역의 존립 요건을 뿌리부터 붕괴시킬 것이다.
16세기 이후에 지역이 쇠망하게 된 근본적인 요인은 여기에 있는 것이 아닐
까?

제2절『老松堂日本行錄』해설

Ⅰ. 성 립

1419년(일본 應永 26, 조선 世宗 원년, 명 永樂 17), 조선은 왜구의 근거지를 정벌할 목적으로 대마도를 공격하였다. 이것을 일본에서는 應永外寇, 조선에서는 己亥東征이라고 한다. 이에 대하여 무로마치막부는 조선의 본의를 탐지하기 위하여 大藏經 求請을 빙자하고 無涯亮倜·平方吉久를 사절로서 조선에 파견하였다. 이듬해 1420년 조선은 요구대로 대장경을 줌과 동시에 문신 宋希璟을 回答使로 無涯 일행이 귀국할 때 같이 보냈다. 송희경은 윤 정월 15일에 서울을 출발하여 4월 21일 京都에 도착하였고, 6월 16일에 장군 足利義持을 만난 후 27일 京都를 떠나 10월 25일에 서울로 돌아왔다. 송희경은 9개월 남짓한 동안의 견문과 활동을 5언·7언의 漢詩와 散文序라는 형식으로 기록하였다. 復命 후 이것을 한권으로 엮은 책이 바로『老松堂日本行錄』이다.

종래 이 책은 기록에 남아 있는 조선인의 가장 오랜 日本紀行으로 중요시되어 왔다. 그러나 형식상으로 보자면 어디까지나 주된 체재는 漢詩이며 기행이라기보다는 시집 혹은 시문집으로 부르는 편이 더 적합하다. 즉 이 책을 구성하는 최소 단위는 하나 내지 여러 편의 시와, 여기에 붙여진 제목과 머리말(序)로 한 짝을 이루고 있다. 이것을 이하에서 ≪節≫이라고 부른다(이하에서「某節」이라는 것은 村井章介 校注「老松堂日本行錄－朝鮮使節の見た中世日本－」, 岩波文庫, 1987에서 본인이 달아놓은 節의 번호를 말한다). 節에 따라서는 序가 없는 것도 있으며, 산문의 序는 어디까지나 2차적인 것인데, 사실상 기행문적인 요소는 이 머리말에 대개 포함되어 있는 것이다. 따라서 이 책을 한문학으로 음미하는 것도 있을 수 있는 읽기방법의 하나 임에는 틀림이 없다. 이 책에 수록되어 있는 시는 進藤晉一의 평을 빈다면, 「격식이 정확하고 군더더기가 없는 詩風이며, 聲調도 은은하고 자유롭다. 어찌보면 晩唐風의 우아함이 있고, 禪學에 깊은 조예가 있음을 알 수 있다」고 한다(『日本庶民生活史料集成』 제27권, 3~4쪽).

그러나 이 책의 저술 동기가 순수한 문학적 영위에서 온 것은 아니다. 跋語에 의하면, 송희경은 일본 파견의 명을 받은 날 국왕 世宗으로부터 「타국(일본)에 가는데 시는 꼭 쓸 것」을 요구받았다. 그래서 「출발한 날부터 복명에 이르기까지 큰 일 작은 일 가리지 않고 듣고 보는 모든 것을 적어서 이것을 시로 만들었다」고 한다. 당시의 조선은 왜구 문제를 해결해야 할 필요성 때문에 일본에 관한 정보를 정력적으로 수집하고 있었다. 希璟의 임무가 일본 정부와의 교섭에 있었다는 것은 말할 나위도 없지만 일본 사회의 실정을 빠짐없이 관찰하는 것도 중요한 임무였다. 이 책의 시에서 설명에 치우친 부분이 눈에 띄는 것도 그렇고, 시의 내용과 어울리지 않는 장문의 序가 많은 것도 관찰자라는 이 책의 입장에서 비롯된 것이다.

그러면 그의 일본 관찰이 전술한 것처럼 약간 부자연스런 형식으로 표현될 수밖에 없었던 것은 왜일까? 이 책의 시를 쭉 읽어보면, 일본 승려의 詠詩에 韻을 단 작품이 많다는 것을 알 수 있다. 외부에서 본 일방적인 관찰기록이 아니고, 일본인과의 교류 속에서 탄생한 저서라는 점에 이 책의 두드러진 특징이 있다. 한시는 저자에게 있어서 일본 측의 외교담당자나 지식인과의 의사소통에서 유효한 수단이었다. 이 책이 시 중심의 형식을 취하게된 이유의 하나가 여기에 있다.

이상과 같이 형식과 내용에 약간의 차이가 있기 때문에 이 책을 읽을 때는 약간의 주의가 필요하다.

첫째, 보통의 기행처럼 정확하게 날짜에 따라서 쓴 것이 아니다. 날짜가 있는 節은 소수이며, 95~97節처럼 순서가 거꾸로 된 것이 아닌지 의심스런 부분마저 있다. 즉 「胸比」는 日比, 「都毛梁」은 鞆로 보는 것이 당연히 자연스런 해석이라고 생각하지만, 이래서는 엉뚱한 방향으로 흐르는 것이 되고 만다. 이런 난점을 극복하기 위하여 「胸比」를 별개의 지명으로 보는 주장도 있지만 부자연스러움을 벗어나지는 못한다. 차라리 이 부분은 뒷날 저자가 작품을 정리할 때 실수로 「胸比」과 「都毛梁」을 반대로 썼다고 해석해야 하는 것이 아닐까.

두 번째는 시에 더욱 주목하여야 하는 점이다. 예전부터 시를 읽을 때 시는 뛰어넘고 序만을 기행으로 읽는 방법이 있었다. 그러나 저자가 정성을 들여서 감동을 담고 있는 부분은 오히려 시이며, 이것은 한쪽으로 치우친 讀法이라고 하지 않을 수 없다. 사소한 예에 지나지 않는 것이지만, 攝津西宮을 지나면서 읊은 다음의 시 등은 당시 일본 사회의 현실을 예리하게 간파하고 있다(106절).

> 곳곳의 神堂 곳곳의 승려
> 노는 이는 많아도 밭 가꾸는 농부는 적다
> 경작에 여가가 없다고 말하지만
> 항상 들려오는 배고픈 백성의 밥을 구걸하는 소리

세 번째는, 『세종실록』과 함께 읽을 필요가 있다는 것이다. 관찰기록을 겸한 시문집이라는 성격상, 저자 자신이 일본에 지니고 갔던 조선 국왕의 書契조차도 본서에는 기재되어 있지 않다. 그것은 『세종실록』 2년 윤정월 갑신조에 보인다. 한편 본서 131절에는 臨川寺에 대하여 「이 절의 주지는 나라의 문서를 장악하고 있다」는, 다른 책에 없는 기록이 있다. 이처럼 본서와 실록은 서로 상대의 부족한 점을 보완해 주는 관계에 있으므로 양자를 함께 살펴봄으로써 입체적인 역사인식이 가능할 것이다.

이 책은 이름이 잘 알려진 데 비하면 충분히 이용되지 않았다. 최근까지 읽기 쉽게 만든 저서가 없었던 데다가, 전술한 것처럼 약간 다루기 힘든 형식을 취하고 있다는 것이 주된 원인일 것이다. 하지만 이러한 것이 이 책의 가치가 낮음을 의미하는 것은 아니다. 저서가 성립된 상황과 고유의 성격을 토대로 꼼꼼하게 읽어본다면 해적, 사원, 도시, 성풍속, 습관, 季節感, 농경, 풍경, 항해, 喫茶, 회화, 문예 등등 15세기 일본사회의 다채로운 양상이 독자의 눈 앞에 생생하게 재생될 것이 틀림없다.

Ⅱ. 저 자

宋希璟(1376~1446), 字는 正夫, 老松堂은 그의 호이다. 이 책을 집필한 1420년에는 45세의 장년이었다. 이하에서는 주로 1619년 송희경의 6대손 宋篪가 쓴 「老宋堂日本行錄家藏」(木活字本 付載)에 근거하여 그의 경력을 살펴보도록 한다.

송희경의 가계는 礪山(전라북도) 宋氏의 분파인 新平(충청남도) 宋氏에 속한다. 부친 玄德은 通訓大夫兼春秋館記注官이었고, 조부 謙은 正順大夫判典客寺事兼春秋館編輯官이었으며 대대로 문관을 지낸 집안이었다.

송희경은 1376년 公洪道 連山縣 竹安坊 筠亭里(忠清南道 論山郡 連山里, 백제의 古都인 扶余에서 동으로 약 30㎞ 거리)에서 태어났다. 어려서부터 총명했으며, 5~6세 때 독서에 재능을 보였고, 붓을 잡으면 어른과 별 차이가 없었다고 한다. 27세 때 과거에 응시하여 別科 3위로 등제하였다. 29세로 翰林院에 들어가고 32세 때 司諫院 正言으로 옮겼는데, 聽曉樓 報漏閣創營의 일로 太宗의 노여움을 사서 고향으로 돌아왔다. 34세에 복직하여 司諫院 獻納이 되고 藝文館 修撰에 뽑혔다. 36세 때 聖節使 書狀官으로 명에 다녀왔으며, 임무를 잘 수행하여 태종으로부터 포상을 받았다.

36세부터 44세 사이에는 「台閣에 출입한 것이 여러 차례이며, 오랫동안 知製敎를 겸하다」라는 기록 밖에 없다. 그런데 『태종실록』에 의하면 1415

년 40세 때 知錦山郡(충청남도)事였던 송희경은 杖一百의 형을 언도받았다. 丁香과 마른 고기를 왕에게 헌상할 목적으로 사냥을 했는데, 짐승을 착복하려던 두 관리를 곤장으로 때려 죽였다고 한다(15년 5월 계축조). 이듬해 관리가 병으로 죽었다고 항변하였지만 통하지 않았으며, 직첩을 몰수당하고 곤장 백대에 상당하는 贖錢을 징수당했다(16년 정월 경술조). 후일 1422년에도 知咸陽郡(경상남도)事였던 그에게 7년 전의 사건이 다시 문제되어 파직을 당하게 된다(『세종실록』 4년 정월 무신조).

『태종실록』에는 또 1417년에 그가 任添年·崔得霏·李茂昌과 함께 北京에서 돌아왔다는 기사가 있으며(17년 10월 신축조), 遼陽을 다녀왔다는 기록이 있다. 일본에 가기 전에 그에게는 적어도 두 번 외교사절의 경력이 있었던 셈이다.

일본 출발에 앞서 송희경은 檢知承文院事로 승진하였다. 일본에서의 정식 직함은 「朝鮮國回禮使奉正大夫僉知承文院事直集賢殿老松秀才筠亭宋希璟正夫」로 보인다. 귀국 후 서울에 도착하기 전에 일본 奉使의 공로로 繕工監正이 추가되었다(『세종실록』 2년 10월 임자조).

송희경이 47세 되던 해(1422)에 太宗이 죽자 실록의 編修에 참여하였다. 이어서 고향에 돌아가 휴양할 것을 요청하여 天嶺郡(咸陽郡) 知事가 되었고, 치적이 있었다. 만년에는 判司宰監事를 마지막으로 전라남도 潭陽에서 은거하였는데, 連山의 鷄龍山 북쪽 기슭의 靑巖洞에 있는 조상 대대로의 선산을 돌보는 일을 거르지 않았다. 1446년 고향 錡谷의 집에서 세상을 떴다. 향년 71세였다. 이 책 외에 다른 저서는 알려져 있지 않다. 시는 이 책에 수록된 것 외에 「咸陽東軒壁上韻」이라는 제목으로 知咸陽郡事로 재임할 때의 작품 2수가 木活字本에 수록되어 있다.

동생 參判 宋公龜는 전라남도 靈光으로 이주하였다. 부인은 경상남도 東萊 鄭氏로 判書 允厚의 딸이다. 아들 壽之는 右軍司勇·贈通正大夫·兵曹參議가 되었다.

Ⅲ. 전 래

이 책이 전래된 경위는 그 자체가 한일관계사의 한 단면을 묘사한 드라마이다. 木活字本의 서두와 中村榮孝의 논술(다음 절 참조)에 의거하여 그것을 재구성해 보도록 하자.

송희경이 죽은 후 이 책은 潭陽의 후손의 손을 떠났는데, 1556년 여름 昌平의 梁山甫가 우연히 이 책을 남원의 老儒 吳祥에게서 얻어 從兄인 企村 宋純(希璟의 4대 후손)에게 보냈다. 그때 이 책의 표지는 손상이 심했고 標軸과 題字가 희미해져 읽을 수 없는 상태였다. 그래서 純은 「舊粧을 벗기고 비단으로 이를 대신」 하였다. 후에 鄭慶得이 일본에서 이 책을 보았을 때(이에 관한 경위는 후술)도 그 「粧錦은 아주 선명하였다」고 한다.

그런데 岩波文庫本의 底本인 井上本의 현상을 보면 세로 25.7cm, 가로 22.5cm의 冊子本이며 裝幀은 확실히 粧錦이다. 또 접은 면, 묶은 부분에 여백이 거의 없으며, 본래의 상태는 卷子本이었던 것으로 생각된다. 이와 같은 제본 방법도 宋純의 「旧粧剔去」의 결과일 것이다. 더욱이 井上本의 안쪽 표지에 宋純의 필체로 「丙辰年(1556)에 우연히 南原의 老儒 吳祥으로부터 얻음」이라고 적혀 있다. 즉 井上本은 宋純이 제본을 다시 한 바로 그 책이다.

木活字本에 보이는 宋純의 머릿말(1558년)에 「다만 글을 옮기는 과정에 있어서 여전히 錯畫와 誤字가 있는 것을 피할 수 없었으며, 이에 내가 洗手校正하고 이것을 다른 종이에 옮김으로써 永久를 꾀하다」라는 문장이 있다. 이 글로 보아 ①井上本(宋純改粧本)은 송희경의 자필 원본이 아니며 이른 시기에 만들어진 古寫本다. ②井上本에서 가끔씩 볼 수 있는 다른 필체의 細字는 宋純이 쓴 것이라는 두 가지 사실이 판명된다. 그리고 宋純의 注記에 「一은 某某가 지었다」라는 글이 있는 것으로 보아서 당시 다른 계통의

寫本이 존재했던 것 같지만 이것은 현존하지 않는다.

그러나 이렇게 생각하면 이해하기 어려운 부분이 하나 있다. 상술한 宋純의 머리말이나 純의 부탁으로 蘇世讓이 쓴 序나 모두 古寫本에서는 보이지 않는다. 그런데도 鄭慶得이 일본에서 古寫本을 옮겨 적은 책을 底本으로 하는 木活字本에는 이 序跋이 있는 것이다. 慶得이 일본 승려에게 古寫本의 양도를 청했지만 거절당했을 때 이 序跋만은 現物을 받아서 가져온 것이라고 보아야 할지, 아니면 17세기 이후의 전래 과정에서 古寫本에서 序跋만이 탈락했다고 보아야 할지, 어느 쪽이든 무리한 해석이며 이 점은 여전히 수수께끼이다.

希璟의 후손 宋純의 손으로 돌아온 古寫本은 그러나 40년 후에 다시 잃어버린다. 1597년의 丁酉倭亂, 즉 일본에서 말하는 慶長의 役에서 일본에게 빼앗긴 것이다. 그 후 旗下 가문인 畑 집안에 대대로 전해졌으며, 근대에 와서 한학자 小牧昌業(1843~1922)이 소장하다가 지금은 東京 文京區 本鄕의 井上書店主 井上周一郎씨가 소장하고 있다. 이것이 井上本이다. 1950년에 국가중요문화재로 지정되었다.

1597년 9월 鄭慶得 일가는 전라도 해상에서 蜂須賀家政의 武將 森忠村에게 붙잡혀 德島로 연행되었다. 그 경위는 慶得의 동생 希德의 저서 『月峯海上錄』에 상세히 기록되어 있다. 목활자본에 보이는 趙平의 머리말(1625년)에 의하면, 慶得은 일본 승려가 古寫本을 가지고 있는 것을 보고 「이 책은 당신에게는 중요한 보물이 아니다. 원컨대 百金으로 바꿀 수 있는가」라고 청했다. 하지만 승려는 이에 응하지 않았고, 하는 수 없이 慶得은 이것을 筆寫하였다. 1599년에 이 手寫本을 가지고 귀국하였다. 『月峯海上錄』에도 귀도 중 周防 上關에 도착한 날의 기사에 「宋老松希璟은 일찍이 사신으로 일본에 들어갔으며 日本行錄이 있다. 거기에 上關에서 지은 시도 있다」고 되어 있다. 「上關의 詩」라는 것은 黑石西關에 관한 시이다. 또 다른 곳에서 「倭僧으로부터 先輩의 작품을 볼 수 있었다. 宋老松希璟은 별도로 한권이 있고 많이 勝錄하여야 한다」는 글이 있다. 「별도로 한권」이라는 책이 慶得의 手寫本을 가리키는 것이라고 생각할 수 있다.

1625년 송희경의 6대 후손(宋純의 孫)인 信之 宋徵이 함평 鄭慶得의 집을 방문했다가 책상 위에서 日本行錄이라는 제목의 책 한권을 발견하였다. 놀라서 慶得에게 「老松은 우리 조상인데 왜란 때 잃어버렸다가 지금 이것을 얻게 됐다. 하늘과 신이 도우셨다」고 하자, 慶得은 「아, 운이 있어서 이것을 보관했고, 이제 돌아갈 곳을 얻었다」고 하며 선뜻 이것을 宋徵에게 주었다. 그리하여 이 책은 다시 希璟의 후손에게 돌아온 것이다. 宋徵에게서 머리말을 써 줄 것을 부탁받은 趙平은 「또 잃었다가 다시 이것을 얻었다… 瀟灑翁(梁山甫)는 이것을 南原의 老儒에게서 얻었고, 鄭上舍(慶得)는 이것을 일본의 山僧한테서 얻었다. 南原에 있는 것은 어쩌면 얻을 수도 있지만, 일본에 있는 것은 반드시 얻지 않으면 안된다. 그렇다면 企村(宋純)이 얻은 것은 얻을 수 있는 것을 얻은 것이지만, 내가(宋徵) 얻은 것은 반드시 얻어야 할 것을 얻은 것이 된다. 얻음도 역시 차이가 있구나」라고 하며 신기함을 금치 못하고 있다.

그 후 「이 行錄을 몇 백년 동안 지켜 내려오면서 아직도 세상에 내놓지 못한」 것을 애석하게 여긴 譚陽의 후손들은 이 책을 1800년 윤4월에 開刊하였다. 한 페이지에 10줄 · 21자씩 채우고, 郭과 괘선을 갖춘 목활자본이다. 1925년, 谷村一太郎은 希璟의 후손인 宋鎭禹로부터 조선 여행의 기념선물로 한 권을 기증받았다. 이 책은 현재 京都大學附屬圖書館 谷村文庫에 소장되어 있다.

谷村으로부터 의뢰를 받은 小川壽一은 이것을 底本으로 萩野文庫本(1914년 萩野由之가 小牧昌業에게 古寫本을 빌려서 筆寫한 것. 九州大學萩野文庫 소장)을 校合하고 해석과 주석을 달아서 活字版으로 간행했다. 1933년 太洋社에서 간행한 『校註老松堂日本行錄』이 바로 이 책이다(1968년 續群書類從完成會에서 再刊함).

이보다 조금 앞서서 朝鮮總督府 朝鮮史編修會는·담양군에 살고 있는 希璟의 宗孫 宋壎으로부터 목활자본의 다른 책을 입수하였고, 1929년 편수회가 주최하는 조선사료전람에 전시하였다. 이 책의 행방은 알 수 없는데, 小川의 해석에 따르면 한 줄이 20자씩이고 문자도 谷村文庫本과 약간의 차이가 있다. 이것을 필사한 책이 현재 東京大學史料編纂所에 소장되어 있다.

『校註老松堂日本行錄』을 보면 금새 알 수 있듯이 古寫本과 木活字本의 차이는 아주 크다. 이미 언급했지만, 전자는 후자의 祖本이기 때문에 이런 차이는 후자 측에서 생겨난 것이다. 慶得이 필사할 때 수정을 가했다고 생각할 수는 없으므로 아마 開刊 때에 비교적 많은 부분이 추가되었을 것이다. 어쨌든 古寫本 쪽이 훨씬 더 원형에 가까운 善本이라는 것은 확실하다. 그런데 古寫本은『朝鮮學報』 45·46輯(1967 / 1968년)에 中村榮孝가 영인으로 소개한 것 뿐이고 활자화된 적은 없었다.

Ⅳ. 연 구

1889년 아시아협회가 편집한 잡지『會與錄』제6집에 「老松堂行錄摘鈔」라는 제목으로 시의 전부와 29節 이전을 생략한 초록이 게재되었다. 협회회원이었던 小牧昌業으로부터 빌려서 「그 가운데서 사실로 볼 수 있고 충분히 印證할 수 있는 것을 摘錄한」 것이다. 이것이 본서가 활자화된 시초이며, 또 卷頭에 붙인 小引은 아주 짧은 문장이지만 일본에 있어서 본서연구의 효시이다. 그 중 한 節을 인용한다.

> 그것을 詩로 보기에 모자람이 있다 해도 題下에 小引이 있다.···
> 서술이 상세 명료하고, 당시의 사정을 알기에 충분하다. 글이 특히 蒼秀하다.
> 跋語에 의하건대 시는 宋希璟이 지은 것이다. 그 글이 孔達의 손에서 나온 것은 아니다. 序(小引)만을 紀行으로 취하여 읽는 경향이 이미 분명하게 나와 있다. 詩

를 希璟이 쓰고 序를 孔達이 지었다고 하는 것은 跋語를 잘못 읽은 것이다. 題·
序·詩는 本書의 최소단위로서 일체를 이루고 있으며, 序와 詩가 작자를 달리 한
다고는 도저히 생각할 수 없기 때문이다.

1918년에 三浦周行이 쓴 「老松堂日本行錄을 읽다」(『藝文』 9卷 1~ 4号,
『日本史의 研究』 제1집 下에서 再錄)는 이 책에 대한 본격적인 최초의 해석
이다. 井上本에는 이 논문의 刷本이 첨부되어 있고 三浦가 井上本을 읽었음
은 틀림이 없다. 「그 시는 대체로 敍事를 주로 하며 문학적 가치가 모자란
다」고 하면서도, 「全篇에서 詩를 主로 하고 文을 從으로 하며, 紀行은 마치
詩의 小序와 같다」라고 본서의 성격을 정확하게 파악하고 있다. 그러나 書
誌에 대하여 언급한 기술은 별로 없으며, 내용적으로 주목할만한 記事를 조
선인 最古의 日本紀行, 日鮮外交史料, 応永倭寇史料, 日鮮交通史料, 風俗史
料의 다섯 가지에 걸쳐서 소개하였다. 『세종실록』의 관련 기사를 적절히 인
용하고, 또 이 책에 보이는 일본 지명에 대하여 고증을 시도하는 등 당시로
서는 매우 우수한 해제이다.

1933년 간행된 太洋社本에 編者 小川壽一이 쓴 『老松堂日本行錄解說』은
三浦의 그것과 비교하여 저자 宋希璟의 경력, 人格, 諸本, 希璟의 旅程 등에
중점을 둔 부분에 특징이 있다. 그리고 1968년의 再刊本에서는 해설이 잘못
된 부분을 바로 잡았다.

1932년, 잡지 『朝鮮』 210·211호에 발표된 中村榮孝의 「応永倭寇를 朝鮮
에서 보다」(「朝鮮 世宗 己亥의 對馬征伐－応永倭寇를 조선에서 보다－」라
고 제목을 바꾸어 『日鮮關係史의 연구』 上, 1965년에 실음)는 조선·일본
양측의 사료를 종횡으로 구사하며 応永倭寇의 전체적인 모습을 묘사한 논
문이며 応永倭寇를 연구함에 있어서 반드시 읽어야 할 문헌이다(이 글 이후
応永倭寇를 전문적으로 다룬 논문은 없다). 본서는 『老松堂日本行錄』이 성
립된 역사적 배경을 이해하는데 도움이 될 뿐만 아니라 왜구 이후의 復交
교섭을 알 수 있는 중요한 사료로서 잘 이용하고 있다. 같은 해 中村은 『青

丘學叢』8집에「鮮初의 문헌에 나타난 일본 지명에 대하여(上)」를 발표하고 (同書 수록), 『老松堂日本行錄』에 나타난 일본 지명에 대하여도 현재까지 가장 믿을만한 고증을 제시하였다.

앞에서 언급했듯이, 鄭希得의 『月峯海上錄』은 『老松堂日本行錄』의 전래를 연구할 때 빠뜨릴 수 없는 문헌인데, 여기에 대해서도 中村은 1962년에 「『月峯海上錄』에 대하여」(『朝鮮學報』25집)·『月峯海上錄』과 『老松堂日本行錄』(『日本歷史』173호) 두 편의 논문을 썼다.

1967~68년『朝鮮學報』45·46집에 井上本의 영인이 게재되었다. 여기에 中村은 「『老松堂日本行錄』(井上本)의 影印에 덧붙여서」라는 제목의 해설을 달아 여러 책의 관계에 대하여 짧지만 정확한 설명을 붙였다. 이런 것을 통하여 井上本이 많이 알려졌음에도 불구하고 오늘에 이르기까지 본서의 연구는 별다른 진전을 보이고 있지 않다. 井上本을 사용한 연구도 적어서 田中健夫가 쓴 『中世對外關係史』(東京大學出版會, 1975)의 제3장 3에 「応永倭寇를 둘러싼 조선과의 교섭」이 겨우 눈에 띌 정도이다.

본서의 전모를 알 수 있는 활자본으로서 일찍이 太洋社에서 간행한 책이 있지만 순수한 한문이고, 게다가 底本과 對校本의 차이가 크기 때문에 校正의 주석이 번잡하여 일반 대중을 위한 책이라고 할 수는 없었다. 1981년 『日本庶民生活史料集成』제27권·三國交流誌(三一書房)에 進藤晉一에 의한 목활자본 전체의 讀法이 수록된 것은 이런 점에 대한 갈망을 채워주는 것이었다. 역사적인 名辭 등의 해석에 약간의 오류도 보이지만(「陞爲僉知承文院事」를 「승진하여 僉이 되고 承文院의 일을 다스리다」라고 읽는 경우), 특히 시의 해석에 있어서는 유익한 연구이다.

V. 背景

여기에서 이 책의 역사적 배경을 이루는 한일 외교로 눈을 돌려보자. 당시의 한일관계는 1419년 6월의 応永外寇가 초래한 긴장 상태에 처해 있었다. 전투가 끝난 직후 九州探題 涉川義俊과 그의 부친인 前 探題 滿賴는 조선 측의 진의를 알 수 없어서, 하는 수 없이 博多의 豪商 宗金을 京都로 보내 막부의 생각을 물어보게 하였다. 宗金은 陳外郞(귀화 중국인 陳延祐의 아들이며, 장군의 측근으로서 외교사절의 접대 및 典醫를 맡고 있었다)을 통하여 장군 足利義持에게 사정을 설명하였다. 이를 받아들인 막부는 博多 妙樂寺의 승려 無涯亮倪를 正使로, 陳外郞의 아들로 博多 상인인 平方吉久를 副使로 조선에 파견하였다. 명목은 「請經」, 즉 대장경의 求請이 임무였지만 진정한 목적은 조선의 의도를 탐색하는 데 있었다.

사절단은 8, 9월쯤 出京하여 11월 20일 부산에, 12월 14일 서울에 도착했고, 17일에 조선 국왕에게 書契를 바쳤다. 그 전문은 다음과 같다(『세종실록』 원년 12월 정해조).

> 우리나라와 貴國은 바다를 사이에 둔 가장 가까운 나라입니다. 그러나 파도가 험하고 많아서 때때로 소식을 전하지 못했으나 이것은 게으른 까닭이 아닙니다. 이제 중 亮倪를 보내서 起居를 문안드리고, 겸해서 불경 7천 축을 구하옵니다. 만일 允許를 내리셔서 이 나라 사람으로 하여금 오래도록 좋은 인연을 맺게 하시면 그 이익됨이 또한 넓지 않겠습니까. 엎드려 빌건대 부디 이를 받아들여 주옵소서. 변변치 못한 토산물은 書契 끝에 자세히 열기하였습니다.

이듬해 정월 6일 無涯 일행은 西班 종3품의 반열에 서서 군신들과 함께 세종을 배알했으며, 이어서 殿上에 올라 세종의 질문에 답하였다. 조선 측은 대장경의 求請을 승락함과 동시에 回禮使를 일본에 보내기로 결정하였다. 그 正使로 선발된 사람이 바로 宋希璟이었으며, 그에게 맡긴 書契의 주요 부분은 다음과 같다(『세종실록』 2년 윤정월 갑신조).

우리나라와 貴國은 대대로 이웃간의 친선을 닦아서 그 정리가 매우 두터웠습니다. 그러나 풍파에 가로막혀 때때로 소식을 전하지 못한 것은 과연 말씀하신 바와 같습니다. 불경에 관하여 말씀드리자면, 우리나라에도 원래 많지는 않으나 어찌 청에 따르지 않을 수 있겠습니까. 전하는 말을 들으니, 우리나라 백성이 일찍이 풍랑에 표류하여 귀국의 雲州·安木에 붙어 사는 자가 많지어 70여 호에 이른다고 합니다. 더러는 도둑에게 약탈을 당하고 이리저리 팔려 다녀서 여러 섬에 흩어져 사는 자가 매우 많다고 합니다. 만일 조사하여 찾아서 돌려보내신다면, 사람을 구제하는 사랑과 이웃나라와 친선하는 의리 두 가지가 거의 다 완전한 터이니 매우 훌륭한 일이 아니겠습니까.

양국의 書契 모두 가장 중요한 応永外寇에 대하여는 한 마디도 언급하지 않았다. 그러나 無涯 일행의 도항의 배후에는 조선에 대한 막부의 의심과 우려가 뒤섞인 복잡한 사정이 숨겨져 있었다.

外寇 직후의 京都에는, 對馬를 공격한 것은 明과 조선의 연합군이며, 이들은 곧이어 일본 본토를 토벌할 것이라는 소문이 들끓고 있었다. 「6월 20일, 몽골·고려가 연합하여 軍勢 5백여 척이 對馬島로 쳐들어와서 섬을 굴복시켰다」는 정보(『看聞日記』応永 26년 8월 13일)가 보여주는 것처럼 틀림없이 몽골 습격의 재현으로 받아들였던 것이다.

이 당시 정보의 신속함은 놀라울 정도였다. 조선에 출병을 결의시킨 왜구의 습격이 5월 5일과 11일, 조선이 국내에 머물던 對馬島民을 구속한 것이 14일이었는데, 23일에는 이미 京都에서 「大唐國·南蠻·고려 등이 일본으로 쳐들어올 것이다, …고려에서 보고가 들어왔다…」 등등의 소문이 나돌고 있다(『看聞日記』応永 26년 5월 23일).[1]

---

1) 1987년도 歷研大會 中世部會의 高麗公明보고 「조선외교질서와 동아시아 해역의

　한편, 소문의 내용도 상당히 황당무계한 것이다. 「出雲大社가 흔들리고 피를 흘린다, 西宮·荒戎宮이 흔들린다, 군병 수십 기가 廣田寺에서 나와 동쪽으로 갔는데 그 중에 말을 탄 여자 무사가 대장 같았다, 神人이 이들을 보살핀다…」라든가, 「北野御靈이 서쪽을 가리키며 날고 있다, 御殿御戶가 열렸다」라든가, 神社가 注進하는 奇瑞(『看聞日記』応永 26년 6월 25일·29일)는 대외적으로 긴박한 때에 전례가 있었다(「말을 탄 여자 무사」에서는 廣田寺의 祭神 神功皇后가 연상된다). 그러나 「唐人이 쳐들어와서 이미 薩摩에 이르렀다, 서로 전투가 벌어져서 唐人 약간을 토벌하고 우리도 다쳤다, 唐人 중에 귀신 형상을 한 자가 있으며 사람의 힘으로는 물리치기 어렵다, 바다에 떠 있는 오랑캐가 8만여 척이고 大內 방면으로 먼저 注進이 도래했다」는 등 전혀 사실이 아닌 정보의 범람은 유례를 보기 힘들다(『看聞日記』応永 26년 7월 20일). 그러한 정보를 집대성한 것이 8월에 처음으로 京都에 출현했던 7월 15일자 「探題持範注進狀」이라는 위조문서이다(『看聞日記』応永 26년 8월 13일).

　교류」를 둘러싼 토론에서, 1460년대의 "朝鮮遣使 붐"이 일어난 원인의 하나로서, 応永倭寇에서 볼 수 있는 정보전달의 신속함을 거론한 바, 사회자 今谷明으로부터 応永倭寇는 오히려 정보가 늦었다는 것이 특징이라는 비판을 받았다(『歷史學硏究』 573호, 78쪽참조). 나로서는 이 뜻하지 않은 비판의 근거를 헤아리기 어려웠지만, 今谷의 최근 저서 『守護領國 지배기구의 연구』(法政大學出版局, 1986) 455쪽을 읽고 겨우 의미를 파악할 수 있었다. 今谷은 후술하는 「探題持範注進狀」이 博多에서 京都로 전달되는 데 20일이 걸렸던 사실을, 弘安 4년의 早馬의 경우 7일과 비교하면서 전자의 지체를 강조하고 있다. 今谷은 이것을 무로마치막부에 대한 공식 戰況報告로 다루고 있는데, 그 사료 취급상의 난점은 별론으로 치더라도, "遣使 붐"을 불러일으킬 만한 정보를 고찰할 때 참조해야 할 것은, 이러한 공적·제도적인 정보전달이 아니라 오히려 사회적·비제도적인 정보전달은 아니었는가? 이런 관점에서 보자면, 조선이 對馬정벌에 들어간 지 불과 9일 후에(즉 실제의 전투가 벌어지기 훨씬 이전에) 그 정보가 소문으로서 京都에 전달되고, 對馬島에서 전투가 개시된 지 불과 5일 후에 각 神社에서 奇瑞가 일어났다는 보고가 계속 올라왔다는 현상에 주목해야 할 것이다.

삼가 말씀드립니다

6월 20일 몽골 · 고려가 함께 軍勢 5백여 척으로 對馬島에 쳐들어와서 섬을 공격했습니다. 우리와 大宰少貳의 세력 만으로 지체없이 모든 포구의 배를 모아 밤낮으로 전투를 치렀는데, 적과 아군의 사망자가 그 수를 헤아릴 수 없습니다. 어려운 중에도 9개국의 병사를 재축하여 26일에 각자 힘을 다 해 싸웠고 외국 군병 3천 7백여 명을 격파하고 목을 베었으며 그 나머지는 수를 헤아릴 수 없습니다. 바다에 떠 있는 적의 배가 모두 1천 3백여 척입니다. 해적에게 일러 밤낮을 가리지 않고 이르는 곳마다 싸웠으며, 더러는 배를 타지 못하여 바다에 빠진 자가 허다합니다. 지난번 전투가 한창일 때 神佛의 영험으로 신기한 일이 일어났습니다. 적의 배에서 비바람이 진동하고 천둥소리가 울리며 싸락눈이 내리더니 큰 추위로 손이 얼어 무기도 잡지 못하고 얼어죽은 자가 무수히 많습니다. 특히 신기한 일은 전투가 한창 어려울 때 어디선가 큰 배 4척이 비단 깃발을 달고 나타났는데, 대장은 女人인 듯했으며 그 힘을 헤아릴 수 없었습니다. 몽골 배에 옮겨타서 군병 3백여 명을 손에 쥐고 바다에 던졌습니다. 몽골 대장의 동생과 그 이하 죄인 28명을 즉시 목을 베어 버리고, 나머지 7인은 상의에 따라 압송하도록 하겠습니다. 27일 한밤중이 지났을 무렵 異國의 나머지 병사가 모두 물러갔고, 몽골병을 타살했다는 소문이 있지만 확실하지는 않습니다. 다른 적의 배도 7월 2일에 모두 물러갔습니다. 이와 같이 빨리 결말이 난 것은 神明의 위력 에 의함입니다. 전하의 運도 각별히 경하를 드립니다. 자세한 것은 생략하고 이와 같이 注進狀을 올립니다.

　　7월 15일　　　　　　　　　　　　　探題持範

참으로 괴이한 문서이며, 「探題持範」에 해당하는 인물은 없다(여기서도 神功皇后를 연상시키는 여인 대장이 등장한다). 그런데 이 문서를 본 貞成親王의 감상은, 「말세라고 해도 神明의 위력이 우리 나라를 지켜주는게 명백하다, 이 注進狀은 맞는 말이다」라는 것이었다. 몽골 습격의 공포에 대한 기억이 얼마나 뿌리가 깊은 것이며, 그것이 정상적인 판단력을 어떻게 마비시키는지 알 수 있다. 그와 같은 비정상적인 정신상태 속에서 고대 일본에 대한 조선의 從臣의 역사적 기점이 되어 왔던 《神功皇后의 三韓征伐 전설》이 요괴처럼 다시 살아나는 것이다.

貞成親王이 持範의 注進狀을 본 다음날인 7일, 義持의 下御所에 「九州少貳方」(少貳滿貞)이 보낸 注進狀이 도착했다(『滿濟准后日記』応永 26년 8월 7일).

> 몽골 선박 선봉대 5백여 척이 對馬島에 쳐들어와서 少貳代宗右衛門 이하 7백여 기가 달려가 전투를 벌였습니다. 6월 26일 하루종일 싸워서 異國人을 모두 격파했는데, 대개는 그 자리에서 타살되거나 체포되었다고 합니다. 異國人 대장 두 명을 생포하여 여러 가지 자백을 받았습니다. 이 5백여 척은 모두 고려국의 배라고 합니다. 唐船 2만여 척이 6월 6일 일본 땅에 상륙하려고 한 바, 그날 큰 바람이 불어 唐船이 모두 달아나고 절반은 바다에 침몰한 까닭에 이에 보고를 올립니다. 생포한 고려인 대장이 자백한 바, 이것도 역시 보고드립니다. …

持範의 注進狀보다는 훨씬 더 사실에 가까우며, 포로가 자백한 내용으로 明軍의 일본 공격 계획을 보고하고 있다. 일본 측이 明의 관여를 의심하는 데는 그럴만한 이유가 있었다.

1418년, 將軍 義持는 明의 國使 呂淵을 추방한 적이 있는데, 이때 呂淵은, 「너의 아비 및 조선 국왕이 모두 우리를 섬기는데, 너 하나만 섬기지 않는다. 나는 장수를 파견하여 조선과 함께 行兵할 터이니, 너는 즉시 성을 높이 쌓고 연못을 파고 이를 기다리라」는 永樂帝의 말을 남기고 돌아갔다 (110절). 呂淵은 對馬島에서 전투가 벌어졌던 당일 6월 20일에 다시 博多에 왔고, 7월 兵庫에 도착, 8월에 헛되이 귀국했다. 일본 측이 呂淵의 도착과 조선의 對馬島 공격 사이에 모종의 연락이 있다고 생각했던 것도 무리는 아니다.

송희경은 京都에서 陳外郎으로부터 小貳의 注進狀이, 「강남의 병선 2천과 조선의 병선 3백 척이 우리나라를 향해 온다, 우리는 힘을 다 해 싸워서 이들을 물리치자」는 내용이라는 것을 듣고 깜짝 놀라서, 對馬를 공격한 것은 조선군 뿐이라는 것, 이전부터 일본 본토를 공격할 의도는 추호도 없다는 것을 역설한다(110절).

그 이전에 대마도에서 송희경을 고민에 빠뜨렸던 것은, 32절에 「行兵 후 對馬島인이 경상도에 속하게 해 줄 것을 요청하고, 임금이 이를 허락한다」 는 문제이다. 그가 서울을 출발하기 5일 전인 세종 2년 윤정월 10일, 예조는 對馬島主 都都熊丸(宗貞盛)의 사신이라 칭하는 時応界都의 말을 임금께 아 뢰었다. 그것은, 応永外寇의 講和條件으로서 ①대마도 백성들을 경상도의 거제도로 이주시켜 조선의 보호를 받도록 하고, 그들에게서 걷는 田税의 일 부를 宗貞盛에게 지급한다, ②대마도를 조선 국내의 州郡이 되게 하여 州名 을 부여하며, 貞盛은 조선으로부터 印信(辭令)을 받고 신하가 된다－는 두 가지 점을 밝힌 것이었다. 이를 받아들여서 23일에 대마도를 경상도에 소속 시키고, 貞盛에게 「宗氏都都熊丸」이라는 인장을 수여한다는 취지가 예조판 서 許稠를 통하여 貞成에게 전달되었다(『세종실록』 2년 윤정월 임진조).

그렇게 이해하고 대마도로 건너간 송희경은 거기서 의외의 진상을 알았 다. 時応界都의 말은 사실 貞盛이 관여한 것이 아니며, 대대로 대마도를 물 려받은 小貳氏가 이 말을 듣더니, 百戰을 불사하더라도 싸우지 않을 수 없 다고 하는 것이었다. 그는 대마도를 조선의 영토로 만들려는 적극적인 의도 가 없다는 것을 밝히면서 다음과 같은 시를 썼다(46절).

> 척박한 땅의 우둔한 백성은 쓸모가 없다. 예로부터 중국은 변방의 오랑캐를 싫
> 어했고, 그가 이제 義를 그리워하며 스스로 속함을 청한다. 이는 조선이 구태어 할
> 일이 아니다.

時応界都의 제안은 전쟁으로 조선과의 교역에서 타격을 입은 대마도의 일부 세력이 교역의 회복을 노리고 획책한 것이었다. 대마도라는 경계적인 지역에서 조선과 일본을 왕래하며 교역을 생업으로 삼던 그들에게는 중앙 과 연결된 영주 계급과는 달리 일본에 대한 귀속 의식이 희박했고, 조선에 대한 경제적인 의존을 통하여 대마도 자체를 조선에 소속시킨다는 발상을

가져도 이상하지 않은 입장에 있었다.

또 하나, 京都에서 송희경을 기다리고 있던 어려운 과제는 書契에 적힌 年號 문제였다. 書契에「永樂」의 연호가 들어가 있는 것을 안 陳外郞은 ≪이대로는 장군의 노여움을 사서 그대가 돌아갈 수 없게 된다.『永樂』이란 글자를『龍集』으로 바꾸는게 어떤가≫하며 충고하였다. 이에 대하여 송희경은,「내가 죽는다 해도 御書는 무엇 하나 바꿀 수 없다」는 원칙론을 고집하며 한 걸음도 양보하지 않았다(110절).

당시의 장군 義持는 부친 義滿이 명에게서 日本國王으로 책봉된 것에 반발하여 명과 국교를 단절하였다. 사신 呂淵이 추방된 것도 그 때문이었다. 외교문서에도「日本國源義持」라고 서명하여「王」이란 글자를 사용하지 않았고, 연호도 일본의「応永」을 사용하고 있었다. 한편 조선은 명의 册封을 받았으므로 외교문서에 명의 연호「永樂」을 사용하는 것은 당연했다. 外郞은 이처럼 미묘한 관계를 감안하여 연호를 중립적인「龍集」으로 바꾸게 하려던 것이다.

이상으로 송희경이 외교교섭 속에서 부딪쳤던 어려운 과제를 세 가지 정도 예를 들어 보았다. 어떤 문제가 됐든 그 당시 조선·중국·일본 삼국 관계의 특징 내지 모순이 응축되어 나타나 있다. 이 난관을 훌륭하게 통과했던 그는 뛰어난 외교관이었다고 할 수 있을 것이다. 본서의 跋語 속에서 그는 일본행을 총괄하여,「이제 나는 일개 書生으로서 行兵 이듬해의 의구심에 가득 찬 때를 맞이하여, 세 치의 혀를 가지고 불측의 위험을 감수하며 倭王의 亂弁의 의혹을 풀고, 二殿(少貳氏)의 보복 계획을 저지했으며, 돌아와 주상께 알렸다」고 자랑스럽게 쓰고 있다.

제3절 ≪倭人海商≫의 국제적 위치
―조선에 大藏經을 求請한 僞使의 예를 중심으로―

Ⅰ. 朝日通交와 高麗版大藏經

1402년, 足利義滿이 명나라로부터 「日本國王」으로 봉해지면서 조선과 일본은 명의 책봉국으로서 대등한 교린관계에 서게 되고, 이로써 정식 외교관계가 열리게 되었다. 하지만 이 시기의 조일관계는 국왕이 외교권을 독점하는 동아시아 외교의 일반적인 형식을 취하지 않았다. 즉 조선측이 ≪국왕─禮曹─경상도관찰사≫라는 국가기구로 창구를 일치시킨데 반하여, 일본측은 국왕을 비롯한 지방호족과 상인에 이르기까지 잡다한 세력이 각각 독자적으로 통교에 참가하는 방임적인 통교관계가 나타났던 것이다.

그 이유는 첫 번째로, 조선측이 왜구 방지의 결실을 거두기 위해 「일본국왕」 뿐만 아니라 서일본의 다양한 세력을 客人으로 접대한 것이다. 당초 조선은 왜구를 회유하기 위해 평화적인 교역자로서 來朝하도록 권유하거나(興利倭人), 일본 제세력의 사자라는 명분으로 내조를 허락하는(使送客人) 수단을 이용하였다. 두 번째로, 「일본국왕」인 「아시카가 쇼군」에게는 조선 통교를 자기에게 일원화해서 타세력의 간여를 배제할 만큼의 실력도 의도도 없었다는 것이다. 특히 九州는 막부의 위력과 영향력(威令)이 전통적으로 미치기 힘든 곳이어서 왜구의 금압도 뜻대로 되지 않았다.

조선은 왜구가 초래할 손해를 미연에 방지하고자 하는 절실한 동기와, ≪朝貢─回賜≫의 방침을 일관하면서 내국의 위임을 내세울 필요가 있다는 두 가지 이유로 일본에서 오는 통교자를 극히 우대했다. 이 조건을 기본으로 통교자가 기대할 수 있는 이윤은 순수한 상업 거래에 의한 이윤을 큰 폭

으로 웃도는 것이었기 때문에 몰려드는 使人들이 줄을 이었고, 한 자루의
칼을 헌납하는 사람조차도 사신이라는 칭호를 받던 실정이었다.[1]

통교자가 조선에 요구했던 물자 중에서 특이한 것은 고려판 대장경(高麗
版大藏經)이다.[2] 1429년 일본통신사 朴瑞生의 유명한 귀국보고에 "일본이
불교를 숭상하고 있으므로 교호하는 데 있어 증여할 물건은 불경보다 나은
것이 없사오니, 각처에 있는 불경을 고찰 열람하고 그 성질(成秩) 여부를 살
펴서 옛 것을 보충하여 성질이 되도록 하고, 이를 저장 비축하여 뒷날 통호
의 자료로써 대비하소서(日本尙浮屠, 交好所贈之物, 無踰佛經, 考閱諸處不經,
審其成帙与否, 補舊成帙, 藏蓄以備後日通好之資)"라고 했으며(『세종실록』11
년 12월 을해조), 1485년 조선정부의 수뇌회의 발언에서 "저 나라 사람들은
부처를 좋아하므로 ≪대장경≫을 얻었다면 금·옥같이 여길 뿐만 아니라…
(彼國好佛, 得大藏經, 不啻如金玉…)"라고 하였다(『성종실록』16년 9월 갑자
조). 당시의 동아시아 국가 중에서 일본만큼 불교 일색인 나라는 없었다. 특
히 쇼군(將軍) 이하 막부요인의 경우 조선통교의 목적은 무엇보다도 대장경
의 입수에 있었다. 반대로 유교를 國是로 삼은 조선에서는 세조대(1456~
1468)를 제외하고 불교를 멀리했기 때문에 불전은 무용지물 취급을 당했다.
방금 언급한 1485년의 회의에서는 "우리 전하께서 부처를 좋아하지 않으시
니, 이단의 책은 우리 나라에 있어서 족히 보전(寶典)이 못됩니다(我殿下不
好佛, 異端之書, 於我國不足寶)"라든가, 마침내 "≪대장경≫은 이단의 책이
므로 비록 태워버린다 하더라도 가합니다(大藏經異端之書, 雖焚棄可也)"라
는 극론까지 나왔다. 거기에서 불전류, 그중에서도 6천 수 백 권에 달하는
대장경은 일본에 대해서 대국의 위의(威儀)를 과시할 물품으로서 절호의 것

---

1) 村井章介,「中世日本列島の地域空間と國家」(『思想』732號, 1985) 54. (本書 Ⅲ章
  126~137쪽)
2) 이 大藏經은 몽고의 침략이 한창이던 1236~51년에 彫造된 것으로, 그 版木 8만
  여매는 지금도 경상남도 해인사에 보존되어 있고, 한국의 國寶로 지정되어 있
  다. 池內宏,「高麗朝の大藏經」(同著『滿鮮史硏究』中世 第2冊, 1937) 참조.

이었다.3)

이렇게 해서 1388년부터 1539년에 이르는 150년 동안 판명된 것만 해도 50부 이상의 대장경이 일본으로 건너가게 되었으며,4) 그 중 일부는 지금도 현존한다. 뒤에서 언급할 일본국왕 使榮弘이 일본 園成寺의 什物로 획득한 대장경은 德川家康의 손을 거쳐 도쿄 芝의 增上寺에 전해지고 있다.5)

15세기 전반, 왜구의 위협이 여전했던 시기에는 매우 폭넓은 사람들에게 까지 대장경이 하사되었다. 예를 들어서 1445년에는 壹岐에 사는 松浦党 일족의 呼子高가, 또 50년에는 저명한 博多 상인 宗金이 각각 1장(一藏)을 획득했다. 이 밖에 입수했는지 어떤지는 확실하지 않지만 求請한 것이 확실한 사람들 중에는 博多 承天寺 주지 闇公, 岐州 知主源良喜, 九州探題 澁川氏의 被棺板倉滿家 등의 이름이 보인다.

그런데, 1419년 應永의 外寇를 거친 세종(1419~1450) 때가 되면서 왜구의 피해보다 통교자의 접대나 回賜 비용이 늘어나는 것이 심각한 문제가 되었기 때문에 모든 분야에 통교제한 제도가 불거져 나왔다. 그 기본은 興利船에 의한 자유로운 무역을 통제하고 使送船으로 통합하며, 또한 遣使者의 자격에도 제한을 가하게 된 것이었다.6)

그 영향은 대장경에 어떻게 파급되었을까? 따라서 1461년 이후의 대장

3) 室町時代의 大藏經求請에 대해서는 菅野銀八 「高麗板大藏經に就て」(朝鮮史學會 編 『朝鮮史講座』 特別講義), 今村鞆 「足利氏と朝鮮の大藏經板」(『朝鮮』 186號, 1930), 川口卯橘 「大藏經板求請と日朝の交涉」(『青丘學叢』 3輯, 1931), 竹內理三 「中世寺院と外國貿易」(歷史地理』 72卷 1·2號, 1938), 丸龜金作 「高麗の大藏經と 越後安國寺とについて」(『조선학보』 37·38輯, 1966) 등이 있다.
4) 李進熙 『倭館倭城を歩く－李朝のなかの日本－』(六興出版, 1984年) 81쪽에 「日本 으로부터의 使節은 그 후에도 大藏經을 구하고, 16세기 전반 무렵까지 200부를 넘는 大藏經이 바다를 건넜다」고 하는 기술이 있는데, 전거가 불명하다. 나의 의견으로도 그러한 수를 넘는다고는 생각하지 않는다.
5) 堀池春峰 「中世日朝交涉と高麗版藏經－大和·円成寺榮弘と增上寺高麗版－」(『史 林』 43卷 6號, 1960).
6) 中村榮孝 『日朝關係史の研究』 上(吉川弘文館, 1965)에 수록된 여러 논문 참조.

경 구청의 예를 사료에서 밝혀보았다<표>.

<표> 高麗版大藏經의 求請 (1461년 이후의 예)

求請年月	請求者의 名義	使者	可否	備考
1461/12	琉球國中山王(尙德)	普須古·蔡璟	○	天界寺 奉納을 위해
1462/10	日本國王源義政	順惠	○	大和天台敎寺(多武峰) 奉納을 위해
1470/7	日本國京城管領山左京大夫源義騰	向陽	○	能登天德寺 奉納을 위해
1471/11	琉球國王尙德	自端西堂	○	世祖의 죽음을 조문
〃	〃	平佐衛門尉信重		睿宗의 즉위를 축하
1473/8	日本國防長□泉四州太守大內別駕多多良政弘	源周德	×	京都淸水寺 奉納을 위해
1478/11	久邊國主李獲	閔富	×	眞僞를 의심
1479/4	日本國大內左京兆尹中大夫政弘	瑞興	○	長門安國寺의 大藏燒失에 의함
1479/6	琉球國王尙德	新時羅(新四郎)·三未三甫羅	×	당시의 왕은 尙眞
1482/4	日本國王源義政	榮弘首座	○	大和圓成寺 炎上에 의함
〃	夷千島王遐義	宮內卿	×	眞僞를 의심
1482/⑧	久邊國主李獲		×	眞僞를 의심
1483/12	琉球國王尙圓	新四郎·耶次郎	×	尙圓은 1476년 沒, 당시의 왕은 尙眞
1485/8	日本國大內左京兆尹中大夫兼防長豊筑四州太守多多良政弘	元肅·朱村	○	善山普門寺 奉納을 위해
1487/2	對馬州太守宗貞國	宗國秀	○	對馬靈神 奉納을 위해
1487/4	日本國王義政	等堅首座	○	越後安國寺 奉納을 위해
1487/6	日本國左京兆尹中大夫兼防長豊筑四州太守多多良政弘	鐵牛	○	大和長谷寺 奉納을 위해
1489/8	日本國王源義政	惠仁·片剛	○	京都般舟三昧院 奉納을 위해
1490/9	日本國關西路筑豊肥三州總太守太宰府都督司馬小卿藤原政尙		?	
〃	日本國大中大夫左京兆尹兼防長豊筑四州太守多多良政弘	慶彭首座	○	紀伊安樂寺 奉納을 위해

求請年月	請求者의 名義	使 者	可否	備 考
1491/8	日本國源義材	慶彭首座	○	筑前妙樂寺 奉納을 위해
1491/12	琉球國王尙圓	耶次郎・五郎三郎	○	安國寺 奉納을 위해 완본이 아님
1499/?	日本國源義高	正龍首座	○?	
1500/11	琉球國中山王尙眞	梁廣・梁椿	○	興國寺 奉納을 위해
1502/1	日本國(足利義材)	彌中・智瞻	○	
1502/4	日本國王源義高	周般・昌琇	×	彌中 등에게 전해주었다 해서 거부
1517/8	日本國(足利義殖)	大蔭	○	완본이 아님
1537/1	日本國王(足利義晴)	東陽東堂	×	대신 聖敎賢傳을 줌
1539/7	日本國大內殿義隆	龍穩東堂・尊海	×	安芸□島社 奉納을 위해

<표>를 보면 알 수 있지만, 이 시기에 대장경을 하사받은 사람은 일본
・유구 국왕과 管領家・大內氏, 宗氏로 한정되었다. 시기가 지날수록 조선
의 자세는 점점 더 엄격해졌고, 이전에는 최대한 관대하게 대우받던 大內氏
나 일본 국왕의 경우도 거부되는 예가 보이기까지 할 정도가 되었다. 그 이
유는, 조선 측의 통교 축소책이라는 일반적 조건에 더하여 대장경의 印本도
바닥이 드러났으며, 새롭게 인쇄하는 데는 막대한 경비가 든다는 점이었다.
앞에서 언급한 1485년의 회의는 大內正弘의 구청에 응할지 어떨지를 의제
로 했던 회의였지만, 그 자리에서 다음과 같은 의견이 나왔다.

○ 앞서는 국가에 무익하였기 때문에 왜인들이 와서 구하면 문득 아끼지 않고 주
  었으니, 그 까닭은 공사(公私)간에 ≪대장경≫을 만드는 바가 많이 있었기 때
  문이었는데, 모르기는 하지만 지금 몇 건쯤 있습니까? 얼마 있지 아니하다면 쉽
  사리 그 청을 따를 수가 없을 듯합니다(前此, 以爲無益於國家, 故倭人來求,
  輒與不惜, 所以然者, 公私所成大藏經多在故也, 未知今所在幾件乎, 所存無
  幾, 則恐未可輕易從請也).
○ ≪대장경≫은 비록 글자는 찼다고 하나 쓸모 없는 질(帙)인데, 1건에 드는 경
  비가 실로 많습니다(此經, 雖爲充字無用之帙, 一件所入經費實多).

또, "갑자기 그 청을 따른다면 여러 추장이 벌떼같이 일어나서 청할 것이니, 형편상 모두 들어주기가 어렵습니다(遽從其請, 則諸酋蜂起而請, 勢難悉從)"라는 의견처럼, 한번 인정하면 그것을 듣고 일본에서 구청자들이 몰려들어 수습이 불가능해질 우려도 있었다.

대장경을 둘러싸고 위와 같은 상황이 있을 즈음, 즉 성종 때(1469~1494), 수상한 「나라」의 사신을 칭하는 자가 대장경을 구하러 조선으로 건너왔다. 또 이 시기에 4회에 걸쳐 대장경을 구청한 유구 국왕의 사신도 僞使이다. 조선 측의 태도 변화에 직면한 일본의 모든 세력은 기존에 있던 국가의 이름을 빌어, 혹은 듣도 보도 못한 나라를 만들어서 어떻게든 대장경을 가져오려고 했다. 국가를 대표하는 사신의 모습을 가장하여 곤란한 상황을 돌파하고자 했던 것이다.

Ⅱ. 夷千島王 遐義의 경우

1981년에 高橋公明이 소개한 「夷千島王」의 朝鮮遣使 사료[7]는 중세 蝦夷地 지역의 정세를 알 수 있는 사료로서 특히 東北·北海道史 연구자에게 커다란 반향을 불러일으켰다.[8] 典據는 『朝鮮王朝實錄』이며, 더욱이 『大日本史料』 제8편 14에 게재되어 있기 때문에 학계에서도 전혀 몰랐던 것은 아니지만 高橋 이전에는 어떠한 관심도 끌지 못했다. 중세에 있어서 주변 환경이나 대외관계를 향한 관심이 높아지던 가운데 이 사료는 진정한 의미에서 「발견」된 것이다. 高橋의 소개나 海保嶺夫의 논문[9]으로 잘 알려져 있기

---

7) 高橋公明 「夷千島王遐義の朝鮮遣使について」(『年報中世史研究』 6호, 1981).
8) 1981년에 간행된 『北海島史研究』 28호에 高橋의 소개가 실려 있으며, 海保嶺夫가 「『中世』 北方史에서 본 『夷千島王』의 朝鮮遣使」라고 제목을 단 코멘트를 첨가하고 있는 것에서 반향의 일단을 알 수 있다.
9) 海保嶺夫 「『夷千島王』의 對朝鮮交涉－幕藩制 성립 이전에 있어서 夷千島·扶桑

는 하지만 논술의 편의상 사료의 개요를 들어보겠다.

『성종실록』13년(1482) 4월 丁未(9일)·癸亥(25일)·5월 庚辰(12일)의 각 조목이다.

성종 13년 4월 9일, 일본국왕 源義政의 사자 榮弘首坐와 夷千島王 遐義 의 사자 宮內卿이 동시에 서울에 와서 서계를 올렸다. 義政이 올린 서계의 요지는 大和 円成寺의 부흥을 위한 조성을 청하고, 서둘러 대장경의 하사를 요구했으며, 遐義의 서계에도, "삼가 ≪대장경≫을 하사하시어 짐의 삼보를 완전하게 해 주신다면, 귀국의 왕화와 불법이 멀리 동이에게까지 모조리 전 파되는 것입니다(俯賜太藏經. 以令全朕三寶者, 貴國之王化佛法, 遠衣被東夷 者也)"라고 하였다.

앞에서 예를 들지 않은 夷千島王의 서계에 대하여 동월 25일 예조는, "본조(本曹)에서 이천도왕(夷千島王) 하차(遐叉) 가 보낸 궁내경을 궤향하고 그 섬의 형세를 물었더니, 그 말이 착란한 것이 많고, 소지한 서계의 필적이 궁내경을 궤향하였을 때에 친히 바친 사서와 같은 필적입니다. 그리고 그의 말도 또한 '내가 친히 이 섬에 간 것이 아니고, 전해 받아 가지고 왔다.'고 하니 거짓인 것이 매우 명백합니다. 그가 요구한 ≪대장경≫도 주지 말고, 답서도 보내지 않는 것이 좋겠습니다(本曹饋夷千島王遐叉使, 送宮內卿, 問 其島形勢, 則其言多錯亂, 且所持書契筆畫與宮內卿饋餉時親呈私書一筆。　而 其言亦曰: '予不親往此島, 乃傳受以來.' 則其詐僞明甚。 所求 ≪大藏經≫勿 給, 又勿修答爲便)"라는 의견을 아뢰었다. 이것을 받아들여 정부 수뇌부에서 논의가 행해졌다.

① 진상품을 받은 이상 서계에 답하지 않을 수 없다. 은근히 진위를 판별하기 어려 운 취지를 지적하고, 전례에 따라 답사함이 어떠한가.
② 사자의 진위를 판별하기 어렵고, 또 일본의 동쪽에 있다는 夷千島는 우리나라 와 관계가 없다. 방치해 두어도 後弊는 없을 듯하다.

· 朝鮮王國의 『國』 의식-」(『地方史研究』 180호, 1982).

③ 예조가 아뢴 대로 따라야 한다.

④ 회답은 해야 하겠지만, 이 섬에 대해서는 일본이 잘 알고 있을 것이다. '그들이 왕이라 칭하는지 여부와, 토지가 넓고 좁은 것과 교통의 절차(其稱王與否, 土地廣狹, 交通節次)' 등에 대해서 일본국의 사자에게 물어본 후 다시 의논을 행해야 한다.

결국 李克培가 내놓은 ④의 의견이 받아들여졌다. 5월 2일에 왕이 일본 국왕사 榮弘 등을 접견하고 있었기 때문에, 이때 夷千島에 관한 문답이 있었을 것이라 생각한다. 결과는 ①의 의견에 모아진 듯하고, 그해 12월 榮弘과 宮内卿은 서울을 떠날 즈음 답서를 받았다. 「答日本國王書」에는 일본 측의 요구대로 대장경 1부 외에 직물·인삼·獸皮·法具·약품 등을 보내는 취지가 기록되어 있다. 이에 비하여 「答夷千島主書」에서는 회사가 겨우 무명 3필과 正布 4필뿐이며, 대장경에 대해서는 "일본 국왕이 사신을 보내서 구하여 갔고, 또 여러 추장들이 구하여 감으로 인하여 거의 다 되고 남은 것이 없어서, 부탁을 따를 수가 없습니다(日本國王遣使求請, 又因諸酋求去, 殆盡無余, 未得從論)"라고 서술하고 있고, 마지막으로 "족하가 사는 이천도와 섬의 있고 없음을 전부터 들은 바가 없고, 내사의 말도 또한 착란해서 진위에 대한 의심이 없지 아니합니다(足下居夷千島, 及島之有無, 前所未聞, 而來使之言, 亦且錯亂, 眞與僞不無可疑)"라고 하였다.

사료를 자세히 보면, 점 1개 차이로 중대한 의미가 포함되는 하나의 사실을 알 수 있다. 즉 서계의 도래를 기록한 4월 정미조와, 사자의 진위를 둘러싼 의론을 기록한 동월 계해조에서는 「夷千島王」이라고 표기하는데, 사자의 辭去를 기록한 정월 경신조에서는 「夷千島主」라고 표기하고 있는 점이다.10) 이 변화는 ≪夷千島의 왕을 왕이라고 칭할 것인가, 말 것인가≫를

___

10) 韓國國史編纂委員會에서 간행한 影印本『朝鮮王朝實錄』10에 의거하였다. 朝鮮 總督府에서 간행한『朝鮮史』제4편 제5권의 網文에는 모두 「主」로 되어 있기 때문에, 그 底本으로 된 실록의 一本에는 그렇게 적혀져 있을지도 모른다. 그런

일본국 사자에게 물어본 1건을 끼워넣고 있다. 일본국 사자가 어떻게 대답했는지는 모르겠지만, 정식으로 ≪왕≫이라는 칭호를 붙이려면 명나라로부터 책봉을 받을 필요가 있었으므로 「夷千島王」으로 관철시키기에는 곤란했음이 틀림없다. 따라서 조선 측은 국가원수의 칭호인 「王」을 피하고, 격하하여 「主」를 일부러 답서에 사용한 것이다.

조선이 夷千島使를 정식으로 인정하지 않았던 것은 분명하다. 그럼에도 불구하고 회답을 전한 것은 진상품을 받은 이상 그 서계에 답하지 않을 수 없다는 예의에 근거한 것으로, 夷千島를 조선이 정식 국가로 승인한 것을 의미하는 것은 아니다. 海保嶺夫는 조선이 회답한 것을 하나의 근거로, 조선이 『夷千島王』의 존재를 어느 정도 인정하고" 있고, 게다가 "扶桑 · 조선 · 夷千島王國의 3자 정립이 국제적으로 어느 정도 시인될 수 있다"는 해석을 내놓고 있지만,11) 외교상의 관행을 분별하지 못한 억측이다.

이 사신에 대한 의문은 일본국왕사와의 관계에 있어서도 지적할 수 있다. 양쪽의 사신은 서울에 오게된 것도, 귀로에 오른 것도, 모두 동시에 이루어졌다. 따라서 관계가 없는 두 사절단이 서로 우연히 만나게 되었다고는 도저히 생각할 수 없다. 양자 간에는 일련의 의사소통, 구체적으로 말하자면 공통된 의도가 있었음에 틀림없다. 그 의도란 물론 대장경의 입수였을 것이다.

그러면 양자는 완전히 대등한 입장에서 손을 잡았다고 생각할 수 있는 것인가? 조선 측이 지적한 대로 宮內卿에게는 수상한 점이 많았고, 특히 夷千島 서계의 필적이 宮內卿 본인의 것이라는 지적은 날카롭다. 일본국왕의

데 宮內卿이 처음부터 「夷千島主」의 使者를 칭하고 있었다면, 조선 측이 日本國王使에게 ≪夷千島는 왕을 칭하고 있을까≫라고 물은 의미를 알 수 없게 된다. 高橋紹介는 전부 「王」으로 하고 있다. 遠藤巖 「蝦夷安東氏小論」(『歷史評論』 434호, 1986) 43쪽도 이 변화에 주목하고, "일본과 조선과의 속국을 포함하는 경합관계의 일단을 볼 수 있다"고 기술하고 있다.

11) 海保注(9) 論文, 4~5쪽.

사신과 동행하지 않았다면 조선 측의 태도는 더욱 강경했을 지도 모른다. 夷千島使의 실현에는 일본국왕 쪽, 다시 말해 무로마치 막부의 후원이 컸다고 봐도 좋다.[12] 그렇다고는 해도 막부가 대장경을 더 획득하기 위하여 夷千島王을 날조했다고 단정하기에는 무리라고 생각한다. 「夷千島書契」에는 일본의 북방에서부터 대륙 방면에 걸쳐 지리에 관한 특별히 주목할 만한 인식이 보이기 때문이다. 다시 말해 "짐의 나라가 비록 비좁하나, 서쪽 끝이 귀국과 인접하여 있는데 야로포라고 합니다. 비록 성은을 입고 있으나 걸핏하면 반역을 합니다. 만약에 존명을 받들게 된다면 이들을 정벌하여 그 죄를 징벌하겠습니다(朕國難卑拙, 西裔接貴國, 謂之野老浦, 雖蒙聖恩, 動致叛逆, 若承尊命者, 征伐以罰其罪者也)"라는 부분이다.

「夷千島」의 서쪽은 조선과 접해 있으며, 그곳은 「野老浦」라고 불린다. 연해주 방면으로 생각되는 「野老浦」는 옛날부터 일본인에게 중국 동북쪽의 오랑캐로 알려졌다. 「肅愼 · 挹婁」의 挹婁에 比定하는 것이 타당하다.[13] 여기서 보이듯이, 일본해가 圓環을 이루고 있는 지리적 인식은 연해주 방면과의 교역에 종사하는 아이누로써 적합하다. 여기에 아이누와 막부 · 將軍을 연결하는 인물로서 津輕安藤氏가 부상한다.[14]

잘 알려진 바와 같이 安藤氏는 津輕十三湊, 즉 夷島松前을 터미널로 삼고 蝦夷와 本州와의 교역에 관여하며 막대한 수익을 얻었다. 당연히 아이누와의 접촉도 빈번했고, 그들을 통해서 연해주 방면의 지식을 얻었을 것이다.

---

12) 小林淸治 「中世の安東(安藤)秋田氏」(三春町歷史民俗資料館編 『安東 · 秋田氏展』 同館, 1985)에 의하면 入間田宣夫는 이 遣使에 대하여, 室町幕府의 作爲 가능성이 있다는 견해를 가지고 있다고 한다.
13) 海保注(9) 논문 7쪽.
14) 津輕安藤氏에 대해서는 근년에 많은 연구가 축적되어 있다. 이러한 동향에 대해서는 『東北學院大學東北文化硏究所紀要』 16호, 1984년 특집 「北方日本海文化の硏究」에 수록된 여러 논문 및 주(12)에 수록된 『安東 · 秋田氏展』에 수록된 여러 논문을 참조. 그리고 『安東 · 秋田氏展』에는 遠藤巖이 작성한 「安東 · 秋田氏關係文獻目錄」이 더해져 있다.

「夷千島書契」중의 "짐의 나라 사람들은 말을 통하기가 어려워서, 나라 안에 살고 있는 부상인(扶桑人)에게 명하여 전사(專使)를 삼았습니다(朕國人言語難通, 命國中之扶桑人, 爲專使)"라는 말도 安藤氏를 대표격으로 하는 扶桑人의 蝦夷 교역을 반영한 것으로 읽으면 이해가 쉬울 것이다. 「夷千島王」을 실재하는 아이누인 정치 지배자라고 이해하기[15]보다 오히려 安藤氏가 시종 대장경을 손에 넣기 위해 「夷千島王」을 창작하고, 일본국왕 遣使의 기회를 잡아 지배 하에 있는 나라의 것을 조선에 보냈다고 보는 쪽이 자연스럽다.[16] 덧붙여 『松前家譜』[17]에 의하면, 安藤氏 지배하의 道南館主의 하나인 蠣崎氏의 2대 光廣(1456~1518)은 한 때 「宮內少輔」를 실명으로 가졌다고 한다.

Ⅲ. 久邊國主 李獲의 경우

많은 점에서 夷千島의 예와 흡사한 것이 「久邊國主」의 조선견사이다. 지리적으로 대칭적인 열도 서남부를 무대로 하면서, 일본의 해상 세력이 조선 정부와의 사이에서 허와 실을 한데 섞은 흥정을 벌이고 있는 모습을 여기에서도 볼 수 있다. 전거는 『성종실록』 9년(1478) 9월 기미(1일)·10월 계묘(15일)·11월 경신(3일)·경오(13일)·신미(14일)·12월 무자(1일) 각조와 동 13년(1482) 2월 병오(7일)·윤8월 경진(14일) 각조이다.

성종 9년 10월 15일 「久邊國通信」에 대해서 동지사 李承召는 "신의 생각으로는 살마주(薩摩州)·박다(博多) 사람이 거짓으로 서계를 만들어서 온

---

15) 海保는 「『夷千島王』이 箱館 방면에 本據를 둔 아이누인 首長 중 하나일 것이라는 가능성이 있다는 점을 지적하고」 있다. (注(9)論文 12쪽).
16) 村井 주(1) 논문, 49쪽. (본서 Ⅲ장 128쪽)
17) 史料編纂所本, 乾. 明治 28년에 宮內省藏本을 옮긴 것.

듯합니다. 예전에 유구 사자라고 일컫는 자가 있었는데, 바로 박다(博多) 사람이 유구국에 가서 청하여 서계를 받아 가지고 온 것입니다. 지금 온 자도 아마 이러한 부류일 듯합니다(臣意, 薩摩·博多人, 詐爲書契而來也, 昔有稱 琉球使者, 乃博多之人, 往請于琉球國, 受書契來耳, 今之來者, 恐亦類此)." 라는 의견을 올렸다. 여기에서 말하는 琉球使란 성종 2년에 琉球王 尙德의 사자라고 칭하던 自端과 信重을 가리킨다. 조선 정부는 久邊國 書契가 九州 상인이 꾸며낸 것이라는 사실을 충분히 알고 있었던 것이다.

11월 3일, 「久邊國主 李獲」의 사신이라고 칭하는 閔富가 서울로 서계를 가져왔다. 서계에 의하면 閔富는 일본국 薩摩人이며, 수년 전부터 久邊國에 이주했는데, 항로에 밝아서 이를 專使에 임명하여 민정을 진술케 한다고 되어 있다. 뒤이어, "신이 비록 불초하나 귀국과는 함께 명나라를 섬기고 있고 같은 이씨 성을 쓰고 있으니, 이전부터의 인연이 아마 가까운 듯 합니다(臣 雖不肖, 與貴國同事于大明國, 同以李爲姓, 夙緣可庶幾乎)"라고 양국의 친밀성을 강조한다. 國主의 성을 조선과 똑같이 '李'로 하는 등 매우 세심한 배려를 하고 있다. 그리고, "저는 삼보(三寶)를 믿은 지가 오래 되어 불사를 창건하였는데, 대장경을 더욱 희망하는 바입니다(吾久信三寶, 而創建佛寺, 大藏經尤望之, 今奉尊命, 重齋寶貨, 遣使船以欲求之)"라고 遣使의 목적을 말한다.

이상의 것만 보더라도 久邊國이라는 나라는 薩摩 상인이 대장경을 손에 넣기 위해서 만든 나라임을 알 수 있다. 게다가 閔富는 久邊國의 派系를 질문받고 "저는 그 나라 사람이 아니고, 다만 서계만 받아가지고 왔으므로 알지 못합니다(我非其國人也, 但受書契而來, 故不知也)"라고 夷千島使 宮內卿과 똑같은 변명을 했으며, 이어서 久邊國의 冠服制를 질문 받고,

閔　富 : 중국과 같습니다(與中國同)
李承召 : 그대가 중국에 가보았느냐?(汝見中國乎)
閔　富 : 못가보았습니다(不見)

李承召 : 그대가 중국에 가보지 못했는데, 어떻게 관복의 제도를 아는가?(汝不見
中國, 何以知冠服之制)
閔　富 : 제가 듣기로는 중국의 관복은 조선과 같다고 하므로 그렇게 말한 것입니
다(我聞, 中國官服與朝鮮同, 故云爾

라고, 참으로 고생스럽게 답변을 하고 있다. 또, 서계의 필적이 倭書와 다르
지 않은 것을 간파당한 것도 夷千島의 경우와 똑같다.

결국 조선 측은 "거추(巨酋)의 사신(使臣)의 예에 의하여 의복만 주어 보
내도록(依巨酋使例, 只賜衣服遣之)" 결정하고, 12월 1일에 예조의 답서와
"토산 정포 7필, 면포 3필과 아울러 별사하는 백저포 3필, 흑마포 3필, 호피
1장(土産正布七匹・綿布三匹并別賜白苧布三匹・黑麻布三匹・虎皮一張)"이
전해지고, 대장경에 대해서는 "전에 여러 추장들이 구해 가서 거의 없으므로
요청대로 따르기 어렵습니다(曾因諸酋求去殆盡, 難以從請)"라고 거절했다.

4년 후인 성종 13년, 즉 夷千島王의 遣使와 같은 해에도 久邊國主 李獲
의 사자라고 칭하는 中務衛가 왔다. 2월 7일, 그 대우에 대해서 조선 정부
수뇌 회의가 열렸다. 나온 의견은 크게 나눠 두 가지이다.

① "구변국에서 처음 왔을 적에 접대를 하지 않았으면 그만이지만, 그 때에는 접대
하여 주었다가 지금 다시 그들을 물리친다면 대체(大體)에 어긋나는 듯합니다.
외딴 섬 먼 나라의 사람이 의리를 사모하여 와서 조공하는데, 그를 물리치고 받
지 아니함은 대국의 아름다운 일이 못됩니다. 그러니 그들을 접대하여 주는 것
이 좋을 듯합니다(久邊國當初來時, 不接則可矣, 旣接而復却之, 似違大體,
絶島遠人, 慕義來朝, 却而不受, 非大國美事, 接待爲便)".
② "구변국은 멀리 있는 외딴 섬으로서 우리 나라와는 멀리 떨어져 있어 이해에
아무런 관계가 없습니다. 그러니 함부로 접대를 하여 변방의 비용을 늘릴 수가
없습니다. 하물며 그들의 속셈의 참과 거짓을 알지 못하고 있는 터가 아닙니까?
(久邊國遠在絶島, 與我國懸絶, 利害不相關, 不須輕易接待以開邊費, 況其
眞僞未可知乎)".

①은 僻遠(정치·문화 등의 중심에서 멀리 떨어짐) 사람의 來朝는 조선이 대국이라는 것을 증명하는 것이므로 환영해야 한다는 의견으로, 4년 전에도 "성상께서 즉위하시고부터는 옛날에 오지 않던 자도 와서 조회하니 성사라고 할 수 있습니다(自聖上卽位, 昔日不來者來朝, 可謂盛事)"라는 인식이 있었다. 여기에 대해서 ②의 의견은, 僻遠의 땅은 조선의 이해에 관계되지 않으므로 가볍게 접대해서 지출을 늘려서는 안 된다는 의견이다.

이 의론에서는 사자의 진위, 다시 말해 사자를 보내온 나라가 진정한 나라인지 아닌지 라는 문제는 ②의 마지막에서 부차적으로 나온 것만으로 결코 주요한 논점은 되지 못했다. 夷千島의 경우도 久邊國의 경우도 조선 측은 진위불명이라고 말하면서 회답만은 전하고 있다. 그러므로 조선 측에게 정식으로 받아들여졌다 하더라도 그것만으로 그 나라가 국제관계상 그에 상응하는 위치를 차지했다고 판단할 수는 없다.

久邊國主 李獲은 동년 윤8월 14일에도 「사신을 보내 와 토산물을 바친다(遣使來獻土宜)」고 하며 서계를 가져왔다. 서계는 4년 전에 「처음으로 귀국에 빙문(初通聘問于貴國)」했을 때 답서와 회사받은 것에 사의를 표하고 전에 거절당한 대장경을 재차 청구한다.

> 일본(扶桑)과 유구에서 구한 것은 더욱 많을 것이니, 귀국의 비용을 생각하면 비록 계산을 능숙하게 하는 자라도 헤아릴 수가 없을 것입니다. 이로 인하여 천하에서 귀국이 광대하고, 성덕의 무궁함이 천지와 같음을 압니다. 그리고 또 여래의 무한히 많은 법보장(法寶藏)이 여러 겁(劫)이 지났다 하더라도 어찌 다함이 있겠습니까? 신이 비록 불초하나, 이미 동성의 통가지호(通家之好)를 맺었으니, 지금 나의 백성이 곧 폐하의 백성입니다. 멀고 가까운 것으로써 백성들의 복 받는 것을 아끼지 마소서. 폐하께서 받들인 불교로써 불법이 오늘날에 유통되는데, 우리 나라는 비록 불보(佛寶)는 있으나, 오히려 법보(法寶)가 없습니다. 굽어살피시고 한 벌(藏)을 하사하시어 불법의 유루(遺漏)를 온전히 하게 해 주소서(扶桑·琉球所求尤多, 想夫貴國費用, 雖巧算不可計之, 天下以是知貴國之廣大, … 臣雖不肖,

已辱同姓通家之好, 爾者, 吾民卽陛下之民也, 以遠近莫恪生民之殖福, 陛下親
受佛, 以流通佛法于今日, 吾國雖有佛寶, 猶欠法寶, 俯賜一藏, 以契佛之遺漏).

이 문장은 國主와 조선 국왕의 성이 같다는 친분을 강조하는 것만이 아
니라, 조선을 대국으로 적극적으로 치켜세워 「우리 백성은 곧 폐하의 백성」
이라고까지 단언한다. 하지만 이 '朝鮮大國觀'은 「외딴 섬 먼 나라의 사람이
의리를 사모하여 와서 조공하는데, 그를 물리치고 받지 아니함은 대국의 아
름다운 일이 못된다(絶島遠人, 慕義來朝, 却而不受, 非大國美事)」는 조선 측
의 자존심을 부추기는 목적으로 표출되고 있다. 본심은 조선이 막대한 出費
를 뒤돌아보지 않고 일본이나 유구에 대장경을 전한 것으로, 천하는 조선의
광대함을 깨닫게 되었다. 그러한 대국이라면 우리에게도 대장경을 주지 않
을 리 없다는 주장이다. 가공의 국가를 꾸며내는 속임수로 조롱하면서까지
대장경을 손에 넣으려고 한 문장에 나타난 '조선대국관'은 도저히 액면 그
대로 받아들일 것은 아니다.

Ⅳ. 東西의 位相的 동일성

위에서 보았듯이 夷千島와 久邊國의 두 경우는 똑같이 닮았다. 방금 나
는 '중세 일본열도상의 지역 공간에 대해서 畿內를 중심으로 그것을 둘러싼
주변이 동과 서(또는 북과 남)로 위상적으로 동일한 성격을 띤다'는 試論을
세워 보았다.[18] 東國과 南九州, 外浜과 鬼界島, 北海島와 南島 등등이다. 이
위상적 동일성은 夷千島와 久邊國에 대해서도 분명히 인정된다. 거기서는
安藤氏와 薩摩 상인, 十三湊와 坊津 등이 對偶關係에 있다. 그리고 夷千島의
예에서 주목한 북방의 지리적 인식의 對偶項이 성종 9년 11월 14일 예조가

---

18) 村井 주(1) 논문, 38~41쪽. (本書 Ⅲ장 112~116쪽)

올린 啓(久邊國使의 국정 설명을 전달한 것) 중에 보인다.

○ 구변국의 임금 이획(李獲)은 나이가 지금 24세입니다. 그 나라는 동서의 거리가 6일정(六日程)이고 남북의 거리는 10일정이며, 서쪽으로 5일정의 거리에 중국 선박이 정박하는 곳을 구중(九重)이라고 하고, 동쪽으로 1일정 거리의 목해도 (木海島) 안에는 어부가 살고 있으며, 남쪽으로 순풍을 타고 7일정의 거리는 남 만(南蠻)이고, 북쪽으로 2일정의 거리에 유구국(琉球國), 8일정의 거리에 살마 주(薩摩州)가 있습니다(久邊國主李獲, 年今二十四, 其國, 東西六日程, 南北 十日程, 西距五日程, 中國船泊 處, 地名九重, 東距一日程, 木海島內釣於 人居之, 南順風七日程南蠻, 北距二日程琉球國, 八日程薩摩州).

○ 국도의 안팎은 모두 석성입니다(國都內外, 皆石城).

○ 그 나라 임금의 의관은 모두 중국의 것을 모방하였고, 교의는 납철로 만들었습 니다(國主衣冠, 皆依倣中朝, 交倚以鑞鐵爲之).

○ 궁궐의 체제는 판자와 기와와 모래벽인데, 납으로 장식했습니다(宮闕體制, 板 瓦沙壁, 用鑞粧飾).

○ 혼인함에 있어서는 남자가 여자의 집으로 갑니다(婚嫁, 男歸女第).

○ 장례를 지냄에 있어서는 높은 산을 가려서 매장하고, 3년 동안 흰 옷을 입으며, 고기를 먹지 아니합니다(喪葬, 擇山高處埋之, 蒙白三年, 不食肉)

○ 총정대신은 야고무라고 부릅니다(總政大臣, 號稱也古無).

○ 다른 나라 사신을 대접하는 잔치는 중국 제도를 모방해서 합니다(他國使臣宴 享, 依倣華制).

○ 임금이 나갈 때에는 군사들이 갑옷을 입고 군장을 갖춥니다(國主出時, 軍士着 甲佩軍裝).

○ 기쁜 일이 있으면 조관이 하례하고 평상시에는 조참이 없습니다(有慶事, 朝官 賀禮, 常時無朝參).

○ 사신의 말에, '장사하기 위하여 그 나라에 갔다가 장가를 들고 12년을 머물렀는 데, 지난해 4월 초10일에 서계를 받고 12일에 출발하여 유구국에 이르러서 2일 동안 머물렀으며, 그 해 8월에 살마주(薩摩州)에 이르렀고, 금년 2월에 출발하 여 대마도에 이르렀다.'고 했습니다(使者言, 以興販事往其國, 娶妻, 留十二年,

前年四月初十日, 受書契, 十二日發程, 到琉球國, 留二日, 同年八月, 到薩摩州, 今年二月發程, 對馬島到泊).

○ 국경 안에 논과 밭이 반반인데, 벼는 1년에 두 번 심어 두 번 수확합니다(國境內, 水旱田相半, 稻則一年再種再穫).

○ 형벌은 죄의 경중에 따라 구속하고, 더 중한 자는 무인 절도에 안치하고, 가장 중한 자는 사지를 찢어 널리 보여줍니다(刑罰, 隨罪輕重, 或囚禁, 其尤重者, 置無人絶島, 最重者, 支解廣示).

○ 언어는 중국과 유구의 말이 섞여 있습니다(言語, 雜以中朝·琉球國人語).

○ 관작은, 임금은 중국에서 배수하고, 배신은 그 임금이 제수합니다(官爵, 國主則中朝遙授, 陪臣則國主授之).

이 설명에 의하면, 久邊國은 薩摩 남쪽으로 8일 거리, 유구 남쪽으로 2일 거리, 필리핀 북쪽으로 7일 거리에 위치하고, 동서는 6일 거리, 남북이 10일 거리의 크기이다. 『海東諸國記』에 유구국의 地界를 「동서로 7~8일 거리, 남북으로 12~13일 거리」로 기록하기 때문에 거의 이와 필적한다. 그러나 이 위치는 지도에서 보면 琉球海丘 상이며, 근처에 섬은 전혀 없다. 『海東諸國紀』에 수록되어 있는 지도에도 유구국의 남쪽에는 섬이 그려져 있지 않다. 久邊의 이름은 혹시 久米島에서 발상한 것일지도 모르지만, 久米島는 오키나와 본 섬의 서쪽에 위치한다.

여기에 보이는 國情은 『海東諸國紀』의 유구국 기사-「농사는 1년에 두 번 수확한다」, 「그 복장은 모두 중국 제도를 모방한다」 등-와 유사한 점이 있다. 또 「국도의 안팎은 모두 석성(國都內外, 皆石城)」이라고 하는 점도 오키나와의 구스쿠(ぐすく)를 연상시킨다. 아무리 가공의 나라라고 해도 없는 것을 만들거나 하지는 않았다. 薩摩 상인 閔富는 유구를 중심으로 東中國海上에서 교역활동을 전개하고 있었기 때문일 것이다.

南九州는 왜구의 근거지로서 의외로 거대한 위치를 차지하고 있다.[19] 예

---

19) 田村洋行 『中世日朝貿易の硏究』(三和書房, 1967) 331쪽 이하의 「南九州地方の

를 들면 1548년 중국 연해의 최대의 밀무역항 雙嶼가 명 나라 관헌의 손에
넘어갔을 때, 薩摩의 人稽天·新四郞이 붙잡혔다.[20] 만일 그들처럼 왜구와
상인을 겸해 합법·비합법 양면으로 무역활동에 관여해 온 일본인을 ≪倭
人海商≫이라고 부른다면,[21] 조선에 대장경을 구청한 위사들의 행동은 모
두가 이 ≪倭人海商≫의 활동으로 총괄할 수 있겠다. 安藤氏는 진정한 일본
해상의 ≪倭人海商≫으로 부르기에 적합한 존재였다. 거듭 말하자면, 僞使
의 과반수를 차지하는 유구국의 위사는 ≪왜인해상≫의 대표격이라고 해야
할 博多 상인이 그 담당자였다.

V. 僞琉球使의 조선 도항

유구·조선을 이어주는 博多 상인의 무역활동에 대해서는 田中健夫의
연구[22]가 있기 때문에 이것을 근거로 위사 문제를 검토해 보고 싶다. 田中
에 의하면 유구·조선의 관계는 다음 4개의 시기로 구분된다.

    I. 왜구 중심의 시대(1389~1423)

    II. 대마·九州人에 의한 통교 중계 시대(1429~1468)

    III. 유구 위사의 통교 시대(1470~1494)

    IV. 직접통교의 시대(1500)

對鮮貿易」.

20) 李獻璋「嘉靖年間における浙海の私商及び舶主王直行蹟考」上 (『史學』 34권 1호,
    1961) 62~63쪽.

21) 村井章介「建武·室町政權と東アジア」 (歷史學研究會·日本史研究會編 『講座日
    本歷史』 中世2, 東京大學出版會, 1985) 26~31쪽. (本書 II장 92쪽)

22) 田中健夫 『中世對外關係史』(東京大學出版會, 1975) 290쪽 이하의 「琉球に關する
    朝鮮史料の性格」.

<표>(167쪽)에서 제2기에 포함된 1461년의 유구 사신에게 의심이 가는 점은 없다. 조선은 성대하게 이들을 환영했고, 요구한 대로 대장경 일부를 전했다(『세조실록』7년 12월 무진·무인, 8년 정월 신해조). 또 Ⅳ기에 이르는 1500년의 사신은 "예전에 우리나라 사람이 여기 온 지 40년만에 우리가 또 여기에 왔습니다(昔我國人來此, 後四十年, 我亦來此耳)"라고 했고, 조선 측은 이를 받아들여 "등록을 상고해 보니 그 나라 사신이 온 것이 신사년이었습니다(考謄錄, 則彼國使臣之來, 在辛巳年)"이라고 확인했다. 신사년은 1461년이다. 다시 말해 이 해부터 1500년까지 40년간 유구 사신의 조선 도항은 없었다고 琉球使·조선정부가 서로 인정하고 있는 것이다. 표7에서 이 기간에 속하는 4회의 유구사신－1471년, 79년, 83년, 91년－이 허위라는 사실은 이로써 분명해졌다.[23]

유구국사는 제Ⅰ기의 마지막인 1423년에 등장하고 있다. 이 해에「유구국의 사신(琉球國使送人)」을 칭하는 사람이 칠흙 공예품을 가지고 도래했지만, 서계·도서·객인 모든 것이 유구국의 것이 아니었으므로 예물을 반환했다고 한다. 또 제Ⅱ기 사자의 대부분이 眞使라고는 하지만 對馬의 六郎次郎이나 博多의 道安 등 일본상인의 청부에 의하고 있었다는 사실은 위사 횡행에 길을 열어준 것이었다.

제Ⅲ기의 특징으로 田中은 사신이 제Ⅱ기에 이어서 對馬·博多 주변의 사람이 많았다고 서술하고 있다. 하지만 대장경을 구청한 4회의 사신은 모두 博多의 사람들이었다.

1471년의 사신인 自端西堂이라는 선승의 내력은 분명하지 않지만, 平佐衛門尉信重 쪽은 "신중(信重)은 일본의 요로인 박다(博多) 지방에 거주하고, 본국과 유구 국왕이 친히 신임을 하는데다 또한 우리 나라의 도서를 받고 세견선으로 내조하였습니다. 이제 또 친히 와서 관작받기를 원하니…(信重居日本要路博多之地, 爲本國(日本)及琉球國王所親信, 亦受我國(朝鮮)圖書, 歲

---

23) 同上, 309쪽.

遣船來朝, 今又親來, 願受官爵…)"라고 하듯이, 일본·유구·조선의 삼국을 두루 다니며 활약했던 박다(博多) 상인 중 대표적인 사람이었다.[24] 79, 83년의 二度正使가 된 新四郎(新時羅)는 "우리는 본래 박다(博多) 사람인데, 지난 정유년 10월에 부관인과 더불어 흥판(興販; 장사)으로 인하여 유구국에 갔다가 마침 귀국의 표류인이 도착하여 정박하고 있는 것을 만났는데, 국왕이 서계를 주면서 우리들로 하여금 압래하라고 했습니다(俺本博多人, 去丁酉年(1477)十月, 與副官人, 因興販往琉球國, 適貴國漂流人到泊, 國王授書契, 使俺等押來)"라고 하였다(동 10년 5월 辛未條). 79년에 押物, 83년에 副使, 91년에 正使를 역임한 也次郎(也而羅·耶次郎)도 "이에 앞서 박다(博多) 사람 도안(道安)이 수차 유구 국왕의 서계를 받아 귀국에 사신으로 왔었는데, 저도 박다(博多) 사람입니다(前此, 博多人道安, 累受琉球國王書契, 使貴國來(1453, 55, 57), 我亦博多人也)"라고 하고 있다.

1471년의 경우 自端은 선왕 세조의 조문을, 信重은 전왕 睿宗의 즉위 축하를 목적으로 각각 왔다고 했다. 처음에는 조선 측도 의심하지 않았던 듯하다. "귀국의 왕이 오로지 사신을 멀리 보내와서 향을 올리겠다고 하니, 우리 전하께서 추모하는 애감(哀感)이 간절하여 아래로 군신들에 이르기까지 감창(感愴)하지 않는 이가 없다(貴國王, 專使遠來進香, 我殿下追切哀感, 下至群臣, 莫不感愴)" 등으로 대답하고 있다. 自端·信重의 서계에서는 대장경에 대한 언급이 없었는데, 자진해서 이것을 선뜻 내주고 있다(『성종실록』 2년 11월 경자·정미, 12월 경진조). 信重이 1456년에 도서를 받아 조선의 신하가 되어 歲遣船定約을 체결하고 이 해에 종2품의 관작까지 받은 인물이라는(동년 11월 신유조) 사실도 의문을 가질 수 없었던 이유였을 것이다.

新四郎이나 也次郎의 순서가 되는 1479, 83, 91년 3회의 사신은 91년의 서계에 "이로 말미암아 지난해에 2회나 부상(扶桑) 사람 신사랑을 보내어 비로법보(毗盧法寶) 1장을 구하였사오나…(緣是往歲, 兩回遣扶桑人新四郎,

---

24) 村井 주(21) 논문, 28~29쪽(本書 II장 94~95쪽).

以求毘盧法寶一莊…, 동 22년 12월 갑진조)라고 한 것처럼, 동일한 주체에 의한 일련의 것이다. 이것에 대해서는 조선 측도, "유구국의 사신은 모두 본국인이 아니고 바로 중간에서 홍판하는 무리입니다(琉球國使臣, 皆非本國人, 乃中間興販之徒)", "저들은, 우리가 유구국의 사신을 매우 후하게 대접하고 회봉(回奉; 이웃 나라에서 보내 온 예물에 대해 답례로 보내는 물건)도 많기 때문에 서계를 위조해 가지고 와서 자기의 이익을 엿보는 것임에 틀림없습니다(彼[也次郎], 以我之待琉球國使甚厚, 回奉亦多, 故僞造書契而來, 以規己利必矣)"라고 간파했다(동 24년 6월 신미조). 그럼에도 불구하고 세 번째는 「不帙」, 즉 완본은 아니지만 대장경 일부를 전해주었다(동 23년 3월 계유조). 이것은 어째서 그랬던 것일까.

처음과 두 번째에 증여를 거부한 이유는, "유시하였던 대장경은 일찍이 여러 곳에서 이미 다 구해갔기 때문에 이에 명에 부응하지 못합니다(所諭大藏經, 曾因諸處求去已盡, 玆未副命)"라고 되어 있는데, 거절할 때 쓰는 상투적인 문구이다.(사절의 정해진 문구이다. 세 번째에 전해 준 이유도, "지금 또 바닷길이 먼데도 불구하고 또다시 사신을 보내어 매우 은근하게 청하시므로, 소장된 것을 다 찾아 내었으나, 질(帙)이 차지 않는 것으로 겨우 한 부밖에 되지 않습니다만, 온 사신편에 보내드리니 받아주시기 바랍니다(今又不遠海程, 再勞使舶, 求之甚勤, 玆以罄倒所藏, 僅將不帙一部, 就付來使)"라고 되어 있을 뿐이며(동 23년 3월 계유조), 어느 쪽이든 본심은 짐작하기 어렵다. 하지만 1493년에 也次郎이 또 유구국왕 尙圓의 사자를 칭하고 도래했던 것—이것은 대장경이 목적은 아니었지만—에 대해서는 응접 방법을 둘러싸고 교환한 논의가 자세하게 기록되어 있다. 『성종실록』 24년 6월 무진·신미·갑술·병자·기축과 7월 정미 각조가 그것이다. 이 논의에 있어서 한편에서는, 국왕이 말한 "허위임이 매우 명백하니, 가지고 온 물건을 돌려주고 접대하지 않는 것이 어떻겠는가?(詐僞明甚, 還給齎來物件, 勿接待何如)"라는 의견이다. 여기에 대해서 예조는,

① 야차랑 등이 매우 간절하게 답서를 받고자 하였습니다. 이제 만약 거부하고 따르지 않는다면, 짐승 같은 마음을 가진 무리가 옳고 그름을 가리지 않고 분을 품을 것이 확실합니다. 우선 그 청에 따라…(也此郎等, 欲受答書甚懇, 今若拒而不從, 則獸心之輩, 不計曲直, 懷憤必矣, 姑從其請…).

② 이에 앞서 저들이 보낸 사신으로서 거짓이 있는 자를 우리가 비록 환히 알기는 했어도 더불어 밝힐 수 없어서 접대했었습니다. 더구나 국가에서 대마 도주를 후하게 대우하여, 대개 왜의 사신이 오게 되면 모두 대마도를 경유하여 노인(路引; 여행증명서)을 받아 오는데, 이번에 접대하지 않는다면 도주도 반드시 부끄러워할 것입니다(前此, 彼之遣使有僞者, 我雖洞知之, 猶不與弁而接待之, 況國家厚待對馬島主, 凡倭使之來, 皆經由對馬島, 受路引而來, 今不接待, 則島主亦必愧之).

의 두 가지 이유를 들고 "서계가 진짜가 아니라는 뜻을 명백히 말하고서 약례(略例)에 따라 답사(答賜)하고 보통 왜와 같이 접대한다면…(可明言書契非眞之意, 而從略例答賜, 待之如常倭…)"라고 아뢰고 국왕도 이것을 승인했다. 답서를 내는 것은 어쩔 수 없지만 회사를 적게 하고 대우도 「보통 왜(常倭)」 수준으로 낮춘 것이다.

예조의 의견 중 ①에는 왜사에 대한 불신감과 답서를 거부했을 때의 마찰을 걱정하고 있다. 흥미로운 것은 ②에서 조선 통교자에게 路引(文引)을 발행하는 권한을 가진 종씨의 체면이 손상되는 것을 염려하고 있다는 것이었다. 이것은 也次郎도 충분히 알고 있었고, 국왕의 사자로써 대우받지 못하면 "첫째 국왕에게 책망을 들을 것이고, 둘째 도주에게 책망을 들을 것이며, 세째 대국에 과실을 저지르는 것(則一以得責於國王[琉球], 二以得責於島主[對馬], 三以見過於大國[朝鮮])"이라고 호소하고 있다.

也次郎 등이 의심을 받은 가장 큰 이유는 "너희들이 가지고 온 국왕 서계의 인적(印跡)이 기해년(1479, 성종10)과 계묘년(1483, 성종14) 두 해의 서계 인적과 같지 않다(汝等持來國王書契印跡, 己亥·癸卯兩年書契印跡, 不同)"는 것이었다. 이 점을 둘러싼 也次郎과 예조의 문답을 보자.

야차랑 : 제가 국왕의 서계를 받아 온 것이 이미 네 번입니다. 그러나 그 인적이
　　　　 같고 다른 것을 어찌 알 수 있겠습니까?(也次郎 吾受國王書契而來, 已
　　　　 四度矣, 其印跡同異, 何以知之).

예　조 : 한 나라의 임금이 어찌 두 개의 도장을 쓰겠는가? 위조한 것이 명백하다
　　　　 (一國之主, 安用二印, 其詐僞明白).

야차랑 : 이에 앞서 박다(博多) 사람 도안(道安)이 수차 유구 국왕의 서계를 받아
　　　　 귀국에 사신으로 왔었는데, 저도 박다(博多) 사람입니다. 비록 본국에 사
　　　　 는 자라 하더라도 간혹 나라의 일을 알지 못할 수도 있는데, 더구나 저는
　　　　 다른 곳의 사람이니 유구 국왕이 쓰는 인신(印信)이 하나인지 둘인지 혹
　　　　 은 열 개에 이르는지 제가 어찌 알겠습니까? (前此, 博多人道安, 累受琉
　　　　 球國王書契, 使貴國來, 我亦博多人也, 雖居本國者, 或不知國事, 況
　　　　 我是他土人, 琉球國王所用印信, 或一, 或二, 或至十, 我何知之).

　1479·1483 두 해의 국왕사도 위사였기 때문에 그 때와 印跡이 다른 것
이 자연스럽지만, 也次郎은 79년에는 押物, 83년에는 副使로 왔었기 때문에
그렇게 주장하는 것도 불가능하다. "4회나 서계를 받아 왔기 때문에 그 印
跡의 같고 다름을 모른다"는 것은 논리에 맞지도 않는다. 결국 "나는 타지
사람이기 때문에, 유구국왕이 사용하고 있는 印章이 한 종류인지, 두 종류
인지, 그렇지 않으면 열 종류나 있는지 모른다"고 정색을 하고 나오는 실정
이었다. 也次郎의 변명은 강변 그 자체였고, 외교의 장에서 통용시키기에
필요한 형식적 합리성이나 논리성—그것은 주장하려고 하는 사항이 진실이
든 허위든 필요하다—의 단편도 찾아볼 수 없다. 조선 측의 "유구국의 서계
는 답을 쓰지 않아도 좋습니다. 다만 야차랑 등이 청하기를 그치지 않는다
면, 이번에 답을 쓰는 것은 부득이합니다(琉球國書契, 不修答可也, 但也次郎
等, 請之不已, 今者修答, 不得已也)"라는 발언에 집약된 것처럼, 그들이 회답
한 것은 왜사의 억지에 못이긴 임시조치에 불과했다.

VI. ≪倭人海商≫의 국제적 위치

「夷千島王」의 사료를 소개한 高橋公明은 다른 논문[25])에서 受圖書人·受職人 내지는 그 주변의 일본인이 그들에게 특권적 지위를 부여하는 것으로 그 생활기반을 보장해 주는 조선에게 위대함을 느꼈던 것은 아닐까 하는 「상상」을 서술하며, 이것을 ≪朝鮮大國觀≫으로 부르고 있다. 이 해석을 이끌어 낸 열쇠가 된 사료가 사실은 1471년의 僞琉球國王使 信重이 종2품의 관작을 받은 것을 전하는 『성종실록』 2년 11월 신유조였다.

"유구 국왕이 나를 명하여 사신으로 삼고, 이것을 입고 다니도록 허락하였으나, 그러나 나는 이미 친히 도서를 받아 조선의 신하가 되었은즉 이제 유구국의 관복을 입는 것은 마땅하지 못하니, 원컨대 조선의 작명(爵命)을 받아 영구히 번신(藩臣)이 되었으면 합니다(琉球國王, 命我爲使, 許服此以行, 然我已親受圖書, 爲朝鮮臣, 則今不宜服琉球國冠服, 願受朝鮮爵命, 永爲藩臣)".

信重의 이 말에서 受圖書人·受職人과 조선 측 쌍방이 受圖書·受職을 일종의 臣從 관계로 인식하고 있었다고 해석하는 것에는 아무런 이론이 없다. 또 당시 조선의 일본관이 형식적으로는 적례관계(敵禮關係)였음에도 불구하고 뿌리깊은 멸시로 꾸며진 사실도 다카하시의 지적대로이다. 하지만 그렇다고 해서 일본인 통교자 측이 조선을 위대한 나라로 존경하고 있었다고 말할 수 있을까?

통교자가 臣從 형식을 받아들인 것은 무엇보다도 그렇게 하지 않으면 유리한 조건으로 조선과 통교하는 것이 불가능했기 때문이다. 그들이 바라던 경제적 이익을 손에 넣기 위해서는 정치적 종속을 감수하는 것도 마다하

---

25) 高橋公明「外交儀禮よりみた室町時代の日朝關係」(『史學雜誌』 91편 8호, 1962).

지 않았던 점에서 그 행동양식의 특징을 발견해야 한다. "본국과 유구 국왕이 친히 신임한다(本國[日本]及琉球國王所親信)"고 들은 信重은 일본에서도 유구에서도 그 국왕에게 일종의 臣從 형식을 취하고 있었을 가능성이 있다. 적어도 「琉球國冠服」을 입고 있다는 것이 유구 국왕에 대한 정치적 종속을 의미하는 것은 확실하다.26) 그의 행동의 전제에 ≪朝鮮大國觀≫을 들 필요가 어디에 있을까.

역시 高橋는 주에서 "필자의 목적은 受圖書에 관한 조선 측의 논리를 통교자도 알고 있었다는 점을 나타내는 것이고, 그들의 머리 속에서 그것을 어떻게 정립시켰는지를 묻는 것은 아니다"라고 빠져나갈 길을 마련하고 있었다.27) 하지만 그렇다면 더군다나 信重의 예를 ≪조선대국관≫이라고 하는 사상의 문제를 논하는 실마리로 해서는 안 되었다. 또 高橋가 「필자의 상상에 한 가지 근거를 부여한 것」으로서 제기한 1466~71년의 사건에 대해서도 마찬가지의 의문이 있다. 조선국왕으로서는 드물게 열렬한 불교신자였던 세조는 치세에 나타난 불교적 奇瑞(기이하고 상서로운 징조)를 축하하기 위해서 일본인이 내조하는 것을 "비록 이전에는 사자를 보내지 않았지만 모두 접대를 허락하여(雖前不遣使者, 皆許接待)" 환영했다(『海東諸國記』). 이것을 안 서일본의 제세력은 앞다투어 조선에 들이닥쳤다. 그 수는 『海東諸國紀』에 기록된 통교자 명부의 과반수를 차지하는 이상한 현상이었다.

奇瑞가 군주의 덕이 나타난 것이고, 그것을 축하하는 사자가 쇄도하는 것으로 「조선의 권위는 드높아져 조선을 중심으로 하는 華夷觀念에 큰 만족을 주는 것이 된다」는 高橋의 지적은 타당하다. 하지만 이 사실로부터 바로 사자 측도 조선의 권위에 부복했다고 해석하는 것은 너무 소박한 견해가

---

26) 이것은 信重의 "내 비록 미천하나 일본 국왕과 유구 국왕이 모두 어여삐 어기시고 의임(倚任)하였으니, 양국의 일은 모두 대략은 알고 있습니다(我雖微賤, 日本國王·琉球國王皆憐恤倚任, 兩國之事, 皆所略知)"라는 말에서도 확인할 수 있다. (『성종실록』 2년 11월 정미조)

27) 高橋 주(25) 논문 87쪽.

아닐까.

조선 초기에 칼 한 자루를 헌납하는 것조차도 사신을 칭하면서 도래했던 일본인 통교자가 그 후의 조선 측의 통교제한책으로 내쫓긴 사실을 상기했으면 한다. 세조의 태도는 이 제약을 갑자기 없애는 것을 의미하며, 통교자에게 있어서는 천재일우의 기회였다.

여기에서 高橋의 《조선대국관》이라는 설을 군이 비판한 것은, 本章에서 살핀 위사들의 행동에는 조선을 훌륭한 나라로 존경한다는 사상이 조금도 보이지 않기 때문이다. 조선 측이 멀리서 온 사자를 대국의 덕을 나타내는 일환으로 그 범위 내에서 접대하려고 했던 것에 대해서, 위사들은 어떤 억지를 부려서라도 받을 수 있는 것은 다받으려고 한다. 극단적이긴 하지만, 바로 여기에 《倭人海商》의 본질적인 일면이 드러나 있는 것은 아닐까.28)

《人臣에 외교는 없다》를 원칙으로 하는 동아시아의 국제관계는 민간 교역자에게 있어서 참으로 부자유스러운 것이다. 《倭人海商》은 어떤 경우에는 국가의 명의를 짊어진 사자로서, 또 어떤 경우에는 상대국에게 정치적으로 종속한다는 형식을 취하며 국제관계 속에서 스스로의 위치를 발견했다. 거기에는 외교의 논리를 반격하면서 그 제약을 타개하려고 하는 왕성한 활력이 넘쳐 흘렀다. 그 배경에는 15세기의 일본사회를 특징짓는 국가권

---

28) 倭人들의 이러한 행동은 大藏經 求請에 국한된 것이 아니며 보다 일반적인 행태이다. 예를 들면 1498년 조선에 도착한 少貳政尙의 使送倭人 敬宗西堂 · 壽鵬座元은 "동철의 무역을 허락하지 않는다고 성을 내며 입조하지 않을 뿐 아니라(以銅鐵不許貿易, 怒不入朝)", 7월부터 이듬해 3월까지 해상에 머물면서 "동철의 무역을 허가한 연후라야 입조할 것이며, 그렇지 않으면 입조하지 않을 뿐 아니라 또한 본국으로 돌아가지도 않겠다(許貿易銅鐵, 然後入朝, 不然, 非但不入朝, 亦不還本國)"고 하며 조선 측을 괴롭혔다. 매우 거만한 태도였지만 조선정부는 "군현에서 지공하는 폐단(郡縣支供之弊)"을 제거하기 위하여, 또한 "만일 거부한다면 반드시 원망이 생길 것(若拒之, 則必生怨)"을 두려워하여 끝내 銅鐵의 公貿易을 허락하였다. 이 조치를 정당화한 것이 "먼 곳에서 온 사람을 박대할 수도 없다(遠人之來, 亦不可薄待)"는 德化主意의 논리였다(『연산군일기』 5년 3월 병인 · 기사 · 경오조).

력의 약체와 권력의 분산 상황이 있었고, 그 결과로 ≪倭人海商≫들은 일본이라는 국가에 대한 귀속의식으로부터 몹시 자유로웠다.[29] 그렇지만 조선통교에 있어서 그들의 "자유"로운 행동은 왜구의 재발에 대한 조선 측의 뿌리 깊은 공포로 유지되고 있었다. 재정 사정의 악화로 고민하던 상대의 입장에 대한 배려는 결여되어 있었고, 교역 규모가 확대될수록 조선과의 관계는 긴장의 정도를 더할 수밖에 없었다. 언뜻 보기에는 다채롭고 화려해 보이는 15세기의 朝日通交는 왜구문제를 진정으로 해결한 뒤에 이루어진 것이라고는 할 수 없고, 드디어 1510년 三浦의 亂을 거쳐 文祿 · 慶長의 役(壬辰倭亂 · 丁酉再亂)으로 파국의 길로 내닫게 된다.

---

29) 高橋 주(25) 논문 83쪽.
　　(補注) 藤田亮策『朝鮮學論考』(藤田先生記念事業會, 1963) 441~442쪽에서 夷千島王使가 소개된 것에 주목하였다. 藤田은 이것을 "日本人이 한 나라의 사절임을 관계치 않고 조선에 보낸 것으로 … 조선정부는 오로지 일본인 회유를 주안점으로 삼아 그의 허위를 알고도 回賜하고, 게다가 나머지 혜택도 준 점이 흥미롭다"고 평가하고 있다.

제4절 三浦의 鎭城과 關限

—薺浦를 중심으로—

I. 머리말

1419년의 応永倭寇 이후 왜인의 입항 장소로 지정되었던 薺浦(乃而浦)·富山浦(釜山浦)·塩浦의 세 항구, 즉「三浦」는 이윽고 對馬에서 건너와 정착하는 왜인이 끊이질 않아 사실상의 왜인 거류지로 성격을 바꾸어 간다.[1] 1436년 宗貞盛은 조선 측으로부터의 요청에 따라 378인의 住倭를 對馬로 돌려보냈는데, 그때 자기 管下의 60인은 예외로 하는 것을 허락받았다(그밖에 206인의 왜인이 조선에 탄원하여 거주를 허락받았다). 나중에 이것은 60戶로 해석되어 조선 측이 법적으로 인정한 三浦의 인구 상한이 된다. 그러나 三浦의 인구는 이것을 가볍게 돌파하여 계속 증가하였고, 15세기 말에는 제한의 수 배에서 수십 배까지 도달하였다. 왜인들은 종종 三浦 밖으로 나와 조선의 州郡을 횡행하며 漁業·樵採·行商, 나아가서는 밀무역과 인신매매에까지 손을 뻗어 조선 정부에게 치안·경제상 경시할 수 없는 문제가 되어 갔다.[2] 그래서 조선 측이 세운 대책의 하나가 왜인들을 대상으로 하는

---

1) 三浦에 관한 기본적인 문헌은 中村榮孝의「浦所の制限と倭館の設置」·「三浦における倭人の爭亂」(이상,「日鮮關係史の硏究」上, 吉川弘文館, 1965년에 수록)·「十六世紀朝鮮の對日約條更定」(같은 책 下, 1969년에 수록) 이상 세 논문, 그 중에서도「三浦における倭人の爭亂」이 기본 논문이다. 본 논문도 이에 의거한 바가 아주 많다.

2) 村井章介,「十五·十六世紀の地域間交流と三浦の亂」(『歷史科學』122호, 1990년), 동「室町時代の日朝間における人の移動と相互認識」(史學會編 『アジア史からの問い』山川出版社, 1991년), 동『中世倭人傳』(岩波新書, 1993년)에서 이 문제를 논했다.

군사시설의 구축이었다. 그 핵심은 「城」, 「墻」 등으로 불리는 돌축대와 木柵에 의한 장벽이었다.

하지만, 예를 들어서 「薺浦의 城」이라고 하는 경우에도 성격이 다른 세 가지 의미가 포함되어 있다는 점에 주의할 필요가 있다. 즉

A. 三浦와 州郡의 경계선상에 왜인 거주지역을 명시하고, 왜인의 활동을 그 내부에 물리적·공간적으로 가두기 위하여 지어진 장벽.

B. 三浦의 각 지역에 둔 水軍의 營所를 에워싸고, 왜인과의 變事에 대비하며, 왜인을 군사적으로 위압하기 위한 鎭城

C. 왜인 측이 A·B에 대한 대항조치로 쌓은 장벽.

이 세 가지가 있다. 이 중에서 C는 예외적인 것이지만, A와 B는 병행하여 사료에 자주 나오며 구별짓기가 어려운 경우도 적지 않다. 하나의 예를 들어보자(이하에서 인용하는 사료는 모두 『朝鮮王朝實錄』에서 인용한 사료이므로 서명을 생략하고 연월일만 표기한다).

앞서 경상도 관찰사 李坫과 절도사 田霖 등이 馳啓하기를, "薺浦의 왜인이 거주하는 뒷 고개에 성을 쌓아 한계를 삼으면, 저 왜들이 성 밖의 지역을 자연 자기들의 소유라고 하여 백성들의 전지를 다 빼앗고 저들의 類를 데려다 살게 하여 사세가 앞으로 금지하기 어려울 것이니, 예전대로 두고 쌓지 말 것을 바랍니다."하였는데, 收議하게 하였다. 李克均이 의논드리기를, "지금 李坫 등이 啓聞한 것을 보니, 신이 보고 들은 것과는 다르며, 또 지도가 없으니, 어떻다 할 수가 없습니다. 그러나 두 사람의 소견이 저러하니, 우선 啓本대로 시행함이 좋겠습니다."하고, 成俊·李諿은 의논드리기를, "이점이 계문한 것을 보면 합당할 것 같으니, 계본대로 시행하소서."하고, 尹弼商·李世佐·申浚·朴崇質·金壽童·楊稀枝·安處良·李世英·柳順汀·安琛·安瑚·盧公裕·朴義榮·韓亨允·尹遴는 의논드리기를, "제포에 예전에는 성이 없었는데, 전번에 조정 의논이 있어 성을 쌓아 큰 鎭을 만들고, 또 성 밖 한쪽에 따로 行城을 쌓았는데, 關防에 도움도 없고 또한

저들에게 사이가 없음을 보이는 체모도 아닙니다. 모든 일은 예전대로가 좋고, 맞지 않으면 할 것이 아니니, 지금은 다만 금지와 방비를 거듭 엄하게 하고, 예전대로 둠이 편하겠습니다."하였다(연산군 9년, 1503, 7월 정묘).

薺浦의 왜인 거주지 뒷산에 축성하여 「關限」이 된 성이 A, 조정의 뜻에 따라 지어져서 巨鎭이 된 성이 B이다. 따라서 關限의 성을 쌓는 일을 「성(B) 밖의 한 면에 다른 行城(A)을 쌓는다」고 표현하는 것이다. 본 장에서는 타입 B를 먼저 1에서 고찰하고, 그것을 근거로 타입 A를 2에서 고찰하며, 타입 C에 대하여는 A와 관련지어 언급하고 싶다. 또한 사료의 잔존상태에 제약을 받아서 三浦 中 薺浦를 중심으로 할 수밖에 없음을 미리 양해를 구하고 싶다. 薺浦는 다른 두 곳과 비교해서 원상태를 어느 정도 유지하고 있으며, 현지조사의 성과를 포함시키기 쉽다는 점도 있다.

II. 三浦의 鎭城

타입 A·B 모두 사료에 처음 등장하는 것은 三浦가 거류지로서 법적으로 인정된 1436년을 전후로 하는 시기이다. B의 경우는 1434년에 「乃而浦縣城」의 造營이 제기되었던 것을 볼 수 있다.

황희 등이 의논하기를, "그들이 와서 살기를 허락한 것이 이미 오래였는데, 이제 이르러 거절하고 들이지 아니하기는 때가 늦었습니다. 또 각 도에 나누어 두려면 저들이 반드시 싫어할 것이니, 진퇴가 어렵습니다. 아직 그대로 두되, 신 등이 다만 원하는 것은 금년에 먼저 김해 읍성을 쌓고 다음에 내이포 縣城을 쌓아서, 만일 왜적의 변이 있거든 백성들로 하여금 옮겨 들어와서 피난하게 하옵소서."하니, 최윤덕이 아뢰기를, "현성은 右道 수군들을 뽑아 쌓게 함이 가합니다."하였다. 또 의논하기를, "선대로부터 전하는 문서를 어느 곳에 간직할지 알지 못하겠다."하니,

황희 등이 아뢰기를, "璿源殿에 간직하여 뒤에 상고하는 증빙이 되게 하옵소서."하매, 모두 그대로 따랐다(세종 16년, 1434, 8월 기유).

영의정 黃喜 등은 왜인이 三浦 지역에 와서 거주하는 추세를 억누르려고 해도 이미 늦었고, 각 지방에 그들을 分置하는 것도 저항이 있어서 곤란하니까 잠시 옛 방식대로 하자는 전제 아래 내이포(薺浦)에 縣城을 쌓고, 倭變이 일어나면 백성들을 들여보내 피난시키는 것을 제안했다. 이를 받아들여 우의정 崔閏德은 縣城의 축조에 慶尙右道의 수군 징발을 제안하고 국왕 世宗은 양자의 의견을 받아들였다.

그러나 이 당시에는 본격적인 축성이 이루어지지 않았던 듯하며, 三浦의 인구 급증이 심각한 문제가 되어 갔던 1470년대 이후에 築城을 자주 논의하게 되었다. 1474년에는 薺浦・釜山浦의 恒居倭居에 失火로 인한 대화재가 있었다. 국왕 성종은 예조좌랑 南悌를 현지에 파견하여 왜인들에게 소화 기계를 확실히 준비해 놓을 것, 가옥을 구획해서 연소를 방지할 것 등과 함께 다음 문제를 논의하도록 했다.

萬戶營廳이 너희들 집과 잇닿아 있어서 연소될 것이 염려되므로, 담을 쌓아서 한계를 두어 화재를 막으려고 한다(성종 5년, 1474, 정월 계축).

水軍萬戶의 營所가 왜인의 인구 증가로 恒居倭居와 거의 인접하게 되어 자칫하면 연소될 뻔했다. 그래서 營所 주변을 성벽으로 둘러쌓고 방화에 대비하고자 하는 것이다. 왜인들에 대한 설득과 함께 국왕은 南悌 및 薺浦僉事・熊川縣監에게 명하여 「함께 營廳의 墻基를 살피고, 수군을 簽發하여 이를 쌓고 엄하게 門關을 설치하라」고 명했다. 『海東諸國紀』[3)에 수록된 「熊

---

3) 『海東諸國記』는 영의정 겸 예조판서 申叔舟가 1471년에 쓴 편저이며, 일본・琉球의 여러 세력과의 통교 개요를 쓰고 이후의 기준을 보이려고 한 책. 1474년에 三浦의 상황을 아는 정확한 지도가 추가되었다. 田中健夫에 의한 자세한 譯註本

川薺浦地圖」는 바로 이 해에 완성된 것으로서, 恒居倭居의 서북쪽과 서쪽으로 흘러 들어오는 강의 北岸에「營廳」이 표시되어 있다.

이후 곧바로 築城이 실행되었던 것으로 보이며, 1483년에는「경상도 多大浦는 지세가 바다로 돌출하여 일단 緩急이 있을 때 구원병이 급히 달려오기 어려우니 船軍을 다수 이곳에 배치해 두고, 薺浦・釜山浦의 예에 따라서 築城하는게 어떠한가」라는 제안이 있었다(성종 14년 5월 기해). 이듬해에는 李克培가「지난 번에 薺浦・釜山浦・塩浦의 萬戶營에 墻을 쌓아서 변란에 대비하였지만, 이것은 왜인과 동거하고 있기 때문에 불측의 사태가 발생하는 것을 염려하여 한 것이다」라고 하였다(성종 15년 10월 계미).

1485년에는 우의정 洪応이 四道巡察使로서 남방을 시찰하고,

> 경상도의 三浦는 전에 城堡를 설치하였습니다만 낮고 작아서 완전하지 않으므로 아이들의 장난 같기도 한데, 釜山浦는 僉使가 그 성보를 반 넘게 修築하였으므로, 신이 다른 浦로 하여금 부산포의 예에 따라 수축하게 하였습니다(성종 16년, 1485, 3월 무술).

라고 復命했다. 일단 완성한 城堡가 불충분하였기 때문에 修築을 서둘렀던 것이다. 1486년,「경상도 薺浦城을 쌓았다, 높이 13척・둘레 4천 3백 16척 3촌」이라는 기사(성종 17년 10월 是月)는 修築 개시를 의미하는 것 같은데, 다음 해에는 정부 수뇌의 의견 불일치 때문에 薺浦 築城의 정지를 명했으며, 洪応은「만약 城堡를 설치한다면 예측불허의 변이 일어나도 성에 의지하여 지키면 패배에는 이르지 않는다」(성종 18년 9월 계축)며 반발하고 있다.

수축 반대론의 근거는 왜인에게 의심을 사지 않기 위해서였다. 1487년 경상도 관찰사 李世佐의 치계는 노골적으로 이렇게 말한다.

이 岩波文庫에 들어 있다(1991년 제1쇄).

對馬島와 三浦의 왜인들이 薺浦의 城堡를 개축한다는 말을 듣고 모두 의심이 있었는데, 지금 또 분심을 품었으니 그 의심이 더욱 심할 것입니다. 청컨대 우선 여러 堡와 城子의 축조하는 것을 정지해야 합니다(성종 18년, 1487, 10월 임진)

이처럼 정부의 자세는 갈팡질팡하고 있었지만 그래도 성은 점차 견고한 것이 되어 가고 있었다. 1490년에는 높이 15척, 둘레 3천 19척의 塩浦城, 높이 13척, 둘레 2천 26척의 釜山浦城을 「쌓는다」는 기사(축조의 개시를 의미하는가?)가 발견된다(성종 21년 5월 시월, 8월 시월). 薺浦城에 대하여도 「머리말」에서 인용했던 1503년의 기사에 「薺浦는 원래 城子가 없지만 요사이 조정의 논의에 따라 성을 쌓고 巨鎭이 되었다」고 했다. 1510년의 三浦倭亂은 三浦에 거주하는 왜인과 쓰시마에서 온 지원군이 釜山浦 · 薺浦 두 僉事營을 급습하여 釜山浦僉使 李友會를 살해하고 薺浦僉使 金世均을 생포한 데서 시작하였다. 이 僉事營이 위에서 말한 釜山浦城 · 薺浦城이라는 것은 말할 것도 없다.

그러면 이 성들의 지리적 위치는 어디였을까?

먼저 釜山浦城을 보자.

『海東諸國紀』의 「東萊釜山浦之圖」를 참조하면, 子城台 서쪽에 秀吉軍이 쌓은 倭城의 本城이 있는 「甑山」 동남쪽 기슭에 「營廳」이 기록되어 있다(이 지도는 북서쪽을 위로 해서 그려져 있다). 그렇다면 지금도 있는 鄭公壇(文祿의 役 때 전사한 부산첨사 鄭撥을 모신 곳)이 그 남문의 위치에 해당한다는 文祿의 役 당시의 釜山浦城 이 바로 『海東諸國紀』의 「營廳」, 1490년 축조된 釜山浦城, 三浦의 亂 당시 僉使營의 직접적인 후신이라고 봐도 좋을 것이다. 다만 현 상태는 시가지에 파묻혀 성의 흔적은 아무것도 남아 있지 않다.

塩浦의 변천은 釜山浦城 이상으로 격심하다. 울산만과 접한 해안은 광범위하게 매립되어 현대자동차 공장부지가 되어 있으며, 1993년만해도 겨우 塩浦洞 城內里가 옛 촌락으로 남아 있었으나 지금은 흔적조차 없다. 이 城

內里야말로 그 이름에서 볼 때 『海東諸國紀』의 「蔚山塩浦地圖」에 기록된 「營廳」의 위치이며, 1490년에 塩浦城을 쌓았던 장소가 아닐까? 이곳도 성의 흔적은 아무 것도 없다.

『海東諸國紀』의 「熊川薺浦之圖」를 보면 남쪽에서 북쪽, 다시 서쪽으로 굽어져 들어오는 灣의 東岸에 밀집했던 恒居倭居가 그려져 있고, 倭居의 북쪽에 倭館, 그 서쪽으로, 중간에 熊神峴이라는 고개를 사이에 두고 營廳이 기록되어 있다. 이 灣은 현재의 熊川灣으로 볼 수 있기 때문에(단 灣의 서쪽으로 들어온 부분은 70년 전에 薺德里 앞까지 매립되어 논이 되어 있다) 지형으로 볼 때 恒居倭居는 현재 槐井里의 어느 장소에, 營廳은 熊川灣과 접한 또 다른 취락인 薺德里의 어느 장소에 해당하는 것이 된다. 실제로 薺德里를 둘러싸고 성벽의 흔적이 일부 남아 있으며, 薺浦城의 遺構로 생각된다. 현재 薺德里를 內溪, 槐井里를 外溪로 부르는 통칭이 있다.

그런데 1503년에 鄭麟仁이 薺浦를 시찰한 보고에,「성을 쌓은 것은 저 멀리 산 우묵한 곳에 있고 왜인들의 집은 포구에 흩어져 있으며, 兵船은 모두 왜인의 부락에 정박해 있었습니다」라는 구절이 있다(연산군 9년 3월 임진). 현지에서 보면 확실히 薺德里는 약간 안쪽으로 들어간 산기슭에 있다. 熊神峴과의 사이에는 바다에 접한 언덕이 있고, 해안을 따라 槐井里로 가기는 어렵다. 兵船이 營城(薺德里)까지 가는 것을 꺼리고 倭居(槐井里)에 정박했던 것도 납득이 간다.

1510년 三浦倭亂 初戰에 왜군 4, 5천명이「(薺浦)성을 포위하고, 성 밑의 인가를 모조리 불질러 연기와 불꽃이 하늘에 넘치고 장차 성을 함락시키고자 했다」고 한다. 성 아래(성벽의 외측)에도 민가가 있어서 제일 먼저 피해를 당했다는 것을 알 수 있다. 이후 곧바로 왜병은 성문을 부수고 돌입하여 僉事 金世鈞을 화살로 쏘아 맞추고 성을 함락시켰다(중종 5년 4월 계사). 三浦倭亂 당시의 전투를 통해서 양군의 공방의 대상이 되었던 것은 일관되게 薺浦鎭城이었으며 恒居倭居와의 경계를 짓는 성벽은 아니다.

三浦倭亂 끝무렵인 4월 19일, 왜군이 薺浦에서 대패했던 전투 때「적이 薺浦城 밖으로 진을 옮기고 동·남·서 세 봉우리 위에 웅거하며, 안에는 포장을 치고 밖에는 방패와 창을 벌어세우고 우리 군사를 내려다보았다」고 한다(중종 5년 4월 기유). 세 개의 봉우리 중 동쪽과 남쪽의 봉우리는 薺德里와 熊神峴 사이에 있는 앞에서 언급한 언덕으로,「왜적이 薺浦 東門 밖 작은 산에 진을 쳤다」고 하는 작은 산도 같은 언덕일 것이다(중종 5년 4월 정미).

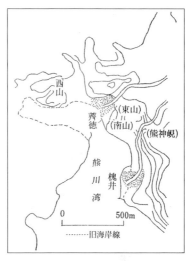

〈그림 1〉제포의 지형

東門은 熊川縣城으로 통하는 문이다. 또한 왜적이「薺浦城 동쪽 구석의 높은 곳을 점거하고 성벽 위의 성가퀴에 늘어서서 방패로 방위하면서 칼과 돌을 던졌다」고도 한다(중종 5년 9월 임술). 왜병이 진을 친 곳은 薺浦城의 석축을 따라서 이 언덕을 올라간 정상 부근일 것이다. 또 같은 전투에서 수군의 움직임으로,「左道 兵船은 薺浦 東山 뒤에 잠복하고 右道 兵船은 西山 뒤에 잠복하였다가, 싸움을 시작한 뒤에 大發火를 하였다」고 한다(중종 5년 5월 을해). 경상 좌도의 병선은 熊川灣으로 들어와서 이 언덕 뒤에 잠복했고, 우도의 병선은 만의 안쪽 깊숙이 잠입해서 薺德里 서쪽에 있는 언덕 뒤에 잠복했을 것이다.

Ⅲ. 三浦의 關限

타입 A의 城도 처음 보이는 것은 1438년으로 거슬러 올라간다.

　　의정부에서 병조 정문에 의거하여 아뢰기를, "왜객인이 식량을 많이 받을 속셈
으로 문서에는 뱃사공 수효를 많이 기재하고 실제로는 그 수효를 줄여서 데리고 오
는 것입니다. 그리하여 이름을 대조해서 수효를 점고할 때에는 먼저 온 다른 뱃사
공을 불러다가 이름을 속이고 문서대로 충당하니, 방지하는 방책을 왜관에 마련하
는 것이 마땅합니다. <u>왜인 막사 둘레에 木柵을 설치하고 바깥 둘레에도 겹쳐서 설
치한 다음, 서쪽과 북쪽 두 곳에만 문을 만들어서 항상 把守하고 출입하는 왜인
수효를 헤아려서</u> 간사한 왜인이 남의 이름으로 食料를 받아가는 폐단을 막는 것이
니, 감사와 도절제사에게 타당한 방법인가 아닌가를 함께 논의하여 알리도록 하는
것입니다."하니 그대로 따랐다(세종 20년 정월 임진).

　　三浦에 입항하는 倭客人이 給糧을 여분으로 받으려고 실제보다 많은 인
원수를 신고해 두고, 인원수를 점검할 때는 먼저 입항했던 다른 선박의 왜
인에게 부탁하여 대역을 하게 하였다. 이러한 부정행위를 근절하기 위하여
倭館·倭幕(기둥을 세운 작은 움막 정도의 집이므로 이렇게 불렀을 것이다)
주위에 木柵을 설치하고, 그 밖에도 울타리를 만들며, 서·북 두 개의 문에
항상 파수병을 배치하여 출입하는 왜인의 수를 헤아린다. 그렇게 함으로써
「姦倭冒名受料之弊」를 없애려 한다는 것이다. 이 안을 慶尙監司와 都節制使
에게 의논하게 하고 싶다는 의정부의 啓를 국왕 세종이 인가했으므로 무엇인
가 설비는 갖추었을 것으로 생각되지만 그 위치나 견고함은 확실하지 않다.
　　이후 恒居倭人의 인구 증가에 따라 조선 측이 군사적인 위협을 느끼기
시작하자 보다 확실한 설비를 마련하게 되었다. 1455년 우참찬 黃守身이 경
상도 관찰사로서 熊川·薺浦를 시찰하고 「慶尙道地圖 및 熊川縣圖」를 첨부
하여 올린 啓는 다음과 같다.

　　거기에 항상 거주하는 왜인은 우리 백성과 더불어 어염을 판매하며 서로 왕래
하고 심지어는 술과 고기를 서로 주고받는 것이 예사로운 습관으로 되어 있어 변고
가 생기기 쉬우니 마땅히 예방하여야 할 것입니다. 또 본도 백성의 습속이 오직 농
업에만 힘쓰고 弓矢는 일삼지 않아서, 비록 그 이름이 군병에 예속된 자라도 활을

쏠 줄 아는 자는 백에 한 둘도 없는데, 하물며 평민이겠습니까? 지금 薺浦에 있는 현재의 왜인이 戶數로는 92호이고, 인구는 4백 16명인데, 노약자를 제외한 壯勇한 자는 1백 14명입니다. 또 여러 곳에서 보내와 포구에 머물고 있는 자가 2천 11명이며, 판매업에 종사하고 있는 자가 또한 많아서 賊徒의 오랑캐 수천 명이 항상 우리 경내에 있는 셈인데, 혹시 불의의 변고라도 있어 水陸에서 함께 일어나게 되면 우리의 적고 약한 군졸로 각자가 적의 침입을 받게 되니, 그 형세가 서로 감당하지 못할 것이므로 한심한 일입니다.

지난번에 재차 敎旨를 내리시어 私商을 금지하셨으나, 왜인의 거주지에 사방으로 關防이 없어서 혹은 어두운 밤에 몰래 서로 매매하는 자만해도 그 수효를 이루 헤아릴 수가 없으며, 근일에 와서는 銀器를 가지고 와서 몰래 팔고 있으니, 財利를 탐하는 간사한 무리들이 大體를 돌보지 않고 되도록 욕심만을 채우려 힘쓰고 있고 간혹 國事까지도 누설하는 자가 있어 염려하지 않을 수 없습니다. 청컨대 왜인이 거주하고 있는 북쪽 산둥성이로부터 서쪽으로 萬戶營 앞까지와 동쪽으로는 熊浦까지 城子를 쌓고, 또 물이 얕은 곳에는 木柵을 설치하고 이어서 關門을 세우고는 熊川에 있는 군사 2, 30인으로 하여금 파수보게 하고 밤에는 잠그고 낮에는 열어 출입을 절제하게 하소서(세조 원년 7월 을미).

薺浦의 恒居倭居와 興利倭人이 수천에 달하고, 조선인과 함께 밀무역을 행하며 국가기밀을 누설하고 있다. 또한 만일 그들이 무장봉기를 한다면 조선의 군졸로는 막을 수 없다. 그런데 왜인이 거주하는 곳에 사방이 모두 「關防」도 설치되어 있지 않은 것은 한심한 지경이다. 그래서 恒居倭居의 북쪽 언덕에 서쪽은 万戶營 앞에서부터, 동쪽은 熊捕까지 성벽을 쌓고, 성벽의 연장선상의 얕은 바다에는 목책을 설치하고, 적합한 장소에 만든 관문에 熊川의 군사 2~30명을 배치하고 밤에는 닫고 낮에는 열어 출입을 체크하도록 한다.

성벽은 萬戶營, 즉 현재의 薺德里 앞에서부터 시작하여 熊神峴을 사이에 두고 좌우로 이어지는 구릉 위를 지나 槐井里 뒤쪽으로 이어지며, 마을의 남쪽을 경계짓는 언덕에서 熊川灣(熊浦)으로 내려가는 선을 지나는 것이었

다. 상당히 본격적인 설비인 듯하며, 완성되면 완벽하게 恒居倭居를 봉쇄할
수 있다. 국왕은 이 築城策을 「아주 좋다」고 평가하여 守身·申叔舟·具致
寬을 불러서 논의하고 있기 때문에 무엇인가 공사는 진행되었을 것이다.

그러나 그 후의 사료를 살펴보면 그렇게 견고한 성은 축성되지 않은 듯
하며, 왜인이 거주지 밖으로 나가는 것을 금지하는 표지 정도 만이 나올 뿐
이다. 1469년에는 宗貞國의 사신이 「이제까지 浦所의 恒居倭는 남자는 標
밖을 나갈 수 없지만 여자는 標 밖으로 나가 조선인과 魚塩을 매매하는 것
이 허용됐는데, 이번에 여자의 출입마저 금지된 것은 생계수단을 빼앗는 것
이다」라며 불평하고 있다(예종 원년 3월 병오). 1471년에는 薺浦의 왜선 여
덟 척이 몰래 漆原·爾於浦 등지로 가서 공공연하게 판매를 하며 마음대로
드나들고 있는 사태를 보고받고, 「三浦의 禁標 밖으로는 왜인이 함부로 들
어올 수 없음은 이미 令에 나타나 있다」는 사실을 확인하고, 對馬島主에게
금압을 논할 것, 三浦의 인근 고을에도 禁約을 알려야 한다는 의견이 국왕
成宗의 인가를 얻었다(성종 2년 5월 을해). 1474년에는 옛 제도로는 왜인의
집과 우리 백성이 섞여 있지 못하게 되어 있는데, 지금은 三浦의 왜인이
「界限을 상관하지 않고」 집을 지으며, 그 수가 점점 늘어나 우리 백성에게
폐를 끼치고 있으므로 소재의 萬戶와 守令에게 명하여 왜인이 경계 밖으로
집을 짓는 것, 우리 백성이 왜인에게 다가가는 것을 금지시키고 있다(성종
5년 7월 경진).

그 후 전술한 것처럼 三浦의 鎭城이 계속해서 修築되는 시기를 거쳐 세
기가 바뀌자 다시 견고한 築城이 의제에 오르게 된다.

> 侍讀官 鄭麟仁이 아뢰기를, "신이 근일 宣慰使로 薺浦에 가 보니 왜인 戶數
> 가 날로 불어나는데, 本島의 왜인이 혼인을 稱託하고 역시 많이 들어옵니다. 법을
> 엄하게 의논해서 밝히도록 하여 關防의 방비가 있게 하소서."하였고, 영사 이극균
> 은 아뢰기를, "신이 일찍이 薺浦 북쪽에 작은 고개가 있는 것을 보았는데, 만일 여
> 기에 성을 쌓는다면 저들이 넘어오지 못할 것이니(연산군 9년, 1503, 3월 壬辰)

薺浦 북쪽의 작은 언덕이란 熊神峴이 틀림없으며, 이곳을 중심으로 성을 쌓아서 왜인이 넘어오지 못하도록 하자는 것이다. 이 제안의 배경에는 「倭戶가 점점 늘어나서 本島(對馬)의 왜인이 혼인을 청탁하고 또한 많이 온다」는 사태가 있었다.

그런데 이 제안은 수월하게 받아들여지지 않았다. 이 글의 첫머리에서 언급한 사료에 두 가지의 반대론이 나오고 있다. 첫째, 「薺浦의 왜인이 거주하는 뒷 고개에 성을 쌓고 한계를 삼으면, 저 왜들이 성 밖의 지역을 자연 자기들의 소유라고 하여 백성들의 田地를 다 빼앗고 저들의 무리를 끌어들일 것」이라는 것이다.

「關限」이라는 말은 여기서 처음으로 보인다. 여기서 고려하고 있는 성벽의 라인은 앞에서 인용한 1455년의 사료에서 보이는 것과 대체로 비슷한데 倭居 쪽에도 조선인의 경작지가 있었던 것 같다. 성을 쌓는 것은 그들 조선인 쪽에서 볼 때 「성 밖의 땅」이 되는 경작지를 사실상 왜인에게 넘겨주는 것이 된다는 것이다.

두 번째는, 「薺浦城을 쌓아 큰 鎭을 만들고, 또 성 밖 한쪽에 따로 行城을 쌓아도 關防에 도움이 되지 않고, 또한 왜인들에게 우리나라의 위엄을 보이는 일이 아닙니다」.

제안자 李克均은 「그 의견은 내가 보고 들은 것과는 다릅니다」라고 하면서, 「지도가 없으니, 아직은 어떻다 할 수가 없습니다」라고 하며 입을 다물어 버렸다(연산군 9년 7월 정묘). 하지만 그 직후에 熊川의 주민들이 「각고을에 사는 백성을 三浦 왜인의 집에 몰래 팔고 있다」는 충격적인 사건이 발각되었고, 그 원인으로 「禁하는 법이 허술하여 왜인의 출입에 방비가 없고 우리 백성과 뒤섞여 살고 있다」는 것을 들었는데(연산군 9년 7월 계사), 사태는 심각함을 더해 가고 있었다.

결국 「關限」의 축조가 마침내 실행되었다. 1507년의 정부 수뇌회의에서 「熊川·東萊·蔚山의 恒居倭人으로 關限을 넘어오는 자를 사람들이 합세하여 毆詰해도 문제 삼지 않는다」는 것이 결정되었다(중종 2년 5월 계해). 같은 해 「築城都監」의 하위 관료가 提調(장관)의 뜻을 받들어 三浦에 부임하였고, 「築城基址尺量」, 즉 築城을 위한 측량을 실시했다(9월 기사). 계속해서 1509년에는 三浦의 關限에 관련하여 다음과 같은 왕명이 있었다(중종 4년 3월 을사). 「장사와 고기잡이를 임의로 자행하려는 왜인이, 법에 충실하게 출입을 엄금하려는 邊將을 모함하려고 일부러 능욕하고 무례를 저지르거나 혹은 인물을 살해하는데, 조정에서는 邊將을 조사하여 경질하게 된다. 이는 도리어 倭奴의 술책에 빠지는 일이므로, 앞으로는 사사로운 일로 인하여 원수를 맺고 다툼을 일으키는 것이 아니라면 경질하지 않는 것을 常例로 하라」.

이리하여 견고하게 쌓은 關限도 왜인을 가둬두는 데에는 별로 도움이 되지 못했다. 1509년 4월에 기록된 경상도 敬差官 金謹思의 書契 4개조는 三浦倭亂 직전의 왜인들을 둘러싼 위기 상황을 말해주는 유명한 사료인데, 關限에 관한 것이 2개소에 걸쳐서 나오고 있다.

첫째, 국가에서 三浦의 왜인 거주지에 제한 구역을 정하여 경계를 넘어 출입할 수 없게 한 것은 안밖의 구분을 엄히 하여 난잡히 하지 못하게 한 것이었습니다. 그런데 지금은 스스로 방자하게 출입하여 조금도 기탄이 없습니다. 혹은 나무를 하고 禮佛을 하러 내지에 깊이 들어오며, 혹은 장사로 인하여 옷을 바꾸고 말씨를 바꾸어 여러 고을로 횡행하되, 邊將이 禁하지 못하여 드디어 선례를 이루었고, 비록 금하여 억제하려 하여도 왜인이 노염을 품어 반드시 헤아리지 못할 변을 꾸밀 것이므로, 구차스럽게 세월을 보내어 자행하게까지 된 것입니다. 청컨대 邊將을 신칙하여 한결같이 조종조의 옛 규범에 의하고, 스스로 방자하게 출입하지 못하게 하소서.

세째, 지난번 국가에서 삼포의 왜리에 제한 구역을 설치하고자, 城子 기지를 監司가 가서 살필 때, 부산에 사는 왜인들이 변고가 있는가 의심하여 제 멋대로 목책을 세우고 또 警守를 엄하게 하며 우리에게 항거하는 듯한 형상이 있었습니다.

왜인들이 당초에 와서 거주할 때, 국가에서 戶數를 약정하고 이들을 좁은 곳에 두어 겨우 살도록 하였는데, 지금은 왜인이 점차 번져서 목책을 설치하고 스스로 방위까지 하게 되었으니 국가의 본 뜻에 몹시 어긋납니다. 다른 浦의 왜인들도 이를 본받아 설비하면 장래에 닥칠 걱정이 이루 다 말할 수 없이 두렵습니다(中宗 4년, 1509, 4월 癸亥).

안팎의 경계를 나누고, 왜인과 우리 백성이 뒤섞여서 살지않도록 하려는 關限이었지만, 왜인들은 이것을 아무런 거리낌도 없이 넘어다니며 나무꾼이나 절 참배를 칭하고 「內地」 깊숙이 들어갔으며, 혹은 장사를 위하여 의복과 언어를 조선풍으로 바꾸고 여러 고을을 함부로 돌아다닌다. 강력한 경제적 또는 사회적 동기가 있는 한, 왜인들의 행동은 아무리 견고한 장애라도 넘어 버린다.

關限의 건설은 왜인들의 의심을 사서 긴장을 높였을 뿐 아무런 역할을 하지 못했다. 1507년 三浦에 성벽 부지의 측량이 있었을 때, 원래부터 거주하던 왜인들이 성을 쌓지 않도록 청한 일이 있었다(중종 2년 9월 기사). 이것과 같은 무렵의 일로 생각되는데, 金謹思 書契의 제3조에도 關限 설치를 위하여 慶尙監司가 성벽의 부지를 시찰했을 때 釜山浦의 왜인들이 특별한 의도가 있는 것으로 의심하여 멋대로 목책을 세우고 엄중히 경계하며 조선 측에 맞서는 자세를 보였다고 한다. 왜인 쪽에서 쌓은 성곽 설비이며, 머리말에서 언급한 C타입의 城이다. 書啓가 있은 지 두달 후, 薺浦에서 항시 거주하는 왜인 수십 명이 조선 쪽 關限으로 난입하여 屯集했던 사건도 사변의 발화가 가까워졌음을 알 수 있게 한다.

한편 이 關限의 遺構를 정밀조사 하는 시간이 없었던 점은 아쉽지만, 熊神峴에서 薺德里 쪽으로 언덕을 올라가 보니, 灣을 내려다보는 약간 높은 지점에 견고한 石組가 남아 있었다.

IV. 三浦倭亂 後 -맺음말을 대신하여-

1510년 薺浦·釜山浦에서 왜인이 무장봉기를 일으켰을 때, 關限은 왜인을 가둬 두는 아무런 기능도 하지 못했다. 양군의 맹렬한 싸움은 처음부터 끝까지 三浦 주변의 鎭城과 三浦 지역을 행정적으로 관할하는 熊川·東萊縣城을 둘러싸고 계속되었다. 전투는 왜인 쪽의 완패로 끝나고, 거류지로서의 三浦의 역사는 종지부를 찍었다. 1512년의 壬申約條에서 薺浦가, 다음으로 22년에는 釜山浦가 재개되어 倭館도 부활했지만 어디까지나 단순한 倭人入港場이었으며 거류는 엄격히 거절되었다.

그러나 그것으로 關限의 역할이 소멸된 것은 아니다. 「留館倭人」, 즉 거래를 위하여 倭館에 머무는 왜인과 恒居倭와의 구별은 법적으로는 어찌되었건 실제로는 상당히 애매하여 왜인의 월경 및 조선 주민과의 통교라는 문제는 여전히 불씨로 남아 있었다. 난이 일어난 이듬해에 벌써 「熊川·薺浦의 중간에 長城을 쌓는 便否」가 조정에서 논의되고 있다(중종 6년 4월 임진). 임신약조 이전부터 왜인 대책의 일환으로서 關限의 城을 고려하고 있었던 것이다.

釜山浦에서도 같은 움직임이 있어 1515년에 巡察使로 이곳을 시찰했던 安潤德은 이렇게 말하고 있다.

> 부산포 왜관의 북쪽에 성을 쌓을 만한 곳이 있었는데 그 외부에 소금가마(鹽盆)가 있고 성 터의 너비가 두 마장에 불과하므로 큰 공사 없이도 성을 쌓기가 쉬웠습니다. 따라서 거기에다 성을 쌓아 관문을 만들고 시각을 정하여 관문을 열고 닫아 외부와 내부가 단절되게 한다면 왜인들이 드나들기가 어려워 자연 우리 백성들과 섞여 있지 않게 될 것입니다(중종 20년 2월 임진).

釜山浦 倭館의 북쪽 주변에 폭 1마장 정도에 걸쳐서 성을 쌓고 관문을

설치해서 수시로 열고 닫아 내외를 격리시키면 왜인이 출입하면서 우리 백성과 섞이는 것을 방지한다는 것이다.

이 무렵의 부산 왜관은 아직 『海東諸國紀』의 「東萊釜山浦之圖」에 기록된 것과 같은 장소이며, 子城臺의 서쪽 기슭 근처로 추정된다.[4] 子城臺 동쪽으로는 당시 灣이 북쪽으로 깊숙이 들어와 있었고, 해변에는 염전이 있었다.

안윤덕의 보고에서 마지막에, 「薺浦 倭館에서도 또한 이와 같이 해야 할 것이다」라는 코멘트가 첨부되어 있었는데, 과연 그 해에 薺浦 축성의 가부를 경상도감사·병사에게 자문하고 있다. 다만 薺浦 倭館은 「庚午年 왜란 뒤에 옛터에 다시 원장(垣墻)을 쌓았다」고 한다(중종 20년 2월 계사). 「城」이라고 부를만한 것은 아니었던 듯하며, 왜란 이전의 關限을 활용했던 방어시설이었다.

1514년 慶尙右兵使 方好義에게 다음과 같은 啓本이 내려왔다.

> 薺浦 倭館에 머물러 있던 왜인들이 떼를 지어 혹은 몽둥이를, 혹은 칼을 들고 밤을 틈타 담을 넘어 마을로 향하고 있었습니다. 그때 수직하던 伏兵들이 금지시키기 위하여 대적해 싸웠는데 군사 3명이 칼에 찔려 죽었습니다. 그래서 왜인들을 추문해 보았으나 推調에 승복하지 않고 있으니 지극히 해괴하고 경악스럽습니다. 그리고 浦所의 담장은 농사철에 구애받지 말고 浦戍軍을 머물게 하여 높고 튼튼하게 개축해야 합니다. 따라서 熊川縣의 城을 또 옛성에 연결하여 굳게 쌓고 또 성 밖에 거주하는 민간 3백여 호를 성 안으로 옮겨 들여 왜인들과 교통하지 못하게 해야 합니다(중종 36년, 1541, 6월 병자).

薺浦에 체류하던 왜인이 야음을 틈타 「墻」을 넘어서 조선인 마을로 나가려했고, 守直하던 伏兵에게 검문당하자 전투로 발전하여 군사 3명을 베어죽이고 말았다. 왜인을 심문해도 결말이 나지 않았으며, 경악한 조선 측은 留

---

4) 小田省吾「李氏朝鮮時代に於ける倭館の變遷」(京城帝國大學法文學會編 『朝鮮支那文化の研究』 刀江書院, 1929년 110~111쪽.

浦의 군사를 동원하여 三浦 지역의 담장을 개축해서 높고 견고하게 했다.

이후 왜관은 1547년에 부산 한곳으로 제한되었으며, 이곳도 임진왜란 후 몇 차례의 이전을 거치고 草梁에 정착하여 19세기에 이른다. 그 사이에 制度와 館舍도 상당히 정비되었으며, 왜관 구역과 조선 국내와의 경계도 엄격히 관리되었지만 그래도 留館倭人과 조선인과의 접촉이 근절되지 않았다는 것을 對馬藩과 조선의 기록 곳곳에서 볼 수 있다.

제5절 三浦倭亂 때의 서울 倭館

I. 三浦倭亂과 東平館의 倭人

1510년에 일어난 三浦倭亂은 왜인 거류지로서 도시적 발전을 이룩하고 있던 조선 경상도의 항구도시「三浦」(薺浦, 釜山浦, 鹽浦의 총칭)의 거주민들(恒居倭人)이 조선측 감독관의 억압적인 자세에 불만이 높아져서 對馬島 主 宗盛順(후에 義盛으로 개명)의 원조를 얻어 폭동을 일으키긴 했지만, 감독관 파직이라는 목적을 달성하지 못하고 군사적으로 패배했던 사건이다.[1] 그 결과 恒居倭人은 거류지를 잃었고, 對馬島는 조선과 통교하는 기득권을 상실했다.

분쟁의 경과를 필요한 범위 안에서 서술해 보자.[2] 4월 4일, 薺浦·釜山浦의 왜인들은 宗盛順의 代官 盛親이 지휘하는 對馬島로부터의 원병을 얻어서 봉기하고 薺浦·釜山浦의 僉使營을 급습, 薺浦僉使 金世均을 포로로 했으며 釜山浦僉使 李友曾을 살해했다. 5일, 왜군은 제포에서 진격하여 熊川城을 포위하고 웅천현감에게 항복을 요구했지만 慶尙右道兵馬節度使 金錫哲의 반격에 부딪쳤고, 8일에 이르러 화평을 청했다. 또 5일, 釜山浦에서 東萊城으로 접근하여 동래현감에게 요구서를 보냈지만 거부당하고, 이후 수일에 걸쳐서 부근의 각 고장을 약탈했다. 동시에 거제도에서도 4일부터 9일에 걸쳐 수군 기지에 공격을 가했다. 전황이 좋지 않음을 본 왜군은 9일 무렵부터 병사의 일부를 對馬島로 돌려보냈고, 나머지를 제포에 집결시키고

---

1) 왜란의 전제가 되는 삼포왜인과 조선측의 알력에 대하여는 村井,『中世倭人傳』, 岩波新書, 1993, 80쪽 이하에 상술하였다.

2) 中村榮孝,「三浦における倭人の爭亂」(同著『日鮮關係史の硏究·上』吉川弘文館, 1965) 714쪽 이하에 의함.

盛親이 직접 강화교섭에 나섰다. 그러나 조선측은 강화에 응하지 않았으며, 19일에 경상도 都元帥 柳順汀(좌의정, 14일에 도원수를 겸임)을 지휘관으로 하는 鎭定軍의 총공격으로 제포는 함락, 왜군은 295명의 전사자를 내고 對馬島로 철수했다. 6월말, 원래의 薺浦 恒居倭人들이 薺浦 동쪽의 安骨浦城을 포위 공격하며 실지 회복을 꾀했지만 덧없이 격퇴되었다.

왜란이 일어났을 당시, 서울에 있던 왜인 접대용 객관인 「東平館」3)에는 사정을 모르는 왜인 10명이 머물고 있었으며,4) 「倭人上京道路」를 따라 서울로 올라오는 도중의 왜인도 있었다. 그들이 三浦倭亂으로 어떤 영향을 받았는가에 대하여 中村榮孝는 논문 「16世紀 朝鮮의 對日約條 更定」에서, 조선 정부는 「東平館에 체류하거나 또는 상경 도중에 있던 일본 각지의 使送을 拘禁하여 만일에 대비하는 등, 왜인이 멀리까지 말을 달려서 내지로 공격해 오는 것으로 생각하여 대책을 강구하고 있었다」고 서술하고, 그 후 이듬해에 일본국사 弸中이 올 때까지 감금 중인 왜인들의 송환문제를 약술하고 있다.5) 그래서 이 글에서는 새로운 사료를 소개하면서 이 점을 다시 밝혀보고자 한다.

왜란이 발발했다는 보고를 받은 조정은 서울에 체류 중인 왜인들이 경악

---

3) 東平館은 성내 남부 樂善坊, 현재 서울특별시 중구 충무로 4가(중구청 부근)에 있었다. 南部는 한성부를 구성하는 五部(중·동·남·서·북)의 하나이며, 樂善坊은 남부를 구성하는 11坊 중의 하나이다. 서울에는 외교사절을 응대하는 객관으로서 東平館 외에 명나라 사절을 위한 太平館과 여진 사절을 위한 北平館이 있었다. 太平館은 崇禮門(남대문) 안에, 北平館은 동부 興盛坊에 있었는데, 서울대학교 규장각 소장 「서울都城圖」는 「興成坊」에 대하여 「현재 소재를 알 수 없다」고 기록하였다.

4) 후술하는 1510년 4월 25일의 조선 조정의 회의에서 우의정 成希顔 등은 그들의 처분에 대하여, 「이 囚倭들이 가지고 온 書契와 圖書를 보니, 모두 전 島主(宗材盛, 1509년 4월 6일 사망)가 한 것이고 새 島主는 음모에 간여하지 않은 듯하니 무슨 까닭으로 이들을 죽이겠습니까」라고 발언하였다(『朝鮮王朝實錄』 중종 5년 4월 경술조. 이하 『朝鮮王朝實錄』에 대하여는 인용부분을 「중종 5년 4월 경술」처럼 생략함).

5) 中村榮孝 『日鮮關係史の硏究·下』(吉川弘文館, 1969년) 112~117쪽.

해서 변란을 일으킬 것을 염려하여, 4월 8일 왜인과 접촉하는 사람들에게 함구령을 내리는 동시에 畿外의 예비역 무인들을 소집해서 변란에 대비하였다(중종 5년 4월 계사).

다음 9일의 회의에서는 영의정 金壽童과 좌의정 柳順汀 등의 「왜인은 모두 적이므로 三浦의 봉기가 전해지기 전에 東平館에 체류 중인 왜인들을 죽여버리자」는 강경한 의견도 있었지만, 우의정 成希顔의 「倭奴의 怨叛은 하루 아침에 일어난 것이 아니므로 지금 東平館에 머무는 왜인을 즉시 옥에 굳게 가두고, 그 犯跡을 밝힌 후에 처치하는 것이 좋다」는 의견이 채택되어 中宗은 왜인들을 먼 곳에 두도록 명하였다(4월 갑오). 그러나 「왜인은 민첩해서 가두기가 어렵다. 都體察使 柳順汀(좌의정 겸임)도 참가시켜서 처리를 의논해야 한다」는 承政院(국왕의 비서기관)의 의견(4월 갑오)에 따라, 다음 10일 柳順汀이 「禮曹에서 연회를 열어주겠다고 하고 東平館의 왜인을 유인해 내서 도중에 力士를 시켜 鐵椎로 격살시키는 게 어떤가」라는 의견을 아뢰고 중종은 이를 윤허하였다(4월 을미). 11일이 되어 東平館의 왜인 10명 중 5명은 「日本國倭」라는 사실(對馬島의 왜인이 아님)이 판명되고, 「봉기 모의에 가담하지 않은 것이 분명한 자를 죽이는 일은 온당하지 않다」는 의견이 다수를 차지하게 되어 金壽童·柳順汀도 동의하였다(4월 병신). 결국 13일, 10명 모두 義禁府[6] 獄에 수금하는 것으로 결정되었고, 禮曹의 연회를 구실로 그들을 유인해 내서 惠民署[7] 앞의 노상에서 포박했다(4월 무술).

그 후의 조사로 5명의 「日本國人」과 5명의 「對馬島人」은 모두 「봉기의 일은 전혀 아는 바가 없다」고 공술했다. 25일의 조정회의에서는 그들의 처리를 둘러싸고 격론이 벌어졌다. 「日本國倭는 후대하여 송환하고, 對馬島倭는 식량을 주어 석방하자」는 의견에서부터, 「對馬島倭는 僻郡에 나누어 보내고

---

6) 義禁府는 국왕의 敎旨를 받들어 推鞫을 관장하는 관청이며, 중부 堅平坊, 지금의 종각 교차로 서북쪽에 있었다.
7) 惠民署는 남부 太平坊, 지금의 명동 부근에 있었고, 東平館에서 광화문 앞의 禮曹에 이르는 길가에 있었다.

일본 사신은 구류·심문한 다음에 마땅히 처분하자」는 의견까지 다양한 견해가 나왔다. 중종은 對馬島倭의 석방에는 절대적으로 반대했고, 日本國倭에 대하여도 그들의 말에는 신의가 없는 것으로 생각하고 있었다. 그러나 결론은 도원수와 여러 장수들이 귀경할 때까지 보류하게 되었다(4월 경술).

한편 상경 도중의 왜인에 대하여는 4월 12일에 「그들이 변을 듣고 조선인을 칼로 해칠 염려가 있으므로, 사람을 보내서 죽이도록 한다」는 것으로 결정되었지만(4월 정유) 실제로는 「倭人上京道路」의 요충인 忠州의 옥에 수금하기로 한 것 같다. 4월 말에는 「忠州囚倭」의 推問이 있었고(4월 임자), 5월 5일에 끝났다(5월 기미). 6월 11일의 회의에서는 「충주에 갇힌 왜인이 우리나라의 軍機가 허술함을 對馬島에 누설하여 경멸의 마음을 일으키게 해서는 곤란하므로 여러 군에 나누어 두고 때를 기다리는 것이 좋다」는 의견도 있었지만, 중종의 결단으로 「帝王의 一視同仁의 도량을 보여주기 위하여」 석방하여 돌려보내기로 결정하였다(6월 을미).

Ⅱ. 「早田文書」에 수록된 平盛恒 書契의 소개

1988년 11월, 東京大學史料編纂所의 對馬史料調査[8])에서 下縣郡 美津島町 尾崎의 早田英夫씨가 소장하는 「早田文書」[9]) 중에서 三浦倭亂 후 東平館

---

8) 『東京大學史料編纂所報』24호, 151~153쪽 참조. 조사자는 小宮木代良·鶴田啓씨와 필자였다.

9) 「早田文書」는 1477년부터 1503년까지 조선 국왕이 발급한 告身(관직 임명서)의 正文 3통이 있는 것으로 알려져 있다(中村 桂2)의 책, 585~593쪽). 또한 長亨 2년(1488) 3월 6일의 宗茂勝 判物은 早田治部左衛門尉에게 「當國之諸公事等幷山手, 船之賣口買口, 六地船公事, 同高麗船之公事以下」를 면제하였다. 早田씨가 조선 통교에 깊이 관여하고 있었음을 알 수 있다. 尾崎는 조선해협에 인접한 淺茅灣 남쪽에 있는 마을이며, 『海東諸國記』에 따르면 그 일부인 頭知洞浦(土寄)에는 200여호의 인가가 밀집해 있었다. 佐須奈 등과 함께 한반도로 가는 최단거리에

의 상황을 전하는 고문서를 발견하였다. 天文 19년(1550) 7월에 「少二殿副官平時羅盛恒」이 조선 정부로 보낸 2통의 書契(이하 편의상 A·B로 함)의 사본이며, 종이 한 장에 連書되어 있다.

A. 少二殿□□平時羅盛恒謹拜白,
[副 官]
□之名則曰二平時羅一云, 日本法, 父之跡繼爲二長嗣一者, 則喚二其父之
[父]
一名, 是日本之法也, 庚午年, 在二東平館一, 而羅多羅与父平時羅, 同日自死
1510
者也, 我父雖レ居二對馬島一, 就レ有二故家一, 亦在二筑前州笘崎境一之時,
產二生我一也, 我是非二對馬島之生產一也, 承聞, 本國生產之人, 被レ受レ職
例亦惟多矣, 加之我父平時羅者, 庚午年在二私宅一, 奉二朝命一, 遣二東平館
一而停二止而羅多羅等之自死一也, 而羅多羅等待得二父平時羅來話一, 而
相共將二自死一云, 此時平時羅曰, 我是欲レ停二止汝之自死一云, 而羅多羅
曰, 若有二朝命一, 則不レ可レ惜二我微命一, 言了而謹拜覆, 朝廷衣冠置二
床上一, 拜レ之爲レ不レ少矣, 頃刻間, 提レ劍欲傷二我父平時羅一也, 父更
無レ所二逃走一, 則相共自死矣, 然則我父何好自死乎, 奉二朝命一致二自死
一者也, 是豈不レ成レ功乎, 舍弟平茂盛, 雖レ致二忌日之祭酋一, 今則亡, 有
三誰致二忌日之小酋一乎, 仰冀依二他例一受職, 則祭酋之志何其絶乎, 憐察
幸甚,

          天文十九年七月　日　　　　　　　　日本筑前州居住盛恒拜白

B. 少二殿副官平時羅盛恒謹百拜,

    父之名則曰二平時羅一, 日本法, 喚二父之名一以謂二之嗣一, 是日本之法
也, 庚午年, 在二東平館一, 護軍而羅多羅与父平時羅, 同日自死者也, 我住二
1510
在筑前州笘崎境一者也, 本國人有二事故一而被レ授レ職之例, 各惟多矣, 加

위치하여 심포왜란 종반의 安骨浦를 습격한 선단도 이곳에서 출발하였다.
永正(かのへむま)の年六月卄二日に、對馬より尾崎の浦より出船候て、かとくに御着
候うて、同卄五日、あんくつ浦によせ候へは、郡より馬卅正程うちより候へは、その
(加德)
まゝひき候うて、聽て對馬のことく歸朝候。小山の小田宮內大夫殿·同村山大膳殿、
(安骨)
船數三百そうにて候。(「宗左衛門大夫覺書」)

之我父平時羅者, 庚午年在゠京城之私宅゠矣, 於ㄴ奚有゠朝命゠, 遣゠父平
館゠而以欲ㄴ停゠止而羅多羅之自死゠也, 伏陳訴, 父平時羅已奉ㄴ命到゠東
平館゠也, 而羅多羅則喜゠父平時羅來話゠, 而相共把ㄴ手曰, 吁汝賺ㄴ我乎
哉, 汝与我自死資始, 則十餘人之倭人見ㄴ之, 悉皆与進而同時爲゠自死゠者必
矣, 若有゠汝与我不゠自死゠, 則十餘人之倭人等惜゠微命゠, 或提ㄴ劍或擲
゠刀子゠, 恐傷゠軍人之手足゠乎, 如ㄴ此深慮ㄴ之, 强催゠自死゠, 平時羅
答曰, 不ㄴ好゠自死゠, 雖ㄴ然而羅多羅尊゠敬朝恩゠, 而以欲ㄴ致゠自死゠,
是信哉, 武士之勇者也, 父平時羅殿之手, 執ㄴ筆遺゠一語゠, 捲而入靴, □平[弟?]
茂盛後見ㄴ之, 則所謂無ㄴ所゠逃走゠云云, 此言我書ㄴ紳, 父平時羅預自死
矣, 候各自死矣, 是豈不゠寸功゠乎, 且舍弟平茂盛, 今則亡矣, 有゠誰致゠祭
酋゠乎, 蒙゠台慈゠被ㄴ授ㄴ職, 則万幸,

　　　　　天文十九年七月初八日

［現代語譯］

A. 少貳殿의 副官 平四郞盛恒, 삼가 말씀드리겠습니다.

아버지의 이름도 平四郞이라고 합니다만, 일본의 법에서는 아버지의 뒤를 이어
嫡子가 된 자는 아버지의 이름을 이어받습니다. 이것이 일본의 법입니다. 庚午年
(1510) 東平館에서 次郞太郞과 아버지 平四郞은 같은 날에 자살했습니다. 우리
아버지는 對馬島에 살고 있었습니다만, 원래 집이 있던 筑前國 筥崎 부근에 거주
하고 있을 때 저를 얻었습니다. 저는 對馬島에서 태어난 자는 아닙니다. 들은 바에
따르면 본국(筑前國)에서 태어난 사람은 (조선의) 관직을 받는 예가 많다고 합니다.
게다가 저의 아비 平四郞은 1510년 (서울의) 私宅에 있었는데, 朝命을 받고 東平
館에 파견되었다가 次郞太郞 등의 자살을 제지했습니다. 次郞太郞은 아비 平四
郞이 와서 이야기하는 것을 기다리고 있었고, "함께 죽지 않겠느냐"고 말했습니다.
이때 平四郞은, "나는 당신이 자살하는 것을 제지하고 싶다"고 말했습니다. 次郞
太郞은 "혹시 왕의 명이 있었다면 나의 미미한 목숨 따위는 아깝지 않다"고 말한
뒤에 삼가 答拜하고, 조정의 의관을 바닥에 놓고 여기에 깊이 拜禮하였습니다. 잠
시 후에 검을 잡고 아비 平四郞을 베었으므로 아비는 전혀 피할 길이 없어 함께
죽은 것입니다. 따라서 우리 아비는 좋아서 자살한 것이 아니라 朝命을 받들고 자

살한 것입니다. 이것이 (조정에 대한) 공로가 아니고 무엇이겠습니까? 동생 茂盛이 아비의 제사를 지내고 있었습니다만 지금은 죽었습니다. (제가 아니면) 누가 제사를 지내겠습니까? 우러러 바라옵기는 다른 예에 따라서 관직을 주신다면 제사를 지내려는 뜻이 어찌하여 단절되겠습니까? 가엾게 살펴주시면 심히 다행으로 여기겠습니다.

天文 19년 7월 日本 筑前國에 거주하는 盛恒이 엎드려 말씀드립니다.

B. 少貳殿의 副官 平四郞盛恒, 삼가 말씀드리겠습니다.

아비의 이름은 平四郞이라고 합니다. 일본의 법에서는 뒤를 이은 아들이 아버지의 이름을 씁니다. 이것이 일본의 古法입니다. 1510년 東平館에서 護軍 次郞太郞과 아비 平四郞은 같은 날 자살했습니다. 저는 筑前國 筥崎 근처에 살고 있는 자입니다. 본국(筑前國) 사람은 어떤 이유가 있으면 (조선의) 관직을 받는 예가 많다고 합니다. 그리고 제 아비 平四郞은 1510년 서울의 私宅에 있을 때, 王命으로 아비 平四郞을 (동평관에) 파견하여 次郞太郞 등의 자살을 제지하려고 했습니다. 엎드려 호소하며 말씀드리겠습니다. 아비 平四郞은 왕명을 받들고 東平館으로 간 것입니다. 次郞太郞은 아비 平四郞이 와서 이야기함을 기뻐하며 서로 손을 잡고 말했습니다. "아, 당신은 나를 속이려고 하는가. 당신과 내가 앞장서서 자살하면 10여명의 왜인들도 이것을 보고 한 사람도 빠짐없이 자진해서 반드시 동시에 자살할 것이다. 만일 당신과 내가 자살하지 않으면 10여명의 왜인들도 미미한 목숨이 아까워서 혹은 검을 치켜들거나, 혹은 칼을 던져서 아마도 (조선) 군인의 수족을 다치게 할 것이다. 이것을 깊게 생각한 끝에 자살을 강권하는 것이다". 平四郞이 대답하기를, "자살을 좋아하는 것은 아니지만, 次郞太郞은 왕의 은혜를 사모하는 나머지 자살하려고 한다. 진실된 말, 용감한 무사이구나"라고 말했습니다. 아비 平四郞은 붓을 들어 한마디 말을 써서 남기고 (그 종이를) 말아서 신발 안에 넣었습니다. 동생 茂盛이 나중에 보았더니, "이미 피할 곳이 없다"라고 써 있었습니다. 저는 이 말을 명심하고 있습니다. 아비 平四郞이 먼저 자살하고, 이어서 다른 사람들이 뒤를 이었습니다. 이것이 조정에 대한 寸功이 아니면 무엇일까요. 또한 동생 茂盛도 지금은 죽었습니다. (제가 아니면) 누가 (아버지의 기일에) 제사를 지내겠습니까. 큰 은혜를 입어서 職을 받을 수 있다면 더 없는 행복이라고 생각합니다.

天文 19년 7월 초8일

書契 A·B에 의하면, 三浦 봉기를 보고받은 국왕은 서울의 사택에 있던 平時羅(平四郎)盛恒의 아비 平時羅－부자가 같은 이름을 쓰는 것을 「日本之古法」이라고 변명하고 있다－를 동평관으로 보내 而羅多羅 일행의 자살을 제지하게 하였다. 而羅多羅는 「護軍」의 직위를 가진 受職倭人이다(B). 而羅多羅는 平時羅가 온 것을 기뻐했으나, "왕명이 있었다면 나의 미미한 목숨 따위 아깝지 않다"(A), 혹은 "당신과 내가 앞장서서 자살하면 10여명의 왜인도 이를 보고 뒤를 따를 것이다. 자살하지 않으면 왜인들은 미미한 목숨을 아까워해서 검을 치켜들거나 칼을 던져 조선 군인을 다치게 할 것이다"(B) 라고 하면서 같이 자살하자고 졸랐다. 平時羅는 而羅多羅의 검에 죽었거나(A), 혹은 "而羅多羅가 왕의 은혜를 사모하는 나머지 자살하려는 것은 진실된 말이고 용감한 무사이다"라고 감동하여(B), 피할 곳이 없음을 깨닫고 서로 자살하였다.

이것이 두 통의 書契가 이야기하는 동평관의 상황이다. 자살을 둘러싼 조선측과 왜인측의 의식의 차이가 극한 상황 속에서 드러나게 된다. 왜관에서 자살자가 생기면 왕권에 큰 부담이 되는 것으로 보고 제지를 시도하는 조선측. 자살이야말로 왕명에 대한 존경심을 표시하는 것으로 믿는 而羅多羅. 양자 사이에 끼어 목숨을 잃은 平時羅야말로 불쌍하다. 平時羅의 아들 盛恒은 이상의 사실을 "스스로 원해서 자살한 게 아니라 왕명을 받들어서 한 자살이다"(A)라고 하면서, 사망한 동생 茂盛을 대신하여 아비의 제사를 계속 지낼 수 있도록 조선 정부에 受職을 청원했다….

Ⅲ. 『中宗實錄』은 말한다

그런데 『중종실록』이 전하는 바는 書契와 큰 차이가 있다.

而羅多羅는 6월말 이전부터 의금부에서 推問을 받고 있었다. 왜란이 일어났을 때는 동평관에 있었고, 나중에 의금부에 구금되었던 10명의 왜인, 특히 「日本國倭」 5명 중 하나이다.[10] 그는 예전에 제주도인을 쇄환한 공으로 司正職을 받고 1년에 1회 통교가 허락된 受職倭人인데, 그 한도에서는 다른 「日本國倭」와 다를 바 없다. 그런데 그는 薺浦에서 아내를 얻어 恒居하고 있었고, 조선어를 잘 이해하는 동시에 지략이 뛰어났기 때문에 恒居倭로 보아야 하며 「日本國倭」으로 볼 수 없다는 의견도 있어서 석방 여부가 조정에서 논의의 핵심이 되었다. 6월 28일의 회의에서는 중종의 「而羅多羅는 (다른 日本國倭와) 똑같이 서계를 받았는데, 어떻게 『너는 日本國倭가 아니므로 석방할 수 없다』고 말할 수 있겠는가? (하지만) 변경의 정세가 아직 안정되지 않았으므로 물론 放還해서는 안된다. 그러니 이제 다시 널리 의논하여 처리하라」는 발언으로 일단 결론을 내렸다(중종 5년 6월 임자).

논의는 마침내 「囚倭」를 ① 留館倭, ② 忠州囚倭(상경 도중에 구류된 자), ③ 而羅多羅의 세 그룹으로 나누고, 각각의 처우를 어떻게 할 것인가 하는 형태를 띠게 된다. 7월 10일의 회의에서 나온 의견은 (1) ①을 송환하고 ②·③을 서북의 외진 고장에 나누어 둔다, (2) ①·②를 송환하고 ③만을 오지에 둔다, (3) ①·②·③ 모두 속히 송환한다는 세 가지로 나누어졌다. 中宗은 일단 (3)의 의견을 채택했는데, 처음에 의견(1)을 제안한 영의정 金壽童 등이 다시 「①·②는 放還하지만 而羅多羅 만은 잠시 유치한다」는 타협안을 상주하여 중종도 이에 따랐다(중종 5년 7월 갑자). 단 ①·②에 대하여도 그 후 즉시 방환된 것은 아니다.

여기서 등장하는 것이 平時羅이다. 平時羅는 三浦倭亂 3년 전인 1507년 對馬島主의 書契를 들고 서울을 방문했을 때, 「서울에 살면서 조정을 받들

---

10) 중종 5년 6월 임지에, "단지 而羅多羅 뿐만이 아니라, 東平館에 머무는 여러 왜인들도 역시 邊事가 어느 정도 안정되기를 기다려서 천천히 遣還을 의논해도 아직 늦지는 않다"라고 나와 있어서 而羅多羅가 「留館諸倭」 중의 하나임을 알 수 있다. 또한 이 시기까지 10명의 신병은 의금부에서 동평관으로 옮겨져 연금 상태에 있었던 것으로 생각된다.

겠다」고 원하여 국왕의 허가를 얻었다(중종 2년 6월 무인). 그 해 여름, 조선은 귀환하는 平時羅에게 왜선의 해적행위와 삼포 恒居倭의 방화사건에 대하여 對馬島主를 책망하는 通諭를 맡겼지만 對馬島에서는 어떤 응답도 없고(중종 4년 4월 계유·5년 2월 기축), 平時羅의 소식도 잠시 끊긴다.

삼포왜란 후인 1510년 8월 18일, 平時羅 이하 왜인 21명이 2척의 배를 타고 對馬島에서 제포에 입항하여 「投降」하였다(中宗 5년 8월 신축). 이틀 후 金壽童 등의 議啓에 「지금 平時羅가 말하는 바를 들으니, 그가 들어간 뒤에 생계가 어렵기 때문에 와서 告變하며 공을 요구한다고 하였습니다」라고 하고(8월 계묘), 10월 17일의 회의에서는 「平時羅의 무리는 바로 전날 성이 함락되던 때, 함께 우리 백성을 죽이고 우리의 官庫를 노략질하고 관사를 불태웠다」는 발언이 있으므로(10월 경자), 어쩌면 그는 삼포왜란 때 薺浦에 있으면서 봉기에 가담했고, 對馬島로 도망한 것 같다.

그가 가져온 정보는 극히 중대했다. 對馬島主가 삼포왜란의 보복을 위하여 九島(九州?)에 병사를 청하고, 동서로 길을 나누어서 습격하려 하고 있다[11]는 것이었다. 놀란 조선 정부는 金錫哲·柳繼宗을 방어사로 임명하는

---

11) 平時羅의 공술 내용은 중종 5년 8월 丁未條에 자세히 기록되어 있다. 처음부터 3분의 1정도를 다음에 인용한다. 글 중의 「加延助機」에 관해서는 주 1)에서 인용한 책 『中世倭人傳』 38쪽 참조.
대대로 國恩을 입었으므로 오로지 事變을 고하기 위하여 나왔을 뿐, 다른 마음은 없습니다. 薺浦城이 함락된 뒤에 本島의 島主가 代官 宗盛親과 더불어 의논하고 여러 섬에 請兵하니, 여러 섬의 추장들이 다 응락하였습니다. 그들이 가지고 올 배의 수와 군사의 수는 아직 정확하게 알 수 없으나, 11월 이후에는 바다에 풍랑이 험악하여 배를 운행할 수 없기 때문에 9∼10월 사이에 나오려 하고 있습니다. 또 加延助機(倭의 別種)가 博多 등의 섬에 흩어져 살고 있는데, 항상 처자를 배 안에 싣고 다니면서 도둑질하는 것을 일삼고 있습니다. 낯빛은 검고 털은 누르며 말과 복장이 여러 왜인과 다르고, 활 쏘는 데 능숙하고 또 칼을 잘 쓰며, 물 속에 잠수해 들어가서 배에 구멍을 뚫는 것이 그들의 장기인데, 본도 도주가 加延助機를 시켜서 먼저 와서 도둑질을 하게 하고자 합니다
國恩을 입어 오로지 사변을 고하기 위해서 나왔다. 달리 他情은 없다. 薺浦城이 함락된(4월 19일) 후, 本島 島主(宗盛順), 代官 盛親과 同議하여 병사를 여러 섬

동시에 경상·충청·전라·강원 각도의 병마절도사에게 9개조로 된「備禦防(方?)略」을 내렸다(중종 5년 8월 계묘). 平時羅와 또 한 명의 왜인 而羅三甫羅(次郎三郎)은 의금부로 내려보냈다(8월 갑진).

平時羅의 정보는 사실 여부를 확인하지 못한 듯하며, 조선측은「平時羅 등이 처음에는 변란을 알리겠다고 하더니, 바로 말을 바꿔서 對馬島主의 뜻을 받아 화평을 청하러 왔다고 하고 있다. 진정한 목적은 우리의 허실을 탐지하는 데 있을 것이다」라고 의심하여(중종 5년 10월 경자), 10월 2일 平時羅를 而羅多羅와 함께 잠시 외딴 고을에 유치하기로 하고(10월 을유),「而羅三甫羅 등 19명과 전에 온 왜인 15명」은 對馬島로 돌려보내기로 하였다(10월 기축). 이리하여 平時羅·而羅多羅 두 사람은 구금 중인 왜인 가운데 가장 중요한 인물로 인식되기에 이르렀다.

그러나 10월 6일에는 승정원에서,「平時羅·而羅多羅 뿐만 아니라 그들은 모두 三浦倭亂을 주동한 수괴이므로 만일 섬으로 돌려보내면 우리의 輕重을 퍼뜨릴 뿐만 아니라 해상의 적과 합류하여 왜구를 이룰 것이 틀림없습니다. 이것은 적을 유익하게 하는 것이나 마찬가지입니다」라는 이론이 나왔고(10월 기축), 17일의 회의에서는 두 사람을 포함한「前後來倭總三十七人」의 처리에 대하여 좌의정 柳順汀 이하 대세는 승정원의 강경론으로 기울었다. 그러나 우의정 成希顔 등 2일의 결정을 실행하자는 의견도 꾸준하여 중종은 成希顔의 의견에 찬동하였다(10월 경자). 18일, 중종은 일단 平時羅를 江界府, 而羅多羅를 會寧府로 보낼 것을 명하였으나(10월 신축) 반대론이 많아서 집행은 계속 연기되었다(11월 을묘).

에 구하여 제도의 추장들이 모두 응낙하였다. 그 나온 선척 및 군사의 수는 아직 알 수 없다. 11월 이후는 즉 바다의 풍랑이 험악해서 行船할 수 없다. 따라서 9, 10월 사이에 니오려고 한다. 또한 加延助機【왜의 별종의 이름】, 博多 등 섬에 散處하여 항상 배 안에 처자를 태우고, 作賊을 가지고 일로 삼는다. 얼굴이 까맣고 머리는 노랗고, 언어·복식은 여러 왜인과 다르다. 射를 잘하여 또한 검을 잘 쏜다. 물 바닥에 잠입해서 선에 구멍을 뚫는 것은 그가 가장 잘하는 일이다. 본도 도주, 加延助機로 하여금 먼저 와서 作賊하게 하려고 한다.

이듬해 1511년 4월, 일본국 사신이라는 彌中이 포소에 나타나서 삼포왜
란 후 중단되었던 對馬島와의 통교 부활을 청했다. 예조는 彌中이 而羅多羅
·平時羅의 소식을 물어볼 경우에 대비하여 예상문답을 작성하였다(중종 6
년 4월 임진). 5월 12일, 조선은 구금 중인 왜인들을 일본국 사신이 체류할
東平館에서 여진인을 위한 객관 北平館으로 옮기고 일본 사신의 눈에 띄지
않도록 했다(중종 6년 5월 신유). 이전부터 구금된 왜인들은 핍박을 당한 나
머지 「자살」이라는 말을 하고 있었는데(중종 6년 5월 신유), 14일에 이르러
사건이 일어났다.

> 承旨 李自堅이 蔣處仁의 말로써 아뢰기를, 「京館의 囚倭를 外方에 나누어
> 배치하는 일로 通事를 시켜 타일렀는데, 갇힌 왜인이 문을 닫고 나오지 않았으며
> 모두 자살하려고 했습니다. 발포하니 왜인이 각각 검을 들고 두 사람의 머리를 베
> 어 섬돌 아래로 던졌습니다. 꼭 생포하려 한다면 우리편 인명이 상할까 두렵습니다」
> 하였다. (국왕이) 政院(승정원)에 전교하기를, 「왜의 橫逆이 이러하니 장차 어떻게
> 처리할 것인가?」 하자 정원이 아뢰기를, 「囚倭는 죄로 논한다면 애당초 刑戮에 처
> 했어야 하는데, 왕자의 큰 도량으로 우대하여 받아들이고 관에서 접대한 것입니다.
> 지금 횡역이 이러하니, 순종하는 자는 나누어 배치하고, 순종하지 않는 자는 포박하
> 여 제재하게 하소서. 혹 自盡하더라도 그들이 하는대로 맡겨둘 일이며, 혹 우리 나
> 라 인물을 상하게 하면 쏘아 죽여도 가하겠습니다」하니 (국왕은) 그대로 따랐다. 얼
> 마 후에 왜 12인이 모두 스스로 찔러 죽었다(중종 6년 5월 계해).

사건의 발생은 盛恒書契에서 말하는 것처럼 삼포왜란이 한창일 때가 아
니라 다음 해 5월이었다. 平時羅의 역할도 자살을 제지하는 국왕의 사신은
커녕 난에 가담하였음을 후회하는 투항자였다. 집단자살의 동기도 국왕에
대한 충성은 커녕 본국으로의 放還인지 북변으로의 送致인지, 어느 쪽인지
도 알지 못한 채 1년이나 연금상태로 있으면서 스트레스가 쌓인 데다가 갑
자기 「外方으로의 分配」를 전제로 北平館으로 옮기게 되어 절망감에 사로
잡힌 자포자기의 결과였다.

IV. 盛恒이란 누구인가

書契가 말하는 내용이 『중종실록』과 이렇게 차이가 나는 것은 어떤 이유 때문인가? 도대체 「少二殿副官平時羅盛恒」이란 누구인가? 사실 而羅多羅 일행의 자살사건 후에 서계와 유사한 청원을 하면서 조선에 受職을 구했던 자는 盛恒 만이 아니었다.

1518년에 平鬼德이라는 자가 而羅多羅의 아들을 칭하며 아비의 직을 잇기를 청해서 승인되었다(명종 14년 9월 계사). 1526년에 「大內殿使臣」「政尙」이 예조에 바친 서계에는 「지금 副官人으로 파견된 村岳宮內少輔는 경오년의 왜변(삼포왜란) 때 東平館에서 스스로 목을 벤 皮汝文의 아들이다. 일전에 아비가 東平館에서 죽었다고 해서 新大郞에게 受職한 일이 있는데, 이 예에 따라서 村岳에게도 수직을 부탁한다」고 되어 있어서 중종은 이 청원을 윤허하였다(중종 21년 4월 병진). 1522년에도 東平館에서 자살한 자의 아들이라는 与七郞이 新大郞의 예에 따라 수직을 원했으나 그 결과는 알 수 없다(중종 17년 7월 기유). 1531년에는 而羅大羅의 아들을 칭하는 老古羅汝毛(六郞左衛門)이 「동생의 형인 平盛胤, 동생의 아우 平鬼德이 함께 병으로 죽어 아비를 奉祀할 사람이 없어졌으므로 나에게 아비의 직을 습직하게 해달라」고 원했으나 받아들여지지 않은 듯하다(중종 29년 8월 임자). 1537년에는 而羅多羅의 동생을 자칭하는 親秋가 일본국사 臣東陽東堂과 함께 와서 而羅多羅의 아들 廉滿에게 아비의 직을 잇도록 청했으나, 「廉滿이 而羅多羅의 아들이라는 확증이 없다」고 하여 거절당했다(중종 32년 4월 계해). 1559년에도 平康吉이라는 자가 而羅多羅의 아들을 칭하며 아비의 직을 습직하기를 원했으나, 「而羅多羅의 사후 50년이나 지났는데, 너의 용모는 도저히 50세 이상이라고 볼 수 없다」하며 물리쳤다(명종 14년 9월 계사).

이상 東平館에서 죽은 왜인의 자식을 칭하면서 수직을 원했던 자가, 而

羅多羅의 아들이라는 平鬼德·老古羅汝毛·廉滿·平康吉, 아무개의 아들이라는 新大郎·与七郎, 皮汝文의 아들이라는 村岳宮內少輔 등 7명이 검출되었다. 자살사건에 관해서는 조선 측에도 약간 뒷맛이 개운치 못했던 것으로보이는데, 平鬼德·新大郎·村岳의 청원은 인정하였으나, 삼포왜란 후 20년이상이 지나고나서 而羅多羅의 연고자임을 자칭하는 자가 속출한 일에 대하여는 역시 의심을 가져서 확인이 안된 1명을 제외한 나머지 3명은 거부하였다. 平時羅의 아들을 칭하는 盛恒의 경우도 왜란 후 40년이라서 證文의제출이 약간 늦었다는 감이 드나, 사실은 盛恒이라는 인물의 존재 자체가상당히 애매하다.

그는 「少二殿副官」을 자칭하는데, 「副官」이란 「副官人」을 줄인 말이며, 조선으로 가는 통교사절 중에서 上官人(正使)에 대한 副使를 의미한다. 1550년 무렵의 少二氏라면 冬尙이 당주이며, 그의 대에 少二氏는 龍造寺氏에게멸망당한다(1559년). 少貳冬尙 주변에 盛恒 혹은 이와 유사한 이름의 家臣은 찾을 수 없다.[12]

盛恒의 정체를 찾기 위해서는 「早田文書」에 서계와 함께 수록되어 있는다음의 加冠狀·官途狀 각 1통을 볼 필요가 있다.

(1)   冠者幷實名

康重

天文十九年二月十一日   晴康(宗)(花押)

早田平四郎殿

(2) 治部左衛門尉事, 依望不可有子細狀如件,

八月十四日義調(宗)(花押)　(永祿九)

早田平四郎殿

12) 外山幹生『中世九州社會史の研究』(吉川弘文館, 1986, 제2부 제3장 「少貳氏の衰滅と龍造寺氏」. 川添昭二, 「太宰少貳冬尙傳稿」(『大宰府硏究會會報』 14호, 1975).

이에 따르면, 尾崎早田씨의 堂主는 天文 19년(1550) 2월부터 永祿 9년 (1566) 8월에 걸쳐 平四郎이라는 이름을 썼으며, 본명은 康重이었음을 알 수 있다. 盛恒이라는 이름도 「平時羅」, 즉 「平四郎」이었다. 天文 19년 7월의 서계의 발신인 「少二殿副官平時羅盛恒」이란 早田平四郎康重이라고 보아도 되지 않을까? 그러면 본명이 일치하지 않는 점을 어떻게 보아야 하는가. 「早田文書」에 수록된 永正 12년(1515) 8월 16일 宗義盛加冠狀에 따르면, 「早田又六」이 冠禮를 올릴 때 義盛에게서 實名 「盛恒」을 하사받았는데, 이 문서에 수록된 「早田系圖」에 따르면 「早田又六盛恒」은 「早田平四郎康重」의 아버지이다. 康重은 조선 통교에 임할 때 아버지의 실명을 이어받아서 썼던 것으로 보인다.13)

그러면 早田平四郎은 宗晴康을 烏帽子親(무사 집안의 남자가 관례를 치를 때 이름을 지어주던 사람)으로 관례를 올리고 「康重」이라는 실명을 받은 직후에 수직왜인이 될 것을 노려 「盛恒」이라는 이름으로 조선에 서계를 보내려 했다는 것이 된다. 이렇게 생각하면 삼포왜란 후 40년 가까이 지나고나서 서계가 작성되었다는 시간적인 격차도 설명할 수 있게 된다(실제로 서계가 보내졌는지 여부는 『중종실록』에 기록이 없어서 불명). 東平館에서 자살한 平時羅가 早田康重의 아버지 又六盛恒일 필요도 없으며, 오히려 康重은 자신의 이름이 平時羅와 일치하는 것을 이용한 것에 불과할 것이다. 서계에서 아버지의 이름을 계승하는 것이 「日本之古法」이라고 특별히 강조하는 이유도 이렇게 생각하면 이해할 수 있다.

한편 『조선왕조실록』에 따르면 1470~96년의 27년간 37회에 걸쳐서 少

---

13) 동일 인물이 일본 국내용과 조선에서 쓰는 이름을 구별해서 사용했던 예로는 宗盛貞(材盛)이 조선에서는 「貞秀」라는 이름을 썼고, 宗國親이 조선에서는 「盛親」(삼포왜란의 對馬측 장본인)이라고 칭한 예를 들 수 있다. 또한 삼포왜란 당시의 對馬島主 宗盛順은 1509년 8월부터 1510년 8월 사이에 「義盛」으로 개명하는데, 조선에서는 시종일관 「盛順」이라는 이름을 썼다(長節子 『中世日朝關係と對馬』, 吉川弘文館, 1987, 140~141, 149쪽 참조).

貳賴忠(冬尚의 부, 후에 政尚으로 개명) 명의의 통교가 있고[14] 1497년에 政資(政尚에서 개명)이 아들 高經과 함께 大內義興에게 멸망당한 후에도 1499년 3월(연산군 5년 3월 병인·갑오), 같은 해 7월(7월 경신), 1502년(연산군 8년 8월 정사), 1504년(연산군 10년 2월 무인), 1525년(중종 20년 4월 기유), 1526년(중종 21년 4월 병진), 1564년(명종 원년 10월 병술), 1549년(명종 4년 3월 무인·기묘·경진)에「政尚」명의의 사신이 조선을 방문하였다. 마지막 1549년에「政尚」은 고령을 이유로「嗣子政忠」에게 圖書 改給을 원하여 허락을 받았으며, 1566년에「少貳殿政忠」명의의 사신 파견이 1회 있었다(명종 21년 3월 기유).「少二殿」이라고만 나와 있는 사신이 위의 사절 이외에도 다수 있지만 동일한 사신에 의한 것으로 보이며, 마지막은 1573년이다(선조 6년 7월 기해).「政尚」은 1549년 당시에 97세라고 하고 있는데, 80년 가까이 동일한 이름을 계속 사용한 일에 대한 변명에 불과할 것이다.「政尚」이라는 이름이 어느 시기 이후(특히 政尚=政資의 사후)에는 타인이 함부로 사용했다는 것을 의심할 여지가 없다.

그런데『중종실록』7년(1512) 윤5월 신사조에 向化倭人 雪明의 동생이 이전에 말한 내용으로,「小二殿이 갑오년에 大內殿에게 합병되었는데, 그때 對馬島 사람들이 圖書를 절취하여 소이전이라 거짓으로 칭하면서 지금까지 왕래한다」고 나와 있다.「갑오년」이후에「政尚」이 보낸 사신은 사실「馬島 人」이 전쟁의 혼란을 틈타「政尚」명의의 도서를 훔쳐가서 少貳殿이라고 거짓으로 칭하면서 통교하였다는 것이다. 이 발언의 진위는 확실하지 않은데, 특히「갑오년」이라는 해에는 의문이 남는다. 九州 쪽의 사료에는 이

---

14) 外山 주 12)의 논문, 119쪽.『성종실록』에는 1473년 9월 辛卯條(3일)까지「日本國筑前州太宰府都督司馬少卿賴忠」, 같은 달 甲辰條(16일)부터「日本國關西路筑豊肥三州總太守太宰府都督司馬少卿藤原政尚」으로 보인다. 단 이 양자는 실명 뿐만 아니라 칭호에도 차이가 있다는 점,「政尚」이라는 이름에 의한 사신 파견이 계속된 시기인 1490년에 단 1회만「賴忠」명의의 사신 파견이 보이는 점(성종 21년 갑진)에서 생각하면 다른 주체에 의한 사신 파견이라고 생각할 수도 있다. 또한「政資」명의에 의한 사신 파견은 찾을 수 없다.

해에 少貳氏와 大內氏 사이에서 큰 사건이 일어났던 흔적은 없다. 혹은 文明 10년(1478)에 少貳政資가 大內政弘에게 패하여 大宰府에서 쫓겨난 사건,[15) 혹은 明應 6년(1497)에 政資 부자가 大內義興에게 패하여 죽은 사건을 가리키는지도 모른다.

早田平四郎康重이「少二殿副官平時羅盛恒」이라는 이름으로 수직을 구했다는 앞에서 시도한 추측이 성립한다면,「갑오년?」에 少貳政資에게서「政尙」명의의 도서를 훔쳐간「馬島 사람」도 尾崎早田氏이며, 따라서 그 후 16세기 후반에 이르기까지「政尙」혹은「少二殿」명의로 조선통교를 계속한 주체도 早田氏였다고 할 수 있을 것이다.

---

15) 1479년 大內政弘의 使僧 瑞興은 조선을 방문하여 다음과 같이 말하였다(成宗 10년 4월 癸卯).

ㅡ. 대내전은 지난 무술년 7월 초8일에 本都에서 군사를 내어, 8월 27일에 赤間關을 건너서 豐前州에 들어가 小二殿과 서로 싸웠는데, 소이전이 패하여 달아났으며, 죽은 자는 셀 수 없이 많았습니다.

ㅡ. 대내전이 다시 8만의 군사를 일으키고, 소이전도 다섯 장소에 陣을 치고 기다렸는데, 9월 14일에 싸움이 붙어 소이전은 다섯 장소의 진이 동시에 패하여 도망하였습니다.

ㅡ. 小二殿의 군사가 패하여 筑前州로 달아났는데, 형세가 급하게 되자, 西府의 성문을 열고서 달아났으며, 긴 방향을 알 수 없었습니다.

ㅡ. 후에 들으니, 소이전이 산골짜기의 험준하고 사람이 없는 곳으로 도망하였다고 하나 지명은 알 수 없고, 따라간 사람의 수도 얼마나 되는지 알 수 없습니다.

ㅡ. 소이전의 소관인 筑前州 등의 군현은 지금 모두 대내전에 귀순하였으므로 代官을 두었습니다.

제6절 倭人들의 서울

무로마치시대에는 다른 시기에 비하여 확실히 많은 왜인들이 한반도를 방문하였다. 서울 땅을 밟은 왜인의 수도 무수히 많았다고 해도 좋을 정도로, 부산 왜관 밖으로 나갈 수 없었던 에도시대와 좋은 대조를 이루고 있다. 開京에서 한양으로의 천도가 행해진 1394년 10월 동안 九州探題 今川了俊의 사신과 琉球國 中山王 察度의 사신이 체재하고 있었는데, 그들은 분명 수도 건설의 망치 소리를 들었을 것이다. 그 이후 계층도 출신도 임무도 다양한 왜인들이 서울에서 무엇을 보고, 어떤 행동을 하고, 조선측에 어떻게 보였으며, 어떻게 취급받았던 것일까.

Ⅰ. 降倭 · 向化倭

고려 말기 왜구의 약탈을 겪고 등장한 이성계의 조선왕조는 왜구에게 경제적인 급부를 주며 회유하고, 귀화를 권장한다거나, 통교자로 변화시키는 정책을 폈다. 여기에 응해 조선에 투항한 왜구를 「降倭」라고 하며, 국내 거주를 허용한 자를 「向化倭」 또는 「投降倭」라고 한다.

서울로 간 항왜 중에 최초로 이름이 알려진 인물은 1396년 말에 상경했던 次六(彦六?)이다. 그는 태조왕을 引見하고 옷과 갓을 받았으며, 「가는 자는 쫓지 않고, 오는 자는 막지 않는다. 너의 거취는 네 마음대로 하라」고 하는 말에 울면서 물러갔다고 한다. 뒤이어 그는 「宣略將軍 龍驤巡衛司行司直 兼海道管軍民万戶」라는 무관의 직을 받았다. 이러한 왜인을 「受職倭人」이라고 부르는데, 次六은 그 첫 사례이다.

宣略將軍은 從四品에 해당하는 파격적인 대우라 할 수 있다. 그 후 次六은 97년에 2번 건너와서 콩과 쌀 합계 100석의 급부를 받았고, 98년에는 藤六으로 改名하였으며「宣略將軍行中郞將」에 임명되었다.

羅可溫(中尾)의 경우는 1397년에 병선 24척을 거느리고 투항하여, 일당 80인 중 12인을 데리고 상경하는 것이 허락되었다. 4월에 태조왕이 경복궁 근정전에서 신하들의 조례를 받을 때, 羅可溫은「東8班 班頭의 약간 뒤」에 자리를 받았고, 서쪽의 같은 자리에는 暹羅斛(섬)인이 앉았다. 같은 달 宣略將軍을 받았다. 7월에 아들이 죽었을 때는 왕명으로 장례를 치러서 감읍하였다고 한다.

1398년 次六과 동시에 林溫이라 개명하고「宣略將軍行中郞將」에 임명되었으며, 1406년에는 왜구 격퇴의 공에 따라 山南人 玉芝 등과 함께 옷과 포목을 받았다. 수직이 명목적인 것이 아니라 실제로 조선군에 편입되어 군사행동에 가담한 것을 알 수 있다.

1411년에는 老病으로 對馬로 돌아가는 것이 허락되었으며, 1416년과 1417년에는 그의 사신이 선물을 가지고 조선을 방문하고 있다.

또 하나 다른 종류를 소개하고자 한다. 1397년 8월에 온 對馬의 승려 原海는 의술에 소양이 있었기 때문에 환속시켜서 平原海라 칭하고 典醫監 博士에 임명되었다. 1403년에는 노비 2구를 급여받았다. 1408년에는 太宗王에게 조제한 약이 효능이 없어서 內藥房醫를 그만두고 典醫監으로 돌아왔으나, 곧 승진하여 다음해에는 判典醫監事(典醫監의 長官, 정4품) 직에 있었고, 모친이 죽었을 때에 쌀·콩 그리고 종이를 받았다.

이상과 같이 우대를 받아서 향화왜는 증가하여, 1416년에는 서울에 사는 왜인이 100명을 넘었기 때문에 정부는 그들을 각 도로 분치하여 농업에 임하도록 하였다.

在京 向化倭의 증가에는 두 가지 문제가 있었다.

첫 번째는 치안상의 불안이다. 1443년 예조는「재경 향화왜인들이 마음

220 / 동아시아속의 중세한국과 일본

대로 遊戲하고 밤에는 모여서 술을 마시고, 시가를 함부로 돌아다니며 억지로 물건을 요구하고, 조금이라도 뜻에 맞지 않으면 사람을 때리거나 상처를 입힙니다」고 규탄하였다. 다음 해에는 향화왜 邊佐와 그 아들 孝忠·孝生이 「수여받은 관직이 낮고, 봉록도 적다」며 화를 내고 본토로 돌아가려 하여 義禁府에 가두었다.

두 번째는 그들을 살게 하는 데 드는 비용이 높다는 것이다. 서울에 사는 향화왜의 자손은 「遠人을 우대하는 禮」에 의거하여 일체의 役이 면제됨은 물론 住居도 官에서 급여하였으며, 예조와 한성부에 둔 簿籍에 의해 관리하고 있었다. 그 목적은 그들의 거주지가 밀무역의 아지트화 되는 것을 방지하는 데 있었지만 1445년에는 이런 사건이 발생하고 있다.

表思溫(兵左衛門?)이라는 향화왜가 大內氏의 사신 和知羅多羅(八郎太郎)·望古時羅(孫四郎) 일행을 집으로 초대하여 富貴라는 여성을 붙여 접대하고, 소지한 은을 倭使의 금과 교환하려고 하였다. 그런데 왜사들이 表思溫의 집으로 가려고 東平館(왜인을 위한 객관)의 담을 막 넘은 순간 동평관의 감찰관에게 붙잡혀 버렸고, 결국 금·은·진주가 몰수되고 表思溫은 옥중에서 杖死하였다.

그 후에도 재경 향화왜는 계속 불어났으며, 1487년 무렵에는 「왜인·야인(여진) 投化者의 자손이 크게 퍼져서 그들에게 軍役을 부과하지 않으면 兵數가 모자란다」는 사태에 직면하였기 때문에 투화자 본인의 증손대 이후에 한해서 군역을 부과하게 되었다.

난제를 떠맡으면서 조선 정부가 그들의 住京을 인정하고 있었던 것은 元日朝賀와 같은 하례의 장에 불가결한 존재였기 때문이다. 페이지를 바꾸어서 그것을 서술하고자 한다.

II. 倭人과 野人

중세 왜인들에게 있어 서울은 넓은 세계로 열린 창이었다. 이미 언급한 예로는 1394년에 琉球使와 만난 九州探題의 사신과 97년에 샴국의 사신과 만나 호응하는 자리에 있었던 羅可溫이 있다. 그런데 서울 조정의 의식, 즉 元日의 朝賀의 장소에서 왜인들과 늘 대치되었던 것은 「野人」, 즉 한반도의 북변에서 만주에 걸쳐 사는 여진족이었다.

왜인·야인이 최초로 함께 한 것은 1398년 元日의 宴이다. 이날 冕服을 입고 근정전에 자리한 태조왕은 중앙 관아의 役人들, 각 도의 軍民官, 吾都里·吾郎哈万戸(두만강 하류에 사는 東女眞)의 순으로 朝賀를 받았는데, 예가 끝난 후의 연회에서 「日本國使者 및 壹岐·對馬·覇家台(博多)의 사신」이 吾都里·吾郎哈과 함께 초대받았다. 1402년의 元日에도 兀良哈 5인·왜 9인이 하례에 참석하였다.

1426년에는 근정전에서의 조하에 왜인·야인·回回僧徒(이슬람 승)가 참례하고, 곧 경회루 아래에서의 연회에서 왜인·야인은 말석인 동·서 복도에 나뉘어 대접을 받았다. 이 이후『朝鮮王朝實錄』의 元日의 기사에서 매년 왜인·야인의 모습이 보인다.

世祖 대에는 규모와 형식도 정비되었고, 1456년에는 왜·야인 500여인이 참례하는 성대함으로, 다음 해 기록에서는 종친(왕족)·侍臣·文臣·왜인이 근정전 뜰의 東, 祭執事·侍臣·武官·野人·向化受職이 마찬가지로 西라는 席次를 알 수 있다.

왜인과 야인의 석차 우열은, 아주 초창기에는 야인이 위였다는 것을 1398년·1402년의 예에서 추측할 수 있다. 그러나 이것을 고치려는 움직임도 일찍부터 있었다.

1426년에는 왜객인의 대우가 개선되어 上副官人(正使·副使)·船主·押

物은 야인의 예에 따라, 伴從人은 종래 上副官人에게 적용하였던 예에 따르게 되었다. 또 1431년에는 어느 儀式의 석차가 야인이 앞, 왜인이 뒤로 되었던 것을 왜인의 憤을 산다는 이유로 고쳐서 동서로 분립시키게 하였다. 1457년의 元日朝賀에서 종친·문신이 東, 祭執事·무신이 西에 위치하고 있어서 동이 서에 비하여 상대적으로 上席이었으리라 생각된다.

왜인을 東, 야인을 西에 두고 分班行禮하는 형태는 이후 확고한 예가 되었던 것 같다. 1490년, 儀式書『五禮儀』에「왕이 인국의 사신을 접견할 때, 사신의 자리를 어좌의 서남에 두고, 사신은 북쪽부터 상석으로 하여 동향으로 늘어선다」는 것을 왜사에게도 적용하고자 하는 움직임이 있었는데, 「지금까지 왜사의 자리는 오랫동안 東에 있었는데, 지금 갑자기 西로 이동하는 것은 왜사에게 터무니없는 의심을 살 염려가 있다」는 성종의 의견에 따라 종래대로 하였다.

야인·왜인에 대한 조선측의 인식은 「야인은 개나 양과 다르지 않다」, 「島夷는 사람으로 칠 수 없다」는 표현처럼 인간 이하의 금수로 밖에 간주하지 않았다. 그럼에도 불구하고 元日朝賀와 같은 하례 장소에서 왜·야인은 없어서는 안될 존재였다.

조선에 있어 남(동)의 야만족은 왜인, 북(서)의 야만족은 야인이며, 그들을 거느림으로써 왕권은 화려하게 장식되고 중화의식을 만족시켰다. 그러므로 왜·야인 간의 밸런스에는 신경을 쓰고 있었으며, 1483년 회의에서도 進爵을 함에 있어서 양자를 같이 대우해야 한다는 의견이 있었다.

왜·야인의 퍼포먼스는 의식을 한층 북돋았다. 1464년 정월에는 元日의 朝賀와 16일의 飮福宴 때 두 번, 왜와 야인이 殿上에 올라 가무를 선보였다. 1443년의 冬至望闕禮(명의 조정을 遙拜하는 의식)의 연회에서는 입국 중이던 일본국 왕사 光嚴·祐春이 술기운에 자기 나라를 자랑하려고 「탁자 위에 綠花를 꾸미겠다」고 했는데, 이것은 꽃꽂이였을 것이다. 1456년 2월 社稷祭飮福宴에서 야인의 騎射 名手가 재주를 선보인 것도 참으로 野人답다.

때로는 그들의 행동이 폭도로 변하는 적도 있었다. 1466년의 元日 연회에서 왜·야인도 참례하여 「大業(국가의 기초)을 정비하여 태평을 지키는 춤」이 연주되고, 술이 돈 후에 왜·야인이 말을 달리며 겨루다가 도로 위에서 爭鬪로 번졌고, 패한 왜인이 야인에게 쫓겨 말을 탄 채 광화문으로 돌입하여 문지기에게 붙잡혔다. 사건이 있었던 도로는 광화문 앞 육조가 줄지어 늘어선 대로, 지금의 세종로가 틀림없다.

반대로 왜·야인에게 조선의 대국다움을 보여주는 것도 큰 일이었다. 1444년 元日 일본국 왕사 광엄 등 80인과 야인 浪卜兒罕 등 49인에게 진수성찬을 대접하였고, 일몰 후 근정전 뜰에 마련한 火棚을 관람시키고 있다. 1464년 追儺(섣달 그믐날에 악귀를 내쫓는 행사)에서는 후원과 白岳山(北岳山) 꼭대기에서 일제히 발사한 포 소리가 천지를 흔들었고, 倭·野人들은 놀라고 두려워 안색을 잃었다.

또 1465년에 大司憲 梁誠之가 世祖에게 바친 「軍國便宜十條」는 이러했다.

> 예조에서 왜·야인에게 연회를 베풀 때 男樂을 사용하고 있는데, 이래서는 隣國의 평판이 좋지 않다. 大明의 사신을 연향할 때와 마찬가지로 女樂을 써야 한다. 다만 남자라도 舞童이라면 상관없다. …

몹시 세심한 배려로 보이는데, 예악은 국가의 중대사이기 때문에 그런 말이 <정치>적인 의미로도 사용되었을 것이다.

Ⅲ. 詩와 外交 – 日本國 使僧의 도래

일본국왕, 즉 將軍家 足利氏의 家督의 이름으로 찾아온 사신도 어떤 의미에서는 왜인통교자 중 하나에 지나지 않기 때문에 앞서 光嚴의 예처럼 야인과 함께 의식에 참가하고 있다. 그러나 한편으로 그들에게는(적어도 외견상) 일본이라는 국가를 대표하는 자라는 측면이 있어서 조선측으로서도 특단의 배려가 필요한 상대였다.

1423년 말 일본국 왕사 圭籌·梵齡 이하 135명이 입경하여 世宗은 昌德宮의 仁政殿에서 하례를 받았다. 사신의 목적은 왜구의 포로를 송환하는 답례로써 대장경의 판본을 얻는 것에 있었다. 이 판본이라는 것은 지금 경상남도 해인사 경판각에 보관되어 있으며, 국보로 지정되어 있는 「팔만대장경」이다.

아무리 崇儒排佛을 지향하는 조선이라고 해도 이 요구는 터무니없어, 왕은 「국왕이 구하는 대장경판은 우리나라에 한 본이 있을 뿐이므로 要望에 따를 수는 없으나 대신 密敎大藏經板·註華嚴經板 및 印本大藏經 전부를 주고자 한다」고 답하였다.

圭籌 일행은 「매년 우리 국왕의 사신이 대장경을 구하러 오는 것은 전하로서도 번거롭겠지요. 한번 경판을 내려주시면, 그 번거로움도 없어지겠지요」라고 끈질기게 졸랐으나 뜻대로 되지 않았고, 다시 사신의 이름으로 예조와 知申事에 요망서를 제출하였지만 이것도 헛되이 끝났다.

일본국왕의 엄명을 실행하지 못해서 초조해진 사신은 해가 바뀐 2일부터 단식투쟁에 들어갔는데, 6일에 이르러 「너희들은 경판을 얻지 못했다며 음식을 끊고 있는데, 경판을 얻고 못 얻는 일과 먹고 안 먹는 일은 관계가 없다. 너희들은 뜻대로 되지 않는 것에 화를 내며 배고픔을 참고 있는데, 이것은 사신의 체통이 아니다」라는 조리있는 설득에 넘어가 단식을 중지했다.

그러나 사신들이 진심으로 납득한 것은 아니었다. 20일, 倭通事 尹仁甫 형제와 그 집의 倭奴 2인이 의금부 옥에 구금되었는데, 그 경위는 이러하다.

사신의 從僧 加賀라는 자가 사신에게서 본국으로 보내는 편지의 초안을 훔쳐내 通事 李春發에게 건넸고, 춘발은 이것을 예조에 제출하였다. 그 편지에는 「조선에 와서 대장경판을 열망하였지만 얻을 수 없었는데, 이러한 이상 병선 수천 척을 보내 약탈하여 귀환하는 것이 어떠한가」라고 적혀 있었다. 이 정보는 일본국왕이 對馬島主에게 「지금 조선에 사신을 보내 대장경판을 구하도록 하였으나, 혹 얻지 못하면 침략할 계획이므로 너희들은 병선을 준비하여 종군하도록」 하라고 지시하였다는 소문 및 圭籌 일행이 가져온 국서에 「만일 원하는 것을 들어준다면 오래도록 우호를 맺겠다(들어주지 않으면 관계를 끊겠다)」라는 문장과 일치하고 있다.

이 말을 들은 왕은 「圭籌 일행이 도리에 어긋나는 행동을 하지만, 나는 관대한 마음으로 후대하고자 한다」고 하였을 때, 왜관의 錄事가 달려와서 「加賀가 밀고한 것을 圭籌에게 누설한 자가 있어서, 圭籌 일행은 加賀를 포박하여 죽이려 하고 있습니다」라고 알렸다. 尹仁甫는 누설자임이 틀림없다고 의심받아 고문을 받으러 투옥되었다.

일이 되어가는 것에 놀란 圭籌 일행은 예조에 장문의 서한을 보내 「加賀는 절도 상습자이므로 포박했을 뿐」이라고 강변하며, 문제의 편지에 대하여는 일체 알지 못한다고 神을 걸고 맹세했다.

그런데 加賀를 신문했을 때, 「李春發이 꾀어서 거짓으로 편지를 썼다」고 자백했지만 춘발은 이것을 부정했다. 「加賀의 말은 이치에 맞지 않고, 춘발이 꾀어내지 않은 것은 명백하다」는 것이 조선측의 견해였는데, 이것은 외교에 관계되는 일로서 결국 흐지부지된 채 사신들의 귀국일이 가까워졌다.

정월 25일, 圭籌 · 梵齡은 소지한 山水圖와 道號(불교에 입문한 후의 이름: 역자주)에 讚과 詩를 원해서, 直集賢殿 魚變甲 이하 6인의 글재주 있는 文臣들이 8편의 讚과 詩를 지어 圭籌 일행에게 주었다. 魚變甲이 道號 「雪庵」에 붙인 시는 이러하다.

> "허공에 솟은 설악 몇 층이더냐.
> 암자 아에 고승은 벽만 보고 있더라.
> 맑은 정신 깨끗한 기골 마음은 안 매이니,
> 끓고 찌고 골치아픈 인간 세상 아니 보리."

「맑은 정신 깨끗한 기골 마음은 안 매이니」라는 구절은 빈정거림으로 생각할 수 있을 정도로 현실의 使僧의 태도와 모순된다. 28일 사신은 인정전에서 왕에게 떠난다는 뜻을 고했는데, 여전히 「대장경판 구하는 일을 허락받지 못해서 괴로움을 참을 수 없다」며 미련을 보였다.

과연 다음해 1425년 4월, 일본국 왕사로 虎嚴·梵齡이 와서 끈질기게 대장경을 구했지만 허탕이었음은 말할 것도 없다. 4년 동안 3번째 방문한 梵齡은 귀국할 때 자신이 사는 집의 屋號「松泉幽處」를 제목으로 한 송별시를 사여받기를 원하였다. 왕의 명에 따라 藝文館의 문신 십여 명이 시편을 제술하고, 미리 준비한 詩卷에 集賢殿 修撰 權採가 序, 藝文館 提學 尹淮가 跋을 달았다. 이들 詩作은 개인적인 석별의 정을 표출한 것이 아니라 명확히 외교를 행하는 정치적인 행위였다.

梵齡은 1432년에도 일본국왕의 正使로 조선해협을 건넜는데, 富山浦(부산)에서 객사하여 서울에 상경하지는 못했다.

Ⅳ. 倭館과 밀무역

서울에 왜인들을 수용하는 객관이 설치된 것은 浦所倭館보다 훨씬 빠른 1409년으로 거슬러 올라간다. 이해 2월, 京家를 사들이고 그 재목과 기와를 사용하여 東平館·西平館을 지었다. 이것은 같은 부지에 세운 2동의 건물로 남산 북쪽 기슭의 南部 樂善坊, 지금의 서울 특별시 중구 충무로 4가에 해당한다. 남부는 한성부를 구성하는 五部(中·東·南·西·北) 중 하나이며, 樂善坊은 남부를 구성하는 11坊의 하나이다. 東西平館은 琉球使를 위한 객관이기도 하며, 일본과 琉球를 합쳐 「海東諸國」이라는 조선의 관념과 부합한다.

1423년 이전에 왜인 체류시설로 墨寺가 추가되었다. 이 해에 앞 절에서

언급한 일본국 왕사 主籌·梵齡 일행 135명이 입경했는데, 그들은 동서평
관과 묵사 세 곳으로 나뉘어 머물렀다. 또한 墨寺에서는 승려들이 목욕탕을
설치하고 목욕과 치료를 행하였는데, 필요에 따라 건물 일부가 왜인 숙사로
전용되었을 것이다. 45년에 東西活人院(후에 活人署로 개칭)이 창설되어 療
院 기능을 담당하게 된 결과 墨寺는 폐지되었고, 그 재목과 기와는 왜관 수
선에 사용되었다.

외교사절을 응대하는 객관으로 서울에는 동서평관 외에 명의 사절을 위
한 太平館과 여진 사절을 위한 北平館이 있었다. 太平館은 숭례문(남대문)
안에, 北平館은 東部 興盛坊에 있었는데, 서울대학교규장각 소장「서울都城
圖」는「興盛坊」에 대하여「지금 소재를 알 수 없다」고 기록하였다.

동서평관에서는 일찍부터 밀무역과 그에 따르는 트러블이 끊이지 않았
다. 1411년 太宗의 寵臣 宋居信이 금지품인 금은을 가지고 왜관의 왜인과
무역을 하려다가 사헌부에 고발되었다.

1414년 3월, 훈련도감에서는 비 때문에 동평관 안에서 武經을 강의하고
있었는데, 마침 서평관에서 술
을 마시고 있던 宗貞盛의 사신
沙蒙古老(左衛門五郞)가 강의실
로 들어오려고 하였고, 제지하
던 문지기를 칼로 베고, 달려온
倭館禁亂官의 등도 베어 중상
을 입힌 사건이 발생하였다.

언뜻 보기에 단순한 상해사
건인 듯싶지만, ① 통사 崔古音
龍과 西平館錄事 河沚가 沙蒙
古老와 함께 囚禁된 점, ② 貞
盛의 사신이 귀환하려 할 때 巡

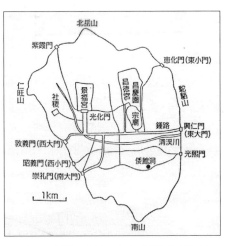

〈그림 2〉 서울槪念圖(吉田光男,「漢城의 都市空間」
『朝鮮史硏究會論文集』 30集)

禁司가 「최근 왜관에서 금지품을 무역하려고 하는 자가 몹시 많다. 그 중에 高官도 섞여 있다」고 아뢴 점, 이 두 점에서 생각하면 밀무역과의 연관도 충분히 생각할 수 있다.

트러블로 애를 태우던 정부는 応永外寇 이후인 1419년 9월, 復交 교섭의 기회를 틈타 왜관을 성 밖으로 옮기고 왜인을 입성시키지 않도록 하는 문제를 검토했는데, 추위가 다가오는 계절에 토목공사를 시작할 수 없다는 이유로 보류하였다.

그 후에도 왜관을 둘러싼 상황은 큰 변화가 없었고, 1420년에는 왜관에 금지품을 휴대하고 들어가는 상인을 눈감아 줬다고 하여 호조참판 李安愚가 유배되었고, 1421년에는 왜관에 출입하며 밀무역을 범한 상인에게 明律을 적용하는 것이 결정되었다. 1439년에는 銀工 德中이 倭館防守 君子의 주선으로 왜인에게 은을 팔고 紬布를 사들였다.

1429년 9월, 倭通事의 지위를 노린 洪成富가 왜관에서 금지품인 금은의 밀무역을 계획하던 상인 金生彦을 부추겨 倭通事 李春發(앞의 加賀 사건에서 등장)을 살해하였다. 生彦의 종의 남편 干冲이 왜관 使令을 사칭하여 春發을 집에서 불러내고, 生彦의 친구 李得時가 巡官이 되어 開川橋 부근에서 春發을 말에서 내리게 하였을 때, 生彦이 습격해서 몽둥이로 머리를 치고, 得時도 재차 타격을 가하여 사망시킨 것이다. 왜관 밀무역이 얼마나 큰 이권을 낳는 것인지 알 수 있다.

이 사건을 계기로 왜관에서 매매하는 상인이 通事나 使令과 공모하여 금지품을 밀매하는 것을 방지하기 위해 「禁防條件」 6개조가 정해졌다.

1. 상경 중인 왜인을 한강이나 숙소에서 붙잡고 거래하는 밀무역이 횡행하고 있으므로 상품의 수량을 확인한 다음에, 서울 왜관에서는 禁亂官·錄事가, 浦所에서는 使員이 客人과 대좌하여 거래를 감시한다.
1. 금지품의 명목을 금은·彩花席·苧麻布(11升 이상)·豹皮·銅錢 등으로 정한다.

1. 밤을 틈탄 밀무역을 막기 위하여 禁亂官을 각 館마다 2명으로 증원하고 교대로 숙직하며 감시를 강화한다.
1. 왜관의 房守·使令이 재임되어 倭語를 배우고 밀무역에 손을 대고 있으므로, 使令에는 初任인 사람을, 房守에는 各司의 奴子를 이용하여 輪番으로 교대시킨다.
1. 通事·使令이 밀무역에 관여한 경우는 禁亂官·掌務官·錄事에게도 죄를 묻는다.
1. 공정가격에 의하지 않고 거래된 왜물에 대하여는 禁亂官이 금지물과 위반행위의 유무를 査察한다.

위의 법령은 『六典謄錄』에 수록되었는데, 1434년에는 이것을 참조하여 다음과 같은 조치가 검토되었다.

① 동서평관을 합병하고 사이에 건물을 짓는다. ② 일출에 開門하고 일몰에 閉門하여 출입을 체크한다. ③ 公廳貿易을 할 때 이외에 왜인과 이야기를 주고받는 자는 관 내외를 막론하고 엄벌에 처한다. … ①에 대하여는 명의 南京 관사의 예를 참조하여 수정이 가해졌으며, 舊館은 그대로 둔 채 그 남쪽에 새로이 2동을 더 지어 4동으로 하기로 되었다.

이 안이 어느 정도 실행되었는가는 불명확하지만, 1438년에 이르러 동평관·북평관의 제도가 현격하게 정비되었다.

① 迎接都監(明使 응접을 위한 관청)의 예에 따라 왜관·야인관에 상임 관원을 정하여 인장을 주고, 각각 東平館 監護官·北平館 監護官으로 부른다. 監護官은 散 3품 이하 6품 이상에서 선임하며, 각 관마다 정원을 3명으로 하고, 그 중 1명은 의금부 관원이 겸임한다. 그밖에 각 관마다 錄事 2명을 둔다.
② 東平館·西平館을 東平館一所·東平館二所로 개칭한다.
③ 東平館·北平館을 5품 衙門으로 한다.
④ 왜인의 留館 기한을 정하여, 30바리 이하는 10일 이내, 40바리 이상은 20일 이내, 80바리 이상은 30일 이내로 한다.

東平館이 상설관청이 된 결과, 宿舍의 기능을 넘어 왜인행정 일반까지도 담당하게 되었다. 예를 들면, 1444년 예조는 東平館의 呈報를 기다려, 三浦에 있는 왜인에게 東萊溫川에서의 목욕을 허락하고 있으며, 1464년에는 秦盛幸이 전하는 三浦 왜인의 말을 東平館이 예조에 전달하고 있다.

위와 같은 제도 정비와 규제 강화에도 불구하고 밀무역은 전혀 근절되지 않았다. 1485년 조정회의에서 「京中 客館에서 무역의 금령이 매우 엄격하지만 여전히 법외의 奸이 있다」는 발언이 있는데, 조선측에 있어 심각한 것은 「법외의 奸」의 핵심이 여전히 왜관의 하급관리였던 것이다.

1478년 동평관의 房守로 재임된 자가 왜어를 약간 깨우쳐 밀무역에 손을 대고 기밀을 누설한 사건이 발생하여, 앞에 게재한 「禁防條件」 제4조가 문제되고 있다. 이 무렵 사태는 훨씬 진전되어 왜관의 防守나 奴子들은 왜인의 귀국에 즈음하여 가족 모두 문밖에서 술과 안주를 대접할 정도였다. 1496년 姜流水가 동평관직에 永屬하고 싶다고 上申했으나 거부되었는데, 왜관의 下吏에게는 여전히 밀무역에 의한 이익이 있었기 때문임이 틀림없다.

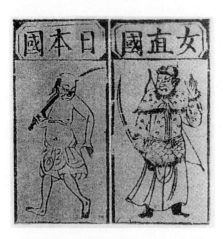

1503년에는 東平館 庫子 金致元이 왜인에게서 은밀히 胡椒 20여 부대를 詐取한 것 뿐만 아니라, 屛風畵를 위해 빨간 물감을 훔치고, 巫女를 많이 모아 소를 잡고 풍악을 울리며 왜인과 歌舞를 즐기는 해괴한 파티를 열어서 治罪를 당했다.

〈그림 3〉 일본인 · 여진인 상 (『万宝全書』,
內閣文庫所藏)

V. 서울에서 시위하는 倭人

1509년 2월 6일, 국왕에게 절하는 肅拜 의식을 마치고 대궐 문에서 나오는 왜인에게 어느 조선인이 「戱言」(「내 아들놈」이라는 말이 포함된 듯한데 상세한 것은 명확하지 않다)을 퍼부었다. 화가 난 왜인은 조선인의 목에 쇠사슬을 매어 끌고 다녔는데, 통사는 이것을 제지하려고 하지 않았다.

정부의 명에 의해 의금부 관리가 통사를 推問하러 동평관으로 갔더니, 통사는 왜인과 함께 앉아서 차를 마시고 있었다. 役人이 통사에게 사슬과 칼을 씌우고 연행하려 하자 왜인이 분격하여 사슬을 스스로 머리에 걸고, 「죄는 나에게 있지, 통사에게 무슨 죄가 있는가, 나를 잡아가라」고 항의하였지만 役人은 상관하지 않고 통사를 연행하였다.

왜인은 館 문을 닫아 걸고 집 안의 판자를 뜯어서 방패로 하고, 또 계단과 울타리에는 망보는 사람을, 문 양쪽에는 무장한 門番을 두었다. 東平館 役人이 밖에서 여러번 부른 끝에 겨우 안으로 들어가서 술을 대접하며 달랬지만 왜인의 화는 여전히 풀어지지 않았다.

그날 밤 왜인은 불을 계속 밝히며 경계하고 있었는데, 다음 날 7일이 되어 왜관에서 나온 5인은 驛馬와 통행인의 말을 탈취하고, 27인은 도보로(모두 40여명이라는 정보도 있다), 모두 검을 차고 경복궁 쪽으로 행진하여, 광화문 앞 관청가에 있는 의정부 문 밖을 빙 둘러싸고 섰다. 응대해야 할 예조의 郎官이 出仕하지 않아서 기다리던 왜인은 화를 내며, 「예조가 만나 주지 않으면 물러갈 수 밖에 없다」고 하며 숭례문(남대문) 쪽으로 가서 太平館(명의 사절을 위한 객관)으로 들어가 문을 닫아 걸고 농성하였다.

저물 무렵에, 「왜인은 식사도 하지 않고, 동평관으로 돌아가리고 해도 듣지 않는다」는 보고가 들어오고, 중종은 禮曹正郎 申鏛을 보내 왜인을 설득하도록 하였다. 申鏛은 대청에 서서 왜인 대표 4인(모두 對馬島인)과 문답을 주고받았다.

> 申鏽 : 밤도 깊었는데 빨리 본관으로 돌아가라.
>
> 倭人 : 조선은 우리 島主와 通好하기를 바라지 않는가. 그럴 마음이 없는 듯하니 우리들은 섬으로 돌아가고자 한다.
>
> 申鏽 : 너희 섬은 성심으로 우리나라에 복종하였고, 우리나라도 島主를 후대하였다.
>
> 倭人 : 우리는 타인의 자식으로 여기에 온 것이 아니다(「내 아들놈」이라는 욕설에 대한 반발). 지금 통사가 연행되었는데, 이것은 우리를 잡아간 것과 마찬가지이다.
>
> 申鏽 : 너를 희롱한 자는 어리석고 망령된 자이며, 이미 訊問 중이다. 또 우리나라의 법은 엄정하여, 앞서 琉球國 사신이 왔을 때에도 통사에게 죄가 있어 바로 체포하였다. 이것이 우리나라의 格例이다.
>
> 倭人 : 통사를 체포했을 뿐만 아니라 우리 머리를 묶었다. 거짓말이라고 생각한다면 이 쇠사슬을 보라.
>
> 申鏽 : 무지한 사람이라도 너희 나라 사람임을 알지 못하고 붙잡았을 리가 없다. 또 너희들도 너희 나라에서 선택되어, 명을 받들고 온 바에야 이런 일을 해서 좋을 리 없다.
>
> 倭人 : 그렇다면 본관으로 돌아가도 좋지만, 하고 싶은 말이 있으니까 내일 와서 만나자. 그렇지 않으면 우리는 여기에서 머물며 관에는 돌아가지 않을 작정이다.
>
> 申鏽 : 하고 싶은 말이 있으면 회식 때 하면 된다. 게다가 여기는 上國의 사신을 접대하는 곳이기 때문에 여기에 있으면 곤란하다.

申鏽의 참을성 많은 설득 끝에 왜인들은 겨우 東平館으로 돌아갔다. 3월 중순에 사건 경과를 對馬島主에게 告論하는 것이 결정되었는데, 왜인은 기가 죽은 모습도 없고, 對馬島主 特送上官 貞長과 副官 而羅(次郞)는 受職을 요구하고 있다. 4월 초, 「왜인은 자신의 죄를 깊이 두려워하며, 후회하는 마음이 있기 때문에」라는 이유로 告論은 중지되었는데, <건들지 않으면 해는 없다>는 것이 조선측의 본심이었을 것이다.

사건의 발생을 들었을 때, 정부 고관들은 「왜인이 우리나라를 모욕하는 것이 오늘만큼 심한 적은 없었다」고 하며, 삼포 부근의 昌原·東萊의 방화와 加德島의 살인을 예로 들거나, 일전의 북평관 야인에게도 不恭의 죄가 있었던 것을 상기하였다. 이 사건은 우발적인 것이 아니라, <왜·야인을 거느리는 小中華>라는 조선의 이념이 기초부터 흔들리고 있는 상황을 반영한 구조적인 사건이었음을 알 수 있다.

그렇게 되면 서울에 있는 왜·야인의 존재도 賀禮의 장에서 왕권을 화려하게 장식한다는 메리트보다도 밀무역과 불온한 행동이라는 데미지가 더 드러나게 된다. 그것을 상징적으로 보여주는 것이 通事와 왜인의 유착이라는 사태였다.

VI. 三浦倭亂과 서울

1510년 薺浦·釜山浦의 恒居倭가 감독관의 규제강화에 반발하여, 對馬島主의 지원으로 폭동을 일으키기는 했으나 군사적으로 패배하고, 그 결과 恒居倭는 거류지 三浦를 잃고, 對馬는 대조선 통교의 기득권익을 상실했다. 三浦倭亂이라고 불리는 이 사건은 때마침 조선 국내에 있던 왜인들의 운명을 뒤바꾸어 놓았다. 서울에서도 東平館에 체재 중이던 10명이 문답무용의 성패만은 피했지만, 의금부에 투옥되었다.

조선이 왜인을 죽이려던 생각을 멈춘 것은 10인 중 5인이 「日本國倭」라는(對馬島倭가 아님) 사실이 판명되어, 「봉기의 모의에 가담하지 않았던 것이 명확한 자를 죽이는 것은 온당치 않다」고 하는 의견이 대세를 점했기 때문이다. 왜인의 처리를 둘러싸고 조정 회의에서는, 「日本國倭는 후대하여 송환하고, 對馬島倭는 식량을 주어 放還한다」는 의견에서부터, 「對馬島倭는 변경에 分置하고, 日本國倭는 구류·심문한 후에 적절히 처리한다」는 의견까지 강경론과 온건론이 다양하게 쏟아졌다.

의금부에 수감된 「日本國倭」 5인 중 而羅多羅(次郎太郎)라는 자가 있었다. 그는 일찍이 제주인을 송환한 공로로 司正의 직을 받아 연 1회 통교를 허락받은 受職倭人으로, 그 한도에서는 다른 「日本國倭」와 다른 점이 없다. 그런데 그는 薺浦에서 아내를 맞아 恒居하고 있었으며, 조선어를 잘 알고 지략이 풍부했기 때문에 恒居倭로 간주해야 하며, 「일본의 왜인」이라고 할 수 없다는 의견도 있어서 방환 여부가 조정에서 논의의 대상이 되었다.

또 다른 인물로 平時羅(平四郎)라는 왜인이 등장한다. 그는 1507년 對馬島主의 書契를 휴대하고 서울을 방문했을 때, 서울 거주와 조정의 侍衛를 원하였고, 중종의 허가를 얻었다. 三浦倭亂 때에는 薺浦에서 봉기에 가담하였고, 對馬島로 도망간 듯하다.

난 이후 8월, 平時羅 이하 21인의 왜인이 薺浦에 와서 투항하고 중대한 정보를 가져왔다. 對馬島主가 三浦倭亂의 보복을 위하여 九州에 병사를 요청하고, 동서로 군대를 나누어 조선을 습격하고자 한다는 것이다. 놀란 조선 정부는 防禦使를 임명하는 동시에 경상·충청·전라·강원 각도의 병마절도사에게 「備禦方略」 9개조를 내렸다. 平時羅와 또 한명의 왜인 而羅三甫羅(次郎三郎)는 의금부에 가두었다.

平時羅의 정보는 진위가 확인되지 않은 듯, 조선측은

> 平時羅 일행은 처음에 변을 알린다고 하면서 금새 말을 뒤집어 對馬島主의 뜻을 받아 화평을 청하는 것이라고 한다. 진정한 목적은 우리의 허실을 탐지하는 데 있을 것이다

라고 의심하여 10월 초에 平時羅를 而羅多羅와 함께 변경에 유치하도록 하고, 그밖의 왜인들은 對馬島로 송환하게 되었다. 그러나

囚禁 중인 왜인들은 平時羅·?·而羅多羅 뿐만 아니라 모두 三浦倭亂의 주모자로서, 만약 섬으로 돌아간다면 우리의 輕重을 퍼뜨릴 뿐만 아니라 해상의 도적과 합류하여 倭寇를 이룰 것이 틀림없다. 이것은 적을 이롭게 하는 것이다.

라는 반대의견도 강력해서 최종적인 처분이 미정인 채, 헛되이 시간이 지나갔다.

다음 해 1511년 4월, 일본국 사신이라는 승려 彌中이 浦所에 나타나 三浦倭亂 후 중단된 對馬와의 통교 부활을 요청하였다. 5월 12일, 조선은 囚倭들을 일본국사가 체류할 東平館(이때에는 왜인은 의금부에서 동평관으로 되돌아 가 있었다)에서 여진인을 위한 객관 北平館으로 옮기고 彌中의 눈에 띄지 않도록 하였다.

이전부터 왜인은 너무 갇혀지낸 나머지 「自死」라는 말을 자주 했는데, 14일에 이르러 사건이 발생했다.

北平館으로의 移轉이 邊境 分置의 전제로 안 왜인이 동평관 문을 닫고 농성하다가 자살하였다고 한다. 조선측이 포를 쏘며 위협하자 왜인은 검을 들고 투항하려던 동료 두 명의 머리를 베어서 섬돌 아래로 내던졌다. 왕에게서 처리를 자문받은 승정원은

囚倭들의 죄는 원래 사형에 처해야 하는 것입니다만, 王者의 도량으로 왜관에 살도록 하였습니다. 지금 그들이 이처럼 횡역한 행동으로 나온 이상 순종한 자는 각지에 유배하고, 거역하는 자는 포박하고, 자살한다면 그대로 두는게 좋을 듯합니다. 만에 하나 우리나라 사람을 상하게 한다면, 사살해도 좋을 듯합니다.

라고 대답했다. 왕이 이것을 승낙하자 왜인 12명이 자살하여 죽었다.

이 사건은 삼포왜란 직후의 이상한 분위기 속에서 일어난 사건으로, 시간이 지나고 보니 조선측에서도 「그들의 죽음은 죄로 인한 것이라고 할 수 없다」는 양심의 가책을 느낀 것같다. 동평관에서 자살한 자의 아들이라고

칭하는 자가 受職을 원했을 때 비교적 쉽게 인정해 주고 있는 것은 그 표현
이라고 할 수 있을 것이다.

① 1518년, 平鬼德이라는 자가 而羅多羅의 아들을 칭하며 아비의 직을 세습할
   것을 희망하여 허락받았다.
② 某年, 동평관 자살자의 아들임을 칭한 新大郎에게 受職한 일이 있다.
③ 1522년, 동평관 자살자의 아들이라 칭하는 与七郎이 新大郎의 에에 따라 受
   職을 원하였는데, 그 결과는 명확하지 않다.
④ 1526년, 村岳(무라오카?) 宮內少輔가 동평관에서 자살한 皮汝文의 아들이라
   칭하여, 新大郎의 예에 따라 受職을 원하여, 인정되었다.
⑤ 1531년, 而羅多羅의 아들을 칭하는 老古羅汝毛(六郎左衛門)가 「같이 태어난
   형 平盛胤, 동생 平鬼德이 함께 병사하여 아비를 제사할 사람이 없어졌으므로
   저에게 아비의 직을 세습하게 해 달라」고 청했지만 들어주지 않은 듯하다.
⑥ 1537년, 而羅多羅의 동생이라는 親秋가 일본국사와 함께 와서 而羅多羅의 아
   들 廉滿에게 아비의 직을 세습토록 해 달라고 애원했지만 「廉滿이 而羅多羅
   의 아들이라는 확증이 없다」며 물리쳤다.
⑦ 1550년, 平時羅의 아들이라는 盛恒이 아비의 직을 세습하길 원한다는 書契를
   썼는데, 이것이 조선에 보내졌는지 어떤지는 불분명하다.
⑧ 1559년, 平康吉이란 자가 而羅多羅의 아들이라 칭하며 아비의 직을 세습하길
   희망하였는데, 「而羅多羅가 죽은 후 50년이나 지났는데, 너의 용모는 도저히
   50세 이상으로는 볼 수 없다」며 물리쳤다.

조선측의 분위기를 민감하게 파악하고 권익의 획득을 노리는 왜인들의
약삭빠른 태도에는 기가 질려 버린다. ①~⑧의 예에서 受職을 원하고 있는
자가 정말로 자살한 자의 아들인지 어떤지는 크게 의심스럽다. 적어도 ⑦의
盛恒은 平時羅의 아들이 아닐 가능성이 클 뿐 아니라, 「盛恒」이라는 이름도
거짓이라고 생각된다.

Ⅶ. 최후의 대장경 求請

安藝國(廣島縣) 嚴島의 大願寺에 「瀟湘八景」을 여덟폭 병풍에 그린 조선시대의 수묵화가 있다. 1539년 大內義隆의 명으로 대장경 획득을 위해 조선으로 건너 온 大願寺 승려 尊海가 선물로 받아간 것이며, 병풍 뒤에는 조선에 가게 된 경위를 尊海가 직접 쓴 묵서가 남아 있다. 사실 이것은 일본의 각 세력이 조선에 대장경을 요청했던 최후의 사례이며, 裏書는 짧지만 일본인이 기록한 최초의 조선기행이다.

조선측의 기록은 將軍家ㆍ大內氏 등의 통교 명의인이, 어느 寺社에 봉납하기 위하여 능동적으로 대장경을 요청한 것처럼 기록되어 있다. 그러나 실제로는 이와 반대이며, 이 경우, 嚴島社가 大內義隆에게 禮曹 발행의 書契와 도항증명을 받고, 進上物을 스스로 조달하였다. 使節도 大內家 사람이 아니며, 正使 印漢은 大願寺 소속 勸進僧으로부터 대장경 획득의 「本願」을 의뢰받은 인물, 副使 尊海는 大願寺 住僧인 동시에 嚴島社 관계자이다.

尊海는 먼저 출발한 印漢을 博多에서 쫓아가 1538년 7월 초에 승선하여 對馬의 府中(嚴原)에 이르렀다. 그런데 船頭의 人選에 난항을 겪고 9월 초에 겨우 對馬의 宗孫 三郎長幸과 周防 山口의 渡邊右衛門尉으로 결정되었다. 그런데 해가 바뀌어도 출발하지 못하고 있는 동안, 이번에는 印漢과 두 船頭의 다툼이 일어나 印漢이 正使의 職을 내팽개치는 사태가 벌어졌다.

「이 일이 중지되면 평판이 좋지 않다」고 심려한 尊海는 자신이 중심이 되어 1539년 4월 중순에 渡海를 결행한다(이때 正使가 龍雲이라는 선승으로 교체된 듯하다).

5월 9일, 부산에 입항한 일행은 梁山을 경유하여 慶州, 永川, 安東, 榮川에서 죽령을 넘어 丹陽, 忠州, 그곳에서 배를 타고 한강을 내려가 윤6월(조선력 7월) 8일에 서울의 河港 豆毛浦에 도착, 東平館으로 들어갔다. 釜山, 沿

道, 서울에서의 접대는 『海東諸國紀』의 기록과 잘 합치된다.

13일에 도착 인사와 진상물 奉呈을 마치고, 16일 예조의 接待宴이 열릴 때 편지를 써서 대장경을 원한다고 했는데, 「우리나라는 불교를 숭상하지 않으며, 寺塔을 불태웠기 때문에 이제 대장경은 없다」고 냉담하게 거절당했다.

中宗의 접견은 7월(조선력 윤7월) 20일이 지나서 예정되어 있었는데, 무더위와 가뭄으로 연기되어 8월 13일에 겨우 실현되었다. 「天下肅拜는 8월 13일, 연꽃 궁궐이다. 말로 형언하기 어렵다. 답례품은 15인에게 있다」고 尊海는 기록하고 있다. 연꽃 궁궐은 경복궁의 경회루를 말하는데, 왕의 접견은 보통 근정전에서 행해졌지만 더위 때문에 연못이 있는 경회루에서 이루어졌을 것이다.

계속해서 15일 추석에는 근정전에서 왕이 조하를 받았는데, 尊海 일행도 참석한 듯하며, 「15일, 御幸이 있다. 그 이름을 아세리(アセリ)라고 한다, 유리 궁궐이다」라고 기록하고 있다. 근정전은 유리색 기와로 덮여 있다. 아세리는 賀節을 잘못 들은 것으로, 추석 등의 명절을 가리킨다.

23일 예조 肅拜로 正使·副使는 다시 정성을 다 해 대장경 하사를 호소했지만 뜻대로 되지 않아 前後忘却한 처지였다. 28일에 하직인사를 드리고, 9월 4일 진상물에 대한 답례로 綿紬(견직물), 苧布, 麻布, 인삼, 淸蜜, 虎豹皮를 받았고, 13일에 서울에서 河舟에 올라 귀환길에 올랐다.

이 사절단은 船頭가 좀처럼 결정되지 않았다든지, 印漢이 神意가 좁아 임무를 던져버리는 등 어수선한 걱정에다 대장경 획득에도 실패해 버렸다. 對馬府中에서 배가 떠날 때 尊海가 印漢에게 「대장경 성취를 바라는 祈願」을 부탁했을 때 印漢은 공연히 화를 내며, 「兩船 모두 재난을 당해서 대장경을 얻지 못하도록 저주하겠다」며 욕을 했다고 한다. 印漢의 인간성에도 문제가 있지만, 「고려에 건너가도 대장경은 없을 것이다」라고 한 그의 夢想도 주목된다.

15세기에는 대국의 威儀를 보이기 위해 가능한 한 일본의 모든 세력에게 대장경을 주었던 조선도 16세기에 들어서면 일본국왕(將軍家)과 大內氏에게 조차 거부의 회답이 많아졌다. 대장경의 殘部가 얼마 남지 않았던 것도 있지만, <小中華 이념>의 동요를 간파할 수 있겠다.

하지만 이것은 어디까지나 <公的>인 통교가 막다른 곳에 이르렀던 것 뿐이다. 倭通事와 왜관의 하급 역인이 住京ㆍ留館의 왜인과 서울의 상인을 중개하는 밀무역은 尊海가 渡海한 시기를 전후로 오히려 횡행하였다.

1527년, 왜인이 官司를 통하지 않고 庫直ㆍ상인과 밀무역을 하고 있다는 것이 보고되었고, 왜인이 가져온 물품의 부족분을 國庫의 물화로 채우는 것의 시비가 논의되었다. 밀무역이 거의 공공연하게 행해지고 있었기 때문이다.

1540년에는 왜관의 書史ㆍ庫直ㆍ庫子 등이 스스로 倭物을 상인이 있는 곳으로 가져왔을 뿐만 아니라, 왜인을 인도하여 밤에는 발판으로 세우고 담을 넘게 하고, 낮에는 문을 열어 공연히 밖으로 나가게 하여 상인을 상대로 거래하는 기회를 주고 있으며, 단속하는 군인도 뇌물을 먹고 밀무역에 가담하는 상황이 지적되고 있다.

16세기의 동아시아에서는 公的인 무역 시스템의 붕괴에 수반하여 밀무역이 오히려 주류를 차지하게 된다. 그 주체는 倭寇라고 불리는 다민족적인 집단이었다. 왜관을 둘러싼 민족을 초월한 人的 네트워크가 밀무역을 지탱하고 있던 서울의 상황도 그러한 동향에서 예외일 수는 없었다.

Ⅷ. 倭軍 入城

三浦倭亂으로 일시 단절상태가 된 조선과 일본(對馬)의 관계는 彌中을 正使로 하는 일본국왕사의 노력으로 1512년에 壬申約條가 체결되어 회복되었다. 그러나 이 약조로 통교의 규모가 대폭 줄어든 데다가 1547년에는 三

浦에서 가장 큰 薺浦가 폐쇄되어 버린다.

이때를 전후하여 1571년까지의 사이에 약 20번이나 일본국왕사가 渡海하였는데, 그 요구는 무엇보다 무역제한 완화와 무역규모의 확대였으며, 1547년 이후는 薺浦의 재개가 이에 추가되었다. 또한 국왕사 스스로가 방대한 무역품을 가져왔고, 통교제한을 통과하는 수단으로 이용되었다. 이들 일본국왕사는 對馬의 宗氏가 「일본국왕」 인장을 이용해서 꾸민 것이었으며, 오로지 對馬島의 利害를 대표하고 있었다.

그런데 1580년에 博多 聖福寺의 景轍玄蘇가 정사, 宗氏의 重臣이며 외교에 능숙한 柳川調信이 부사가 되었던 일본국왕사는 「조선이 중개를 해서 明에 通貢하고 싶다」는 요구, 즉 1549년을 마지막으로 두절된 日明 勘合貿易의 부활을 시도하였다. 對馬의 宗氏가 織田信長에게 추방당하여 備後國 鞆 주변에 머물고 있던 足利義昭와 연락을 취하면서 꾸민 使者로 추측되고 있는데, 요구는 정치색이 짙으며, 후에 豊臣 정권의 태도로 이어지는 요소를 포함하는 점도 무시할 수 없다.

1587년 九州 평정에 성공한 豊臣秀吉은 바로 宗氏에게 명하여 조선 국왕의 「入朝」를 요구하게 하였다. 宗氏는 柚谷康廣을 일본국왕사로 조선으로 보냈는데, 요구 내용은 조선통신사 파견 요청으로 바뀌어져 있었다. 康廣의 태도는 오만하였고, 평소의 倭使와 너무도 달랐기 때문에 사람들이 의심했다고 한다.

조선은 이 요구를 거절하였지만, 1589년 秀吉은 다시 국왕의 「入朝」를 요구하는 사절 파견을 宗氏에게 명하였다. 정사에는 다시 玄蘇가, 부사로는 宗氏의 堂主 義智 자신이 나섰다.

이번에도 사절은 통신사 파견으로 요구를 바꿔서 조선에 전달하였다. 조선은 이에 응하기로 결정하였고, 정사로 黃允吉, 부사로 金誠一을 뽑아 다음해 1590년 3월, 일행은 서울을 떠났다. 11월, 秀吉은 사신을 聚樂第에서 引見한다. 사신 파견을 조선의 복종 의사 표명으로 생각한 秀吉은 1591년 2

월, 통신사의 귀국에 玄蘇와 柳川調信을 동행시키고 조선에 征明 引導를 하
도록 요구하게 하였지만 사신을 이것을 「假道入明」, 즉 조선에 길을 빌려서
明으로 침입하겠다는 내용으로 바꿔서 조선에 전달하였다.

秀吉은 조선에서의 회답을 기다리지 않고 출병준비를 진행했고, 1592년
3월에 왜군은 9軍 15만 8천 7백인의 부서를 정하고, 4월에 부산상륙을 개시
한다. 왜군은 緖戰인 釜山城·東萊城 전투에서 승리를 거두고 「倭人上京道
路」를 단숨에 북상하여 서울로 들이닥쳤다. 5월 2일, 小西行長·宗義智 등
의 제1군이 동대문 밖에, 加藤淸正 등 제2군이 남대문 밖에 도달하고 다음
3일 아침, 양군은 성내로 들어갔지만 시내는 이미 텅 비어 있었다.

IX. 서울이 화염에 쌓임

왜군 접근에 공포를 느낀 宣祖는 1592년 4월 29일(조선력 30일) 미명에
수도를 버리고 북으로 도피했다. 5월 1일에는 개성으로 들어가고, 다시 평
양·의주로 피해 갔다.

왕의 가마가 수도를 떠나자마자 시민들은 왕실의 창고에서 보물을 약탈
하고 掌隷院과 刑曹를 불태워 공사노비 문적을 재로 만들었으며, 마침내 궁
전과 육조 창고를 대대적으로 약탈하고 불살랐기 때문에 경복궁·창덕궁·
창경궁 세 궁궐은 순식간에 잿더미로 변해버렸다. 4월 30일(일본력 29일)
새벽, 국왕 일행은 서대문 밖의 沙峴에서 남대문 안의 큰 창고에서 연기와
불이 하늘로 치솟는 것을 보고 있었다. 한편 제1군에 소속된 松浦鎭信의 신
하 吉野末秋도 5월 2일 저녁, 서울까지 하루거리인 한강가에서 서울 하늘에
방화로 인한 연기가 올라가는 것을 보았다.

5월 5일, 行長과 淸正이 상의하여 군사를 성 밖으로 옮기기로 하였고, 사
방의 성문에 패찰을 세워 사람들에게 歸洛을 호소하였다. 6, 7일 무렵에는

宇喜田秀家의 군대가, 7, 8일 무렵에는 黑田長政의 제3군과 森吉成군이 도착하여 서울은 벼멸구 무리 처럼 왜군으로 넘쳤다.

大名들은 評定을 열어 이후의 전략을 정했는데, 秀家는 서울 수비로 남고, 行長·義智는 왕의 행방을 쫓아 평안도 방면으로 향하고, 淸正은 함경도를 공격하기로 하였다. 이리하여 각 군대는 11일 이후 서울에서 출진하였다.

세 궁궐을 태운 것은 왜군이 아니었지만, 吉野末秋가 「아군은 시내로 쳐들어가 진을 쳤다. 七珍·財寶·금은과 絹布마저 버려져 있었고, 모두 일본의 보물이 되었다」라고 쓴 부분을 보면 왜군에 의한 약탈이 있었음이 확실하다. 제1군에 종군하고 있던 승려 天荊은 7일에 경복궁을 찾아가,

> 궁전은 모두 초토가 되어 있고, 마치 咸陽과 같은 분위기였다(秦의 수도 咸陽이 楚의 項羽에게 불태워진 고사). 근처에 漏院(물시계)이 불난 후의 한 포기 풀처럼 홀로 남아 있었다.

라고 묘사하였다. 이 철저한 파괴에는 왜군도 한 몫을 하지 않았을까.

서울의 풍부함에 놀란 왜인도 있었다. 제7군 毛利勢에 소속했던 吉見元賴의 신하 下瀨賴直은 11월 17일에 서울로 들어갔는데, 도성·궁전 문의 축조 기술과 장식을 관찰하고, 「그 탁월한 솜씨는 말로는 형언하기 어려울 정도이다」라고 감탄의 소리를 냈다. 궁궐 문의 천장에 꼬불꼬불 그려진 용의 그림은 「지금이라도 살아서 움직일 듯이 보였으며, 아주 무서웠다」라고 했고, 또한 「모두 일본의 도시에 聚樂을 더한 듯하다」는 大谷吉繼의 말을 적어 두었다.

처음에는 파죽지세였던 왜군도 의병 궐기나 명군의 참전, 더욱이 이순신의 활약으로 제해권을 빼앗김으로써 점차 열세에 몰렸고, 1593년 4월, 行長·淸正과 명나라 遊擊 沈惟敬과의 회의에서 停戰이 합의되었다.

그 합의에 따라 18일에 왜군이 서울에서 철수하고, 이를 대신하여 20일 명군이 입성하였다. 이때 약 1년 만에 서울 땅을 밟은 조선의 영의정 柳成

龍은 시내의 참상을 이렇게 기록하였다.

> 유민들은 백에 하나도 생존하지 않았고, 남은 자도 모두 굶주림에 마르고 지쳐
> 서 안색이 귀신같았다. 때마침 햇살이 아주 뜨겁고, 죽은 사람과 말의 사체가 여기
> 저기 그대로 방치되어 성 안에 악취가 가득해서 길 가는 사람들은 코를 막고 지나
> 가는 형편이었다. 公私의 건물은 모두 허물어졌으며, 다만 숭례문 동쪽에서 남산
> 자락 일대의 적들이 머물렀던 곳이 약간 남아 있을 뿐이었다. 宗廟와 三闕 및 鐘
> 樓 各司(각 관서), 館學(성균관) 등의 大街(종로) 이북에 있던 것은 흔적도 없고
> 다만 타다 남은 재만 남았을 뿐이었다. (박종명 역)

침략전쟁 1년은 「다섯걸음에 1樓, 열걸음에 1閣」, 「참으로 龍界와 같다,
仙界와 같다」고 칭찬받던 서울을 지옥으로 만들어 버렸다. 그리고 왜군 주
둔지역이 식민지 시대의 일본인 거주지역과 일치하는 것은 흥미롭다.

이보다 50일쯤 전인 2월 말, 鍋島直茂를 따라 함경도에서 서울로 돌아온
승려 是琢이 본 광경은 이 전쟁이 침략한 쪽에도 비참하기 짝이 없었다는
것을 가르쳐 준다.

> 숙박할 陣屋이 없어서 남대문 주변을 헤매는 동안에 날이 저물기 시작했으므로
> 인가의 처마 밑을 빌려 여장을 풀었다. 주변에는 남녀 우마가 死骸를 드러내고 있
> 었지만 거두는 사람도 없어서 악취가 하늘을 덮고 땅을 막아버릴 정도였다. 그런
> 가운데 진을 치고 3월부터 4월을 지냈는데, 따뜻해짐에 따라 악취는 더더욱 심해졌
> 고, 이 악한 냄새 때문에 사람들은 모두 병사해 버렸다.

1593년 4월 이후 왜군이 다시 서울에 들어올 일은 없었지만 서울이 입은
피해는 쉽게 치유되지 않았다. 왕권에 있어서는 무엇보다 시급했던 궁궐 부
흥도 창덕궁·창경궁은 광해군(1608~22) 때 재건되었지만 가장 규모가 큰
경복궁 복원은 1868년까지 기다려야 했다.

왜군이 무로마치 시대의 「倭人上京道路」를 더듬어 올라가면서 서울로

진격했던 것은 왜인을 상경시키는 일의 위험성을 조선측에 강하게 인식시켰다. 전쟁 후 왜인이 서울까지 올라가는 것은 한두 가지 예를 제외하고 모두 없어져 버렸다.

국교회복은 1609년의 己酉約條로 실현되었지만, 일본측에서 조선으로 건너가는 자는 부산의 倭館에서 한 걸음도 나가지 못하고, 무역이든 외교든 왜관 안에서 엄격한 감시 아래 행해졌다. 조선통신사가 江戸나 日光까지 간 것과는 대조적이며, 에도시대의 한일관계를 <善隣>이라는 측면에서만 볼 수는 없다.

그리고 일본인의 모습이 다시 서울에 나타나게 되는 것은 불행하게도 근대 식민지화 과정에서였다.

≪참고문헌≫

池內宏,『文祿慶長の役』, 正編第一(南蠻州鐵道株式會社, 1914)·別編第一(東洋文庫, 1936)/復刊(吉川弘文館, 1987)

池內宏, 1972,『滿鮮史研究』, 近世編(中央公論美術出版)

長正統, 1963,「景轍玄蘇について－外交僧の出自と法系－」(『朝鮮學報』29)

川口卯橘, 1931,「大藏經板求請と日鮮の交渉」(『靑丘學叢』3号)

姜在彦, 1992,『ソウル』世界の都市の物語7(文藝春秋)

田中健夫, 1995,『中世海外交涉史の硏究』(東京大學出版會)

村井章介, 1993,『中世倭人傳』(岩波新書)

「三浦の亂時のソウル倭館」(田中健夫編『前近代の日本と東アジア』吉川弘文館, 1995년)

『東アジア往還－漢詩と外交』(朝日新聞社, 1995)

吉田光男, 1992,「漢城の都市空間－近世ソウル論序說－」(『朝鮮史硏究會論文集』30집)

李進熙, 1994,『倭館·倭城を步く－李朝のなかの日本－』(六興出版)

제7절 壬辰倭亂의 歷史的 前提
—한일관계사를 중심으로—

I. 머릿글

　豊臣秀吉의 조선 침략이 어떠한 역사적 전제를 토대로 발생했는가? 이 테마에 대하여는 이전부터 논의가 있어 왔으며, 다양한 견해가 나오고 있다. 이들 견해는 ① 일본의 국내적 요인의 발전으로서 대외전쟁으로 자리매김하는 설, ② 조선측의 내부사정까지 포함하여 양국의 상호인식을 중시하는 설, ③ 明을 중심으로 하는 국제사회의 상황 속에서 한일 양국의 행동을 이해하려는 설 등 몇 가지로 분류할 수가 있다.[1]

　이 가운데 ①의 입장은, 중세로부터 근세로의 이행이라는. 日本史上 드물게 보는 대변동의 중요한 일부를 이루는 것으로서, 이 전쟁을 이해할 필요가 있다. 또한 ③의 입장에서는, 明淸 교대라는 세계사적인 변혁에 이르는 중요한 스텝으로서 이 전쟁을 자리매김할 필요가 있다. 어느 것이든 짧은 지면에서 논의하기에는 어렵다.

　그래서 이 글에서는 ②의 입장에서 문제에 접근하고자 한다.[2]

　開戰 시점에서, 만일 조선측이 일본 안에서 일어나고 있던 사태를 정확

---

1) 北島万次『豊臣政權の對外認識と朝鮮侵略』(校倉書房, 1990) 제1장 참조.
2) 本稿는 1998년 1월 16일에 한국 경상남도 진주시 국립진주박물관에서 개최된 심포지엄「壬辰倭亂と晋州城戰鬪」에서 구두로 발표하고, 같은 해 3월 간행된『南冥學硏究』(慶尙大學校南冥學硏究所) 제7집에 한국어로 게재한 같은 제목의 논문을 다시 쓴 것이다. 서술 재료는 대개 小著『中世倭人傳』(岩波新書, 1993)에서 취급한 史料에서 구했다. 그리고 典據는 거의가『朝鮮王朝實錄』인데, 書名을 생략하고 본문 중에서 간결하게 표기하였다(예,『朝鮮王朝實錄』중종실록 37년 8월 임오조 → 中宗 37년 8월 임오).

히 파악하고 있었다면, 그리고 충분한 방어책을 마련할 수 있었다면, 불과 한달도 안돼서 수도를 내주는 사태는 일어나지 않았을 것이다. 緖戰에서 일본군에게 심각한 타격을 줄 수 있었다면, 그 정도의 장기전으로 가지는 않았을 것이다.

오해가 없도록 분명히 밝혀 두는데, 조선측의 내부 사정을 들먹인다고 해서 임진왜란이 일본군에 의한 조선침략전쟁이었다는 역사적 본질을 덮어버리려는 의도는 조금도 없다. 전쟁을 시작한 것은 분명히 일본측의 일방적인 행위였으며, 변명의 여지는 없다. 그러나 이와 같은 세계사적 사건의 의미는 도덕적 비난으로 일관해서는 제대로 볼 수 없는 것이다. 객관적인 역사적 분석이 필요하다. 그와 같은 시도의 하나로 이 글을 검토해 주었으면 한다.

Ⅱ. 15세기 한일관계의 빛과 그림자

1. 14세기 倭寇의 후유증

14세기 중엽부터 왜구가 한반도의 남해안을 중심으로 격심한 해적행위를 일삼게 된다. 조선측의 기록에서는 1350년을 왜구가 시작된 해로 특별히 기억하고, 이 해의 간지를 따서 「庚人以來의 倭賊」로 표현하고 있다. 이후 왜구의 활동은 횟수가 늘어날 뿐만 아니라, 지역적으로도 한반도의 북부까지, 또 해안 지역에서부터 내륙부까지 확산을 보인다. 그 절정은 일본의 九州 지방이 대규모의 전란상태에 빠졌던 1370년대 무렵이다.

이후 왜구는 한국사의 선개에 큰 영향을 끼치게 된다. 다만 고려왕조 멸망의 원인을 왜구에서 구하는 견해는 옳지 않다. 고려 말기에는 이미 왜구는 군사적으로 봉쇄되어 있었기 때문이다. 1380년과 83년에는 고려군의 대승리가 기록되어 있으며, 특히 1389년에 朴葳가 對馬島에 공격을 가한 뒤 왜구의 횟수는 눈에 띄게 감소한다.

그러나 조선왕조의 건국자 李成桂가 두각을 나타냈던 것이 왜구와 여진과의 전투를 통해서였다는 의미에서, 왜구와 고려의 멸망과는 간접적인 관계가 있다. 마침내 1392년, 李成桂는 신하의 추대를 받아 즉위하고(太祖) 조선왕조가 성립한다.

太祖는 왜구 문제에 신경을 쏟았다. 그의 기본방침은 투항하는 왜구에게 우대조치를 베풀어서 국내에 거주하게 하거나, 평화적인 교역자로 변신할 것을 꾀하는 등의 회유책이었다. 이러한 정책전환에 따라 15세기에 일본에서 다양한 세력이 조선에 사절을 보내어 조공무역을 행하게 된다.

이러한 무역은 조선측에서 보자면 이익을 취하는 것이 목적이 아니라 왜구의 침략을 미연에 방지하기 위한 정치적인 비용이라고 생각했으므로 일본측에 이익이 컸다. 이러한 사정은 일본측에게는 경제적인 합리성을 뛰어넘는 이익을 추구하는 자세를 갖게 하였고, 조선측에게는 증대하는 국가지출을 억제할 필요성을 인식시켰다. 쌍방의 목적이 정면으로 충돌하는 것은 말할 필요도 없다. 이처럼 일견 화려한 善隣의 시대로 보이는 15세기의 한일관계는 저변에 모순을 안고 있었던 것이다.

조선 백성 중에서 그 여파를 양쪽으로부터 받았던 이들은 왜인들의 헌상품(무역품)을 三浦³⁾에서 한양까지 운반해야 하는 沿道의 주민들이었다. 1542년의 기록은 그들이 겪는 고통을 다음과 같이 묘사하고 있다(중종 37년 8월 임오).

> 짐을 실어 나를 때에는 沿路 각 고을의 人吏가 모두 나와서 밤낮없이 물품을 운반하느라 길을 메웁니다. 심지어는 妻子들까지 고통을 받는가 하면 무거운 짐을

---

3) 三浦란 15세기 초 이후 왜인의 入港地로 지정되었던 경상도 남해안의 浦所이며, 처음에는 富山浦(釜山浦)와 薺浦(鎭海市) 두 곳이었으나 1426년에 鹽浦(蔚山市)가 추가되어 三浦로 총칭하게 되었다.

실어 나르던 소가 길 가운데 죽어 나자빠지는 일도 허다합니다. 그리하여 이곳 백
성들이 倭奴만 없으면 人馬가 좀 편안해지겠다고 합니다. 왜인들 또한 나라에서
교린의 의리 때문에 매우 후하게 접대하는 것을 알고 있기 때문에 조금이라도 마음
에 차지 않으면 수령을 업신여기고 아랫사람들을 구타하는 등 모욕적인 짓을 그치
지 않습니다.

또 그러한 모순은 三浦의 인구증가로도 나타났다. 삼포에는 각각 「倭館」
이라는 접대소 겸 商館이 설치되었다. 이윽고 주로 對馬島에서 와서 三浦에
정착하는 왜인이 늘어나고, 근해에서의 어업권도 인정받아 사실상의 거류지
가 되어 간다. 1436년에는 인구가 600명을 넘어섰고, 조선 정부는 인구의
상한성을 정하고, 이를 초과하는 인원은 對馬島로 돌려보내는 한편 남은 왜
인의 거류를 합법화시킬 수 밖에 없었다.

이같은 거류의 합법화에는 정해진 숫자 이상의 거류를 금지시키고자 하
는 의도가 있었지만 거의 실효가 없었다. 對馬島는 농사를 지을 수 있는 경
작지와 일거리도 부족했고, 생산력에 비하여 많은 인구를 지니고 있었으므
로 三浦로의 인구 유출이 그치지 않았다. 전성기인 15세기말에는 인구가 법
적 상한선의 몇 배인 3,000명 이상이 거주하는 대규모 「도시」로 팽창하고
말았다.

조선 정부는 삼포의 왜인이 해적화하는 것을 두려워하여 강제력의 발동
을 미루고 있는 사이에 누적된 旣成 사실을 인정하지 않을 수 없게 된다.
1503년 薺浦를 시찰했던 어느 관리는 이것을 「뱃속에 腫瘍이 생겨 금방이
라도 터질 것 같은 상태」라고 표현하고 있다(『燕山君日記』 9년 3월 임진).

2. 申叔舟의 遺訓

조선에서 領議政 겸 禮曹判書라는 요직을 역임한 申叔舟는 1471년 『海
東諸國紀』라는 책을 저술하였다.[4] 조선의 입장에서 「海東諸國」인 일본 과

琉球에 대하여 그 나라의 역사와 지리, 또는 어떤 통교자가 조선을 방문했는가를 서술하고, 그들을 대우하는 기준을 제시했던 책이다. 申叔舟는 이 책의 서문에서 「隣國과의 외교나 이민족의 접대에 있어서는 반드시 그 실정을 알고난 다음에야 禮를 다 할 수 있고, 禮를 다 해야만 그 마음을 다할 수 있는 것이다」라고 하였다(岩波文庫本 『海東諸國紀』).

전북대학교의 河宇鳳 교수는 신숙주를 「文化相對主義」에 입각한 「國際人」으로 평가하고 있다.5) 분명히 다른 유학자들이 왜인과 여진인을 「人面獸心」 또는 「喜人怒獸(기쁘게 하면 사람이지만 노하게 하면 짐승이다)」(『선조실록』 6년 정월 을사)라는 눈으로 보았던 것에 비하여, 申叔舟는 「倭도 또한 인간이므로 어찌 인간의 마음이 없겠는가?」라는 열린 눈을 지니고 있었다(『성종실록』 4년 10월 병술).

『海東諸國紀』는 이후 일본과의 「交隣外交」의 典範이 된다. 1504년에는 이 책을 본떠 여진인 접대의 기준을 정한 『西國諸藩記』라는 책도 만들어졌다(『燕山君日記』 10년 3월 신미). 1499년에 承旨 鄭眉壽는 『西國諸藩記』의 편찬을 제안하면서 다음과 같이 말하고 있다.

> 『海東諸國記』는 申叔舟의 찬술입니다. 일본국의 도로의 인근 · 풍토 · 씨족 · 사절의 접대 등에 관한 사항을 모두 그림으로 표시하고, 아울러 훌륭한 서문도 붙어 있습니다. 따라서 모든 접대의 예식에 있어 국가가 이 책에 힘입고 있습니다. 북방은 야인의 땅입니다. 비록 鎭帥들이 잇달아 그곳을 드나들지만 모두 武官들이므로 그 씨족과 풍토를 아는 자가 없습니다. 다만 李克均과 李季仝 만이 이를 알고 있으니, 청컨대 『海東諸國記』의 예에 따라 책자를 찬집함이 어떠하오니까?(『燕山君日記』 5년 정월 기묘).

---

4) 田中健夫 譯註 『海東諸國記 ─ 조선인이 본 중세의 일본과 琉球』(岩波文庫, 1991) 참조.

5) 河宇鳳 「申叔舟와 『海東諸國記』 ─ 조선왕조 전기의 어느 국제인의 營爲」 (大隅和雄 · 村井章介 편, 『中世後期における東アジアの國際關係』, 山川出版社, 1977년 7월).

그러나 1475년에 申叔舟가 사망한 이후 한일 양국의 관계는 그가 바라던 방향으로 전개되지 않았다. 왜인은 자신들을 짐승처럼 보는 상대의 태도를 역으로 이용하여 요구가 관철될 때까지 막무가내로 밀고 나가는 자세를 취했다. 조선측은 「논리가 통하는 상대가 아니다」라고 하고서는 찔끔찔끔 왜인의 요구를 받아들이고 마는 일을 거듭했다.

예를 들면, 1498년 7월에 三浦에 입항했던 어느 倭使는 조선 정부가 銅을 사들이지 않는 것에 항의하여 8개월씩이나 항구에 머문 채 한양으로 가려고 하지도 않고, 본국으로 돌아가려고도 하지 않았다(『燕山君日記』 5년 3월 병인). 倭使의 체재비용은 조선측이 부담하기로 하였으므로 정부는 비용이 불어나는 것에 두손을 들고, 결국은 특례로 公費를 들여 銅의 구입을 인정하고 말았다(『燕山君日記』 5년 3월 기사).

1542년 「日本國使」가 8만냥이나 되는 銀을 가지고 와서 조선측이 대응에 고심했던 일이 있었다. 그때 司諫院은 무역을 허용했을 경우의 폐단을 이렇게 지적하고 있다(『중종실록』 37년 4월 갑술).

> 이제 무역을 하도록 허가한다면 왜인은 그 이익이 많은 것을 좋아해서 뒤에 오는 자가 가져오는 양은 지금보다 훨씬 많을 것입니다. 한 번 꼬투리를 열면 결국 저들의 끝없는 욕심에 응하기 어렵게 되고 말 것입니다. 처음부터 물리치시면 저들이 서운해 하더라도 그 노여움이 오히려 얕을 것입니다. 요구에 응하기 어렵게 되고 나서 무역을 중지하려 하면 저들의 노여움이 더욱 깊어지고 그 해독도 또한 반드시 클 것입니다.

참으로 이치에 닿는 正論이다. 그러나 마지막에 조선 조정이 내린 결정은, 왜인이 분노할 것을 두려워하여 그들의 터무니없는 주장에 대폭 양보하게 되는 것이 통례였다.

왜인 쪽에 申叔舟의 신뢰에 답할 만한 성실성이 결여되어 있었던 것은 명백하다. 그러나 조선측의 무역에 대한 자세 속에도 왜인의 횡포를 유발시

키는 요인이 있었다. 「서로가 이익을 나눈다」는 경제적 합리주의에 입각해
서 무역에 임하는 것이 아니라, 왜인을 길들이는 정치적 도구로서 무역을
자리매김하는 자세가 그것이다.

이런 상태로는 申叔舟의 遺訓도 활용할 방법이 없다. 明宗(1545~67년)
때 왜인 접대를 담당했던 金安國에 대하여, 「네가 왜인을 너무 후하게 대우
한 까닭에 왜인이 점점 더 교만하게 되었다」는 비난이 쏟아졌다. 「安國은
나라를 위하여 교린의 道를 다 했을 뿐이며, 그 때문에 왜인이 교만해진 것
은 아니다」라는 변론도 있었지만(선조 7년 4월 정묘), 왜인을 보는 조선측의
눈은 점점 차가워지기만 하였다.

Ⅲ. 상업자본의 성장과 국가의 억압

1. 倭物에 모여드는 사람들

조선측에게 있어서 三浦가 지닌 문제는 인구증가만이 아니었다. 三浦의
왜인들이 경계를 넘어 이웃한 마을에 들어가 여러가지 경제활동을 하면서
주변지역까지 그 여파가 미치기 시작했다.

16세기 초의 어떤 사료는 「산에서 나무를 한다던가 예불을 한다는 핑계
로 내지 깊숙이 들어갈 뿐만 아니라, 장사를 하기 위해 의복과 언어를 조선
풍으로 바꾸고 여러 郡을 횡행한다」고 기록하고 있다. 조선측은 왜인 거류
지를 「關限」이라는 벽 또는 울타리 같은 것으로 둘러싸서 왜인의 활동을 봉
쇄하려 했지만, 왜인은 망설임 없이 담을 뛰어넘었으므로 실효는 없었다
(『중종실록』 4년 4월 계해).

1542년에는 薺浦 근처의 熊川 주민 90인이 왜인과의 밀무역에 관련되어
조사를 받았다. 그때 連坐制로 이들 90인의 8촌까지 처벌한다면 熊川의 전

주민이 대상자로 되어 버릴 뿐만 아니라, 이웃 고을까지 피해를 입었을 것으로 예측되고 있다(『중종실록』 37년 11월 을축).

이러한 법 외의 접촉은 삼포왜인과 주변 주민들 간의 접촉만으로 그치지 않았다. 1509년, 사헌부 감찰 朴詮은 국왕에게 올린 의견서에서 이렇게 지적하고 있다(中宗 4년 3월 병진).

> 서울의 부호와 상인이 熊川과 東萊(富山浦에 인접) 성밖의 민가에 장기간 머무르며 왜인과 친해져서 禁物을 거래하며 두 배 내지 다섯 배의 이익을 올리고 있다. 상인과 왜인을 소개시켜 주는 이는 대체로 驛의 관리들이다. 지금 南道의 주민들은 농업을 포기하고 무역에서 생기는 이익만을 탐하게 되어 安東의 누에고치와 金海의 麻絲와 같은 특산품은 모두 왜인의 수중으로 넘어가고 있다(『중종실록』 4/3/병진).

조선 정부에게 이 문제가 심각했던 것은, 밀무역의 앞잡이를 하는 이들의 상당수가 위의 의견서에 보이는 驛吏와 같은 국가기구의 말단에 위치한 관리였기 때문이다.

이러한 무리로서 우선 들 수 있는 것이 三浦에 설치된 왜관의 書吏·庫直·庫子 등으로 불리는 사람들이다(中宗 35년 6월 정해). 서리는 무역 거래의 기록담당관이었고, 庫直과 庫子는 왜인과의 무역품을 보관하는 창고의 관리였을 것이다. 이들은 직접 倭物을 가지고 상인과 접촉할 뿐만 아니라, 왜인을 안내하여 밤에는 발판을 만들어 담장을 넘게 하고, 낮에는 문을 열고 공공연하게 외출케 함으로써 조선 상인과 거래할 수 있는 기회를 제공하고 있었다.

다음으로는 왜인과의 대화를 통역하는 通事이다. 1528년, 상인으로 추정되는 金仲良 등 5인이 각각 木綿 500同씩을 출자하여 때로는 倭通事에게 부탁하여 몰래 禁物을 사들이거나, 또는 赴京通事에게 황금과 은을 보내고 왜물의 입수를 꾀했다(中宗 23년 2월 임자). 그 뿐만 아니라 통사가 한양 상인을 왜관 근처의 집으로 안내하여 倭物을 사게 하고, 그 물건을 한양으로 운반할 때 나라의 공물이라고 속이고 자신이 따라나서서 운반하는 사례마저 있다(中宗 39년 9월 임술).

또한 본래 왜인의 부정을 단속하는 것이 임무인 변장들조차도 富商들로부터 화물을 몰래 사들이면서 그 값을 국가의 공비로 지불하고, 이를 다시 왜물과 교환하여 큰 돈을 버는 부정행위를 저지르고 있다(中宗 34년 5월 을해).

1510년에 三浦의 왜인이 자신들을 엄중하게 단속하던 담당관의 파면을 요구하며 對馬島 宗氏의 지원군과 합세하여 무장봉기를 일으켰다가 결국 패퇴하고 만 사건이 일어났다. 이른바 「三浦倭亂」이라고 부른다. 이 사건으로 말미암아 三浦의 왜인은 다수가 살해되고, 남은 자들도 對馬島로 쫓겨갔다. 對馬島와 조선의 관계도 단절되고 만다. 1512년 對馬島의 필사적인 노력으로 인하여 관계는 회복되었지만, 對馬島에 허용된 통교의 규모는 왜란 이전과 비교하여 훨씬 줄어들었다.

이상과 같은 동향 속에서 日明關係와도 공통되는 公的 通交의 감퇴 경향이 나타난다. 그러나 이것은 對馬島(또는 일본)와 조선 사이의 다양한 형태의 통교가 전체적으로 감퇴했다는 것을 의미하지는 않는다. 오히려 통교의 형태가 밀무역 쪽으로 옮겨갔던 것이다. 이러한 경향은 왜인측의 필사적인 노력으로 말미암아 생겨난 것이기는 하지만 조선측에도 이를 조장하는 요인이 있었다. 민간의 경제력이 증대하고 국가주도형 대외관계의 틀 안으로 수렴할 수 없게 된 것이 바로 그 요인이다.

2. 「富商大賈」의 경제력

왜관의 관리와 通事, 邊將 또는 삼포 주변의 주민이 倭物의 밀무역에 관계되어 있다고는 해도 그것은 어디까지나 중개에 지나지 않는다. 倭物의 최종 구입자는 조선 상인이며, 그 중에서도 한양을 중심으로 하는 상업자본

(「富商大賈」)이었다. 1530년, 司諫院이 임금에게 올린 上申書는 다음과 같이 이야기하고 있다.

> 富商大賈들이 섬에 들어가 몰래 왜인의 물건을 사 온 일이 발각되어 경상도 관찰사 崔世節이 지금 한창 그들을 囚禁하고 추문하는 중입니다. 최세절은 刑曹에 공문을 보내 그 黨으로 서울에 사는 사람을 불시에 나가 엄습하여 잡아다가 수금할 것을 요청하였으나 아직도 그 일이 이루어지지 않고 있습니다. 富商大賈가 남방으로 왕래하며 왜인과 어울리고 밀무역을 행하는 것은 지금 큰 근심거리입니다(중종실록 25년 2월 을묘).

이 무렵부터 일본의 銀이 대량으로 조선에 유입되기 시작하게 된다. 1538년에 少貳氏의 使者를 자처하는 자가 가져온 375근의 은을 공무역에서 어느 정도 사들일 것인지를 논의할 때, 의정부 · 예조 · 호조는 「공무역에서 사들인 나머지 은에 대하여 만일 사무역을 허용한다면 富商大賈가 이를 중국 물건을 사들이는 밑천으로 삼기 위하여 반드시 高價로 은을 매입하여 커다란 피해가 발생할 것」이라고 주장하고 있다(中宗 33년 10월 기사). 또 1542년에 왜인이 가져온 물품 중 은 이외의 상품에 대하여 「국가가 필요로 하지 않는 물품을 민간에서 사들이는 것을 허가하면 하루 이틀 사이에 富商大賈가 전부 사들이고 말 것이다」라고 예측하고 있다(中宗 37년 7월 갑자).

이러한 「富商大賈」의 행동이 보여주고 있듯이, 16세기 조선의 민간자본은 정부 재정을 상회할 정도의 경제력을 축적하고 있었다. 국가가 왜물 밀무역의 횡행을 근절하기 곤란했던 원인이 왜인측에만 있었던 것은 아니다. 상품 유통의 발전을 軸으로 하는 조선 사회의 변모가 국가의 규제에도 불구하고 富商大賈를 밀무역으로 몰아넣었던 것이다. 이러한 사회적 動因이 존재하는 한 밀무역 거점으로서의 거류지가 소멸된다 하더라도 왜인과 富商大賈는 또 다른 접촉 장소를 찾아냈을 것이다.

이러한 富商大賈의 에너지를, 왜물의 밀무역이라는 비합법적인 영역으로 내몰지 않고 자유롭게 경제활동을 허용했더라면 조선의 경제는 동시대의 일본에 못지않게 활발해졌을 지도 모른다. 더 나아가 그것이 豊臣秀吉의 침략전쟁을 물리치는 「民間活力」을 낳게 되지 않았을까? 戰國의 亂世로부터 통일권력이 탄생하는 시기의 일본에 있어서 全國大名이나 豊臣秀吉·德川家康 등 「天下人」의 대두를 받쳐주었던 것이 京都와 博多의 豪商들이었다는 것은 잘 알려진 사실이다.

3. 儒教主義와 冊封關係의 중압

그런데 당시의 조선사회에는 민간자본의 자유로운 발전을 억압하는 요인이 있었다. 그 주된 것으로는 두 가지가 있다.

우선 유교사상에 전통적으로 흐르는, 상업을 천시하는 사고방식이다. 1485년 조정에서 민간에 의한 사무역의 허용 여부를 논의하였다. 그때 보수파 관리들은 「조선왕조가 역대로 따랐던 무역의 법도는 夷狄에게 먹이를 주어 길들이는 계략에 불과하고, 이익을 구하는 것이 목적이 아니다」라고 주장하고 있다(成宗 16년 2월 정묘).

대일통교의 규모는 왕조 수립 당시보다 훨씬 커졌고 상업적 성격이 강화되었다. 임금인 성종 자신이 이런 논의에서 「우리나라에 긴요한 물건은 모두 왜국에서 가져오고 있다. 무역을 한들 무슨 해가 있겠는가?」라고 하고 있다(成宗 23년 5월 갑신). 그러나 대부분의 관리들은 무역을 경제적인 관점에서 보려 하지 않고 정치·군사적 필요성에서 부득이 허용하는 것이라는 인식에 머물러 있었다.

또한 그들은 무역의 상대인 夷狄을 자신들과 대등한 인간으로는 생각하지 않고 있었다. 「島夷(對馬島인)는 성질이 조급한 무리로 기쁘게 하면 사람이지만 노여워하게 만들면 짐승이 되고 만다. 그러니까 그들을 접대할 때에는 신중을 기할 필요가 있다」(宣祖 6년 정월 을사)는 말이 그러한 인식을 잘 보여주고 있다. 이러한 우월의식은 외교교섭을 통해 상대방을 자신의 이익이 되는 쪽으로 움직이게 한다는 이성적 대응으로부터 스스로를 멀어지게 한다. 그리고 이러한 우월감의 이면에 자리잡고 있던 것은 자신의 논리로 대응할 수 없는 자에 대한 공연한 공포감이었다.

다음으로, 조선이 명의 冊封을 받고 신하가 되었다는 사실로 말미암은 억압이 있다. 일본에서는 1530년대부터 은의 생산이 폭발적으로 증가하는데, 이는 실은 조선으로부터 밀무역 루트를 통해 전해진 새로운 제련기술(灰吹法)에 의한 것이었다. 조선에서는 훨씬 이전부터 灰吹法에 의한 銀精練이 중국으로부터 전해져서 이미 정착해 있었던 것이다.

그런데 16세기 조선에서는 은 생산이 증가하기는 커녕 생산은 억제되고 은광이 폐쇄되고 있다. 이 무렵 조선은 「우리나라에서는 은이 산출되지 않는다」고 주장하여 명에 대한 은의 공납을 면제받고 있었다(中宗 35년 7월 갑인). 이러한 주장을 증명하기 위하여 조선은 「禁銀令」을 선포하고 민간에서 은의 채굴이나 매매를 일체 금지시킬 수밖에 없었다.

이 「貢銀」은 명과의 冊封關係에 수반하여 조선에 부과되었던 의무였다. 한편 일본도 형식상으로는 명의 책봉을 받고 있었지만, 그 규제력은 조선과 비교하여 훨씬 미약했다. 은을 아무리 많이 생산하여도 그것을 공납하라는 명령이 명으로부터 올 염려는 없었다.

그 결과 조선은 일본으로부터 유입되어 자국을 거쳐 명으로 유입되는 은을 어떻게 처리할 것인가에 골머리를 앓는 얄궂은 결과가 된다. 1540년 무렵의 상황을 어느 사료는 다음과 같이 기술하고 있다.

> 倭의 은이 유입되어 市廛을 가득 채우고 있습니다. 북경에 가는 사람들이 공공연히 은을 싣고 가는데, 한 사람이 3천냥 이상을 가져갑니다. 이대로 방치하면 명으로부터 「예전에는 당신네 나라에서 은이 생산되지 않는다고 하더니 근래에는 매우 많이 가져오는데 어디서 나왔는가?」라고 추궁당할 염려가 있습니다(中宗 35년 7월 갑인).

이처럼 조선에서는 모처럼 뛰어난 은제련 기술을 보유했으면서도 이를 활용해서 은 생산을 늘릴 조건을 지니지 못했다. 민간의 자본력에 광산을 넘겼더라면 일본에서 일어난 것과 같은 폭발적인 증산도 가능했을지 모른다. 그러나 명과의 책봉관계라는 국제적 압력은 그러한 가능성을 조선 정부에게 허용치 않았다. 또한 전통적 정치사상에 얽매어 있던 조선 정부 자신에게도 민간 활력의 도입이라는 발상은 생겨나기 어려웠던 모양이다. 오히려 임금의 발언에 그와 유사한 발상의 맹아가 보였던 것은 흥미로운 사실이지만, 그것도 신하들의 「諫言」에 의해 즉시 싹이 잘리고 만다.

이에 반하여 일본에서는 정반대의 상황이 나타났다. 기술적인 낙후가 밀무역 루트에 의한 기술의 전파로 극복되자 당장에 놀랄만한 속도로 은의 증산이 실현되었던 것이다. 그 이유는 첫째, 명의 억압이라는 국제적인 저해 요인이 전혀 없었다는 점, 그리고 두 번째로 戰國大名과 통일권력이라는 국가 측면에서 광산을 자신의 손 안에 넣고서 증산을 조성하는 방향으로 움직였다는 점이다. 더욱이 통일권력의 등장으로 말미암아 생산력을 효과적으로 운용할 수 있는 체제가 가능해진 결과 17세기 전반에는 전세계 은 생산량의 1/3을 일본은이 차지하는 상황에까지 이르렀던 것이다.[6]

IV. 16세기 왜구와 정보 루트의 제한

1. 水賊 · 倭賊 · 濟州人

조선왕조의 전통적인 해적 대책은 對馬島에 해적의 단속과 왜인 통교를 통제하도록 하는 것이었다. 때로는 1419년의 己亥東征(応永外寇)처럼 군사

---

6) 이상 村井章介「中世倭人と日本銀」(竹內實他著『日本史を海から洗う』南風社, 1996) 참조.

적 위압을 가하거나, 1510년의 庚午倭變(삼포왜란) 이후와 같이 斷交라는 조치를 취하는 일도 있었다. 이러한 조치들은 어느 시기까지는 유효한 수단이었지만 점차 이러한 방법으로는 감당할 수 없는 사태가 나타나게 되었다.

이미 1470년대부터 조선 정부는 전라도에 출몰하는 해적이「水賊인지 倭賊인지」여부를 판별하는 데에 골머리를 앓고 있었다. 水賊이란 조선인 해적을 가리키는 것으로, 이 경우라면 국내문제로 처리할 수 있지만, 倭敵의 경우라면 외교문제가 될 가능성이 있었기 때문이다. 그런데 이들의 실체는「본국의 頑民이 貢賦를 면하고자 水賊의 행색을 하고 있다」든지(成宗 8년 10월 기유),「倭語・倭服을 하고서 海浦에 출몰하면서 배를 습격하여 사람을 바다에 처넣고는 다시 섬으로 숨는다」(成宗 19년 3월 병인)든지 하는 존재였다. 이들은 수적인지 왜적인지의 구별이 극히 어려운「境界的」인 사람들이었기 때문이다.

물론 이러한 경계적인 성격은 對馬島의 왜인들도 지니고 있었다. 이 시기의 특징은 거기에 새로운 요소가 첨가됨으로써 문제가 더욱 복잡해졌다는 것이다.

새로운 요소의 첫 번째는 제주도인이다. 1477년 무렵, 제주도의「豆禿也只」라 불리는 海民 집단이 경상도의 泗川・固城・晉州 등의 해안에 배를 정박하고 살고 있었다. 그들은「의복은 왜인과 비슷하지만 언어는 왜어도 漢語도 아니다. 몰고 다니는 배는 견고하여 발이 빠르며, 고기잡이와 해초를 채취하면서 살아가는데, 郡縣은 노역을 부과할 수가 없다」고 하는 참으로 경계적인 사람들이었다(成宗 8년 8월 기해). 또한 1492년에도 水賊의 정체는「沿海頭無岳」으로 불리는 제주도의 海民이 틀림없다고 기록되어 있다(成宗 23년 2월 기유).

두 번째로, 전라도의 일반 주민이 해적집단에 투신했던 일이다. 1472년에 전라도 남부 해안의 樂安・順天・玉山 등지의 주민 30여 명이 4척의 배로 해적행위를 했는데, 그때 그들은「거짓으로 속여서 왜인이 되거나, 또는 제주인이 되었다」고 한다(成宗 3년 2월 갑오). 1486년에는 「전라도의 섬들은 수적 때문에 무인지경이 되고 말았는데, 賊을 피해 어디론가 가버린 것인지, 아니면 그들 자신이 수적이 되어 어디엔가 숨어버린 것인지 알 수가 없다」는 사태가 보고되고 있다(成宗 17년 12월 신묘).

이리하여 한반도 남부 해안에서 활동하는 海民 집단 또는 해적에 새로운 요소가 추가되었는데, 겉으로 보면 각각의 요소가 점점 구별하기 곤란한 상태로 되어 갔다. 그것은 사실로서 그들이 유사한 생활 형태를 지녔던 이유도 있었지만, 전라도의 주민이 거짓으로 왜인이나 제주인이 되었다는 사례에서도 알 수 있듯이, 그들 자신이 의식적으로 구별이 곤란하게끔 했던 것도 일조를 하였던 것이다.

사태가 이렇게 되자 삼포의 왜인이 전라도의 수적이 아닌지 의심을 받았던 일도 그다지 무리는 아니다. 1502년 조정 회의에서 어느 관료는 다음과 같이 제안하였다.

삼포의 왜인들은 배로써 집을 삼고 있습니다. 전라도의 수적은 이들의 소행입니다. 왜인의 배에는 모두 붉은 칠로 표지를 새겨서 다른 배와 구별하게 하면 자연히 해적 행위를 할 수 없을 것입니다(燕山君 8년 11월 임신).

바로 그 무렵, 1497년에 鹿島, 1500년에 馬島 등 전라도 남부의 다도해 인근에서 연달아 왜선에 의한 조선 수군 습격사건이 일어났다. 鹿島에서는 4척의 賊船이 將官과 병사 30여 인을 살해했다. 馬島에서는 1척의 賊船이 군인 11명을 죽이고 27명에게 부상을 입혔다. 이들 사건 모두가 삼포왜인의 소행임에 틀림없다고 단정하였던 것이다. 「釣魚禁約」에 따라 鹿島와 馬島 두 섬에 가까운 孤草島(지금의 巨文島)에 출어했던 삼포왜인이 돌아가는 도중에 해적질을 한 것으로 간주하였던 것이다.[7]

---

7) 長節子 「孤草島釣魚の變容」(『年報朝鮮學』 창간호, 1990년 12월).

그러나 삼포왜인을 심문한 결과「우리 무리가 했던 일이 아니다」,「삼
포에서 그렇게 먼 곳까지 가서 도적질을 할 리가 없다」며 부정했고, 삼포
왜인의 소행이라는 확증은 얻지 못했다(燕山君 3년 4월 갑신·병신). 객관
적으로 보아도 그렇게 단정할만한 근거는 없었고, 그들이 왜인인지 수적인
지, 아니면 다른 사람들인지 정확하게 변별할 수 있는지 여부 자체가 의심
스럽다.

2. 새로운 交易主體의 등장

16세기에 접어들자 사태는 더욱 복잡해진다. 1544년 충청도 鹽浦 근해에
정체불명의 배가 나타났는데, 염포첨사는 이를 왜적으로 간주하고 화포를
쏘아 쫓아버렸다. 그런데 이들은 福建省의 明人으로 은을 사기 위해 일본으
로 가던 도중에 폭풍을 만났던 것이다(中宗 39년 6월 신묘·임진). 이 배에
대하여는 명측의 사료에도「福建省 漳州 백성 李王乞 등이 재화를 싣고 通
蕃하려 하다 태풍을 만나 조선에 표류하니 조선왕은 39인을 포획하여 遼東
都司에게 械送했다」는 기사가 보인다(明 世宗 嘉靖 23년 12월 을유).

1530년대부터 시작되는 日本銀의 증산은 일본열도와 중국의 강남을 연
결하는 거대한 교역 루트를 형성하였는데, 이 루트를 왕래하는 배들이 종종
한반도에도 나타나게 되었다. 조선에서는 이러한 배들을「荒唐船」이라고
불렀다.[8] 荒唐船이 조선 정부의 골머리를 썩인 것은 明人인지 倭人인지의
여부가 겉으로 보아서는 구별이 가지 않는다는 점이었다. 명인이라면 책봉
을 받은 나라의 의무로서 해적일지라도 정중히 되돌려 보내지 않으면 안되
었던 것이다.

1555년에는 전라도의 達梁 주변에서 70여척의 船團에 의한 대규모의 왜

---

8) 高橋公明「16世紀の朝鮮·對馬·アジア海賊」(加藤榮一他編『幕藩制國家と異域·
異國』校倉書房, 1989), 同「16世紀中期の荒唐船と朝鮮の對応」(田中建夫編『前近
代の日本とアジア』吉川弘文館, 1995).

구사건이 발생하였다(乙卯達梁倭變). 그들의 실체는 西九州 방면을 근거지로 하는 해적이 明의 연해에서 해적질을 하고 난 뒤에 한반도의 남부해안에도 나타났던 것인데, 그 집단의 민족적 구성은 중국인이 주도권을 장악하고, 平戶나 五島의 왜인들이 추종하는 형태였다.

荒唐船과 達梁의 왜구는 대체로 다민족 혼성이 특징으로, 명인인지 왜인인지의 판별은 무리였다고 하지 않을 수 없다. 또한 여기에 對馬島인이 관여하고 있었다는 증거는 없으며, 오히려 對馬島는 해적에 관한 정보를 조선 측에 알려주고 있었다. 이처럼 명과 對馬島와의 공적 관계에 의지하던 조선의 해적대책은 커다란 벽에 부딪히고 있었다.

더욱이 이들 왜구집단에 조선인이 가담하는 움직임이 나타났다. 제주도와 전라도 주민이 수적에 가담했던 일의 연장선상에서 보면 그다지 이상한 일은 아니다.

1556년 對馬島의 사신이 조선인이라 하여 송환해 온 아이가 있었는데, 이 아이는 倭語만 할 줄 알았다. 이 사건에 관하여 「연해의 鮑作干 등의 海民 중에는 邊將에게 고기 잡는 일로 시달린 나머지 왜에 투신하여 한숨을 돌리는 자들이 있습니다. 그런 환경 속에서 자라났다면 이 아이가 倭語만을 할 줄 아는 것도 이상한 일은 아닙니다」라는 의견이 있었다(明宗 11년 5월 신미). 왜구에게 납치된 것이 아니라 스스로의 주체적 판단으로 왜구집단에 투신한 조선 백성의 모습을 볼 수 있다.

또 임진왜란이 임박한 1587년에는 이런 사례도 있다.

전라도의 損竹島에서 왜구에게 납치되었던 金介同이라는 사람이 五島에 끌려 갔다. 그러자 珍島에서 태어났다는 沙介同이라는 인물이 왜구집단에 있었는데, "이 섬은 풍속과 인심이 아주 훌륭해 살기가 좋다. 조선에서는 부역이 과중하고 전복을 잡아도 전부 가져가 버리므로 이곳으로 옮겨와 살게 되었다. 왜구를 損竹島에 안내해 준 것은 나다"라는 이야기를 들려주었다고 한다. 五島는 둘레가 며칠 걸어야 할 정도가 되고 인구가 꽉 들어찼으며 조선 사람으로 생포된 자들이 많았

다. 배도 5백여 척이나 있었다. 그 뒤에 金介同은 南蕃國(루손 섬?)으로 팔려갔다
가 도망쳐 나와 중국에 밀입국하여 북경으로 호송된 뒤에 조선의 謝恩使를 따라
다음 해에 조선으로 돌아올 수 있었다(宣祖 21년 11월 병인).

金介同은 전라도 남부의 다도해 지역에서 왜구에게 납치되어 五島로 끌
려간 뒤에 다시 루손 섬으로 팔려갔다가 도망쳐 나와 중국으로 밀입국하고
있다. 이러한 체험 자체가 국가의 구별을 뛰어 넘은 다민족 집단이 형성되
어 가는 해역세계의 존재를 전제로 하고 있다. 또한 사개동이라는 조선인
海民은 조선의 과중한 부역을 피해 왜구집단에 몸을 의탁하여 五島를 근거
지로 삼고 있다. 그곳은 海民에게는 이상향과 같은 장소로 사람도 배도 많
이 있는 곳이다. 여기에서 국가지배에 대항하는 해역세계가 자립적으로 존
재하고 있다는 것을 인정해도 좋을 것이다.

이렇듯 당시의 東中國海를 둘러싼 지역에서는 근본적으로 새로운 사태
가 일어나고 있었다. 1520년에는 북경에서 돌아온 통사를 통하여 「1511년
에 포르투갈이 말라카 왕국을 멸망시키고, 뒤이어 명과 국교를 맺는 교섭을
하다가 실패했」는 정보도 조선에 들어왔다(中宗 15년 12월 무술). 이윽고
포르투갈은 왜구집단의 일원으로서 동아시아에 모습을 나타내게 된다.
1540년대 일본열도에 鐵砲와 기독교라는 새로운 요소를 부가한 것도 이러
한 왜구 집단의 일원으로서의 포르투갈이었다.[9]

일본열도에서 戰國의 동란으로부터 통일권력의 탄생이라는 변동도 그러
한 아시아적 규모에서의 새로운 사태의 한 부분을 이루는 것이었다. 아울러
이것과 공통되는 사태는, 중국대륙의 동북부에서도 일어나고 있었다. 곧 여
진족에 누르하치라는 영웅이 나타나 精强한 군사국가 後金(훗날의 靑)을 세
우고 조선에도 침입했으며, 이윽고 중화세계의 주인으로 군림하고 있던 명
을 멸망시키고 말았다(1644년 明淸 교체).

---

9) 村井章介, 『海から見た戰國日本－列島史から世界史へ』筑摩新書, 東京, 1997년)
   제4장.

이러한 새로운 국면에 대하여 무역의 이익을 미끼로 왜인과 야인(여진)을 羈縻한다는 전통적인 조선왕조의 외교전략은 이미 전적으로 무력해지고 말았다. 하지만 그러한 사실을 당시의 조선 정부가 정확히 인식하고 있었던 것으로 생각할 수는 없다.

3. 對馬島의 정보조작

16세기, 조선은 일본열도에 관한 정보를 어떤 식으로 얻고 있었을까?

일본 통교의 요충지라는 지위에 그림자가 드리우고 있던 對馬島는 적극적으로 해외정보를 조선에 제공함으로써 혜택을 받게 된다. 1540년의 어느 사료에는 「五島의 왜인은 조선인의 송환을 자신의 공적으로 하지만, 對馬島의 왜인은 見聞을 자신의 공적으로 삼는다」라고 기록되어 있다(中宗 35년 10월 신사). 이 무렵부터 1550년대에 걸쳐 對馬島가 제공한 정보에는 왜구가 명을 습격한 일(明宗 8년 윤3월 병진), 鐵砲 제작법(明宗 9년 12월 을유), 薩摩 해적의 제주도 습격 계획(同) 등이 있었다.

1556년에는 倭寇王으로 유명한 王直에 관하여 「平戶에서 300여 명을 거느리고 큰 배에 타고 있다. 언제나 비단옷을 입고 있는데, 그 무리는 2000여 명을 헤아린다」는 정보를 제공해 주었다(明宗 11년 4월 을축).

또한 1575년에는 對馬島主 宗義調가 조선에 書契를 보내어 「금년 봄에 賊徒들이 다수의 배를 준비하고 있는데, 어떤 나라를 침범하려는 것인지는 모르겠습니다. 만약 貴國을 침범하는 것이라면 즉시 알리겠습니다」라고 고하고 있다(宣祖 8년 3월 병진).

그러나 對馬가 제공하는 정보는 유익한 것만 있는 것은 아니었다. 자신들에게 유리하도록 변형시켰을 뿐만 아니라, 의식적으로 허위 정보를 전하는 일도 종종 있었다. 예를 들면, 三浦倭亂 이후 斷交 상태를 풀어 줄 것과 무역의 확대 등을 요구하면서 빈번히 「일본국왕사」가 조선을 찾아온다. 그

러나 그 대부분은 무로마치장군이 보낸 것이 아니고 對馬島가 자기 멋대로
보낸 것이었다. 당시 對馬島는 「일본국왕」의 인장을 위조해서 가지고 있었
던 것이다.[10]

더욱이 16세기 중반에는 對馬 이외에서 일본에 대한 정보를 전달해 주는
통로가 모두 막혀 있었다. 「일본국왕사」는 앞에서 이야기한 것과 같은 상태
였으며, 對馬島와 견줄 만큼 중요한 情報源이었던 大內氏는 1551년에 멸망
해버리고 만다. 그밖에도 일본의 여러 세력의 명의를 사칭하는 使者가 조선
을 찾아왔지만 이들도 대부분은 對馬島가 꾸며낸 가짜였다. 그들이 전하는
일본 정보는 허위로 가득찬 것이었고, 조선을 혼란케 할 따름이었다.[11]

반대로 조선에서 일본으로 使者를 보내 정보를 얻으려는 시도는 15세기
전반까지는 적극적으로 행해졌지만, 1441년을 마지막으로 對馬島까지 갔던
사신을 제외하고 일본 본토를 방문한 조선의 사신은 없었다. 1480년대에 통
신사를 보낼 계획이 있었지만 「夷狄의 땅」에 가는 것을 꺼리는 풍조가 강했
던 데다가, 정보조작이 드러날 것을 두려워 한 對馬島가 일본 국내사정의
불온함을 의도적으로 강조했기 때문에 결국 실현되지 못했다.[12]

大內氏의 멸망 후 일본에서는 戰國의 動亂이 수습되는 방향으로 나가면
서, 일찍이 없었던 강력한 중앙집권적 권력이 탄생하려 하고 있었다. 그러
나 조선에서는 豊臣秀吉의 출현에 이르는 이 중대한 사태를 정확히 파악하
지 못하고 있었다. 對馬島의 공작이 방해가 되었던 것은 사실이지만, 使者를
일본에 파견하여 정보를 얻으려는 시도는 조선 정부의 결심 여하에 따라 얼
마든지 가능한 일이었다.

그 일이 이루어졌다면 豊臣秀吉의 권력의 본질을 더욱 정확하게 이해하

10) 田代花生·米谷均 「宗家旧藏「圖書」と木印」 (『朝鮮學報』 156집, 1995년 7월).
11) 米谷均 「16世紀日朝關係における僞使派遣の構造と實態」 (『歷史學研究』 697호, 1997년
　　 5월).
12) 米谷均 「漂流民送還と情報伝達から見た16世紀の日朝關係」 (『歷史評論』 572호, 1997년
　　 12월).

고 국가방위에 힘을 쏟았을 수도 있었을 것이다. 그렇게 되었다면 1592년에 갑자기 국내 깊숙이 영토를 유린당하는 결과는 일어나지 않았을 지도 모른 다.[13]

(이글은 1998년 11월 20일에 泗川文化院・日本對外關係硏究會・경상대 학교남명학연구소 주최에 의해 경상남도 사천시의 사천프라자호텔에서 개 최한 국제학술심포지엄「泗川의 역사 임진왜란」에서 구두로 발표한 논문으 로, 이듬해인 1999년 3월 간행된『南冥學硏究』(경상대학교 남명학연구소) 8 집에 게재된 논문「島津史料로 본 泗川戰鬪」(張源哲 번역)에 다소 가필을 한 것이다.

---

13) 註 (8) 前揭, 高橋「16世紀の朝鮮・對馬・東アジア海域」.

제8절 島津史料로 본 泗川戰鬪
—大名領國의 近世化에 대하여—

I. 이 글의 의도

文祿·慶長의 戰役(壬辰·丁酉倭亂)이 끝날 무렵인 1598년 9월 말부터 10월 1일에 걸쳐 中路提督 董一元이 이끄는 明軍과 慶尙右兵使 鄭起龍이 이끄는 조선군이 島津軍이 농성하고 있던 泗川新寨(泗川倭城)를 공격하였다가 대패하고 만다. 이것이 역사상 유명한 「泗川戰鬪」이다.

李炯錫의 『壬辰倭亂史·中卷』[1]의 추산에 따르면, 명·조선군 총수는 3만 6천 7백 명으로, 그 가운데 조선군이 2천 2백 명 정도였다고 하므로 양자의 비율은 대략 15:1이었다. 明軍의 수가 압도적으로 많았으므로 이하에서는 번거로움을 피하기 위하여 간단히 「명군」으로 부르기로 한다. 이에 반해 島津軍의 수는 위의 책의 추정에 따르면 약 8천 명 정도로 明軍의 약 1/4이었다.

이 전투에 대하여 일본 쪽에서는 압도적으로 다수였던 적군을 섬멸하고 일본군이 안전하게 한반도로부터 철군하는 것을 도왔다고 해서 島津軍의 勇戰을 칭찬하고, 다수의 기록이 이 전투를 특필하고 있다. 이와는 달리 한국 쪽에서는 이 전투와 그 전후 시기에 島津軍이 저질렀던 대량학살과 「코베기」라는 잔학행위가 거듭 강조되어 왔다. 하지만 그에 비하여 이 전투 자체에 대한 실증적인 연구는 드문 편이며, 후대의 편찬물인 『征韓錄』을 중심 사료로 해서 전투 경과를 서술하는 정도의 수준을 넘어서지 못하고 있다.[2]

---

1) 일본어판, 1977년간, 東洋圖書出版, 742쪽.
2) 최신의 업적으로는 山本博文, 『島津義弘の儲け－秀吉と薩摩武士の格鬪』(讀賣新

그래서 이 글에서는『征韓錄』이외에도 풍부하고 다양한 사료가 남아있는 島津史料를 활용하여 島津軍이 어떤 조직을 바탕으로, 무엇을 얻으려고 이국땅에서 싸웠는가에 대하여 생각해 보고자 한다. 그 목적은 전쟁의 실체를 당사자의 눈으로 구체적으로 인식하려는 데에 있다. 물론 島津軍의 잔학행위를 면죄하려는 것은 아니다.

과제에 접근하기 위한 방법으로는 우선 島津軍의 군단편성의 특징을 확인하고, 이어서 그러한 특징을 초래한 16세기말 島津領國의 구조를 분석하고, 이를 논의를 바탕으로 전쟁의 목적에 대하여 생각해 보고자 한다.이런 점에 대하여는 이미 山本博文씨가 領國 내부의 노선 대립과 兵農 미분리에 토대를 둔 병사의 自力 參戰을 지적하고 있다.3) 그러나 그 분석은 군단편성의 비통일성과 전장에 있어서 행동의 특이성에까지는 미치지 않고 있다. 이 글의 독자성은 그 문제를 泗川 전투라는 구체적인 상황에 입각해서 고려했다는 점에 있다.

Ⅱ. 두 가지의『討捕首 주문』

『島津家文書』가운데「慶長三年十月一日, 於朝鮮國泗川表討捕首注文之事」라는 제목의 문서가 있다(大日本古文書『島津家文書之二』[이하『島二』로 略述함]1070호). 이에 따르면 首級의 총수는 38,717이며, 그 내역은「鹿兒島方之衆」몫이 10,108,「帖佐方之衆」몫이 9,520,「當隈方之重」몫이 8,383,「伊集院源次郎手」몫이 6,560,「北鄕作左衛門手」몫이 4,146으로 되어 있다. 또한 총수를 언급한 뒤에「이 밖에도 잘라버린 것은 그 수를 알

聞社, 1997년)가 있다.
3) 山本博文『幕藩制の成立と近世の國制』(校倉書房, 1990년) 第2部「幕藩制的大名領國の形成」.

수 없다」고 기록하고 있다.

이듬해 慶長 4년(1599) 1월 9일에 德川家康 이하 風臣 정권의 五大老는 「이번에 朝鮮國 泗川에서 大明・朝鮮人이 합세하여 맹렬하게 대항한 바, 父子(島津義弘・忠恒)가 싸워서 무너뜨리고 적 38,700여 명을 베거나 포로로 한 것은 그 忠功이 비할 데가 없다」며 칭찬하고, 島津忠恒(후에 家久로 改名)에게 「薩州之內御藏入級人分, 有次第一円」을 주었다(『島一』 440호). 앞의 「首注文」은 이 五大老連署狀과 거의 같은 내용의 五奉行連署狀案의 안쪽에 기록되어 있다. 여기서 「首主文」의 「38,717」이라는 숫자는 豊臣 정권에 의하여 확인되었고, 마침내 일본측의 공식기록이 되었다. 島津氏는 이에 「수를 알 수 없는」「잘라 버린」 몫을 더하여 「大明人 8만여 兵을 쳐서 무찔렀다」고 주장하게 된다(慶長 4년 6월 島津義弘・忠恒 父子가 高野山에 세운 「朝鮮陣戰沒者供養碑」, 『鹿兒島縣史料・旧記雜錄後三編』[이하 『鹿舊三』으로 略述함] 756호).

이 숫자는 李炯錫씨가 추정한 明・朝鮮軍의 총수 36,700명을 훨씬 상회하고 있으며 과장이 섞였다는 것은 말할 나위도 없다 하겠다. 明軍의 수에 대하여는 전투 직후부터 과장된 정보가 난무하고 있었다. 전투에 참가했던 병사가 고향으로 보낸 편지에서 이미 「江南仁數万騎」(10월 16일 白尾幸孝 書狀, 『鹿舊三』 530호)라든가, 「唐人卅萬程」(10월 18일 長崎某書狀, 『鹿舊三』 533호)라든가, 끝내는 「江南人八十萬騎程」(10월 6일 竹內實吉書狀, 『鹿舊三』 509호)라는 믿기 어려운 숫자가 나열되어 있다.

그런데 島津家의 「御文庫拾七番箱十四卷中」에서, 『薩藩舊記雜錄後篇』 권42에 「이 문서는 머리 수가 감소되어 있지만 참고를 위해 실어 둔다」라는 注記가 달린 또 하나의 「首注文」이 있다(『鹿舊三』 503호). 이것을 首注文 B, 앞에서 언급한 것을 首注文 A라고 한다. 首注文 B는 總數가 30,817로 首注文 A보다 實數로는 7,900명, 비율로는 약 20.4%가 감소하고 있다. 더욱 흥미로운 것은 「鹿兒島方之衆」 이하의 내역에 있어서도 감소율이 거의 동일하다 (표 참조).

	A	B	감소율(%)
鹿兒島方之衆	10,108	8,045	20.41
帖佐方之衆	9,520	7,577	20.41
富隈方之衆	8,383	6,672	20.41
伊集院次郎手	6,560	5,222	20.40
北鄕作左衛門手	4,146	3,301	20.38
合計	38,717	30,817	20.40

　이러한 사실이 말해주는 것은, 재조사를 통해 수급의 숫자가 증감한 것
은 아니라는 사실이다. 만일 그렇다면 어느 내역에서나 증감율이 똑같을 수
는 없었을 것이다. 사실은 먼저 首注文 B를 작성한 뒤에 그 숫자를 대략
25.6% 정도 부풀려서 중앙에 보고한 것이 바로 首注文 A였다고 생각할 수
있다. 총수의 차이가 7,900이라는 매끈하게 자른 숫자로 되어 있다는 것, 증
가율도 가다듬은 것처럼 25%에 거의 근접한다는 것도 숫자의 조작이 이루
어졌다고 볼 수 있는 증거가 아닐까 한다.

　사실은 이상의 추론을 뒷받침해 주는 1차사료가 존재한다. 이 해 10월
12일, 大島忠泰는 고향의 아내에게, 「10월 1일에 2만명 가량이 공격했다 지
금처럼 베어버리면 敵은 그대로 무너진다. 晋州河까지 5里 사이에 들판이든
산이든 베어버린 목이 대략 3만 8백 14, 목 무덤에 넣었다…」라고 써서 보
냈다(『鹿舊二』 1025호).

　명군의 총수는 과장이지만, 수급의 수는 首注文 B와의 차이가 불과 3이
다. 그리고 10월 6일에 기록한 竹內實吉의 書狀에도, 「敵 3만명의 목을 얻
었다. 그 외에 잘라버린 숫자는 (얼마나 되는지) 알지 못한다」고 기록했다
(『鹿舊三』 509호).

　이상에서, 공식 숫자보다도 「30,871명」쪽이 실제에 가깝다는 것을 알
았다. 『薩摩旧記雜錄後編』 卷42에서 인용한 「義弘公御譜」에 의하면, 首級의

조사는 전투 다음날 「諸將·士卒들이 전날 斬戮한 적의 목을 모으고 세밀하게 수를 세었다」고 한다(『鹿舊三』 488호). 아마도 병사 개개인이 자신이 벤 首級을 가지고 모였던 것으로 보인다. 그리고 각각의 首級에서 베어낸 코를 10개의 큰 나무통에 채워서 일본으로 보냈다(『鹿舊三』 488호).[4]

앞에서 인용한 大島忠泰의 편지에는, 「겨우 코를 베어서 가구에몽에게 가져갔다」고 하니까, 적을 쓰러뜨린 현장에서 코를 베는 경우도 있었던 듯하다.

그렇다면 首級의 숫자가 「鹿兒島方之衆」 이하 다섯 그룹 별로 집계된 이유는 무엇일까? 그것은 전체 島津軍을 구성하는 5개의 군단은 독립성이 상당히 강하고, 각 군단마다 전공을 별도로 계산할 필요성이 있었기 때문일 것이다. 요컨대 泗川戰鬪에서의 島津軍은 하나의 지휘 계통 아래 통합된 균일한 군대는 아니었기 때문이다.[5] 따라서 다섯 군단 각각의 성격을 분석하는 일이 필요해 진다.

Ⅲ. 島津軍의 내부 구조

우선 「鹿兒島方之衆」「帖佐方之衆」「富隈方之衆」의 세 군단을 일괄하여 검토해 보자. 이들은 島津家의 新舊 당주인 義久·義弘·忠恒 휘하의 군단이다.

義久(1533~1611)는 1587년 秀吉의 島津征伐 당시에 島津家의 當主였는

---

4) 원문은 다음과 같다. "慶長三年十月二日, 使諸將士卒所昨日斬戮之聚敵首, 細密算之, 則凡三萬八千七百十七級也, 此外斬棄草萊與沒溺河水者不知其數, 所聚之首悉劓之, 盛十大즌樽獻于日本."

5) 中野等씨는 慶長의 役에 있어서 島津軍을 「軍團으로서의 유기성을 발휘할 수 있었다」고 평가한다(『豊臣政權의 對外侵略と太閤檢知』 校倉書房, 1995년, 403쪽). 그러나 이것은 文祿의 役때에 「日本一之遲陣」(『鹿舊二』 883호)와 비교한 평가로, 지휘계통의 分立이라는 상황을 부정하는 것은 아니다.

데, 대를 이을 아들이 없어서 1589년 아우 義弘의 장남 久保를 家督 후계자로 결정한다. 1592년 文祿의 戰役(임진왜란)에서는 병을 이유로 渡海하지 않았고, 義弘이 병사 1만을 이끌고 참전하였다. 1594~95년에 秀吉의 명으로 島津領의 檢地가 행해졌고(太閤檢地), 義久는 島津家의 본거지인 鹿兒島에서 大隅國 富隈(別名「浜之市」, 鹿兒島縣 隼人町)로 領地가 移封되었다.「首注文」의「富隈方之衆」은 이 義久 휘하의 군단을 가리키는데, 泗川에서 이를 지휘했던 것은 물론 義久는 아니다. 義久・義弘・忠恒 3대의 家老를 섬겼던 圖書頭忠長(1551~1610, 義久・義弘의 숙부 尙久의 아들), 또는 1565년에 義久로부터 帖佐를 하사받은 牛馬頭以久(1550~1610, 義久・義弘의 숙부 忠將의 아들) 정도의 인물이 지휘를 대행했던 것이 아닌가 추측된다.

義弘(1535~1619)은 義久보다 2살 아래인 친동생인데, 1589년 이후 家督 후계자의 아버지로서 실질적으로 島津家를 이끌고 있었다. 1592년 文祿의 戰役(임진왜란)에는 뒤늦게나마 참전하였다. 95년에 일단 귀국하였다가 太閤檢地 이후 영지의 移封으로 말미암아 大隅國 栗野에서 同國 帖佐(鹿兒島縣 始良町)로 옮기게 되었다. 1597년 3월에 다시 조선으로 건너와 慶長의 戰役(정유재란) 당시 島津軍을 지휘하였다.「首注文」의「帖佐方之衆」은 이 義弘 휘하의 군단이다.

忠恒(1576~1639)은 義弘의 둘째 아들로 1592년 9월에 거제도에서 病死한 형 久保를 대신하여 17살로 家督 후계자가 되었고, 1593년 아버지의 뒤를 좇아 조선으로 건너왔다. 1595년 4월 10일, 太閤檢地 이후의 移封으로 義久를 대신하여 鹿兒島의 영주가 되고, 1598년 2월에 정식으로 島津家의 家督을 계승하였다(『島三』1517호).「首注文」의「鹿兒島方之衆」은 이 忠恒 휘하의 군단인데, 堂主가 된 지 얼마 안된 젊은 忠恒이 어느 정도 군단을 장악하고 있었는지는 의문이다.

다음으로「伊集院次郎手」「北鄕作左衛門手」인데, 전자는 島津家 3대 久經의 조카의 아들 久兼에서 시작하는 伊集院家의 院次郎忠眞, 후자는 島津

家 5대 貞久의 아우 資忠에서 시작하는 北鄕家의 作左衛門尉三久가 각각 거느린 군단이다. 모두 鎌倉시대에 島津家 本宗家로부터 갈라져 나온 집안인데, 이 시대에는 本宗家에 대하여 매우 강한 독립성을 지니고 있었다.

太閤檢地의 결과 1595년 6월에 義久는 73,000石增의 10만석, 義弘은 88,000石增의 10만석의 知行을 받게 되는데, 동시에 伊集院忠棟(忠眞의 아버지)에게 59,000石增의 8만석, 앞서 소개한 以久(義久·義弘의 종형제)에게 1,700石增의 1만석의 知行을 秀吉로부터 직접 인정받았던 것이다(『島二』 1095호).[6] 檢知 이전에 伊集院忠棟의 知行은 義弘보다 9,000석이나 더 많은 21,000석이었는데, 檢地 이후에도 義久·義弘에 필적하는 石高를 확보하였던 것이다. 이것은 忠棟이 일찌감치 豊臣 정권의 눈에 들어 太閤檢地의 島津側의 실지 책임자가 되는 등 島津領國을 豊臣 정권의 지배 아래로 편입하는 데 커다란 역할을 했기 때문이다. 忠棟이라는 이름은 明에까지 알려져 있었다. 萬曆 22년(1594)의 福建巡撫許孚遠回文에 「나는 안다, 너희 義久 및 行侃(忠棟의 법명), 그리고 左右用事의 諸臣, 모두 英烈·正氣·忠愛가 있다는 것을」이라고 기록되어 있다(『島三』 1236호).

文祿 4년(1595) 6월의 知行方目錄에는 北鄕씨의 이름이 보이지 않는데, 같은 해 10월 7일 島津領內所 移封 때 北鄕三久에게 발송된 「返地目錄」에 따르면, 三久는 薩州平佐·天辰·宮里·高江·塔之原·久富本·川上의 7개소에 1만 1천 5백 43석 남짓한 知行을 받았다(『鹿舊二』 1614호), 『本藩人

6) 幸侃·以久처럼 島津家 중에서 秀吉로부터 직접 安堵朱印狀을 받은 자를 「御朱印衆」이라고 부른다. 桑葉田興「外樣藩藩政の展開－薩摩藩」(『岩波講座日本歷史』 近世 2, 1975년 92쪽)에 따르면, 1594년 당시의 御朱印衆은 두 명 외에 出水城主 島津忠辰과 都之城 성주 北鄕氏였다. 그리고 太閤檢知의 결과 드러난 島津領의 총 石高는 578,733石이며, 義久·義弘·幸侃·以久에게 급여된 총계 29만석을 제외한 288,733석의 내역은 아래와 같다.
給人本領 141,225석, 給人加增 125,308석, 寺社領 3,000석, 太閤藏入 1만석, 石田三成被下分 6,200석, 細川幽齊被下分 3,000석.
中野等씨는 檢知의 결과 발생한 지배체제를 「文祿4年体制」라는 이름을 붙이고 상세한 분석을 가하고 있다(前揭書, 373쪽 이하).

物誌』[『鹿兒島縣資料集 X Ⅲ』] 三久項 참조). 이 급여를 秀吉이 직접 주었다는 것은 慶長 2년(1597) 1월의 安宅秀安書狀에「御國 御檢知는 役 없이 10만석을 義久에게, 동 10만석은 義弘에게, 기타 北鄕과 右馬頭(島津以久) 및 幸侃의 知行地의 支配까지도 上樣(秀吉)께서 직접 내리도록 분부하셨다」라는 기록에서 확인할 수 있다(『鹿舊三』 171호). 그리고 같은 해 3년(1598)에 작성된「帖佐方軍役究目錄」에 따르면, 義弘 휘하 군단의 軍役을 지탱하는 총 石高 82,077석 가운데 定軍役分이 37,143石餘(약 45.3%), 奧方 이하 7항목을 합하여 7,602石餘(약9.3%)인 것에 비하여 北鄕의 지분이 무려 37,331石(약 45.5%)을 차지하고 있었다(『鹿舊三』 393호). 義弘 휘하 군단의 약 절반 정도를 北鄕씨가 지원하고 있었던 사실을 알 수 있다.

이상의 분석에서 島津軍은 독립성이 강한 다섯 군단을 한데 모은 것임이 판명되었다. 그러나 한편으로 『島津家高麗軍秘錄』(『續軍書類從』 20輯 下』은 1597년에 義弘이 다시 조선에 渡海했을 때의「又八郎忠恒公御供之衆」의 첫머리에 島津忠長・島津忠倍・島津以久・伊集院忠津・種子島久時・北鄕三久・島津久賀・伊集院久治・比志島國貞 등의 이름을 거명하고 있다. 또한 『面高連長坊高麗日記』(『鹿舊三』 346호) 慶長 2년(1597) 10월 28일 기록에도「若殿樣(忠恒)」휘하의「大將衆」으로 以久・忠津・久時・加治木兼三・三久・忠長・忠倍・喜入忠政・入來院重時・久治・國貞 등 11명의 이름이 기록되어 있다. 이들 사료에서는 忠恒의 군사지휘가 광범위하게 미치고 있었던 것으로 보인다.

이들[7] 가운데 久賀는 義弘의 친딸을 아내로 맞이하였고, 忠長도 후술하는 것처럼 忠恒에게 충성을 맹세하는 起請文의 受信人이 되어 있으니까 분명히 義弘・忠恒의 편으로 보인다. 그러나 근친인 以久와, 家臣이면서도 극히 강대한 伊集院忠眞・北鄕三久는 앞서 언급한 바와 같이 거의 독립된 군단의 우두머리였다. 더욱이 加治木兼三은 伊集院忠棟의 三男이며, 入來院重

---

7) 이들 인물의 실명 추정과 경력에 대하여는 『本藩人物誌』에 따랐다.

時는 以久와 北郷時久(三久의 아버지)의 딸 사이에서 난 아들이므로 위의 그룹의 일원으로 간주된다. 또한 義久는 種子島久時가 성인이 되어 관례를 치를 때 이름을 지어준 代父(烏帽子子)이며, 比志島國貞은 慶長 원년(1596)에 義久의 家老가 되었다. 伊集院久治는 充棟·忠眞 부자와는 먼 친척이며, 오히려 1592년에 義久의 家老가 되었다는 점에 주목해야 할 것이다. 이상세 사람은 「義久派」로 보아도 무방할 것이다.[8]

이상과 같이 형식적으로는 忠恒의 휘하에 있으면서도 그의 군단의 주인이었던 인물들은 忠恒의 충실한 신하라고 보기에는 어려운 성격을 지녔다하겠다. 게다가 부친 義弘이 직접 지휘하는 군단은 「帖左派」라고 불리며, 전적으로 忠恒의 지휘계통 밖에 있었다. 「島津家高麗軍秘錄」에도 忠恒御供衆과는 별도로 「義弘公御供之人數」로서 65명의 이름이 기록되어 있다.

Ⅳ. 지울 수 없는 「中世」

이상과 같은 島津軍의 비통일적이며 여기저기서 끌어모은 듯한 성격은 島津領國의 사회 형태에서 비롯된 것이라 하겠다. 堂主權을 義弘·義久·忠恒 3인 나누어 가졌다는 것은 領國 지배에서도 당연히 나타나고 있다. 조선 철수 직후인 慶長 3년(1598) 11월, 豊臣政權을 대표하는 石田三成은 島津領의 「藏入」(島津씨 직할령) 계산을 확실히 실행하도록 명했는데, 그 문서는 鹿兒島·富隈(浜市와 동일)·帖佐의 각 代官中 앞으로 발송되었다(『鹿舊三』583호). 이를 받은 島津씨가 領國 전체에 年貢·諸役의 수납에 관하여 통지했던 문서도 又八郎(忠恒)·兵庫頭(義弘)·龍伯(義久)가 連書하였고, 鹿兒島

---

8) 山本博文은 久治·國貞과 鎌田政近 3인이 石田三成가 직접 지명하여 忠恒의 수행원으로 조선에 參陣했던 것을 「三成의 의도는 檢地의 반대 세력이 될 수 있는 義久派의 중신을 조선으로 내쫓는 데에 있었다」고 평가하고 있다(『幕藩制의 成立과 近世의 國制』, 校倉書房, 1990년, 259쪽).

·富隈·帖佐 세 명이 수신인으로 되어 있다(『鹿舊三』 582호). 堂主 1인의 뜻과 명령이 아래로 관철되어 가는 것이 아니라, 3인의 堂主 아래 지리적으로도 분산되어 존재하는 세 개의 관료기구(忠恒이 鹿兒島, 義久가 富隈=浜市, 義弘이 帖佐)에 각각의 의사가 하달되었다.

또한 義弘·忠恒이 조선에 在陣하던 1598년 4월, 領國을 지키던 義久가 휘하의 役人들에게 내린 條書에, 「談合中이 결정한 公役은 代官衆이 특별히 유념해서 실행하도록 할 것」, 「浜市·帖佐·鹿兒嶋 三方은 무엇이든 담합해서 결정할 것」 등의 내용이 있다(『鹿舊三』 400호). 앞에서 언급했던 같은 해 11월의 石田成三의 示達에도, 「三殿藏入年々年算用之儀」라든가, 「三方役人中へも堅く申遣事に候」라는 표현이 있다(『鹿舊三』 583호). 이런 사실은 堂主權力의 절대성이 미숙하고, 領國의 지배가 「談合中」, 「代官衆」, 「三方役人中」이라는 가신들의 횡적인 연대에 의존하고 있었다는 것을 말해 주고 있다.

慶長 2년(1597) 5월, 조선에 주둔 중이던 忠恒은 두 번째 개전에서 전라도 經略을 위하여 병력 1만을 차출하라는 朱印狀을 받았는데, 鹿兒島方의 奉行 3명에게 다음과 같은 시달을 내려보냈다(『鹿旧三』 227호).

> 鹿兒島方格之儀、爲両三人入精、七月中必参陣候樣ニ可申渡候、簡要候。別而乗馬衆於無人ハ外聞不可然儀候間、其才覺題目候旨、幸侃江申遣候間、定浜之市方·帖佐方·鹿兒嶋方銘々ニ可被相触候、其他方格之人數並馬早々渡海此時ニ候。
>
> (鹿兒島의 <方角>에 대하여는 너희 3인이 힘을 합하여 7월 중에 반드시 참전하도록 하라. 이것이 중요하다. 특히 승마병이 적어서는 체면이 서지 않으므로 그 준비가 중요하다고 幸侃에게 말했다. 幸侃이 반드시 浜之市·帖佐·鹿兒島 三方에게 각기 전달해야 한다. 지금이야말로 鹿兒島의 <方角>으로서도 병력과 말을 조속히 渡海시키도록 해야 한다)

伊集院幸侃의 막대한 권한과 「三方」의 分立도 그렇지만 「方角」이라는 말에 주목해야 한다. 藤木久志씨에 따르면, 「方角」이란 戰國大名의 領國에서 在地領主層이 지역적으로 결합하여 그 지역의 법질서를 담당했던 것을 말하며, 大名 권력의 기반이 되는 한편 大名의 恣意를 제약하는 역할을 맡기도 하였다.[9] 「三方」 각자는 그와 같은 在地 領主聯合이라는 실체를 가지며, 義久 · 義弘 · 忠恒은 그 위에 올라 앉아 있는 것에 지나지 않는다. 島津 領國에 중세의 「一揆的 구조」가 짙게 남아 있었던 것은 명백하다.

동일한 사실을 다른 측면에서 말해 주는 것이 領國 수뇌부 상호간에 교환된 起請文이다. 起請文이란 文面에 열거된 무수한 神들을 두고서, 만일 상대와 약속을 지키지 않는다면 어떤 벌을 받아도 상관 없다고 맹세하는 문서이다. 1598년 2월, 忠恒은 以久에 대하여, 「금번 저에게 堂家의 家督을 분부하셨으므로, 義久님 · 義弘님에 대한 것과 마찬가지로 저에 대하여도 오래도록 다른 마음을 품지 않고 충절을 다 한다는 취지를 당신이 신 앞에 맹세하신 일은 참으로 感悅스럽습니다」라는 내용의 起請文을 올렸다(『島三』 1517호). 그 후 3월에 以久는 忠長에 대하여 「義久 · 義弘 · 忠恒님에게 결코 두 마음을 품지 않는 것과 아울러서 자자손손에 이르기까지 奉公을 다 할 것입니다」라는 내용의 起請文을 바치고 있다(『鹿旧三』 383호). 忠長의 입장은 忠恒의 후견 역할이었던 것으로 보인다.

戰國時代 때 大名들은 合從連衡 속에서 종종 起請文을 교환하고, 상대의 배신행위를 신의 위력으로 봉쇄하려고 하였다. 이 경우 양자는 맹세를 한 신에 대하여 기본적으로 대등한 관계에 서게 된다. 忠恒과 以久의 경우, 서약의 내용은 忠恒을 島津家의 家督의 지위에 앉히는 것이므로 양자가 실제로는 대등하다고 할 수 없다. 그러나 以久의 起請文에는 「세 분에 대하여 逆心을 품는 자에게는 설령 부모형제 사이라 하더라도 결코 도와주지 않겠다」라든가, 「島津家에 대하여 악의를 품고 동료끼리 起請文을 교환하는 일

---

9) 藤木久志 『戰國社會史論』 (東京大學出版會, 1974년, 250~257쪽).

은 하지 않겠다」는 조항이 포함되어 있다. 堂主인 忠恒 쪽은 가신들의 일족과 동료 사이에서 島津本宗家에 대항하는 一揆的 결합이 생겨날 위험성을 알고 있었다. 특히 가신단 상호 간에 起請文을 교환하는 것을 本宗家가 경계하였던 까닭은, 起請文이 중세적인 「蜂起的 구조」의 잔재를 농후하게 남아 있는 문서 양식이었기 때문이다.

이러한 중세의 흔적을 타파하고 島津家가 근세 大名으로 탈바꿈하기 위해서는 몇 가지 장애물을 넘어야 할 필요가 있었다. 「首注文」에서 세 명의 「堂主」와는 별도로 집계되었던 伊集院氏와 北鄕氏에 대하여 그 후의 本宗家는 어떻게 대처했던 것일까?

義久・忠恒에 필적하는 8만석의 높은 지위를 자랑하던 伊集院家에 대하여는 조선에서 철병한 후 얼마 지나지 않은 1599년 3월, 忠恒이 京都의 伏見에서 伊集院忠棟을 죽이는 과감한 개혁을 단행했다.[10] 이듬해에 忠棟의 嫡子 忠眞(『首注文』에 나오는 源次郎)이 본거지인 庄內(宮崎縣 都城市 및 그 주변)에서 반란을 일으켰고 忠恒은 진압에 부심하는데, 결국 德川家康의 중재로 忠眞의 知行을 1만석으로 줄인다는 애매한 형태로 매듭지었다(庄內의 난).

忠恒의 행위는, 가신이라고 하기에는 너무나도 강대한 伊集院氏의 세력을 제거하지 않고서는 島津家가 近世大名으로 살아남을 수 없다는 판단에 따른 것이지만, 자력으로 伊集院氏를 제거할 힘도 없었던 것이다. 또한 豊臣 정권 쪽에서도 본거지 伏見에서 일어난 私鬪를 처벌할 수조차 없었고, 島津本宗家의 보호자로서 사태를 애매하게 처리할 수밖에 없었다. 중앙정부든 領國大名이든 아직 중세로부터 완전히 벗어나지 못한 불안정한 상태에 놓여 있었다. 그러나 1602년에는 德川家康의 묵인 아래 伊集院 일족이 살해당함으로써 島津本宗家의 절대적 우위가 겨우 확립된다.

---

10) 中野等씨는 이 사건을 「지역적 자립성의 부활」이라는 관점에서만 평가하지만 단면만을 평가한 것이다(前揭書, 411~412. 419쪽).

한편 北鄉家에 대하여는 島津本宗家가 대조적인 방법을 취했다. 北鄉三久의 조카의 아들로서 당시 北鄉家의 堂主 忠亮이 후계자 없이 일찍 죽은 것을 기화로, 1634년 忠恒의 삼남 久直을 北鄉家의 양자로 보냄으로써 島津本宗家는 北鄉氏를 자기편으로 만드는 데 성공하였다. 그러나 그 사이에는 北鄉家의 家老 北鄉久俊과 그의 부 忠泰, 숙부 久仍이 할복을 강요당하는 사건이 일어났다.

V. 泗川의 島津軍團

그렇다면 이상 분석한 島津軍團은 泗川 전투에서 구체적으로 어떻게 움직였던 것일까? 전투의 전체를 개괄적으로 서술하는 사료는 많지만, 개개 군단 단위의 움직임을 알 수 있는 자료는 극히 적다. 그런 가운데 여기에서 소개하는 「出水衆伊東玄宅申出」이라는 기록(이하 「申出」로 약술함)은 후년의 회상록이기는 하지만 귀중한 자료라 하겠다. 『薩藩舊記雜錄後篇』에는 누락되어 있으며, 지금까지의 연구에서 사용된 흔적은 없다. 鹿兒島大學附屬圖書館 · 東京大學史料編纂所 · 鹿兒島縣立圖書館에 사본이 소장되어 있다.11)

---

11) 현재 아래의 4종류의 寫本이 확인되었다.
　① 鹿兒島大學附屬圖書館 玉里文庫『諸旧記 · 上』수록 「出水衆中伊東玄宅申出」
　: 島津家玉里邸舊藏本. 明治 20년에 「平田本」과 交合이 있었다. 奧書는 「平田本」에서 轉寫한 것. 그리고 「平田本」의 실체는 불명이지만 ③이 그 계통을 잇는 것으로 보인다.
　② 鹿兒島縣立圖書館 소장 『古雜史』수록 「奧關介入道休安高麗陣覺」: ①과 같은 계통의 사본이며, 奧書가 없다. ①과 우열을 가리기 어려운 善本. 「虎嘯福島圖書」의 藏書 朱印狀이 있다. 書名은 筆寫者의 착오일 것이다.
　③ 東京大學史料編纂所 架藏寫本 「朝鮮國泗川前場之大抵」: 전래 불명. 誤脫이 매우 많지만 ① · ②와 계통이 다른 텍스트이며, 참고가 되는 점이 있다. 끝부분의 「戊寅十月卄三日寫 鈴木恭」이라는 문자는 이 사료에서만 볼 수 있다.

이 사료의 말미 기록에는「右御合戰之樣子、御記錄所ヘ入用二付、從島津圖書殿御書之條、銘々覺候通被書出候、御望之由候間、寫如此候。(島津久通으로부터 泗川戰鬪의 양상이 기록소에서 필요하므로 각자 기억나는 대로 써 내도록 하라는 書狀이 있었으므로 이같이 書寫했다.) 이라고 적혀 있다.

島津久通(1604~1674)은 圖書頭 忠長의 손자이며, 1641년부터「島津家系圖」의 편찬에 관여하였고, 1645년부터 오랜 기간 家老로 일했으며, 1671년에는『征韓錄』을 편집했다.『申出』은 久通이 주도했던 島津家의 역사편찬 과정에서 泗川戰鬪에 참가했던 伊東玄宅이 기억을 더듬어서 구술한 것으로 생각된다. 玄宅은 小田城 낙성 이후 常陸에서 온 伊尻常陸坊의 셋째 아들인데, 慶長 3년(1598) 14세 때 조선으로 건너가서 忠恒을 모셨고, 泗川戰鬪에서는 主君이 마실 물을 준비한다거나 主君의 예비용 칼을 가지고 다녔다 (『本藩人物誌』17쪽). 어린 나이였지만 忠恒 주변의 상황을 가장 잘 목격할 수 있는 입장에 있었던 셈이어서, 그의 증언은 매우 신빙성이 있는 것으로 볼 수 있다.

그런데『薩藩舊記雜錄後篇』권43에 萬治 3년(1660) 11월 7일자의「伊東壹岐入道玄宅覺書」라는 사료가 있다(『鹿舊三』639호, 이하「覺書」로 약술함). 그 머리말에 大意와 같은 것이 기록되어 있다.[12]

奧關介入道の自筆の書物[13]を見たが、以前私が御文書所よりお尋があ

---

④ 鹿兒島縣立圖書館 소장『朝鮮役及關ケ原役二於ケル井上主膳覺書外二十六名申出聞書自記日記上申狀』수록「出水衆中伊東玄宅高麗陣覺書」: 昭和 4년에 河野通久가 ①을 카다카나를 섞어서 다시 쓴 것.
本稿의 끝부분에 ①을 底本으로 하고 ③에서 부족을 채워 텍스트 전문을 게재하였다.
12) 원문은 다음과 같다.
「此書物、出水淨円寺、奧關介入道江所望与、關介方自筆之書物被持來候間、見申候、玄宅かまひ不申儀候得共、前二御文書所より就御尋、承候通書付差出申候、關介方之書物とは致相違候條、大方を申候与可被思召候、迷惑存候間申上候」.

って差し出した書付とは相違があった。「いいかげんなことを申したのであ
ろう」と殿様に思われるのも迷惑なので、改めて申し上げる次第である。

　(泗川戰鬪를 기록한) 奧關介入道가 自筆한 書物을 보았지만, 이전에 내가 御
文書所로부터 요청을 받고 제출한 문서와는 차이가 있었다.

　「무책임하게 보고한 것이라」고 주군께서 생각하시는 것도 죄송스러우므로 다
시 아뢰는 바이다.

　강조점을 찍은 「문서」야말로 「申出」임에 틀림없다. 「申出」과 「覺書」를
비교해 보면 후자가 훨씬 더 장문이지만 동일한 표현을 사용한 부분이 있어
서 「覺書」는 「申出」의 개정판임을 알 수 있다. 이상의 사실에서 「申出」의
원본은 万治 3년(1660) 이전에 성립했다는 것이 명백하다.

　「申出」은 머릿말에서 明軍이 대거 泗川으로 공격해 오기 3일 전에 「晉
州番手」의 군대가 義弘의 명령으로 沙川新寨로 물러났던 일을 기록하고 있
다. 적에게 일부러 약점을 보여서 적을 깊숙이 유인한다는 義弘의 深謀遠慮
로 유명한 작전이다. 「晉州番手」에는 忠恒의 휘하에서 三原重種이, 義弘의
휘하인 「帖佐衆」에서는 箕輪重長이 배치되어 있었다. 각 城塞에 배치된 병
력은 복수 군단의 혼성부대였음을 알 수 있다. 마찬가지의 양상이 「古館」
(泗川古城)의 番手에서도 볼 수 있는데, 忠恒의 휘하에서는 相良頓豊·勝目
兵右衛門이, 以久 휘하의 「右馬頭殿衆」에서는 川上忠實이 임무를 맡았다.
相良과 勝目 두 사람은 泗川 총공격의 전날 밤에 명군과 싸우다가 전사하였
다. 川上은 갑옷과 투구에 화살이 수없이 박혀서(『征韓論』에는 36발로 되어

13) 東京大學史料編纂所 架藏謄寫本「高麗日記」(都城島津家藏本寫), 및 『舊典類聚』
　　권5 (東京大學史料編纂所 架藏寫本)에 수록된 「奧關助覺書」가 여기에 해당한다.
　　忠恒 측에 있었던 奧關助(실명 미상, 法名은 休如 또는 休安)가 文錄 2년(1593)의
　　忠恒上洛에서 慶長役이 끝날 때까지의 견문을 기록한 覺書이며, 泗川戰鬪에 많
　　은 지면을 할애하고 있다. 「高麗日記」의 識語에 「亥八月十五日」로 되어 있어서
　　万治 2년 己亥(1659)에 성립한 것으로 추단할 수 있다. 그리고 『舊典類聚』에 대
　　하여는 山本博文씨의 도움을 받았고, 「高麗日記」에 대하여는 역사학연구회 편
　　집위원회의 도움을 받았다.

있다) 갑옷을 마음대로 벗지도 못하는 상태였지만 겨우 살아 남았다. 新寨
에서 古館으로 급보를 전한「御不斷衆」의 멤버 財部盛淸도 명군의 화살에
많은 상처를 입었다. 御不斷衆은 義弘·忠恒의 명령을 현장에 전하는 관리
였을 것이다.

10월 1일 당일의 기사를 살펴보기로 하자.

명군의 공격은 오전 10시 경에 시작되었다. 忠恒은 성문 정면의 왼쪽 망
루에 진을 치고 가까이 육박해 오는 적군에게 몸소 조총과 화살을 쏘며 응
전하였다. 마찬가지로 오른쪽 성루에는 伊集院忠眞이 진을 쳤다. 공격해 오
는 군대가 휴대하던 화약에 불이 붙어 처음에는 대포와 같은 소리가 나더니
이윽고 천둥을 치듯 대폭발이 일어나고 가까이 있던 병사들이 타죽었다. 공
격해 오는 군대의 동요를 보고 島津軍이 성 밖으로 공격해 나가자 명군은
패주를 시작하였다. 忠恒 자신도 추격에 가담했는데, 깊숙이 쫓아가려는 것
을 本田親正·鎌田次右衛門·木脇祐辰 등 세 사람이 말머리를 잡고 만류하
였다.

명군은 성의 맞은 편 언덕에 천막을 치고「赤支度」로 포진해 있었다. 성
에서 이 모든 상황을 보고 있던 義弘은 忠恒에게 增木重松을 사자로 보내
「빨리 성 안에서 籠城하라」고 전했는데, 그 사이에 忠長 휘하의「圖書殿衆」
의 공격을 받고 적진이 무너졌다. 忠長이 있는 곳에는 이제「圖書殿衆」도
없고, 義弘 휘하의「鹿兒島方」과 野添帶刀 한 사람만이 딸려 있었다. 乘馬
衆과 徒衆이 앞을 다투어 적군을 추격하고, 忠長이 소리를 질렀음에도 알아
듣지 못하고 그 앞을 지나가고 있었다. 忠恒도 말을 타고 달려갔는데, 玄宅
은 그 후 忠恒의 모습을 보지 못하였다.

島津軍은 泗川에서 晉州까지 5리 남짓한 거리를 쫓아가며 달아나는 적
의 머리를 베었다. 11월 2일자의 五奉行의 感狀에는「일전을 벌이면 즉시
쫓아가서 무찔렀다. 晉州川까지 5里之間을 몰아붙이고 모두 무찔렀다. 잔당
등은 晉州大川으로 몰아넣었다」고 적혀 있다(『島二』990호). 五大老의 感狀

도 거의 같은 문장이다(『島一』439호).

島津忠長이라면 귀국 후 淺野長政으로부터 「으뜸가는 戰功은 忠長에게 있다」고 칭찬을 받았을 정도의 용장이었지만, 그러한 忠長마저도 군단을 완전히 통솔했다고 할 수는 없다. 달아나는 적을 추격하는 병사들의 귀에는 그의 소리가 들리지 않았던 것이다. 또한 총대장이나 마찬가지였던 忠恒마저도 전군을 지휘하기는 커녕 일개 병사와 마찬가지로 적의 머리를 베는 데만 정신이 팔려 있던 형편이었다.

VI. 왜 싸우는가?

그렇다면 島津軍은 이국 땅 泗川에서 무엇을 얻으려고 그토록 싸웠던 것일까? 慶長의 戰役(丁酉再亂)의 기본적 성격이 秀吉政權의 차원에서는 영토 획득을 노린 침략전쟁이었다는 것은 말할 필요도 없지만, 領國大名인 島津씨의 입장, 또는 종군했던 병사 개개인의 입장에서는 정권 차원과 취지를 달리하는 동기부여가 존재하고 있었다. 그래서 이상의 세 가지 입장으로 나누어서 「왜 싸우는가?」를 살펴보고자 한다.

우선 정권 차원에서의 전쟁 목적을 잘 드러낸 것은 1597년 9월 15일 경상도·전라도의 각 읍에 내건 榜文이다. 경상도 丹城과 昆陽, 전라도 海南과 康津에 내걸었던 방문이 사료로 남아 있다(『島二』970~973호, 『鹿舊三』310-311호, 『豊公遺文』). 어느 것이나 거의 같은 내용인데 「土民百姓」과 「上官(관인)」을 구별하여, 전자의 경우에는 鄕邑에 돌아와 농사에 전념할 것을 권유하고, 후자의 경우는 妻子從類에 이르기까지 죽이고 집에 방화한다. 그리고 土民 이하에게 관인이 숨은 장소를 밀고할 것을 장려하고, 또한 돌아올 것을 거부한 土民은 방화·살해한다고 적혀 있다. 또한 같은 달에 秀吉 측근의 무장이 점령지 지배를 담당하는 大名들에게 보낸 書狀에는 「年貢率

의 결정은 백성이 받아들일 수 있도록 신중히 행하라」, 「백성에게는 『마음속으로부터 일본의 백성이 되고자 하는 생각이 있다면 郡의 상관·무사의 거처를 알려 주던가, 또는 그 身柄을 인도하도록 하라. 그에 마땅한 포상을 주도록 한다. 그렇지 않으면 일본을 멸시하는 것으로 보아 一郡을 모조리 베어 버리겠다』고 알리라」(이상 『鹿舊三』 313호),[14] 「분쟁을 해결하는 관리를 一郡에 6명씩, 한 마을에 촌장 3명씩을 두도록 한다」(『鹿舊三』 324호) 등의 내용이다.

여기에는 방만한 지배자의 의식이 그대로 드러나 있으며, 침략지를 약탈하고 황폐화시키는 것이 목적이 아니라 지배계급을 뿌리째 뽑은 다음에 민중 지배를 실현하려는 의도가 있었다. 이러한 시책은 어느 정도의 효과를 거두었다. 「面高連長坊高麗日記」의 慶長 2년(1597) 9월 말부터 10월에 걸친 기사에, 「さるみ(한국어로 「사람」)들이 집단으로 海南의 성읍으로 나왔다는 사실, 그들이 가져온 정보에 따라 「上官 사냥」이 행해졌다는 사실 등이 보이고 있다. 그러나 「さるみ」가 마음 속으로부터 「일본 백성」이 될 리도 없으며, 다음해 1월 6일 石田三成 앞으로 보낸 義弘의 書狀에는 일단 되돌아온 백성들이 고향에 남아 있던 친척들까지 데리고 산 속으로 도망치려던 일들이 기록되어 있다(『鹿舊三』 355호).[15]

---

14) 原文은 다음과 같다.
　一.当納之儀、五の物を一ツ可致納所歟、又四分一可運上歟、百姓請相候様ニ、かろゞと不可過御分別事、
　一.百姓前御定事澄候上ニて、重而可被仰聞様子者、從日本被仰出分者、百姓等命をたすけ、屋宅無放火、かれら望様環住被仰付候、此段忝と百姓等口上ニ述候處者、無証據候、底根日本之御百姓ニ於可成所存者、郡之上官·侍分之有家をつけしらせよ。さなくハ拊ても來れ、襃美者上官の上下ニよりて、或者其身之名田を令扶助歟、或者其身之古郷を宛行歟、此否僞有間敷候、かく事分而被仰聞候ニ、上官を不拊來、隱家をも於不告知者、先方を重くし、日本を輕るの子細ニ候間、如奥郡撫切ニあるへきと下知あらは、大略上官·侍之有家をも致案內者、又拊來事もあるへきと存候、左様ニ候へハ、京都(ソウル)方之者共と百姓等とハ、永代遺根之もといたるへき事。

다음으로 領國主로서의 島津氏의 입장은 어떠했는가? 물론 전쟁에서 이
기면 恩賞을 받아 領國을 늘릴 수 있으리라는 예상은 있었으며, 이런 점에
서는 정권의 차원과 일치하고 있다. 그러나 당시 島津氏가 놓여 있던 상황
은 훨씬 더 절박한 것이었다. 太閤檢地는 畿內의 선진적인 사회에 합당한
기준을 변경 지역인 島津領에 무리하게 적용시켰다. 형식상으로는 石高와
大名 직할지도 비약적으로 증가했지만 在地社會의 저항은 뿌리 깊었고 경
지는 황폐해졌다.16) 그래도 豊臣政權이 하라는 대로 檢地를 실시하고, 직할
지에서 戰費를 짜내 조선으로 出陣해서 두드러진 전공을 세우지 않는 한 기
다리고 있는 것은 改易과 영지의 몰수였다. 실제로 島津氏는 檢地가 끝난
후인 文錄 4년(1594) 10월, 領內에 한한 것이기는 해도 移封을 당할 수밖에
없었던 일은 앞에서 이미 살펴 본 바와 같다. 또 오랫동안 九州에서 경쟁해
왔던 豊後의 大友氏는 堂主 義統이 조선에서 비겁한 행동을 했다고 하여 영
지를 몰수당하는 불운을 겪었다.

마지막으로 병사 개개인의 참전에는 어떤 동기가 있었던 것일까? 중세의
무사에게 있어서 恩賞地의 획득으로 이어지는 전투의 훈공은 무엇보다도
획득한 적군의 수급에 따라 결정되었다. 그 중에서도 아군의 선두에 서서
거둔 「先鋒」의 공훈이야말로 가장 높게 평가받는 행위였다. 그러한 행위는
집단행동의 논리와는 양립하지 않으므로 병사는 경비를 자신이 부담하면서
전쟁터에 가는 것이 전제가 되었다.

그렇다면 文禄・慶長의 戰役에서 島津軍은 어떠했던가?17) 島津義弘은
天正 20년(1592) 4월 말에 늦기는 했지만 渡海했을 때의 모습을,「우리가 승

---

15) 中村榮孝,『日鮮關係史の硏究・中』(吉川弘文館, 1969년) 216~219쪽, 北島万次,
　　『豊臣政權の對外意識と朝鮮侵略』(校倉書房, 1990년) 260~268쪽 참조.
16) 慶長 5년(1600) 5월의 島津義弘書狀(『鹿旧三』1108호)에「卄万石地藏入之內, 七
　　八万石もあれ候へき由、さてゞ笑止之至り二候、取分帖佐方藏入荒地多之由候」라
　　고 되어 있다. 또 山本 註 (3)書, 217~220쪽 참조.
17) 이하에서 언급하는 병사의 자력 참전에 대하여는 山本 註 (3)書, 224~237쪽에
　　정확한 분석이 있다.

선을 시작하고, 從者들이 탈 배마저 하나도 오지 않아서 빌린 배로 侍童까지 불러서 오게 하고, 부자간에도 불러서 渡海하도록 하고 … 또 자기 배로 오는 사람들도 도중에 여기저기 지체되어 … 라고 기록했다.(『鹿旧二』 970호)

　　나중에 기록된 사료이기는 하지만 1616년의 「兒玉利昌軍功覺」에 따르면, 1595년 6월에 島津義弘·忠恒이 조선의 거제도에 포진했을 때, 利昌은 자력으로 渡海하여 다음해 7월까지 軍務에 종사했다고 한다. 慶長 원년(1597)년의 충청도 공격 때도 利昌은 6反帆의 배에 主從 7인과 船頭·水手 8인을 태우고 「自力自船」으로 종군하였다(『鹿舊三』 1379호). 慶長 2년 2월에 忠恒이 조선에서 고향의 義弘에게 보낸 書狀에서, 「渡海에 필요한 병력과 선박 수를 계산함에 있어 혹은 임시 賦課에 의하고, 혹은 자력으로 준비하여 참전토록 하라고 이야기해서는 일이 자꾸 늘어지고 말 것이라고 이전에 말씀 드렸습니다」라고 하며, 「설령 타당한 조치라고 하더라도 자력으로 조달해서는 도무지 급하게 쓸 수는 없습니다」라고 하며 탄식하고 있다(『鹿舊三』 182호). 그러나 7월에 義弘이 내린 지시에는 「본국에서 自船으로 渡海할 수 있는 사람은 그곳에서부터 섬(巨濟島)까지 自船으로 渡海하도록 지시를 내리라」는 것 뿐이었다(『鹿舊三』 262호).

　　현실의 島津軍은 太閤檢地로 생겨난 직할지로부터의 年貢이 아니라 領內 무사들의 자력으로 유지되었던 것임을 알 수 있다. 그런 세계에서는 획득한 적의 수급이 많을수록 기대하는 恩賞의 액수도 많아진다. 그 결과 전투 자체의 승패가 정해지고 난 뒤에도 오로지 머리 베기에만 열중하게 된다. 전투 직후인 10월 18일, 長崎六郎右衛門이라는 병사는 泗川에서 보낸 서장에 「혼자서 30명 또는 20명을 벤 자가 있고, 한 두명을 베지 않은 사람은 없었다. 또한 잡역을 하는 시종 가운데 白銀 100몸매·200몸매 또는 열 돈쭝·스무 돈쭝 정도 약탈하지 않은 자도 없었다」고 쓰고 있다(『鹿舊三』 533호). 일본군의 조선 철수를 용이하게 했다는 것 이상의 의미는 없는 泗

川戰鬪에서 수급과 전사자의 숫자가 저토록 막대해진 이유는 일본군이 중세적인 「自力」의 논리로 행동했다는 데에 있다. 예의 코베기도 쓰러뜨린 적군의 숫자를 가장 간편하게 세는 방법으로 채용되었던 것이다.

Ⅶ. 停戰과 撤兵

泗川戰鬪가 벌어진 것은 慶長 3년(1598) 8월 18일에 秀吉이 伏見城에서 죽고나서 1개월 반이나 지난 뒤의 일이다. 五大老는 명군과 화의를 맺고 조선에서 병력을 철수시키기로 결정하고 德永壽昌과 宮下豊盛 두 사람을 조선으로 보내 그 방침을 각 군에 전달토록 했다. 秀吉이 죽은 지 6일 후에 德永·官下가 제출한 起請文에는 「조선쪽의 화의에 대하여는 加藤淸正의 방식으로 해야 할 것인지, 少西行長의 방식으로 해야 할 것인지, 두 사람의 주장을 잘 들어보고 어느 쪽이든 일본에게 도움이 되는 방법으로 결정하도록 지시를 내렸습니다」라고 되어 있다. 淸正과 行長은 天正 20년(1592) 개전 초기부터 사사건건 서로 싸웠는데 그러한 갈등은 전쟁이 끝날 때까지 끝내 해결되지 않았다. 또한 起請文의 다른 조항에는 「朝鮮在番의 大名들과 화의에 관하여 담합할 때 국가를 위하여 생각하지 않고 약삭빠른 생각을 말하는 이가 있다면 그대로 말씀드리겠습니다」라고 되어 있다. 이 대목은 국가(豊臣政權) 차원과 大名 차원에서 전쟁의 목적에 차이가 있었음을 암시하고 있다.

8월 25일, 德永·官下의 파견을 알리는 秀吉朱印狀이 義弘 등에게 전해졌다. 같은 날짜의 增田長盛 副狀에는 「上樣(豊臣秀吉)님의 병은 며칠 사이에 드디어 좋아지셨다. 안심해도 된다」라고 되어 있다(『鹿舊三』458호). 조선에 있는 일본군의 동요를 두려워하여 秀吉의 죽음을 숨기고 있었던 것이다. 德永·官下가 泗川新寨에 도착한 것은 島津軍이 대승을 거두고 난 일주

일 뒤의 일이며, 11월 15일을 기하여 모든 병력을 부산에 집결시키라는 방침이 전달되었다. 10월 13일에는 명군 사령관 茅國器의 참모 두 사람이 泗川新寨에 왔고, 순천에 주둔 중이던 小西行長과 船奉行 寺澤正成 등도 그곳으로 와서 화의가 성립되었다.

제 5장에서 소개했던 「出水衆中伊東玄宅申出」은 후반에서 島津軍이 泗川新寨를 나와 부산에 도착할 때까지의 모습을 묘사하고 있다. 島津軍은 예정보다 늦게 사천을 벗어나 11월 16·17일 무렵 진주만 어귀에 있는 興善島(昌善島)로 건너가 小西軍이 순천에서 도착하기를 기다렸다. 그러나 小西는 화의에 반대하는 水軍統制使 이순신이 이끄는 조선수군에게 해상을 봉쇄당하여 꼼짝도 할 수 없는 상황이었다. 그래서 島津軍은 立花·寺澤·宗·高橋 등의 병력과 함께 이를 구원하기 위해 서쪽으로 나아가 11월 18일 본토와 南海島 사이의 좁고 긴 해협 부근에서 조선·명의 수군과 충돌하게 된다. 이순신의 전사로 유명한 露梁津 海戰이다.

島津 진영에서 小西 진영으로 使者로 갔던 敷根賴豊은 行長에게 「小西님이 빠져나갈 통로를 조선측의 番船이 봉쇄하고 있어서 통과할 수가 없습니다」라고 알렸는데, 行長도 가는 것을 만류하였지만 賴豊은 使者船이라는 취지를 조선측에게 설명하고 통과하였다. 使者船의 경우는 적일지라도 손을 대지 않는다는 전쟁의 법칙이 등장하는 것이 흥미롭다. 또한 島津軍의 出船 묘사에서는 義弘이 「帖佐方之衆」을 불러서 함께 갔고, 「鹿兒島方之衆」도 義弘의 「御下知」에 따랐다고 한다. 忠恒 휘하의 鹿兒島衆도 실질적으로는 義弘이 지휘하였다는 사실을 알 수 있다.

玄宅이 속한 忠恒軍도 義弘의 뒤를 좇아 出船했다. 六反帆 뿐인 배를 만나서 가까이 가 보니 中乘 伊尻半兵衛가 부상하여 배 안에 엎드려 있다가 일어서서 말하기를 「義弘님의 御船 만은 무사하지만 따르던 배들은 1척도 남아 있지 않습니다. 이 배도 모두 부상당하고 노잡이 하나뿐입니다」라고 하였다. 이에 忠恒은 갑옷을 입고 關船[18]으로 옮겨 탔다. 본선에는 宅間与

八右衛門이 혼자 玄宅 등을 이끌고 노를 저어서 忠恒이 탄 배의 뒤를 따랐다. 상황을 보니 義弘의 배 1척과 「余所衆」의 배 3척이 수많은 적선에 포위되었으므로, 忠恒은 義弘의 배와 적선 사이로 끼어들었다. 적선을 향해 배를 들이댄 것은 忠恒의 배 뿐이었으며, 여타의 배들은 뱃머리를 돌린 상태였다. 義弘의 배는 위급한 상황을 벗어나고, 나머지 배들도 적선의 정면을 피할 수 있었는데, 忠恒의 배 1척만은 다른 배들이 1里쯤 퇴각할 때까지도 그 자리에서 움직이지 않았다. 그날 밤 모든 배들은 興善島를 출발하여 다음날 부산포에 도착하였다. 그 후 남해도에 남아 있던 樺山軍을 구출하는 일도 성공하여 전 島津軍이 부산에 집결하였던 것은 11월 22일이다.

島津軍은 11월 24일 부산을 출발하여 12월 10일 博多에 歸着하였다. 명군은 「石曼子(시마즈)」의 용맹함을 두고두고 이야기했다고 전해진다.

Ⅷ. 맺는 말

本稿에서 「出水衆中伊東玄宅申出」을 소개하고, 또한 「奧關助覺書」에 대해서도 언급하였다. 島津軍의 일원으로서 조선으로 轉戰했던 병사들이 에도시대가 되어 기억을 더듬어서 기술한 覺書類는 그밖에도 다수 남아 있다. 그러나 지금까지의 연구에서는 사료적 가치가 낮다고 생각했던 것인지 거의 사용되지 않았다.

예를 들면 北島万次씨는 저서 『朝鮮日々記・高麗日記』에서 「出水衆中

---

18) 「무로마치시대 瀨戶內海의 주요 항로상의 항만을 중심으로 설치되어 있던 海關 소속의 배에서 발달히여, 戰國時代부터 에도시대에 걸쳐서 사용되었던 軍船의 船型의 호칭. 安宅船보다 소형이며 경쾌한 기동력을 지닌 軍船이며, 주위에 防御裝甲을 가진 矢倉을 설치하였고, 적절하게 화살과 총을 쏘는 구멍을 뚫었다. 安宅船과 함께 수군의 중심 세력을 형성하였고, 慶長 14년(1609) 安宅船이 금지되고 나서는 諸藩의 水軍의 기간세력이 되었다」(『日本國語大辭典』).

伊東玄宅高麗陣覺書」이하 6종의 서명을 들고 있는데, 서술 재료로는 「大重平六覺書」를 약간 이용하고 있을 정도이다. 北島씨는 이들을 「淸正高麗陣覺書」「宇都宮高麗歸陣物語」등 「諸大名의 戰記物」과 동렬에 두고, 조선침략에 있어서 자신의 무용과 공명을 어필하기 위한 것으로 성격규정을 하고 있다.[19] 그러나 이들 覺書類의 대부분은 島津久通을 중심으로 진행된 島津家의 역사(특히『征韓論』)편찬 과정에서 재료로 수집된 것이다. 말하는 당사자의 무용담과 공명을 강조하는 것은 별로 없으며, 忠恒 등 主君의 동향 묘사에 중점이 두어진 것으로 생각된다.[20]

물론 전투 경위를 분명하게 확정하는 사료로서는 문체라든가 기억의 불확실함이라는 점에서도 커다란 한계가 있다는 것은 말할 필요도 없다. 그러나 전쟁에 참가했던 일반 병사의 키에서부터 그들이 본 전쟁의 실상을 생생하게 묘사해 내고 있다는 점에서 다른 사료에는 없는 유니크함이 있다. 『薩摩旧記雜錄後篇』에서 인용된 「樺山紹劍自記」「長谷場越前自記」「大島久左衛門忠泰高麗道記」「新納忠增日記」「新納忠元勳功記」「大重平六覺書」「佐多民部左衛門覺書」「伊東壹岐入道覺書」와, 『續群書類從』에 수록된 「島津家高麗軍秘錄(淵辺量右衛門覺書)」은 활자로 읽을 수 있지만, 鹿兒島大學附屬圖書館・鹿兒島縣立圖書館・東京大學史料編纂所・內閣文庫 등의 기관에 寫本으로 소장되어 있는 것도 적지 않다. 「奧關助覺書」「帖佐彦右衛門覺書(書上)」「川上久國泗川在陣記」「川上久國雜話」「伊東玄宅由緖書并高麗入覺

---

19) 北島万次『朝鮮日々記・高麗日記−秀吉の朝鮮侵略とその歷史的告發−』そしえて, 1982년, 356~357쪽.

20) 「島津家高麗軍秘錄」의 필자 淵辺元眞은 집필 경위를, 「高麗에 들어갔을 때의 일에 대하여 記錄方님이 필요하다고 하시고, 文所奉行 平田淸右衛門님으로부터 이 늙은이가 아는 바를 자세히 써서 내라고 하셔서 그 말씀을 삼가 받들고 아는 바를 대략 써서 제출했습니다」라고 설명하고 있다. 이 覺書의 冒頭에는 亥(万治 2년) 8월 18일자의 집필 要項(줄거리)가 게재되어 있는데, 그 요구는 임진왜란 당시 義弘의 동향을 조목조목 더듬는 데 있으며, 필자 자신의 공명을 말하려는 것이 아니라고 했다.

書」「伊勢貞昌書出」「菱刈休兵衛朝鮮奉公覺」등이다. 차차 소개할 생각이
다.21)

---

21) 아주 드문 예인데, 「高麗日記(奧關助覺書)」에서 慶長 2년(1597) 9월에 島津軍이
    전라남도 海南郡에 진주하여 사람사냥 패찰이라고 부를만한 나무 패찰을 이용
    하여 조선인 강제징용을 시행했던 사실을 전해주는 기사를 소개하겠다. 이 기록
    에 이어 해남 근교의 부락에서 忠恒의 지휘 아래 행해졌던 무차별 살상의 모습
    이 적혀 있지만 너무 長文이라서 지면 관계상 생략했다.
    「하이낭(海南)이라는 古城 안에 두 분 영주님(義弘‧忠恒)께서 주둔하셨다. 3,
    40일 정도 머무셨고, 회나무(檜)로 길이 8촌 가량, 넓이 7~8푼쯤 되는 패찰 7,
    800개 정도를 만드셨다. 겉에는 시마즈사카미(嶋津さかミ)라고 쓰시고, 안쪽에는
    날짜를 쓰셨다. 통역 7~8인을 데리고 산으로 올라가셔서 이 패찰을 주시며 직
    접 사루미(さるみ、사람) 7~800인과 妻子를 데리고 내려오셔서 하이낭(海南) 안
    의 논에서 추수를 하도록 시키셨다. 성 안에 7~8칸 넓이의 진흙 창고를 아홉개
    지으시고 쌀을 가마니에 넣도록 하시고 이 창고에 넣게 하셨다」.

<付 錄>

[出水衆中伊東玄宅申出] (鹿兒島大學부속도서관 玉里文庫 『諸旧記』・上』
수록) 全文

高麗御陣覺　　　　（異筆）「明治二十年以平田本校合ス」

一. 晉州番手之主取三原諸右衛門殿, **帖佐方**（重種）よりハ箕輪治部左衛門殿など番手
ニ而候, 泗川江猛勢寄來候三日前ニ, 以御下知番手衆引取被申候事,

一. 古館番手相良玄蕃殿（頼豊）・勝目兵右衛門殿, 并**右馬頭殿衆**（島津以久）主取ニ而川上六郎
兵衛殿番手之由候, 此外之衆ハ不存候, 彼番手之衆ハ早々引取可被申之
由候得共, 物 [頭を]見申候而引可申之由被申候間, 泗川江寄來候前之日
夜中ニ, **御不斷衆**（盛清）之內財部甚兵衛御使ニ而, 番手衆急退可申由被仰出候
處, はや夜中ヨリ古館を攻申候, 然共甚兵衛ハ敵之中を罷通り, 御使を申屆
被罷歸候, 半弓之矢余多手負被申候得共, 痛不申, 相良玄蕃殿ハ則戰死ニ
而候, 勝目兵右衛門殿ハ御城近迄退被申候得共, 玄蕃殿討死之儀跡より參り
候人江相尋, 返合打死之由, 川上六郎兵衛殿ハ中間肩ニ掛退爲申由候, 則
忠恒樣御出被成, 六郎兵衛御覽候, 我等も御供申候間見申候, 具足之上ニ
半弓之矢過分ニ当り候之故, 具足被拔候儀者不罷被成由ニ而, 其儘被居候
を見申候事、

一. 昆陽之儀ハ不存候事、

一. 御城江漢南人寄來候ハ巳之刻程ニ而候、貳十万之賊と承候、忠恒樣其朝
拂曉御廻被成、直ニ大手之口江被成御出候, 其時猛勢寄來申候ニ, 御稻荷
ニツ敵ニ掛り候を, 御傍衆見被申候而被申上候, 忠恒樣直ニ被成御覽御拜
被遊候, 左樣ニ而大手之口左之矢倉江被成御座候, 敵勢近く寄來候而, 先ツ
御鐵炮十放計被遊, 夫より御弓ニ而御手矢二十爲被遊之由, 其時分承候, 翌

日御手矢ハ取候而被差上候，無之矢一ツも無之御座候由，右式ニ候處，寄
來候敵塩硝壺ニ火入候而，　石火矢之樣ニ鳴申候、則過分ニ有之塩硝ニ火
移、雷之樣ニ鳴申候，其辺之敵皆々燒殺申候，其仕合ニ御城より切出被成
候，本門ハ明得不被申、脇のくゞり門より御出被成候，我等ハ御矢倉江御替
之御腰物を持罷居候、若輩之故拾町計ハ御供仕候、夫より取離れ申候，御
供ハ本田与兵衛殿・鎌田次右衛門殿・木脇三左御門殿、此三人御馬之
（親正）　　　　　　　　　　　　　　（祐辰）右
口を取、[御懸出し被成候を引留申候、其內ニ敵の大將]御城向之岡長曾
我部殿古陣場江天蓋を張居候、其人數ハ赤支度ニ而候、右大將之衆一手
ニ返申候を、惟新樣自御城被成御覽、曾木五兵衛御使ニ而、忠恒樣早々
（重松）
先城江可被成御籠之由候處ニ，　又赤支度之衆崩れ申候、是ハ圖書殿御こ
たへ被成、御働を以崩れ候通、野添帶刀殿度々被申候を承候，**圖書殿衆**
無人ニ而候、**鹿兒嶋方**よりハ野添殿壹人爲被罷居由候、乘馬衆其場を被
掛退候衆共江，　圖書殿被成御覽、御言を被掛候得共、爲被罷通衆有之由
ニ被申候、夫より忠恒樣御馬を御馳出し被成候間、其后之事ハ見不申
候、敵ハ晉州迄五里之間追打ニ而候事、

一．猛勢寄來候時早々鐵炮仕間敷由、御下知ニ而候通、其時分承候事、
（忠眞）
一．御城大手之口右之矢倉江へは伊集院源次殿御座候事、
（行長）
一．泗川御引陣ハ慶長三年十一月十六七日ニ而候哉と覺候、小西殿同前ニ御
引陣可被成候間、御城より五六里も御座候牟興善嶋ニおひて御待合可被成
之由、御約束ニ而、着船嶋ニ而御待被成候得共、小西殿遲御座候、小西
殿江御使ニ被參候敷根仲兵衛殿、參候而被申上候ハ、小西殿被引取候儀
者、番艘道口を張切申候間、不罷成由候、仲兵衛殿をも小西殿被引留候
得共、使者舟之由申分可罷通と申候而、番船之中を通爲參之由候、惟新
樣被成御出、可被及御覽とて、**帖佐方之衆**迄を被召列、其日之七ツ時分
ニ御出船御座候、**鹿兒嶋方之衆**も被參候て、御下知ニ而は無御座由候、
其翌朝、夜中より石火矢事之敷興善嶋江聞得申候ニ付、忠恒樣も可被成御

出候とて、早朝ニ御出船候候處ニ、鐵炮之音曾而無御座候、南海口岡江見
㘴候而、煙過分ニ立申候、御船中被仰候は、小西殿江被遊御取合浜遊び
は御座候哉と咄合候、然處ニ六反計之船流候而參候、御船近く參候而よ
り、中乘井尻半兵衛手負ニ而被伏居候が、起上り被申上候ハ、惟新樣御
船計無何事候、御供立之船一艘も殘り不申候間、此船も惣別手負候而、櫓
取壹人ニ而候、流れ候而も參り、御左右可申上候由、催被仰付候通、半
兵衛被申上候、其より御鎧を召、關船ニ御乘被成、本船ニハ宅間與八左
衛門一人我々若輩之者迄被召置候、本船も櫓數ニ而候故不後參候、見申
候得ハ、惟新樣御船壹艘、余所衆之船三艘、[敵]船ハ大分之義ニ候、
忠恒樣御船ハ敵之船と惟新樣御船と之間ニ御乘入被成、敵船江鼻を向候
而御座候、余之船ハ敵船ニとも向ケ御座候、然處ニ余所衆之船ハ則退申
候、**鹿兒嶋衆**御供立之船も過分ニ參候、早々忠恒樣被成御退候ハヽ、惟
新樣も可被成御退由ニ而、皆々はつし申候得共、忠恒樣御船一艘計、諸
船之一里程も退候迄ハ其儘被成御座候、左樣ニ候而、其日之晩ニ着船嶋
を皆々出船ニ而候、忠恒樣御船惣別出船之已後御出船被成候、翌日ハ
早々釜山浦江御着船候、釜山浦江御座候內、南海より捨置候小船を以到
寄來候者、樺山殿大將ニ而士衆七拾人程ニ而、　　南海之城を持御座候之
由、夫より御觸御座候者、樺山殿南海ニ被上候、御捨被成人ニ而無之候
間、心有士ハ繰取ニ可被參之由候、夫より迎之衆余多被參候、南海之城
ハ宗對馬守殿(義智)御座候處、是も惟新樣江被相付番船ニ被爲逢候、漸城下江
船を乘付、人計乘セ候て、被相迦候故、弓鐵炮衣裳其外惣別被捨置候を
以、右之衆無口能城を爲被持之由候通、御船ニ而承候、南海より樺山殿
ハいつれも頓而釜山浦江被退取、軍衆同前歸帆ニ而候事、

平田本ニ云、

右御合戰之樣子、御記錄所へ入用ニ付、從嶋津圖書殿御書之條、(久通)銘々
覺候通被書出候、御望之由候間、寫如此候、以上。

[戊寅十月卅三日寫　鈴木恭]

1) [　] 안은 東京大學史料編纂所 架藏寫本『朝鮮國泗川戰場之大抵』(4140. 5 / 31)에 따라 보충하였다.

2) 「惟新樣」, 「忠恒樣」 앞을 闕字로 해야한다는 註釋이 여백에 적혀 있었지만 생략했다.

제4장
한일관계와 불교

제1절 漂流高麗人과 禪僧

앞에서 나는 중세 후기의 일본열도 주변에 內海를 에워싼 두 개의 지역을 설정하고, 이것을 畿內를 중심으로 하는 동심원적인 지역공간의 개념과 대비하여 국경을 상대적인 것으로 만들고 다른 민족과의 교류를 실현하는 장소로서 자리매김하였다.[1] 그 두 개의 지역이란 『環中國海 지역』과 『環日本海 지역』(東海: 역자주)인데, 전자는 그렇다 하더라도 후자는 가상의 지역에서 나온 것이 아니라 다른 민족과의 교류로서 제시할 수 있는 것도 御伽草子의 『御曹子島渡』에서 北國船과 나란히 十三湊에 출입하는 고려 선박이 보이고 있으며, 일본해상에서 활동하는 조선인의 모습을 알 수 있다는 사례뿐이었다. 일본해를 무대로 하는 민족교류의 사실을 보다 더 다양한 사료에서 발굴하지 않으면 『環日本海 지역』이 공상으로 끝나기 쉽다. 그 발굴의 작은 첫 걸음으로써 伽草子보다 더 오래 되었고 또한 픽션의 요소가 적은 사료 하나를 소개하겠다.

夢巖祖応(?~1374)이라는 出雲 출신의 禪僧이 있다. 京都 五山의 東福寺로 들어가서 潜溪處謙의 법통을 계승하였다. 聖一國師 円爾의 法孫이 된다.

---

1) 村井章介, 1988, 『アジアのなかの中世日本』제3장, 校倉書房 참조.

藏主까지 올라갔으나 갑자기 고향으로 돌아가서 30년에 이르는 은거생활을 보낸 후 応安 2년(1369)에 東福寺로 돌아왔으며, 얼마 후 제40대 주지가 되었다. 박식하고 특히 儒學에 조예가 깊었으며, 두 번째 상경 후 이따금씩 『孟子』를 가르쳤다. 이 방면의 문하생으로 岐陽方秀, 大愚性智, 東漸健易, 大岳周崇, 惟肖得嚴 등이 있다. 応安 7년 11월 2일에 입적하였다. 뒷날 「大智円応禪師」라는 勅諡가 내려졌다. 語錄으로 『大智円応禪師語錄』이 있고, 詩文集으로는 『旱霖集』이 있다.[2]

　『旱霖集』에 다음과 같은 작품이 있다[『續群書類從』 12輯 상, 126~ 217쪽]. 제작 연대는 알 수 없지만 내용으로 보아 出雲에서 만들어진 것은 확실하며, 14세기 중엽 왜구가 한반도에서 본격적인 활동을 개시했을 무렵의 작품이다.

高麗人 10首

①

我后母儀天下時	우리 황후(神功皇后)가 천하를 다스리실 때
三韓朝貢不愆期	삼한의 조공은 때를 어기지 않았다
風濤驅得夷民到	바람과 파도에 밀려 夷民이 도착하였으니
千載威靈尚未衰	千載의 위엄과 영혼이 아직도 쇠약하지 않았다

②

家鄉萬里白雲西	고향은 白雲의 서쪽 천만리 밖에 있고
淚眼望天見鳥飛	눈물어린 눈을 들어 하늘을 나는 새를 바라본다
遊竺高僧方外客	대나무 사이를 노니는 高僧, 밖의 손님도
猶因紈扇促東歸	마치 비단부채에 의지하여 東歸를 재촉하는 듯하다

③

| 流寓異鄉爲異客 | 타향에 떠돌며 나그네가 되어 |

---

2) 玉村竹二, 1983, 『五山禪僧傳記集成』, 講談社 참조.

不言心事使人悲　마음 속 말을 못하고 사람을 슬프게 한다
路逢老稚便含泣　길가에서 노인과 어린애만 봐도 눈물이 어리고
知汝家留親與兒　누가 알랴, 고향집에 부모와 자식을 두고 온 것을

④

病者蒙醫囚夢赦　병든 자는 치료를 바라며 죄인은 용서를 구한다
睫梢纔合到鷄林　눈만 감으면 계림(조선)에 도착한다
相看無語妻兒面　멀리 말없이 바라만 보네, 처자의 모습
双淚先流母子心　눈물이 먼저 흘러내리네, 母子의 마음

⑤

數行泪墨一封信　눈물과 먹물에 얼룩진 한통의 편지
寫了無鴻西北飛　편지는 이미 썼지만 서북으로 날라줄 기러기가 없네
欲使爺孃識存沒　부모님께 살아 있다는 소식을 전하고 싶은데
爺孃存沒又難知　부모님의 소식은 또 알 길이 없네

⑥

語言衣服雖殊俗　비록 언어와 옷차림이 다르다고 하지만
窮泰悲歡豈異心　희노애락이 어떻게 다르랴
淚雨對杯時暫霽　비 오듯 하는 눈물도 술잔을 마주하면 잠시 개운해지고
愁雲臥榻又重陰　마음이 아파서 자리에 누우면 또 마찬가지로다

⑦

每飡奇果便收核　기이한 과일을 먹을 때마다 씨를 남겨두고
擬向故家園裏蒔　고향집 뒷뜰에 심으려고 생각하네
想汝生還期未卜　고향에 돌아갈 날은 기약이 없고
秋風垂實定何時　가을 바람에 과일이 드리워실 때는 언제일까

⑧

告飢知作可憐態　배고픔을 알리면서 가련한 모습만 짓고

一飽於人甚易謀　　배만 부르면 다른 꾀를 꾸미려고 하네
蠟貌梔言徼幸者　　蠟貌梔言 요행을 바라는 자도
爭如此丐最優遊　　이렇게 구걸하는 모습이 가장 편하지 않은가

⑨
忽被村桑喚得回　　갑자기 마을 어른의 부름을 받고
曲枝桑下釂三杯　　굽은 뽕나무 가지 아래서 술 석잔을 들이킨다
醉響廣大人間小　　취한 눈에 고향은 크나 인간은 작아 보이고
日本高麗安在哉　　일본과 고려 평온하지 않은가

⑩
入門祇唱彌陀仏　　문에 들어서면 그저 아미타불만 외우고
謝惠每称觀世音　　謝恩할 때마다 부르는 觀世音
幸好其余說不得　　다행히 다른 말은 할 수 없고
世間語穽陷人深　　세상의 語穽은 사람을 깊이 빠지게 한다

　高麗 어부들이 여기서 寄食한 지 수 개월. 작별을 고하고 귀국한다. 내가 농담삼아 몇 줄의 글을 적어서 그 숨로 하여금 故事를 새롭게 하여 말하고 자 한다.

⑪
一飡恩尙以身價　　한 끼의 은정 이제 몸으로 갚고
執炙之人予翳桑　　구운 고기를 잡은 사람은 翳桑에게 준다
漁網早須施佛屋　　그물은 당연히 빨리 불당에 보시하고
充防鳥雀汚金裝　　鳥雀의 金裝을 더럽힘을 막기에 충분할 것이다

　필자의 능력으로는 이해하기 어려운 부분도 있지만, 이제부터 아는 한도 에서 해석을 달아보도록 하겠다. ⑧의 「蠟貌梔言」은 「蠟貌」의 고사에 의한 것이다. 「노랗고 광택이 나는 채찍을 갖고 싶다」는 부잣집 아들한테 채찍장

사가 梔(치자나무) 열매로 노랗게 물들이고 꿀(蠟)로 광택을 낸 채찍을 5만 금에 팔았다. 겉만 그럴듯하게 꾸미고 속이 빈 것을 의미한다. ⑨의「桑下」 와 ⑪의「翳桑」은 모두「桑下(翳桑)의 餓人」이야기를 기초로 한다. 晉의 趙盾은 首山의 뽕나무 밑에서 飢人을 만나자 음식을 주고 목숨을 구해 주었 다. 후에 盾이 위험에 빠졌을 때 晉의 宰夫 靈輒의 도움으로 난을 피했는데, 盾이 도와준 까닭을 묻자 輒은「翳桑의 餓人」이라고 대답했다.

그러나 이 대목에서 故事는 아무래도 좋다.『風濤』를 만나『타향에서 떠 도는 客人』이 된『고려 어부』가 夢巖 밑에서 여러 달 寄食한 후에 고국으로 돌아갔다.

만리 밖에 있는 고향을 흰구름 너머로 그리면서 자유롭게 바다를 건너는 새를 눈물어린 눈으로 바라보는 고려인(②). 과일이 나올 때마다 씨를 받아 두었다가 고향집 마당에 심으려고 하는 듯한데, 가을 바람에 열매가 흔들리 게 될 때는 대체 언제일까?(⑦) 夢巖은 고려인의 고향을 그리는 마음에 깊은 동정을 쏟아붓는다. 특히 가족을 그리는 절절한 마음에 대해서는 여러 각도 에서 영탄하고 있다. 마음 속을 털어놓지 않는 그가 길에서 노인이나 아이 들을 보며 눈물을 흘리는 까닭은 늙으신 부모님과 어린 자식들을 집에 두고 왔기 때문이다(③). 병자가 의사를, 죄인이 용서를 바라듯이, 눈을 감기만 하 면 몸은 당장 鷄林(조선의 다른 이름)으로 날아가서 처자식을 만나 말없이 눈물만 흘린다(④). 눈물에 얼룩진 몇 줄의 편지를 썼지만, 끝내 서북쪽으로 날아가는 기러기(편지를 보낼 수 있는 새)가 없다. 가족에게 현황을 알리고 싶지만, 가족의 생사 역시 알지 못한다(⑤). 감상에 치우친 듯한 경향은 보 이지만, 말이 통하지 않는 이국인을 향한 夢巖의 눈길은 따스하다.

더욱이 夢巖은 동정에서 한 걸음 더 나아가 언어와 옷차림은 달라도 인 간으로서의 희노애락은 별 차이가 없다는 객관적인 인식에까지 이르고 있 다. 굶주림으로 가련한 모습을 보이다가도 음식만 보면 당장에 태도를 바꾸 는 고려인이여, 아무리 잘 생기고 말솜씨가 뛰어난 사람이라도 자네처럼 걸식의 일인자에게는 당할 수가 없다는 야유(⑧)도 따뜻한 유머에 덮혀 결코 차별이나 멸시가 담겨 있지 않다. 마을 어른에게 불려가서 술대접을 잔뜩 받고 기분이 거나해져 마치 별천지에서 노는 기분, 일본이니 고려니 구별할 필요가 있는가(⑨). 이런 대범함은 고려인의 심정임과 동시에 出雲의 마을 사람들, 그리고 夢巖까지 공유하는 기분이었음에 틀림 없다.

⑩과 ⑪ 두 수는 불교 신자로서 夢巖의 입장이 표출된 듯하여 해석이 어렵지만, ⑩은 『彌陀佛』『觀世音』이라는 말만 알고 일심으로 외우고 있는 고려인은 오히려 사람들이 빠지기 쉬운 언어의 함정을 피하고 있다 (고려인 이 일본말을 할 줄 아는 사람이라도 그 이상의 것을 설명하기에는 어차피 불가능하기 때문에)고 해석할 수 있지 않을까. ⑪은 「翳桑의 餓人」이라는 고사를 夢巖에게서 음식을 얻은 고려인과 비교한 다음에, 고려인이 쓰던 漁 網을 불당에 걸어서 금 장식을 새가 더럽히지 않도록 한다고 읊고 있다. 그 물을 이렇게 사용함으로써 살생에 따른 佛罰로부터 고려인을 구해 준다는 의미일까?

이상과 같이 고려인에 대한 夢巖의 시각은 매우 세련된 경지에 이르고 있었다. 가장 큰 원인은 오랜 세월에 달하는 夢巖의 出雲에서의 생활 자체 일 것이다. 山陰은 對馬, 壹岐, 北九州와 함께 한반도와 가장 가까우며, 서풍 에 밀려 이따금씩 조선인이 표류해 왔다. 접촉할 기회가 많다는 것이야말로 이민족관이 바뀌는 기반이 된다. 그리고 「나, 遊山의 버릇이 있고, 扶桑의 경지는 거의 섭렵했다」는 말처럼(『旱霖集』夢遊丹丘吟幷序) 해박한 견문과 도 관계가 있음이 틀림없다.

그러면 이처럼 편협함으로부터 자유로운 시각은 일본과 고려의 국가관 계에까지 미쳤을까? 「高麗人十首」를 총괄하는 ①은 표류사건에 역사적인 의미부여를 시도한 것으로서 다른 작품과는 전혀 취지를 달리 한다. 여기에 등장하는 것은 「우리 황후가 천하를 다스리실 때」, 즉 神工皇后와 「三韓의 朝貢」을 둘러싼 아주 오랜 기억이다. 다른 곳에서 말했듯이, 중세 일본인이

어떤 사건을 계기로 조선과의 관계를 對自化시키려고 했을 때 반드시 떠올
리게 되는 것이「神工皇后의 三韓征伐」전설이다.[3]

이 전설이 남아 있는 곳은 畿內・瀨戶內・北九州 뿐만 아니라 日本海연
안에서도 확인된다. 文明 18년(1486)에 越後의 國府를 방문했던 승려 堯惠
는 居多明神의 늙은 직원으로부터「이 神社는 옛날 三韓征伐 때부터 北海鎭
護의 神社였다」는 이야기를 듣고 있다[『北國紀行』]. 이 패턴화한 연상으로
부터는 夢巖도 자유롭지 못하다. 거기에 연결되는 것은 어민의 표착을『夷
民』의 도래로 받아들이고 영원토록 국가를 수호하는『威靈』의 건재함을 보
는 듯한 국가이데올로기의 왜곡된 모습이다. 夢巖의 넓은 견문과 박식함은
국가와 연결된 五山機構의 일원이라는 입장을 통해서 오히려 異民族觀을
현실적인 관점으로부터 전통적인 편견으로 되돌리고 말았다.

물론 夢巖이 시를 써서 남겨 주지 않았더라면 우리가 고려 어민과 出雲
주민과의 교류를 알 리가 없다. 하지만 그것이 문자로 정착했을 때 자기도
모르는 사이에 국가중심의 인식이 정형화된 틀로서 작용한다. 여기에 지식
인이 담당하는 이중적 역할이 드러나 있다. 거기에서 남게 되는 문제는 夢
巖의 의식의 開明性과 전통성과의 관계 여하이다. 국가이데올로기는 그의
본심과 무관한 껍질이라는 해석도 불가능한 것은 아니지만, 공식 발언이 아
닌 시 작품에까지 국가이데올로기가 표출되어 있는 이상 이 의견에는 찬성
할 수 없다. 그렇다고 해서 전통적 대외관이 그의 의식을 얽메고 있던 것도
물론 아니다.

지금은 한 개인의 마음 속에까지 존재하는 의식구조의 양면성을 확인하
는 것으로 그치고 싶다.

그러면 夢巖의 마음 속으로부터 떠나서 고려인 漂着 사건을 역사적 문맥
속에 놓고 보면 무엇이 보이는 것일까? 14세기 중엽은 종전에 없던 대규모
의 왜구가 고려 해안에 모습을 드러냈던 시기다. 왜구가 연출한 약탈・방화

---

3) 村井章介, 위의 책, 제1장 참조.

· 살인의 풍경과 夢巖의 시에 드러났던 민족끼리 기쁨을 주고받는 풍경, 이 두 가지 장면의 등장인물을 중복되는 것이 전혀 없다고 생각할 수는 없다. 중세기의 지역 교류는『낙원도 아니지만 지옥도 아닌, 그리고 낙원이기도 하면서 동시에 지옥이기도 한』그와 같은 양면적인 모습을 가지고 있었다.

제2절 중세 한일무역에서 經典의 수입

I. 무역상품으로서의 經典

1. 왜구에서 교역으로

고려말기에 왜구와의 싸움을 통해서 세력을 쌓은 이성계는 1392년 조선 왕조를 열자 왜인을 회유하여 해적행위로 나서지 않도록 하는 정책을 폈다. 투항한 왜인에게 조선 국내에서 거주하는 것을 허락하거나(投化倭人), 공적이 있는 왜인에게 조선의 관직을 부여하거나(受職倭人), 평화적인 통교자로 변신한 왜인을 무역 상대로 받아들인(使送倭人·興利倭人) 결과 왜구의 진정화는 거의 성공을 거두었다.

조선에 있어서 왜인과의 무역은 경제적 필요에서라기보다 첫째로 왜구가 초래하는 손해를 미연에 방지하는 것, 둘째로 朝貢-回賜라는 대외적인 방침을 일관되게 관철하여 大國의 위엄을 보인다는 정치적 동기에서 시작된 것이었기 때문에 왜인에게 준 물건의 가치가 가져온 물건보다 훨씬 더 고가인 경우가 많았다. 그 결과 일본 제 세력의 조선무역에 대한 관심을 자극하여 칼 한 자루를 가지고 조선으로 건너오는 자마저 있었다. 계속 늘어만 가는 왜인 통교자들 때문에 조선정부는 일찍부터 제한책을 취하지 않을 수 없었는데, 이런 정책은 왜인 쪽의 불만을 낳았고, 그 중에는 왜구의 위협을 은연 중에 암시하면서 요구를 관철하려는 자도 나타났기 때문에 제한책은 불철저하게 끝난 적이 많았다. 화려하게 보이는 15세기의 한일무역도 저변에는 위와 같은 갈등이 소용돌이치고 있었던 것이다.

2. 大藏經을 둘러싼 조선과 일본

그런데 이 시기의 한일무역에서 가장 중요한 일본측의 수입품은 불교 경전, 특히 경전을 집대성한 大藏經이다. 조선은 국가정책적으로 고려 왕조의 불교 우대책을 중지하고 유교주의의 바탕에서 불교를 배척하였다. 당시 조선에 있던 大藏經은 13세기 전반에 몽골의 침략이 한창일 때 국가 수호의 염원을 담아서 조각한 팔만여 장의 판목으로 인쇄한 것인데, 조선왕조로서는 무용지물로 변하여 관리 중에는 "대장경은 이단의 책이니 불태워도 상관없다"는 극단적인 의견을 내놓는 자도 있었다. 한편 당시의 일본은 손꼽히는 불교국이면서도 수 만장이나 되는 판목을 통일적인 규격으로 조각해서 만들어 낼 정도의 기술력과 노동력 편성이 결여되어 있었으며, 大藏經에 대한 각 사원의 방대한 수요는 오로지 수입품으로 만족할 수밖에 없었다. 이 점에서 쌍방의 이해가 일치하여, 大藏經은 일본측이 가져가게 하는 선물로서 절호의 품목이 되었다. 1443년 通信使 書狀官으로 일본을 다녀 온 朴瑞生은 귀국 후 「일본은 승려를 존경하는 나라이며, 선물로는 불경이 가장 좋다. 모든 곳의 불경을 검사 · 수리하고, 후일의 통교품으로 비축해 두는 것이 좋다」고 진언하고 있다.

일본 세력이 최초로 대장경을 구했던(이것을 이하 「求請」으로 부른다) 것은 고려 왕조 말기인 1388년, 막부 안에서 외교를 담당했던 승려 春屋妙葩와 九州探題 今川了俊 두 사람이 왜구의 포로 250명을 돌려주는 댓가로 받은 것이다. 이후 1539년에 大內義隆이 求請하기까지 약 150년 동안에 판명된 것만도 50부 이상의 대장경이 일본으로 건너갔다. 求請 횟수로 보면 80회를 넘는다. 1423년과 25년에는 일본 국왕(足利義持)의 사신이 版木의 양도까지 요구했지만 역시 이것은 거절당했다.

조선은 왜구 방지의 결실을 얻기 위하여 동아시아 외교의 통례에 어긋나게 「日本國王」뿐만 아니라 서일본의 다양한 세력도 손님으로 받아들였다. 이것은 대장경의 求請者에게도 반영되어 博多 承天寺 주지 闇公(禪僧), 一岐州 知主 源良喜(松浦党佐志氏, 3회), 九州江州守 板窓滿家(九州探題 澁川氏 被官板倉氏), 沙弥源英(松浦党 鹽津留氏), 呼子高(松浦党), 宗金(博多 상인) 등의 이름이 등장한다. 이 중에서 呼子高가 1445년에, 宗金이 1450년에 각각 대장경 1부를 얻은 것이 확인된다.

그들은 모두 博多 혹은 壹岐島 관계자인데, 기타 지역의 세력은 對馬島라면 宗氏, 中國은 大內氏, 畿內·近國의 경우는 將軍家 혹은 管領家에게 의뢰하여 그들의 명의로 求請을 시도하였다. 특히 將軍家=「일본 국왕」이름에 의한 求請은 대부분의 경우 그와 같은 대리행위이며, 諸大名 이하의 막부에 대한 求心性을 외교면에서 지탱하는 것이었다. 예를 들면 伊豆國 東福敎寺의 法寶로 삼기 위하여 東福敎寺 주지가 鎌倉公方 足利持氏를 통해 足利義持에게 求請을 의뢰했던 예(1428), 美濃國 一宮에 봉납하기 위하여 守護 土岐氏가 足利義政에게 求請을 의뢰했던 예(1459), 越後國 安國寺에 봉납하기 위하여 守護 上杉氏가 足利義政에게 求請을 의뢰했던 예(1487) 등이 있다. 그러나 大內政弘 등은 領國 내의 寺社 뿐만 아니라 京都의 淸水寺(1473), 大和 長谷寺(1487), 紀伊 安樂寺(1490)에 봉납하기 위한 求請까지 행했으며, 淸水寺 이외에는 획득에 성공하였다. 이것은 足利氏의 외교권 독점이 완전하지 않아서 大內氏가 足利氏의 외교상의 우위를 위협하는 존재였다는 것을 말해 주는 사실이다.

3. 조선의 자세 硬化

1450년 무렵까지는 상당히 무원칙하게 증여된 대장경도 15세기 후반이 되면 한정된 求請者에게만 주게 된다. 거절의 이유는 대개 「印本이 바닥을 드러냈기 때문」이라는데, 이것이 사실이 아니라는 것은 그 후 다른 求請者

에게 준 일이 적지 않다는 점에서 명백하다. 무엇보다도 그렇게 많은 부수가 일본으로 유출해 버리고 나서 점차 여유가 없게 된 것도 부정할 수 없다. 1485년의 어느 회의에서 조선의 어떤 관리는 「이전에는 대장경이 국가에 무익한 것이어서 왜인이 원하면 아무렇지 않게 주었다. 도처에 소장하고 있는 대장경이 아직 많았기 때문이었다. 그러나 이제 남은 부수는 얼마나 될까. 만약에 별로 남아 있지 않다면 경솔하게 왜인의 요구에 따르는 것이 괜찮은 일인가?」라는 의견을 내놓고 있다.

먼저 일본 · 유구 양국의 국왕에 대해서는 동아시아 외교의 통례로 보아도 외교상 자격이 있는 자였기 때문에 조선은 가능한 한 求請에 응하였다. 여기에 준하는 자로서 斯波氏 · 畠山氏의 管領家가 있는데, 대장경 획득에 성공했던 것은 1460년의 斯波義敏, 1470년의 畠山義勝(단 이것은 僞使) 뿐이다. 細川氏는 大內氏와 대립관계에 있던 영향 때문인지 전혀 모습을 보이지 않는다. 다음으로 對馬島의 宗氏와 大內氏는 조선이 왜구 방지 혹은 왜인의 조선통교에 대한 통제에 대하여 막부 이상으로 기대를 모았던 상대인데, 대체로 대장경 획득에 성공하고 있다. 특히 大內氏가 많은데, 조선측의 자세가 엄격해진 1460년 이후로도 여섯 차례의 求請이 있으며, 네 차례나 성공하고 있다. 같은 시기에 「일본 국왕」은 10회의 求請에서 성공한 것은 8회이다. 九州探題 涉川氏는 1419년의 応永外寇(己亥東征) 후, 한때 활발했으나 이윽고 探題 자체의 무력화에 수반하여 모습이 보이지 않게 된다. 筑前에서 전통적으로 세력을 가진 少貳氏도 1413년에 一藏을 얻은 일이 있는데, 이후 1490년에 政尙의 요청이 1회 있었을 뿐이다(결과는 불명). 결국 15세기 후반 이후 대장경 획득에 성공했던 것은 일본 · 유구의 양 국왕, 管領家, 大內氏, 宗氏로 한정되는데, 이것은 조선측의 가이드라인을 반영한 것으로 볼 수 있다.

II. 大藏經에 모여드는 사람들

1. 僞琉球國王使와 博多 상인

그러면 조선측의 자세가 경직된 것을 왜인은 어떻게 받아들였을까? 여기서 주목할 수 있는 것이 博多 상인들의 동향이다. 앞에서 얘기했듯이 博多 상인 宗金은 1450년에 자신이 一藏을 얻어 갔으며, 1455년 琉球 국왕의 사자로 조선에 와서 무사히 대장경을 얻은 道安도 宗金과 함께 유명한 博多 상인이었다. 琉球 국왕이 조선에서 대장경을 구한 것은 이것이 처음인데, 이때 이미 求請은 博多 상인의 청부에 맡겨져 있었다고 보아도 된다. 이후 여러 차례 琉球 국왕의 사신을 칭하며 대장경을 구하는 자가 조선을 방문하게 된다.

1461년 琉球 국왕의 사신 普須古 · 蔡璟은 琉球가 독자적으로(청부가 아님) 보낸 사신인데 순조롭게 一藏을 얻었다. 그 후 1500년에 온 사신 梁廣 · 梁椿과 당시의 조선 정부 양측이 그 사이 약 40년 동안 琉球 國王使가 없었다는 것을 확인하고 있다. 그런데 사실은 그동안 1471년, 1479년, 1483년, 1491년의 4회나 琉球 國王使라는 사신이 조선을 방문하여 대장경을 求請하고 있다. 이것은 가짜 琉球 國王使임에 틀림없다. 1471년의 사신 自端西堂이라는 禪僧의 출신은 알 수 없지만, 아마 博多 근처 禪寺의 승려일 것이다. 뒤이어 3회의 正副使者는 79년의 新四郎 · 左衛門三郎, 83년의 新四郎 · 弥次郎, 91년의 弥次郎 · 五郎三郎인데 사실상 동일한 세력권에 속하는 자들이다. 그 정체는 新四郎 · 弥次郎 두 사람이 모두 「나는 博多 사람」이라고 조선측에 이야기한 것에서 博多 상인임을 알 수 있다.

自端가 왔을 때는 깜박 속아서 환영하고 대장경을 주기도 했던 조선이었지만, 新四郎 · 弥次郎 일행에 대해서는 「유구국의 사신이라는 것은 모두 본국인이 아니며, 유구와 조선의 중간에 서서 이익을 얻으려는 상인에 불과하다. 그들은 조선이 琉球 국왕을 후하게 대우하고 回賜도 넉넉히 주는 것을 알고 위조한 書契를 들고 와서는 자신의 이익을 꾀하는 것이다」라고 간파하였다. 하지만 왜인도 간단하게 물러나지는 않았다. 禮曹로부터 「지금 네가 지참한 書契에 찍혀 있는 도장은 예전 2회의 琉球 국왕사의 도장과 다르지 않은가?」라고 힐문당하자 다음과 같이 대답하고 있다.

> 弥次郎 : 나는 琉球 국왕의 書契를 받아서 이미 네 차례나 조선에 왔다 갔기 때문에 도장의 같고 다름 따위는 알 수가 없다.
> 禮 曹 : 一國의 주인된 자가 어떻게 두 개의 도장을 사용하는 일이 있겠는가. 그대의 허위는 명백하다.
> 弥次郎 : 琉球 본국에 살고 있어도 國事를 알지 못하는 자도 있다. 더구나 나는 다른 곳에 있는 博多 사람이다. 따라서 琉球 국왕이 사용하고 있는 인장이 한 종류인지 두 종류인지, 아니면 수십 종류나 되는지 내가 알 일이 아니다.

弥次郎의 주장은 본심으로 볼 수 밖에 없으며, 외교 무대에서 통용시키기에 필요한 그 나름의 논리조차 갖추지 못했다. 그런데 조선측은 시종일관 왜인의 거짓을 알면서도 세 번째에는 하는 수 없이 完本은 아니지만 대장경 1부를 주고 있다. 그 이유는, 「弥次郎 일행은 어쨌든 답서를 원한다고 한다. 지금 만약 거절한다면 짐승의 마음을 가진 자들은 옳고 그름을 분별하지 못하고 분을 품을 것이다. 그러니 이번은 요구대로 응해 주자」는 조선 관리의 말에서 알 수 있다. 요컨대 진실된 논리가 통하는 상대는 아니라는 것이며, 결코 정식 교섭상대로 인정한 것이 아니다.

대외교섭의 터미널 博多 상인들은 동아시아 국제사회 속에서 「국왕」이라는 호칭이 가진 특별하게 중요한 의미를 잘 알고 있었다. 「국왕사」를 칭하는 자에게 조선은 원칙적으로 대장경을 하사한다. 따라서 「국왕사」를 사

칭할 필요가 있는데, 그것도 실제하는 국가이면서 거짓이 탄로나기 어려운
나라가 좋다. 조선과 통교가 드물고, 게다가 이전의 博多 상인이 「국왕사」
를 대신했던 선례가 있는 琉球만큼 이 조건에 꼭 맞는 나라는 없다.

2. 夷千島王 遐叉와 安藤氏

이쯤 되면 가공의 「나라」를 창작하여 대장경의 하사를 노리는 것도 어
려운 일은 아니다. 1482년 정식 일본국왕사(足利義政)와 동행하여 조선에
입국했던 「夷千島王 遐叉」의 사신 宮內卿이 그 일례이다. 들은 적도 없는
「王」의 사신의 입국에 당황한 조선 정부는 禮曹에 조사를 명하였고, 禮曹는
「宮內卿에게 夷千島의 형세를 물어본 바 그 말에 어수선함이 많았으며, 또
한 書契의 필적은 그의 자필 私書와 같은 필적입니다. 더구나 宮內卿은 그
섬에 간 적이 없고 書契 전달을 의뢰받았을 뿐이라고 합니다. 거짓이 명백
하니 대장경의 하사와 답서의 교부 모두 해서는 안됩니다」라는 의견을 아
뢰었다. 이 보고를 받은 정부는 일본 국왕사에게 물어본 뒤에 처리하기로
결정했고, 결국 답서와 약간의 回賜만을 주고 돌려보냈다. 답서에는 상대를
「夷千島主」라고 칭하여 「王」보다 한 등급 아래로 취급하는데 그쳤다. 거짓
을 간파한 계기가 가짜 유구국왕사의 경우와 아주 흡사하다.

이 「夷千島王」使는 입국·귀국 모두 일본국왕사와 동행하고 있으며, 양
자 사이에 모종의 연락이 있었을지도 모른다는 의문이 든다. 어쩌면 일본국
왕사가 대장경 2부를 얻기 위하여 꾸민 연극이라고 볼 수도 있다. 그러나
그들이 가져온 書契에는

> 우리나라는 卑拙하지만 서쪽 변경은 귀국과 접하고 있다. 「野老浦」라고 불리
> 는 이 땅은 귀국의 은혜를 받고 있으나 자칫하면 반역의 움직임이 있다. 만일 귀국
> 의 명이 있으면 우리나라는 이곳으로 출병하여 그 죄를 벌할 것이다.

라고 하였듯이, 일본 북쪽에서 대륙 방면에 걸친 지리에 관하여 독특하고 주목할 만한 인식을 엿볼 수 있다.

일본해가 닫힌 원형을 이루고 있다는 인식은 沿海州 방면과의 교역에 종사하고 있던 아이누인들의 인식과 어울린다. 여기에 아이누와 막부 · 장군을 연결함으로써 本州 · 北海島 간의 교역에서 막대한 이익을 올리는 상인임과 동시에 장군을 섬기는 무사이기도 했던 津輕安藤氏가 떠오른다.

「夷千島王」이란 安藤氏가 대장경을 순조롭게 입수하기 위하여 꾸며냈던 가공의 지배자이며, 사신 宮內卿은 安藤氏가 일본국왕의 사신 파견의 기회에 편승하여 부하를 조선에 보낸 것으로 생각하는 것이 자연스럽다.

3. 久邊國主 李獲과 薩摩 상인

지리적으로 대칭적인 열도 서남부를 무대로 하면서, 많은 점에서 夷千島王의 예와 흡사한 것이 「久邊國主」의 朝鮮遣使이다. 1478년 「久邊國主 李獲」의 사신을 칭하는 薩摩人 閔富가 서울에 도착하여 대장경을 求請하는 서계를 가져왔다. 조선정부는 閔富의 입경 이전부터 가짜 琉球 사신 自瑞의 예를 상기하고 이것도 충분히 그와 동류일 것으로 예측하고 있었는데, 역시 閔富는 久邊國主의 계보를 묻자 「저는 그 나라 사람이 아니고 단지 書契만 받아서 가져왔기 때문에 그런 것을 알지 못합니다」라고 하며 宮內卿과 똑같은 말을 하였고, 書契의 필적 또한 倭書와 다르지 않았다. 閔富와 同知事 李承召가 주고 받은 다음 문답은 「久邊國」이라는 것이 薩摩 상인이 대장경을 얻기 위하여 꾸며낸 나라임을 폭로하는 것이라고 하지 않을 수 없다.

李 : 久邊國의 관복 제도는 어떠한가?
閔 : 중국과 같습니다.
李 : 그대는 중국을 본 적이 있는가?
閔 : 없습니다.

李 : 중국을 본 적이 없는 그대가 어떻게 중국의 관복 제도를 알고 있는가?
閔 : 중국의 관복은 조선과 같다고 들었습니다. 그래서 그와 같이 말씀드린 것입니다.

조선정부는 閔富의 거짓을 훤하게 꿰뚫어보면서도 巨酋使(일본 守護大名 정도)의 예를 적용하여 禮部의 답서와 약간의 回賜를 내렸다. 그 이유는 「멀리 떨어진 섬 사람이 조선의 義를 흠모하여 내조한 것이므로 함부로 내쫓는 것은 대국다운 태도가 아니다. 그러니까 접대해야 한다」고 말했는데, 사신의 진위는 2차적인 문제에 지나지 않았다.

4. 倭人 海商의 국제적 위치

이상의 세 가지 예는 모두 이름 그대로의 정당한 사신은 아니며, 통교의 배후에는 모두 博多·薩摩의 상인과 安藤氏라는 왜인 세력이 개입되어 있었다. 이러한 세력을 이제 <倭人海商>으로 부르기로 한다.

倭人海商이 조선과 통교할 경우, 상대를 「대국」「상국」이라 부르고, 종종 조선 국왕에게 신하로써 복종하는 형식을 취한다. 예를 들면 앞에서 말한 「久邊國主 李獲」의 書契는 「우리 백성은 즉 폐하의 백성이므로 멀리 있다고 하여 백성들에게 행복이 미치는 것을 섭섭지 않게 해주십시오. 大藏經을 하사하시는 것으로 천하는 조선의 광대함을 알 터입니다」라고 하였다. 그러나 이 말을 액면 그대로 받아들여 왜인해상이 조선을 대국으로 존경하고 있었다고 해석하는 것은 사술도 서슴치 않고 쓰는 그들의 태도와 모순된다. 그것은 「멀리 떨어진 섬 사람이 의를 흠모하여 내조하였다」는 조선측의 중화의식에 의도적으로 영합하고자 하는 것으로서 결코 본심이 아니었다.

倭人海商의 행동에는 국가권력으로부터 자유로운 입장에 서서 동아시아의 국제관행—예를 들면 국왕의 특권적 지위, 朝貢/回賜의 논리—를 교묘하게 이용한다는 자유분방하고 활력이 넘치는 요소를 인식할 수 있다. 그것은 <하극상>이라는 말로 상징되는 중세 후기 일본사회의 에너지가 분출한 것이라고 할 수 있다. 하지만 그와 동시에 자기의 주장이 파탄이 나도 조선측의 뿌리 깊은 왜구 공포를 역이용하여 막무가내로 억지를 부리려는 방자함도 간과할 수는 없다.

한편 조선측의 대응으로는 왜구에 대한 공포심을 의식적으로 감추려고 중화의식으로 자기를 납득시키려는 자세가 엿보인다. 왜인해상은 이런 사정을 간파하고 있었으며, 조선측은 결국 왜인의 요구에 끌려가지 않을 수 없게 된다. 이렇게 되면 교역의 규모가 확대될 수록 피아의 관계는 긴장의 정도가 더욱 심해지지 않을 수 없다.

Ⅲ. 현존하는 경전에서 -對馬·壹岐의 경우-

1. 지금도 남아 있는 經典

이렇게 조선에서 일본으로 가져온 경전의 일부는 지금까지도 각지의 사찰에 남아 있다. 13세기에 조각한 판목으로 찍은 高麗再雕本 대장경은 栃木縣日光 輪王寺, 東京芝의 增上寺, 和歌山縣高野山 金剛峯寺, 岡山縣吉備津神社, 香川縣法然寺, 對馬豆酘의 觀音堂 등지에 남아 있다. 그 중에는 1482년에 일본국왕사 榮弘(앞에서 말한 「夷千島王」 사신과 함께 서울에 온 사람)이 가져와서 大和國 柳生의 円成寺에 모신 이후 德川家康의 손에 들어가 贈山寺에 봉납되었고, 1487년에 宗貞國이 對馬靈神(嚴原의 國府八宮幡으로 추측)을 위하여 求請하였고, 慶長 연간에 石田三成의 손에 들어가서 그 모친의 菩提를 위하여 高野山에 안치하는 등 이곳 저곳으로 옮겨다닌 경전도 있다.

高麗再雕本 이외에도 11세기에 조각된 高麗初雕本이 京都南禪寺 一切經속에 포함되어 있다. 그리고 중국판 경전이 한반도를 통해서 수입된 경우도

드물지는 않다. 예를 들면 1407년에 大內盛見은 「일전에 받은 대장경은 고려판이었으므로 이번에는 閩浙의 대장경을 받고 싶습니다」라고 조선에 희망을 전하고 있으며, 1432년에는 足利義政의 사신 梵齡이 「중국판 대장경 2부」를 받았다. 이들 경전은 실물이 남아있지 않지만 滋賀縣園城寺의 元版一切經, 埼玉縣喜多院一切經의 元版 부분, 對馬 西泊의 西福寺 元版大般若經에는 고려인의 발원으로 元版을 고려의 절에 모신다는 취지의 발원문이 첨부되어 있다. 고려시대에 원 나라에서 수입된 경전이 조선시대가 되어 일본으로 재수출된 것으로 보인다.

2. 對馬·壹岐의 특수성

위에서 말한 것 중에도 觀音堂의 一切經과 西福寺의 大般若經에서 볼 수 있듯이 對馬는 한반도에서 가져온 문화재가 대량으로 남아 있는 특이한 지역이며(壹岐도 여기에 준함), 이 2점 이외에도 주목할 만한 경전의 유품이 있다.

壹岐安國寺의 大般若經 중에서 219첩은 板本인데, 그 중 6첩에 「重熙 15년 丙戌 4월일」 일자로 고려인 許珍壽가 죽은 아버지의 공양으로 바친다는 취지를 기록한 墨書의 奧書[4]가 있다. 重熙 15년은 契丹의 연호로 1046년에 해당하기 때문에 이것은 고려초조판 대장경(또는 그 類版)의 일부로 생각된다. 최근에 對馬琴의 長松寺에 있는 大般若經이 奧書는 없지만 壹岐 安國寺의 판본과 동일한 경전으로 판명되었다. 이것과 동일한 판본의 大般若經은 한국에서도 端本 3권이 확인되었다고 한다. 유품이 극히 적은 高麗初雕版이 大般若經 뿐이기는 하지만 2부나 남아 있는 것은 대단히 드문 일이라고 하지 않을 수 없다.

對馬仁位의 東泉寺라는 주인 없는 작은 절에는 200첩 남짓한 중국판 경

---

4) 刊記. 책 끝에 간행한 사람의 성명, 연월일, 경위 등을 적은 글.

전이 남아 있다. 그 중 華嚴經 77첩에는 洪武 27년(1394)·建文 3년(1401)이라는 明의 연호를 붓으로 적은 奧書가 있다. 이것은 대장경의 일부를 이루고 있던 것으로 생각되는데, 종이의 크기와 版式의 관점에서 지금까지 알려진 어떤 대장경과도 일치하지 않는 특징을 가지고 있다. 여기서 세세한 고증은 생략하겠지만(小著『アジアのなかの中世日本』360쪽 이하 참조), 이 화엄경은 元朝의 전성기 쿠빌라이 시대에 조각된 경전으로서「弘法寺版」으로 불리는 대장경에 속하는 것으로 생각된다. 私見이 틀렸다고 하더라도 弘法寺版과 매우 밀접한 관계가 있는 것은 확실하다. 지금까지 弘法寺版 유품은 斷簡 한 장 발견되지 않았다. 만약에 東泉寺 화엄경이 弘法寺版이라면 세계에서 최초로 발견한 것이 된다.

東泉寺 古版經은 원래 같은 對馬라도 조선해협에 인접한 小綱의 관음사의 什物이었다. 관음사 본존인 관세음보살좌상은 고려불상으로, 胎內에서「天曆 3년(1330) 2월일」날짜로「大願을 발하여 觀音 一尊을 주조하여 고려 瑞州의 浮石寺에 안치한다」는 취지를 32명의 連書로 기록한 고문서가 발견되었다. 이 사실과 함께 생각하면 東天寺 古版經도 조선시대에 한반도에서 건너 온 것으로 생각해도 좋을 것이다.

3. 對馬·壹岐 이제부터

현존하는 문화재에서도 명백히 읽을 수 있듯이 중세의 對馬와 壹岐는 한반도와 끊을래야 끊을 수 없는 관계로 맺어져 있었다. 그런데 35년에 이르는 불행한 식민지 시대가 일본의 패전으로 끝난 뒤, 對馬와 한반도를 연결하는 정기항로는 아직도 부활하지 않았고, 한일 간의 사다리였던 對馬와 壹岐는 그저 변경의 외진 곳이 되고 말았다. 이제 국제융화의 시대를 맞이하여 이 지역에서도 對馬 북단의 上對馬町에서는 주요 도로의 지명 표지판에 한글을 넣는 등 주목할 만한 움직임이 보인다. 이 지역이 한국과 일본의

사다리로서 새로운 의미로 부활하는 날이 멀지 않았다는 것을 바라마지 않
는다.

제3절 室町時代의 한일교섭과
禪僧의 역할

I. 시작하며

방금 과찬의 소개를 받은 무라이(村井)입니다. 오늘은 코마자와(駒澤)대학이라는 불교학, 특히 禪宗史와 禪宗學에서 일본 최고인 장소에서 선종에 관한 이야기를 하게 되었는데 이것은 매우 긴장되는 일입니다.

저 자신은 종교로서의 선종이 아니라 조금 전에 소개한 것처럼 중세의 대외관계를 전문으로 하고 있습니다만, 중세의 대외관계를 이해할 때 禪宗 또는 禪僧 문제를 피해간다는 것은 도저히 불가능한 일입니다.

지금의 외교에서는 외교관이라는 전문가가 있어서 국가를 대표하여 다양한 나라와 교섭에 임하는 시스템으로 되어 있는데, 일본의 중세 시대에 그런 역할을 하던 사람들이 어떤 형태로 존재했는가 하면, 그것이 바로 禪僧들이었습니다. 무로마치 막부와 관계가 깊은 사찰이 있었고, 특히 京都五山이 그런 곳입니다만, 거기에 속한 禪僧들이 중세 일본의 국가외교를 담당하게 됩니다. 외교관으로서 상대국에 부임하는 것도 禪僧이 했고, 그리고 외교를 하는 경우에는 반드시 문서를 가지고 갑니다. 일본이라는 국가를 대표하는 일본국왕의 이름으로 작성되는 문서, 이것이 가장 권위있는데, 그런 문서를 가지고 떠나는 것이지요. 그렇다면 그 문장을 써야 합니다. 물론 일본국왕이 직접 쓰는 것은 아니고 실제로 문장을 짓고 원안을 만드는 그러한 역할을 하는 사람이 필요합니다. 이런 역할을 한 것 또한 禪僧입니다.

왜 그렇게 되었나를 말씀드리면, 당시의 외교문서는 정통 한문, 중국 사람한테 보여도 부끄럽지 않을 만한 한문으로 썼습니다. 그것도 일상적인 말이 아니라 매우 공들인 표현을 많이 사용합니다. 四六騈儷體와 같은 특정한 격식에 따라서 만들지 않으면 안됩니다. 여기에는 다양한 중국의 고사가 인용됩니다. 요컨대 상당히 깊은 지식이 없으면 도저히 만들 수 없는 문서입니다.

그리고 중국과 조선의 경우는 관료집단이 외교를 담당하는데, 그들은 그러한 능력을 가지고 있습니다. 관리를 등용하기 위한 科擧라는 문장시험이 있는데, 과거에 합격하기 위해서는 제대로 된 문장을 만들 수 있는 능력이 있어야 합니다.

그런데 일본에는 과거에 해당하는 제도가 없습니다. 귀족층은 있지만 과거에 합격해서 관료가 되는 것이 아니기 때문에 그러한 능력을 충분히 갖추고 있지는 못합니다. 그래서 그러한 역할을 맡았던 사람들이 五山을 중심으로 하는 禪僧들이었습니다.

카마쿠라시대에서 南北朝·무로마치에 걸쳐 五山에서는 五山文學이라고 불리는 漢詩文이 널리 유행했습니다. 五山에서 작성된 문장이나 시의 내용은 물론 절에서 지어진 것이기 때문에 불교적인 요소가 상당히 담겨 있습니다만, 기본적으로는 중국의 관료층이 가지고 있는 교양에 맞춘 형태이며, 선종사회에서는 그와 같은 문필활동이 행해지고 있었습니다. 그러한 성과가 五山文學이며, 방대한 양이 현재 전해지고 있습니다만, 그러한 문장을 만드는 능력이 그대로 외교상의 능력으로도 연결되어 갔던 것입니다.

그래서 국가외교를 담당하는 인간집단으로 禪僧이 존재했다는 점, 이것이 일본 중세외교의 특징이 되고 있습니다. 따라서 선종에 대해서는 그다지 알지 못하지만, 어찌됐든 선종사료를 이용하지 않고는 중세 외교사를 할 수 없기 때문에 부득이하게 저도 상당히 어려운 五山文學의 문장과 시의 세계에 파고들지 않을 수 없었던 것입니다.

Ⅱ. 對朝鮮外交와 禪僧

그럼 좀 더 대상을 한정지어서 외교사 중에서도 조선과의 관계에 조명을 맞춰 보려고 합니다. 이렇게 말씀드리는 까닭은, 駒澤大學에서 하고 있는 선종사 연구도 아마 그럴 것이라고 생각합니다만, 선종사와 외국과의 관계에 대한 연구에서는 당연히 선종이 전해진 중국과의 관계가 있습니다. 거기에다 원래 불교가 시작된 인도를 추가하여, 중세어로 말하자면 天竺·震旦과 本朝의 관계가 주요 테마가 될 것이라고 생각합니다. 그러나 실제 외교의 모습을 생각해 보면 조선과의 관계도 결코 무시할 만한 것이 아닙니다. 당시 중국과의 관계라고 하면 이른바 遣明船貿易, 勘合貿易이라는 것이 행해지고 있었는데, 그것은 150년 동안에 19회 중국으로 건너간 셈이 됩니다. 반대로 명에서 사신이 온 것은 불과 7회 뿐입니다. 도중까지는 서로 왕래가 있었습니다만, 어느 시기 이후에는 오로지 가기만 했던 것이지요. 거기에 수반하여 勘合貿易이 행해지게 되었습니다만 그것도 겨우 19회의 遣明使에 따른 무역입니다. 이에 비하여 조선과의 관계가 어떠했는가 하면, 일본에서 사신이 건너간 횟수로 말하자면 비교할 수조차 없을 정도로 조선과의 관계가 많습니다.

遣明船貿易은 京都의 중앙정권을 대표하는 명의가 없으면 할 수 없었습니다. 물론 말기가 되면 호소가와씨(細川氏)와 오오우치씨(大內氏)가 담당했고, 때로는 그 배후에 있는 사카이(堺)나 하카타(博多)의 상인이 담당했다고 보아도 좋을만한 상태가 되지만 명의는 어디까지나 일본국왕 즉, 아시카가(足利) 장군의 명의로 행해지고 있습니다. 그 명의를 뜻하는 것이 이른바 勘合이라는 일종의 자격증명서입니다.

이에 비하여 조선과의 관계는 어떠했는가 하면, 물론 일본국왕=아시카가(足利) 장군도 조선에 사신을 파견하고 있습니다만 그 이외의 세력, 예를 들면 西國의 유력한 守護大名들, 오늘 이야기에서 가장 많이 등장하는 인물이 大內氏이지요. 때로는 大宰府에 전통적인 세력을 갖고 있는 小貳氏라든가 쓰시마의 宗氏, 肥後의 菊池氏나 相良氏, 豊後의 大友氏, 薩摩·大隅의 島浦氏 등, 그들이 조선통교에 참가해서 독자적으로 사신을 보내고 있습니다. 특히 쓰시마는 조선과 아주 가깝기 때문에 宗氏가 압도적으로 많습니다만, 그 다음으로는 大內氏가 눈에 띕니다.

더군다나 좀 더 낮은 계층의 사람들, 예를 들면 肥前國에 마츠우라(松浦)라는 곳이 있습니다. 히데요시가 성을 쌓았던 나고야(名護屋)라든가, 히라도(平戶), 五島 등 그 부근 지역입니다만 때로는 이키(壹岐)도 포함합니다. 마츠우라(松浦)의 무사들, 마츠우라당(松浦党)이라는 것이 있어서(一字名을 짓는 것이 특징) 그런 무리들도 활발하게 조선으로 사신을 보내고 있습니다. 그밖에 하카다(博多) 상인의 이름이 등장할 때도 있기 때문에 대조선 통교라는 것은 상당히 다양합니다. 한 가지 평가만으로는 마무리지을 수 없는 다양한 세력이 조선통교에 참가하고 있다는 특징이 있습니다.

그러한 것을 전부 통틀어서 세어보면 대명관계보다 압도적으로 많은 셈이지요. 실제로 조선으로 건너간 인원수를 헤아려 봐도─숫자가 일일이 기록되어 있는 것은 아니므로 추측이지만─역시 저는 몇 배에서 몇 수십 배에 이를 것으로 생각하고 있습니다. 그만큼 대조선관계가 차지하는 비중은 크지만 거기에 걸맞는 연구가 되어 있지 않다는 느낌이 듭니다.

그리고 중세외교를 담당했던 禪僧의 역할에 대하여 앞에서 말씀드린 것은 조선과의 외교에서도 물론 그대로 적용됩니다. 무로마치 막부와 大內氏 등 상급 세력이 조선으로 파견한 사신은 禪僧이 압도적으로 많습니다. 단지 중국으로 보내는 禪僧들 또는 중국 외교와 관련을 가진 禪僧들과는 별로 겹치지 않는다는 특징이 있습니다. 동일인이 양쪽에 관계하는 경우도 있습니다만 그다지 일반적인 일은 아닙니다. 왜 그런지 생각해 보면, 일본의 禪宗社會가 가진 외국관으로서는 중국의 위상이 상당히 높은 반면 조선의 위상은 뚝 떨어지는 것이 현실입니다. 실제로 중국으로 가는 禪僧들의 출신을 살펴봐도 조선으로 가는 禪僧과 비교할 때 역시 지위가 높은 자들이 뽑히고 있습니다. 이것이 연구상 큰 장애가 되지요. 대조선 외교에서 禪僧이 맡았던 역할을 조사해 보려고 해도 출신을 알 수 없는 사람이 압도적으로 많습니다.

오늘 발표에서 여러번 나오는 사료로 『朝鮮王朝實錄』이라는 것이 있습니다. 이것은 이른바 조선왕조에서, 1392년에 고려를 대신하여 등장해서 20세기 초까지 지속했던 조선왕조가 국가사업으로 편찬했던 기록입니다. 시간의 순서에 따라 일기 형식으로 기록되어 있습니다. 이것은 매우 상세한 기록이며, 처음부터 끝까지 한자 한자씩 읽는다면 평생이 걸려도 모자란다는 생각이 들 정도의 양이 담겨 있습니다. 이 『朝鮮王朝實錄』-줄여서 『實錄』으로 부르겠습니다-안에 많은 일본 禪僧의 이름이 나오고 있습니다.

예를 들면 大內氏의 사신으로 이러이러한 사람이 이러한 문서를 가지고 왔습니다, 이러한 물건을 가지고 왔습니다, 등등의 내용이 기록되어 있습니다. 그 禪僧들 중에는 물론 출신을 알 수 있는 사람도 있습니다만 알 수 없는 자가 압도적으로 많습니다. 이것은 역시 일본의 禪宗社會 속에서 중국의 위상과 조선의 위상의 격차를 반영하는 것이라고 생각합니다.

이것은 중국이나 조선에서 사신이 京都에 왔을 때 접대에서 노골적으로 드러납니다. 조선 사신에 대한 대접은 상당히 소홀하지요. 제가 이전에 岩波文庫에서 출판한 『老松堂日本行錄』이라는 일종의 여행기가 있는데, 조선에서 무로마치막부로 파견된 사신 宋希璟이라는 인물이 1420년에 서울과 京都 사이를 왕복했던 때의 기록입니다만, 이 책을 보더라도 그는 京都에서, 당시의 장군은 足利義持였는데 좀처럼 만날 수 없었습니다. 어떤 절에 오랫동안 방치된 채 있어서 여기저기 모기에 물렸다는 등의 이야기를 써놓고 있는데, 그런 취급을 받았습니다. 이런 기록에서 일본의 중세국가 또는 막부가 조선을 어느 정도의 위상으로 보고 있었는지 잘 나타나 있다고 생각합니다.

그리고 또 하나의 요인은, 앞에서 말씀드린 것처럼 대조선 외교라는 것은 京都의 막부만이 담당했던 것은 아닙니다. 특히 大內氏를 중심으로 하는 西國 세력이 독자적으로 대조선 외교를 맡고 있었고, 그들이 독자적으로 전문가집단으로서의 禪僧을 보유하고 있었습니다. 그들은 京都와도 약간의 관계는 있었습니다만 博多라든가 長門國 등의 사찰을 거점으로 활동하던 사람들입니다. 그렇게 되면 京都를 중심으로 하는 세계에서 성립된 五山文學 등의 사료 속에는 좀처럼 모습을 드러내지 않는 이유가 되며, 그것이 또 하나의 장애가 되고 있다는 것이 부인할 수 없는 현상입니다.

이러한 이유로 외교와 선종의 관계라는 연구테마 속에는 조선과의 관계 분야에서 극복해야 할 과제가 많다고 생각합니다. 그래서 특히 한일교섭 속에서의 禪僧의 역할에 초점을 모아 보았습니다.

한편 저는 앞에서 소개한 『東아시아 往還』이라는 책의 제4장에 「중세한일교섭 속에서의 漢詩」라는 논문을 썼습니다.(이책의 제4장 4절에 수록) 왜 漢詩인가 하면, 중세 동아시아의 외교 속에서 외교문서를 상대에게 건네고 상대로부터 답장을 받는 행위가 물론 중심이 되는 것입니다만, 거기에 수반하여 상대방 담당자와 파견된 외교관 사이에 모종의 교제가 이루어졌겠지요. 그 교제의 주요한 내용물이 漢詩를 주고 받는 것이었습니다. 물론 차를 마신다든가 하는 일도 있었겠지만, 가장 중요한 문화적 능력으로서 외교관에게 기대했던 것은 漢詩를 짓는 능력이었다고 할 수 있습니다. 그러니까 외교무대에 임하여 漢詩를 제대로 짓지 못했다면 이것은 외교관 본인의 과실만으로 끝나는 문제가 아니라 국가의 체면에 먹칠을 하는 꼴이 될 수도 있다는, 그 정도의 중요성을 漢詩가 지니고 있었던 것입니다.

그리고 일본 중세의 경우, 漢詩를 잘 구사해서 외교무대에 임하는 것도 禪僧이었으므로, 따라서 그들 禪僧의 작품집 속에 외교무대에서 지은 漢詩가 상당 수 들어가는 일도 있게 되는 겁니다. 그런 작품을 다루면서 한일외교 속에서 漢詩의 역할을 살펴본 것이 이 논문이었습니다.

다만 앞에서 말씀드린 사정 때문에 일본의 五山文學을 중심으로 하는 선종사료 속에는 조선과의 외교를 말해 주는 작품이 별로 남아있지 않은 것이 현실입니다. 그것을 보충하는 사료가 앞에서 소개했던『實錄』입니다. 이 기록에는 조선으로 건너간 일본의 禪僧들이 조선 당국과의 사이에서 교섭을 진행합니다만, 그 사이에 漢詩를 짓거나 상대방의 漢詩를 받기도 합니다. 그런 기록이 상당히 많이 포함되어 있습니다. 그러니까『實錄』을 살핌으로써 일본 중세 선종사회의 어떤 일면이 조명되어 나오는 것입니다.

그리고 지금 말씀드린 연구영역에서 사실은 최근에 급속히 연구가 진전되었습니다. 제가 95년에 이 책을 내고 난 뒤의 연구 때문에 급속하게 새로운 국면이 전개되었습니다. 참고문헌으로 올린 것 중에서 저의 책과 제일 윗쪽의『禪林畵贊』을 제외하고 伊藤幸司씨・上田純一씨・橋本雄씨・米谷均씨 등 네 연구자의 이름을 게재했습니다만, 이런 분들이 최근에 연이어 논문을 발표하시면서 확실히 한일교섭에 있어서 禪僧들의 역할이라는 이 분야에 대한 새로운 업적을 내놓고 계십니다. 이 중에 제가 알지 못했던 사료라든가, 사료를 보는 새로운 시각 등 이런저런 것들이 차례로 나오고 있기 때문에 오늘은 이것을 가미해서 이전에 썼던 것보다는 한발자국이라도 앞으로 나갔으면, 하는 생각을 해 봅니다.

Ⅲ. 博多 承天寺와 大內氏의 大藏経 청구

서론이 길어졌지만, 최근에「博多 承天寺와 大內氏씨의 大藏経 請求」라는 테마를 다루고 싶다는 생각이 들었습니다. 大藏経이란 아시는 것처럼 불교경전의 전집이며 6천권 정도의 분량이 됩니다. 그리고 한국에서는 고려시대에 大藏経을 판자에 새겨 인쇄한 板本 大藏経이 많이 존재하고 있었습니다. 조선시대가 되어서도 그것을 계속해서 사찰이 보관하고 있었습니다. 그런데 고려시대에는 鎭護國家라는 점에서 국가가 불교를 극진히 보호하고 있었지만 조선시대가 되면서 유교중심주의로 크게 전환합니다. 그 결과 불교는 종종 찬밥신세가 되고 맙니다. 마침 그 무렵에 앞에서 말씀드렸던 다양한 세력이 일본에서 조선으로 건너가 외교교섭을 벌이는 상황이 일어나게 됩니다. 그들이 조선에서 가장 얻고 싶었던 것이 무엇인가 하면 사실은 大藏経이었으며, 大藏経의 입수야 말로 최대의 성공이었다고 할 수 있습니다.

그 배경에는 여러 가지 사정이 있습니다만, 중세의 일본에서는 大藏経을 전부 판목에 새겨서 대량으로 부수를 찍어낼 능력이 갖춰지지 않았던 것이지요. 일본에서 大藏経을 전부 인쇄할 수 있게 된 것은 에도시대로 들어선 다음부터의 일입니다. 따라서 일본의 중세 불교사회에서는 大藏経을 입수하여 절의 비장의 보물로 간직하고 싶으면 수입에 의지할 수밖에 없었습니다. 수입처라면 물론 중국판이 있습니다. 송대 이래 원·명에 걸쳐서 여러 종류의 大藏経이 인쇄되었습니다. 중국과 견줄만한 유력한 수입처가 조선이었습니다. 조선에서는 불교에 대한 보호 태도가 사라져버렸기 때문에 大藏経을 비교적 쉽게 내 줄 것으로 예상했으므로 일본에서 사신이 활발하게 건너갔습니다.

무로마치 막부를 예로 들자면, 무로마치 막부라는 것은 일본국왕을 받들고 있는 국가적 주체인 셈이지요. 국가적인 주체가 조선국왕에게 사신을 보내는 공적인 행위입니다만, 그 진정한 목적이 무엇인가 하면 대개의 경우 大藏経의 획득에 있었다는 것을 부인할 수 없습니다. 그리고 大內氏 이하의 여러 세력 또한 가능하면 大藏経을 얻고 싶다는 생각에서 사신을 보내고 있는 것입니다.

大內氏의 경우에 大藏経을 구하는 사신으로 기용되었던 禪僧으로는 博多의 承天寺라는 카마쿠라 시대 이래 유서 깊은 사찰이 있는데 이 承天寺의 승려가 많았던 모양입니다. 그 후에도 大內氏는 承天寺 또는 聖福寺라는 博多의 유력한 두 사찰의 승려를 종종 기용하고 있습니다. 사료①의 大藏経 청구의 경우, 이것은 1400년이라니까 조선 건국 초기에 해당합니다만, 博多 承天寺의 주지 闇公이라는 자의 사신이 예물을 바치고 大藏経을 구했다고 합니다.

요컨대 선물을 가지고 가서 그 답례로 大藏経을 달라고 했다는 것입니다. 여기에는 大內氏라는 이름이 나오지 않습니다만, 어떤 형태로든 大內氏가 관계를 맺고 있었던 것으로 추측할 수 있습니다.

그 다음은 7년 후의 사료②. 이것은 외교문서이며, 등장하는 인물은 大內德雄, 德雄은 법명으로 大內盛見이라는 15세기 초 大內氏의 當主인데, 이 사람이 조선 議政府 左右政丞이라는 조선의 관리에게 바친 문서입니다. 개인 간에 주고 받은 중국풍의 편지 형식을 취하고 있습니다만, 내용상으로는 공적인 색채가 강합니다. 여기에 무엇이 서술되어 있는가 하면, 조금 전에 말씀드린 大內氏 가문에 義弘이라는 유명한 인물이 있습니다. 応永의 亂이라는 사건에서 足利義満에게 멸망당한 인물입니다만, 義弘의 시대부터 大內氏는 적극적으로 고려 또는 조선과 접촉하고 있었는데 大藏経을 한 번 얻은 적이 있습니다. 「그것을 바탕으로 해서 이번에는 다른 계통의 大藏経을 얻고 싶다. 중국 남부에서 만들어진 계통의 대장경이 필요하다. 그것을 얻으면 이전에 얻은 것과 문장의 상이점을 파악하여 보다 정확한 불경의 본문을 확정하고 싶다」는 상당히 학문적 이유를 이 문장 속에서 밝히고 있습니다. 駒澤대학에서 하고 있는 불교학 연구에도 그런 분야가 있다고 생각합니다.

마지막 부분에 別幅이라는 것이 있어서 물품의 이름과 수량이 열거되어 있습니다만, 이것이 大內氏의 사신이 가져갔던 물품 리스트이며, 조선과의 교섭 과정에서 행해진 무역의 내용을 보여주는 것입니다. 여기에서는 胡椒・白檀・丹木과 같은 물품이 나오고 있는 것을 주목할 수 있습니다. 이런 물품은 大內氏의 領國 안에서 나오는 물건이 아니라 동남아시아 방면의 산

물입니다. 요컨대 大內氏는 아마도 琉球로부터 이러한 물품을 입수해서 그
것을 다시 조선에 대한 무역품으로 사용하는 중계무역을 하고 있었던 셈입
니다. 이러한 활동은 이 시기에 조선으로 건너갔던 다양한 사신들에게 상당
히 공통되는 점입니다.

한편 오늘의 테마와 관련하여 주목하고 싶은 것은, 본문의 세 번째 줄
부분에 「通文·通玉·仁方 등」이라는 승려 3인의 이름이 나옵니다. 그들이
실제로 조선으로 건너가서 외교관으로서의 역할을 수행했던 승려입니다. 그
리고 처음에 나오는 通文이라는 사람이 사신의 우두머리인 正使로 생각되
지만, 이 사람이 사실은 承天寺의 주지—이 시점에서 현직이었다는 확증은
없습니다만—였습니다. 字를 中和라고 하며, 承天寺 引淸軒의 開祖가 되었
습니다. 이런 부분에서 大內氏는 承天寺가 가지고 있는 외교상의 노하우를
이용하여 조선과 통교하고 있었다는 사실을 알 수 있는 것입니다, 그때 중
요한 물품이 바로 大藏経이었던 것입니다.

Ⅳ. 文溪正祐의 활약

다음으로 알려지지 않은 선승 한 명을 소개하고 싶습니다. 文溪正祐라는
이 사람은 아마 제 책(『동아시아 往還』)에서 처음으로 크게 다루었던 이름
이 아닐까 생각합니다. 그의 활동을 보여주는 사료로서 다음 A에서 F까지
그의 事績을 연대순으로 나열했습니다.

A. 1419년 5월 九州探題의 사신으로 서울에 체류하던 중 「義를 흠모하
여 머물기를 원했고」 세종의 허가를 얻었다(세종 원년 5월 계유). 조선으로
의 귀화를 원했던 것인데, 국가와 민족의 틈새에서 살아가는 인간유형에 속
하는 인물이라고 할 수 있다. 다만 이 희망은 직후에 일어난 応永倭寇의 영

향도 있어서 철회하게 된다.

B. 1420년 윤정월 宋希璟과 동행하여 귀국할 때 「스스로 行錄을 지어올리고, 文士의 작별시를 원했으므로」, 왕은 문신들에게 시를 지어 주도록 하였다(세종 2년 윤정월 을해). 이것은 『조선왕조실록』에 보이는 왜인과 시를 주고 받은 첫 사례인데, 일본에서 온 사절에게도 이른바 「朝鮮行錄」이라고 부를 만한 저술이 있었다는 것을 알 수 있다는 점에서 주목할 만하다.

C. 같은 해 3월 京都로 가는 도중 宋希璟과 博多에서 시를 주고 받았다. 『老松堂』에는 宋希璟의 和韻(남이 지은 漢詩의 韻字를 써서 和答하는 시를 지음) 4수가 보인다.

文溪의 韻에 화답함

平生志業厭奇巧	평생 志業은 기교를 싫어하고
每何空門尙友賢	언제나 空門을 향하여 友賢을 숭상하네
今日扶桑天萬里	오늘 扶桑에서 떠나 천만리
最憐師語嚼芳鮮	참으로 애처롭구나 스승과 향기로운 생선을 이야기하는 것은

文溪의 感鳩의 韻에 화답하는 시
본국의 흰 비둘기 한 쌍, 亮倪와 陳吉久가 구하러 온다

鳩鳥春風逐兩郎	비둘기는 봄바람에 두 사람을 좇고
垂翎東海路何長	날개를 동해에 펴면 길은 얼마나 긴가

D. 1440년 知融이라는 일본 승려가 舍利閣을 유람하고 題詩 한편과 短引(序)을 절의 승려에게 보냈다. 그 序에 「舍利殿寺는 즉 이는 조선제일의 사찰이다 나의 스승 문계가 15년 전 산중에 머무른 것도 겨우 五紀로서 힘을 다해 아직 깨닫지 못했으나 동쪽으로 돌아간다」고 하여 문계가 1425년에도 조선을 방문했었다는 것을 알 수 있다. 문계와의 작별에 즈음하여 舍

利殿寺의 노승들은 여러 편의 시를 보냈으나 그 중 獨谷老人의 작품은 다음과 같다.

昔聞日城出高僧　옛날에 듣기를 일본에 고승이 나왔다고
今見文溪果未僧　오늘 본다 문계가 과연 未僧인가를
故國鯨波幾千里　故國은 큰파도를 건너 몇 천리
客窓鍾曉一孤燈　객창의 鍾曉 홀로 밝힌다

라는 것으로 15년 지나서 지융의 답시는

滿山美景水雲濃　滿山의 美景 수운 짙어지고
孤錫參禪扣室中　孤錫參禪하여 방을 두드리는 중
獨谷高蹤是何處　獨谷에 깊은 자취, 이게 어떤 곳인가
袈裟撩亂立西風　가사 撩亂하여 서풍에 선다.

각각 「文溪」「獨谷」의 어휘를 집어넣고 있어 시의 증답의 작법을 알 수 있다.

지융의 序는 不敏이라 말할 수 있지만 拙偈(졸게) 1장을 서술하고 공손히 제형제의 옥궤에 봉한다. 간곡히 창화를 희망하는 것을 행운으로 여긴다」라고 연결되기에 합리전사의 승려들의 창화도 있었을 것이다(세종 22년 5월 신유).

E. 1448년에는 일본국왕 源義成(足利義政)의 국서를 지니고 대장경의 하사를 청했는데 그 때에 특히 원하여서 「乾琢」이름으로 적었던 제문을 고 태상황후의 묘에 바치고 있다. 이것은 세종왕이 「遠人進香 내가(세종)이것을 국가의 美事로 한다」라는 말이 보여주는 것처럼 훌륭한 외교행위였다. 그 제문을 다음에 싣는다(세종 30년 6월 을해).

南贍部洲 日本國正使 沙門 文溪乾琢 삼가 국명을 받들어 삼가하며 변변

치 않으나 존경을 조선귀국선태상황후의 尊廟의 아래에 갖추어 同盟相恤로 공경을 바친다. 삼가 승려를 이글고 한뜻으로 大佛項万行首楞嚴神呪을 諷演한다. 모이는 장소에 善利는 존묘장엄의 봉위로 땅에 알린다. 간곡히 바라는 일은 선사의 흐름에 처해 여의주 홀로 창해에 빛나고 涅槃의 경지에 다다르고 달에 홀로 벽계수에 뚜렷하게 자손을 으뜸이 되게 하여 국가영태를 바라는 것을 엎드려 三寶의 證明, 諸天의 洞鑑을 청한다. 삼가 疏한다

F. 연대는 불명인데 『東文選』 券十에 다음의 시가 실려 있다. 이 시에 따르면 文溪는 쿄토의 상국사에 머물던 적이 있다.

일본승려 文溪를 보내는 釋卍雨

相國古精舍	상국의 옛 사찰에
酒然無位人	酒然과 무관한 사람
火馳應自息	불길이 떨치어 과연 스스로 관둘만하다
柴立更誰親	자립하여 다시 누구와도 친하지 않다
楓岳雲生屐	풍악의 구름은 신(신발)는 것으로 태어나
盆城月滿闉	성 외곽의 달은 차고
風帆海天闊	바람 돛 海天 멀리
梅柳古鄕春	梅柳 고향의 봄

처음에 나오는 것이 『老松堂日本行錄』과 『實錄』속에서 1419년에 九州探題─당시의 구주탐제는 足利家의 分家 시부카와(澁川)씨 이다─의 사신으로서 조선에 갔다고 나오고 있습니다. 그는 사신으로서 조선에 갔습니다만 간 곳에서 「나는 조선에 살고 싶다」고 신청했습니다. 즉 조선에 귀화하기를 원했습니다. 그런데 그 직후에 중세의 조일간에 특필할 만한 사건이 일어납니다. 「応永의 倭寇」라고 불리는 사건으로 즉 쓰시마를 왜구의 근거지로 여겨 군사적인 타격을 가하려 한 것으로서 조선군이 쓰시마에 건너가 어느 정도 전과를 올리고 철수한 사건입니다. 그 여파로 文溪의 조선에 머물고 싶다는

희망은 무너집니다.

한편 일본측으로서는 왜 조선이 쓰시마를 공격했을까를 살필 필요가 생겼습니다. 그리하여 아시카가(足利)막부가 사신을 조선에 보냈는데 그 사신의 이름이 無涯亮倪입니다. 무애가 永応의 왜구 다음해인 1420년 초에 서울에 도착하여서 조선측이 쓰시마를 공격한 의도를 탐문합니다. 이에 대해 조선측은 왜구의 문제를 해결하는 것이 목적이었으며 국가로서의 일본을 적으로 삼는 것이 아니다 라고 설명하여서 이 내용을 들은 무애는 일본에 돌아갑니다. 거기에 동행하여 조선에서 일본에 온 사신이 송희경이며 앞서 소개한 『老松堂日本行錄』을 남기게 되는 것입니다.

그리고나서 文溪는 무애·희경과 동행하여 일본으로 돌아오게 됩니다. 여기서 B를 봐 주시면 文溪는 조선으로의 왕래에 즈음하여 「行錄」이라는 旅日記 같은 것을 쓰고 있었던 것 같습니다. 아쉽게도 남아있지는 않습니다만 그것을 조선측에 보여주고 그를 환송하는 의미를 담은 시를 조선측의 문사들에게 받아서 기념하기를 희망했습니다. 당시의 세종은 그 희망을 들어주어 문신들에게 시를 짓게 합니다. 아쉽게도 그 시의 본문은 전해지지 않습니다. 이것이 조선과 일본의 사신과의 사이에 이루어지던 시를 주고받는 최초의 예입니다. 그 주인공이 文溪正祐이었습니다.

다음으로 C로 가면 이것은 『老松堂日本行錄』의 속에 文溪의 이름이 나오고 있는 예로서 송희경과의 사이에서 시를 주고받고 있습니다. 처음의 시의 제목에 「文溪의 운에 화답한다」고 되어 있습니다. 이는 文溪가 시를 지어 송희경에게 보낸 것에 대한 답시입니다. 이러한 경우도 받은 시의 각 운에 사용되고 있는 것과 같은 字를 사용하여 답시를 짓는 것이 규칙으로 되어 있습니다. 이것을 「운에 화답한다」고 써서 和韻이라고 부르는데 이 예에서 보면 두 번째 구 네 번째 구의 마지막 자가 「賢」과 「鮮」으로 「ㄴ」음이 공통하고 있습니다. 그밖에도 비둘기에 대한 것을 읊은 시나 차를 마셨을 때의 시 등도 『老松堂日本行錄』의 속에 들어가 있습니다. 세 번째의 예로는 무애와 文溪 두 사람이 하카타(博多)에 갔을 때 하카타(博多)의 妙樂寺라는 禪寺에 희경을 초대하여 차를 대접한 것입니다. 차를 마시는 것도 사귐의 한 가지 방법이지만 그 경우에도 시를 주고받고 있다는 것을 알 수 있습니다.

그 다음 D는 그것보다도 20년 정도 후의 일이 되는 것으로 文溪의 제자 知融이라는 승려가 조선을 방문하여 그와 조선의 舍利殿寺라는 절의 승려 사이에 지융의 스승인 文溪에 관한 것을 넣은 시를 지어 주고받았다고 하는 예이다.

또한 E를 보면 그 다음 8년 후에 文溪가 조선에 가게 되는데 그 목적은 조선왕실의 유력한 여성이 세상을 떠났기때문에 그 조문을 위해서였습니다. 조선에서 제문—즉 고인을 추모하는 말을 문장으로 한 것—을 바쳤다라는 기사가 이『實錄』에 있어서 전문이 인용되어 있습니다. 이러한 것은 일본의 선종사회가 낳은 작품이『實錄』속에 나타난 예라고 할 수 있습니다. 마지막으로 F에 가면 이것은 연대를 알 수 없지만『東文選』이라는 고려 · 조선의 유명한 문인들의 작품을 모은 책속에 卍雨라는 승려가 지은 「일본승 文溪를 보낸다」라는 시가 실려 있습니다. 이것은 文溪가 어느 해에 조선을 방문하고 작별하려고 할 때그를 배웅하는 의미로 지어진 작품입니다.

자, 제가 여러 가지 사료를 살펴서 찾아낸 것이 이상의 여섯 개의 사료입니다. 이것만으로도 文溪라는 인간의 다양한 활약상이 드러났다고 생각하는데 최근—아주 최근입니다—요네타니(米谷)씨의 사료소개가『古文書硏究』에 게재되었습니다. 東大史料編纂所에 있는『日本關係朝鮮史料』라는 것을 소개하였습니다만 이것은 실은 조선의 문인들의 문집속에서 일본 및 유구 관계의 작품을 뽑아낸 것이라고 할 수 있습니다. 이것을 보면서 文溪의 이름이 나오는 작품을 세 개 더 찾아냈습니다. 그것이 사료③, ④, ⑤입니다.

사료③은 조선의 문인들이 文溪의 한시에 운을 맞춰 지은 시입니다. 사료④, ⑤는 모두 文溪가—그는 여러 차례 조선에 가고 있어서 몇 년인지는 모르지만—일본에 돌아가려고 할 때에 환송연이 열렸고 그 때 석별의 시를 지은 것을 받아 가지고 돌아온 것이 작법이 되어서 그런 곳에서 지어진 시입니다.

이상과 같이 사실은 이 분야의 사료라는 것은 찾으면 계속해서 나올 것이라 생각합니다. 『日本關係朝鮮史料』라는 것은 조선의 문인들의 작품집에서 모은 것이지만 현존하는 조선의 문집을 모두 살펴보고 있는 것도 아니고 살펴본 작품집이라도 철저히 검토한 것은 아닙니다. 그렇다면 철저히 살펴본다면 더욱더 사용할 수 있는 사료가 나오지 않을까 하는 느낌이 듭니다. 중국의 사료도 그렇다고 생각합니다. 중국과 조선에 남아있는 사료 중에서 일본선승의 활약을 보여주는 것을 철저히 살펴본다면 훨씬 더 재미있는 것이 발굴될 것 같습니다.

이러한 점에서 오늘의 발표에서도 文溪의 관계 사료 하나를 새롭게 소개해 보겠습니다. 좀 길지만 사료⑥의 「日本天祐上人의 還歸를 보내는 서」라는 문장에서 앞에서도 나온 『東文選』이라는 문집에 들어가 있습니다. 文溪의 諱(: 이름)이 정우가 아니라 「天祐」로 되어 있지만 문장 속에 있는 「己亥」는 1419년에 일치하며 일본에서 「그 君」이기 때문에 동일인으로 봐도 틀림없습니다. 또는 이름을 바꾸었다고 생각할 수 도 있습니다.

이 사료를 통해 새롭게 알게 된 것은 1419년의 여름에 조선에 이른 후에 文溪가 가을에 천하의 절경으로 알려진 금강산에 가서 「그 뛰어난 경관의 아름다움을 평하여」「無慮万言」의 문장을 지은 것에서 이 「序」의 작자는 그의 文을 절찬하고 있습니다. 어쩌면 사료B에 보이는 「行錄」이라는 것은 이 문장을 가리키는 것일지도 모릅니다. 이듬해에 귀국할 즈음에 조선의 문사들로부터 석별의 시를 받은 것은 사료B에도 간단하게 기록되어 있지만 이 「序」의 기술이 훨씬 더 자세하여, 일본에 노모를 남기고 왔던 점, 다른 형제가 없는 점, 등을 알 수 있습니다. 그리고 이 「序」그 자체는 문사들의 석별의 詩卷에 서두에 더해진 문장이었습니다.

이상 서술한 것처럼 文溪가 누구의 제자인지 모르는 것은 안타깝지만 계속해서 조선측의 사료에만 등장하는 외교승이라고 해도 좋을 존재의 그 구체적인 모습이 상당히 명확해졌다고 생각합니다.

V. 詩畵軸을 둘러싼 교류

이제 다음으로 詩畵軸(화면의 위쪽 餘白에 밑의 그림에 맞는 漢詩를 쓴 두루마리)이라는 예술을 재료로 하여 조일교류의 모습을 생각해보고 싶은데 a, b, c, d, e 다섯 개의 작품을 통해 살펴보려고 합니다. 詩畵軸이라는 것은 어떤 것일까를 말하면 세로가 긴 料紙의 아래쪽에 수묵화를 그리고 일부러 위의 쪽을 비워둡니다. 그 여백에 수묵화에 화제에 속하는 한시를 선승들이 기록합니다. 결국 그림과 시 작품으로 이루어진 종합적인 예술이라고 말할 수 있습니다.

그리고 시화축이 만들어지는 곳은 선승들의 교류 장소입니다. 그곳에서 그림이 감상되어지고 그 자리에서 위쪽의 여백에 시를 쓴다고 하는 순서로 되어지며 대체로 두루마리로 되어 있습니다. 이러한 것이 15세기이 전반기에 상당히 유행합니다. 「応永」이라는 매우 길게 이어진 연대를 중심으로 해서 상당히 많은 작품이 남아 있습니다.

또한 이 15세기 전반기라는 시기는 조일관계 속에서도 조선으로부터 사람이 일본으로 빈번하게 오는 시대입니다. 그리고 수묵화라고 하면 대개가 중국계통의 문화인 것을 부정할 수 없지만, 이 시대에는 조선으로부터의 영향이 상당히 많이 수묵화의 세계에 침투하고 있었다는 것이 이전부터 지적되어오고 있습니다. 여기서 그것을 재료로서 다섯 가지의 예를 순차적으로 소개할까 합니다.

a. 동경국립박물관소장 「芭蕉夜雨図」

a의 작품은 「芭蕉夜雨図」라 불리는 것으로 아래에 산이 보이는데 그 산의 아래에 조그마한 小屋이 그려져 있고 그 정원에 芭蕉나무가 심어져 있습니다. 시간은 밤으로 비가 내리고 있습니다. 파초는 잎이 크기 때문에 빗방울이 닿으면 상당히 큰 소리가 납니다. 찬(贊:남의 그림이나 글을 기리는 글)의 하나로 「비는 파초에 떨어지고 가을밤은 깊어가고」라고 되어 있어 가을밤 길게 그 소리가 들려오는 듯한 시입니다. 그러한 정경을 머릿속에 두고 13인의 작자가 시를 짓고 있습니다. 그것이 윗부분에 세 단으로 나누어져 쓰여 있습니다.

주목되는 것은 13인의 작가 속에 梁需라는 조선에서 와서 우연히 교토에 체재하고 있던 외교사절이 있는 것입니다. 연대는 1410년입니다. 梁需 본인이 자신의 시 뒤에 「永樂 8년 8월일」이라는 날짜를 적었습니다. 「永樂」은 명의 연호인데 당시 조선은 명의 연호를 사용하고 있었습니다.

여기서 그가 읊은 시라는 것은 그 앞에 敬叟彦軾이라는 일본의 선승이 지은 시가 있는데 그 시의 운에 맞춘 것입니다. 그 하나 더 앞의 鄂隱慧奫라는 일본의 선승이 지은 같은 운의 시가 있어서 즉 세편의 시가 연속해서 같은 운을 쓰고 있습니다. 결국 최초의 鄂隱이라는 五山文學의 세계에 이름이 알려진 선승이 지은 시가 있어서 그 시에 운을 맞춰서 敬叟가 짓고 그리고나서 梁需라는 조선에서 온 사신이 같은 운을 사용해 시를 지었습니다. 15세기 초에 빈번하게 조선에서 건너온 사신과 그를 맞이하는 일본의 선승 사회 사이에 밀접한 문화교류가 전개되고 있어 그것을 매개로 한 것이 서로의 시에 운을 맞춰가면서 주고받는 형식이었습니다. 그것도 그림의 주제를 機緣으로 해서 시를 짓는 형식으로 그림과 부합됩니다. 그림과 시가 융합해서 하나의 작품을 만들이 냅니다. 그러한 詩畵軸 속에 당시 한일관계의 모습이 나타나고 있습니다.

이 작품은 중요문화재로 지정되어 있는데 시를 지은 사람은 서명을 했기 때문에 전부 이름을 알 수 있지만 그림의 작자는 알 수 없습니다. 사실 15세기 전반기의 이러한 작품에서 그림의 작가를 확실히 알 수 있는 경우는 많지 않습니다. 15세기 후반이 되면 유명한 雪舟 등이 나오면서 그림에 자신의 이름을 집어넣게 되었는데 이 시대 15세기 전반기의 화가는 그러지 않았습니다. 화가도 시인도 禪僧이지만 詩僧에 비교해서 畵僧의 지위는 낮았습니다. 화가는 시의 기연으로서 그림을 그리고 시의 모임에 제공되는 것만으로 독립적인 가치를 지닌 예술가로서 인정되지 않았다고 하는 것을 말할 수 있겠습니다. 그 후 15세기 후반이 되어 변화가 일어나 그 대표적 존재인 雪舟이라는 흐름이 있는 것입니다.

한편 그림에 대해서는 전문가로부터 조선풍의 요소가 강하게 나타나고 있다고 지적되고 있습니다. 옛날의 학설에서는 양수가 가져온 조선화라고 알려져 있지만 이 학설은 윗부분의 贊과의 사이에 모순이 있어 성립하지 않습니다.

양수가 오기 전에 이미 이 그림은 존재하여 몇 가지의 시가 지어져 있습니다. 거기에 양수의 작품이 더해졌다고 하는 것을 알 수 있습니다. 그러나 이 시기 특히 1410년까지의 15세기 초의 10년간입니다만 굉장히 빈번하게 조선으로부터 사신이 건너오고 있기 때문에 그러한 밀접한 왕래 속에 조선의 그림을 가져오게 되어 일본에 존재했을 가능성도 없지 않습니다. 또는 조선에서 그려진 그림이 아니라고 하더라도 조선의 영향을 크게 받은 일본인 화가가 그린 그림일 가능성이 큽니다. 그러한 점을 말할 수 있습니다.

b. 正木美術館소장 伝周文「山水圖」

다음으로 그러한 관점에서 주목받고 있는 것이 다음 b작품입니다. 이것은「伝周文」으로 되어 있습니다. 周文이라고 하면 무로마치(室町)수묵화의 거장의 한사람으로서 아마도 설주에 이어 유명한 사람이 아닌가 합니다. 그런데 周文의 확실한 작품으로서 인정되는 것은 실은 극히 일부에 지나지 않습니다. 그의 작품이라 전해지는 것은 많이 있지만 확실한 그의 작품이라고 한다면 엄밀히 말해서 하나도 없다고 하는 것이 현실입니다.

「周文」이라는 도장이 찍혀있는 작품은 있지만 이것은 아무래도 周文이 후대에 유명하게 된 후에 위조한 것 같습니다. 실은 周文의 시대에는 앞서 말한 것처럼 화가의 지위가 낮았기 때문에 그림의 위에 자신의 이름을 기입하는 습관 그 자체가 없었던 것입니다. 따라서 오늘 周文작품이라 전해져오는 작품을 두 가지 소개하겠습니다만 모두 周文라고는 단정 지을 수 없습니다. 특히 b작품은 周文의 것이라고는 도저히 생각할 수 없습니다.

이 그림의 특징은 오오타(太田)孝彦 씨라는 미술사 전문가의 지적에 의하면 「백과 흑의 명확한 대비에 의해 묵조의 명암을 쇄신(刷新)한 것 같은 청명한 화면」으로서 그것은 「조선화의 영향을 근본으로 한다고 하는 가능성을 보여 준다」고 합니다. 아무래도 이러한 문장은 일반인에게는 번거로운 것이어서 그런 게 무엇이냐고 생각하려고 하지 않지만 그림 그 자체에 대한 전문가의 지적과 그림 위의 贊과는 훌륭히 부합됩니다.

贊의 작자인 3인의 선승. 한 명은 조금 전 소개한 無涯亮倪입니다. 応永의 왜구 직후 무로마치 막부의 외교사절로 조선에 간 사람으로 원래는 하카타(博多)의 妙樂寺의 승려였습니다. 두 번 째로 從隗라는 사람이 나옵니다. 이 사람은 잘 모르지만 贊에 「關西從隗」라고 서명하고 있습니다. 이 「關西」라는 것은 「地名: 치민」이라 하여 그 승려의 출신지를 말해주는 말입니다. 당시 「關西」라고 하면 지금의 킨키(近畿)지방이 아닌 큐우슈우(九州)를 말하는 것이므로 從隗이 큐우슈우(九州) 출신이라는 것은 확실합니다.

여기에 더하여 『蔭凉軒日錄』이라는 상국사 부속의 사원의 住職이 남긴 일기 - 蔭凉軒은 무로마치막부의 외교부국이라는 성격을 지니고 있어 외교관계의 기사가 많이 나오고 있는 재미있는 일기인데 그 1430년대의 기사에 從隗라는 승려가 나오고 있습니다. 사료⑦을 보시면 「聖福寺亮倪西堂」이라고 되어 있습니다. 이것은 앞서 소개한 無涯亮倪가 틀림없습니다. 그와 나란히 「從隗首座」가 나오고 있습니다. 그리고 그 從隗가 永享10년(1438)에는 하카타(博多)의 승천사의 새로운 주지가 되어있습니다만 그를 천거한 것이 오오우찌(大內)씨라는 기사입니다. 결국 從隗도 하카타(博多)를 본거지로 하는 선승으로 오오우찌(大內)씨의 후원을 받는 존재였다는 것을 알 수 있습니다. 그리고 또 한 사람, 찬을 쓰고 있는 太樸處淳이라는 사람도 찬의 서명의 방법에 의하면 승천사의 승려일 거라는 것을 알 수 있습니다.

그렇게 된다면 이 세 사람의 승려는 모두 하카타(博多)를 근거지로 활동하고 있습니다. 하카타(博多)의 선종문화권 속에 있는 존재가 되는 것입니다. 그런 사람들이 조선풍의 색채가 강한 어쩌면 조선에서 그려졌을 지도 모르는 그림에 찬을 나란히 쓰고 있는 것입니다. 이것은 쿄토의 相國寺가 하나의 화승의 메카가 되어있다는 것, 그것과 다른 계통의 승천사라는 절은 東福寺와 관계가 깊은 사찰이기 때문에 상국사를 중심으로 하는 것과 미묘하게 다른 세계로 성립하고 있었던 것입니다. 그리고 조선과의 교류라는 것은 그러한 교토에서의 선종사회와는 약간 다른 색채를 지니고 있었다는 점을 이 작품은 말하고 있는 것입니다.

c. 靜嘉堂소장 周文「蜀山圖」

이제 c의 작품에 들어가면, 이 작품자체로 조선과의 관계가 있었다고 하는 것이 아니라 「周文」의 이름이 보이는 『實錄』의 기사와의 연관에서 보고 싶습니다. 『실록』 세종6년(1424) 正月 己亥, 壬寅의 條에 「畵僧周文」이라고 나옵니다. 사실은 이것이 유명한 수묵화가 周文이 처음으로 문헌사료상에 모습을 나타내는 자료입니다.

이 기사가 전체로서 무엇을 말하려고 하는지를 살펴보면 최초로 圭籌·梵齡이라는 무로마치(室町)막부가 조선에 파견 했던 외교사절, 正使·副使의 이름이 나오고 있습니다. 모두다 선승입니다. 周文은 그들과 동행해서 조선에 간 것입니다. 周文의 이름이 왜 기록되었나를 말하면 그는 조선에 대해 상당히 문제가 있는 발언을 했습니다. 이 당시 조선정부가 圭籌의 일행에 부쳐준 통역이 있어—이름은 尹仁甫—그 통역에 대해 「그가 조선의 국정을 마음대로 하고 있는 것처럼 보인다」라는 점을 말하여 윤인보가 처벌되는 사태로 발전 합니다.

그런 일과 더불어 또 한 가지 이 기사에서 주목할 만한 것은 「圭籌·梵齡이 소지하는 산수화 및 道號에 찬과 시를 요구한다」라는 것으로 즉 圭籌·梵齡은 이 때 한 폭의 산수화를 지니고 있었습니다. 그리고 찬을 바란다는 청을 하고 당시 조선에서 문필 이름이 알려진 관리들이 찬을 그림의 위에 더했다고 하는, 그 전문이 기록되어 있는 것입니다. 처음으로 直集賢殿 魚變甲이라는 사람이 나오는데 直集賢殿이라는 것은 관명입니다. 魚變甲이 지은 「山水圖贊」이라는 시입니다. 「빽빽한 산과 만길의 물이 천년을 휘감아 돈다」라는 시입니다만 이러한 贊이라는 것은 앞서도 말씀드렸다시피 그림에 그려져 있는 것을 機緣으로 하여 지어집니다. 이러한 점은 기록되어 있는 贊의 표현으로부터 그림의 내용을 상상할 수 있는 것입니다. 그러한 작품이 4편 있습니다. 하나하나 자세히 읽을 시간이 없으니까 그것들을 종합해 보면 이 그림은 c와 같은 그림이었던 것이 아닐까 합니다. c의 그림에는 호수가 그려져 있고 배가 한 척 떠 있습니다. 그 배후에 급경사의 산이 있고 호수에 면한 절벽 위에 누각이 한 채 있습니다. 절의 지붕과 같은 지붕이 보입니다. 이러한 요소가 모두 이들의 시 속에 지어지고 있습니다. 물론 c의 그림 자체를 보고 썼던 것은 아니지만 c와 상당히 비슷한 작품이었던 것은 사실입니다. 게다가 이 c가 「伝周文」周文의 작품으로 알려져 있습니다. 그렇게 되면 여기서 圭籌와 梵齡이 조선에 내보여 贊을 받았던 그림의 작자가 이 사절에 동행하고 있는 周文일 가능성이 굉장히 높지 않을까요?

그렇다면 최초의 수묵화를 연구하는 경우 굉장히 중요한 사료로서 이 『實錄』기사를 사용할 수 있다고 말 할 수 있고 또한 周文이 자신의 그림 스타일을 만들어 가려 할 때 사절과 더불어 건너간 조선에서의 경험이 상당히 큰 역할을 했을 것이라는 것도 종래의 周文연구속에서 언급되어온 것인데 일본의 수묵화의 성립에 관계된 조선의 역할은 결코 작지 않다고 말 할 수 있습니다.

d. 香雪美術館소장 雪舟等楊筆「山水畵」

다음으로 d입니다. 이것은 확실히 雪舟等楊의 작품으로 인정받은 것입니다. 이 작품에 주목할 만 한 점은 윗부분의 두 편의 賛이 있는데 그 작자가 모두 조선의 관리였습니다. 李蓀과 朴衡文이라는 이름입니다. 문제는 賛이 언제 어디서 덧붙여졌는가 하는 점입니다. 왜 설주의 작품에 조선인의 賛이 있을까? 설주는 중국에 간적은 있지만 周文처럼 조선에 간 적은 없습니다. 그렇게 되면 설주가 중국에 가서 그린 그림은 제법 남아 있듯이 중국인의 서명이 있든지 하는데 그러한 사례가 없지 않습니다.

종래의 연구에서는 이 두 사람은 사신으로서 일본에 온 것이 됩니다. 쓰시마까지 와서 正使가 병환으로 사망하자 되돌아갔다고 하는 사절이 1479년에 한 예가 있습니다. 조선의 사절이 쓰시마에 도착했을 때 그곳에 그림이 있어 거기서 사절이 일원이었던 두 사람이 賛을 더했다고 하는 것이 설정이 되어있고 사절이 온 시기가 1479년의 일이라고 알고 있기 때문에 이 작품이 그 당시의 설주의 화풍을 보여주는 표준 자료가 되어진다는 것이 현재 설주연구에서 이 그림의 취급방법이었습니다.

다만 저는 이것이 틀렸다고 생각합니다. 왜냐하면 첫 번째로 이손·박형문이라는 두 사람이 그 사절의 일행에 있었다는 어떤 증거도 없습니다. 그들은 조선남부의 쓰시마 근처의 토지에서 어느 시기에 관리를 하고 있었다는 것은 확실하지만 그들이 1479년에 쓰시마에 온 적은 아무래도 없었던 것 같습니다. 그렇다고 하는 점은 그 당시의 사신들 중에 6명이 알려져 있습니다. 正使·副使만이 아니라 그 밖의 주요한 인원은 전부 알려져 있는데 그들의 이름이 보이지 않습니다. 그리고 두 번째로 사절이 쓰시마까지 왔을 때 우연히 쓰시마에 이 그림이 있었다고 말하고 있으나 그것을 증명할 것이 아무것도 없습니다. 너무나도 우연에 지나치게 의지한 추론이었다고 생각합니다.

저는 이렇게 생각합니다. 오오우찌(大內)씨가 15세기 후반에 종종 사신을 보내고 있습니다. 그 모두가 설주의 작품을 지니고 조선으로 건너갑니다. 그 때에 조선의 남부에서 지방 관리를 하고 있던 두 사람에게 그 그림을 보여주고 贊을 받아서 돌아옵니다. 그럼 그것은 어느 시기의 일일까? 그 모두가 사신이 갔던 해로 게다가 두 사람 모두 조선남부에서 관리를 하고 있었던 시기라고 하면 두 가지의 후보로 좁혀집니다. 하나는 1485년에 서울에 간 元肅이라는 사승 또 하나는 1487년에 서울에 간 鐵牛라는 사승 중 한쪽일 것입니다. 이렇게 까지 한정 할 수 있는 것인데 그 어느 쪽 인지는 2년밖에 차이가 나지 않기 때문에 아쉽지만 확정할 수 없습니다. 그러나 어느쪽이던지 1480년대의 후반은 지나서이므로 종래의 견해보다는 상당히 뒤로 벗어나고 있습니다. 결국 설주 晩年의 작품이 되면 그의 그림의 연대추정에 일정한 영향을 미치게 되는 결과를 초래한다고 생각합니다.

e. 正木美術館소장 拙宗等揚筆 「破墨山水圖」

마지막 작품 e입니다. 이것은 설주연구 중에서 저명한 것으로 약간 까다로운 이야기가 되자만 설주와 굉장히 비슷한 이름의 화승이 같은 연대에 등장합니다. 그것이 「拙宗揚筆」입니다. 이 「拙宗揚筆」이라는 화가가 설주와 어떤 관계일까가 오래전부터 문제되어져 왔습니다. 양자는 동일인물이다. 설주가 「설주」라고 칭하기 이전에 「拙宗」라는 이름으로 불렀다. 라는 것이 하나의 설입니다. 그에 비하여 아니 다른 인물이라는 설이 대립하고 있습니다. 그 초점이 되고 있는 것이 e작품입니다.

이것은 「拙宗揚筆」作의 「破墨山水図」라는 것으로 「破墨」이라는 것은 정성스럽게 풍경을 그리는 것이 아니라 상당히 거친 붓의 움직이는 방법으로 그리는 기법입니다. 같은 산을 그려도 d와 e는 상당히 느낌이 다릅니다. 贊이 윗부분에 세편 늘어서 있으며 「林下淸鑑」「龍松周省」「雲起山壽棟」이라는 서명이 있습니다. 이 중에서 壽棟라는 사람은 잘 알지 못하는데 淸鑑과 周省은 상당히 유명한 선승으로 모두 오오우찌(大內)씨와 관계가 깊은 외교승입니다. 먼저 사료⑧을 봐주시면 이것도 『실록』인데 그곳에 오오우찌(大內)政弘의 사신으로서 淸鑑이 보입니다. 그는 정림사라는 장문국에 있는 절의 주지이지만 이 사신의 목적이 하카타(博多)의 승천사의 수리운영비용이 획득에 있었다. 이 무렵 淸鑑은 무역품으로서 胡椒와 銅을 지니고 있었는데 생각한 가격에 팔지 못했기 때문에 불만을 말하고 있다고 기록되어 있습니다. 사료⑨에 가면 같은 淸鑑이 여기서는 하카타(博多)의 성복사의 승려로서 나타나고 있습니다. 그리고 또 한사람의 周省이라는 사람인데 사료⑨에 淸鑑과 더불어 이름이 보입니다. 그리고 사료⑩에서 외교문서를 기초했던 사람으로서 오오우찌(大內)義興이 조선에 솜씨를 발휘한 외교문서 2통이 『續善隣國寶記』라는 책에 모아져 있는데 그 2통의 문서를 기초했던 것이 「牧松和尙」이라는 별명을 가진 惟參周省이라는 것을 알 수 있습니다.

결국 두 사람은 오오우찌(大內)씨 조선외교를 짊어진 존재였다고 말해도 좋을 것입니다. 그 두 사람의 서명이 같이 있는 것이 e입니다. 그리고 이 e가 그려진 연대가 문제이지만 통설에서 이것은 雪舟가 「雪舟」의 이름으로 활약했던 것과 같은 시대였다고 하여 같은 시대에 다른 이름으로 나오기 때문에 拙宗과 雪舟는 다른 사람임에 틀림없고 拙宗이 雪舟로 이름을 바꾸었다고는 생각하지 않는다고 하는 것이 통설로 되어 있습니다.

하지만 저는 좀더 시기가 올라가지 않을까 생각하고 있습니다. 이것은 그다지 자신이 있게 이야기할 수 있는 것이 아닙니다만 이 淸鑑이라는 승려는 원래 臨濟의 승려가 아니라 曹洞宗이었습니다. e의 贊에서 「林下淸鑑」이라 자칭하고 있는 것으로 曹洞宗이었던 시대의 것이 아닐까 생각합니다. 그리고 惟參의 경우는 「龍松」이라고 칭하고 다녔는데 그의 이름으로 유명한 것은『續善隣國寶記』에 나오는 「牧松」쪽이며 龍松은 그 이전의 이름이었다고 생각되기 때문에 e의 시대는 종래 생각하고 있었던 것 보다 올라가지 않을까 생각합니다. 따라서 拙宗揚筆이 雪舟等揚으로 이름을 바꿨다는 의견에 무게를 두는 쪽이 되겠습니다.

Ⅵ. 마치며

이상과 같이 시라든가 수묵화라든가 문화적인 교류가 무로마치(室町)시대 전체적으로 일본선종계와 조선의 官係의 사이에 연결되어온 것이지만 그것은 文祿・慶長의 役의 시대가 되어도 기본적으로는 변하지 않았습니다. 天荊이라든가 景轍玄蘇라는 선승이 조선에 가서 그 당시의 일을 기록에 남겨두었는데 그것을 보면 빈번하게 시를 주고받고 있습니다. 그 사람이 동시에 文祿・慶長의 役이라는 이른바 조선침략에 종군하고 있습니다. 景轍玄蘇에 이르러서는 일본군을 대표하는 인물의 한사람으로 조선측에 기록되어져 있습니다. 결국 시의 주고받는 것은 얼마든지 禪林에 어울리는 모습이지만. 그것이 끊어지지 않고 文祿・慶長의 役이라는 침략전쟁에 연결되어 버립니다. 거기에는 큰 단절이 없습니다.

결국 전쟁이라는 것은 어떤 의미에서는 일상의 관계의 연장선상 위에 있는 것으로 히데요시(秀吉) 자신의 의식 속에서도 그러했습니다. 전국시대의 분열을 극복하고 일본을 통일한다. 그것이 그대로 밖으로 넘쳐버려진다. 따라서 그의 의식 속에는 결정적으로 안과 밖이 나누어져 있지 않다고 생각합니다. 선승들의 의식도 그렇지 않았을까요?

무로마치(室町) 외교속에서 서로 한 치의 양보도 없이 시를 주고받습니다. 그러한 세계가 그대로 연결되어 전쟁속에서 상대의 의사를 전하기 위하여 그들이 사용되어집니다. 여기서 그들은 자신들의 전문기능을 발휘하여 일본군이 유리하도록 여러 가지 책략을 꾸밉니다. 그러한 연속성을 강하게 느낀다고 하는 것을 연결이라고 말하면서 긴 이야기 매우 지루하시지하셨겠지만 이것으로 저의 이야기를 마칠까 합니다. 대단히 감사합니다.

사료

① 【정종실록】 2년(1400) 8월是月

博多城 承天禪寺 住持 闇公, 使人獻禮物, 求藏經

② 【興隆寺문서】

應永14年 (1407) 4月日大內盛見書契日本國防長豊州刺史大內多多良德雄端肅奉書

朝鮮國議政府左右政丞閣下.

連年猥辱書訊, 兼拜禮貺, 感媿無已. 矧乎所以撫敎甚, 其無以加焉. 少白, 賤者無狀, 久抱造藏経之志, 志与力違, 力与時違, 遂欲果其素之意, 鬱乎尙未熄矣. 今玆發舶, 特差系末僧通文・通玉・仁方等, 不避干冒之誅, 往諭所求之誠. 願達宸展, 仰于特旨, 以降有司, 須賜一藏, 苟俾賤者遂其志, 何幸亦加之. 玆嚮左京兆大內候義弘之所拜者, 洒大國梓傳之善本也. 今更望, 賜閩淛之印本, 將採彼之所余, 以補此之不足, 交相求而一其致焉. 然後參考異同, 倂行于世, 則天下之至寶, 莫愉於此者也. 蓋此鴻釐不啻謝聖恩, 抑亦祉兆民, 兩朝修好, 四夷竢罪必也. 是又非吾佛敎之陰翊而陽報邪. 如此區區私, 非言可論, 情溢辭蹙, 不知所裁, 亦惟少憐察, 幸甚幸甚. 不腆土宜, 具在別箋, 幸容納. 卽辰稍熱, 万乞爲國自重. 不宜.

応永十四年四月 日 大內□□□德雄

別幅,

還刀二十把 關王刀十支 長鉾十支 扇子百柄 胡椒五十斤 白檀五十斤 丹木五白斤 屛風二張 泥金硏函一 硯五十枚 筆百筦 果盆五十口

③ 尹洋 【別洞集】 권1 (『일본관계조선사료』1)

次日本文溪韻

道人心志淡溪流。跡與浮雲任去留。昔日乘槎緣底事。今朝飛錫向何
遊。金風玉露郵亭夜。黃菊丹楓海岸秋。離席奚囊珠玉爛。愧余無句稱
師求。

④ 成三問【成謹甫集】권1 (『일본관계조선사료』2)

　送文溪西堂還日本

　　吾聞扶桑俗。發文唯有僧。禪窓足餘閑。往往詩以鳴。師來一見之。所
　　見如所聽。敍懷詩一篇。清新人見稱。觀光前後再。世道屬文明。有禮
　　主無擇。用世須通經。專對端合使。誰謂墨其名。贈言非敢仁。聊以抒
　　中情。

　送別 二首

　清詩入孝思。搢紳爭和之。余亦愛子者。濡毫題惡詩。

　其二

　往歲守南郡。今年歸北邊。臨岐又分手。會合知何年。

⑤ 徐居正【四佳詩集】권4(『일본관계조선사료』14)

　送日本釋文溪

　　曾向三韓訪道遊。曹溪卓錫久淹留。重來面目渾如舊。白髮偏驚歲月遒。
　　東平館裏月三圓。故國歸心滿日邊。昨夜文溪來入夢。西風安穩送回船。
　　蓬萊地勝老煙霞。水國微茫路自賒。正爾秋風香柚橘。片帆和月落誰家。

⑥ 【東文選】권92

　일본으로 돌아가는 천우 상인을 전송한 글[送日本天祐上人還歸序]

　선학(禪學)하는 사람이 수천 리를 왕래하며 가는 곳마다 도(道)를 찾는 것은 본
래 그 뜻이다. 그러나 태평하고 어지러운 시기가 있으며, 통하고 막힌 길이 있으니,
덮어놓고 어두운 길이나 위험한 곳을 함부로 나가기 때문에 그 몸이 죽을 때까지
그 뜻을 이루지 못하는 사람이 어찌 적겠는가. 다행하게도 금상 전하가 즉위하면서
문치가 일어나고 무비(武備)도 수리하며 이웃나라와 사귀는 데도 방도가 있어서 사
방에 근심이 없으니, 이 나라에 찾아오는 사람도 그 얼마나 좋겠는가. 기해년 여름
에 일본국이 사신을 보내고 조회하는데 사문(沙門) 우공(祐公)이 따라왔으니, 대개
사명을 띠고 온다고는 하였지만 실제로는 명산 구경을 하려는 것이다. 사람 생김새

가 단아하고 깨끗하여 도기(道氣)가 있고 글씨도 잘 쓰며 시(詩)도 잘 지어서 모두 볼만하였다. 전하께서 우공이 의리를 사모하고 정성을 가상히 여기고 유사에게 명령하여 관(館)에서 융숭히 대우하게 하였다.

　그가 돌아갈 시기가 되니, 우상인(祐上人)이 우리 조정에 아뢰기를, "금강산의 신령하고 기이한 것은 천하에 이름이 나서 우리같이 유람하는 사람이 이 산에 가지 못하는 것을 유감으로 여기니 원하건대 석장(錫杖)을 머무르고 구경하게 해 주소서." 하고, 이어 시를 지어 그 뜻을 통하고 이 말을 우리 임금에게 아뢰어 달라고 하였다. 그래서 전하는 예관(禮官)에게 명령하여 그의 소원대로 머물러 있게 하고 또 특별히 안장 갖춘 말까지 주어 더욱 융숭히 대우하게 하였다. 그 해 가을에 역마를 타고 금강산을 찾아가게 하니 마음껏 구경하고 보는 대로 기록하여 글을 지었는데, 모두 만 마디나 되었다. 내가 빌려다 읽어보니 화려한 문장이 눈에 번쩍거리는 것이 선적(禪寂)한 사람으로 그렇게 잘할 수 없었다. 2년 동안 더 머물러 있다가 또 말하기를, "우리 도(道)가 아무리 어버이를 떠나고 애정을 끊는다고 하나 늙은 어미가 있고 다른 형제도 없으니, 돌아가 어머니를 보게 해 달라." 하니, 조정의 글하는 선비들이 모두 그 뜻을 가상히 여기고 시를 지어 환송하였다. 나로 하여금 서문을 지어 그 책 위에 쓰라고 하나 나는 배운 것이 유학이라서 도(道)가 서로 같지 않으니, 어찌 말할 수 있겠는가. 그러나 나는 그 전에 들으니, 목주종공(睦州 蹤公)은 일찍이 부들신을 짜서 그 어버이에게 드렸고 자명원공(慈明圓公)은 백금(白金)을 갖다가 그 어머니에게 바쳤는데, 후세에서 당(唐) 나라와 송(宋) 나라 여러 스님이 도행이 현저한 사람을 말할 때는 반드시 목주와 자명 두 스님을 일컬으니 어찌 도(道)에 어긋난 일을 했다고 하겠는가. 그러므로 애정을 끊고 어버이를 떠나 한결같이 도에 뜻을 두었다고 한 것은 공(公)이 다시 돌아오지 않는 것을 훌륭하게 여겼기 때문이다. 그러나 결국 그 어버이에게 은혜를 갚은 일이 있었다. 지금 상인(上人)은 도에 독신하고 또 문예를 공부하여 그 나라에 있을 때에 일찍이 그 임금이 존중히 여기는 인물로 문계(文溪)란 이름을 주어 특별히 총애하기까지 하였으니, 그 어버이를 섬김이 진실로 신발을 만들고 백금을 갖다 바치는 일 뿐만 아니라, 넉넉히 입에 맞는 음식을 제공할 수 있어서 동산(洞山)이 후일에 그 어버이에게 보답하는 일이 없기를 나는 또한 문계에게 바라는 것이니 문계는 더욱 힘쓸 지어다.

⑦【蔭凉軒日錄】

　　[永享八年(一四三六)]十五日. 諸公文御判被遊矣. <建長寺宗甘西堂·
　　聖福寺亮倪西堂·全系西堂·正閭西堂·周瑛西堂·全朝西堂·宗始西
　　堂·彦通西堂·乾春西堂·廣嚴寺從隗首座也>

　　[永享十年(一四三八)六月]廿七日. 承天寺新命從隗西堂, 大內吹噓. 丹
　　後普濟寺賢憧首座, 三統院吹噓. 各伺之. …

　　廿九日. 公帖三通御判出矣. <見廿七日>

⑧【成宗實錄】14년(1483)

　　九月 癸卯.

　　日本國大內 左京兆尹中大夫兼 防, 長, 豐, 筑州 太守 多多良政弘 遣僧
　　淸鑑 等, 來獻土宜。其書契曰, … 今遣通信使 定林寺 住持 淸鑑 等,
　　謹啓僕治內 筑 之 承天寺, 草創歲久, 而頹敗日隨。 雖有修補之意, 綿
　　力不覃, 故求興復之助於貴國, …

　　十月 戊子

　　大內殿 政弘 使 淸鑑 等辭, 其答書曰, … 淸鑑 以所進胡椒、銅鐵之直,
　　不滿於心, 辭不受. …

⑨【蔭凉軒日錄】

　　文明一六年(1483) 八月

　　廿七日. 公帖畫立. 相國寺梵德西堂. 周省西堂. 筑前國聖福寺淸鑑西堂.
　　眞如寺淸越西堂. 以上五通. … 早早可伺之云云. …

⑩【續善隣國寶記】

　　明應六年(1497) 10月 및 同年11月付, 大內多多良義興의 朝鮮國禮曹參
　　判앞으로 보낸 書簡 말미의 注記에「右二篇疏語, 牧松和尙 (以參周省)
　　製之也」이다.

　　(補註)『建內記』文安4年(1447) 11월 26일조에, 「白河建聖院當住文溪和尙
　　爲南禪寺藏經渡朝御使, 下向高麗, 仍其間之留守職事, 申置慶雲院主允登西堂,

仍爲其使登胤入來」가 있다(橋本雄氏敎示)

사료 E에 보이는 조선도항에 관한 사료인데 당시 文溪는 万里小路家의 菩提寺建聖院의 주지였다고 알려져 있다. 지금 현재 일본측사료에 유일하게 나타난 文溪의 모습이다.

제4절 중세 한일 교섭 속의 漢詩

Ⅰ. 머리말

중세 일본에서는 넓은 의미의 외교와 漢詩의 관계가 전형적으로는 중국 禪林과 밀접한 교섭을 가진 五山의 문예활동 속에서 육성되었으며, 일본과 중국 간의 문화적 또는 정치적 교섭의 무대에서 꽃피웠다는 것은 말할 필요도 없다. 그러나 조선왕조(이하 「조선」으로 부름) 역시 중국과의 사이에서 한시로 매개되는 문화적·정치적 교섭을 운영하고 있었으며,[1] 승려가 아닌 국가관료가 담당했다는 차이는 있지만 日中 교섭과 기본적으로는 공통된 양상을 볼 수 있다.

따라서 한일 교섭에 있어서도 동일한 양상을 볼 수 있는 것은 당연한 일이며, 琉球를 포함한 네 국가 사이의 외교에서 한시가 활약했던 상황은 이미 잘 알려져 있다. 또 일본을 방문했던 조선 사절이 남긴 사행록—1420년의 『老松堂日本行錄』을 시작으로 근세(조선조 후기)에는 다수가 남아 있다—은 모두 일본의 풍경·습속·산업 등을 시로 쓰거나 일본측 접대자와 주고 받은 한시로 채워져 있다. 이들 사행록은 형식상으로는 어디까지나 한시가 주체이며, 기행문이라기보다는 시집에 가까운 것이다.

다만 한일 교섭과 한시의 관계가 일중 교섭의 관계와 전적으로 동일하다

---

1) 예를 들면 1479년 成宗은 諫官에게서 「왕이 시에 너무 열중하여 악영향이 나타나고 있다」는 비판을 받자, 「우리나라는 예로부터 문헌의 나라라고 한다. 天使(중국 사신)가 오면 많은 詩章을 가지고 唱和한다. 시를 어찌 폐할 수 있겠는가」라고 반론했다(『成宗實錄』 10년 2월 戊申條). 또 1483년 조선의 訓導 金孝胖은 「중국인과 언어·唱和함에 그 시는 볼 만하고 언어는 취할 만하다. 우리나라의 聲教를 떨어뜨리지 않는다」고 칭찬을 받아 「流離垂死의 땅」에서 해방되었다(『성종실록』 14년 9월 丙申條).

고 할 수 없는 측면도 있다. 후자의 사료는 일본 五山文學 속에서 풍부하게 찾아낼 수 있지만 전자의 사료는 적다. 한일 간의 교섭에서 활약했던 선승들의 이름도 五山의 사료에는 별로 보이지 않으며, 대략적인 그들의 계보도 밝히지 못할 때가 많다. 일본 五山의 얼굴이 어디까지나 선종의 본고장인 중국 쪽을 향하고 있었기 때문일 것이다.

따라서 한일 간의 교섭에 있어서 한시의 활약상은 五山의 사료보다는 조선 쪽의 기록, 특히 『조선왕조실록』에 그 흔적을 많이 남기고 있다. 그러나 종래 이와 같은 시각에서 『조선왕조실록』을 취급했던 연구는 거의 없다. 그래서 여기서는 『조선왕조실록』을 주축으로 삼고 주제를 전개하면서 필요에 따라 詩畵軸이나 개인의 시문집 등 『실록』 이외의 사료에도 언급해 나가고자 한다.

II. 시와 외교의 여러 가지 모습

1. 외교의사의 전달

應永外寇 이후의 한일 교섭처럼 경우에 따라서는 시문이 외교의사의 전달수단이 될 때가 있었다. 즉 1420년 정월 서울에 왔던 막부의 使僧 無涯亮倪는 세종에게 「아직 말로써는 다 할 수 없으므로 삼가 시에 의탁해서 충성을 보이겠습니다」라고 하며, 「넓게 개척한 산천은 禹貢에 돌아가고, 높이 달린 日月은 堯天이 열리도다. 무엇으로 聖朝의 皇化에 보답하는지. 단정하게 읍하고 세 번 만만년을 부른다」는 絶句를 바쳤다. 왕은 이것을 보고 「두 나라가 화친하여 영구히 변함없다는 뜻」을 타이르시고, 「지난 해에 대마도를 정벌한 이유」를 알렸다(『세종실록』 2년 정월 기사. 이하 『조선왕조실록』의 출전 표기를 「세종 2, 정, 기사」와 같이 간단하게 표기한다).

이때 九州探題 澁川氏의 使送으로 서울에 있던 文溪正祐는 이후 여러 번 조선을 방문했던 외교승인데, 시문의 재능에도 탁월했던 듯하다. 1448년에는 일본국왕 源義成(足利義政)의 국서를 휴대하고 와서 대장경의 하사를 청했는데, 그때 특별히 청원하여 「乾琢」이라는 이름으로 지은 祭文을 太上皇后의 묘에 바치고 있다. 이것은 세종의 「먼 곳 사람이 進香하는 것은 국가의 아름다운 일이다」라는 말이 보여주듯이 훌륭한 외교행위였다. 그 제문을 다음에 싣는다(세종 30, 6, 을해).

남섬부주(南贍部洲) 일본국 정사(正使) 사문(沙門) 문계 건탁(文溪乾琢)은 공경하여 나라의 명을 받들고 정성스럽게 비박(菲薄)한 전(奠)을 조선 귀국(朝鮮貴國) 선태상 황후(先太上皇后) 존묘(尊廟) 아래에 갖추어 동맹하여 서로 구휼하는 정성을 고하고, 삼가 승려를 거느려 소리를 같이하여 대불정(大佛頂) 만행수(萬行首) 능엄신축(楞嚴神祝)에서 모인 선리(善利)를 풍연(諷演)하여, 받들어 존묘(尊廟)의 장엄한 값을 땅을 삼습니다. 엎드려 원하건대 생사류(生死流)에 처하여 여주(驪珠)는 홀로 창해(蒼海)에 빛나고, 열반안(涅槃岸)에 걸어앉아 계륜(桂輪)은 외롭게 푸른 하늘에 밝아서, 후손에게 음덕을 내리고 국가가 길이 태평하소서. 우(右)는 삼보(三寶)가 증명하고 제천(諸天)이 통감하기를 엎드려 청합니다. 삼가 소(疏)를 드립니다

뒤에 李詹의 「朴判事(瑞生) 日本行錄跋」(『東文選』권103 수록)을 소개하는데, 그 結語의 문장은 시가 외교에서 맡아야 하는 역할을 잘 표현하고 있으므로 미리 소개해 둔다.

무릇 시를 배우기에 말을 잘 한다. 말을 잘 하므로 사방에 使行할 수 있다. 과연 誦詩는 능히 사물을 움직인다. 일본인인 그대가 본국과 好를 끊은 지 거의 천여년, 지금 그 捷(俘虜)을 바쳐 聘(국교)를 닦는 것은 先生에서부터 시작한다(이 史實 인식은 정확하지 않다). 오호라, 詩道로써 이것을 움직이는 것이다.

2. 외교문제화하는 詩

이상과 같은 외교상의 시문의 중요성 때문에 가끔은 시문 자체가 외교문제가 되는 사태도 생긴다.

1466년, 管領 畠山義就의 사신이 서울로 향하는 도중 경상도 咸昌에 이르렀을 때 객관의 東上房에 머물 예정이었는데 軍籍使 종사관 李枰이 선객으로 있으면서 퇴거하지 않았기 때문에 할 수 없이 西上房에서 숙박하였다. 게다가 李枰은 시를 지어 객인에게 보냈는데, 객인은 시 가운데 경멸하는 말이 있다고 하면서 화를 냈다. 이 사실을 사헌부가 세조에게 아뢰었고, 세조는 특별히 李枰에게 글을 보내 「이번 일은 모두 大體(국가의 체면)를 고려하지 않은 경박한 행위이다. 앞으로는 객인을 만나 시를 주어서는 안된다」고 질책하였다(세조 12, 정, 을사).

1542년에는 이와 반대로 일본국사 安心東堂이 조선에서 읊은 시가 문제가 되었다. 이 해부터 10년 동안 4회에 이르는 그의 사행은 모두 對馬의 宗氏에게 무역상의 이익을 주는 것이 목적이었다. 처음 왔을 때는 그가 가져온 8만량이나 되는 銀의 무역을 허락할 것인지, 허락한다 해도 어느 정도의 양을 얼마를 주고 살 것인지가 조선정부에서 커다란 논란거리가 되었다. 安心은 길어지는 교섭에 지겨워진 나머지 조롱하는 마음을 품고 불손한 말을 많이 했으며, 끝내는 시를 지어 조선측의 태도를 비난하기에 이르렀다.

> 世上政治雖易俗　　세상의 정치가 俗을 바꾸는 것이지만
> 官家號令更無眞　　관가의 호령은 더욱 참된 것이 없네

이 시가 물의를 일으켰던 것은 「客使에 대한 접대가 도리를 잃었고, 은무역에 관해서도 해야 할 조치를 취하지 못했다. 客使가 말하는대로 의논하고 고치고 했기 때문에 끝내 號令이 일정하지 못했다」는 것, 요약해서 말하

자면 「지금같이 왜인 접대를 잘못한 적이 없었다」는 사태의 상징으로받아
들였기 때문이다(중종 37, 6, 무술·8, 임오).

3. 詩文은 외교관의 조건

따라서 외교관에게는 고도의 시문 능력이 요구되었고, 외교교섭은 그들
의 시문 능력을 시험하는 자리가 되었다. 이것은 외교관 개인의 평판 뿐만
아니라 국가의 체면에 관계되는 일이었기 때문에 人選에는 신중이 요구되
었다. 이하에서 네 가지 경우를 열거한다.

① 1479년, 통신사를 수행하여 일본으로 가는 군관의 인선을 위하여 성종이 후원
으로 행차하여 觀射가 행해졌다. 金晋錫 이하 30명이 좌우로 나뉘어 활솜씨를
보였는데, 왕에서 「이번 인선은 武才 만으로 결정하지 말고 詩章을 잘하는 자
를 골라서 추천하라」고 하셨으므로 도승지는 承文院著作 趙之瑞·奉常寺直
長 朴季幹 두 사람을 추천하였다. 그리하여 두 사람에게 「後苑觀射」라는 제
목으로 律詩를, 「奉使日本」이라는 제목으로 長詩를 짓게 한 바 둘 다 之瑞가
製進하였으므로 之瑞가 뽑혔다(성종 10, 정, 병사). 또 曹伸은 지방관의 첩의
아들이었는데 왕은 그가 시에 능하다는 말을 듣고 군관으로 기용하였다(성종
10, 2, 신묘). 군관마저 외교에 임할 때는 武才보다 文才가 중시되었음을 알
수 있다. 그리고 이 때의 통신사는 正使의 急死와 일본의 政情 불안 때문에
對馬島까지 갔다가 돌아오고 말았다.

② 1487년, 상경한 일본 승려가 시문을 원했으므로 성종은 홍문관에 제술을 명하
였다. 이때 「이 사람이 시문을 원하는 것은 우리나라의 인재를 살펴보려고 하기
때문이다. 졸속을 피하여 문신 당상관·당하관 중에서 시문에 능한 자를 골라
짓게 하라」고 다짐을 두고 있다(성종 10, 6, 정사).

③ 1562년에 도래한 일본국 사신이 글에 능하다는 말을 듣고 예조는 명종에게 「宣

慰使 李翎은 기량과 재능이 외교사절 접대에 충분하다고 할 수 없으므로, 만일
客使가 시문을 酬唱하기를 좋아하여 시문을 너무 많이 짓게 하면 막혀서 궁색
해질 염려가 있습니다. 前 漢史學官 權應仁은 詞章에 뛰어나 그와 견줄 자가
없을 정도입니다. 지금 그를 任地에서 불러들여 빠른 말을 태워서 宣慰使 일행
에게 보내는 것이 어떻겠습니까」하고 의견을 내놓았다(명종 17, 11, 병술).

④ 1587년, 선조는 특명을 내려「이웃 나라의 사신을 접대하는 임무는 매우 중요
하다. 더구나 일본 사람은 시에 능숙한데, 시를 주고 받을 때 이쪽의 능력에 미
진한 점이 있다면 필시 그 나라에 비웃음을 사고 말 것이다. 일이 매우 중대하
므로 宣慰使는 관직·관위의 높고 낮음을 따지지 말고 당대의 문장으로 이름
난 선비를 뽑아서 보내야 할 것이다」라고 하였다(선조 20, 10, 정축).

4. 風月嘲弄의 도구

이상 외교교섭에서 시가 아주 큰 역할을 하고 있다는 것을 강조했는데,
다른 한편으로 시가 맡을 수 없는 부분, 혹은 시의 표면에서는 숨겨진 현실
에도 주의를 게을리 하면 안될 것이다.

1488년 윤정월, 濟州三邑 推刷敬差官으로 제주도에 간 崔溥는 아버지의
죽음을 듣고 본토로 돌아가는 배를 탔으나, 그날 밤 갑자기 북풍이 불어 끝
내 중국의 寧波府 근해까지 표류하고 말았다.『성종실록』23년 정월 을유조
에 따르면 그는 상륙 후 許淸이라는 관리를 만나서 술과 음식을 대접받고
桃渚所(浙江省 台州의 동쪽에 있는 성채)까지 보내졌는데, 도중에 어떤 寺堂
에서 머물려고 했으나 마을 사람들에게 거절당했다. 그때 허청이「혹시 당
신이 文士라면 시를 지어서 그들에게 보여주면 좋을 것이다」라고 조언하여
절구를 지어서 보여주었지만 숙소는 얻지 못했다고 한다.

그런데 1488년 6월에 崔溥 자신이 저술한 장문의『漂海錄』[牧田 59 수
록]에 따르면, 許淸의 직위는 海門衛千戶이며 시를 지은 것은「海門衛之桃
渚所」의 성내에 있는 어떤 공관이었는데, 그가 盧夫容이라는 인물과 주고

받은 문답 속에 나온다(弘治 원년 윤정월 18일조). 수척해진 몸에 관복도 흙투성이가 되어 왜구로 오해받은 崔溥가 「나는 왜가 아니라 조선국의 문사다」라고 대답하였다.

노 : 車는 軌를 같이하고 글은 문자를 같이하는데, 왜 語音 만이 중국과 같지 않는가?

최 : 천리를 가면 바람이 같지 않고 백리를 가면 풍습도 다르다. 당신은 나의 말을 듣고 괴이하게 여기지만 나도 당신의 말을 듣고 이상하게 여기고 있다. 습속도 마찬가지이다. 그러나 같은 天賦의 품성을 받은 이상 나의 품성 또한 堯·舜·孔·顔의 품성이며, 어찌 언어가 다름을 싫어할 일이 있겠는가?

노 : 당신은 喪을 당해서 서둘렀다고 하는데 「朱子家禮」를 따른 것인가?

최 : 우리나라 사람들은 상례를 치르는 데 모두 家禮에 따르고 있으며, 나 또한 그렇게 하고 있다. 다만 역풍 때문에 아직까지 아버지 관 앞에서 哭할 수 없는 것이 통한일 따름이다.

노 : 당신은 시를 짓는가?

최 : 詩詞라는 것은 경박한 자가 풍월을 조롱하는 도구이며, 道를 배우는 독실한 군자가 할 일이 아니다. 나는 格致誠正을 배우고 있으므로 詩詞를 배울 여유가 없었다. 앞서서 시를 읊은 사람이 있기 때문에 어느 정도 알게 되었을 뿐이다.

최부는 좋은 성적으로 과거에 급제한 우수한 관료이며, 성균관·사헌부·홍문관 등의 직을 거치고 1504년의 사화(당쟁으로 인한 반대파의 숙청)로 사형당한 인물이다[牧田 59 224 이하]. 고지식하고 유림파다운 그의 엄격주의는 道의 학습과 시의 수련을 양립할 수 없는 것으로 파악하고 있으며, 사대부의 교양의 하나로서 시를 인정하고 있기는 하지만─그런 까닭에 絶句 한 수 정도는 지을 수 있었던 것일까─결국은 「경박한 자가 풍월을 조롱하는 도구」로서 경멸의 대상이 될 수 밖에 없었다.

『성종실록』에는 왕이 시에 열중한 나머지 실무에 전념하지 못하는 것을 신하가 간언한 예를 곳곳에서 볼 수 있는데, 유교가 국가적 정통사상의 지위를 확고하게 차지했던 이 시기부터 시에 대한 비난이 강해져 갔던 것으로 생각된다.

1555년에는 전라도에서 대규모의 왜구사건이 일어나(乙卯倭變) 세상이 떠들썩해졌는데, 이때 讀書堂이 명종의 「降題試製의 命」(신하에게 제목을 주고 시를 짓게 함)을 비판하였다.(명종 10, 6, 신묘)

> 어수선한 사태가 이미 변방 지역에 절박해진 판에 갑자기 제술 시험을 보도록 하라는 명을 詞臣에게 내리시니, 글을 숭상하는 정치가 진실로 제왕들의 훌륭한 일이기는 하나 국가가 이처럼 위태로운 때에 어느 겨를에 신하들을 불러 모아 음악을 연주하게 하고 가락을 맞추도록 하겠습니까? … 전하께서는 지금의 사세가 이 지경에 이른 것을 알지 못하시는 듯합니다. 신들이 모두 용렬한 몸으로 외람되게 은총을 입어 온 지가 하루 이틀이 아닙니다. 지금 변방의 경계가 위급함을 고하는 때를 당하여, 지휘로써 변방을 안정시킬 계획은 없고 헛되이 시만 지어 오랑캐(왜구)를 물리치려 한다는 원망이 있습니다. 감히 간절한 마음을 進達하여 犬馬의 충성을 바치는 바입니다.

「시를 읊는 것으로 적을 물리치려 한다는 원망」은 정치상 시의 효능을 부정하는 말이며, 시가 단순한 風月嘲弄의 도구로 전락하는 조짐이 보인다. 역시 왕은 「時事의 위급함을 모르는 바는 아니지만 試製는 다른 일과는 다르다. 내리는 제목이 時事에 합당한 것이므로 酌量해서 행하는 것이 좋다」고 반론했으나 어세의 약함은 숨길 수 없다. 그렇다고 해서 諫言의 정제된 문장이 과연 「邊警의 위급함을 고하는 때」에 부합하는 것일까?

Ⅲ. 詩畵軸에 보이는 교류

1. 「芭蕉夜雨圖」

한일 교섭 속에서 서로 시를 주고 받았음을 알 수 있는 사료는 「芭蕉夜雨圖」라고 불리는 詩畵軸[2]이다. 시 부분은 원래 두루마리였던 듯한데 현재는 종이를 세로로 이어 붙인 족자로 만들었고, 세로 96센티 남짓한 종이의 아랫 부분 4분의 1정도에 遠景으로 연이은 산봉우리, 中景에 계곡의 시냇물, 近景에 파초나무와 초막을 배치한 수묵화를 그리고, 그 위에 太白眞玄 이하 12명의 五山僧, 武將 山名時熙, 그리고 조선국 奉禮使 梁需의 贊이 3단으로 배열된 형태를 띠고 있다. 惟肖得嚴의 序에 「庚寅季夏(1410년 6월)」, 梁需의 서명 위에 「永樂 8年(1410) 8月日」이라는 年記가 있다.[3]

---

2) 중세 일본 수묵화의 역사 중에서 15세기 전반은 「詩軸畵」가 성행한 시기로 특징 지을 수 있다. 詩軸畵란 세로로 긴 종이에 그린 수묵화의 윗부분 여백에 五山僧 들이 그림과 관련된 序나 시를 쓴 것을 족자로 만든 복합예술이다. 초기에는 그 림이 詩作의 계기로서 종속적인 위치밖에 주어지지 않았으며 작자도 불명한 경 우가 많다. 15세기 후반이 되면 시축화에서 그림이 독립하고 작자의 서명이 들 어가는 예가 많아진다. 島田 87 참조.

3) 東京國立博物館 소장. 『水墨美術大系・제6권 如拙・周文・三阿彌』 (講談社, 1974) 그림 3. 『日本水墨名品圖譜・二』(每日新聞社, 1992), 그림 18・19. 중요 문화재. 贊을 썼던 五山僧은 太白眞玄 외에 叔英宗播・歆中昌宣・無文梵章・惟 肖得嚴・謙巖原沖・惟忠通恕・鄂隱惠奝・敬叟彦軾・玉畹梵芳・西胤俊承・嚴 中周噩이다. 太白・惟肖・惟忠・鄂隱・嚴中 등은 五山文學 작가로서 잘 알려진 인물이며, 玉畹은 난초에 능한 畵僧으로 유명하다. 玉村 83 各人 항목 참조. 그리고 이보다 오랜 작품으로 1405년에 죽은 絶海中津의 贊이 있는 相國寺 소장 중요문화재 「山水圖」(『水墨美術大系・별권2 李朝의 水墨畵』講談社, 1977, 그림 2)가 있다. 이 그림은 중요문화재로 지정할 때 조선왕조의 수묵화로 보았는데 확증이 있는 것은 아니다. 다만 조선이 건국하던 해(1392)에 왜구 금압을 요청 하려고 일본에 왔던 使僧 覺鎚를 相國寺에서 접대했던 인물이 絶海였다. 覺鎚를

梁需는 足利義持의 장군직(일본국왕) 취임을 축하하는 回禮使로 선발되어 1410년 2월에 출발하였다(태종 10, 2, 신축). 도중에 周防國 頭島와 安藝國 高崎 사이에서 해적의 습격을 받아 국왕이 부탁한 예물을 비롯하여 식량·의복·배 등을 모조리 빼앗기고 알몸이나 마찬가지의 상태로 쫓겨났다(『老松堂日本行錄』). 같은 해 8월에는 京都에 머물렀다는 사실을 위의 贊에서 알 수 있다. 이듬 해 정월, 서울로 돌아와 義持의 書契를 전달했는데, 書契에는 「악당의 무리가 토벌을 피하여 외딴 섬으로 도망가 숨어 있으면서 海上에 자주 나와 장삿배를 노략질한 지가 오래 되었습니다. 지금 또 다시 이와 같은 잘못을 저질렀습니다만, 저희 나라에서도 어찌 追及할 뜻이 없겠습니까? 이미 연해 관리에게 명령을 내렸습니다」라고 하며 해적사건을 사과하였다(태종 11, 정, 정축). 梁需는 자신이 당한 재난으로 인하여 해적 문제의 해결에 공헌한 것이 된다.

가을비가 내리는 계절에 南禪寺에서 열린 詩宴에서 梁需는 다음 시를 지었다.4)

龍山(南禪寺) 僧舍에서 노닐며 芭蕉圖에 次韻함
雨滴芭蕉秋夜深   비는 파초에 떨어지고, 가을 밤은 깊다
擁衿危座听高吟   옷깃을 여미고 단정히 앉아 高吟을 듣는다
遠公何處無人問   遠公(慧遠)은 어디 있는가 묻는 사람이 없다
異國書生萬里心   이국의 서생, 만리의 마음

비롯하여 조선왕조 초기에 연이어 일본에 왔던 조선사절―1394년의 金巨原, 같은 해의 崔龍蘇·金積善(九州探題 今川了俊에게 가는 사신), 1397년의 朴惇之(大內義弘에게 가는 사신), 1399년의 崔云嗣, 1402년의 朴惇之, 1404년의 呂義孫―중에서 누군가가 이 그림을 가져왔을 가능성은 있다. 그러나 贊은 絶海의 것이 하나 있을 뿐이며, 서로 시를 주고 받았던 예라고 할 수는 없다.
4) 이하 詩軸畵의 시 독해법은 島田修二郎·入矢義高 감수 『禪林畵贊―中世水墨畵を讀む―』(每日新聞社, 1987)에 따르는데, 가나표기법은 新가나표기법으로 고쳤다.

이것은 敬叟彦軹가 지은 다음 시의 韻字를 이용한 것이다.

戸外芭蕉秋欲深　　문 밖의 파초, 가을이 깊어지려고 한다
半更風雨促愁吟　　야밤의 풍우가 愁吟을 재촉한다
此聲未落高人耳　　그 소리는 아직 高人의 귀에 들리지 않네
肯信山堂夜々心　　감히 믿겠다, 山堂夜夜의 마음을

이 시는 또한 鄂隱慧奫의 다음 시에 和韻한 것이다.

秋宵風雨不辭頻　　가을 밤의 풍우가 잦아들지 않는구나
屋後芭蕉聽更新　　집 뒤의 파초, 들으면 더욱 새롭다
斷盡心腸無一寸　　心腸을 모두 끊어내고 남은 것이 없다
曉來飜似莫愁人　　새벽은 돌아오고 시름 없는 사람을 닮았다

무장 山名時熙가 「右金吾嬭眞子」라는 이름으로 唱和에 참가한 것은 극히 드문 일이다. 그 시는 종이가 상해서 읽을 수 없는 글자가 많지만, 「□□□□客枕驚, 使人一夜最多情, 尋常慣聽□□□, □到芭蕉有此聲」이라는 내용이다. 이국에 있는 사신의 旅情을 살펴주는 詩句가 보이므로 時熙는 이 연회의 주최자였는지도 모른다.

이 詩軸畵는 一華建怤라는 젊은 선승이 「秋雨芭蕉」라는 시를 짓고 화가가 이것을 그림으로 그리고, 친구들이 이 그림을 보고 題詩를 짓고 一華에게 보내는 순서로 성립하였다. 惟肖得巖의 序에 따르면 그림은 應永 17년(1410) 6월 무렵에는 완성되었으므로 이것을 梁需와 동행했던 조선 화가의 작품으로 보는 것은 적당하지 않다. 그림의 소재는 수묵화에서 흔히 있는 관념적인 중국의 풍경은 아니지만 산·강·암자의 배치가 똑같은 작품이 따로 있으며(그림 1),[5] 實景描寫라고 할 수는 없다. 따라서 파초 잎을

---

5) 金地院 소장, 傳明兆, 「溪陰小築圖」. 국보. 應永 20년(1413)의 작품. 앞에서 게재

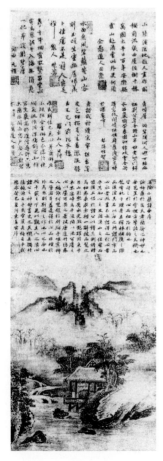

〈그림 1〉 溪陰小築圖(傳明兆)
南禪寺金地院藏

두드리는 빗소리가 들려오는 듯한 그림과 시도 관념상의 유희에 지나지 않는 것이 되지만, 그렇다고 해도 부정하기 어려운 현실성이 느껴진다. 虛와 實 사이에서 노는 것이 이러한 예술의 창조법이며 즐기는 방법일지도 모른다.

이 그림의 필치에는 조선 수묵화의 특징을 뚜렷이 볼 수 있다고 한다[안 77 194~195쪽]. 작가가 조선인이 아니라 해도 조선 사절이 빈번하게 건너왔던 이 시기에 일본 수묵화에 끼친 조선화의 영향이 매우 컸다는 것은 확실하다. 五山이라는 토양에서 핀 室町文化의 꽃인 수묵화나 詩軸畵가 한일외교와 매우 밀접한 관계를 가지면서 성장했던 양상이 엿보이는 사례라고 할 수 있다.

2. 대장경 求請과 畵僧 周文

무로마치 수묵화의 명수 周文이 1423년 말에 일본국왕사 圭籌·梵齡을 따라 조선으로 건너감으로써 수묵화의 새로운 경지를 개척했다는 것은 잘 알려진 사실이다.

이 사절단의 목적은 왜구의 포로를 송환하는 대신 대장경 板木을 얻는 것이었다. 조선이 아무리 崇儒排佛 정책을 펴는 나라라고 해도 이 요구는

한 『日本水墨名品圖譜·二』 그림 20~22. 이 그림과 「芭蕉夜雨圖」 역시 南禪寺와 관계있는 작품이다. 太田 88 143쪽에도 같은 지적이 있다.

무모한 것이었다. 세종은 「대장경판은 우리나라에도 하나 뿐이기 때문에 원하는 바를 들어줄 수 없으나, 그 대신 密敎大藏經板·註華嚴經板과 印本大藏經 전부를 주겠다」고 했다(세종 5, 12, 임신). 8만장이나 되는 板木은 현재 경상남도 해인사에 있으며 한국의 국보로 지정되어 있다.

사신들은 이를 불만으로 여기고 이듬 해 일찍부터 단식시위까지 벌였으나 목적을 이루지 못했다. 정월 17일, 사신의 수행승려인 加賀라는 자가 본국으로 보내는 사신의 편지 초안을 훔쳐서 通事 李春發에게 건넸고, 춘발은 이를 예조에 제출했다. 이 편지에는 「조선에 도착해서 대장경판을 열망했으나 얻지 못했으므로 이제는 병선 수천 척을 보내 약탈해서 귀국하고 싶다」고 써 있었다(세종 6, 1, 을사). 22일, 사정을 조사받은 圭籌 일행이 「加賀는 도범 상습자이므로 포박한 것 뿐이다」라고 억지를 부렸고, 편지에 대해서는 일체 아는 바가 없다고 하며 하늘에 맹세하였다(세종 6, 1, 기해). 加賀를 신문한 바, 「이춘발이 꾀어서 거짓으로 편지를 썼다」고 자백했지만 춘발은 이를 부인하였다. 「加賀의 말에는 조리가 없고, 춘발이 유혹하지 않았음이 명백하다」는 것이 조선측의 견해였지만 이는 외교에 관계되는 일이라 하여 결국 흐지부지된 채 사신들의 귀국일이 다가왔다(세종 6, 1, 임인).

25일, 圭籌·梵齡은 가지고 있던 山水圖와 道號에 贊과 詩를 원했으므로 집현전6)의 문필이 뛰어난 문신 6명이 8편의 贊과 시를 지어 圭籌 일행에게 주었다(세종 6, 1, 임인)[이 84 83~84]. 즉 直集賢殿 魚變甲이 山水圖贊, 直集賢殿 兪尙智·집현전 校理 兪孝通·집현전 副提學 申檣이 山水圖詩 각 1, 집현전 直提學 金尙直·申檣·魚變甲이 각각 道號「竹軒」·「梅窓」·「雪庵」에게 보내는 시, 집현전 부교리 安止가 畵觀音贊이다.

魚變甲이 道號「雪庵」을 위해 지은 시는 다음과 같다.

---

6) 集賢殿은 세종이 우수한 학자를 모아 1420년에 만든 經籍·典故·進講 등을 담당하는 관청이며, 弘文館의 전신이다.

雪岳凌空聳幾層	허공에 솟은 설악 몇 층이더냐
庵中面壁一高僧	암자 안에 고승은 벽만 보고 있더라
神淸骨冷心無累	맑은 정신 깨끗한 기골 번뇌는 없으니
不瞰人寰熱腦蒸	골치 아픈 인간세상의 번뇌 아니 보리

「맑은 정신 깨끗한 기골 번뇌는 없으니」 라는 대목은 비꼬는 것으로 생각할만큼 현실의 使僧의 태도와 정반대이다. 세 개의 道號 중에서 두 개는 圭籌와 梵齡의 것일지도 모른다.

이어서 산수도의 贊과 시를 읽어보자. 우선 魚變甲의 贊부터.

충충이 솟은 뫼는 만 길이요, 흐르는 물은 천 구비라.
구름과 아지랭이는 나뭇가지에서 일고, 樓閣은 바위에 섰도다.
보일듯 말 듯 方壺인가 蓬萊인가.
上人의 참된 생각 天機를 앗아 왔네.
그린 솜씨 묘한 재주 정미함을 캘 수 없다.
아아, 이것이 이른바 摩詰의 그림을 보고 그 속에 시가 들어 있다 함이로다.

申橚의 山水圖詩.

樹林蓊鬱蔭層樓	검푸르게 우거진 나무 숲 충충이 덮여 있고,
萬頃波頭一葉舟	만경창파 물머리에 一葉片舟 떠 있구나.
絶壁遙岑相隱映	절벽과 먼 산은 은은히 비치는데,
看來却訝在丹丘	보면서 오노라니, 아아 여기가 丹丘(신선이 사는 곳)인가 하노라

兪尙智의 山水圖詩.

烟水雲山淡又濃	연기 서린 물과 구름 긴 산이 옅고 짙은데

參差樓閣樹重重　여기저기 누각들은 나무 속에 쌓여 있네
盤回石徑無尋處　돌길을 돌고 돌아 찾을 곳은 어디냐
轉入嵓嶢第幾峯　뾰족 솟은 봉우리 사이로 굴러 들어가리라

　먼 산의 절벽은 구름 저편에서 보일락
말락 하고, 산허리에서 흘러 내리는 계곡
물은 한 척의 배가 떠 있는 호수로 들어간
다. 물가의 바위 위에는 오래된 절의 누각
이 나무 사이에 솟아 있다. 그러한 「方壺
의 蓬萊」를 그린 수묵화의 윗쪽 여백에 네
편의 贊과 시가 있었을 것이다.

　위에서 상상했던 그림과 비슷한 詩軸畵
가 靜嘉堂에 소장되어 있으며 중요문화재
로 지정되어 있다. 傳周文이 그린 「蜀山図」
가 그것인데, 윗 부분에 五山僧 江西龍派
와 一條兼良의 贊이 있다(그림 2).[7] 兼良의
贊은 나중에 쓴 것이며, 江西가 입적한
1446년 이전, 아마 1435년 전후의 작품으
로 추측되고 있다.

　周文이 문헌에 등장하는 것은 1424년
정월 22일에 圭籌 등이 예조에 바친 변명
서가 처음인데, 「通事 尹仁甫가 일본과 결
탁하여 17척의 배를 조선으로 끌어 왔다.

〈그림 2〉 蜀山圖(傳周文)
江西龍派 · 一條兼良著贊. 靜嘉堂藏

7) 앞에서 소개한 『水墨美術大系 · 第六卷』에 그림 41로 실려 있다. 蜀山은 太湖의
　西岸, 江蘇省 宜興縣 동남쪽에 있는 산의 이름이며, 일본 五山僧들이 모범으로
　삼은 송나라 시인 蘇東坡(軾)가 그 풍경을 사랑했다고 한다. 다른 설에 의하면
　蜀山은 글자 그대로 蜀(四川省)에 있는 산이며, 江西의 시에 보이는 「錦流」는 成
　都市를 흐르는 錦江을 가리킨다고 한다.

조선에서는 仁甫 한 사람만이 국정을 좌지우지하고 있는가?」라는 말을 「畵僧 周文」이 무심코 입 밖에 냈다고 한다(세종 6, 1, 기해). 윤인보는 이 시기의 한일 교섭에서 활약했던 통역관이며, 1420년에 「나라에는 창고가 없고, 부자에게 사신 접대를 맡기고 있다」든가, 「왕의 명령은 수도 인근에만 미치고, 땅은 모두 大名이 나누어 차지하고 있다」는 일본 관찰기를 남긴 것으로 알려져 있다. 周文은 귀국할 때 왕으로부터 綿紬 2필, 苧布 1필, 麻布 1필을 선물로 받았다(세종 6, 1, 계묘).

이상에서 魚變甲 등이 贊을 쓴 그 산수도는 周文의 작품으로 추정되고 있다[金澤, 74, 48쪽].

3. 無涯亮倪와 傳周文畵

正木美術館 소장 「산수도」(그림 3) 역시 周文이 그린 것으로 전해지는 작품(印文에 「周文」이라는 朱方印을 찍음)인데, 「백과 흑의 명확한 대비로 墨調의 옅은 어두움을 쇄신한 듯한 청명한 화면」은 「조선화의 영향 아래 있었을 가능성을 시사한다」고 한다[이하 太田 88에 의함]. 無涯亮倪 · 從隗 · 太樸處淳이라는 세 선승의 題詩가 있는 詩畵軸에서 無涯의 작품은 다음과 같다.

數片間雲數樹松　　몇 조각의 구름과 소나무 몇 그루
書巢何處覓儒蹤　　書巢는 어디인가, 儒蹤을 찾는다
秋風一櫂九江水　　가을 바람에 한 번 九江 물을 저으면
欲問匡廬第幾峯　　廬山의 어느 봉우리인지 물으려 한다
懶眞道人無涯　「印」

앞에서 말한 바와 같이 無涯는 應永外寇 이후 일본국왕사로서 조선으로 갔던 외교승이다. 그는 귀국 후 博多 妙樂寺와 聖福寺에서 기거하였고, 永享

8년(1436)에는 建長寺 203世가 되었는데, 이것은 坐公文(명목상의 주지직 보임)으로 생각된다. 「關西從隗」라는 서명에서 從隗는 九州 출신임을 알 수 있고, 「十里松下白雲歸處太樸處淳」의 서명에 보이는 「十里松」이란 博多 承天寺 혹은 聖福寺 10境 중의 하나라고 한다.

이상에서 이 작품은 博多의 禪林 문화권이 작품의 배경이라는 것을 알 수 있으며, 조선화의 농후한 영향도 수긍이 가는 바이다. 더구나 周文의 그림이 相國寺의 畵壇을 중심으로 하는 것과는 달리, 妙樂寺・聖福寺-大德寺 또는 承天寺-東福寺 계통에 의한 조선화의 섭취를 짐작할 수 있다고 한다.

〈그림 3〉 山水圖(傳周文)
無涯亮倪ら3僧著贊. 正目美術館藏

4. 「松泉幽處」의 詩集

1425년 4월, 일본국왕사 虎巖・梵齡이 와서 또 대장경판을 구했지만 헛일이었다는 것은 말할 필요도 없다.(세종 7, 4, 신해) 4년 동안 세 번째 방문이었던 梵齡은 귀국에 임하여 「일본인이 보낸 시 약간편」으로 구성된 시집의 跋文을 원했는데, 여기에는 藝文館 提學 尹淮가 응했다(세종 7, 5, 무인). 그리고 자신이 거처하는 집의 屋號인 「松泉幽處」를 제목으로 하는 송별시를 써 달라고 청했으므로(세종 7, 4, 임술) 세종의 명으로 藝文館의 문신 수십 명이 시를 썼고, 그 시로 만든 시집에 集賢

殿修撰 權採가 序를 추가했다(세종 7, 5, 경진). 이처럼 시를 짓는 것은 개인
적인 석별의 정을 표현한 것이라기보다 명백히 외교의 일익을 이루는 정치
적인 행위라고 할 수 있다. 이 시집에 그림이 딸려 있었다는 증거는 없지만,
혹시 있었다면 이 시기의 수묵화에서 주요한 모티브의 하나였던 「書齋圖」
에 속하는 것이었음에 틀림 없다.

위의 시문 중에서 『세종실록』에는 尹淮의 跋文, 權採의 序, 李稷·權弘
·鄭以吾의 시 각 1편이 실려 있다(李稷의 작품은 앞에서 소개하였다). 그
중에서도 權採의 序는 양국 간 시문의 교류를 잘 반영하고 있으므로 장문이
지만 중간의 3분의 1정도를 간략하게 인용하겠다.8)

> 일본은 부상(扶桑) 지역에 나라를 세우고, 정치는 간단하고 백성은 순박하다.
> 그 풍속이 오로지 불교를 숭상하여 도를 구하는 사람들이 항상 使命을 받들고, 인
> 하여 列國을 유람하는 자가 앞뒤를 이어 끊어지지 아니하였다. 당나라 송나라 이래
> 로 조연(奝然, 983년 入宋)·적조(寂照, 1003년 入宋)·영독(榮督, 733년 入唐)
> 과 같은 무리가 그들이었다. 우리 전하(世宗)께서 즉위하시던 당초에 예상인(倪上
> 人, 無涯亮倪)과 우문계(祐文溪, 文溪正佑) 일행이 서로 잇따라 들어오니, 이들이
> 또한 모두 운치 있는 중이었다. 이제 영상인(齡上人) 역시 법을 구하려고 임인년부
> 터 을사년에 이르기까지 4년 동안(1422~1425) 사명을 피고 우리 나라에 온 것이
> 세 번째이다. 전하께서 그 의기를 아름답게 보시고 有司에 명하시어 교외에서 맞이
> 하여 위로하고 使館에서 등급을 높여 대접하게 하셨다. 상인(上人)은 나이 젊고 학
> 문이 깊으며, 용모는 야위었으나 정신은 빛나고 청수하다. 이를 바라보면 산골에서
> 나온 얼음을 옥병에 담아 놓은 것 같다. 하루는 그의 송천유처(松泉幽處)라는 편액
> (扁額)을 가지고 진신선생(縉紳先生)에게 청하기를, 「지난 해 임인년에 특히 전자
> (篆字)로 써서 하사하심을 받아, 내가 진실로 소중하게 간직하였습니다. 원컨대 한
> 마디 말씀을 주셔서 끝내 은혜가 되게 하소서」 하였다. 이에 조정 안의 문사들이
> 모두 시를 지었고, 나로 하여금 序文을 쓰게 하였다. 내가 생각하건대, 사람마다

---

8) 이 序는 『東文選』 권93에도 수록되었고, 『異稱日本傳』 下之三에서는 『東文選』에
 서 인용했는데, 텍스트로서는 『세종실록』의 인용문이 가장 우수하다.

좋아하는 것이 있으니 그 유(類)에 따라 다르다. 도연명(陶淵明)이 국화를 사랑하는
것은 그의 은일(隱逸) 때문이며, 내야(奈耶)가 버드나무를 사랑하는 것은 다섯 가지
이익이 있기 때문이다. 그 밖에 왕휘지(王徽之)의 대나무, 진나라 원공(遠公, 慧遠)
의 연꽃은 모두 좋아하는 바가 있어서 그런 것이다. 이제 上人은 송천(松泉)으로
편액을 하였다. 과연 무엇을 얻었을까 … 내가 보건대, 上人이 사명을 받들고 우리
조정에 와서 언사에 틀림이 없고 예절(聘享)에 법칙이 있어, 행동과 절차가 모두
법도에 맞으니 참으로 이름은 묵(墨)이면서 행실은 유(儒)라고 할지로다. 우리 나라
의 禮樂과 문물의 융성한 것과 이웃을 사귀고 먼 데를 친하게 하는 도리를 가지고
자기 나라에 전달하여, 두 나라 사이가 화목하고, 백성을 편히 쉬게 하여, 천만 세
대에 이르도록 변함이 없게 할 것에 의심 없으니, 이에 이를 적노라. 洪熙 원년
5월 모일 集賢殿修撰 永嘉 權採는 쓰노라.

梵齡은 1432년에도 일본국왕사 正使로서 조선해협을 건넜지만 富山浦에
서 객사하여 서울까지 오지는 못했다(세종 14, 4, 신유 · 임신). 그가 경기도
여주의 남한강변 있는 淸心樓에서 읊은 시(1425년 귀국길에 썼던 작품으로
생각됨)가 『新增東國輿地勝覽』 권7에 수록되어 있으므로 마지막으로 소개
해 둔다.

長江鱗練接簷端	긴 강은 흰 비단을 펼쳐 처마 끝에 접했는데
倦客堪醫塵土顔	게으른 나그네 티끌 묻은 얼굴을 씻을 만하네
淸磬月高知遠寺	맑은 경쇠 소리에 달이 높으니 먼 절임을 알겠고
平林運盡辯遙山	평평한 숲에 구름이 다하니 먼 산을 분별하겠네
朱甍碧瓦照波底	붉은 추녀와 푸른 기와는 물 속에 비치는데
沙鳥風帆近座間	모래 · 새 · 바람 · 돛은 좌석 사이에 가깝네
三向三韓傳國命	세 번 三韓에 와서 國命을 전했으나
却羞孤負一心閑	오히려 한마음 한가함을 저버린 것이 부끄럽네

Ⅳ. 使行錄과 그 주변

1. 『老松堂日本行錄』

應永外寇 이후의 일본회례사로서 1420년에 서울과 京都 사이를 왕래했던 宋希璟은 출발 전에 세종으로부터 「타국으로 가는데 시는 반드시 지어야 한다」는 다짐의 말을 들었고, 그 명에 충실하게 「성문을 나서는 날부터 돌아와 復命하는 날에 이르기까지, 비록 학식과 견문은 미천하지만 무릇 보고 들은 것이 있으면 모두 적어서 이것을 시로」 적었다. 이 시들(종종 장문의 序가 붙어 있다)을 모아서 만든 기행시문집 『老松堂日本行錄』(이하 『老松堂』으로 줄임)은 시와 외교관계의 모델 케이스가 되었다. 에도시대의 이른바 「朝鮮通信使」들도 엄청난 수의 사행록을 남겼지만, 그 양식은 모두 『老松堂』의 틀을 넘지 못했다.

『老松堂』에 보이는 대부분의 시는 希璟을 접대했던 일본측 승려나 속인과 교류하는 장소에서 썼는데, 여기서는 應永外寇 이후의 한일 교섭에서 활약했던 세 명의 인물을 다루고, 그들과 시의 관계를 살펴보고자 한다. 이를 통해서 외교교섭과 외국인과의 교류에서 시는 매우 중요한 매개가 되어 있을 뿐만 아니라, 시의 내용에서도 종래에 알려져 있는 史實을 보충할 수 있는 점이 있다는 것을 알 수 있을 것이다.

2. 文溪正祐

첫 번째 인물은 『老松堂』에서 希璟과 시를 주고 받는 상대로 등장하는 文溪正祐라는 승려이다. 博多에 거주하던 선승으로 생각되며, 그의 주목할 만한 사적을 연대에 따라서 열거해 보자.

① 1419년 5월, 九州探題의 사신으로 서울에 체류하던 도중「義를 흠모하여 머물기를 청했고」세종의 허락을 받았다(세종 1, 5, 계유). 조선에 귀화하기를 원했던 것인데, 국가와 민족 사이에서 사는 인간의 유형에 속하는 인물이라고 할 수 있다. 다만 이 희망은 직후에 일어났던 應永外寇의 영향도 있어서 철회하게 된다.

② 1420년 윤정월, 송희경과 동행하여 귀국할 때「스스로 行錄을 써서 올리고 문사가 송별시를 써 주기를 원했으므로」왕은 문신에게 시를 써 주도록 하였다(세종 2, 윤1, 을해). 이것은『조선왕조실록』에서 볼 수 있는 왜인과 시를 주고 받은 첫 사례인데, 일본에서 온 사절단에게도 이른바「朝鮮行錄」이라고 부를만한 저술이 있었음을 알 수 있다는 점에서 주목할 만한 일이다.

③ 같은 해 3월, 京都로 가는 도중 博多에서 宋希璟과 시를 주고 받았다. 『老松堂』에는 송희경의 시 4편이 보인다.

文溪의 시에 答함

平生志業厭奇巧   평생 志業은 奇巧을 싫어하고
每向空門尙友賢   항상 空門을 향하여 友賢을 숭상한다
今日扶桑天萬里   오늘 扶桑에 있어서 天萬里
最憐師語嚼芳鮮   가장 어여삐 여긴다, 스승과 이야기하고 芳鮮을 맛봄을

文溪의 感鳩의 韻에 答하는 시 2수
본국의 흰 비둘기 한 쌍을 亮倪와 陳吉久가 구하러 옴.

鳩鳥春風逐兩郞   鳩鳥는 춘풍에 兩郞을 쫓아
垂翎東海路何長   날개를 동해에 드리우면 길이 왜 멀까
華籠日養恩情重   華籠에 日養하면 은정은 중하고
只憶飛鳴處々桑   단 생각한다, 곳곳의 뽕나무에 飛鳴함을

春風唧命繡衣郎   봄바람에 목숨을 머금다, 繡衣의 사나이
古寺淹留日更長   고사에 淹留하면 날은 더욱 길다
危坐正如籠裏鳥   단정히 위좌하는 것은 바로 籠裏의 새와 같고
歸心日夜向柴桑   歸心은 밤낮으로 柴桑을 향한다

亮倪·文溪 나를 妙樂房으로 청하여 차를 달이고 그 韻에 답함

杳々蓬萊漢水濱   묘묘한 봉래는 漢水의 강가
扶桑萬里作遊人   부상 만리, 遊人이 되었다
兩師半面知何幸   兩師와 半面의 知, 얼마나 다행인가
鼎坐吟詩絶域春   鼎坐해서 시를 읊는다, 絶域의 봄

④ 1440년 知融이라는 일본 승려가 舍利閣을 유람하고 題詩 1절과 短引(序)을 寺僧에게 주었다. 그 序 가운데 「舍利殿寺는 즉 조선 제일의 勝槪이다. 나의 스승 文溪老衲이 15년 전 산중에 錫留하였는데 겨우 5紀(60세)에 힘이 다하여 아직 참견하지 않고 또 東歸하였다」고 하여 文溪가 1425년에도 조선을 방문했음을 알 수 있다. 文溪와의 이별에 즈음해서 舍利殿寺의 耆宿(노승들)이 시 몇 수를 주었는데, 그 중에서 獨谷老人의 시는

昔聞日域出高僧   옛날에 들었다, 日域에 고승이 났다고
今見文溪果未曾   지금 보니 文溪는 과연 未曾이다.
故國鯨波幾千里   고국은 鯨波의 몇 천리
客窓鐘曉一孤燈   객창의 鐘曉, 孤燈이 하나

이라는 것이었고, 15년 후에 知融이 答한 시는

滿山美景水雲濃   滿山의 美景, 水雲은 짙고
孤錫參禪扣室中   孤錫은 참선하여 방을 두드리는 가운데

獨谷高蹤是何處　　獨谷의 높은 자취, 이는 어딘가
袈裟撩亂立西風　　袈裟는 撩亂해서 서풍이 일어나다

이라는 것이었다. 각각 「文溪」, 「獨谷」이라는 말을 짜내어 있어서 시 중
답의 예법을 알 수 있다. 知融의 서는 "不敏이라 하더라도 拙偈 한 章을 나
타내 삼가 여러 형제의 玉机下에 바친다. 엎드려 창화를 바람을 다행으로
한다"라고 맺어져 있으므로 사리전사 승려들의 창화도 있었을 것이다(세종
22, 5, 신유).

⑤ 1448년 대장경을 구하는 「일본국 사승」으로서 조선을 방문하여 세종
의 태상황후의 묘에 제문을 올렸다(제1절에서 서술하였음).

⑥ 연대는 확실하지 않지만 『東文選』 권10에 다음의 시가 수록되고 있
다. 이 시에 따르면 文溪는 京都 相國寺에 있던 적이 있는 것 같다.

일본승 文溪를 보낸다　　釋卍雨

相國古精舍洒然無位人　　相國의 古精舍, 洒然한 무위의 사람
火馳應自息柴立更誰親　　불은 달리고 바로 스스로 가라앉고, 柴立해서 더욱 누
　　　　　　　　　　　　구를 친해지려 한다
楓岳雲生屐盆城月滿闉　　楓岳의 구름은 屐(신발)에 생기고, 盆城의 달은 闉(성
　　　　　　　　　　　　외곽의 문)에 차다
風帆海天闊梅柳古鄕春　　風帆海天은 넓고, 梅柳古鄕은 봄이다

朴瑞生
제2의 인물은 1429년에 통신사로서 방일한 朴瑞生이다. 『세종실록』 11
년 12월 을해조에 수록된 그의 귀국보고는 서일본의 해적 할거상황과 大名
에 의한 해적지배부터 시작해서 불교의 융성, 물레방아 구조, 錢貨 유통상
황, 行旅 시설, 조세, 목욕, 점포까지 미치고 왜구 피로인의 悲境으로 매듭짓
는다. 『노송당』과 비견하는 우수한 일본관찰기록으로 이름이 높다.

그런데 『동문선』 권103에 李詹의 「朴判事日本行錄跋」이라는 글이 수록
되어 있다.

　　雙谿 박선생은 어려서부터 시를 배우고 溫柔敦厚를 마음으로 삼고, 이에 興觀
群怨의 義를 얻었다. 그가 사명을 일본에 받들자 島寇들은 바로 그 虐을 방자하게
하였다. 이에 帆程 萬里, 파도 洶湧하다. 鼉(악어)는 窟을 노려보고 鮫는 室에 숨
어 있다. 위기에 임하여 험함을 밟아 그 몸을 한 粟로 하여 그 목숨을 寸絲로 하
고, 그 浮沈에 맡겼다. 단 충신을 스스로 지키고 태연하였다. 이르기에 즉 六州牧
(大內持世)은 이를 奇器로 여겨 이미 屈節하는데 禮貌를 썼다. 또한 大相國(足利
義敎)에게 말하여 그 접견을 끌었다. 相國이 선생을 접대하는 것은 또한 六州(大
內氏)에서와 같았다. 선생인 여기서 鼠輩가 변경을 침략하여 우리 인물들을 피로
하는 상황을 極言하여, 의병을 내서 兇醜를 殲盡해서 海道를 迅淸하고, 또한 양
국의 好를 닦으려 하였다. 즉 신사와 배를 같이하여 돌아왔다. 선생은 일본에 머무
는 것이 2년, 마음에 느끼는 것이 있으면 그 사랑스럽고 놀랍고 괴이하고 한탄스럽
기를 오로지 시에 적었다. 이미 이루어져서 그것을 사람들에게 보여주니 탄복하지
않은 자가 없었다. 하루 약간 편을 소매에 들고 와서 나에게 보여주었다. 일견해서
선생의 마음을 얻었다.

통신사 박서생과 장군 足利義敎(아시카가 요시노리)와의 회견은 正長 2
년(1429) 6월 19일에 이루어졌으나, 이것을 『滿濟准后日記』同日條는 "御所
님 … 仁和寺 等持院에 건너가시고 그 院에서 고려국에서부터의 사신을 만
나셨다고 한다" 라는 한 줄로 처리하고 있다. 그 후 伊勢國 사람 長野씨에
게 주는 은상에 대해 기다랗게 써 있고, 외교에 대한 무관심함은 이상할 정
도이다. 義敎가 「義兵」을 보내 왜구를 해상에서 일소할 약속을 했음은 위의
발문을 보아야 알 수 있는 사실이다.

　이 발문에서 알 수 있는 더 주목할만한 사실은 박서생에게도 일본 사행
중의 소감은 시에 나타낸 「일본행록」이 있었다는 것이다. 발문에서 엿보이
는 「일본행록」의 성격은 『노송당』과 공통점이 많다. 내용적으로는 『세종

실록』에 실린 귀국보고와 중복한다고 생각되지만 시가 보이지 않는 것은
역시 유감스럽다.『동문선』권17에 보이는 다음의 한 편은 그가 일본에서
어떤 연회에 초대되었을 때 읊은 시인데, 이「일본행록」에 실렸을지도 모
른다.

사명을 받고 일본에 가는 소감 朴瑞生

一飯聊申一祝辭	一飯 조금 말씀드린다 一祝辭
君恩偏重遠游時	君恩은 오로지 중하다, 遠游 때
盤殽日日多兼味	盤殽(큰 대접)에 매일 兼味(美味) 많다
尊酒時時滿大卮	尊酒는 때때로 큰 술잔을 채우다
異卉幽花隨處好	異卉幽花 여러 곳에 좋다
回山曲水到頭奇	回山曲水 到頭(가장) 奇하다
不因奉使來東域	사명을 받들어 東域에 가려면
天下奇觀總不知	천하의 奇觀를 모두 알지 않는가

申叔舟

세 번째 인물은『海東諸國紀』의 편자 申叔舟이다. 그는 1443년에 통신사
卞孝文의 서장관으로 일본을 방문한 경험이 있고, 그 후 세조에게 등용되어
62년에는 영의정(수상)에 취임, 예조판서(외상)와 겸임하였다. 71년에 그가
편찬한『海東諸國記』는 일본·유구에서부터의 통교자에 대한 응대 기준을
나타내려고 한 책이며, 당시 조선의 일본·유구인식이 체계적으로 기록되
어 있다.『성종실록』6년(1475) 6월 무술조에 실린 그의 卒傳에는 "사대교
린을 자신의 임무로 삼아 詞命(외교문서)은 그 손에서 많이 나왔다"라고 있
어서 그의 생애를 잘 요약하고 있다.[9]

---

9) 같은 졸전에 보이는 다음의 에피소드는 그의 실제적인 외교자세가 주술적 사고
   를 배제하는 합리적 정신에 뒷받침되어 있었음을 나타내고 있다. 일본에서의 귀
   로, 조선해협에서 돌풍을 만나 사람들이 모두 얼굴빛을 잃었을 때 그는 태연하

졸전에는 또한 "일본에 이르러 붓과 종이로 시를 구하는 자가 무리짓고 모여들었다. 숙주가 붓을 들고 곧 시를 휘호하자 사람들은 모두 탄복하였다"라고 있어서 송희경·박서생과 마찬가지고 시를 통한 일본인과의 교류를 알 수 있다. 그는 赤間關(아카마세키) 阿彌陀寺에서 판목 위에 1439년의 통신사 高得宗의 시를 보아 이에 화운하여 칠언율사 2편(『保閑齊集』권9)를 지었는데, 그 제1편은 다음과 같다.

殿宇崢嶸絶世蹤	殿宇는 崢嶸(깊다)고 世蹤을 끊는다
登臨俯瞰水仙宮	登臨해서 俯瞰한다 水仙宮
繞關白屋人居密	關을 두르는 白屋(민가) 人居는 밀하다
竝海靑山眼界通	바다에 늘어서는 靑山, 眼界에 통한다
獨有歸心千里月	혼자 歸心이 있다, 천리의 달
誰將借我半帆風	누가 나에게 半帆의 바람을 빌리려고 하는가
凭欄嘿嘿多幽思	난간에 기대면 嘿嘿해서 幽思는 많다
更問前程尙指東	더욱 前程을 물으면 또한 동쪽을 가리킨다

또한 신숙주의 작품에 1470년에 일본국왕사로서 다시 온 壽藺에게 준 장편의 七言排律이 있다(「日本國僧壽藺의 詩軸에 題하다」『보한제집』 권11). 壽藺이라고 하면 1466년에 肥前(히젠) 名護屋(나고야)의 무사 藤原賴永(후지와라 요리나가)이 조선에 보낸 사승이며, 귀국 후 세조가 금강산에 참배하였을 때 출현한 불교적 奇瑞를 전하여 다음 해부터의 이른바 「遣使붐」의 계기를 만든 사람이다[中村69b 51~53쪽, 田中75 183쪽, 高橋87 356쪽].

게 "丈夫는 사방으로 遠遊하는 것이 임무이다. 나는 이미 일본국을 보았다. 지금 이 바람으로 金陵(南京)으로 불려 흘려가 禮樂·문물의 성함을 볼 수 있다면 그것도 또한 좋지 않겠는가"라고 말하였다. 또한 왜구에 약탈당하여 임신한 조선인 여성이 배에 같이 타고 있었는데, 모두가 "임부는 항해에서는 꺼려야 한다. 오늘의 악풍은 이 여자 탓이므로 바다로 던져버리자"라고 말한 데 반해 그는 혼자 "사람을 죽여서 삶을 구하는 것은 참을 수 없다"라고 말하자 갑자기 바람이 그쳐 일행은 무사하였다고 한다.

壽藺이 기서의 전달역이 된 경과를 시는 이와 같이 기록하고 있다.

至治聲香徹上帝　　至治의 聲香, 上帝(天帝)에 통하고
奇祥異瑞爭紛披　　奇祥異瑞, 다투어 紛披한다(다투어 핀다)
休聲仁化暢遐邇　　休聲仁化 遐邇(원근)에 뻗고
梯航萬里來相追　　梯航萬里 와서는 서로 쫓는다
當時藺師亦遠至　　당시 藺師도 또한 멀리에서 이르러
風格飄然橫雙眉　　풍격은 飄然하고 雙眉에 누이다
先王一見授書幣　　선왕(세조)은 일견해서 書幣를 주고
面命歸報國王知　　面命하다, 돌아가서 국왕에게 보고하라고
上人拭目感榮遇　　상인은 눈을 닦고 榮遇로 느끼고
擧手拜命辭丹墀　　擧手拜命하여 丹墀를 辭하다

또한 叔舟는 30년 가까이 전의 일본행을 추억하면서 읊었다.

昔我泛海窮東溟　　옛날에 나는 바다에 뜨고 東溟의 끝에
綵纜手繫扶桑枝　　닻줄을 들고 손으로 부상 가지에 맨다
馬島松浦隔海隅　　馬島(對馬島)·松浦는 海隅를 사이에 뜨고
九州山勢西南趨　　九州의 山勢는 서남에 달리다
筥崎斜連覇家臺　　筥崎는 비껴서 覇家臺(博多)에 이어지고
白沙十里松萬株　　白沙는 十里, 소나무는 萬株
墨水楊波沒涯涘　　墨水 楊波는 涯涘(물가)에 떨어진다
平生漂梗緣桑弧　　평생 漂梗해서 桑弧(뽕나무의 활)의 가장자리를 꾸민다
赤關尾路兵庫津　　赤關(赤間關) 尾路(尾道) 兵庫津
淡路四州羅星辰　　淡路·四州(四國)는 星辰을 돈다
王都百里山作城　　王都 百里, 山은 城을 이루고
西北嵯峨東嶔崎　　서북은 嵯峨, 동쪽은 嶔崎(벼랑이 깊다)
三州流惡南注海　　三州(川?)는 흐름이 거칠고 남쪽 바다로 쏟는다
町滌井井街巷勾　　町滌(길거리)는 정정하고 街巷은 굽는다

南仙相國領諸寺　南仙(禪?)·相國은 여러 사찰을 소유하고
舮稜日照輝金銀　舮稜(지붕 구석)은 빛에 비추어 금은으로 빛난다

應仁의 난에 언급한 시구도 있다. "師(壽藺)는 말한다, 鯨濤고 두려워할 필요 없다고. 滿國의 白刃은 서로 엇갈리고, 連年의 鼕鼓(馬上鼓)는 아직 그치지 않았다. 都中에 壘를 늘어놓고 서로 지킨다. 萬死一生 性命을 버리고 劍戟에 출입하는 것은 坦夷와 같다" 혹은 "들은 것 같은 干戈輦轂(京都)에 일어나 朱門 寶刹 모두 灰塵이 된다고".

V. 大內使와 「日本國王」使 − 三浦倭亂 전후

1. 雪舟의 山水圖와 朝鮮官人

香雪美術館이 소장하는 雪舟等楊筆 중요문화제 「山水圖」(그림 4)에는 15세기 후반에 활약한 조선의 두 관리 李蓀과 朴衡文의 贊이 보인다[熊谷 50].

青山疊々水重々　青山은 疊疊, 물은 重重
萬里來同棐几中　만리를 와서 같이하는 棐几(비자나무의 책상) 속
不用區々飛杖錫　쓰지 않는다, 區區하게 杖錫을 날림을
臥遊奇勝飽無窮　奇勝에 臥遊하고 만족에 끝이 없다
(「廣陵世家」)　(「李蓀」)　(「子芳」)
「印」　「印」　「印」

淋漓元氣出自毫素　淋漓한 元氣는 毫素(붓과 繪絹)에서 나온다
峯巒競秀滄波浩渺　峯巒는 秀를 겨루고 滄波는 浩渺하다
石頑而稜木老而陰　돌은 굳고 稜, 나무는 늙고 陰

谷有紫芝洞饒豊林　谷에는 紫芝가 있고, 洞에는 豊林이 많다
仁智之資樂此外無　仁智의 資, 樂은 이 외에 없다
衡茅匡廬來東海隅　衡·茅·匡廬, 동해 구석에 왔다
油具微痕玩此淸韭　油具는 흔적이 없고, 그 淸韭를 논다
敬題贊辭愧乏黃絹　삼가 찬사를 題하여 黃絹(절묘한 글)에 부족함을 부끄러워한다
（「朴氏 衡文 圭甫」）（「菊逸」）　（「深山 幽趣」）
「印」　　「印」　　「印」

이 贊이 쓰여진 연대는 박형문이 과거에 합격한 1475년부터 훈련원 부
정(종3품)에 임명된 얼마 후 사간원의 규탄을 입어 실각한 1491년까지로 우
선 한정할 수 있다[熊谷50 184~186쪽]. 또한 熊谷宣夫(쿠마가이 노부오)는
李·朴 두 사람이 1479년에 對馬島까지 가서 돌아온 일본통신사의 隨員이
었다는 가정 아래서 著贊은 이 해 對馬島에서 이로어졌다고 추측하여 그림
의 제작연대를 이 해 이전으로 정하였다[熊谷58, 135쪽].

그러나 이·박 두 사람이 이 통신사 일행에 참가하고 있었다는 증거는
없다. 더구나『성종실록』은 사신의 이름으로써 정사 李亨元 이외에 부사 李
季仝, 서장관 金訢, 군관 趙之瑞·曹伸, 압물관 羅嗣宗의 6명을 기록하고 있
는데, 이들 주요 멤버를 제쳐놓고 일개의 수원에게 찬을 구한다는 것은 어
색하지 않는가. 통신사가 왔을 때 對馬島에 이 그림이 있었다는 것도 우연
일 것이다.

또한 이 통신사 이후 1590년까지 조선이 통신사나 회례사를 일본에 파
견한 사실은 알려져 있지 않고, 당시 조선의 대일자세[10]나『성종실록』기사

10) 1483년 大內政弘의「통신사」로서 승 淸鑑이 도래하였을 때, 답사를 보내는 일에
　　대한 가부에 관해 조선정부 수뇌들은 "지금 국가에 일이 많다. 혹시 신사를 보
　　낸다면 소요하는 것이 심히 많다. 단고 보내서는 안 된다. 만약 또 본국(일본)의
　　사람이 와서 칭할 일이 있으면 혹은 가하다. 혹시 청할 일이 없고 갑자기 이를
　　보내면, 그 나라에서 좋아할지 안 좋아할지 알 수 없다. 그 나라는 우리나라의
　　사신이 가는 것으로 국왕이 革世할 징조라고 하여 不祥이라고 한다. 이것은 비
　　록 전해들은 설이라서 믿을 만한 것이 아니지만, 과연 청구를 받지도 않는데
　　이유 없이 이를 보내면 편하지 않을 것이다. 금후 국왕의 사신이 또 와서 이를

〈그림 4〉 山水圖(雪舟) 李蓀·
朴衡文著贊. 香雪美術館藏

의 상세함에서 보아도 "반드시 정식하지 않은 答使의 도래를 예상하는 것은 가능"[熊谷50, 189쪽]하다고 말할 수는 없다.『續善隣國寶記』등에 남아 있는 일본 앞으로 보내진 답서도 일본사절의 귀국에 의탁한 것으로 보아야 하고, 답사파견의 증거로 볼 수는 없다.

熊谷說은 이손의 시의 "만리 와서 같이하는 棐几 속"이라는 말, 및 박형문의 시의 "衡·茅·匡盧, 東海 구석에 왔다"라는 말을 두 사람이 일본에 와서 서술한 감개라고 해석함을 전제로 하고 있다[熊谷49, 36쪽]. 그러나『禪林畫贊』이 전자를 "만리의 풍경이 이곳에 그려져 同席해서 비자나무로 만든 책상 위에 있다"라고 현대어역 한 데 따르면 찬이 일본에서 쓰여졌다는 증거가 될 수 없다. 후자도 "중국의 명산이 그림에 실려 동해 구석에 왔다" 라는 뜻이므로「동해 구석」을 조선이라고 해석해도 모순하지 않는다. 즉 시구에서는 저찬이 조선·일본 어느 쪽에서 이루어졌는지를 결정할 수 없다.

청할 일이 있으면 보빙하면 어떡할까"라고 논하였다(성종14九병진). 또한 1485년에 政弘의 사승 元肅이 후추 씨 사여를 원하여 "네다섯 명의 관인이 우리 歸船에 동승해도 된다" 고 하면서 답사파견을 청했을 때에도 왕은 "전에 大內殿이 통신을 청할 일이 잦았는데, 국가는 따르지 않았다. 지금 후추 씨 때문에 사신을 보내는 것은 대체(국가의 체면)를 방해하는 것이다"라고 해서 거부하였다(성종16十갑신). 이상에서 이 시기 史에 빠진 답사 파견을 상정하는 것은 거의 불가능하다.

한편 雪舟는 1483년 이후는 거의 계속적으로 大內氏 통치하인 周防 山口(야마구치)에 살고 있었다. 이 시기 大內政弘(오오우치 마사히로)의 사신이 빈번하게 조선을 방문하였다. 그들 중 누가 雪舟의 산수화를 가져 조선에 가 이·박 두 사람의 찬을 얻어 일본에 가져갔다고 생각하는 편이 熊谷說보다 훨씬 납득이 갈 것이다. 그러면 저찬의 연대를 좀 더 한정해 보자.

1475~1491년에 政弘 및 將軍家에서 조선에 보낸 사절을 간단한 표로 만들어 보았다.[11] () 안의 사찰명은 사절의 목적이 그 절의 什物(*표는 대장경) 획득이었음을 나타낸다.

1475	源義政의 사승 性春
78	大內政弘의 使送人
79	大才政弘의 사승 瑞興 (長門 安國寺) *
82	源義政의 사승 榮弘(大和 圓成寺) *
83	大內政弘의 통신사 周防 定林寺 주지 淸鑑 (筑前 承天寺)
85	大內政弘의 사승 元肅 (筑前 善山 普門寺) *
87	源義政의 사승 等堅 (越後 安國寺) *
	大內政弘의 사승 鐵牛 (大和 長谷寺) *
89	源義政의 사승 惠仁 (洛南 般舟三昧院) *
90	大內政弘의 사승 慶彭 (紀伊 安樂寺) *
91	源義材의 사승 慶彭 (筑前 妙樂寺) *

한편 이·박 두 사람의 官歷을 더듬어 보면 두 명이 저찬을 같이 하는 가능성이 있는 시기는 얼마 없다. 그 첫 번째는 계속 지방관의 길을 걸어왔던 이손이 봉상사 부정이라는 경관에 임명된 1478년 말(성종9, 12, 갑인)부터의 단기간인데, 그 시절 박형문은 과거에는 급제하였으나 아직 임관하지

11) 표에 나타낸 이외에 「周防州山口居住大內進亮敎之」의 사신이 표의 범위내만이라도 1478년, 80년, 82년, 85년, 88년(2번), 89년, 90년, 91년으로 빈번하게 조선을 방문하였는데, 敎之에 관해서는 잘 알 수 없다.

않았던 가능성이 높다. 두 번째는 두 사람이 김해·창원의 부사(장관)로서
함께 경상도에 있었던 시기이다. 두 府는 경상도의 남안 가까이에 있고 인
접하고, 김해부는 창원부·함안부 및 웅천 이하 다섯 현을 관할하고 있었
다. 이 시기 일본에서의 배가 다수 입항한 제포는 웅천현에 속하여 웅천부
에서 金海府界까지는 15리, 昌原府界까지는 25리밖에 없다(『신증동국여지
승람』 권32). 이손은 1475년 7월에 김해부사로 임명된다(성종16, 7, 갑술).
그러나 88년 윤정월에는 이미 경관이 된 것 같다(성종19, 윤정, 정축). 박형
문은 1484년 10월에는 제용감부정 겸 사헌부집의였다(성종15, 10, 기미·경
진). 1487~1488년에는 창원부사로서의 소견이 있다(성종18, 5, 을축·19,
윤정, 정축). 결국 두 사람이 김해·창원의 부사로서 동시에 재임하고 있던
가능성이 있는 시기는 1485년 7월부터 88년 윤정월에 좁힐 수 있다.

그 사이의 政弘의 사신은 1485년 8월에 서울에 간 元肅과 1487년 6월에
서울로 이른 鐵牛 뿐이다. 어느 쪽인지 경정하는 데까지는 유감스럽지만 궁
구할 수 없다.[12]

2. 大內政弘의 使僧들

여기서 다시 앞의 연표를 보자. 11건의 사신 가운데 政弘이 6건이며 장
군가를 능가하고 있다. 더구나 1491년의 義材의 사신은 전년의 政弘의 사신
과 같은 사람이며, 목적은 大內 영국내인 博多 妙樂寺를 위한 대장경 획득
이었다. 大內氏와 관계없이 막부가 독자적으로 보낸 사신은 1475, 82, 87,
89년의 4건밖에 없다(그 중에서 1475년의 사신 性春은 유명한 博多상인 宗

---

12) 渡邊明義(와타나베 아키요시)는 최근 이 작품에 대해 "雪舟와 친교가 있는 사람
  이 저찬한 雪舟 최만년의 기념적 작품. 강하게 기백이 있는 표현은 사라지고
  노경을 느끼게 한다"라고 해설하였다[渡邊94 49쪽]. 李蓀·朴衡文을 "雪舟와
  친교가 있는 사람"이라는 것은 믿을 수 없으나, 작품의 분위기가 만년을 나타낸
  다고 하는 것이다.

金의 아들이며, 大內氏의 산하인 가능성이 있다). 조선통교에 있어서의 大內
氏의 압도적인 우위를 엿볼 수 있다.

더구나 政弘이 대장경을 획득한 사찰은 영국내의 安國寺・承天寺・普門
寺 뿐만이 아니라 大和 長谷寺・紀伊 安樂寺까지 이른다. 후자의 경우 政弘
은 자신이 조선통교에 차지하는 특권적인 지위를 이용해서 대장경을 사용
자인 사찰에 알선해주고 있고, 이와 같은 면에서도 장군가(大和 圓成寺・越
後 安國寺)와 경합하고 있었다[村井, 92, 27쪽].

政弘의 사승 중 시를 둘러싼 사적을 볼 수 있는 것은 1483년의 淸鑑과
1485년의 元肅이다.

正木美術館 소장의 拙宗等揚筆 山水圖(그림 5)에 龍松周省・雲起山人壽
棟과 아울러 林下 淸鑒의 贊이 있다.

臨江高聳一尖峯	강을 내려다보고 높이 솟는 한 尖峯
中有煙樓送暮鐘	안에 煙樓가 있고 暮鐘을 보낸다
漁罷不歸相對話	고기잡기는 끝나도 돌아가지 않고 서로 맞대고 이야기한다
沙村□處帶春容 _[是?]	沙村 곳곳에서 春容을 띤다

종래 이 작품은 1483・1484년쯤의 것으로 생각되어, 1467년의 入明 이후
雪舟라는 이름을 사용하게 되므로 「拙宗等揚」과 「雪舟等揚」이 병행 사용되
었다는 말이 되기 때문에, 전자를 후자의 前名으로 하는 설에 대한 반증으
로 인용되어 왔다.

淸鑑은 자를 春湖라고 하고, 石見益田씨 출신으로 曹洞宗 永平下의 周防
國 下松 靈松寺에 거주하였다. 周防 定林寺의 주지였던 1483년에 통신사로
서 조선에 가, 귀국 후 얼마 안되는 다음 해 8월 鹿苑院 本房 조영을 위한
기진의 대가로 博多 聖福寺의 公帖(주지임명서)를 얻어(『蔭凉軒日錄』 文明
16년 8월 27일조), 후에 建仁寺 258세가 되었다. 周省은 자를 以參, 大內敎
弘의 아들이며 周防 保壽寺에 거주하였다. 1484년에는 相國寺의 公帖을 얻

〈그림 5〉破墨山水圖 (拙宗等揚)
以參周省ら3僧著贊. 正目美術館藏

어, 이어서 南禪寺의 공첩도 얻었다. 雪舟와의 친교는 오랫동안 지속되었고, 雪舟畵에 대한 저찬이 있는 한편 스스로도 수묵화에 능하였다[이상 玉村, 83의 각인 항목 참조]. 「林下淸鑒」이라는 이름은 永平下의 승려로서의 자기인식을 나타내는 것으로 생각되어, 淸鑑의 靈松寺 주지시대의 것으로 생각되는 것, 「龍松周省」이라는 이름도 저명한 「牧松」號에 앞서는 것으로 생각되므로 저찬 시기는 1484년을 상당히 거슬러 올라가게 된다. 따라서 이 작품이 雪舟·拙宗 別人說의 근거가 될지 미묘하다[渡邊, 94, 29~32쪽].

元肅은 대장경을 求請하는 뜻을 담은 절구를 만들어 예조낭청에 보냈다. 성종은 홍문관 교리 申從濩에게 장편의 五言排律[13]을 짓게 하여 예조낭청부터의 답시와 같이 꾸며 元肅에게 보냈다(성종 16, 10, 무인). 시는 어려운 말을 짜낸 노작이지만 그다지 내용이 있는 것은 아니었고, "地産은 犀象에 饒하다"라는, 일본인식으로써는 기묘한 시구로 보인다. 불교의 융성과 산물의 풍부함은 눈을 끌린 것 같다. "高官은 大德(고승)을 존경하고, 異俗은 浮屠(승려)를 섬기다. 萬[蠻]貨는 閩浙(江南)에 통하고, 儒冠[文風]은 泗洙(공자의 가르침)을 끊는다"라고 나와 있다. 앞서 살펴본 權採의 서와 같이 寂照와 奝然의

---

13) 이 시는 『續東文選』 권6에도 "일본국 승려에게 보낸다. 敎를 받들어 만든다"라는 제목으로 수록되어 있는데 글자에 상당한 異同이 있다. 이하의 인용에서는 필요한 경우에만 『續東文選』의 글자를 [ ] 안에 주기하였다.

예가 상기되고 있다("寂照 무엇으로 묻는가, 奮然 멀리 간다")는 것도 주목된다.

당시 일조교류에 대해서는 "治化가 지금 이와 같고, 隆平하고 이 사람(元肅을 가리킴)이 있다. 一家의 정은 더욱 두텁고, 양국의 信이 키워진다. 賓館에서 서로 逢話하고, 詞林 스스로 서투름을 부끄러워하다. 시는 이루어지고 옥은 錯落(섞임)하다. 書는 끝나고 묵은 모호하다"라고 나와 있는데, 왜인과의 사무역 허가·불허가가 국론을 이분하고 있던 당시의 상황[村井, 93, 127~134쪽]에서 보면 표면적인 말에 지나지 않는다.

3. 弸中·安心과 金安國

1510년의 삼포의 난으로 삼포의 항거왜들은 거류지를 잃어 對馬島는 조선교역의 모든 권익을 상실하였다. 다음해가 되자 「일본국 사신」으로서 승려 弸中 등이 조선을 찾아와 조선·對馬島간의 관계부활을 요청하였다. 弸中은 다음 12년에도 조선을 방문하여 「임신약조」 체결로 통교규모는 대폭 압축되긴 하나 복교를 실현화시켰다. 「일본국사」를 자칭하고 있어도 그는 對馬島에서 준비되어 왕래한 사절이었다[中村, 69b, 115쪽].

弸中은 중국승 中峰明本을 囊祖로 하는 임제종 幻住派에 속하여 『異稱日本傳』下之三에 인용된 「慕齊集」에 나타난 松下見林의 按文에 의하면 휘는 道德이라 하여 中峰 9세의 법손 東海碩昕의 제자에 해당한다고 한다. 당시의 환주파는 大內氏와 깊은 관계에 있어서 弸中을 비롯하여 제18차 遣明 正使를 맡았던 湖心碩鼎, 한일 교섭에서 활약했던 安心이나 景轍玄蘇 등의 외교승을 배출하였다[長63]. 그 법계를 다음에 나타낸다.[14]

---

14) 玉村85, 218쪽 이하의 법계도에 長63에 의한 知見을 가하여 작성하였다.

中峰明本－遠溪祖雄－了菴玄悟－玉潤玄琛－高陽寶頊－大冉寶碩－運壽碩勝－
玄室碩圭┌─華碩由－湖心碩鼎－景轍玄蘇
　　　　└─東海碩昕－彌中道德－0－安心

　　彌中은 1501년에도 대장경을 求請하는「일본국 사신」으로서 조선에 나
타나「東坡(蘇軾)詩集」「碧庵(巖?)錄」「黃山谷(庭堅)集」등 서적을 구하였다
(연산군 7, 9, 임진). 또한 1511년에 선위사 金安國에게 이야기한 바에 따르
면 그는 중국과 유구에도 각 두 번씩 간 적이 있고, 조선에는 3번째의 도항
이었다(「慕齊先生行狀」『異稱日本傳』下之三 所引). 베테랑 외교승인 동시
에 시문에도 조예가 깊었던 것을 알 수 있다[李 84, 76쪽].
　　1511년 8월 10일, 彌中은 부사로 보이는 月江 등과 함께 慕華館에서 열
린 騎射・放炮 이벤트를 관람하여 사례로써 시를 바쳤다(중종 6, 8, 정해).
선위사를 담당한 김안국의『慕齊詩集』권2에 "일본의 釋 彌中・月江・玉成
・祖芳과 仲秋의 달을 감상하고, 밤에 헤어졌다. 明朝 각 1首를 보낸다" 라
는 제목의 시 4편이 보이는데, 祖芳에게 보내진 오언배율에 "지난 해 中秋
의 밤, 달을 기다려도 달이 밝지 않았다. 당신은 남쪽에, 나는 서쪽에 있었
다. 만리 海程이 사이를 떼고, 半面은 서로 모른다. 어찌 相愛의 情을 아는
가. 올해 중추의 밤, 명월은 참으로 넘친다, …"라고 있으므로, 彌中이 연속
해서 조선을 방문한 1512년의 작품으로 알 수 있다. 彌中에게 주어진 칠언
율사를 다음에 소개한다.

月到中秋幾度圓　　달은 중추에 이르러 몇 번이나 둥글다
淸光昨夜最堪憐　　淸光은 어젯밤 가장 어여삐 여김에 뛰어났었다
乾坤萬里雲如掃　　乾坤 萬里 구름은 쓴 것 같고
風露三更酒有權　　風露 三更 술은 權(일함)이 있다
泛渚新詩聊可詠　　물가에 뜨고 新詩를 좀 읊겠다
登樓豪興欲成顛　　누각에 올라가 豪興은 顛(절정)을 이루고자 한다
明年此日空相憶　　명년 이 날에 하늘은 서로 생각할 것이다

南北迢迢路八千   남북은 迢迢(멀다) 길 팔천

이외에『慕齊詩集』에는 弸中에게 보낸 작품이 14편, 月江에게 보낸 작품
이 2편 보인다. 그 중에서 "붓을 들려 弸中이 약을 주었음을 감사하다" 라
는 작품에서는 弸中에게 療藥 기술이 있었음을 알 수 있다.

煩惱人間苦兼因熱惱侵   번뇌는 인간의 고통, 아울러 熱惱가 범하기에 기인한다
常移腰上帶久廢枕邊琴   항상 옮기는 허리 위에 띠, 오래 廢하는 枕邊의 거문고
調攝何關術功夫只在心   調攝(養生) 어찌 術에 관하는가 功夫(방법)은 단 마음
　　　　　　　　　　　에 있을뿐
安閑方合劑淸淨待深鍼   安閑 바로 劑를 맞추고 청정한 深鍼을 기다린다
欲鍊眞丹汞須投舊笏簪   짜고 싶은 眞한 丹汞(수은), 마땅히 내려야 하는 옛 笏
　　　　　　　　　　　簪(관복)
願隨飛去錫永散鬱湮襟   원컨대 飛去한 錫을 따라 오래 흩뜨리겠다 鬱湮의 옷깃
塵土非吾戀仙區伏子尋   塵土는 내가 그리워하는 것이 아니다, 仙區子에 의해
　　　　　　　　　　　찾겠다
殷勤謝禪客藥力詎能任   은근하게 禪客에게 감사하다 약력은 진실로 잘 쓰였다

역시『慕齊詩集』권3에「일본국사 安心東堂에게 보냄」이라는 제목의 칠
언절구가 있어 그 주기에는

　　　나는 전에 선위사로서 일본사승 弸中에 접하였다. 安心은 스스로 弸中의 법손
　　이라고 말하였다. 弸中을 접할 때, 일찍이 같이 중추의 달을 칭찬하여 많이 창화하
　　였다. 弸中師는 示寂해서 이미 오래됐다.

라고 나와 있다. 따라서 1542년을 최초로 4번이나 일본국 사신으로서 조신
을 방문한 安心이 弸中의 법손임을 알 수 있다. 安心을 응대하는 선위사에
는 弸中 때와 같이 金安國이 취임하였는데, 弸中은 이미 세상을 떠났다.

그러면 작품을 읽어 보자.

多生應結日本緣   다생 바로 맺어야 한다 일본의 인연
祖死孫來偈又傳   祖(弸中)는 가고 孫(安心)이 왔다 偈는 또 말한다
四大本知都是妄   四大 원래 모두 이것은 거짓이라고 알고 있다
存亡唯記月懸天   존망은 단 달이 하늘에 달려 있음을 적을 뿐이다

4. 蘇世讓과 蘇世良

1522년의「일본국 사신」大原東堂에 대해서는 "말을 다해서 사신에게 우리나라의 예를 알려줄 수 있는 사람을 골라야 한다"는 의견에 따라 홍문관 직제학 蘇世讓이 선위사가 되었다(중종17, 2, 신묘). 같은 해 4월에는 "선위사 소세양과 일본국 사신과 서로 창수한 시집" 2건이 엮어져, 한 건은 중종에게 진상되고, 또 한 건은 교서관에 수납되었다(중종17, 4, 계미). 5월에는 일본국 사신이 자작인 시 혹은 서를 賜宴에서 바치고 싶다고 희망하여 예조는 "군신의 예는 엄격해야 하고, 오늘 연회에서 바치게 해서는 안 된다"라고 왕에게 의견을 올렸으나 왕은 듣지 않고 진정에 동의하였다(중종 17, 5, 정사).

소세양은 1559년에는 송희경『노송당일본행록』에 다음과 같은 序를 써서 외교와 시의 관계의 이상형을 이야기하였다[村井87, 239쪽].

옛날 우리 夫子는 誦詩 삼백으로 잘 사방으로 專待하였다. 시는 원래 사신이 잘 하는 바이다. 하물며 人情에 의거하여 物理에 맞이하여, 안에서부터 발하여 이를 밖에 나타내는 사람이다. 선생은 만리의 해외로 사신하여 수십백수를 적었다. 夷險을 평등히 하여 사생을 하나로 삼아 羈危憤悱(여정의 위험에 화를 내고 번민하다)의 말은 없었다. 바르지만 평범하지 않는다. 격해서 화를 내지 않고, 잘 專待하는 사람이라고 말해야 한다. …

또한 1523년의「일본국 사신」東雲一鶚의 선위사가 된 蘇世良(중종 18, 6, 신해)은 세양의 형이다. 이 때는 寧波의 난 직후라서 一鶚東堂이 바친 시 축에「寧波府」라는 글자가 있다고 신경을 날카롭게 하는 사람도 있었다.

VI. 『仙巢稿』와 조선침략 전야

1. 景轍玄蘇의 사행록

玄蘇(1537~1611), 자는 景轍, 호는 仙巢이다 (그림 6-a). 시문집『仙巢稿』[15] 3권(그림 6-b)이 있다. 임제종 환주파 湖心碩鼎의 법사. 환주파 는 戰國期에 大內氏나 宗氏와 관계가 깊었고, 외교승을 배출하였다. 湖心은 大內氏가 파견한 제18차 遣明使(1538년 출발) 정사를 맡았고, 宗 氏의 利害를 대표하여 조선교섭에 활약한 弸中 ·安心 두 승려와도 법계상 가까운 관계에 있 다(앞의 법계도 참조). 또한 玄蘇는 大內 가신으 로서 筑前 宗像郡에 거주한 河津隆業(가와츠 타 카나리)의 아들이라고 하여, 속계에서도 大內氏

〈그림 6〉 景轍玄蘇木像對馬 · 西山寺藏

---

15) 제자 規伯玄方의 편찬. 慶安 3년(1650), 京都의 書肆 平樂寺에서 3권의 목판본이 간행되었다. 여기서는 국립 국회도서관 鶚軒文庫 소장의 책을 이용하였다. 이 책의 권3의 規伯의 발문을 인용한 玄蘇의 말에 의하면 그는 장년기에 京都에 유학하여 오산의 尊宿 2, 3인에게 시를 배웠는데 특별히 훈도를 받은 사람은 建仁寺 287세 春澤永思였다고 한다. 또한 같은 발문에는 東福寺 熙春龍喜에게서 50편의 주제를 받아 旅寂의 틈틈이 읊어 熙春의 加點과 발문을 받았다고 하는 데, 이것은 이 책의 권두에 수록되어 있다.

와 관계가 깊다. 永祿 연중에 博多 聖福寺의 주지가 되었다[長63].

1580년의 신춘, 聖福寺에 있던 玄蘇는 對馬島主 宗義智(소우 요시토시)의 후견인 宗義調(소우 요시시게, 전 도주)에게서 사절로서 조선에 가기를 의뢰되어 다음의 시를 읊었다(『仙巢稿』상. 이하 『仙巢稿』에서의 시 인용은 출처 생략).

> 每賀新正詩不工　　항상 新正을 축하하지만 시는 잘하지 못한다
> 白頭長愧黑頭翁　　백두를 오래 부끄러워하는 흑두의 늙은이
> 春帆欲掛朝鮮國　　春帆을 걸고자 한다 조선의 나라
> 渡口輕吹日本風　　渡口에 가벼이 불러라 일본의 바람

이 작품을 필두로 서울에 도착 직전까지 읊은 24개의 작품이 계속되는데, 『仙巢稿』의 이 부분은 『노송당일본행록』과 같은 사행록이라고 생각할 수 있다. 사절의 명의는 「일본국왕사」이며 對馬 宗氏가 織田信長(오다 노부나가)에게 추방당하여 肥後(히고)국 鞆(토모) 부근에서 流寓하고 있던 足利義昭(아시카가 요시아키)와 연락을 취하면서 꾸민 것으로 추측되어 있다[中村69a, 81쪽]. 부사는 宗氏의 중신 柳川調信(야나가와 시게노부, 『仙巢稿』에서는 「부관 逸叟雅伯[詞伯]」으로서 나온다), 都船主는 仁이라는 이름의 승려이며 사절의 목적은 통교제한 완화 이외에 "조선이 중개해서 명과 通貢하고 싶다" 라는 요구, 즉 1549년을 마지막으로 두절되어 있던 일명 勘合貿易 부활이 포함되어 있었다(선조13, 5, 경진).

2. 博多에서 부산까지

일행은 윤3월 12일 博多를 출발하여, 그 날은 唐泊(가라도마리)에 숙박하였다. 玄蘇는 그 밤 5편의 시를 읊었는데, 그는 상당한 술꾼인 것 같고, 3편이 술에 대한 내용이다. 그 중의 하나.

宿處先尋有酒不　숙처에 우선 묻는다, 술은 있느냐 없느냐
醉中欲忘別時憂　취하는 가운데 잊으려고 한다, 別時의 슬픔
午窓獨醒無余事　낮의 창에 혼자 깨어 余事는 없고
坐見來來去去舟　멍하며 보는 오고 가는 배

　그 해는 바람이 상당히 나빴던 모양이며, 일행은 壹岐에서 2·3일, 對馬島에서 놀랍게도 6개월 가까이를 바람대기에 소비하였다. 그 동안 8월 21일에 對馬 府中(후쮸)에서 서계에 「일본국왕」이라는 도장을 찍은 것이 宗家에 전해지는 「國次印官之引付」라는 고문서에 기록되어 있다. 宗氏가 「일본국왕」인을 보관하고 있었고, 조선통교에 있어서 때때로 사용하고 있었음을 알 수 있다.
　헛되이 지나가는 날들에 玄蘇는 짜증을 숨기지 못하여 입추를 지난 경에는 「客愁로 하여금 舟師(선두)를 설득하여 향하게 하겠다"는 뜻으로 시 한 편을 三正老人에게 보냈다. 또한 다음과 같은 작품도 있다.

　　8월 11의 저녁, 달을 보고 歸思 많고, 따라서 달을 등으로 베개를 베어 자려고 하지만 잠을 이룰 수 없다. 두 눈을 감고서는 또 뜨고, 뜨고서는 또 감는 게 몇 번인지 모른다. 이에 苦吟해서 말한다.

客身一夜九回腸　客身 한 밤에 아홉 번 回腸한다(고민하다)
只向秋風倍憶鄕　단 가을 바람을 향하여 더욱 고향을 생각할 뿐
背月擁衾眠不得　달을 등으로 이불을 안아 자려고 하지만 잘 수 없다
臥看壁隙漏淸光　누어서 본다, 벽 틈에 청광이 새는 것을

　9월 5일, 드디어 府中을 떠나 북쪽으로 향하였지만 가을 기색은 깊었고, 鴨居瀨(카모이제)의 住吉宮에서는 다음의 작품을 남겼다.

未刻, 有田調滿公의 청구에 응하여 다시 住吉宮에서 술을 마신다. 사람들은 모두 취하여 노래하고, 나도 또한 光吟하였다.

水遠山圍住吉宮	물은 산을 돌고 住吉宮을 둘러싸고
靑松樹樹映丹楓	푸른 소나무들에 단풍이 비치다
髥龍亦是獻燈否	髥龍도 또한 등을 바치는지 아닌지
霜葉紅燃殘照中	霜葉은 붉게 불탄다 殘照 속에서

12일 밤, 드디어 마지막 기항지 鰐浦(와니우라)에 도착하여 寶藏寺에 숙소를 잡은 玄蘇는 이제 이국으로 향하는 感懷를 이렇게 읊었다.

旅客半間僧半間	여객 半間, 승 半間
茅菴一字碧溪灣	茅菴의 一字, 碧溪의 灣
縱然風順少留宿	혹시 바람이 순하면 留宿은 적을 것이다
出此山無日本山	이 산을 떠나면 일본의 산은 없다

豊嶺無鐘夜夜霜	豊嶺에 종은 없고 밤밤에 서리가 내린다
愁眠常熟一僧房	愁眠을 항상 이루는 한 승방
客身未至意先至	객신은 아직 이르지 못하였지만 뜻은 앞서간다
滿目遠山皆樂浪	滿目의 遠山 모두 樂浪

「혹시 바람이 순하면」 이라는 기대도 헛되어 바람 대기는 계속되었고, 23일 밤에는 조선에서 돌아온 배가 있었다.

掩篷待久逆風收	篷에 숨어 오래 역풍이 그침을 기다리면
愁裡秋過鰐浦頭	愁裡에 가을은 지나간다 鰐浦의 바닷가
我問朝鮮人日本	나는 조선 사람에게 일본을 묻는다
行舟泊處有歸舟	가는 배가 머무르는 곳에 돌아오는 배가 있다

드디어 10월 1일 開爐節 오시에 이르러
서 순풍을 타 배는 떠나, 반일 정도로 심야
2시쯤 부산포에 입항하였다.

3.「倭人 上京 道路」

국왕사를 맞이한 부산포에서는 令公(첨
사)이 사신을 보내어 긴 길의 勞煩을 위로
하였다. 玄蘇는 사신에게는 면회하지 않고,
시를 지어 심중을 서술하였다.

〈그림 7〉 仙巢稿(景轍玄蘇)
國立國會圖書館鶡軒文庫藏

夜半維船傍渡門	야반에 배를 묶은 渡門 옆
令公馳使謝勞煩	令公은 사신을 달려 勞煩을 위로하다
試聞蓬底遇人語	시도로 蓬底(船中)에서 만나는 사람의 말을 들으면
或似倭言或漢言	혹은 왜언에 비슷하고 혹은 중국말 같다

10월 20일에 부산을 떠날 때까지 玄蘇 일행은 선위사(金宇顒?)에 의한
세 번의 연회를 받는 한편 선위사·동래부사나 부사 柳川調信 등과 시를 창
화하였다. 그 예로 "갑자기 선위사 대인이 주신 高韻에 화하여 바친다" 라
는 제목의 작품을 소개하겠다.

新月邊兼落日邊	新月의 부근과 落日의 부근
幾回賜宴侍官筵	몇 번 연회를 받아 官筵에 시대하였다
插花鳥帽覺春小	꽃을 鳥帽에 꽂으면 春小〈10월〉임을 깨닫고
盈酒羽觴忘路千	술을 羽觴에 채우면 실이 千임을 잊는다
伴我山川休異境	나를 따르는 산천은 異境을 쉬고

與君早晩共朝天	너와 함께 조만 조천을 같이한다
歸程定是群芳歇	귀정은 반드시 群芳이 없을 것이다
柳絮飛應白似綿	柳絮는 날고 참으로 면보다 하얗다

부산을 출발한 일행은 울산, 경주, 영천, 안동, 풍기 등을 거쳐 죽령에서 척량산맥을 넘어 단양, 황강, 충주, 여주, 양근을 거쳐 11월 12일에 평강역에 숙박, 다음날 아침에 역을 떠난 시점에서 「사행록」은 끝나고 있다. 이 루트는 좌·중·우·수 네 가지가 있는 「왜인 상경 도로」의 좌로에 해당한다 (그림 7).

일행이 지금도 주자학이나 양반문화의 자취를 남기는 안동에 도착한 것은 10월 28일이었는데, 그 전날에 숙박한 의흥현의 숙소에서 한 사람의 소년이 『맹자』를 들고 와 이것을 낭독하였다. 玄蘇는 다음의 시를 소년에게 주었다.

孟軻十四篇感子早相傳	孟軻 14편, 子가 빨리 相傳함에 느낀다
淸話日將落問天有宿緣	淸話 해는 바로 지려고 하고, 하늘에 묻는다, 宿緣이 있는지

30일에는 안동의 객사에서 경상도 관찰사(尹卓然?)의 연향이 있었고, 玄蘇는 다음의 시를 바쳤다.

客船繫在渡頭波	객선은 묶어서 渡頭의 파도에 있다
又向長安信馬過	또한 長安을 향하여 信馬는 지나간다
游宴何憂日將落	游宴 왜 해가 지려고 함을 슬퍼하는가
武夫擁後魯陽戈	武夫의 뒤를 지키는 魯陽의 창(낙일을 다시 부른 고사이며, 세력이 융성함을 비유함)

冬至에 해당하는 11월 4일, 일행은 드디어 죽령을 넘었는데, 경상도에서

충청도로 바뀌므로 差使 교대가 있었다. 玄蘇는 특히 趙巴山이라는 차사원에게 친근함을 느낀 듯하다.

> 醉倒樽前分袂時　　술통 앞에 취하여 쓰러진다, 袂別의 때
> 巴山恨是隔京師　　巴山은 京師가 사이를 뜨게 함을 원망하다
> 忽題詩句獻君問　　바로 시구를 題하여 너에게 바치고 묻는다
> 今日離愁知不知　　오늘의 離愁를 아는지 모르는지

험난한 죽령을 넘는 날은 좋지 않게도 비가 내렸다. 행려의 고생은 말 위에서 읊고 부사 柳川調信에게 바친 시에서 엿볼 수 있다.

> 路過竹嶺幾時回　　길은 竹嶺을 지난다 언젠가 돌아올 것이다
> 蕭瑟朔風吹雨來　　蕭瑟한 朔風(쓸쓸한 북풍)은 비를 불려온다
> 雲擁群山看不見　　구름은 群山을 숨기고 보이지만 보이지 않는다
> 馬頭終日乏詩材　　馬頭에 終日, 詩材에 부족하다

고개를 내려 단양에 도착한 후에 읽은 시에는 "길은 계곡을 돌아 흙은 마르지 않는다 / 笠簷(갓의 처마) 簑袂에 비가 溥溥"라고 있다.

11월 5일에 투숙한 황강역에는 제천현령 金石潭이 찾아와 玄蘇에게 시를 구하였다. 다음 날 아침, 이별에 즈음하여 두 사람은 칠언절구, 오언율사, 칠언율사를 한 편씩 창화하였다. 玄蘇의 七絶을 다음에 소개한다.

> 過眼佳山不及追　　눈을 지나가는 佳山도 쫓을 수 없다
> 馬蹄澁處路如絲　　馬蹄가 떫은 곳은 길이 실과 같다
> 分吾一掬石潭水　　나에게 나누어라 떠낸 한 石潭水
> 又與徐凝洗惡詩　　또한 같이 서서히 맺고 惡詩를 씻겠다

칠율의 제3연에는 "富士(부자)가 거주하는 곳은 모두 大廈(호화한 집), 빈

민은 잠시 점친다, 그 幽栖" 라는 보기 드문 사회적 관찰이 있다.

8개월의 긴 여행 끝에 玄蘇는 눈이 내리는 가운데 목적지 서울에 다가 갔다. 11월 12일, 양근군을 출발하여 길을 가면서 선위사에게 다음 시를 바 쳤다.

飛雪暗天兼夜齊	飛雪 暗天 兼夜(밤중) 같았다
不知南北又東西	남북 또한 동서를 모른다
行臨虛墓沒狐跡	虛墓에 행림하면 狐跡(여우 발자국)을 없애고
閑過平路埋馬蹄	平路를 閑過하면 馬蹄를 메운다
永叔那邊吟禁鶴	永叔(인명?) 那邊에 禁鶴을 읊는다
蘇卿何處泣看羝	蘇卿은 어디에 울고 수양을 본다
寒流凍合難移棹	寒流 凍合해서 노를 옮기기 어렵고
渡口暫橫舟一溪	渡口는 잠시 배를 一溪에 누인다

虛墓(사람이 없는 묘지)는 서울 東郊의 왕릉지대이며, 내려 쌓이는 눈은 짐승들의 발자국을 감추는 정도였다. 禁野의 학이나 노루를 본 것도 왕릉 때문일 것이다. 얼기 시작한 강은 북한강인가. 다음 13일, 일행은 서울에 입 성하여 동평관에 짐을 풀었다.

4. 선린에서 침략으로

玄蘇 등이 선조를 알현하여 서계를 바친 것은 1581년 3월 26일(선조14, 3, 기축), 조선국왕의 답서를 받은 것은 5월이었다(『續善隣國寶記』). 그런데 『仙巢稿』에는 서울 체류 중 및 귀국시의 작품이 보이지 않는다. 그 후 玄蘇 는 1589년과 1591년에도 「일본국왕사」에 임용되어 조선을 방문하여, 전자 歸途에 통신사 黃允吉·金誠一 등을 수반하고, 후자의 行途에 그들의 귀국 과 같이하였으므로 시 창화도 있었을 텐데, 그 때의 작품도 『仙巢稿』에는

전혀 보이지 않는다.

1589년의 사행 목적은 조선국왕의 「入朝(京都로 인사하러 가는 것)」 요구였는데, 玄蘇는 이를 통신사 파견 요청에 바꿔서 조선에 전달하였다. 91년의 사행은 조선의 征明 인도를 요구한 것이었는데, 玄蘇는 이것도 "길을 조선에 빌려 명으로 침공한다"는 내용의 통고로 바꿨다. 豊臣秀吉(토요토미 히데요시)는 그 대답을 기다리지 않고 전쟁 준비를 진행시켜 92년 3월에는 9군 15만 8,700명의 部署를 정하였다. 그 즈음 玄蘇는 肥前 名護屋城으로 가는 도중인 長門(나가토) 赤間關에서 南禪寺 玄甫靈三·相國寺 西笑承兌·東福寺 惟杏永哲이라는 京都 오산의 거물들과 자리를 같이하여 「安德天皇·平氏一門遺像」을 참배하여 시를 읊는(『仙巢稿』상권에 네 사람의 시가 보인다) 「出世」를 하고 있었다.

1592년 4월, 秀吉軍은 부산에 상륙하였다. 玄蘇도 宗義智 휘하에 있으면서 조선측과의 의사소통에 아주 중요한 역할을 하였다. 그의 입장은 義智나 小西行長(코니시 유키나가)과 같이 전쟁에는 소극적이었고, 詐術을 써도 전쟁 발발을 막으려고 하였고, 개전 후는 화평을 획책하였지만, 豊臣政權이라는 그 때까지 없었던 집권적 군사권력 등장이 일으킨 소용돌이 속에서 질질 끌려가 전쟁에 협력하게 되었던 것이다.

玄蘇는 1589~1590년의 사행에서 조선 수뇌에게서도 "왜인은 아주 글자에 통하여 시를 만드는 것을 기뻐하는" 인물로 간주되어 선위사에는 사람을 골라야 한다고 해서 沈喜壽[16] 이하 세 명이 지명되었다(선조23, 정, 경술). 임진왜란 중 玄蘇는 조선측에서부터 柳川調信과 함께 「賊將」으로 지목받아 (선조25, 6, 정유), 幻術을 구사하는 「妖僧」이라고까지 말해졌다(동, 11, 정묘). 그러나 이와 같은 과대평가는 그가 전쟁 전의 외교교섭을 통해서 조선인에게 가장 잘 알려진 일본인이었기 때문이다.

---

16) 沈喜壽는 당시 홍문관 부응교, 후에 승정원 동부승지로서 특히 對明 교섭에 활약한 유신이며, 만년에는 좌의정까지 올라갔다.

「선린」에서 「침략」으로의 길이 명료한 금이 없이 이어져 있었음을 그의 생애는 이야기하고 있는 것 같다.

≪인용문헌≫

秋山謙藏 35 『日支交渉史話』內外書籍

安 輝濬 77 「朝鮮王朝初期の繪畵と日本室町時代の水墨畵」『水墨美術大系・別卷11 李朝の水墨畵』講談社

太田孝彦 88 「正木美術館藏無涯亮ら倪三僧題詩の山水圖について」『美術史』124號

長 正統 63 「景轍玄蘇について――外交僧の出自と法系―」『朝鮮學報』29輯

金 澤弘 74 「如拙・周文とさまざまの畵派・畵風」『水墨美術大系・制6卷 如拙・周文・三阿彌』講談社

川口卯橘 31 「大藏經板求請と日鮮の交涉」『靑丘學叢』3號

熊谷宣夫 49 「雪舟畵年代考」『美術研究』155號

同 50 「李蓀・朴衡文贊の雪舟畵山水について」『國華』700號

同 58 『雪舟等楊』東京大學出版會

島田修二郎 87 「室町時代の詩畵軸について」島田・入矢義高監修『禪林畵贊―中世水墨畵を讀む―』每日新聞社

高橋公明 87 「朝鮮遣使ブームと世祖の王權」田中健夫編『日本前近代の國家と對外關係』吉川弘文館

田中健夫 75 『中世對外關係史』東京大學出版會

玉村竹二 83 『五山禪僧傳記集成』講談社

同 85 『五山禪林宗派圖』思文閣出版

中村榮孝 69a 『日鮮關係史の研究・中』吉川弘文館

同 69b 『日鮮關係史の研究・下』吉川弘文館

牧田諦亮 59 『策彦入明記の研究・下』法藏館

三宅英利 86 『近世日朝關係史の研究』文獻出版

宮島新一 84 「江西龍派著贊, 傳周文畵の先後關係について」『佛敎藝術』157號

村井章介 87 『老松堂日本行錄―朝鮮使節の見た中世日本―』(校注)岩波文庫

同 92 「中世日朝貿易における經典の輸入」東京大學・ソウル大學第1回シンポジウム報告書『日韓の交流と比較―歷史と現在―』東京大學文學部

同　　　93 「中世倭人傳」岩波新書
同　　　94 「倭人たちのソウル・上」『韓國文化』16卷 6號
李　進熙　84 倭館・倭城を歩く－李朝のなかの日本－」六興出版
渡邊明義　94 『水墨畵－雪舟とその流波－』至文堂・日本の美術335

≪참고문헌≫

伊藤幸司「大內氏の對外外交と筑前博多聖福寺」(『佛教史學研究』39卷 1号, 1996年)
同「中世後期地役權力の對外交涉と禪宗門派」(『古文書研究』48号, 1998年)
上田純一「妙樂寺と博多商人」(地方史研究協議會編『異國と九州』雄山閣, 1992年)
同「書評·村井章介著『東アジア往還』」(『日本史研究』407号, 1996年)
同「曹洞宗禪僧の對外交流」(『年報中世史研究』22号, 1997年)
橋本　雄「「遣朝鮮國書」と幕府·五山」(『日本歷史』589号, 1997年)
洞「室町·戰國期の將軍權力と外交權」(『歷史學研究』708号, 1998年)
村井章介『東アジア往還-漢詩と外交』(朝日新聞社, 1995年)
米谷 均「史料紹介·東京大學史料編纂所架藏『日本關係朝鮮史料』」(『古文書研究』48
　　　　号, 1998年)

제5장
한일 상호인식

제1절 중세 일본의 국제의식

I. 머리말

나는 1982년의 논문 「고려・삼별초의 난과 몽골 침입 전야의 일본」의 「맺음말에 대신하여」에서 고려측과 비교한 일본의 국제의식의 특징으로서 ① 신비주의에 토대를 둔 독선적인 自國至上觀 ② 현실 인식능력의 결여라는 두 가지 점을 지적하였다.[1] 이 章에서는 이러한 인식을 출발점으로 하여 중세 일본의 국제 의식을 보다 넓은 시야에서 구조적으로 파악하는 것을 시도해 보겠다.

먼저 II 에서는 중세의 국가지배를 지탱하는 정통적인 이데올로기 안에서 국토관과 대외관이 어떻게 드러나 있는가를 관찰함으로써 국제의식을 규정하는 기본적인 요인을 밝히겠다. 다음으로 III 에서는 정통적인 대외관이 보다 넓은 사회층으로 어떻게 퍼지며, 그 과정에서 어떻게 변질되고 사회의식으로 정착되어 갔는지를 생각해 보겠다. 마지막으로 IV 에서는 중세

---

1) 村井章介「고려・삼별초의 난과 몽골 침입 전야의 일본」下 (『歷史評論』384호, 1982년) 85쪽 이하.

후기에 활발해지는 국제교류가 Ⅱ·Ⅲ에서 밝힌 의식구조 속에서 어떻게 파악되었는지 주목하려 한다.

이상과 같이 과제를 설정하면 국제의식의 변혁의 계기가 불분명하다든가 또는 「국제교류의 전개가 의식구조를 허물어 가는 측면을 간과하고 있다」는 비판이 나올 것이다. 그것이 나의 능력부족과 방법상의 결함에 기인한다는 것은 알고 있는 셈이지만, 내가 의도하는 바는 이런 구조로부터 불거져나온 각종 事象의 의미를 종합적으로 평가하기 위한 조건을 나타내는 데 있다. 그리고 이 작업을 통하여 근대 일본의 아시아 인식, 특히 왜곡된 조선관을, 역사적으로 근거를 부여하고 있는 의식의 저변에 조금이라도 접근해 보고 싶다는 것이 나의 작은 바램이다.

먼저 본론으로 들어가는 의미에서 文永 8년(1271) 일본에 구원을 요청하는 삼별초의 牒狀을 보고, 東巖慧安이라는 선승이 石淸水八幡에게 올린 원문(「正傳寺文書」鎌倉遺文 10880호)을 보자. 「옛날에 女帝가 있었다. 이름을 神功이라고 하며 임신한 부인이었다. 출산할 때가 되자 他州無量의 적을 막기 위하여 마음을 굳게 먹고 용맹심을 불러일으켰다 … 그 옛날의 神功, 참으로 異人이 아니겠는가? 지금의 八幡宮大菩薩이 바로 이 분이다」라는 것처럼, 조선의 위협을 느꼈을 때 반드시 생각이 미치는 것은 神功皇后의 三韓征伐 전설이며, 이국을 항복시킨 八幡宮菩薩의 위엄과 신령함이었다. 이런 연상은 예를 들어서 『太平記』(39권)에 왜구 금압을 요구하는 고려 사신의 도래를 묘사했던 바로 다음에 「自太元攻日本事」, 이어서 「神功皇后攻新羅給事」라는 제목의 節을 배열한 것, 또 応永外寇 때 皇后를 모시는 廣田寺에서 여성 騎馬武士가 출정했다는 보고를 올린 것(『看聞日記』応永 26년 4월 25일) 등에서도 확인할 수 있다.

게다가 발원문은 일본 땅이 天神地祇가 충만한 공간이라고 하며, 「草木土地山川叢澤水陸虛空, 垂迹和光이 아닌 곳이 없다」며 本地垂迹說에 근거한

神國觀을 드러내고 있다. 東巖은 「고려는 반은 몽골에게 등을 돌리고 本朝를 따른다」고 하며 한반도의 정세를 어느 정도 정확하게 파악하고 있었다. 그러나 그의 신비적인 국토지상관과 불가침성에 대한 광신적인 확신은 사태를 있는 그대로 보는 눈을 흐리게 하고 만다. 그리하여 결국 「두 나라(몽골과 고려)가 화합하고 衣冠이 일치한다. 두 번의 사신도 고려인이다. 분명히 의심의 여지가 없다」며 자기를 납득시킴으로써 고려를 몽골과 동등한 적으로 보는 시각으로 돌아서 버린다.

이상 이 발원문에서 정통적인 지배이데올로기의 특징, 그에 따른 국제의식의 구조, 그 중에서도 특히 조선관의 문제성이라는 논점을 추출한 다음에 본론으로 들어가기로 하자.

II. 顯密主義의 국제의식

1. 三國史觀과 神國思想

成澤光은 「<辺土小國>의 일본-중세적 세계관의 한 측면에 대하여」라는 제목의 논문[2] 속에서, 헤이안 중기 이후 末法의 時代觀이 건너오는 것과 병행해서 일본을 불교적 세계 속의 변방으로 자리매김하고, 佛法은 변방이므로 퍼지기 어렵고, 따라서 五濁惡世는 피하기 어려운 必然이라는 사고방식도 역시 일반화되어 있었다는 중요한 지적을 하였다. 요컨대 중세의 불교신자들에게는 末法·변방이라는 비참한 상태에서 어떻게 하면 일본을 구제할 수 있는가 하는 과제가 공통적으로 부여되어 있었던 셈이다.

---

2) 成澤光 「<辺土小國>의 일본-중세적 세계관의 한 측면에 대하여」 (『月刊百科』 194·195호, 1978년). 후일 同著 『정치의 언어-의미의 역사를 둘러싸고』 (平凡社, 1984년)에 다시 수록.

그 무렵 道元·親鸞 등 두 세명의 탁월한 사상가를 제외한 대다수는 諸佛의 垂迹(인간세계에 나타나기 위하여 모습을 바꿈)으로 神祇를 같은 편으로 맞아들이고, 변방을 神國으로 뒤바꾸며, 특수한 가치를 지닌 땅으로 일본을 성역화한다는 길을 선택했다. 예를 들어서『發心集』(제8)의 발문은「변방의 미천한 小國이라면 국력이 약하고 인심도 어리석은 법이다 … 비록 佛法이 건너온다 할지라도 악마의 방해가 심하여 혼탁한 현세에 퍼지기는 극히 어렵다」는 비관적인 상황을 단번에 반전시켜서,「하지만 우리나라는 그 옛날의 존귀한 이자나기(伊弉諾)·이자나미(伊弉冉)로부터 무수한 왕을 거쳐 지금에 이르기까지 영원토록 신의 나라로서 그 加護가 지금도 여전히 새롭다」라고 서술하여 이런 논리의 전형을 보여주고 있다.

그런데 널리 알려진 것처럼, 일본 불교신자들의 전통적인 발상으로서 세계를 천축(天竺)·진단(震旦)·본조(本朝)의 세 가지 구성요소로 파악하고, 이 삼국을 불교가 처음으로 전해 준 역사적 공간으로 보는 견해—즉 三國史觀으로 부를만한 것—가 있었다. 이와 같은 사고방식은 원래 天竺 → 震旦 → 本朝의 순으로 가치가 떨어지는 것으로 보는데, 변방 소국관이 등장하는 근거도 여기에 있는 셈이지만 신국의 논리는 이같은 가치서열도 역전시키는 결과를 가져왔다. 예를 들면 北畠親房은『神皇正統記』의 서론에서 우리나라의 독자적인 가치를「天子의 氏姓」이 천지개벽 이래 이 한 가문의 姓氏만으로 정해졌다는 점에서 찾아내고,「미천한 신분도 나라의 주인이 되는」天竺·震旦과의 차이를 강조한다. 이 논리는 皇位의 一系繼承의 상징인 3종의 神器를「참으로 작은 나라이기는 하지만 삼국을 넘어서는 우리 神國의 신비함은 바로 이것」(『太平記』권27, 雲景未來記事)이라는 사고방식과 연결된다.

≪삼국이 모두 우리나라≫라는 생각은, 天竺(인도)은 달을 상징하는 나라, 震旦(중국)은 별을 상징하는 나라, 그리고 일본은 태양을 상징하는 나라라는 소박한 논리로도 이야기하는데, 이것은 사실 일본을 密敎 최고의 신인

大日如來의 본국으로 보는 견해에 근거하고 있었다(幸若舞曲 『日本記』). 이
와 같은 신국관의 밀교적 성격은 「坂東의 8국은 胎藏의 八葉, 海西의 9州는
金界의 九會(密敎에서 金剛界 曼多羅를 구성하는 아홉 개의 지역), 陰陽主掌
의 兩部, 理智相對의 万茶」라는 형태로 「所住의 땅」을 만다라로 표상하는
견해(『八幡愚童訓』乙本)에 잘 나타나 있다.

　주지의 사실이지만, 黑田俊雄은 이른바 旧佛敎를 중세국가에 相卽(華嚴
思想에서 萬有는 그 진제에 있어서 융합하여 일체라는 사상)시켰던 종교의
정통파로 자리매김하고, 그 내부의 각 종파를 포섭·통합하는 것으로서 밀
교를 중심에 놓고, 本地垂迹說에 의한 神祇의 체계화를 일본적 밀교의 일상
적인 분야로 본다는 설을 제기했다. 黑田은 이 정통적인 종교의 독특한 현
상을 顯密體制로 이름붙이고, 거기에 내재하는 논리를 顯密主義로 부르고
있다.3) 위에서 본 여러 가지 신국관 내지 변경 극복의 논리는 이 顯密主義
의 국제의식을 표현한 것이라고 할 수 있다.

　그러면 神國觀에 따라 일본을 中天의 높은 곳으로 끌어올렸을 때 異國·
異域은 어떤 식으로 의식하게 되는 것일까? 먼저 「우리나라는 三千大千 세
계의 중앙」이라고 배운다. 이렇게 心王의 神明擁護 때문에 異國에게 침략받
지 않는다」(『溪嵐拾葉集』권6)는 것처럼, 三千世界의 중앙에 위치하는 우리
나라가 이국의 침략을 받는 일은 애초에 있을 수 없다는 확신이 생긴다. 이
말을 바꾸면 「모든 異域으로 하여금 전부 우리나라에 귀속시킨다. 무릇 和
國者 三界의 뿌리, 余州를 물으면 이 나라의 끝」(『旧事本紀玄義』권6)이라
는 말처럼 일본이 異域을 정복하는 근거가 된다. 그러나 三國史觀에 있어서
天竺·震旦은 우리나라와 순위의 높고 낮음은 있어도 저마다 독립성을 가
진 나라로 생각되고 있었기 때문에 종속시키는 대상으로서는 다른 지역을
선택하게 된다.

---

3) 黑田俊雄 「中世における顯密體制の展開」 (同著 『日本の中世國家と宗敎』岩波書店,
　 1975년)

그럴 경우 특히 문제가 되는 것은 동아시아에서 예전부터 독자적인 국가를 형성하고, 일본 불교의 모태가 되었던 한반도의 자리매김이었다. 이에 대하여 高木豊은 다음과 같이 주목할 만한 지적을 하고 있다.[4]

즉 東大寺의 凝然이 1311년에 쓴 『三國佛敎傳統緣起』에서는 奈良時代 이후의 조선불교가 시야에 들어오지 않았으며, 三國이란 「한반도라는 이 나라의 역사와 깊은 관계를 가진 지역과 그곳의 불교를 뺌으로써 성립되었다. 불교의 첫 提唱과 전파의 역사적 공간이다」 라는 말을 하였다. 조선의 자리매김을 누락시키는 이러한 시각 속에 神國觀이 들어올 때, ≪三韓은 중국에 속해 있는데 일본은 아직까지 다른 나라에 속했던 적이 없다. 이것은 천지신명이 일본을 옹호했기 때문≫이라는 비교 방식이 나온다. (八幡愚童訓)』 甲本. 日本思想大系 20 『寺社緣起』 수록)

이러한 조선관은 몽골 침입 이후 조선을 짐승처럼 보는 노골적인 멸시관으로 전개된다. 이 글에서는 처음에 언급했던 神功皇后의 삼한정벌 전설이 어떻게 형태를 바꾸어 가는지 알아보는 것으로 이 문제에 접근하기로 한다. 먼저 전설의 옛 형태를 보여주는 『日本書紀』(神功皇后卽位前紀)에는 정벌의 동기가 재물에 대한 욕망이며, 또한 신라를 굴복시켜서 말처럼 사육했다고 적혀 있다. 이런 내용이 카마쿠라 말기의 『八幡愚童訓』 甲本에 이르면 정복의 동기는 복수가 되며,-따라서 그 이전에 신라의 일본 침략이 창작된다-말처럼 사육했다는 이야기는 皇后가 활의 양 끝으로 돌에 「신라국의 왕은 일본의 개」라고 새겨놓았다는 이야기로 바뀐다. 南北朝 말의 『太平記』 (권39, 神功皇后攻新羅給事)에서는 이야기의 줄거리가 『愚童訓』과 같지만 「三韓의 오랑캐」라는 표현이 등장하며, 이 삼한은 신라가 아니라 동시대의 고려로 이해되고 있다.[5]

---

4) 高木豊 「鎌倉佛敎における歷史の構想」(『思想』 626·627호, 1976년). 후일 同書 『鎌倉佛敎史硏究』(岩波書店, 1982년)에 다시 수록, 187쪽.
5) 중세에 있어서 「삼한정벌」 전설의 침투에 관해서는 여전히 『平家物語』(권5 · 都遷)에 중세에서의 「三韓征伐」 전설의 침투에 대해서는 또한 『平家物語』(卷

이상에서 본 것처럼 ≪三國≫을 제외한 異域, 특히 조선에 대한 깊은 戎夷觀과 병행하여 몽골 침입 이후의 정치적 위기의 한복판에서 막부를 소위 ≪내부의 오랑캐≫로 보는 관념이 출현한다. 그것은 建武新政의 사상적인 출발점을 이룬 것으로 생각되는데, 이것을 생각하는 진제로시 중세의 지배층이 대외적인 위협을 어떤 특질을 가진 것으로 이해하고 있었는가를 언급하지 않으면 안된다.

2. 幕府 부정론의 맹아

결론부터 말하자면 대외적 위협은 천재지변의 출현과 동질로 생각하였다. 文永 3년(1265)에 혜성이 나타났을 때 조정은 天台座主에게 기도를 하게 하고, 諸國檢注를 연기하는 등의 德治를 펴는 것으로 혜성의 화를 없애려고 하였다(『新抄』 같은 해 12월 11~26일). 그리고 3년 후 몽골의 의도를 알리는 최초의 高麗牒狀이 도착했을 때 조정이 먼저 취한 대책도 기도와 德政 외에 다른 것은 없었다(『深心院關白記』 文永 5년 2월 14일, 20일). 이러한

五·都遷)에 "帝가 崩御했기 때문에 御后인 神功皇后가 제위를 이어받아 女帝로서 鬼界·高麗國·契丹에 까지 공격해 굴복시켰습니다."라고 있으며, 그림 두루마리(繪卷) 『武家繁昌』(『室町時代物語大成』11, 401쪽)에는 "皇后가 명령하여 용궁성의 塩盈珠(しほみつたま)와 塩乾珠(しほふるたま) 2개를 빌려 오라고 하였다. 이때 이소라(磯良: 현재의 이소라 신사?)가 이것을 받들어 용궁에 가서 빌려와서 바쳤다. 황후는 즉시 삼한 땅에 이르렀고, 곧바로 전쟁에 승리하였다. 삼한은 이때부터 일본을 따랐다."라고 있다는 점, 常陸國鹿島社의 7월 10일 御舟祭는 중세 말부터 근세초에 이르기까지 「異國降伏」, 「三韓征伐」의 大祭라고 불렸으며 (水谷類, 「鹿島社大使役と常陸大掾氏」, 『茨城縣史研究 42號, 1979, 27쪽), "저 異國의 왕의 머리를 칼끝으로 관통시켜 큰길에 던지고, 선진과 후진으로 나누어 서로 八龍神의 방패 판을 만들었으며, 여러 神官이 갑주를 두르고 병기를 지닌 채 神軍의 餘風을 배운다."는 행사가 행해지고 있었다(『新編常陸國誌』 권65)는 점, 明應 9년(1500) 부흥된 祇園會에 나온 야마보코(山鉾: 산 모양의 장식대위에 창·칼 등을 꽂은 山車) 중에 「十二番 神功皇后山」이 보이고 있다는 것(『京都の歷史』 3, 學藝書林, 1968, 602쪽) 등도 주목된다.

천재지변과 외침의 불가분성은 혜성·客星의 동시출현을 여러 신하가 「이 국 몽골이 습격하여 일본국을 점령하는」 전조로 인식했다는 『太平記』(권 38, 彗星各星事付湖水乾事)의 기록에서도 확인할 수 있다.6)

德政이 천재지변이나 外寇로 인한 재해를 없앨 수 있다는 생각은, 나쁜 일은 위정자의 부덕이나 정치의 악폐 때문에 일어난다는 유교의 德治思想 에 뿌리를 둔 것이다.7) 이러한 사고방식은 正応 6년(1293) 쿠빌라이의 일본 정벌계획을 알리는 마지막 사신이 왔을 때, 伏見天皇이 伊勢(지금의 伊勢반 도)에 파견하는 公卿勅使에게 의탁한 宣命(『正応 6년 公卿勅使参宮次第』) 속에 매우 논리적으로 서술되어 있다. 요컨대 먼저 (a) 계속되는 외국의 위 협, 이어서 (b) 잦은 천재지변, 地妖(지상의 괴이한 이변), 혹심한 가뭄을 적 고, (c) 쌍방의 원인을 자신이 부덕한 탓으로 돌리고, 마지막으로 (d) 상황의 타개책으로 「쇠퇴한 기운을 일으키고, 끊어진 것도 잇는」 德政8)의 수행을 맹세한다는 논리구성을 취하고 있는 것이다.

지금 이 宣命에서 주목할 것은 (c)부분인데, 凶事의 원인으로서 천자의 부덕 외에 「國策朝典도 衰微하여」라고 지적하고 있는 점이다. 당시의 천황 이 「일본의 오래된 권위를 잃었다」고 서술했을 때, 그것은 아마도 카마쿠라

---

6) 『성종실록』(14년 9월 병진조)에 의하면, 1483년 조선정부가 일본통신사의 파견 을 검토했을 때 고관들은 「그들(일본)은 우리나라(조선) 사신이 오는 것을 국왕 이(나라가) 바뀔 징조라고 하여 상서롭지 못하게 여긴다고 합니다」라고 지적했 다. 外寇 뿐만 아니라 외국 사신이 오는 것까지 천재지변과 마찬가지로 「상서롭 지 못한 일」로 여겼음을 알 수 있다.

7) 『春華秋月抄草』寛元 3년 5월 4일 僧宗性最勝講表白案 (『鎌倉遺文』 6478호)에 「그 왕이 만일 불법을 행하고, 바른 도리를 따르지 않는다면 三十三千이 분노할 것이므로, 만국이 荒亂에 빠지고 四海가 편안치 않을 것이다 … 善王이 改正을 펴고 법으로써 나라를 다스리고자 한다면 衆星位列에 따르고 日月度를 지켜야 한다」고 되어 있다.

8) 建武新政의 본질을 적절하게 표현한 문장으로 유명한 『梅松論』의 한 구절에도 「그밖에 끊어진 곳을 잇고, 쇠퇴한 것을 일으킨다. 지금의 菖義는 古來의 新儀이 다. 朕의 新法은 미래의 선례가 될 것이므로 새로운 勅裁가 점차 세상에 알려질 것이다」라고 되어 있다.

막부에게 정치의 실권을 빼앗기고 있는 상태를 가리킨다. 國策朝典의 쇠퇴란 다름아닌 北條氏의 전제정치를 말하는 것이다. 결국 이 宣命은 계속되는 凶事의 원인을 北條氏의 전제정치로 돌림으로써 幕府 부정의 논리적 기점을 제시한 것으로 해석되며, 바로 이 점에서 (d)의 德政은 막부 타도를 胚胎하는 것이 된다.

이 논리의 연장선상에서 오랑캐인 幕府가 천하를 다스리고 있는 사태야말로 國策朝典이 쇠미한 가장 중요한 원인이라는 형식으로 막부를 ≪내부의 오랑캐≫로 파악하는 시각이 나온다.『花園天皇宸書』元亨 4년 11월 14일조)에는 제1차 막부토벌 계획이 발각되어 주모자가 카마쿠라로 끌려갔을 때 後醍醐 천황이 변명을 위해 카마쿠라로 보냈던 문서의 내용을 전하고 있다. 그 문서에는 천황의 지배권을 절대시하고, 신하인 막부와 率土 백성이 각각 본분을 다 하여 천황을 섬겨야 한다는 宋學의 명분론에 근거한 주장이 보이는데, 이 문서를 본 花園上皇이「많은 본문을 인용하여 그 문체가 宋朝의 문장과 같다」는 감상을 밝혔다는 점에서도 뒷받침된다.

그러나 언뜻 보기에 하이칼라같은 명분론도 그 내실은 ≪사람은 태어나면서부터 귀천존비의 구별이 정해져 있으며, 천황가의 一系繼承이야말로 그것을 표상하고 있다≫는 과거 이래의 種姓觀念과 매우 유사한 관념에 불과했다. 武家政治를「오랑캐의 천한 몸으로 세상의 주인이 된 자」라고 비난하는 주장은『太平記』(권27, 雲暈未來記事)에서도 볼 수 있는데, 그것은 더러운 관념을 포함하는 種姓觀念과 어울릴 수 없는 것이었다. 즉『太平記』에서는 田樂의 관람석이 무너져 다수의 사망자가 발생했던 사고의 원인에 대하여「일본을 다스리는 귀인들」이「장안의 평민들과 장사꾼 무리」와 뒤섞여서 구경한 것을 신들이 화를 냈기 때문이라고 일방적으로 단정하였다.

이러한 관념은『神皇正統記』에서 親房이 일본이 삼국의 하나가 된 이유를 설명하는데 이용되었던 것과 동일하다. 오히려 후자는 국내의 지배질서이념으로서의 전자를 밖을 향해 투영했던 것으로 생각된다. 비슷해 보이는 안팎의 호응은 戎夷觀에 대해서도 마찬가지이다. 카마쿠라막부를 오랑캐라고 부르는 것은 단순한 멸시가 아니라, 원래부터 막부가 東國 오랑캐의 징벌을 주요한 임무로 하여 출발했다는 사실이[9] 관념 속에서 비대화하여 막부 자체를 오랑캐로 간주하기에 이르렀던 것은 아닐까? 그것은 카마쿠라 말기에 遲夷管領 安藤氏의 내분이 막부 자신에 의하여 한결같이 遲夷의 봉기로 간주되었던 것과 동일한 인식 태도라고 할 수 있다. 조선 등 주변 각국을 오랑캐로 간주하는 의식은 이러한 ≪내부의 오랑캐≫관과 연결되는 것이었다. 실제로 『太平記』 등은 奧洲人(동북지역 사람)이든 삼한이든 모두 「미개인」으로 부르기를 주저하지 않았다.

이상 Ⅱ에서는 중세의 정통 이데올로기에 포함된 국토관과 대외관의 여러 측면을 살펴보았는데, 과연 이것은 소수의 지배층만이 지녔던 관념에 불과하고 보다 넓은 사회층, 특히 민중과는 아무런 연관이 없던 것이었을까?

Ⅲ. 사회의식으로서의 대외관

1. 민중에 대한 교화 · 침투

Ⅱ에서 몇 번 인용했던 사료에 『八幡愚童訓』 甲本이라는 것이 있다. 이것은 전반부에서 神功皇后의 삼한정벌을 장황하게 서술한 뒤에 「胎中天皇」 応神의 환생으로서 八幡神의 유래를 이야기하고, 후반부에서 文永 · 弘安의 役의 역사서술을 전개하고 있다. 川添昭二는 이것을 권력에 대하여 八幡神의 異國 항복의 위엄을 설명하는 것으로 평가하고 軍忠狀에 비교하였다.[10]

---

9) 遠藤巖 「中世國家の東夷成敗權について」(『松前藩と松前』 9호, 1976년)

10) 川添昭二 「蒙古襲來と中世文學」(『日本歷史』 302호, 1973년). 나중에 「蒙古襲來と 中世文藝」로 제목을 바꾸고, 同著 『中世文藝の地方史』 平凡社, 1982년)에 다시 수록, 82쪽 이하.

그러나 「愚童訓」, 즉 무지한 서민을 가르치고 타이른다는 書名 자체가 보여 주는 것처럼 이 책이 민중에게 八幡神 신앙을 권유할 목적으로 사용되고 있는 것도 당연히 예상하지 않으면 안 된다.

이 책은 상당수의 異本이 있는데, 예를 들면 愛媛縣 八幡浜市의 八幡神社와 같은 지방의 神社에까지 분포되어 있다는 사실, 또 이 책의 전반부를 八幡神의 緣起로서 독립시킨 것이 繪卷物・奈良繪本・版本 등의 형태로 상당수가 남아 있다는 사실(室町時代小說集 제1권)은 전국의 八幡宮이 八幡神의 異國 항복의 위엄을 매우 적극적으로 민중에게 교화시켰다는 것, 그리고 그 속에서 Ⅰ에서 본 것처럼 대외관이 민중 속으로 침투하고 정착되어 갔다는 것을 상상하게 한다.[11]

이와 같은 민중교화가 행해졌던 장소를 추측할 수 있는 단서로서 다음의 사료를 보자.

> [逐 기]
> 返言上
> 爲異國御祈, 於八幡宮鄕民等今日晦日如形あそむへきよし, 加下知候之處,
> 法花堂にさとしの心をうらなひ候へハ, 今日たゝり候之間, 來月二日致其沙汰
> 之由, 其沙汰候也, 然る間, 昨日ヨリ今日マテ, 於八幡宮滿寺令祈禱仕候也, 恐
> 惶謹言,
> (醍醐寺 소장 『瑜祇行軌第九本』 紙背文書)

이 글에는 카마쿠라 말기 어느 장원의 八幡宮에서 행해진 異國 항복의 기도에 마을 사람들이 일정한 관계를 가지고 참석했다는 것이 나타나 있다. 물론 여기서 八幡緣起를 설법했다는 확증은 없지만, 마을 사람들이 참가할 때 法花堂에서 神佛의 계시(神託)를 점치는 행사가 행해졌다는 것을 아울러서 생각하면 그럴 가능성을 무턱대고 부정할 수도 없다.

---

11) 최근 宮次男 「八幡大菩薩御緣起と八幡宮御緣起」 (『美術研究』 333・335・336호, 1985~1986년)가 각 그림의 비교 검토를 시도하고 있다.

또한 諸神의 緣起를 기록한 ≪本地物≫로 대표되는 唱導文藝를, 각국을
돌아다니며 설법하던 하층 종교인들—御師, 陰陽師, 唱門師, 盲僧, 山伏 등
다양한 이름으로 불렀다—의 역할을 간과해서는 안된다. 민속학자 折口信
夫는 저서 「壹岐民間傳承採訪記」에서 다음과 같은 흥미있는 사실을 소개하
고 있다. 즉 明治시대 때 壹岐島에는 天台座主의 인가증을 가진 시논보(師
房)라는 盲僧이 봄·가을에 두 번 찾아와서 병을 쫓는 기도를 하는 한편, 俊
德丸·小栗判宮·石童丸 등의 說経節을 설법하면서 돌아다녔다고 한다. 이
이야기 속에는 宇佐·柞原 양 八幡宮의 本地物의 성격을 가진 『百合若說経』
도 포함되어 있다.

이와 같은 민중에 대한 교화·침투 과정에서 신들 자신도 받는 자의 입
장과 아울러서 그 성격을 변화시키거나 새로운 성격을 획득하지 않으면 안
되었다.

우선 몽골 침략을 경계로 하여 신들이 단순한 수호자의 성격에서 탈피하
여 실제의 전투에 몸소 참가하는 존재로 실체화되고 세속화되었다는 것을
지적할 수 있다. 그 실례는 전쟁 후 각지의 神社가 제출했던 注進(사건이 일
어난 것을 윗사람에게 보고함) 속에서 많이 발견할 수 있으므로 여기서는
두 개만 예를 들어보자.

『八幡愚童訓』甲本에는 神功皇后를 수행하는 인물로 河上·志島·鹿島
·春日·宝満·訪·熱田·三島·宗像·嚴島·住吉·高良 등 전국 각지의
신들의 이름이 엄청나게 등장하고 있는데, 그들은 전부 활과 갑옷으로 무장
하고 大將軍·副將軍·梶取(배의 키잡이) 등의 역할을 맡아서 三韓征伐에
참가한 병사들이었다. 또 『花園天皇宸記』(正和 3년 윤3월 19일조)에 따르
면 香椎·壹岐·高良·北野 등 北九州의 신들이 기도에 분발하여 異國征伐
에 나섰고, 香椎宮은 겨우 목숨을 건질 정도로 중상을 입었다고 한다. 민중
의 의식 속까지 파고들려면 신들이 신전 깊은 곳에만 머물러서도 안되며,
결국 바쁘게 나돌아다니지 않으면 안되었던 것이다.

두 번째로, 국가수호와 異國 항복의 영험을 자랑하던 伊勢나 八幡의 신도 민중의 요구에 맞춰 새로운 성격을 갖추지 않으면 안된다. 즉 병을 낫게하는 治病神으로서의 성격이다.

『看聞日記』(応永 28년 7월 11일조)에 따르면, 応永外寇 2년 후 京都에 역병이 만연했다. 이때 伊勢神의 계시가 내려왔는데, 역병은 2년 전 神明에게 멸망당한 異賊의 원한 때문이라고 하며, 액막이용으로 네 수의 神歌를 부르도록 권했다고 한다. 이 사료를 인용하여 瀬田勝哉는 「神明 때문에 멸망당한 원혼을, 다른 이도 아닌 정벌의 당사자 神明 자신이 위로」하려던 것으로 보고, 「여기서 伊勢의 신은 異國으로부터 나라를 지키는 國主神이라는 성격과, 역병을 진정시키는 治療神의 성격을 훌륭하게 하나의 논리로 구성함으로써 새로운 전개를 보여주게 되었다」고 평가했다.[12]

八幡神에 대해서도 동일한 이야기를 할 수 있다. 壹岐에 전하는 『百合若說経』(山口麻太郎 『百合若說経』 一誠社 소장)의 한 귀절을 소개한다.

> 鬼風そふたる病人に, 鬼風拂得させよと祈るには, 大臣殿鯨滿國鬼退治の說
> 經と, 我根元細にとき廣むる物ならば, 鬼風万里が外に拂ひ退け得させん

여기서 說経을 말하는 것 자체가 「鬼風」이 가져오는 역병을 떨쳐내는 효력이 있는 것으로 되어 있다. 「百合若說話의 성립에 관한 一試論」이라는 제목의 논문에서 前田淑은 百合若이라는 이름의 유래를 설명하면서 百合은 八幡의 秘藏의 꽃이며 「사람들을 위협하는 疫病을 진정시키는 꽃」이기도 하다, 라고 서술하였다.[13] 여기에는 異國征伐의 靈神인 八幡이 민중의

---

12) 瀬田勝哉 「伊勢の神をめぐる病と神-室町初中期の京都を舞臺に-」(『武藏大學人文學會雜誌』 12권 2호, 1980) 17~75쪽. 入間田宣夫의 敎示에 따르면, 仙台 부근에서는 鎌倉 시기의 비석을 「蒙古碑」라 부르고 수몰된 몽골병의 供養碑로 생각하며, 더 나아가 「무꾸리코꾸리 비석」이라 부르면서 그 조각을 아이들의 백일기침 약으로 먹이는 풍습이 있다고 한다. 진정된 異賊의 혼령은 異賊에 버금가는 위협인 疫病을 막는 효험이 있다고 생각했던 것이다.

소망에 응하여 治療神의 성격을 겸비하기에 이르렀던 것이 명백하게 나타
나 있다.

이 예에서는 경계 밖에서 침입하여 사람들의 생명을 위협하는 역병이 「鬼
風」이라는 말로 표현되어 있는 것이 눈길을 끈다. 鬼風의 근원인 異域, 그리
고 일본과 이역을 사이에 둔 경계에 대하여 중세인이 품었던 이미지는 어떤
것이었을까?

2. 일본의 경계와 그 바깥

『太平記』(권16, 日本朝敵事)에 「金鬼·風鬼·水鬼·隱形鬼라고 부르는
네 귀신을 이용해서」 배신했던 藤原千方의 이야기가 나온다. 이와 같은 귀
신의 조화는 범부의 힘으로는 어찌할 수가 없어서 伊賀·伊勢 양국에는 王
化에 따르는 자가 없었는데, 紀朝雄이라는 자가 宣旨를 지니고 내려와서 「풀
도 나무도 우리 大君의 나라이므로 異賊이나 귀신의 소굴이 아니다」라는
노래를 도깨비가 사는 곳으로 보내 쫓아버렸다고 한다. 「도깨비 소굴」이란
王化에 따르지 않는 땅, 즉 化外를 말하며, 반대로 말해서 王化를 받들지 않
는 자들은 전부 도깨비의 이미지로 파악했던 것이다. 이런 이미지는 그대로
외국에 반영된다. 예를 들어서 『八幡愚童訓』甲本에는 신라의 대장 녹륜(鹿
輪)이 「몸의 색이 붉고 머리는 8개이며, 검은 구름을 타고 허공을 날아다니
는」 귀신으로 묘사되어 있다. 요컨대 나라의 안과 밖을 구별하는 관념이 그
다지 명확하지는 않았고, 王化가 약해짐에 따라서 점차 異域의 성격이 강해
지며, 마침내 완전한 도깨비 소굴이 되는 것이다.

이러한 의식구조는 경계에 대한 이미지를 보면 한층 더 명확해진다.

---

13) 前田淑「百合若說話の成立に關する一試論－主人公の出生命名譚をめぐって－」(『福
岡女學院短期大學紀要』7호, 1970) 8쪽.

예전에는 도깨비가 살았으므로 鬼界嶋라고 불렀다. 지금은 또 어찌된 일인지 산봉우리에 유황이 가득해서 薩摩 硫黃嶋라고 부르게 되었다. 종종 이 섬에 사는 사람은 우리가 사는 곳의 사람과 다른데, 우리가 하는 말을 그들은 모르고, 그들이 하는 말을 우리는 모른다. 남자는 누구든 모자(烏帽子)를 쓰지 않고, 여자는 모두 머리를 (따서) 늘어뜨리지 않는다. 경작을 하지 않으므로 곡식 종류도 없고, 뽕나무 를 키우지 않으므로 비단(絹帛) 같은 것도 없다.

(幸若歌謠 『硫黃嶋에서』)14)

일본의 서쪽 경계로 유명한 鬼界嶋는 예전에는 도깨비가 사는 곳이었으 나, 王化를 입은 지금은 이름도 硫黃島로 바뀌고 사람이 사는 곳이 되었다. 그러나 사람이기는 해도 밑줄을 그은 부분처럼 「우리가 사는 곳의 사람」과 다른 점을 특히 강조했다. 근대 국가에서 국가간의 경계지역의 귀속이 첨에 하게 문제되었던 것과는 반대로, 여기서는 절반은 본국에 속하고 나머지 절 반은 異域에 속한다는 경계지역의 兩屬性 관념을 발견할 수 있다.

이러한 兩屬性은 경계지역을 진압함으로써 그밖의 異域까지 손쉽게 자 기가 지배할 수 있는 대상으로서 視界 안으로 들어오는 결과를 가져온다. 幸若舞曲『夢あはせ』에는 鬼界島와 外濱이라는 동서의 경계에 두 발을 디 딤으로써 高麗·契丹國·新羅·百濟까지 賴朝의 「領地」라는 관념이 꿈과 그 해석이라는 형태를 빌려서 상징적으로 드러나 있다.15)

---

14) 大會報告에서는 幸若歌謠를 인용했는데, 이 묘사는 보다 오래된 『平家物語』(권 2, 大納言死去)에서도 볼 수 있다.―「섬에도 원래 사람이 살기는 했지만 이곳 사람과 닮지 않았으며, 피부가 검어서 소와 같다. 몸에는 항상 털이 나 있고, 말을 해도 무슨 말인지 알기 어렵다. 남자는 모자(烏帽子)도 쓰지 않았으며, 여 자는 머리를 묶어서 드리우지도 않았다. 옷을 입지 않으면 사람같지 않다. 먹을 것도 없고 다만 살생(사냥)으로 살아간다. 경작을 하지 않으므로 곡식 종류가 없고, 뽕을 따지 않으므로 비단(絹帛) 같은 것도 없다」.

15) 이 이야기의 뿌리는 妙本寺本 『曾我物語』(권3)의 「왼쪽 발로는 奧州 밖의 바다 를 밟으시고, 오른쪽 발로는 西國 鬼界島를 밟으시고, 좌우의 소매로는 해와 달 을 품으시고, 작은 소나무 세 그루로 치장하시고 남쪽을 향해 걸어가셨다」는 한 귀절인데, 여기에는 「鬼界·高麗·契丹國」이라는 표현이 없다.

遁何可延. 南限熊野御山, 北限佐渡嶋, 東限㒵褐・津輕・蛮舶嶋, 西限鬼
界・高麗・硫黃嶋, 不懸鎌倉殿御氣候處耶.

(妙本寺本『曾我物語』9권)

이것은 大石直正이 「外濱・夷島考」라는 탁월한 논문에서 일본의 네 끝
을 표시하는 것으로 인용했던 사료이다.[16] 지금 주의해야 할 것은 東限에
蝦夷島, 西限에 高麗가 경계지역인 아쿠루・津輕, 鬼界, 硫黃島와 함께 나
란히 배열되어 있는 것이다. 즉 경계지역의 이미지의 비대화라는 형태로
鎌倉殿의 지배력이 미칠 수 있는 지역으로서 蝦夷島・高麗가 포함된다는
것이다.

중세 후기가 되어 異國・異域과의 접촉이 비약적으로 발전하자 경계에
대한 개념에도 약간의 변화가 나타난다. 海上境界라는 개념이 그것이다.

그 선구적인 예로서 1019년 刀伊의 入寇 때 적을 격퇴하고 추격하려는
병선에게 大宰權師가 내린 훈령을 들 수 있다(『小右記』寬人3년 4월 25일
조). 그 내용은 「먼저 壹岐・對馬 등의 섬으로 가야 하며, 일본의 경계를 한
도로 공격해야 하고, 新羅의 경계로 들어가면 안된다」는 것이었다. 여기서
는 명확하게 대한해협을 경계로 인식하고 있었다. 조선과 가까운 北九州에
서 외교교섭이 주요 임무인 大宰府의 관리로서는 앞에서 본 것과 같은 막연
한 경계관으로는 곤란하며, 보다 사실적인 인식을 일찍부터 갖지 않을 수
없었을 것이다.

중세 후기가 되면 왜구로 대표되는 해상세력이 중국 대륙과의 사이에서
일상적인 접촉을 가지게 된다. 문학작품에도 「일본은 작은 나라이다. 唐으
로 건너가 후대까지 이름을 남기리라」(御伽草子)『たむらのさうし』)라고 한
활기찬 표현을 볼 수 있게 되는데, 津田左右吉도 지적하듯이 왜구 활동을
반영한 것으로 인정할 수 있을 것이다.[17] 이와 같은 중국세력과의 접촉에서

---

16) 大明直正「外濱・夷島考」(關晃先生還曆記念『日本古代史硏究』吉川弘文館, 1980)
569쪽.

새로운 경계 관념이 생긴다. 「중국과 일본의 潮水의 경계가 되는 치쿠라가 (ちくらが) 바다」[18]가 그것이다. 『淨琉璃十二段草紙』에서 「치쿠라가 바다」는 중국 원숭이와 일본 원숭이가 서로 상대의 영역으로 넘어가려고 다투는 경계로 묘사되어 있다. 중일 양국의 해상세력이 부딪치는 것을 표상하고 있는 것으로 추측된다.

그런데 「치쿠라가 바다」의 어원은 한반도 남단에서 對馬島와 마주보는 위치에 있는 巨濟島의 옛 이름 「토쿠라」가 변한 것이라고 한다. 이 설이 정확하다면 『小右記』의 「日本境」「新羅境」과 연결되며, 일본 해상세력의 발전에 수반하여 중국과의 경계에서 의미가 변했다고도 생각할 수 있다. 게다가 江戶 시대가 되면 「치쿠라」는 ≪어느 쪽에도 속하지 않는다≫는 의미로 사용되며, ≪일본인이든 중국인이든 속하지 않는 사람≫을 「치쿠라모노(ちくらもの)」라고 부르곤 하였다. 앞에서 지적했던 경계의 兩屬性이 이 語義의 轉化를 생기게 한 것이라고 할 수 있다.

이상과 같은 海上 境界觀의 정착은 대외관의 일정한 진보를 의미하는 사실이다. 그러나 壹岐의 『百合若說経』의 「唐과 일본의 潮境, 千倉沖도 이미 지나고 鯨滿國과 申國이 보인다. 이 鯨滿國에 五萬의 小鬼가 산다. 그 대장은 키가 1장 6척이 넘고, 3면이 鬼神惡毒에 틀림 없다」는 문장을 보면 민중에게는 「치쿠라가 바다」 건너편은 여전히 귀신의 나라였던 것으로 생각된다. 왜구 등의 해상세력이 습득한 새로운 국제감각과 대외관은 극히 한정된 형태로만 일본의 사회의식에 뿌리를 내릴 수 있었던 것이다. 이 사실은 국제교류의 전개가 의식의 상위에 정착 할 때 거울에 비치듯이 있는 그대로의 형태로 후자가 전자를 반영하는 것이 아니라, 거기에 어떤 偏光이 생기는 것을 시사하고 있다.

---

17) 津田左右吉 『文學に現れた我が國民思想の研究』武士文學の時代 (洛陽堂, 1917). 岩波文庫版(3), 213쪽. 同(4), 22~23쪽.
18) 이 표현은, 일일이 예를 들지는 않겠지만, 幸若舞曲·說經節·古淨瑠璃·狂言 등 중세 후기의 문학작품에 빈번히 나오는 상투적인 문구이다.

Ⅳ. 국제교류의 전개와 대외관

1. 高橋=網野의 문제 제기

그런데 網野善彦은 최근의 글에서 高橋公明의 연구[19]를 수용하면서 다음과 같이 말했다. (1)지금까지 일본사의 「通念」이었던 「조선을 한 단계 낮은 나라」로 보는 관점은 14~15세기에 걸쳐서 막부 내부에도 존재하지 않았고 오히려 그 반대였다. (2)서일본 각지의 조선 통교자가 조선의 권위를 인정하고, 상대적으로 자립했던 관계를 조선과 결부시키고 있다. (3)이상과 같은 高橋의 연구성과는 지금까지의 왜곡된 歷史像을 잘 지적한 것이라고 할 수 있다.[20] 이 주장에 따르면, 중세 후기에 「조선을 한 단계 낮은 나라」로 보는 관점이 실재했다고 인정하는 입장은 낡은 통념에 사로잡힌 왜곡된 歷史像을 조장하는 것으로서 단죄할 수 있는 것이 된다. 결국 나의 이 보고와 같은 글이 적당한 하나의 예라고 할 수 있다.

물론 網野는 중세 후기의 일본이 동아시아의 통교관계 속에 상상 이상으로 긴밀하게 묶여 있었다는 사실과, 그럼에도 불구하고 종래의 일본 중세사 연구가 이런 사실을 부당하게 경시해 왔다는 硏究史의 편향을 지적하려는 것이며, 여기에는 나도 전혀 이론이 없다. 단지 문제는 국제교류의 광범위한 전개가 그 즉시 중세에 있어서 왜곡된 조선관의 존재를 부정하는 것이라고 낙천적이며 短絡的으로 생각하고 있는 부분에 존재한다. 그래서 이하에서는 高橋가 소재로 삼은 막부와 西國武士의 국제의식을 재검토 함으로써

---

19) 高橋公明「外交文書による室町時代の日朝關係」(1980년도 史學會大會報告.『史學雜誌』89편 112호, 1980년에 요지 게재. 나중에「外交儀禮よりみた室町時代の日朝關係」로 제목을 바꾸어『史學雜誌』91편 8호, 1982년에 게재).
20) 網野善彦「地域史硏究の一視點-東國と西國-」(佐々木潤之介・石井進編『新日本史硏究入門』東京大學出版會, 1982) 101쪽.

그들의 주장이 성립되는지 여부를 생각해 보기로 한다.

2. 幕府와 西國武士의 국제의식

鎌倉幕府의 대외관이 헤이안 귀족의 대외관과 결정적으로 다른 질을 가지고 있다는 것은 文治 4년 (1188)의 이른바 「鬼界島 정벌」을 둘러싼 과정에서 분명하게 드러난다. 『吾妻鏡』(같은 해 2월 21일조 및 3월 5일조)에 의하면, 막부의 의도가 京都에 전해지고 섭정 九條兼實로부터 「三韓을 항복시킨 것은 옛 일이다. 후대에 이르러서는 사람의 힘이 미치지 못하며, 그들의 섬의 경계는 日域(해가 뜨는 곳, 天下)이 심히 그 故實(典例와 고사)을 헤아리기 어렵다」는 간언이 모여졌다. 그래서 瀨朝는 잠시 생각 중이었는데, 宇都宮信房이 섬을 탐색해서 만든 「海路次第」라는 그림지도를 보고 「정벌」 결행에 나섰던 것이다. 兼實의 퇴영적인 대외관에 비하여 瀨朝의 적극적으로 정보를 수집하고 사실적으로 정세를 분석하는 태도는 예리한 대조를 이루고 있다.

入間田宣夫는 『중세 奧羽의 세계』 속에서 전국의 在地領主를 지휘·통제 아래 따르도록 하는 軍事權門으로서의 막부의 지위가 서해의 끝 鬼界島와 동방의 끝 奧羽 양국의 정복을 불가피하게 하였다고 지적하고 있다.[21] 하지만 이와 같은 막부의 실제적 대응이 전통적인 대외관, 특히 朝鮮觀에 대한 결별을 의미하는 것인지 어떤지는 대단히 의문이다. 오히려 軍事權門이었기 때문에 귀족이 그저 「사람의 힘이 미치지 못한다」고 두려워하는 데 그친 것에 비하여, 경우에 따라서는 공격적·모험주의적인 행동으로 나서는 일이 있었다. 文永의 役 이후의 「異國征伐」「高麗征伐」 계획은 좋은 예라고 할 수 있다. 그 배후에는 전통적인 조선에 대한 지배국 의식이 존재한

---

21) 入間田宣夫 「鎌倉幕府と奧羽兩國」(小林淸治·大石直正編 『中世奧羽の世界』 東京大學出版會, 1978) 45~47쪽.

다는 것을 예상할 수 있다.[22]

1443년, 2년 전의 嘉吉의 亂에서 살해된 足利義教의 조문을 목적으로 조선 사신이 일본에 왔다. 사신은 相國寺에서 "일본국왕" 足利義勝(10세)의 대리인인 管領 畠山持國과 대면했는데, 그때 양자의 좌석 배치(面位)를 둘러싸고 승강이가 있었다. 막부쪽이 ≪관령 북쪽, 사신 동쪽≫을 주장했던 것에 비하여 사신은≪관령 서쪽, 사신 동쪽≫을 주장하며 양보하지 않았고, 大和守 飯尾貞連이 ≪관령 동쪽, 사신 서쪽≫이라는 타협안을 냈다. 사신은 여전히 불만이었지만 飯尾의 의견으로 결정했던 모양이다(이상 『조선세종실록』 25년 10월).

奧村周司에 의하면, 국왕과 사신의 面位를 정하는 방법은 국가간의 위치관계를 시각적으로 명시하는 것으로서 외교상 중요한 문제가 되어 있었다.[23] 막부가 주장했던 面位가 가진 의미에 대해서는 여전히 신중한 검토가 필요한데, 적어도 管領(왕)이 남쪽 위치를 차지하려 했고, 사신이 그것을 기피하고 있다는 것은, 명백한 군신관계는 아니라 해도 막부가 조선을 한 단계 낮은 위치에 두려고 했다는 것을 의미한다고 보아도 지장이 없다.

이상의 사실은 막부가 동아시아의 외교관계에 있어서 관례의 의미를 충분히 익힌 다음에 상당히 유연한 외교적 대응을 했다는 것을 뜻한다. 그러나 이와 동시에 조선을 하위에 두려고 하는 전통적인 의식이 남아 있다는 것도 간과할 수는 없다. 이 사실은 『조선성종실록』(10년 2월 병신조)을 보면 한층 더 명백하다. 이 기록은 1443년의 사신 왕래에 관하여 36년 후에 수행원의 한 사람이었던 李仁畦와 당시의 왕 성종 사이에서 주고받은 문답을 적은 것이다. 이 문답에서 알 수 있는 것은 1443년 조선 사신의 주장의 근거가 「나와 그대는 均敵(=균등)」이라는 점에 있으며, 막부의 주장이 「그

---

22) 松井注(1) 논문, 83쪽.
23) 奧村周司「高麗の外交姿勢と國家意識-『仲冬八關會儀』および『迎北朝詔使儀』を中心として-」(歷史學研究別冊特輯『民衆の生活・文化と變革主體』青木書店, 1982) 75~77쪽.

대의 나라는 옛날부터 來朝하는데, 그대는 어째서 혼자 그렇게 하지 않는가」
라는 점에 있었다는 사실이다. 그리고 막부측은 자기 주장의 근거로서 「高麗
來朝, 新羅來朝」의 취지를 기록한 「문서 한권」을 끄집어 내고 있는 것이다.

이상의 검토에 의하여 高橋의 견해와는 반대로 15세기의 막부 내부에 조
선을 한 단계 낮은 나라로 보는 관점이 존재했다는 것이 명백해졌는데, 그
렇다면 西國武士의 경우는 어떨까? 1443년 조선 사신의 일본 방문을 기록
한 『조선세종실록』(25년 10월 갑오조)에 의하면, 사신을 영접했던 大內教
弘은 「정원 아래 서서 몸소 맞이했으며, 堂에 올라가서 무릎을 꿇고 머리를
조아렸다」는 것처럼 지극히 겸손한 예를 취하고 있다. 高橋가 「西日本의 모
든 大名은 조선을 권위로써 맞이했다」고 강조하는 것도 지극히 당연한 일
로 보인다.

그러나 大內氏나 對馬島의 宗氏처럼 領國 재정의 상당 부분을 대외교역
에 의존하고 있던 大名들은 경제상의 필요 때문에 조선에 대하여 허리를 굽
히지 않을 수 없었다고 생각할 수도 있다. 이것을 바로 「권위로써 맞이하였
다」고 해석하는 것은 역시 성급한 결론이라는 비난을 면하기 어렵다. 1460
년대 조선에 나타났던 瑞兆에 대하여 수많은 일본 무사가 무리를 지어 경하
했던(『海東諸國紀』) 것도 조선 존중의 마음을 드러냈다기보다는 회사품이
목적이었던 것이 아닐까?[24]

그 까닭은 이 해에 조선에 들어왔던 무사 중에 伊予의 河野盛秋가 있었
는데, 河野氏의 족보 『予章記』(무로마치 말기에 성립)에 보이는 2개의 설화
에서 조선관과 중국관의 너무나도 큰 차이를 읽지 않을 수 없기 때문이다.

---

24) 『세조실록』(원년 12월 己酉條)에 의하면, 1455년 1년 동안 조선에 왔던 「日本
國諸處使送倭人」은 6116인이라는 다수에 이르렀으며, 「구리·납·철을 많이
가지고 연달아 왕래하므로 백성들이 弊를 입고, 국가의 비용도 또한 적지 아니
합니다」라고 하였다. 왜인의 이러한 행동에 대하여 禮曹는, 「정성을 바친다고
말하지만 1년에 使者가 몇 번씩 이르러 연달아 왕래하면서 오직 이익을 도모하
기에만 힘쓰니, 진실로 간곡한 정성을 바치는 도리가 아니다」라고 본질을 간파
한 관찰을 하고 있다.

즉 한쪽의 설화(益躬條)에서는 三韓 夷賊의 일본 침공과 격퇴를 이야기하고, 포로의 무릎 뒷쪽 근육을 자르고 해변에 놓아주었는데 이들의 자손이 지금의 海士이며, 이것을 근거로 河野는 西國의 어부를 하인으로 거느리고 있다는 것이다.[25] 다른 설화(玉興條)에서는 河野의 조상 중에 중국의 越나라 사람이 있으며, 그런 까닭에 河野의 원래의 姓은 越智라고 한다는 것이다.

이상과 같이 西國武士의 국제의식은 상당히 복잡해서 단순한 논리로 파악할 수 있는 것이 아니다. 어쩌면 왜구나 무역상인도 마찬가지일 것이다. 그러나 중세의 한일관계가 豊臣秀吉의 조선침략이라는 귀착점으로 모아지는 것을 생각하면, 무로마치시대의 한일관계는 손도 대지 않은 채 ≪선린관계≫로 평가하는 풍조에 나는 도저히 익숙해지지 않는다. 室町期의 조선을 받들었던 것도, 文祿·慶長期에 조선에서 마음대로 잔혹한 행위를 했던 것도 모두 동일한 西國武士라면 그 격차를 메꾸는 데 히데요시의 專制 만으로는 아무래도 부족하다고 생각하기 때문이다.

3. 사실의 전개와 의식의 틀

이상의 고찰로 국제의식을 파악할 때는 사실의 차원과 의식의 차원을 확실히 구별해 두지 않으면 안된다는 것을 알았을 것으로 생각한다. 이것을 漂流 체험을 가졌던 의미에 입각하여 좀 더 생각해 보기로 하자.

宮內廳書陵部가 소장한 九條本家에 『漂到琉球國記』[26]라는 제목의 책 한

---

25) 相田二郞이 「石淸水八幡宮愚童記」의 書名이 보이는 사료로 소개했던 『大友家文書錄』 長祿 4년(1460) 12월일 河野敎通申狀에는 「一, 三十四代 推古天皇第八(庚申)新羅賊來, 異國戎人八千餘輩, 鑵人爲將襲來, 終着幡磨國 明石, 鑵人之首於取天, 奉天皇, 或誅之, 或虜之, 切足棄置西海之浦濱, 適存者, 自上古之于今, 彼奴原召仕自也」라고 하여 『予章記』의 첫번째 설화와 부합하는 기록을 볼 수 있다(相田 『蒙古襲來の硏究·增補版』 吉川弘文館, 1982년, 543쪽).

26) 이 사료는 森克己 『續日宋貿易の硏究』(國書刊行會, 1975) 160~162쪽에 소개되어 있으며, 「琉球」는 지금의 臺灣을 가리키는 것으로 해석되고 있다.

권이 있다(寬元 2년 9월 28일 慶政聞書, 『圖書寮叢刊 · 諸寺緣起集』明治書院 소장). 寬元 원년(1243) 9월, 五島에서 출항하여 宋으로 가던 배가 폭풍을 만나 어떤 섬에 표착한다. 17일, 여기가 어딘지 의논한 끝에 어쩌면 琉球國일지 모른다고 결론을 내렸을 때 사람들의 기분은 「목숨이 풍전등화와 같은데 이를 어찌하면 좋은가?」라는 것이었다. 어째서 생명의 위험을 느껴야 했던 것일까? 19일에는 어느 오두막의 화로 속에서 해골을 찾아냈는데, 「이것으로 보아 이미 오래 전부터 琉球國에 왕래했음을 알 수 있다」고 했다. 실은 『今昔物語集』(11-12)에 琉球에 대하여 「그 나라는 바다 가운데 있으며, 사람을 잡아먹는 나라」라는 구절이 있다. 일반적인 이미지로서 사람들의 머릿속에 琉球=食人國이라는 관념이 있으며, 그것이 해골의 발견과 연결되어 공포심이 생겼던 것으로 생각된다.

계속해서 20일에는 처음으로 琉球人이 등장하고, 21일에 약간의 전투가 있은 다음, 22일에는 평화롭게 물건을 교환하고 있다. 이 평화적인 접촉을 통하여 琉球人의 풍속도 관찰할 수 있었으며, 琉球의 감자와 김을 먹고 「맛은 우리나라와 같다」는 소감도 밝혔다. 이러한 체험은 食人國이라는 선입관을 타파하고 琉球人도 일본인과 같은 인간이라는 새로운 인식을 가져도 되는 것으로 생각할 수 있다.

그런데 다음날 순풍이 불어 바다로 나갔는데, 배가 전진하지 않는 것은 배 안에 유구의 물건을 실은 탓이며, 신이 그것 때문에 분노한 것으로 여기고 바다에 던져버리고 만다. 29일에 겨우 宋의 해안에 당도하자 「鬼國之凶嗾에서 벗어났다」, 하마트면 도깨비에게 잡아먹힐 뻔했다, 라고 하며 가슴을 쓸어내리고 있다. 모처럼의 귀중한 체험이었음에도 불구하고 의식 속에 새로운 대외관이 뿌리를 내리지 못했으며, 결국 琉球는 귀신이 사는 나라, 사람을 삼아먹는 나라로 남겨지게 되었다. 말 그대로 도로아미타불이 된 것이다.

동일한 의식구조는 무로마치시대의 御伽草子의 하나인 『御曹子島渡り』에서도 엿볼 수 있다. 이것은 義經이 秀衡의 권유로 우조가시마(ゑぞが島)의 喜見城에 잠입해서 병법서를 빼앗아 온다는 이야기인데, 그 속에 義經이 陸奧의 十三湊에서 배를 타고 떠나는 장면이 있다. 그 중에 「이곳은 北國 혹은 高麗의 배도 들어온다」는 선장의 독백이 눈길을 끈다. 고려와 十三湊를 연결하는 日本海의 해상교통이 반영되어 있기 때문이다. 그러나 동시에 十三湊에서 한 걸음 내디디면 그곳은 馬人島, 나체섬, 女護의 섬, 小人島 등 전혀 다른 부류가 사는 세계였다는 것 또한 간과할 수 없다. 귀신이 사는 나라라는 전통적인 대외 이미지는 국제교류의 광범위한 전개와 손쉽게 공존할 수 있었던 것이다.

그러면 이처럼 사실을 있는 그대로 받아들이는 것을 방해하고, 의식을 정해진 틀에 끼워넣고 마는 힘은 무엇일까?

瑞溪周鳳의 저서 『善隣國寶記』는 일본 최초의 정리된 외교사 서적이라고 하며, 瑞溪 자신도 明으로 보내는 외교문서를 작성했던 경험을 가진 인물이다. 따라서 이 책의 序文에서부터 그의 국제의식을 들여다보기로 하자. 서문은 먼저 우리나라가 神國인 까닭을 알리기 위하여 『神皇正統記』의 발췌문을 본서에 수록했다고 적었다. 이어서 ≪우리나라가 神國이라면, 불법을 배우는 자의 왕래를 기록하는 이유가 무엇인가?≫라는 질문을 상정하고 다음과 같이 대답한다. 「아직 神國이 佛國인 까닭을 알지 못한다. 무릇 이 나라의 여러 신은 모두 손으로 적은 것이다. 그 책은 즉 三世諸如來·十地大菩薩이다」. 이 의식에서는 불교 승려가 왕래했던 역사적 史實 마저도 佛光禪師 無學祖元의 일본 방문은 八幡神의 요청으로, 智證大師 圓珍의 入唐은 日吉神의 권장 때문이라는 식으로 모두 神의 意思가 표현된 것이 되고만다. 이른바 역사의 神話化가 행해진 셈이다.

이상과 같이 이 서문은 II에서 언급한 顯密主義의 국제의식을 보여주는 하나의 표본이라고 할 수 있다. 일류 지식인이며, 풍부한 지식과 외교경험도 이같은 정통 이데올로기를 미동조차 시킬 수 없었다. 여기서 나는 국제의식의 한계가 되는 의식의 틀로서 顯密主義를 발견한다. 바꿔 말해서 顯密主義는 모든 사태를 神佛의 意思가 표현된 것으로 간주하며, 오로지 불가사의한 神佛의 힘에 의지하려는 태도라고 해도 좋을 것이다. 체험의 의미를 자신의 논리로 해석하는 것이 아니라 이미 주어진 神佛의 논리로 해석해 버리면 체험이 의식에 새로운 것을 가져오지 않는다는 것은 당연한 일일 것이다.

그리고 이러한 특징은 Ⅲ에서 본 사회의식으로서의 對外觀에서도 많든 적든 발견할 수 있는 것이다.

두터운 대중적 기반을 가진 百合若傳說을 문학작품에 정착시킨 것 중의 하나에 幸若舞曲의 『百合若大臣』이 있다. 이 詞章(시문)에서는 "어라! 불편하군. 公事(공무)를 맡은 사람은 무슨 일이라도 슬픈 일이 많은 것이야. 사람들의 위라고 생각하여 '도와줘'라고 하면, 안녕하고 돌아오지 않는 그 바람 같은 마음을 알 수 없구나."라고 하는 민중적 발상을 확인할 수 있다. 그러나 그것은 "尊勝陀羅尼로부터도 社耶社耶昆社耶라는 梵字가 三毒의 불가사의한 화살촉이 되어 蒙古의 눈을 쏘아버렸다. '不動의 眞言'에 含鑁이라는 두 글자가 검이 되어 날아들어 많은 蒙古의 목을 자르고, 觀音經의 명문에 於怖畏急難이라는 梵字가 금으로 된 방패가 되어 蒙古의 화살을 막아내 아군의 단 하나의 기병도 손을 쓰지 않았다."라고 하는 극히 신비적이고 밀교적인 세계로 끊임없이 계속되고 있다. 또한 壹岐의 『百合若說經』을 말할 때 이용되는 '유리(그リ)'라는 악기는 "大日如來의 일본 세계의 형태를 배웠고, '유리'와 '오리소메(纖染)'를 주었다. 이 유리라고 하는 것의 형태는 일본국의 형태이다."라고 되어 있다.

이러한 밀교적 발상이 민중의식의 틀로서 했던 역할은 별로 밝혀진 것이 없는데, 民衆史에 있어서 매우 중요한 연구과제라고 나는 생각한다.

게다가 이 의식의 틀은 자기의 습속을 절대화하고, 그 습속에서 벗어난 인간을 정직한 인간으로 인정하지 않는 태도를 낳는다. 앞에서 언급했던 『漂

到琉球國記』와 幸若歌謠『硫黃島의 안』은 琉球國과 鬼界島의 주민이 모자 (烏帽子)를 쓰지 않는 것에 특히 주목하고 있는데, 이것도 그러한 태도에 근 거한 것으로 생각할 수 있다.

앞에서 언급한 『성종실록』(16년 2월 병신조)의 왕과 李仁畦의 문답에는 1443년의 조선 사신이 일본에서 받은 접대에 관하여 이야기하는 부분이 있 다. 어느 절에서 사신이 물과 먹을 것을 청했는데, 응대했던 중은 사신이 사 용한 식기를 즉시 파기해 버렸다. 그 이유는 「너는 이를 염색하지 않았고, 얼룩무늬 옷(班衣)을 입지 않았고,[27] 즐겨 짐승고기를 먹으니 참으로 추하 다」는 점에 있으며, 「(우리를) 보면 반드시 코를 막고 지나갔다」고 한다. 일 본인의 이러한 행동은 물론 살생을 금했던 불교의 계율에 연원을 둔 것이겠 지만 여기서는 노골적인 배타주의를 드러내는 것이며, 조선인 멸시와 관련 된 성격을 가지고 있다는 것을 염두에 두지 않으면 안된다.

V. 결 론

원래대로라면 여기에 간단히 결론을 정리해서 이 글을 매듭지어야 하겠 지만, 아무래도 두서없는 이야기 뿐이라서 그렇게 될 것 같지도 않다. 그대 신 다음의 그림 두 장에 관해서 한마디 하고 싶다. <그림 1>은 표류선을 습격해 오는 琉球人을 그린 것. 실제의 체험을 기억이 생생할 때 그린 그림 으로 琉球人의 풍속이 상당히 리얼하게 표현되어 있다. <그림 2>는 여러 번 언급한 百合若說話의 한 장면, 「치쿠라가 바다」에서 百合若이 무쿠리와 싸우고 있는 장면. 이 그림에서 무쿠리는 뿔이 나고, 입에서 안개를 뿜는 도

---

27) 얼룩무늬 옷(班衣)란 조선인의 「흰옷(白衣)」에 대하여 무늬가 있는 옷(예를 들면 「靑質白文」, 즉 푸른 바탕에 흰 문양을 물들인 것)을 말하며, 일본 풍속의 두드 러진 특징으로 인정되고 있다. 鮎貝房之進『朝鮮人의 日本風俗觀』稻葉岩吉博士 還曆記念『滿鮮史論叢』同記念會刊, 1938) 62, 65쪽 참조

깨비 모습을 하고 있다.

百合若說話는「오딧세이」의 수입판이라는 견해가 있을 정도로, 전세계에 분포하는 海上流浪譚의 하나로 생각되고 있다.[28] 왜냐하면 琉球 표류와 같은 체험이 여러 번 거듭해서 의식의 밑바닥에 쌓인, 그 퇴적 속에서 생겨난 이야기라고 할 수 있기 때문이다. 즉 체험이 說話化되는 과정에서 이국인은 도깨비로 형상화된다. 두 장의 그림을 비교해 보는 것으로 ≪의식의 틀≫이라는 것을 시각적으로 이해하실 수 있을 것으로 생각한다.

해상에서 만나는 적이 도깨비라고 이해한다면, 그것을 무찌르는 일에 사람의 힘은 완전히 무력해지고 만다. 예를 들어서 応永 外寇의 경우, ≪薩摩를 습격한 중국인 중에 도깨비 같은 모습을 한 사람이 있으며, 사람의 힘으로는 이기기 어렵다≫ 는 소문이 퍼졌다고 한다 (『看聞日記』応永 26년 7월 20일조). 이것은 중세 후기의 영웅 이야기를 읽으면서 종종 맛보는, 어쩐지 따돌림을 당한 듯한 느낌과 관계가 있다. 이 느낌의 유래를 생각해 보면, 津田左右吉이 이미 지적했듯이[29] 영웅의 승리가 그 자신의 능력이나 지혜에 의한 것은 아니며, 항상 불가사의한 힘이 작용한 덕택에 그렇게 되고 말았다는 데에 있다고 생각한다. 영웅은 전적으로 神佛의 꼭두각시 인형에 지나지 않는 까닭에, 독자는 자력으로 곤란한 상황에 정면으로 대항하려는 자에게만 모아지는 인간적인 공감을 느끼지 못하며, 읽은 뒤에 남는 것은 神佛의 고마움이라는 공허한 인상에 불과하다. 神佛이 의식의 구석구석까지 침

---

28) 金關丈夫『木馬と石牛―民俗學の周邊』(角川選書, 1976) 47쪽 이하. 초판은 1955년 간행.

29) 津田注(17)의 책, 문고판(4), 36쪽에「인간 만사는 사실상 인간이 한 것이 아니라 모두 불가사의한 힘이다. 가냘픈 여자와 귀공자 뿐만 아니라 귀신을 퇴치하는 무사적 영웅이라도 마찬가지이며, 賴光의 大江山 정복은 住吉·八幡·熊野의 신의 가호에 의한 것이며, 田村磨의 오오다게마루 퇴치도 千手觀音과 鞍馬의 多聞天의 힘이며, 神變 불가사의한 활동을 한 것이다. 百合若大臣이 몽골을 격파한 것은 말할 것도 없이 神力이며, 무인도에서 여러 해를 보낸 뒤에 귀국할 수 있었던 것도 人力은 아니다. 義經이 喜見城에서 병서를 훔친 것도 弁天의 화신인 天女의 계획이었고, 弁慶이 平家의 포로를 면한 것도 法力」이라는 지적이 있다.

투해서 사상의 성장을 틀 속에 가두었던 중세인의 정신상태를 여기서도 확실히 인식할 수 있다고 생각한다.

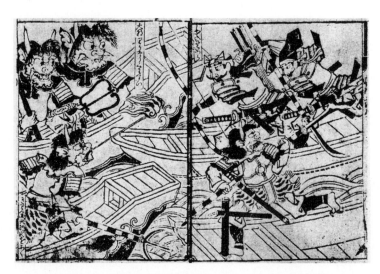

〈그림 1〉 九條家本 「漂到流球國記」 卷末 (宮內庁書陵部所藏)

〈그림 2〉 說經節 「ゆりわか大じん」 さしえ (東京大學附屬總合圖書館所藏)

제2절 中世人의 朝鮮觀을 둘러싼 논쟁

1.

1장은 원래 1982년도 역사학연구회대회의 中世史部會 보고이지만, 그 중에서 중세인의 조선관에 관한 高橋·網野의 학설을 비판했기 때문에, 보고 후의 토론 및 그 이후에 있어서 두 사람과 나와의 사이에 여러 가지 논쟁이 있었다. 논쟁이 있었다기보다는 두 사람이 격렬한 어조로 반론을 제기한─그 주요한 원인은 내가 보고에서 부주의로 「樂天的이며 短絡的」이라는 용어를 사용했기 때문이며 깊이 반성하고 있다─것에 대하여 나는 한 두편의 논문 속에서 논술상 필요한 경우에만 짧게 답한 것에 지나지 않는다. 내 보고에 비판을 불러올 만한 불충분한 점이 있었다는 것은 애초부터 자각하고 있었으며, 조금이라도 그것을 보충하기 위해서 앞으로의 연구─아래에 게재한 ⑦·⑨ 및 「建武·무로마치 정권과 동아시아」(『アジアのなガの中世日本』 Ⅱ장)·「중세 일본열도의 지역공간과 국가」(『アジアのなガの中世日本』 Ⅲ장)─에서 내 나름대로의 인식을 발전시켜 왔다고 할 수 있다. 따라서 주제를 둘러싼 연구의 구체적 전개에 대해서는 그쪽에 양보하는 것으로 하고, 이 補論에서는 오해로 비쳐질 수 있는 비판에 대해서만 필요한 반론을 해 두고 싶다.

먼저 관계된 문헌 일람을 발표된 순서로 제시해 놓는다.

① 網野善彦「地域史研究の一視点─東國と西國─」(佐々木潤之介·石井進編 『新編日本史研究入門』 東京大學出版會, 1982년 3월) 101쪽. 나중에 網野 『中世再考─列島の地域と社會』 (日本エディタースクール出版部, 1986년 4월)에 제목을 바꾸고 가필하여 다시 수록.

② 高橋公明「外交儀禮よりみた室町時代の日朝關係」(『史學雜誌』 91편 8호,

1982년 8월) 77-83쪽.

③ 村井章介「中世日本の國際意識について」(歷史學硏究別冊『民衆の生活
· 文化と變革主體』靑木書店, 1982년 11월) 63-64쪽.

④ 高橋「村井報告批判」(『歷史學硏究』510호, 1982년 2월 2일) 56-58쪽.

⑤ 網野「遍歷と定住の諸相」(『日本民俗文化大系』6漂泊と定着, 小學館,
1984년 3월) 14, 31쪽.

⑥ 高橋「室町幕府の外交姿勢」(『歷史學硏究』546호, 1985년 10월) 29-30쪽.

⑦ 村井「中世における東アジア諸地域との通交」(『日本の社會史』1列島內
外の交通と國家, 岩波書店, 1987년 1월) 134쪽.

⑧ 高橋「朝鮮遣使ブームと世祖の王權」(田中健夫編『日本前近代の國家と
對外關係』吉川弘文館, 1987년 4월) 344, 363-364쪽.

⑨ 村井「朝鮮に大藏經を求請した僞使について」(⑧과 同) 336-338쪽.

⑩ 高橋「朝鮮外交秩序と東アジア海域の交流」(1987년도 歷史學硏究會報告.
『歷史學硏究』573호, 1987년 10월) 70, 75쪽.

2.

　먼저 사소한 것이지만 高橋의 견해와 網野의 견해의 관계에 대해서 확인
해 두고 싶은 것이 있다. 網野는 ⑤에서「한편 高橋의 견해에 대한 網野의
단지 이 정도의 평가로써『高橋＝網野의 문제제기』로 삼는 것도 약간『短絡
的』이며, 高橋에 대하여 예의에 어긋나는게 아닐까」라며 나를 비난하고 있
다. 과연 이 문제에 관해서 구체적으로 논점을 제기하고 있는 것은 高橋이
며, 網野는 그것을 인용하고 있는데 지나지 않기 때문에 網野의 비난은 당
연한 것처럼 보인다. 그러나 나는 역사학연구회대회에서 ③의 보고를 했던
1982년 5월 무렵에는 高橋의 ②는 아직 나와 있지 않았으며, 그 원형인
1980년도 사학회대회보고의 짧은 요지가 발표되었을 뿐이었다(『사학잡지』
89편 12호 76쪽). 高橋의 견해는 모든 내용이 밝혀지기 전에 ①에 소개되었
던 것이며, 더욱이「이제까지의 왜곡된 歷史像을 훌륭히 지적한 … 연구성
과」라는 자극적인 평가마저 받았었다. 내가 網野를 본의아니게 인용할 수밖

에 없었던 것은 내용이 불분명한 새로운 학설을 ≪일본사연구입문≫이라는 공간에서 크게 평가했던 網野 쪽에 원인이 있다. 그것을 문제삼지 않고 「高橋에 대하여 예의에 어긋난 것이 아닐까」라는 등 고자세로 힐책하는 것은 연구자 대등의 원칙에 비추어 정당한 태도라고 할 수 있을까?

다음으로 「왜곡된 歷史像을 지적했다」는 網野의 평가를, ③에서 「국제교류의 광범위한 전개가 곧바로 중세에 있어서 왜곡된 조선관의 존재를 부정하는 것이라고, 낙천적이며 단락적으로 생각하고 있다」고 비판했던 것에 대하여 網野는 어떤 근거도 제시하지 않고 「『낙천적』은 전적으로 요점을 벗어난 것이며, 『단락적』은 그대로 무라이에게 반려한다」며 다분히 감정적인 말로 되받아쳤다(⑤). 언어 사용에 배려가 충분하지 못했던 점은 충분히 인정하고 싶다. 그러나 網野가 ①에서 「高橋公明은 지금까지 일본사의 『통념』이었던 『조선을 한 단계 낮은 나라』로 보는 관점은 14~15세기에 걸쳐서 막부 내부에도 존재하지 않았으며 오히려 반대였다는 점, 서일본 각지의 조선통교자가 조선을 권위로 인정하고 상대적으로 자립했던 관계를 조선과 맺고 있던 점 등을 풍부한 사례를 통해서 밝혀냈다」고 서술하고, 이것을 「역사상의 왜곡을 훌륭하게 지적한 것」으로 평가하는 이상, 網野가 말하는 왜곡된 역사상이란 「『조선을 한 단계 낮은 국가』로 보는 관점이 중세 후기에 실재했다는 것을 인정하는 입장」(③)을 가리키는 것이 명백하다. 만약 그렇다면 나의 학설도 왜곡된 역사상의 견본이 되고 만다. 실제로 網野가 그렇게 생각하고 있다는 것은 보고 후의 토론에서 내 보고를 「통설적인 견해를 아주 상세하게 전개했을 뿐이라고 평가했다」는 것이 보여주고 있다(「토론요지」).

보통 「일본인의 朝鮮史像이 왜곡되어 있다」고 할 때, ≪조선의 근대화가 늦은 것은 민족의 자질이 낮은 데 원인이 있으며, 일본의 식민지 지배는 오히려 조선을 근대화로 이끄는 역할을 했다. 조선민족이 전통적으로 자립 의욕이 적었던 것은, 일본이 타국·타민족에게 종속했던 예가 없는데 비하여 조선은 중국에 일관되게 사대의 자세를 취했고, 때로는 일본에도 조공했던 역사적 사실이 증명하고 있다≫는 등의 역사인식이 떠오르게 된다. 내 보고의 핵심 모티브는 이러한 「근대 일본의 아시아 인식, 특히 조선관의 왜곡」을 「역사적으로 근거가 되고 있는 의식의 低流」에 깊이를 측정할 수 있는 저울추를 늘어뜨리는 데 있으며(③), 중세 일본인의 의식에 존재했던 조선을 한 단계 낮게 보는 관점 내지는 낮게 보고 싶다는 바램도 이러한 동기에서 문제삼고 있는 것이다. 같은 대상을 다루면서도 일본의 식민지 지배를 긍정하는 입장에서 그것을 강조하는 것과, 근대 이후의 왜곡된 조선관을 극복하는 길을 찾기 위하여 그 원류를 검토하는 것과는 하늘과 땅 만큼의 차이가 있다. 網野는 「통념」이라든가 「통설」 등의 상표를 붙여서 이 차이점을 의식적인지 무의식적인지 혼동하고, 조선을 한 단계 낮은 나라로 보는 관점의 실재를 인정하는 것 자체가 역사상의 왜곡에 가담하게 되는 것처럼 말한다. 그것이 나에게는 「단락적」으로 느껴졌던 것이다. 또한 내가 「낙천적」이라고 한 것은 무로마치・江戸期의 한일관계에 대하여 「선린」으로 볼 수 있는 표상만을 일방적으로 강조하는 최근의 유력한 풍조에 網野가 동조하고 있다고 느꼈기 때문이다.

3.

高橋의 반박④은 자신의 사료해석의 제시를 다른 논문(⑥을 가리키는 것으로 생각됨)으로 미루고, 그 대신 나의 「歷史事象에 대한 자세」로 창끝을 돌려서 「삐뚤어진 연구자세」, 「단호하게 배척해야 하는 방법론」이라고 단죄했다. 網野가 나를 힐책했던 것과 꼭 닮은 말투를 여기서도 볼 수 있다. 비난은 서일본의 통교자가 조선을 권위로 받아들이고 있었다는 高橋의 주장에 대하여, 「경제상의 필요 때문에 어쩔 수 없이 조선에 대하여 자세를 낮추었던 것으로 생각할 수도 있다」고 의문을 제기했던(③) 부분에 집중된다.

상식적으로 생각하기를 바라지만, 전근대가 政經 미분리라고 해도 정치자세를 문제로 삼던 시기에 경제상의 이유를 아무리 주장해도 해답이 될 수 없다는 것은 당연하지 않을까? 예를 들면 다음과 같은 반론을 즉석에서 할 수 있는 것이다. 大內씨는 神國思想에 기초한 국제의식을 가지고 있었다. 그러나 경제상의 이익을 위하여 그에 반하는 외교자세를 택했다. 그렇다면 요컨대 大內씨의 신국사상은 현실의 외교관계를 규제할 수 있을 정도로 확고한 것은 아니었다. 이상이다. 조선관의 왜곡을 역사적으로 검토하기 이전에, 무라이씨 뿐만 아니라 이제까지의 研究史가 왜 이렇게 왜곡된 연구자세를 택하여 왔는가를 검토해야 하지 않을까?

이 문장 속에는 정치와 경제의 관계 및 국제의식과 외교자세의 관계라는 두 가지 모티브가 충분히 구별되지 않은 채 동거하고 있다. 전자에 대하여 인상적인 것은 정치자세의 배후에서 경제적인 동기를 끄집어낸 것을 준엄하게 거절하는 기묘한 「상식」이다. 일본인의 조선통교에 있어서 경제적인 이익을 추구한 나머지 상대방에게 말을 낮추는 것이 절대로 있을 수 없다는 뜻인가. 大內씨를 예로 든 「반론」을 보면 高橋도 그렇게 생각하고 있지는 않은 것같다. 그렇다면 경제적인 동기를 논리에서 제거하고, 통교자가 조선 측에 바친 문서의 문장을 그대로 받아들이는 것이 그들의 국제의식을 해명하기 위한 유일하고 왜곡이 없는 방법이 된다는 것인가?

또 高橋는 내가 중세의 「政經未分離」를 전제로 경제상의 이유를 거론한 것처럼 말하지만 사실은 전혀 반대이다. 중국·조선 등의 중앙집권적 관료제 국가에서는 외국과의 통교·무역이 국가에 의해서 통제되고, 국왕 내지 공권력의 이름을 빌린 사신 이외에는 비합법으로 되돌려보냈다. 요컨대 여기서는 「政經不可分離」의 원칙이 일관되게 적용되고 있다. 이에 비하여 중세 후기 일본의 권력분산 상황은 각 통교자가 경제적 욕구 실현을 위하여 직당한 정치자세를 시의적절하게 사용하는 것이 가능했다. 상대방의 「경제 불가분리」 원칙을 거꾸로 쥐고, 상대가 바라는 정치적 종속의 형식을 취하기만 하면 통교자는 경제적 이익을 손에 넣을 수 있었다. 그럴 때 어떤 종속

관계를 맺느냐는 통교자의 마음이며, 일본의 권력은 그것을 이유로 그들을 벌할 수 있을만한 논리도 힘도 지니고 있지 않았다. 반대로 권력 자신이 그러한 통교자의 무리 속으로 스스로를 던지는 일마저 있었다. 결국 일본인 통교자는 국가에 대한 귀속의식 및 국가에 의한 규제로부터 매우 「자유롭게」 자신의 활동을 전개할 수 있었지만, 반면에 그 활동은 조선으로의 入貢이라는 외관상의 종속형식과는 모순되게 경제적 이익을 손에 넣기 위해서는 억지도 서슴치 않는 끈질김을 지니고 있었다. 논문(⑨)에서는 그 좋은 예로 「僞使」를 다루면서 高橋의 견해를 비판 했던 것이다.

국제의식과 외교자세의 관계로 옮겨가자. 高橋는 현실 외교에서 규제력을 가질 때만 국제의식이 검토의 대상이 된다고 생각하는 듯하다. 그러나 보통은 눈 앞의 이익 추구에 밀려서 의식의 바닥에 가라앉아 현실의 외교자세에는 아무런 영향도 미치지 않던 사상이 대외적 긴장이라는 비일상적인 상황에 놓여졌을 때 현실의 힘으로서 급격하게 떠오른 예는 적지 않다. 누구라도 연상하는 것은 막부의 尊王攘夷 사상이다. 중세에는 神功皇后의 三韓征伐 전설이 좋은 예이며, 蒙古襲來, 応永의 外寇, 文祿의 役 등 한일간에 긴장이 생기고, 바람직한 관계를 역사적으로 회고하게 될 때 일본에 대한 조선의 종속의 역사적 기점으로서 언제나 상기되는 것이다. 일상 속에 잠재하고 있는 사상을 검토하지 않고 비상시에 思想 狀況이 올바르게 파악될 리는 없다. 표면적인 규제력이 없는 사상은 검토할 가치가 없다는 高橋의 주장을 사상사 전문가에게 들려주고 싶은 것이다.

神國思想만 하더라도 나는 그것이 모든 중세인의 마음을 언제나 옭아메고 있었다고 생각하지는 않는다. 神國思想의 틀에 끝까지 들어가지 않는 對外觀이 여러 시대·여러 계층·여러 지역에서 다양하게 보였던 것은 당연하다. 그러나 대외적 긴장이라는 조건 아래 타국·타민족으로부터 구별되는 존재로서 일본을 의식화하고 특징지으려고 했을 때 중세인의 주변에 신국사상 이외에 근거로 삼을만한 관념이 있었을까? 내가 신국사상으로 대표되는 顯密主義의 「틀」이라고 한 것은 위와 같은 의미이며, 顯密主義에서 불거져 나오는 국제의식의 여러 형태를 인정하지 않는 것은 결코 아니다. 오히려 흘러나온 것을 정확하게 인식하기 위해서도 「틀」의 정확한 측정은 불가결하다. 그러나 제한된 시간 속에서 국제의식의 여러 형태를 종합적으로 그려내는 것은 능력을 넘는 일이기 때문에, 연구의 순서로서는 「틀」의 검증을 선행시키는 것이 적절할 것이다. 다만 이 순서를 채택하면 「틀」의 규제력이 과도하게 각인될 위험이 크다.─이렇게 생각했기 때문에 ③의 첫 머리에서 다음과 같이 미리 양해를 구했던 것이다.

> 이상과 같이 과제를 설정하면 국제의식의 변혁의 계기가 불분명하다거나 국제교류의 전개가 의식의 틀을 붕괴시켜 가는 측면을 간과한다는 비판이 나올 것이다. …내가 의도하는 점은 이 틀로부터 불거져 나온 여러 사상의 의식을 종합적으로 평가하기 위한 조건을 제시하는 것이다.

그리고 다음 순서로서 「틀」을 넘어서는 여러 사상으로 관심을 넓히고, 훗날의 연구 속에서 불충분하지만 몇 가지 점을 지적했다. 위의 문장에서 명백하듯이 이것은 예정된 행동이며 高橋 등에게 비판을 받고 본인의 학설을 수정한 것은 아니다. 그러므로 高橋의 「정통 이데올로기와 모순되는 국제의식의 존재를 인정하지 않는 무라이씨의 자세」(④)라든가, 網野의 「무라이씨가 말하는 틀에서 벗어나는 예가 있으며, 이 벗어난 요소를 잘라내고 틀에 집착한다면 왜곡된 歷史像이 된다」는 등의(「토론요지」) 「비판」은 타당성이 결여된 선입견이라고 하지 않을 수 없다.

4.

③에서 나의 高橋 비판에는 서투른 언어 사용 이외에, 「중세에 조선을 낮게 보는 관점은 어느 계층 어느 지역에도 없었다」는 것이 高橋의 주장이라는 듯한 표현이 있었다. 그 후의 논문 ⑥에서 중세의 귀족층에 조선에 대

하여 우위의 입장을 유지하려는 「전통적 외교관」이 존재했다는 것이 서술되어 있기 때문에 부적절한 것은 확실하며 스스로 비판하고 싶다. 하지만 내 비판의 중점이 막부 내부에 조선을 낮게 보는 관점은 없었다고 할 수 있는가? 西國武士는 정말로 「조선대국관」의 소유자였는가? 라는 보다 개별적인 사실 인식의 차원에 있었다는 것은 이해할 수 있을 것으로 생각한다. 따라서 비판의 당부는 궁극적으로는 사료해석이 적합했는지 여부로 판정되어야 할 것이다.

양자의 사이에서 논란이 되었던 사료로는 무로마치막부에서 조선을 한 단계 낮게 보는 의식(이것을 이하 「전통적 조선관」으로 부르기로 한다)이 존재하지 않는다는 高橋의 견해에 대한 반증으로서 내가 예로 들은 『세종실록』 25년 10월 갑오조(이하 a라고 한다) 및 『성종실록』 10년 2월 병신조(이하 b라고 한다)이며, 高橋의 반박은 사료a에 대해서만 ⑥에서 행하고 있다.

사료 a는 1443년에 도일했던 조선통신사 正使 卞孝文과 장군 足利義勝(10세)의 대리인인 管領 畠山持國이 相國寺에서 어떤 位置關係로 대면할 것인가(位面)에 관하여 양자간에 주고받은 문답을 전하는 것이다. 막부측이 ≪관령 북쪽, 사신 동쪽≫, 사신측이 ≪관령 서쪽, 사신 동쪽≫을 주장하면서 양보하지 않았고, 飯尾貞連이 ≪관령 동쪽, 사신 서쪽≫이라는 타협안을 내서 이것으로 결착되었다. 나는 이 사료를 「관령(왕)이 남쪽 위치를 얻으려 하고 사신이 그것을 기피하고 있는 것은, 명백한 군신관계는 아니라 하더라도 막부가 조선을 한 단계 낮은 위치에 두려던 것을 의미한다」고 해석했다(③). 이에 대하여 高橋는 서론 비슷한 형태로 막부측의 최초의 「주장이 관철되지 않았다는 점을 근거로 전통적 외교관이 현실 외교에 반영되기 어렵다고 할 수도 있을 것」이라고 반론한다. 그러나 현실의 외교적 대응이 그 당시의 역학관계와 정치적 배려에 따라서 바뀌는 것은 당연하며, 그 결과가 전통적 조선관을 만족시키는 것이 아니었다고 해도 막부 당국자의 머리에 전통적 조선관이 없었다는 증거가 되는 것은 전혀 아니다. 다만 이것이 高橋 반론의 주요한 논점은 아니며, 그의 눈길은 다음 문장에 집약된다.

> 室町將軍을 일본의 수장으로 하는 막부의 입장에서 본다면 室町將軍이 북쪽에 자리를 잡고 南面하는 것은 당연한 주장일 것이다. 조선 궁궐에서 室町將軍의 사신을 접대하는 경우에도 당연히 조선 국왕은 南面하고 있다. 卞이 이것에 이의를 제기했던 것은 管領을 국왕의 대리로 인정하지 않았기 때문이다

요컨대 사신과 대면했던 사람이 국왕=무로마치 장군 자신이었다면 상대가 南面하는 것을 사신도 용인하였을 것이다. 사신이 이의를 제기했던 것은 관령을 국왕의 대리로 인정하지 않았기 때문이라는 것이다. 그런데 卞의 이의의 근거에 대하여 사료a에는 한 글자도 언급하지 않았으며, 단지 「太和守(貞連)가 말하기를, "국왕이 연소하여 管領이 실권을 가졌으니 왕의 자리는 南向하게 하고 사신은 동쪽에 있어야 한다"고 하므로 신(卞)이 말하기를, "손님은 동쪽에 있고 주인은 서쪽에 있는 것이 禮"」라고 기록된 것 뿐이다. 사신이 대리를 인정하지 않았다는 것은 高橋가 제멋대로 한 추측에 지나지 않는다. 高橋의 주장의 또 한 가지의 근거는 室町將軍의 사신이 조선에 갔을 때 조선국왕은 南面해서 사절을 접대했다는 사실이다. 하지만 인용되어 있는 사료는 朝賀 등의 장소에서 일본국왕사가 조선의 관리들과 뒤섞여서 특정한 席次(東班 종2품, 西班 3품 등)를 차지했던 것을 보여주는 것 뿐이다 (② 71쪽 이하). 이런 경우에 문제가 되는 것은, 직접적으로는 사신 자신이 조선의 위계제에서 어떤 위치에 서게 되는가 하는 것이며, ─그것을 매개로 하여 간접적으로 일본국왕에 대한 예우가 표현되는 것은 물론이지만─관령과 사신이 각각 일본과 조선을 대표하는 자로서 어떤 위치관계로 대면해야 하는가? 하는 문제와는 장소의 성격이 다른 것이다. 후자의 경우에 사신의 자리가 표현하는 것은 사신 자신의 지위를 결정하는 것이 아니라 사신이 대리하는 조선국왕의 지위이기 때문이다. 그러므로 만약 상대가 국왕 자신이

었다고 해도 卞이 南面을 용인했을 리는 없을 것이다.

⑥을 읽고 참으로 의외였던 것은, 내가 사료a에서 얻은 결론을 확실히 뒷받침하는 것으로 인용했던 사료b에서 아무것도 언급하지 않았다는 점이다(⑦참조). 사료의 내용이 사실이 아니라고 생각했던 것일까, 아니면 나의 사료해석이 잘못되었다고 말하고 싶은 것일까? 어느 쪽이든 자기 학설과 맞지 않는 사료는 무시하는 태도라고 비난을 들어도 어쩔 수 없을 것이다.

그 사료라는 것은 사료a에도 보이는 1443년 통신사의 체험에 대하여 수행원 중 하나였던 李仁畦가 36년 뒤에 당시의 국왕 성종과 나눈 문답이다. 시간의 경과로 인하여 기억에 애매한 부분도 있는 듯하지만, 전부 날조된 것으로 보고 버릴만한 내용은 아니다.

> 성종이 말하기를, "접대할 때에 앉는 순서는 어떠하던가?" "신 등이 처음 도착했을 때 管提가 북쪽에 앉아서 남쪽을 향하고 使·副使를 앞에 앉히므로, 使가 옳지않게 여기고 「나와 너는 대응하니 客은 동쪽에 주인은 서쪽에 앉는 것이 禮이다」 하니 관제가 「그대 나라는 예전부터 來朝하였는데, 그대만이 어찌하여 그렇게 하지 않느냐?」 하고 곧 한 편(編)의 책을 가져와 보이는데 「高麗來朝·新羅來朝」라 쓰여 있었습니다. 그리고는 「네가 남쪽에 앉으려 하지 않는다면 서쪽에 앉아야 할 것이다」 하기에 使가 「우리나라가 교린을 중하게 여겨 멀리 사신을 보냈는데 네가 감히 거만하게 구니 나는 자리에 앉을 수 없다」 하고 나가려 하니 동쪽에 앉게 했습니다".

사신이 管領의 南面을 不可하다고 했던 것은 管領이 대리인이었기 때문만이 아니라, 「나와 당신이 均敵(대등)」하다는 원칙에 어긋나는 面位였기 때문이다. 이 경우 나(吾)·너(爾)라는 것은 卞·畠山이라는 개인이 아니라 조선과 일본이라는 국가를 가리킨다는 것은 관령의 「그대의 나라는 옛부터 내조한다」는 발언으로 볼 때 틀림없다. 그리고 이 발언이 조선은 일본에 종속해야 한다는 전통적 조선관을 그대로 보여주는 것이며(注) 「管領南面」이라는 주장은 바로 그 논리적 귀결이었다는 것 역시 명백하다. 이상 고찰한 결론으로서 ③에서 「高橋의 견해와는 반대로 15세기의 막부 내부에 조선을 한 단계 낮은 국가로 보는 관점이 존재했다는 것이 명백해졌다」고 서술한 것이 어디가 잘못되었다는 것인가?

5.

⑧은 15세기 후반의 세조 때 일어난 일본 통교자의 「朝鮮遺使 붐」을 대상으로, 그것을 일어나게 했던 조건을 조선측의 정치상황 속에서 살핀 논문이며, 외교사의 틀을 넘어서 상대편의 정치과정과 외교자세로 파고 들었던 귀중한 성과였다. 다만 결론 부분에서, 「역시 일찍이 주장했던 것처럼 『조선대국관』의 광범위한 존재를 인정하는 방향에서, 통교자에게 있어서 조선이란 나라는 어떤 국가였는가를 명백히 밝히는 작업이 필요할 것이다」라고 서술한 것은, 이 논문의 장점이 「조선 대국관」을 전제로 하지 않고 「遺使 붐」을 설명할 수 있는 논점을 보였다는 점이라고 생각하는 만큼 약간 의외라는 느낌이 든다. 高橋는 조선을 높이 떠받드는 듯한 통교자들의 언동에 대하여 「매력적인 返賜品을 목적으로 한 의례적인 말로 규정한다」는 의견을 「전면적으로 수용」하면서도, 그 언동이 「왜 朝鮮遺使 붐의 시기에 집중적으로 보이는가? 하는 질문에 그것에는 답할 수 없다」고 반문한다. 물론 경제적인 욕구라는 일반적인 조건만으로 모든 것을 설명할 수 있는 것은 아니다. 그렇다고 해도 高橋가 강조하는 「조선측의 자세에 충실히 반응하는 모습」과 「조선의 내정에 대한 깊은 관심」이 통교자의 높은 정보수집 능력과 정세변화에 대응하는 민감함을 보여주는 것이기는 해도 「조선 대국관」이 존재하는 증거가 되지는 못한다. 高橋가 해명한 조선측의 정치과정, 대외정책의 변화야말로 어떤 특정시기에 붐이 일어났던 이유를 보다 더 설득력있게 설명해 주는 관점이 아니었을까?

또 앞에서 인용했던 문장의 앞에 이어지는 부분에서 「조선 멸시관·일본 신국관 등의 개념…을 기축으로 하여 본고에서 대상으로 삼은 현상을 파악하는 것은 불가능하다」고 서술하는 것이 나에 대한 비판이라면 이것은 논점을 벗어난 것이다. 나는 모든 현상을 전통적인 조선관과 顯密主義를 기축으로 설명해야 한다는 등의 주장을 한 적이 없기 때문이다. 과연「遣使 봄」은 정통적인 국제의식으로 설명할 수 있는 현상은 아니지만, 통교자가 정통적인 국제의식에서 벗어났다는 것을 보여주는 현상도 아니다. 봄을 설명함에 있어서「조선대국관」이라는 상정을 할 필요는 없으며, 좀 더 경제적 요인을 중시해야 한다는 것이 나의 비판점이었다.

또한 ⑨에서 일본인 통교자의 행동에는 조선측의 왜구 공포를 배경으로 자기의 요구를 억지로 관철시키는 경향이 강했으며, 거기에는「조선을 훌륭한 국가로서 존경한다는 사상이 전혀 보이지 않는다」고 지적한 것에 대하여, ⑩에서는「폭력에서 거짓으로의 진화」라는 기묘한「반론」이 나타났다. 이 논의는 이중의 잘못을 범하고 있다. 첫째로 일본인 통교자의 행동 형태가 변했던 것은 그들의 사상과 행동의「진화」에 따른 것이 아니라 조선측이 그들을 평화적 통교자로서 받아들이려는 자세로 전환했기 때문이라는 점은 田中健夫에 의하여 해명이 끝난 문제이다(『중세해외교섭사의 연구』동경대학출판회 1959년 13쪽 이하).

둘째로, 거짓말을 해서 자신의 요구를 관철시키려는 것이 상대방에 대한 존경심과 어떻게 양립하는 것인가? 나로서는 전혀 이해되지 않는다. 결국 高橋는「조선 대국관」이라는 자신의 학설을 고집한 나머지 점점 더 무리한 설명을 짜 맞출 수 밖에 없게 된 것이라고 평하지 않을 수 없다. 이러한 고집이 高橋 자신의 인식의 발전에 질곡이 되지 않았으면 다행이라고 생각한다.

6.

高橋의 반론에 대하여 기탄없는 의견을 밝혔는데, 그 목적은 高橋의 견해를 깨뜨리는 데 있는 것이 아니며, 같은 분야를 전공하는 적은 수의 동료 연구자로서 서로의 인식을 높이기 위한 것이었다. 高橋와 나는 지금까지도 의논을 통하여 서로가 알지 못했던 문제점을 인식시켰고, 새로운 연구 분야에 도전해 왔으며, 지금부터도 그렇게 하고 싶은 생각이다.

1987년이 되면서부터 발표된 高橋의 연구에는 이제까지의 벽을 한 걸음 넘어섰다는 인상이 있다. 특히 최신작 「중세 동아시아 해역에 있어서 海民과 교류」(『名古屋大學文學部硏究論集』 史學33호 1987)에서 제주도를 중심으로 하는 海民·漂拍民이 왜구와 긴밀한 관련을 가지면서 동중국해상의 교류를 담당했다는 점을 해명한 것은 <高麗·朝鮮の倭寇>에서 상세히 서술하는 것처럼 연구사상 획기적인 의미가 있는데, 高橋 자신의 연구 과정에서도 큰 비약을 가져올 가능성이 있을 것이다. 조선의 표면적인 원칙과 소망이라는 필터에 걸러진 조선측의 사료를, 그 기술이 곧 객관적인 사실인 것처럼 해석하여 성립했던 「조선대국관」이라는 상정을 넘어서 양국 백성의 국가적 규제를 넘어선 활동, 지역 담당자로서의 활동이 포착되기 시작했기 때문이다. 나도 이 연구에 힘쓰면서 국가와의 상극 속에서 왜곡된 채로 국가를 넘어선 지역을 만들어 낸 사람들의 모습을 계속 찾아내고 싶다.

(注) 최근에 이와 유사한 또 다른 예를 알게 되었다. 1429년에 渡日했던 통신사 朴瑞生의 유명한 귀국보고서(『세종실록』 11년 12월 을해조)의 한 구절인데, 지금까지 별로 주의를 끌지 못했던 듯하다. 朴의 渡日 목적은 足利義持의 致祭, 義敎의 嗣位 축하에 있었는데, 보고 속에서 그는 일본측의 태도를 「구하는 바가 있으면 사절을 보내서 이를 청하고, 만약 구하는 바가 없으면 비록 新主를 하례하고 舊王을 弔喪하는 큰 예절이라 할지라도 예를 다 하지 않습니다. 이제 신 등이 명을 받들고 갔는데도 접대하는 것 또한 예로써 하지 않습니다」라고 비난했으며, 이러한 非禮의 원인을 「아마도 그 나라의 옛 역사에 쓴 바로 인하여 그런 것이 아닌가 합니다」라고 추측하고

있다. 여기서 말하는 「옛 역사(舊史)」란 사료b에서 말하는 「한 편(編)의 서책」(「高麗來朝, 新羅來朝」의 문자를 기록한 것)이든가 비슷한 종류의 서책이라는 것은 확실하다. 1443년의 경우가 특수한 조건 아래에서 고립되었던 예는 결코 아니라는 사실을 알 수 있다.

제3절 중세 한일 양국인의 相互認識

I. 古代에서 中世로

고대일본의 기본적인 대외자세는 중국왕조에 대해서는 발전된 문물이나 통치기술 등을 받아들이면서 동시에 대등한 입장을 지향하고, 조선제국에 대해서는 조공을 받는 우위의 입장을 유지하려는 것이었다. 그러나 663년에 금강에서 일본(ヤマト)과 백제의 군사가 羅·唐연합군에게 대패한 뒤에는 한반도에 대한 일본의 영향력이 격감한다. 이에 반해 신라는 676년에 당의 세력을 철수시키고 한반도를 통일하여 그 국력은 크게 신장했다. 그렇지만 8세기까지의 일본은 당·신라·발해(698년 건국)의 상호견제책에 힘입어 불완전하나마 신라·발해 양국을 조공국으로서 거느리고 있었으며, 귀족층의 국제인식도 대륙에 대한 예리한 관심과 정치적 대응에 힘입어 아직 개방성을 잃지는 않았다.[1]

예를 들면 헤이안시대 초기에 조선제국을 포함한 외국인을 조상으로 삼고 있는 귀족이 그 취지를 명시하고 있는(『新撰姓氏錄』) 것이나 율령의 규정에 「외국인이라도 귀화하면 풍족한 나라에 본관을 정하여 호적에 등록한다」고 되어 있는(「戶令」15) 것으로부터 8세기 이전에 외국인의 자손이라는 이유로 차별을 받지는 않았다는 것을 알 수 있다. 또한 신라의 사신을 맞이하여 平城京의 長屋王의 저택에서 열렸던 詩宴에서는 「金蘭(親交)의 賞을 즐기고 있어 風月의 잔치에 피곤한 줄 모른다」, 「말할 수 없는 滄波를 헤쳐 오고도 길게 생각지 않는 壯思의 篇」이라고 말한 詩句가 읊어졌다(『懷風藻』에 수록되어 있는 長屋王의 작품). 「金蘭의 賞」은 신라의 사신이 지은 시를

---

1) 石母田正, 『日本の古代國家』(岩波書店, 동경, 1971년), 第1章.

말하는데, 여기에서 아득히 먼 곳에서 방문한 이국 사신과의 정을 엿볼 수 있다.

그러나 9세기가 되면 일본의 지배층은 동북 변경에서의 蝦夷의 대반란과 국내에서의 율령제의 변질에 따른 지방통치의 혼란에 직면하고, 일본과 대등한 관계를 지향하는 신라에 대해서는 멸시와 공포로 채색되었던 排外의식을 드러내기 시작한다. 예를 들면 868년에 두 척의 신라선박이 행했던 사소한 약탈사건에 대하여 조정은 「國辱」을 주장하고 伊勢·石淸水 이하의 모든 신사에서 신라의 항복을 기원하는 과민한 반응을 보였다. 이때 신에게 바친 기원문은 신라를 적이라 부르고, 「우리 日本은 神의 나라이다. 신의 도움에 의해 보호되어 온 이상, 어떠한 병란도 닥쳐올 수 없다」고 강조하고 있다. 이는 「神功皇后의 三韓征伐」에서도 언급하고 있다(『日本 三代實錄』). 이러한 예는 다음과 같은 두 가지를 의미한다. 첫째, 일본이 기대하는 「小帝國」의 지위가 완전히 실질을 잃음과 동시에 「外蕃」의 「歸化」를 환영하는 덕화사상(德化思想)이 파탄했다. 둘째, 그럼에도 불구하고 조선에 대한 지배국 의식은 사라지지 않았을 뿐만 아니라 오히려 독선적인 자국지상주의로 일본인의 관념 속에서 더욱 비대화되었다.2)

이상과 같은 대외의식을 기반으로 해서 일본의 지배층은 10세기에 대륙에서 새롭게 융성했던 宋과 高麗로부터 적극적인 권유가 있었음에도 불구하고 결코 정식적인 국교를 맺으려 하지 않았다. 그것은 지배층의 완고한 전통의식이 되어 전근대를 통해서 계속 유지된다. 이러한 의식이 결코 모든 일본인들에게 받아들여진 것은 아니지만 文字文化의 담당자인 지배층의 이러한 의식형태가 중세의 일본인 일반의 의식에 상당히 결정적인 역할을 했다는 것도 부정할 수 없다.

---

2) 村井章介, 「王土王民思想と九世紀の轉換」, (『思想』 847호, 1995년).

II. 神國思想의 확대

중세국가의 지배를 정당화하는 이데올로기는 토착신앙에 대응하여 密敎化했던 불교를 중심으로 일본 고유의 신들도 계열화함으로써 고대보다 매우 넓은 사회적 기반을 획득했다. 그 담당자는 도시에서 변경에 이르기까지 本末관계나 「본지-수적(本地-垂迹)」 관계에 의해 조직되었던 절과 신사의 세력이었다. 이러한 이데올로기는 對外觀・自國觀 면에서 일본이 다른 나라에는 없는 최상의 가치를 지니며, 신의 가호로 인하여 절대 침략할 수 없다고 주장하는 「神國思想」의 형태를 취했다. 이 사상은 절과 신사세력의 기반을 이루는 하층 종교인들에 의해 緣起나 이야기를 통해서 민중 속에까지 침투해 갔다.[3]

몽골내습때 「神風」의 도움에 의한 승리는 신국사상의 정당성을 실증하는 것이라고 받아들여졌다. 그 과정에서 일본의 조선지배에 대한 역사적 기점으로 간주되어 오던 神功皇后 전설이 노골적인 멸시관을 강조하는 방향으로 성장해 간다. 몽골내습 후 八幡神의 영위를 민중에게 교화할 목적으로 만들었던 『八幡愚童訓』은 삼한에 승리했던 신공황후가 귀국할 즈음 활 끝으로 「신라의 왕은 일본의 개다」라고 돌에 새겨 두었다는 이야기를 싣고 있다.

한편, 몽골내습에 의해 異國의 병사에게 고전했다는 기억은 공포심을 동반하면서 일본인들의 머리 속에 계속 남아 있었다. 1419년의 「応永의 外寇 (己亥東征)」는 조선의 군대가 왜구의 근거지를 없앨 목적으로 對馬를 공격한 것이다. 그러나 京都에서는 이것이 몽골내습의 재현이라고 받아들였고,

---

3) 이하 2절・3절에 대해서는 村井章介, 『アジアのなかの中世日本』(校倉書房, 東京, 1988년), 제1장의 「中世日本の國際認識・序說」과 제II장의 「建武・室町政權と東アジア」를 참조.

九州가 습격당했다는 誤報가 떠돌았다. 攝津國의 廣田社에서는 마치 대장처럼 보이는 「여자기병의 무사」를 포함한 수십의 기병이 출격했다는 기적의 보고가 京都에 전해졌다(『看聞日記』). 이 여성은 廣田社의 祭神인 신공황후임에 틀림없다.

이러한 예에서 알 수 있듯이 신국사상에 근거한 자국지상관은 실로 해외사정을 정확하게 인식하지 못한 데서 생긴 대외공포심의 반동에 지나지 않는다. 그리고 16세기말 豊臣秀吉의 조선침략에 종군했던 肥前國의 무사 田尻鑑種은 서울에서 기록한 일기에 「신공황후가 신라를 퇴치할 당시 鹿島 · 香取 등의 모든 신들이 壹岐(옛 지방의 이름 : 對馬와 九州 사이의 섬)에 모여서 일본 神力의 위세를 늘리고 신라를 거느렸다」는 전설을 적어 두었다(「高麗日記」). 이와 같이 일본과 한반도 사이에 그 어떤 긴장이 생길 때에는 반드시 신공황후의 전설이 거론되었던 것이다.

Ⅲ. 武家政權의 朝鮮觀

헤이안 귀족이 외국에 대한 공포감 때문에 국내에 틀어박혀 국제정세에 관심이 없었던 것에 반해서 12세기 후반에 등장했던 무가정권은 적극적인 국제감각을 지니고 있었다. 平氏정권은 西國에 기반을 두고 大宰府를 억제하는 對宋무역의 이득에 착안하여 大輪田의 부두를 고쳐 宋船을 끌어들이고, 平淸盛이 太政大臣의 이름으로 宋의 문서에 응답하였으며, 마침내는 福原으로 천도하는 (大輪田 · 福原은 모두 지금의 神戸 시내) 등, 대외자세를 크게 전환하였다.

平氏정권을 무너뜨린 카마쿠라막부도 奧州와 貴海島를 공격하여 나라 끝까지 지배력을 넓히려는 적극성을 보였다. 몽골의 위협이 일본에 미쳤을 때, 神仏에게 기원하는 것 이외의 대책을 세우지 못했던 조정을 제쳐놓고 막부는 대외정책의 실질적인 결정자가 되어 갔다. 그러나 막부의 대응은 몽골의 사신을 덮어놓고 처형하는 등 지나치게 武斷的이었다. 또한 폭풍의 도움에 힘입은 승리로 사기가 올라 고려에 대한 반격을 계획하는 등 몽골과 고려의 관계를 포함한 국제정세에 대한 정확한 인식이 뒷받침되었던 것이라고는 말할 수 없다.

그러나 13세기 후반 이후 급속히 신장했던 동중국해 교역은 막부에게 새로운 해외지식과 외교기술을 가져다 주었다. 그 매개자로서 활약했던 사람이 일본과 중국 사이를 왕래하는 승려들이다. 14세기 후반 왜구의 횡포는 국제적인 큰 문제가 되어 고려에 이어 명나라까지 사절을 파견하여 왜구의 금지를 요구했다. 조정은 논의에만 몰두했지만, 막부는 외교상의 실무를 禪僧에게 담당시키고 해적행위를 단속하는 등 나름대로의 대응책을 취했다.

15세기 초반에 足利義滿이 明·朝鮮과의 국교를 개시한 것은 이러한 활동의 결과라고 할 수 있다. 義滿이 명에 대하여 일본을 신하라고 자칭했다는 것은 인습적 귀족이나 승려들로부터 굴종외교라는 거센 비난을 받았지만, 객관적으로 본다면 동아시아 국제사회 속에서 일본이 정식 구성원으로 가입할 수 있었다는 것을 의미하는 획기적인 사건이었다.

무로마치막부는 자주 일본국왕의 사신을 조선에 보내 大藏經 등의 귀중한 물건을 가져와 국내에서의 권위 확립에 이용했다. 그러나 막부의 수뇌부가 전통적·귀족적인 조선 멸시관을 불식했다고는 말할 수 없다.

1443년 조선의 卞孝文이 통신사로서 京都를 방문했다. 卞孝文이 相國寺에서 장군대리의 管領과 대면했을 때 쌍방의 좌석배치 방법을 둘러싸고 논란이 있었다. 일본측이 조선을 조공국으로서 간주하여 管領이 남쪽을 향하여 앉을 것을 주장한 데 반해서 조선측은 양국이 대등하다는 인식 아래 管領은 동쪽, 사신은 서쪽에 배치할 것을 주장했다. 논의과정에서 일본측은 「고려도 來朝하였고, 신라도 來朝하였다(高麗來朝, 新羅來朝)」는 뜻을 기록한 「한편의 글」을 들고 나왔다(『세종실록』).

이러한 막부의 태도는 당시 조정에서 학식자로서 널리 알려진 淸原業忠의 의견에 따른 것이었다. 業忠의 의견은 「고려인은 이미 神功皇后 퇴치 이후 삼한 제일의 來服이다」라는 발언(『康富記』)에서 알 수 있듯이 9세기 이후 어떠한 진보도 볼 수 없는 고색창연한 것이었지만, 막부 내부에 이것을 변형시킨 새로운 조선관이 존재하고 있었던 것은 아니었다.

조선과 밀접한 관계를 맺고 있었던 西國의 大名이나 무사들에게도 조선을 하위로 보는 의식은 존재하고 있었다. 伊豫國의 河野敎通은 1470년 조선을 방문했던 무사이기도 한데(『海東諸國紀』), 그는 1460년에 막부에 제출한 문서에서 「推古天皇 8년(600)에 신라의 도둑이 일본을 습격하여 격퇴시키고 포로는 다리를 잘라 서해의 바닷가에 버렸는데, 河野氏는 그들의 자손을 대대로 종으로 고용했다」고 기술하고 있다(「大友家文書錄」). 동일한 이야기는 무로마치 말기에 성립했던 河野氏의 가보 「豫章記」에서도 볼 수 있다.

西國 최대의 大名인 大內氏는 조선에 사신을 자주 보냈다. 1443년에 조선의 통신사 卞孝文을 맞이하였을 때 大內敎弘은 「툇마루에서 엎드려 머리를 조아리며 맞이하고, 신당에 올라 머리가 마루에 닿도록 절했다.」라는 극히 겸양적인 예를 취했다(『세종실록』). 그러나 1540년 大內義隆이 보낸 遣明使 湖心碩鼎은 北京의 조정에서 「조선은 일본에 속하는 나라이므로 나의 좌석은 조선 사신의 자리보다 위로 하고 싶다」고 요구했다고 한다(『중종실록』).

Ⅳ. 交流의 확대와 相互認識의 변혁

이상과 같이 9세기에 귀족층에게 정착됐던 대외관의 틀은 중세 일본인의 조선관을 크게 규정했다. 그러나 몇 번의 劃期를 거치면서 商人, 禪僧, 倭寇 등을 중심으로 하는 민간 수준의 경제적·문화적인 교류는 확대되고

있었다. 이러한 것들이 상호인식 변화의 한 요인이었다는 면도 간과해서는
안된다.

이미 9세기 전반에 신라상인이 가져온 상품에 떼지어 모여서 「신라에서
건너온 물품의 평판에 눈이 팔려 국산의 귀중한 물품을 천히 여긴다」는 「어
리석은 인민」의 행동이 국가의 경계심을 불러왔다(『類聚三代格』). 12세기
이후 일본상인이 해외무역에 적극적으로 나서기 시작하자 일본 서민층의
생활이 대륙에 소개되기도 하고, 또한 「本朝와 大宋의 境界는 극히 일반적
인 渡海이기 때문에 매우 쉬운 것이다」라는 의식이 싹트기 시작했다.

이 즈음에 고려와 일본(對馬 혹은 北九州)과의 사이에 연1회 배는 두척
까지라는 약정에 의한 「進奉船貿易」이 행해지고 있었다. 소규모이지만 이
것을 통해서 쌍방의 인식이 진전되었다고 생각할 수도 있다. 1227년 일본의
해적이 경상도·전라도를 습격했는데, 고려가 이에 대한 항의사신을 일본
에 보냈을 당시 大宰府의 실권을 장악한 幕府 御家人 少貳資賴는 고려사신
이 가져 온 공문서를 펼쳐보고 해적행위에 대한 사죄의 답서를 고려에 보냄
과 동시에, 악당 90명을 붙잡아 사신의 면전에서 목을 베어 죽였다. 이 말을
들은 일본 조정은 「우리 조정의 수치」라고 분개했지만(『百練抄』, 『民經記』),
이것은 北九州의 세력이 고려와 우호관계를 유지하려고 하는 스스로의 필
요성에 근거한 판단이었던 것이다.

이와 같은 사실은 고려측에 대해서도 적용시킬 수 있다. 몽골이 1260년
대에 목표를 일본원정으로 정했을 때 고려는 몽골의 명령에 의해 어쩔 수
없이 전쟁을 위한 군함과 병사를 지원했다. 이것은 고려의 본의가 아니었으
며, 오히려 고려의 수뇌부는 몽골의 황제 쿠빌라이의 의사를 바꿔보려는 계
획을 꾸몄다. 그러나 1270년에 反몽골의 주체였던 무인정권이 최종적으로
무너지자 무인정권의 중요한 병력으로서 몽골에 저항해 왔던 삼별초가 몽
골과 고려정부에 대하여 반란을 일으켰다. 삼별초는 독자적인 왕을 옹립하
고 정부기구를 조직하여 한반도 남해안의 섬을 근거지로 삼아 삼년간에 걸

쳐 저항을 계속해 왔다. 이 반란에 병력을 할당시켜야 했던 몽골은 제1차 일본 征討전쟁(文永의 役)을 1274년까지 연장시키지 않을 수 없었다.

1271년 삼별초는 일본에 사신을 보내고, 고려 정통정부의 이름으로 몽골에 대한 협력을 호소했다. 그들은 군량미와 지원군을 일본에 요청하는 한편 표류민의 호송과 사신의 교환 등 평등호혜의 관계를 맺을 것을 제안함과 동시에, 고려에 있는 몽골군의 동정 등 일본측에게 유용한 정보를 제공했다 (「史料編纂所 保管文書」, 『吉續記』).

이러한 삼별초는 몽골에게 굴복했던 고려정부와 분리된 후, 고려의 국내 정세와 몽골관계 뿐만 아니라 보다 넓은 시야에서 일본의 협력을 기대하고, 나아가 새로운 수준에서의 고려·일본관계를 구상하는 단계에까지 이르고 있었다. 그러나 안타깝게도 일본측은 조정과 막부가 이러한 요청의 의미를 정확하게 이해하지 못하고 회답하지 않은 채, 얼마 안되어 몽골군을 맞아 싸우게 되었다.[4]

한반도와 일본열도의 교류는 北九州-壹岐-對馬를 경유하는 주요 루트 이외에 일본해를 횡단하는 루트가 있었다. 일본해를 무대로 하는 양국의 교류를 엿볼 수 있는 예를 들어보자.

8~9세기의 발해의 사신은 長門에서 出羽에 이르는 일본해안에 이르렀는데 특히 북쪽지역이 많았다. 무로마치시대의 御伽草子「御曹子島渡」에서는 津輕十三湊에서 蝦夷島를 건너려는 源義經에게 선장이 「이곳은 북국으로 고려의 배가 들어오기도 한다」고 말하고 있다.

14세기 중반 무렵 出雲國의 어느 해안에 고려의 어선이 표착했다. 고려 어민은 (살아남은 사람은 한 사람인 것 같다) 마을 사람들과 가까운 절에 은둔하고 있던 京都의 선승 夢巖祖應에게 신세를 지고 수 개월을 보낸 후 고향으로 돌아갔다. 시를 짓는 재능을 타고난 夢巖은 어민의 모습과 마을사람들과의 정을 11수의 시로 읊었다(『旱霖集』). 그 시에는 고향이 있는 서쪽으

---

4) 村井章介 註(3)의 책, 제Ⅳ장의 「高麗·三別抄の反亂と蒙古來襲全夜の日本」.

로 날아가는 새를 눈물 젖은 눈으로 바라보기도 하고, 길에서 노인이나 아이들을 우연히 만나면 고향의 부모와 자식이 생각나 울기도 했다는 어민의 모습이 묘사되어 있다.

가장 주목할 만한 것은 「촌장에게 초대받아 술을 듬뿍 대접받고 기분이 들떠 마치 별천지에서 놀고 있는 기분이다. 일본이라 한들 고려라 한들 구별할 것이 있겠는가」라는 시 한 수이다. 「醉鄕廣大人間小, 日本高麗安在哉」 -이 유유자적한 모습은 고려인의 것임과 동시에 出雲 마을 사람들의 것이기도 하며, 나아가서는 夢巖까지 공유했던 기분이었음에 틀림없다.5)

앞의 예는 고려어민이 본국으로 돌아갈 수 있는 어떤 루트의 존재를 찾아볼 수 있다는 점에서도 매우 흥미가 있다. 15세기 전반의 조선측의 사료에 앞의 예에서는 알 수 없는 송환루트의 구체적인 상황이 나와 있다.

1425년, 한반도 동해안 平海의 해민 46명이 울릉도로 향하던 도중에 폭풍을 만났는데, 조난당해 살아남은 사람은 10명 뿐이었고, 그들은 石見 國 長浜(島根眞 浜田市)에 표착하게 되었다. 굶주림으로 바닷가에 쓰러져 있던 그들을 근처의 어민이 발견하고 절로 데려가서 식사를 제공했다. 그 뒤 領 主 周布氏의 집에 그들을 데리고 가자 周布氏는 표류민의 의복을 보고 「조선인이다」라고 탄식하면서 의복과 매일 세번의 식사를 1개월간 제공했다. 헤어질 때는 크게 잔치를 베풀고 여비로서 쌀 100석을 지급한 뒤에 20명의 사람을 붙여 對馬로 호송했다. 對馬에서는 早田式衛門太郎이 그들을 넘겨받아 조선으로 무사히 보내주었다. 周布나 早田은 조선인에게 「극진한 대접을 베푸는 것은 너희들을 위한 것이 아니라 조선국왕전하를 존경하기 때문이다」라고 말하고 있다(『세종실록』).6)

표류민을 송환하면 조선으로부터 충분한 보상이 있었기 때문이지만 일

---

5) 村井章介, 『東アジア往還-漢詩と外交-』(朝日新聞社, 東京, 1995년), 間章「漂風高麗人と禪僧」.
6) 關周一, 「15世紀における山陰地域と朝鮮の交流-石見周布氏の朝鮮通交を例として -」(『史境』20호, 筑波大學, 1990년).

본해를 무대로 하는 양국의 교류 속에서 일본 연안 사람들이 조선에 대해서 친근감을 가지고 있었다는 것을 짐작할 수 있다.

무로마치시대의 빈번한 교류는 일본열도의 풍부한 지리적 정보를 조선에 가져다 주었다. 1476년 對馬에 온 조선의 사신 金自貞은 마침 그 자리에 있던 壹岐사람으로부터 京都까지의 루트를 듣고 있었다. 즉, 「壹岐에서 北海(일본해)를 따라간다면, 순풍일 경우 8일만에 苦狹에 도착한다. 苦狹에서는 육지로 세 번 쉬고 琵琶湖 북쪽 호안의 今津(滋賀眞 今津町)에 도착하고, 거기서부터 수로로 세 번 쉬고 坂本(大津市)에 도착하며, 또한 육지로 단숨에 국왕의 거처에 도달한다. 博多나 壹岐의 상인은 모두 이러한 루트로 왕래하고 있다」고 했는데, 이것은 구체적이고 풍부한 정보로서 중세일본의 交通史로서도 귀중한 사료이다(『성종실록』). 이렇게 해서 일본의 정보를 집대성한 책이 1471년 영의정겸 예조판서(首相 겸 外相) 申叔舟가 편찬한 『海東諸國紀』이다.[7]

V. 瑞溪周鳳과 申叔舟

「15세기의 거의 같은 시기에 외교무대에 등장해서 활약했던 걸출한 지식인이 일본과 조선에 존재했다」(이하, 본 절은 田中健夫의 「十五世紀 日朝 知識人의 相互認識」[8] 및 河宇鳳의 「申叔舟와 『海東諸國紀』-조선왕조 전기의 어느 국제인의 營爲-」[9] 의 두 논문에 의한 것이다. 앞의 문장은 田中

---

7) 田中健夫譯注, 『海東諸國記－朝鮮人の見た中世の日本と琉球－』(岩波文庫, 岩波書店, 東京, 1991년).

8) 田中健夫, 「十五世紀日朝知識人の相互認識」(同編 『前近代の日本と東アジア』에 수록되어 있음. 吉川弘文館, 東京, 1995년).

9) 河宇鳳, 「申叔舟と『海東諸國記』－朝鮮王朝前期のある「國際人」の營爲－」(大隅和雄・村井章介編, 『中世後期におけるアジアの國際關係』에 수록되어 있음, 産川出版社, 東京, 1997년).

논문 서두의 문장이다) 한 사람은 3회에 걸쳐서 五山의 僧錄을 지내고 명에 보낸 외교문서를 기초했던 경험이 있으며, 그 경험을 계기로 일본 최초의 外交史書인 『善隣國寶記』를 저술했던 瑞溪周鳳(1391~1473)이고, 또 한 사람은 바로 앞에서 소개했던 申叔舟(1417~1475)이다.

1466년에 성립했던 『善隣國寶記』는 불교도의 왕래를 중심으로 외교의 추이를 정리해 무로마치시대의 외교문서를 수록하여 훗날 외교담당자의 참고자료로서 역할했던 책이다. 그러나 이 책의 주요 관심은 중국과의 관계에 있으며 조선은 매우 가볍게 다루고 있다. 瑞溪는 天竺(인도)・震旦(중국)・本朝의 「삼국」을 세계의 구성요소로 하는 전통적인 불교적 세계관에 사로잡혀서 朝鮮諸國을 중국의 부속물로밖에 인식하지 않았다. 서문 마지막 구절의 「백제는 아마도 震旦의 영역이다. (중략) 이 글에 신라・고려의 기사를 많이 실은 것도 고려와 신라를 震旦의 일부라고 보았기 때문이다」라는 문장이 그것을 잘 보여주고 있다. 또한 瑞溪 등의 五山禪僧이 외교에 관여한 것은 어디까지나 외교기능의 제공에 머물고 있을 뿐 국가의 의사를 결정하는 자리에 참여한 것은 아니었다. 그 결과 그의 조선관은 삼국세계관의 틀 안에서 관념적 인식에 머물게 되었고 대외관계의 현실을 직시한 인식을 얻을 수가 없었다.

이러한 조선 경시는 瑞溪에게서만이 아니라 외교에 관여하는 막부당사자 전반에 걸쳐 볼 수 있다. 遣明船의 파견에 대한 관심의 강도에 비하여, 실제로 조선 사신이 京都에 와 있을 때의 반응은 지극히 냉담했고 실제로 부여한 대우도 소홀한 것이었다.

앞에서도 언급한 1443년의 통신사 卞孝文의 入京에 대해서 幕府 奉行人의 우두머리 飯尾爲種은 「諸大名・諸國으로부터의 出錢이 생각보다 적고 접대비의 준비가 충분치 않으므로 고려인은 京都에 들여보내지 말고 쫓아보내야만 한다」고 진술했다. 淸原業忠은 「사신이 지참했던 문서를 고금의 문서와 대조하여 來朝의 취지에 맞지 않는 문장을 찾아내어 비난하고, 고려인을 쫓아내자」는 고식적인 책략을 진언했다(『康富記』). 이러한 의견에 비교한다면 瑞溪의 경우『善隣國寶記』속에서 조선관계라 할지라도 필요한 史實을 언급하여 조선에 보낸 외교문서의 상당수를 수록하고 있으며, 조선에 대한 쓸데없는 악의나 멸시는 보이지 않고 있어 淸原業忠보다 더 나은 조선인식을 가지고 있었다고 생각된다.

위에서 언급했던 1443년의 통신사 일행에 書狀官으로 동행했던 사람이 申叔舟이다. 그는 1452년에 명나라에 갔던 謝恩使에도 書狀官으로 동행했었다. 1462년, 그는 46세에 인신 최고의 직위인 영의정에 올랐으며, 또한 외교의 최고 책임자인 예조판서도 오랫동안 겸임했다.

그의 대외인식의 특징은 조선·일본·琉球 삼국을「海東諸國」이라고 파악하는 것에 있다. 이것은 명나라 중심의 중화세계 속에 있으면서도 독자적인 통합을 이룬 공간이며 그 가운데에서도 조선에게 중요한 것이 일본과의 교린관계이다. 일본과의 관계에 대해서「그 情을 살피고, 그 禮를 나누고, 그리고 그 마음을 받아들인다」는 자세가 중요하다고 말한다. 우선「情」, 즉 일본이라는 나라의 실정을 정확하게 아는 것이 가장 중요하며, 그 인식에 기초해서「禮」, 즉 외교에서 깊이 생각하고 행동한다면 상대의 마음을 잡을 수 있어 안정적인 교린관계를 쌓을 수 있다는 논리이다.

그의 관심대상은 瑞溪의「삼국」과 같은 관념세계가 아니라 어디까지나「海東諸國」이라는 동시대적이고 현실적인 지역권·문화권이었다. 그 속에서 조선이라는 국가가 취해야 하는 태도를 결정하는 데에는 특정의 관념으로 저울질하여 상대를 예측하는 것이 아니라, 상대방의 현실모습에 대하여 가능한 한 풍부한 정보를 기초로 판단하는 것이 필요하다고 말한다. 河宇鳳씨는 여기에서 관념적인 夷狄觀으로부터 거리를 둔 냉정한「價値相對主義」를 발견하고 있다.

Ⅵ. 情報의 부족과 相互認識의 硬直化

申叔舟는 1475년 애석하게도 59세의 나이로 세상을 떠났다. 『세종실록』의 卒伝에 「事大交隣을 나의 임무로 삼는다」고 쓰여 있다. 事大는 명나라와의 외교를, 交隣은 일본과의 외교를 가리킨다. 또한 성종에게 「바라옵건대, 일본과의 화합을 잃지 마소서」라는 유언을 남겼다고 전한다.

그러나 그 이후의 조일관계는 그의 遺志에 따라 진행되지 않았다. 그의 사망에 즈음하여 일본에서 조선을 방문하는 사신 중에 僞名 사신이 종종 발견되기 시작하였다. 예를 들면 畠山・伊勢・細川 등 막부 요인의 사신이라고 칭하는 자들이 조선으로 오고 있었지만, 그들의 名義나 말하는 내용에 의문점이 있었고 대부분이 僞使였다. 그리고, 그러한 僞使를 파견한 주체세력의 대부분은 對馬세력과 博多상인이라고 추정된다. 그 가운데서도 對馬의 大名 宗氏는 조선측의 통교규제 강화에 대항해 그 이전에 조선이 통교권을 인정하고 있는 다른 名義를 위작하고, 그것을 자기의 사신에게 사용토록 하거나 일족 또는 家臣에게 급여하여 조선 통교에 대한 기본 틀의 확보와 島內의 세력장악에 이용하였다.[10]

1479년 통신사를 일본에 보내는 문제에 대한 여부가 조선의 조정에서 논의되었을 당시, 「예전부터 일본으로부터 사신이라고 칭하는 자가 계속 도래했던 것은 모두 宗貞國의 술책에 의한 것이다. 우리 사신이 일본에 가서 추궁하면 거짓이 폭로되기 때문에 貞國은 사신을 일본에 보내고 싶지 않은 것이다」라는 의견이 나왔다(『성종실록』). 이렇게 해서 對馬 혹은 倭人에 대한 불신감은 신숙주가 경고했던 관념적인 왜인=禽獸觀으로 조선 관리의 대

---

10) 橋本雄,「中世日朝關係王城大臣使の僞史問題」(『史學雜誌』106편 2호, 1997년). 米谷均,「16世紀日朝關係における僞史派遣の構造と實態」(『歷史學研究』697호, 1997년).

일관을 되돌려 놓는 결과를 낳았다. 같은 논의의 장에서 다른 관리는 「왜인의 變詐는 추측하기 어려운 것이므로 隣國의 예로서 대하면 안된다」, 혹은 「島夷는 배반하기를 밥 먹듯이 하여 사람의 부류에 넣을 수 없다」고 하면서 통신사 파견에 반대하고 있었다.

여기에서 신숙주의 생각과 정반대의 태도를 볼 수 있다. 다른 한편으로는 거짓 명의를 만들고 가공의 통교관계를 만들어 내서 이익을 모색하고 있던 對馬측에서도 조선을 경시하는 풍조가 강해지고 있었다는 것을 상상할 수 있다.

이러한 과정을 통해서 진행되고 있었던 것은 정확한 상호인식을 형성하기에 불충분한 정보의 부족이다. 조선측의 일본인식은 사신의 일본파견이 단절된 결과, 對馬에 의해 자유롭게 조작되어 허위로 가득찬 인식으로 변질되었다. 한편, 일본측의 조선인식도 일본국왕의 사신 이외의 사신이 거의 對馬나 博多가 조작한 僞使로 변질된 결과 점점 빈약한 것으로 되어 갔다. 16세기가 되면 예외였던 일본 국왕의 사신조차 실질적으로는 對馬가 파견한 것이 되어버린다.[11]

그러나 對馬의 획책이 없었다 할지라도 원래 일본측의 조선인식은 15세기에 그렇게 많은 일본인이 조선을 방문했음에도 불구하고 상당히 빈약한 것이었다. 『老松堂日本行綠』이나 『海東諸國記』에 필적하는 조선관찰 내지는 조선연구에 대해 중세 일본인이 기록을 남기지 않았다는 것이 그것을 보여주는 좋은 예이다.

그 이유 가운데 하나는 조선이 갖추고 있던 것처럼 외교정보를 조직적·통계적으로 수집 정리하는 시스템이 중세 일본에는 존재하지 않았다는 것에 있다. 그러나 그것 뿐만 아니라 앞에서 말한 바와 같이 중국과의 대등한 관계를 목표로 하여 조선을 한 단계 낮다고 보는 고대 이래의 대외인식의 틀이 조선에 생생한 관심을 불러모으려는 본연의 자세를 방해하게 되었

---

11) 村井章介, 『中世倭人伝』 (岩波新書, 岩波書店, 東京, 1993년).

다고 추정할 수 있다.

이상의 고찰로부터 우리들은 양국간의 인적 교류를 깊게 함을 통하여 서로를 상세하게, 동시에 정확하게 아는 것이 우호적인 양국관계를 구축하기 위해 무엇보다도 중요한 기반이 된다는 교훈을 얻을 수 있다. 그것이야말로 신숙주의 遺志를 현대에 되살리는 길일 것이다.

제4절 동아시아 제국과 일본의 상호인식
—15·16세기의 그림지도를 중심으로—

I. 전통적 대외관과 그 변화

고대 일본의 기본적인 대외자세는 중국왕조에 대해서는 선진문물과 통치기술을 받아들이면서 대등한 입장을 지향하였고, 조선 諸國에 대해서는 조공을 받고 우위한 입장을 유지시키고자 하는 것이었다. 8세기까지의 일본은 나름대로 신라·발해의 조공을 받고 있었고, 귀족층의 국제인식도 대륙에 대한 날카로운 관심과 정치적 대응에 뒷받침되어 아직 개방성을 잃지 않았다.[1]

그러나 9세기가 되면 일본의 지배층은 동북 변경에서는 蝦夷(에미시)의 대반란, 국내에서는 율령제 변질에 따른 지방통치 혼란에 직면하여 외교관계를 일체 맺지 않는 방침을 취하였고, 고대 이후의 전통적인 대외자세를 관념 속에서 화석화시키고, 그것을 유지하려고 하였다. 일본이 원하는 「小帝國」이라는 지위가 완전히 실질을 잃는 동시에 「外蕃」의 「歸化」를 환영하는 德化思想은 파탄하였으나, 조선에 대한 지배국 의식은 불식되지 않았다. 이러한 논리는 자국관으로서는 일본이 타국에는 없는 지상의 가치를 가지고, 신의 가호 때문에 절대 불가침이라고 주장하는 형태를 취하였다. 이것이 「神國思想」이다.[2]

이와 같은 의식에 모든 일본인이 하나같이 붙잡힌 것은 아니었으나, 문자문화의 담당자인 지배층의 의식형태가 중세 일본인 일반의 의식에 상당

---

1) 石母田正, 『日本の古代國家』, 岩波書店, 1971, 제1장.
2) 村井章介, 「王土王民思想と九世紀の轉換」 『思想』 847호, 1995.

히 결정적인 각인을 남겼다는 것도 부정할 수 없다. 중세국가의 지배를 정
당화시키는 이론은 토착신앙에 대응하여 密敎化한 불교를 중핵으로 하여,
일본 고유의 신들조차 계열화하는 것으로 고대보다 훨씬 넓은 사회적 기반
을 획득하였다. 그것은 寺社세력의 기반을 이루는 하층 종교자들에 의하여
緣起나 이야기를 통해서 민중 속까지 침투해 갔다.3)

　그리고 13세기 후반의 몽골침입을 격퇴한「神風」은 神國思想이 옳다는
것을 실증한 것으로 받아들여졌다. 그 과정에서 종래부터 일본이 조선을 복
종시키는 역사적 기점으로 간주되어 온 神功皇后說이 노골적인 멸시관을
강조하는 방향으로 성장해 갔다. 그 한편에서 이국 병사에게 고전했던 기억
은 공포감을 동반하면서 일본인들의 머릿 속에 계속 남아 있었다.

　12세기 후반에 등장했던 武家政權은 헤이안 귀족들이 나라 밖의 세계에
대한 공포감 때문에 국내에 틀어박혀 있었던 데 비하여 적극적인 국제감각
을 가지고 있었다. 平氏정권은 西國에 기반을 두고, 大宰府를 장악하여 對宋
무역의 이익에 주목, 大輪田의 부두를 고쳐 송나라 배를 끌어들이고, 平淸
盛이 太政大臣의 이름으로 송에서 온 문서에 응답했으며, 마침내는 大輪田
에 인접한 福原로 천도(大輪田・福原은 모두 현재 神戶 시내)하는 등 대외
자세를 크게 전환시켰다.4)

　平氏정권을 넘어뜨린 카마쿠라막부도 나라 끝까지 지배력을 넓히려는
적극성을 가지고 있었다. 몽골의 위협이 일본에 미쳤을 때 막부는 조정을
제쳐두고 대외정책의 실질적인 결정자가 되었다. 더구나 13세기 후반 이후
급속하게 신장했던 동중국해 교역은 새로운 해외지식과 외교기술을 막부에
가져다 주었다. 그 매개자로서 활약했던 사람들이 일본과 중국 사이를 왕래
했던 선승들이다. 14세기 후반의 왜구의 횡포는 국제적으로 큰 문제가 되었
으며, 고려에 이어서 명에서까지 사신이 와서 왜구 금지를 요구하였다. 조

---

3) 이하, 1・2절에 관해서는 村井章介,『アジアのなかの中世日本』, 校倉書房, 1988,
　 제Ⅰ장・제Ⅱ장을 참조할 것.
4) 村井章介,『中世日本の內と外』, 筑摩書房, 1999, 제2장.

정은 의논으로 날을 샐 뿐이었으나 막부는 외교상의 실무를 선승에게 담당시키고 해적행위를 단속하는 등 나름대로의 대응책을 취했다.

15세기 초 足利義滿이 명·조선과의 국교를 개시했던 이와 같은 활동의 결과라고 할 수 있다. 義滿이 명에 대하여 신하를 자칭했던 일은 인습에 젖은 귀족과 승려들로부터 굴욕외교라는 비난을 받았으나, 객관적으로 보면 동아시아의 국제사회 속에 일본이 정식 구성원으로 가입할 수 있었다는 사실을 의미하는 획기적인 사건이었다.[5]

Ⅱ. 瑞溪周鳳 『善隣國寶記』와 申叔舟 『海東諸國紀』

「15세기, 거의 같은 시기에 외교무대에 등장해서 활약했던 걸출한 지식인이 일본과 조선에 존재하였다.」[6] 한 사람은 세 번에 걸쳐 五山 僧錄을 지냈고, 명으로 보내는 외교문서를 기초했던 경험이 있으며, 그 경험을 계기로 일본 최초의 外交史書인 『善隣國寶記』를 저술했던 瑞溪周鳳(1391~1473)이며, 또 한 사람은 영의정 겸 예조판서(수상 겸 외상)라는 요직에 있으면서 명·일본과의 선린관계 유지에 노력했던 申叔舟(1417~1475)이다.[7]

1466년에 성립했던 『善隣國寶記』는 불교도의 왕래를 중심으로 외교의 추이를 정리해서 무로마치시대의 외교문서를 수록하여 후세의 외교당사자에게 도움을 주려고 했던 책이다. 그러나 「善隣」의 「隣」이 중국만을 가리키고 있듯이 주된 관심은 중국과의 관계에 있으며 조선은 가볍게 취급되고 있다. 瑞溪는 天竺(인도)·震旦(중국)·本朝라는 「삼국」을 세계의 구성요소로 하는 전통적인 불교적 세계관에 제약받아 조선 제국을 중국의 부속물로밖

---

5) 위와 같은 책, 제5장.
6) 田中健夫, 『前近代の國際交流と外交文書』, 吉川弘文館, 1996, 81쪽.
7) 河宇鳳, 「申叔舟と『海東諸國紀』－朝鮮王朝前期のある「國際人」の營爲」, 大隈和雄·村井章介編, 『中世後期における東アジアの國際關係』 수록, 山川出版社, 1997.

에 인식하지 못했다. 또한 瑞溪 등 五山 선승들이 외교에 관여하는 것은 어디까지나 문필 능력의 제공에 그쳤으며, 국가의 외교의사를 결정하는 자리에 참여하는 일은 없었다. 그 결과 瑞溪의 조선관은 삼국세계관이라는 틀 속에서의 관념적인 인식에 머물렀고, 대외관계의 현실을 직시해서 얻은 인식은 되지 못했다.

이와 같은 조선 경시는 瑞溪 뿐만 아니라 외교에 관여하는 막부 당사자 전반에서 볼 수 있다. 遣明船 파견에 대한 관심의 강도에 비하여 실제로 조선 사신이 京都에 와 있을 때도 반응은 극히 냉담했으며, 실제로 베풀어 준 처우도 아주 소홀한 것이었다.[8] 1443년에 京都를 방문했던 통신사 卞孝文의 예를 살펴보자.

막부 奉行人의 우두머리 飯尾爲種은 「諸大名 · 諸國으로부터의 出錢이 생각보다 적고 접대비 준비가 충분치 않으므로 고려인을 京都로 들이지 말고 쫓아보내야 한다」고 말했다. 당시 조정에서 학식이 있는 인물로 알려져 있던 淸原業忠은 「사신이 지참했던 牒狀을 古今의 첩장과 대조하여 來朝의 취지에 맞지 않는 문장을 찾아내어 비난하고 고려인을 쫓아내자」는 고식적인 대책을 진언하였다(『康富記』). 실제로는 조선사신을 접견하게 되었는데, 사신이 相國寺에서 장군의 대리인 管領과 대면했을 때 양자의 자리 배치를 둘러싸고 논란이 있었다. 일본측은 조선을 조공국으로 간주하고 管領이 南面할 것을 주장한 데 대하여 조선측은 양국대등이라는 인식을 바탕으로 管領이 동쪽, 사신이 서쪽 자리에 앉아야 한다고 주장하였다. 의논 과정에서 일본측은 「高麗來朝, 新羅來朝」라는 내용을 기록한 「한편의 글」을 들고 나왔다(『세종실록』).

이와 같은 대응을 주도했던 淸原業忠의 의식은 「고려인은 이미 神功皇后의 퇴치 이후 三韓 제일의 來服이다」라는 말(『康富記』)에서 알 수 있듯이

---

8) 橋本雄「遣朝鮮國書」と幕府 · 五山 – 外交文書の作成と發給」(『日本歷史』 589호, 1997).

9세기 이래 아무런 진보도 볼 수 없는 고색창연한 것이었으나, 막부 내부에 이것을 수정할 만한 새로운 조선관이 존재했던 것은 아니었다. 그리고 瑞溪 또한 業忠과 30년이 넘는 친교를 맺었으며, 일본사에 관한 그의 모든 지식은 業忠에게서 얻은 것이었다. 그래도 瑞溪의 경우는 『善隣國寶記』 속에서 조선관계라 할지라도 필요한 史實에는 언급했으며, 조선으로 보냈던 상당수의 외교문서를 수록하고 있다. 외교실무상의 필요에 충실했기 때문에 조선에 대한 헛된 악의와 멸시에서 벗어날 수 있던 것이다.

이 통신사 일행에 서장관으로 동행했던 사람이 申叔舟였다. 그는 1452년 명으로 갔던 謝恩使에도 서장관으로 참가하였다. 1462년, 46세의 나이로 人臣 최고의 자리인 영의정에 올랐다. 또 외교의 최고 책임자인 예조판서를 오래 겸임하였다. 그의 대외인식의 특징은 1471년에 편찬한 『海東諸國紀』라는 책이름이 보여주듯이, 조선 · 일본 · 琉球 삼국으로 구성된 「海東諸國」이라는 인식에 있다.[9]

이것은 명 중심의 中華世界 속에 있으면서도 독자적으로 통합을 이룬 공간이며, 그 중에서도 조선에게 중요한 것이 일본과의 교린관계이다. 일본과의 관계에 있어서는 「그 情을 살피고, 그 禮를 나누며, 그리하여 그 마음을 받아들인다」는 자세가 중요하다고 한다. 우선 「情」, 즉 일본이라는 나라의 실정을 정확히 아는 것이 중요하며, 그 인식을 바탕으로 「禮」, 즉 외교에서 깊이 생각하고 행동한다면 상대방의 「마음」을 잡을 수 있어 안정적인 교린관계를 구축할 수 있다는 논리이다.

그의 관심의 대상은 瑞溪의 「三國」과 같은 관념세계가 아니라 어디까지나 「海東諸國」이라는 동시대적이고 현실적인 지역권 · 문화권이었다. 그 속에서 조선이라는 나라가 취해야 하는 태도를 결정함에는 특정한 관념에서 연역된 기준으로 상대를 저울질하는 것이 아니라, 상대의 현실의 모습을 가

9) 田中健夫譯注, 『海東諸國紀 ─ 朝鮮人の見た中世の日本と琉球』(岩波文庫, 岩波書店, 1991). 이 책의 「海東」이란 일본 · 유구를 뜻하는 말로 사용되고 있으나, 조선왕조는 자주 자신을 「海東」의 나라로 표현하고 있다.

능한 한 풍부한 정보에 의거하여 판단하는 것이 필요하다고 한다. 河宇鳳씨는 여기서 관념적인 夷狄觀으로부터 거리를 둔 「문화상대주의」를 발견하고 있다.[10]

Ⅲ. 『海東諸國紀』의 日本·琉球 지도

申叔舟에게서 전형을 볼 수 있는 개명적인 대외인식을 지도라는 형태로 승화시킨 것이 『海東諸國紀』에 수록된 여러 장의 그림지도이다. 그 중에서 「日本本國地圖(2장)」, 「日本國西海道九州之圖」, 「琉球國之圖」는 15세기 중엽 한반도에서 九州를 거쳐 琉球에 이르는 해역에서 활약했던 博多 상인 道安이 소지했던 「博多·薩摩·琉球相距地圖」(「日本·琉球國圖」라고도 함)를 1453년에 예조에서 모사했던 지도를 바탕으로 했다고 생각된다.[11]

---

10) 河宇鳳, 앞의 논문, 78쪽.

11) 中村榮孝, 「『海東諸國紀』の撰修と印刷」(同著 『日鮮關係史の研究』 上, 吉川弘文館, 1965), 360~366쪽. 中村은 1461년 조선정부가 琉球 사신에게 「琉球國圖」를 보면서 「扶桑·瀛州·羅刹國·大身·大漢·勃楚·三佛齊·黑齒·渤海·尾渠等國所在處」를 물었다고 하는 『세조실록』의 기사와, 「『海東諸國紀』의 우리나라 동남쪽에 해당하는 바다 가운데 산재한 듯이 기입된 나라들의 이름을 대조하면, 오른쪽 위에서부터 순서대로 왼쪽 아래로 찾아보면 완전히 일치한다」고 지적하면서, 「당시 항해자 사이에서 사용되고 있던 일본·유구국도가 있었고, 그것을 지참했을 것이다. 이 책의 여러 지도에서 서남제도 중의 섬들에 관하여 상당히 자세하고 정확하게 기입된 것으로 미루어보아 그렇게 생각해도 무방할 것이다」라고 결론짓고 있다(363쪽). 이에 대하여는 應地利明, 『繪地圖の世界像』, 岩波新書, 1996, 107쪽 이하에 비판이 있다. 또 中村은 日本回禮使 朴敦之가 大內氏의 重臣 平井祥助가 소장하던 日本圖를 베낀 지도가 壹岐·對馬를 빠뜨린 것을 근거로, 「당시 제작되던 일본 지도에는 一岐·對馬 두 섬을 그리지 않았던 것으로 보인다. 따라서 … 倭僧 道安의 지도에도 원래 一岐·對馬는 그려지지 않았던 것이 틀림없다」고 한다(366쪽). 그러나 조선을 자주 방문했던 道安의 지도에 壹岐·對馬가 없었다는 것은 부자연스럽기도 하고, 『海東諸國紀』에 수록된 「日本國一岐島之圖」 「日本國對馬島之圖」에는 本國·九州·琉球圖와 마찬가지로 道

「日本本國地圖」는 전통적인 行基圖 양식으로 그려진 本州·四國圖를 기본 지도로 하여 새로운 정보를 추가한 것이다.

伊勢·加賀 부근에서 동쪽을 수록한 제1장에는 육로·수로의 기재가 없으며, 태평양상에 扶桑·瀛州·羅刹國(「귀신이 있어 사람을 잡아먹는다」는 설명이 있다)·女國(「陸奧에서 13리 떨어짐」이라는 설명이 있다)·三佛齋·支·大身·勃海·勃楚·黑齒라는 가공의 나라들이 크고 작은 원으로 이름을 둘러싸는 간단한 형식으로 묘사되어 있다(서반부를 수록한 제2장에 그려진 동일한 나라는 大漢·尾渠 두 나라). 이것은 東日本이 道安의 활동범위 밖이었기 때문에 낡은 지리인식이 변혁되지 않은 채 보존되어 왔음을 시사한다.12) 물론 새로운 정보가 전혀 없었던 것은 아니며, 鎌倉殿·富士山이 크게 그려져 있고, 특히 地圖史上 최초로 「夷島」, 즉 北海道가 등장했던 것은 주목할 만하다.

한편 本州 서부와 四國을 수록한 제2장에는 京都에서 赤間關까지의 육로(山陽道)와, 태평양쪽은 紀伊, 동해쪽은 丹後에서 서쪽 바다로 나가는 항로가 그려져 있으며, 항로 위에는 兵庫浦築島(神戶 시내)·尾路關(尾道)·竈戶關(上關)·赤間關(下關)·賓重浦(肥中)·箕島(萩市 見島)·長浜浦(浜田 시내)·三尾關浦(美保浦)·小浜浦 등 山陽·山陰의 주요한 항구 이름이 기재되어 있다. 또 淀川 水系 및 琵琶湖, 큰 강, 호수 등 자연지형에 대한 기술도 있다. 이와 같이 道安의 활동이 미쳤던 해역에 관한 정보는 극히 상세하면서도 실무적이다.

安의 정보에 따른 것으로 생각되는 항로와 그 목적지가 기재되어 있다.
12) 이들의 대다수는 『山海經』까지 소급한다고 한다(應地 앞의 책, 105쪽). 그러나 「黑齒」에 대해서는 『魏志倭人傳』에도 보인다.

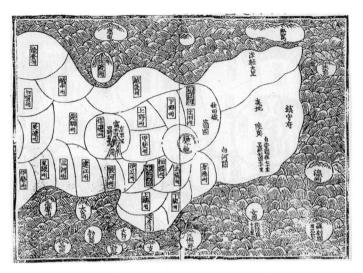

〈그림 3〉『해동제국기』日本本國之圖(1)

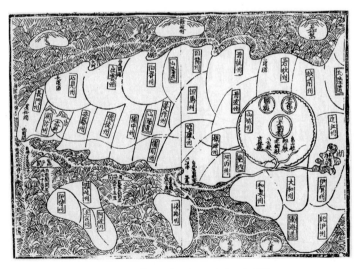

〈그림 4〉『해동제국기』日本本國之圖(2)

〈그림 5〉『해동제국기』 日本國西海道九州之圖

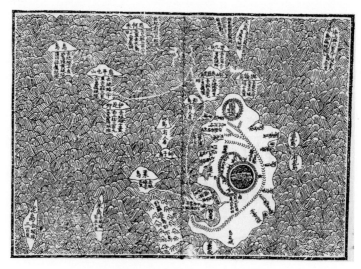

〈그림 6〉『해동제국기』 琉球國之圖

그러한 성격은 道安의 근거지라고도 할 수 있는 「日本國西海道九州之圖」,
「琉球國之圖」에서는 더욱 두드러진다. 항로를 나타내는 흰 선은 물론 博多를
중심으로 左我關(佐賀關)·文字關(門司)·園木郡(彼杵)·天草津·三隅 湍津
(三角)·房泊 兩津(방파제와 항구)·山河浦(山川) 등 주요 항만, 里良河(蒲生
川)·芦屋大河(遠賀川)·房御崎(坊ノ岬) 등 자연지형도 자세히 나와 있다. 무
엇보다 눈에 띄는 것은 九州의 서쪽·남쪽에서 琉球에 이르는 해역에 허다
하게 묘사된 섬들이다. 그 중에는 草橋島(草垣諸島)나 島子(吐噶喇列島의 小
寶島)와 같은 극히 작은 섬까지 정성스럽게 기입되어 있으며, 주된 섬에는
琉球−조선항로의 기준점이 되는 上松浦, 薩摩, 奄美大島 등에서의 거리가
日本里로 注記되어 있다. 이 해역을 왕래하는 항해자들의 눈으로 그려진 지
도임은 확실하며, 섬의 크기도 그들의 관심의 정도에 비례하는 것 같다.

그러나 모든 기재가 道安의 활동이나 관심만으로 설명할 수 있는 것은
아니다. 우선 博多 옆에 「愁未要時」라고 나와 있는데, 이것은 住吉의 음을
조선어 발음으로 표기한 것이다. 그리고 「日本國一岐島之圖」,「日本國對馬
島之圖」의 지명표기는 거의 이 방식에 따른 것이며, 이 두 지도는 왜구의
근거지라는 관심에 기초하여 조선이 독자적으로 작성한 것으로 보인다. 이
와 같이 조선이 새로이 부가한 것으로 생각되는 요소는 本國·九州圖에도
보이며, 그 대부분은 정치적인 정보이다.

우선 本國圖를 보면 日本國都와 山城州가 이중의 큰 원으로 그려져 있으
며, 天皇宮, 國王殿과 畠山殿 이하 5명의 유력한 守護大名의 이름이 기입되
어 있다. 關東에는 日本國都와 같은 형식으로 鎌倉殿이 기재되어 있는데, 이
것은 古河公方를 가리키는 것으로 생각된다.[13] 周防州 산자락에는 大內殿이
기재되어 있다. 九州圖에서는 小二殿(少貳氏)·千葉殿·節度使(九州探題 澁
川氏)·大友殿·菊池殿 다섯 개가 원으로 둘러싸여 기록되어 있는데, 이들
은 「巨酋」라고 불리는 유력한 조선통교자이다. 佐志·鴨打·呼子·上松浦

---

13) 應地, 앞의 책, 88~89쪽.

·志佐·田平는 언뜻 보면 지명 같지만 조선과 통교하고 있던 松浦黨 일족을 나타내고 있다.

이어서 「本國之圖」 및 本國·九州·琉球·壹岐·對馬의 다섯 지도를 합친 「海東諸國總圖」에는 國都(18리)·兵庫浦(70리), 尾道關(35리)·竈戶關(35리)·赤間關(20리)·博多(38리)·壹岐 風本(5리)·壹岐 毛都浦(48리)·對馬 船越(19리)·對馬 都伊沙只(48리)·朝鮮 富山浦라는, 日本里에 따른 여정이 기재되어 있다. 이들은 道安의 지도에 원래부터 있었다기보다 서울·京都 사이를 왕래했던 외교사절이 얻은 정보라고 생각해야 할 것이다.

그리고 琉球圖 윗쪽의 섬들로 「屬琉球」, 甑島와 五島에 대하여 「屬薩摩州」, 臥蛇島에 대하여 「屬日本·琉球」라고 되어 있다. 五島가 薩摩 안에 있다고 하는 것은 잘못이며, 臥蛇島가 일본·琉球 양국에 속하는 땅이라고 하는 것은 『단종실록』에 기록이 있다. 이들 일본과 琉球의 영토에 대한 관심도 道安보다는 조선측의 관심이었을 것이다.

Ⅳ. 『籌海圖編』의 日本圖

여기서 비교를 위하여 중국에서 작성된 일본지도로 시선을 돌려보자. 16세기 후반, 명나라에서는 극도로 창궐했던 왜구의 뿌리를 알고자 하는 욕구에서 수많은 일본연구서가 탄생하였다. 중국인의 일본인식에 있어서 『魏志倭人傳』, 『宋史日本傳』에 이어지는 제3의 열풍이라고 할 수 있다. 일본연구서에는 지도가 첨부되어 있는 것이 있다. 대표적인 서적으로서 鄭若曾이 1562년에 저술한 『籌海圖編』에 수록된 「日本國圖」와 「日本島夷入寇之圖」를 살펴보자. 정약증은 위와 동일한 그림을 실은 『日本圖纂』(1561) 서문에 저술의 동기를 이렇게 쓰고 있다.

생각건대 일본 諸島는 나이든 火掌에게 물어봐도 알지 못한다. 이것을 擒獲한 倭党에게 물어봐도 알지 못한다. 이것을 貢臣에게 물어봐도 알지 못한다. 이것을 通事에게 물어봐도 알지 못한다. 이것을 被擄 去人에게 물어봐도 알지 못한다. 돌아와서 궁금한 바를 물어보았다. 總督大司馬 胡公(宗憲)이 나에게 말하기를, 「이를 아는 자가 어디에 있는가, 鄭의 제자 貝蔣州·陳可願 志士이다. 일본에 宣諭하여 능히 그 산천의 원근, 풍속의 강약을 상세히 이야기한다. 그 말은 거짓이 아니다. 또한 來廷의 數輩를 불러들여 보고 기록한 바를 말하게 하다」.

「日本國圖」역시 기본은 行基圖 계통의 일본 지도이다. 그 형태는 『海東諸國紀』의 지도보다 현실적이지 못하며 北海道도 빠져 있다. 나라마다 郡의 수를 기록하고 있는 것, 陸奧에 금, 但馬에 은의 산출을 기록한 것이 눈길을 끈다. 우측 윗부분의 구석에 「東北은 毛人國의 경계에 이른다」라고 적혀 있고, 이하 북·서북·서남·남·동남의 순서로 月氏國·朝鮮國·福建·大琉球·東女國에 이른다고 한다. 그 중에서 月氏國과 東女國은 전통적인 가공 지명이다. 또 왼쪽 끝부분, 즉 서쪽에 遼東·山東·淮楊·浙江이라고 나와 있다. 이들은 「日本島夷入寇之圖」와 관련하여 왜구 침공지를 나타낸다. 파도로 채워진 바다 묘사와 「入寇之圖」의 흰 선으로 된 항로표시는 『海東諸國紀』의 지도와 같다.

이 지도를 보고 인상적인 것은 두 가지이다. 첫째는 山陽·山陰·九州·對馬·五島 해안에 엄청난 수의 항구 이름이 적혀 있다는 점이다. 모두 중국어 音寫表記로 되어 있으며, 소규모 항구까지 기재되어 있어서 현재의 지명과 대조하기가 매우 곤란하다. 肥前州 만을 예시해 보면 倭磨辣(大村)·知十歪(千千岩)·法一溪(早岐)·夜有迷(江上)·坐迷子(?)·迷坐首知(?)·一掃佛(諫早)·密粲剌(?)·世子(賤津)·迷古里(御廚)·失殺(志佐)·喃哥呀(名護屋)·雄婆哥(呼子)·馬子(松浦)·法麻殺儿(浜崎)·鐵來(多比良)·弦奴氣(榎津)·法司怒記(蓮池)·客舍(小佐々)가 된다.[14] 蔣州·陳可願은 浙江巡撫 胡宗

14) 秋山謙藏, 『日支交涉史話』, 內外書籍, 1935, 542쪽.

憲의 사신으로 일본을 방문하여 豊後의 大友氏, 周防의 大內氏, 對馬 宗氏에게 왜구 진압을 요청하였다.15) 이들 항구명은 蔣·陳 두 사람의 견문 및 입수한 지도를 참고한 것으로 생각된다.

또 하나 인상적인 점은 五島의 크기이다. 이 지도는 2장으로 되어 있고 本州·四國가 1장, 九州에 1장을 배정하고 있는데 후자의 반 이상, 九州 本島보다 넓은 공간을 五島가 차지하고 있다. 『海東諸國紀』 九州圖의 五島가 甑島와 같은 크기로 그려져 있는 것과 대조적이다. 현재 中通島로 생각되는 섬의 북단에 關王祠가 있어서 중국문화의 유입을 생각할 수 있다. 거대한 五島는 명나라 사람들이 그곳을 왜구의 소굴로 생각하고 있었음을 반영하고 있다. 두 군데에 「此港泊船」이라는 注記가 있는 것도 같은 관심에 의한 것으로 보인다. 『海東諸國紀』에서 壹岐·對馬에 九州·琉球와 마찬가지로 1장씩 사용하였고, 「海東諸國總圖」에서도 九州에 필적하는 크기로 그려져 있는 것도 15세기 조선인의 왜구에 대한 관심이 컸음을 나타내고 있다.

『籌海圖編』에서 인용한 또 하나의 「日本島夷入寇之圖」에서는 왜구의 활동이 더욱 시각적으로 그려지게 된다. 이 지도에서는 윗쪽(동쪽)에 있는 일본열도에서 크게 나누어 세 갈래의 항로가 아랫쪽의 중국 연해(오른쪽 끝에 安國界, 왼쪽 끝에 조선이 있다)로 향하여 뻗어 있다. 북쪽 항로는 對馬島에서 출발하는 「倭寇至朝鮮遼東總路」이다. 한가운데 항로는 五島에서 출발하는 「倭寇至直浙山東總路」이며, 도중에 여러 갈래로 나뉘어 山東의 登州·萊州에서 浙江 台州까지의 해안에 이른다. 남쪽 항로는 薩摩州에서 출발하는 「倭寇至閩廣總路」이며, 福建에서 海南島에 이른다. 각 항로 끝에는 예를 들어 「從此入揚子江」과 같이 왜구의 침공지가 적혀 있다.

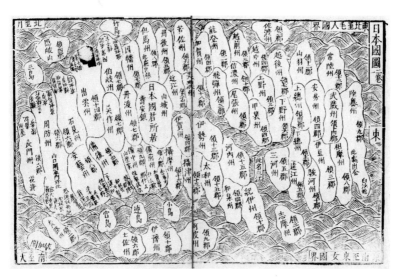

〈그림 7〉『주해도편』日本國圖 1

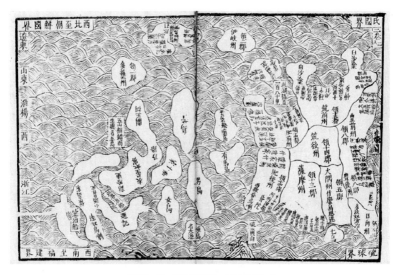

〈그림 8〉『주해도편』日本國圖 2

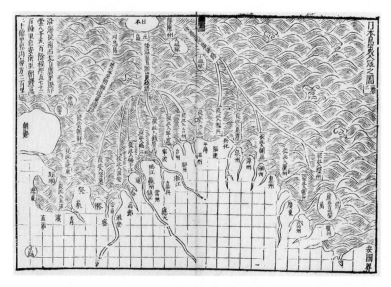

〈그림 9〉 日本島夷入寇之圖

　총괄적으로 『籌海圖編』의 지도는 왜구에 대한 관심만이 나타나 있으며, 그와 관련된 요소를 제외하고 일본인식이 바뀐 것은 별로 없다. 이에 비하여 『海東諸國紀』의 지도에는 對馬 · 壹岐에 대한 묘사법에 왜구의 흔적이 보이기는 하나 전체적으로는 훨씬 균형잡힌 일본인식을 보인다고 할 수 있다.

V. 정보 부족과 상호인식의 경직화

　瑞溪周鳳은 1473년에 죽었고 2년 후에는 애석하게도 申叔舟가 세상을 떠났다. 『성종실록』 卒傳에는 「事大交隣을 자신의 임무로 삼았다」고 써 있다. 事大는 對明, 交隣은 對日本 외교를 가리킨다. 또한 신숙주는 성종에게 「바라옵건대 일본과 화합을 잃지 마소서」라는 유언을 남겼다고 한다. 그러나 그 이후의 한일관계는 그의 遺志대로 진행되지 않았다.

그의 서거 무렵부터 일본에서 조선을 방문하는 사신 중에 가짜 명의를 가진 자가 자주 나타나게 된다. 예를 들면 畠山·伊勢·細川 등 막부 요인의 사신을 자칭하는 자들이 조선에 왔는데, 이들은 名義와 말하는 내용에 의심스런 부분이 있으며 거의 대부분이 僞使였다고 생각된다. 이와 같은 僞使를 보낸 주체가 대부분은 對馬 세력과 博多 상인의 합작이라고 추정된다. 그 중에서도 對馬의 大名 宗氏는 조선측의 통교규제 강화에 대항하여 이미 조선이 통교권을 인정한 명의들을 끌어모으고 그것을 자신의 사자에게 사용토록 한다든가, 친척과 가신에게 주어서 조선통교의 틀을 확보하고 도내 장악에도 이용하고 있었다.16)

1479년, 일본에 통신사를 파견할지 여부가 조선 조정에서 논의되었을 때, 「일찍이 일본 사신을 자칭하는 자들이 잇달아 도래했던 것은 모두 宗貞國의 사술에 의한 것이다. 우리 사신이 일본에 가서 문의하면 거짓이 드러나기 때문에 貞國은 사신의 일본 파견을 바라지 않는 것이다」라는 의견이 나왔다.(『성종실록』) 이와 같은 對馬 혹은 왜인에 대한 불신감은 신숙주가 경계했던 관념적인 倭人=禽獸觀으로 조선 관리를 다시 돌아가게 하는 결과를 낳았다. 같은 논의 석상에서 다른 관리는 「왜인의 變詐는 추측하기 어렵기 때문에 隣國의 예로 접대해서는 안된다」거나, 「섬나라 오랑캐는 反覆함이 無常하므로 人類의 대열에 낄 수가 없다」고 말하며 통신사 파견에 반대하고 있다. 여기서는 신숙주의 생각과 정반대의 태도를 볼 수 있다.

이러한 과정을 통해서 진행되고 있던 것은 정확한 상호인식을 형성하기에 충분한 정보의 부족이다. 조선측의 일본인식은 사신의 일본 본토 파견이 끊겨버린 결과, 對馬가 자유롭게 조작하는 거짓으로 가득 찬 것이 되고 말았다. 그 사이에 戰國의 동란으로 단련된 일본의 군사력은 이윽고 통일정권

---

16) 橋本雄, 「中世日朝關係における王城大臣使の僞使問題」 『史學雜誌』 106편 2호, 1997.
    米谷均, 「十六世紀日朝關係における僞使派遣勢力の構造と實體」 『歷史學硏究』 698호, 1997.

의 등장에 수반하여 국외로 흘러나갔고, 명나라를 최종목표로 한 조선침략
전쟁으로 가속화되었다. 이와 같은 격동을 충분히 인식하지 못했던 조선은
충분한 방어체제를 확립하지 못하고 수도가 단숨에 함락당하는 아픔을 겪
게 되었다.17)

한편 일본측의 조선인식도 조선으로 건너가는 사신이 거의 對馬와 博多
가 조종하는 僞使가 되어버린 결과 점점 더 빈약한 것이 되어 갔다. 다만
對馬의 획책이 없어도 원래 일본의 조선인식은 15세기에 그렇게 많은 일본
인이 조선을 방문했음에도 불구하고 너무나 빈약한 것이었다. 『老松堂日本
行錄』이나 『海東諸國紀』에 필적하는 조선관찰 내지 조선연구를 중세 일본
인이 남기지 않았던 것이 그것을 나타내고 있다.

조선과 밀접한 관계를 맺고 있던 西國 大名들이나 무사들조차 조선을 낮
게 보는 의식을 불식하지 못했다. 伊予國의 河野敎通는 1470년에 조선을 방
문했던 사실이 『海東諸國紀』에 기록되어 있는 무사인데, 1460년 막부에 제
출한 문서에서 「推古天皇 8년(600)에 신라의 도적이 일본을 습격하여 격퇴
당했는데, 포로는 다리를 잘라 서해 바다에 버렸다. 河野氏는 그들의 자손
을 대대로 노예로 부렸다」고 서술하고 있다(『大友家文書錄』). 또한 周防·
長門을 본거지로 하는 大內氏는 宗氏에 필적할 정도로 조선과 깊은 관계를
맺은 守護大名으로서, 1443년 조선 사신을 領國에서 영접할 때 「마당에 서
서 머리를 조아리며 맞이하고, 堂에 올라가서 무릎을 꿇고 머리가 마루에
닿도록 절을 했다」는 극히 겸손한 예를 취했다(『세종실록』). 그런데 1540년,
大內義隆이 보낸 遺明使 湖心碩鼎은 북경의 조정에서 「일본은 조선을 복종
시키고 있기 때문에 내 자리는 조선 사신의 자리보다 위로 하고 싶다」고 요
구했다고 한다(『중종실록』).

중세 일본인의 조선인식이 빈약했던 이유의 하나는 조선이 갖추고 있던

---

17) 村井章介, 「壬辰倭亂の歷史的前提－日朝關係史における」 『歷史評論』 592호,
1999.

외교정보를 조직적·계통적으로 수집 정리하는 시스템이 중세 일본인에게는 결여되어 있었다는 것이다. 그러나 그 뿐만 아니라 앞에서 서술한 바와 같이 중국과는 대등한 관계를 지향하면서 조선을 한 단계 아래로 본다는 전통적인 대외인식의 틀이 조선에 대하여 생생한 관심을 쏟는 것을 방해했다는 것도 짐작할 수 있다.

이상의 고찰에서 우리는 양국간의 인적교류를 깊게 하는 것을 통해서 서로를 상세하게, 그리고 정확하게 아는 것이 우호적인 양국관계를 구축하기 위한 기초가 된다는 교훈을 끌어낼 수 있다. 그것이야말로 신숙주의 遺志를 현대에 살리는 길일 것이다.

제6장
한일관계사료

제1절 일본의 사료정리사업

Ⅰ. 시작하며

우선 제2차 세계대전 종결 후 반세기를 거쳐, 「사료정리·편찬사업의 성과와 과제」와 같은 평범하지만 중요한 과제를 테마로 심포지움을 개최하기에 이른 한국 역사학계의 부단한 노력에 경의를 표하는 동시에, 그렇게 중요한 기회에 일본에서 발표하는 영광을 주신 점에 대하여 진심으로 감사를 드리는 바이다.

보고자에게는 두 가지의 과제가 주어져 있다. 하나는 일본에 있어서 전후 50년의 역사정리·편찬사업에 대하여 東京大學史料編纂所를 중심으로 서술하는 것이고, 또 하나는 일본에 존재하는 한국사 관계사료의 상황을 소개하는 것이다. 어느 쪽을 보더라도 보고자 개인의 능력을 훨씬 뛰어넘는 과제라고 하지 않을 수 없지만, 대상을 어느 정도 한정함으로써 미력을 다해 책임을 완수하고자 한다.

우선 제1장에서 첫 번째 과제를 다루겠는데, 모든 내용을 언급할 수는 없으므로 東京大學史料編纂所의 사례를 조금 상세하게 서술한 다음에 현재 일본에서 사료정리 · 편찬사업의 중요한 일익을 담당하고 있는 지방자치단체의 역사편찬에 대하여 靜岡縣 · 沖繩縣과 尼岐市(兵庫縣)을 예로 들어 간단히 소개하고자 한다.

두 번째 과제를 다루는 제2장에서는 한반도에서 가져온 문물과 일본측 사료에 남은 조선관계 기사로 나누어서 한국사 관계사료를 개관한다.

이것도 보고자의 능력과 견문의 한계 때문에 전근대, 그것도 16세기 이전의 것을 중심으로 할 수밖에 없었던 점을 미리 밝히고 양해를 구하고 싶다.

Ⅱ. 일본에 있어서 사료편찬의 현상과 문제점
東京大學史料編纂所를 중심으로

한국에서 國史編纂委員會가 담당하고 있는 역할을 일본에서 맡고 있는 관계라면 東京大學史料編纂所가 먼저 떠오른다. 그러나 이곳은 어디까지나 일개 국립대학에 속한 「府設研究所」라는 점에서 국가 직속인 한국의 國史編纂委員會와는 자리매김이 다르다. 이 연구소의 많은 장점과 한계 역시 이같은 자리매김에서 출발하고 있다. 또 일본에서는 史料編纂所 이외에도 사료정리사업을 하고 있는 기관이 많은데, 특히 都道府縣과 市町村 등의 지방자치단체에서는 각각의 지역에 맞는 사료편찬 방법을 추구하고 있다.

이 장에서는 제1절에서 史料編纂所가 현재와 같은 기관이 되기까지의 역사적 발자취를 간단하게 돌아보고, 이 연구소가 현재 행하고 있는 사업의 현황을 서술하고 그 의의와 문제점을 생각해 보기로 한다. 그리고 제2절에서는 지방자치단체에서 하고 있는 사료정리 · 편찬사업의 예를 소개하고자 한다.

1. 東京大學史料編纂所의 역할과 기능

보고자는 1974년부터 1991년까지 17년 동안 史料編纂所에서 재직하며 『大日本史料』의 편찬에 종사한 경험을 가지고 있는데, 현재는 이 연구소를 떠나 같은 대학의 문학부(및 대학원 인문사회계연구과)에 소속되어 있다. 뒤에서 언급하겠지만, 史料編纂所와 문학부는 과거는 물론 현재도 밀접한 협력관계에 있다고는 하나 현재 보고자는 史料編纂所의 견해를 대표할 수 있는 입장은 아니다.

그러나 史料編纂所라는 공적 기관에 대하여 본 심포지움과 같은 공적·국제적인 장소에서 개인의 견해를 밝힐 수도 없기 때문에, 금년 10월 13일에 몇몇 史料編纂所 직원이 심포지움 보고 내용을 들려주었다. 본 절은 이 모임에서 史料編纂所 직원의 의견을 토대로 하여 동 연구소의 역사와 현상에 대하여 가장 공적으로 서술한 『東京大學百年史·部局史四』 소장 「史料編纂所」(동경대학출판회, 1987)를 참조하면서 보고자 나름대로 정리한 것이다.

1) 근대 일본의 修史事業과 史料編纂所

明治新政府의 修史事業은 1869년 舊幕府의 和學講談所를 계승한 조직으로서, 그 跡地에 「史料編輯國史校正局」이 설치된 것에서 시작된다. 同局의 임무는 和學講談所의 개설자 塙保己一이 편찬한 『史料』 등을 재료로 宇多天皇 시대 이후(887년 이후)의 正史를 편찬하는 것이었다. 이것은 『日本書紀』 이하 고대의 여섯 가지 正史(『六國史』로 총칭)가 『三代實錄』 光孝天皇 仁和 3년(887)에서 중단된 뒤를 이으려고 한 것이었다. 1872년 太政官正院 아래 「歷史課」가 설치되어 이 사업을 이어받았고, 1874년에는 전년도부터 문부성에서 추진하고 있던 「國史編輯三個年計劃」 사업을 흡수하였다.

歷史課는 1875년 「太政官修史局」(1885년부터 「內閣臨時修史局」으로 개

칭)으로 되었고, 『六國史』·『大日本史』[1]의 뒤를 이어서 南北朝合一(1392년) 이후의 正史를 편찬하게 되었다. 이 구상은 1881년에 구체화되어 文保2년 (1318) 後醍醐天皇 즉위부터 慶應 3년(1867) 王政復古에 이르는 550년간을 취급한 한문체 正史 『大日本編年史』로 결집된다.[2] 그러나 편찬 재료가 되는 사료의 채집이 불충분했기 때문에 우선은 1885년 關東 六縣을 시작으로 전국에 걸쳐 사료채집이 행해졌으며, 모아진 새로운 사료에 의해 『大日本史』 등의 문헌 비판이 가능해졌다.

帝國大學(지금 東京大學)에 「國史科」가 설치되기 전 해인 1888년, 修史局의 正史編纂事業이 帝國大學으로 이관되고 대학본부 직속의 「臨時編年史編纂掛」가 설치되었다. 이 결정은, 국사학 교육에는 일본에 적합한 사료연구가 필수라는 御雇教授 루드비히·리스의 조언에 의한 바가 컸다. 1891년 臨時編年史編纂掛는 학내의 「地誌編纂掛」와 합병하여 「史誌編纂掛」가 되고 帝國大學 文科大學의 소관이 되었다.

이같은 체제 아래 『大日本編年史』의 편찬이 진행되었고, 1891년에는 서점에서 출판비 견적을 제출하기에 이르렀다. 그런데 출판이 가까워짐에 따라 修史事業에서 배제되었던 國學者·神道家·水戶學派 등의 반발이 거세졌으며, 1893년에는 史誌編纂掛 자체가 폐지되어 버린다. 그 결과 『大日本

---

1) 『大日本史』는 水戶藩主 德川光國의 명에 따라 1657년에 편찬이 시작된 역사서이며 1715년에 제1차 완성을 보았는데, 그 후에도 증보·개정이 계속되었고, 편찬이 완료된 것은 1906년이었다. 神武天皇부터 南北朝合一(1392년) 때의 後小松天皇에 이르는 百代를 『史記』를 모방하여 紀傳體로 서술. 南朝의 天皇을 정통으로 삼고 本記를 세우는 등 水戶學의 大義名分論에 의거하고 있는 것이 특징이다.

2) 『大日本編年史』가 어째서 『大日本史』의 뒤를 이어 南北朝合一 이후를 다룬다는 당초의 방침을 변경하고 南北朝時代의 기점이라고 할 수 있는 後醍醐 즉위를 開始点으로 삼은 것인지는 분명하지 않다. 다만 南北朝時代는 『大日本史』 중에서도 특히 南朝正統 名分論이 노골적으로 드러날 수 밖에 없는 시대이며, 『大日本編年史』의 편찬자에게는 그와 같은 편향된 사료주의의 입장을 바로잡으려는 의도가 있었는 지도 모른다. 『大日本編年史』가 水戶學派와 神道家의 반발로 인하여 좌절된 배경의 일단을 엿볼 수 있다.

編年史』도 햇빛을 보지 못한 채 오늘에 이르고 있다.

1895년,「지금과 같은 문명 시대에 국가가 직접 국사를 편찬하는 일은 결코 해서는 안된다」라는 대학측의 의견에 따라 편년사료의 편찬 정비만을 전담하는「史誌編纂掛」가 문과대학(1919년부터 문학부) 안에 설치되었다. 그리하여 正史 편찬은 방치되고, 사료집의 편찬·간행으로 노선이 크게 전환된다. 사료 채집의 대상도 정치사에 한정되지 않고 사회 각 분야에 관한 사항으로까지 확대되었다. 이렇게 해서 개변된 사업의 성과는『大日本史料』·『大日本古文書』로서 1901년부터 공간되기 시작하였다.

『大日本史料』는 887년부터 1897년까지 980년간을 다룬 編年史料集이며, 歷史 事象의 年代順에서 요약문(「綱文」) 아래 관련 사료를 망라하여 배열하는 체제를 취하였다. 이 체재는 塙保己一의『史料』를 답습하고 있다. 전체를 16개의「編」으로 나누고, 각 편을 병행하여 편찬을 진행하는 체제를 취하며, 현재도 편찬이 계속되고 있다.

『大日本古文書』는 奈良時代 이래의 고문서(상대에게 전달되어 기능을 완수하는 서면)를 한 통씩 표제를 달고 연대순으로 배열한 것인데,『正倉院文書』에 관해서는 이런 형태로 간행되었지만, 헤이안시대 이후의 고문서는 寺社·舊家의 소장별「家わけ文書」의 형태로 변경되었고, 1904년 간행된『高野山文書之一』을 시작으로 이것도 현재 편찬이 계속되고 있다.

1905년부터 사료 편찬은 기한을 정하지 않은 사업으로 인정되었으며, 史料編纂官을 중심으로 하는 관제도 정비되었다. 1906년에는 외무성에서『幕末外國關係文書』의 편찬사업을 계승하였다. 1924년에는 조직의 대확장이 실현되어 인원도 약 2.5배인 130여명으로 늘었다.『大日本史料』의 편찬 체제도 제1편에서 제12편까지 겨우 모습이 갖추어졌으며,3) 佛敎史 사료와 해

---

3) 1651~1867년을 취급해야 하는『大日本史料』제13~16편에 대하여는 1680년까지를 다룬 제13編部가 1937년에 설치되기는 했지만 大戰의 영향도 있어서 출판에 이르지는 못했으며, 제14편 이후에 대하여는 전혀 손을 대지도 못한 상태로 오늘에 이르고 있다. 에도시대의 사료는 너무도 양이 방대하고, 고대·중세 사

외 사료를 취급하는 전문가도 배치되었다. 1929년 「史誌編纂掛」는 「史料編纂所」로 승격·개칭되고 辻善之助가 초대 소장으로 취임하였다.

그 후 제2차 세계대전으로 인한 사업의 중단과 藏書의 疎開가 있었고, 1946년에 대폭적으로 기구 개혁이 단행되었다. 1948년에는 文部省 敎科書局 敎材硏究科 維新史料係를 흡수, 『大日本維新史料』의 간행이 사업에 추가되었다. 1950년에는 문학부의 소관에서 벗어나 東京大學附設硏究所가 되었으며, 1954년에는 학부와 마찬가지로 敎官制가 도입되었다.

새로운 체제 아래에서의 사업 내용은 編年史料의 비중을 줄이고, 사료를 세분하지 않고 출판하는 『大日本古記錄』(1952년 출판 개시)·『大日本近世史料』(1953년 출판 개시)가 라인 업에 추가되었다. 이것은 개별 텍스트 연구를 編年史料 편찬의 보조 역할로만 인식하였던 戰前의 상황에 만족하지 않고, 가능한 한 원본에 충실한 텍스트를 제공함으로써 역사학의 발전에 이바지하려는 목적이 강해졌다는 사실을 표현한 것이라고 할 수 있다. 아울러서 『日本關係海外史料』·『花押鑑』·『史料編纂所圖書目錄』 등도 추가되어 간행물은 더욱 많은 분야에 이르게 되었다.

1979년에는 종래의 11部門制가 5大部門制로 개조되고, 대상으로 하는 사료의 증대와 다양화에 대응하는 체제로 정비하여 오늘에 이르고 있다.

2) 史料編纂所의 현황

현재 史料編纂所는 57명의 敎官(교수 15·조교수 15·조수 27), 19명의 事務官(사무직·도서직), 7명의 技術官, 합계 83명의 正職員이 근무하고 있다. 日本史 관계로는 최대의 연구소이며, 학계에서 중요한 역할을 수행하고 있다. 83명 중 여성이 19명으로 약 23%를 차지하는데, 현재 일본 사회에서는 높은 수준이다. 그 밖에 수십 명의 비상근직원이 있어서 업무를 보조하고 있다.

료를 다루는 방식을 그대로 적용하기에는 무리가 크다는 점이 주된 원인이다.

현재 史料編纂所에는 事務部·圖書部·技術部(사료보존기술실) 이외에 硏
究部로서 5개의 큰 部門이 있다. 이같은 구분은 기본적으로 각 섹션에서 담
당하는 출판물에 적합하게 편성되어 있으며, 그 현황은 다음과 같다.

> 古代史料部-『大日本史料』 제1·2·3·5편(제4편은 완결) : 887~1333년의 編年
> 史料.[4] 제1편은 本編을 완료하고 補遺를 편찬 중임.
> 『正倉院文書目錄』
> 中世史料部-『大日本史料』 제6·7·8·9·10·11편 : 1333~1603년의 編年史料.
> 近世史料部-『大日本史料』 제12편 : 1603~1651년의 編年史料.
> 『大日本近世史料』 : 에도시대의 정치·경제·지리의 중요 사료.
> 『大日本維新史料』 : 井伊家史料를 비롯한 明治維新期의 중요 사료.
> 『大日本古文書 幕末外國關係文書』
> 古文書古記錄部-『大日本古文書 家わけ文書』 : 소장자별 고문서집.
> 『大日本古記錄』 : 에도시대 초기 이전의 日記.
> 特殊史料部-『日本關係海外史料』 : 유럽 제국에 소재하는 일본관계 사료로서,
> 原文編과 譯文編으로 구성됨.
> 『日本關係海外史料目錄』
> 『花押鑑』 : 花押과 그것을 사용한 개인을 同定하기 위한 花押一覽.
> 『大日本近世史料 近藤重藏蝦夷地關連史料』
> 『日本莊園繪圖聚影』 : 고대·중세의 莊園繪圖를 대형 사진판으로
> 복제하고 해설을 덧붙임.

그러나 史料編纂所가 추진하고 있는 출판사업은 여기에 그치지 않는다.
大部門의 범주에 드는 것으로는 머지않아 『大日本史料』 제1편이 완결된
후에 예정되어 있는 「首編」 (887년 이전의 편년사료) 및 아직 손대지 않은
『大日本史料』 제13~16편 시대(1651~1867)의 편년사료(가칭 「近世編年史料」)

---

4) 카마쿠라 시대 후반을 다루어야 할 『大日本史料』 제5편이 「古代史料部」에 들어
있는 것은 각 大部門의 밸런스를 맞추기 위한 편의적인 조치이며, 현재 일본사
학계의 주류적인 시대구분과는 일치하지 않는다.

가 있으며, 간행을 목표로 준비가 진행되고 있다. 이 중에서 「近世編年史料」
는 에도시대의 사료가 양적으로 방대하여 『大日本史料』의 체재를 답습하는
것은 불가능하므로 사료 선택의 기준, 배열 방법 등에 대하여 검토가 진행
되고 있다.

더욱이 최근에 部門·大部門의 구별을 넘어선 프로젝트 연구가 성행하
게 된 것에 부응하여 그 성과를 출판물의 형태로 세상에 내놓는 일도 시작
되었다. 이미 『正倉院文書目錄』(현재는 고대사료부가 담당)·『日本莊園繪圖
聚影』(현재는 특수사료부가 담당)·『越後國郡繪圖』·『東京大學史料編纂所
所藏宗家史料目錄』이 간행되고 있으며, 특히 畵像史料에 관한 적극적인 연
구가 두드러진다.

史料編纂所가 수행하고 있는 업무는 출판 만이 아니다.

두 번째 기둥으로, 일본 국내 각지에서부터 유럽까지 미치는 일본사 관계
사료의 채집(「史料探訪」이라고 부른다)이 있다. 史料編纂所에서는 明治 초
기부터 이 사업을 계속하여 방대한 사료정보를 집적하고 있다. 전쟁 전에는
原史料 위에 종이를 대고 베끼는 「影寫本」과 사료를 그대로 模寫하는 「謄
寫本」에 의한 채집이 중심이었지만, 전후에는 사진기술의 진보에 따라 사료
가 소재하는 현지에서 마이크로 필름으로 촬영하고, 이것을 현상·인화하
여 「사진첩」으로 만드는 방법이 중심이 되었다. 전후의 거대한 사회변동은
원사료의 광범위한 인멸과 소재 이동을 일으켰으며, 현재는 史料編纂所의
영사본·등사본·사진첩 등(이들을 「複本」으로 총칭한다)으로만 내용이 알
려져 있는 사료도 적지 않다.

이와는 달리 지금도 새로운 사료가 발견되는 일이 드물지 않으며, 이들
의 「複本」을 작성하는 일도 필요해졌다. 또한 이미 「複本」이 있는 史料群
이라도 보다 정확한 텍스트가 필요하거나, 혹은 史料群의 현재 상태를 파악
하기 위하여 다시 조사를 진행하고 있다. 그럴 때는 각 縣과 市町村에서
진행하고 있는 사료의 정리·보존·편찬사업과 협력관계를 맺는 경우도

적지 않다.

유럽·북아메리카에 소재하는 일본관계 사료(일부 라틴아메리카·아시아·오세아니아 포함)에 대하여는 1954년부터 1968년에 걸쳐 萬國學士院連合과 UNESCO의 원조를 받았으며, 72만 콤마에 달하는 마이크로 필름에 의한 복제사료를 史料編纂所 서고에 소장할 수 있었다. 『日本關係海外史料目錄』은 이 필름을 검색하기 위한 목록이다. 그러나 여기에서 누락된 사료도 여전히 방대하며, 직원이 장기 해외출장을 나가서 조사에 임하고 있다.

이상과 같은 史料編纂所의 사료채집사업의 특징은 가급적이면 사료가 소재하는 현지로 가서, 그 장소에서 조사·촬영을 행하는 것이며, 사료 현물의 차용은 특별한 경우 외에는 삼가도록 하고 있다. 이것은 사료의 분실 등의 트러블을 피한다는 이유 뿐만 아니라, 사료는 그것이 전승된 현지에 있어야만 보다 더 많은 것을 말해준다는 이념에 근거를 두고 있다.

이렇게 축적된 방대한 「複本」類를 간편하게 이용하기 위한 방법으로 여러 종류의 「목록」을 만드는 일도 사료채집사업의 종착점으로서 중요하다. 이전부터 『史料編纂所圖書目錄』과 『日本關係海外史料目錄』을 간행해 오고 있으며, 머지않아 수요가 많은 사진첩 목록이 간행될 예정이다. 그러나 출판물이라는 형태의 목록으로는 나날이 증가하는 장서에 대응할 수 없게 된 것도 사실이며, 최근에는 후술할 데이터 베이스에 의한 사료정보의 제공으로 중심이 계속 이동하고 있다.

다종·다량의 「複本」類는 다른 기관의 추종을 허락하지 않는 귀중한 재산이 되어 있으며, 明治維新期 이전의 일본사를 전문적으로 연구할 때 빼놓을 수 없다. 이 「複本」류를 중심으로 하는 장서를 일반의 열람에 제공하는 특수한 도서관으로서의 기능이 史料編纂所의 업무 중에서 세 번째 기둥을 이룬다. 원래 이러한 장서는 편찬을 위한 部內 자료라는 성격이 강하며, 지금도 史料編纂所 圖書部는 기본적으로 다음에 서술하는 技術部와 함께 연구지원조직으로 인식되어 있다. 그러나 연구소 밖의 열람자는 매년 증가하

는 경향에 있으며, 1994년에는 이미 연간 1만명을 돌파하였다. 이에 따라
장서의 관리·운용을 담당하는 圖書部의 역할도 외부인을 위한 도서관으로
서의 성격이 강해지고 있다.

史料編纂所 안에서 특수한 전문기술자를 보유하고 있는 곳이 技術部(사
료보존기술실)이다. 우선 「사진」은 현재 사료채집방법의 주류가 되어 있으
며, 촬영·현상·인화 뿐만이 아니라 필름·인화·유리 乾板의 보존 등에
도 넓은 분야에 걸친 고도의 지식·기술이 필요하다. 「影寫」는 고문서·기
록 등에 종이를 대고 그대로 베끼는 전통적인 방법, 「模寫」는 畫像·繪圖를
일본화 기법으로 채색 복제하는 것으로서 모두 시간과 노력이 들기는 하지
만 실물 크기의 레프리카의 일종이며 보존성도 뛰어나다. 「修復」은 수분과
蟲食으로 손상된 사료를 經師 기술로 되살리는 것이다. 이상의 技術部는 하
나밖에 없는 사료를 취급하면서 「複本」을 만들고 그것을 연구·편찬에 도
움이 되도록 하는 史料編纂所의 두드러진 특성을 담당하는 섹션이며, 史料
編纂所의 업무 중 네 번째 기둥을 맡고 있다.

史料編纂所의 장서에는 「複本」류 뿐만 아니라 매입, 기증, 기탁 등의 형
태로 들여온 原本類도 많으며, 이런 것들은 貴重書로 지정되어 특별한 절차
에 따라서 열람할 수 있다. 그 중에서도 『和歌眞字序集』·『臺記』·『愚昧
記』·『後愚昧記』·『拾芥抄』·『南無阿弥陀佛作善集』·『實隆公記』·『近藤
重藏關係史料』8건은 국가의 중요문화재로 지정되어 있다. 그밖에도 『倭寇
圖卷』·『たはらかさね耕作繪卷』·『林家史料』등이 유명하다. 또한 『島津家
文書』·『益田家文書』·『宗家史料』등 정리된 양이 있는 사료군이 전체 41
건, 史料點數로 약 10만점이 있으며, 『特殊蒐書』이라는 이름으로 별도로 관
리되고 있다.

그밖에도 지방사와 刊本史料集, 전문 연구서, 일본사 관계 학술잡지·圖
錄·보고서 등도 정력적으로 수집하고 있으며, 일본 전근대사 연구에 있어
서 이만큼 충실한 장서를 가진 도서관·연구기관은 달리 없을 것이다.

1984년 이래 정보처리기술의 진보에 따라 집적한 사료정보를 고속으로, 아울러서 광범위하게 제공할 수 있도록 각종 형식의 사료정보 데이터 베이스(이하 DB로 생략함)를 작성해 왔다. 이들은 SHIPS(shiryohensanjo Historical Information Prosessing System)라고 불리는 네트워크를 형성하고 있으며, 동경대학의 네트워크 UTnet을 통하여 인터넷에도 접속하고 있다. SHIPS를 구성하는 DB에는 목록 · 畵像 · 인덱스 · 풀텍스트의 4종류가 있다. 「維新史料綱要DB」(약3만건)은 입력이 완료되었고, 「古文書目錄DB」(약 1.2만건)은 입력이 끝난 부분부터 공개되고 있으며, 모두 史料編纂所의 내외에서 온라인으로 검색할 수 있다. 「古文書目錄DB」와 연결된 畵像DB로서, 전자에 입력된 고문서 畵像을 광디스크에 저장한 「史料畵像DB」가 있으며 구축 중이다. 「編年史料綱文DB」(약 2.1만건)은 『大日本史料』의 綱文(어떤 歷史事象을 연월일로 나누어 요약한 것) 전문을 입력한 것으로 구축중이다. 「中世記錄人名索引DB」(약 18.7만건)은 중세 複數 일기의 인명색인을 통합한 인덱스DB이다. 史料編纂所의 DB개발은 정보처리기술의 고도화 · 대용량화에 따라 인덱스DB → 풀텍스트DB → 畵像DB의 순서로 진행해 왔다. 그 결과 수요에 따른 각종 DB를 준비할 수 있게 된 것이다.

이상과 병행하여 편찬업무에도 컴퓨터가 이용되기 시작했으며, 『大日本古記錄』에서는 일기 全文을 컴퓨터에 입력하여 원고를 작성하고 있다. 이것은 당연히 풀텍스트DB의 구축이기도 하며, 「古記錄 풀텍스트DB」(약1.2만건)라는 이름으로 SHIPS의 일익을 담당하고 있다. 1992년도에는 특별 예산을 얻어서 所內 컴퓨터 시스템의 총 교체(리플레스)를 단행했으며, 所外 네트워크와의 접속에서부터 개인용 노트북 컴퓨터에 이르기까지 계층형태의 시스템을 완성했다.

한편, 직원 각자는 공무와 밀접하게 관계를 가지면서도 개개의 학문적 관심에 기초한 연구활동을 수행하는 것이 보증되고 있으며, 그 성과는 학계에 환원되어 일본 사학의 발전에 크게 공헌해 왔다. 1967년에는 그러한 연구성과를 공표하는 紀要와, 연간 업무내용을 정리한 연보를 겸하여 연 1회 『東京大學史料編纂所報』가 발간되었고, 현재 29호에 이르고 있다. 1991년 부터는 研究誌로서 『東京大學史料編纂所研究紀要』가 『所報』에서 독립하여 史料學에 관한 첨단 논문이 게재되고 있다(1995년 10월 현재 제5호까지 간행).

직원의 연구성과를 사회에 환원하는 수단으로는 먼저 3년에 1회 11월에 개최되는 史料展覽會가 있으며, 올해는 제 31회로 중요문화재 『實隆公記』 를 비롯한 公家三條西家의 舊藏史料가 전시된다. 또 상설 전시로서 봄 · 가 을 2회, 각기 약 1개월씩 소장사료가 순차적으로 전시되며, 학생 견학 등에 제공되고 있다. 게다가 새로운 시도로서 사료학 연구성과를 근거로 한 공개 심포지움이 시작되었으며, 1996년 3월에 제1회 「肖像畵와 歷史學」이라는 주제로 개최된다. 또한 일본사 관계사료를 각 분야에서 체계적으로 다루는 세미나도 기획 중이다.

3) 史料編纂所의 당면 과제

이상과 같이 史料編纂所가 완수해야 하는 역할이 커짐에 따라 몇 가지 문제도 발생하였다.

우선 첫째로, 동경대학의 부설연구소라는 성격 자체에서 발생하는 근본 적인 문제로 인원 · 설비 · 예산에 큰 한계가 있다. 史料編纂所가 대학 안에 설치된 것은 그때 그때의 국가적 요청에 좌우되는 일 없이 자주적으로 사업 을 추진할 수 있었다는 이점이 있었다. 지금도 문부성 직할연구소로 옮긴다 는 견해에 대하여는 所內에서 반대 의견이 압도적으로 강하다. 다른 한편 으로 戰後 기구개혁의 결과 다루어야 할 사료 분야가 대폭 확대되었음에도 불구하고 인원은 증가하지 않았기 때문에(사무기구를 포함한 총 인원은 오 히려 감소하였다) 출판 페이스의 저하를 피할 수 없는 사태가 되었다. 특히 『大日本史料』는 현행 페이스로 가는 한 編에 따라서는 완결까지 긴 시간이 필요하다는 계산이 나오며, 학문적인 수요에 부응해 갈 수 없는 상황에 처해 있다. 이것을 근본적으로 해결하는 데에는 내부 노력만으로 한계가 있으며, 국가적인 조성 조치가 필요할 것이다. 또한 장서의 기하급수적 증가, 컴퓨터 시스템의 충실, 畵像史料로의 대응, 도서관 기능의 충실 등에 수반하여 더욱 더 커다란 페이스가 필요하게 되었지만, 현재 廳舍의 바닥 면적이 한계에 달하고 있는 것도 큰 문제이다.

두 번째로 활자매체에 의한 사료정보의 제공이 점차 유일한 방법이 아닌 것이 되어 가는 상황에 어떻게 대응할까 하는 문제가 있다. 이미 마이크로 필름에 의한 제공이라는 형태는 많은 기관에서 행해지고 있지만, 다시 사료정보DB를 CD-ROM 형태로 제공한다는 사태가 출현할 가능성이 있으며, 史料編纂所의 업무 형태가 근본적으로 변화할 가능성도 나오고 있다. 적어도 활판인쇄에 의한 출판을 계속하는 것은 컴퓨터화로 발전된 출판업계의 상황에서 볼 때 대단히 곤란하며, 史料編纂所의 출판물도 거의가 컴퓨터 조판으로 이행하고 있다.

세 번째로, 『日本關係海外史料』는 내외의 노력에 힘입어 다대한 성과를 올려 왔지만 그 대상이 유럽 제국에 한정되어 있다는 문제이다. 물론 『大日本史料』의 채록 대상에는 중국・한국의 正史・實錄을 비롯하여 아시아제국에서 성립된 사료도 포함되어 있다. 그러나 內閣文庫 등 일본의 기관에서 소장하는 「漢籍」에 의거하고 있으며, 현지에 소재하는 사료(예를 들어 중국의 檔案館이나 한국의 國史編纂委員會・奎章閣에 소장된 일본관계 사료)를 본격적으로 채방하는 데에는 이르지 못하고 있다. 이를 위해서는 해외사료부의 충실・확대가 필요하지만(戰前에는 편년사료부 안에 한문사료・歐文 사료 전담자가 배치되어 있었다) 증원이 지극히 곤란한 현재, 우선은 해외에서의 사료 채방에 아시아 각국을 추가하는 방향을 모색해야 할 것이다.

네 번째로 대학 부설 연구소라는 사실에서 요구되는 교육 기능을 어떻게 완수해 가느냐 하는 문제이다. 현재 일정 수의 敎官이 문학부와 대학원인문

사회계 연구과에 출강하거나, 혹은 국내외에서 일정 수의 연구원을 받아들여 직원이 지도하는 형태로 시행하고 있지만, 史料編纂所로서 조직적 · 주체적으로 교육을 담당하기까지에는 이르지 못했다. 최근 文書館의 증가에 따라 문헌을 다루는 전문직(아키비스트) 양성의 필요가 주장되고 있는데, 史料編纂所로서는 직접 양성코스를 설치하는 것보다는 그러한 교육의 기초가 되는 사료학의 구축에 걸맞는 역할을 완수하려 하고 있다.

다섯 번째로, 낡고도 새로운 문제인데, 직원 개개인이 편찬업무와 개인 연구를 어떻게 절충하는가 하는 문제이다. 예전에는 편찬소의 장서를 이용하여 개인적인 관심 사항을 연구하는 것을 억압하는 경향이 강했지만 현재 그런 풍조는 거의 불식되었으며, 직원이 연구 업적을 학계에 내놓는 것을 환영하게 되었다. 『所報』에 각 직원이 업무내용과 연구소 내외에서의 활동과 함께 연구업적을 소개하게 된 점, 사료보존기술실이나 도서부의 멤버가 쓴 논문이 『紀要』에 실리게 된 점은 외부에서의 연구소 평가에 응하려고 하는 자세를 보인 것이다. 그러나 한편으로 편찬을 완벽하게 하려고 하면 개인 연구에 시간을 할애할 수 없으며 연구 업적도 이룰 수 없다는 모순이 해소된 것은 아니다. 특히 젊은 조수가 박사 학위를 취득하도록 배려하는 것은 학계 전체에서 박사 학위를 중시하는 풍조가 강해지고 있는 현재, 급선무라고 할 수 있다.

2. 縣史 · 市町村史의 편찬

1) 自治團體史編纂과 사료정리사업

일본에 있어서 사료정리사업을 행하고 있는 연구기관은 東京大學史料編纂所 외에도 다수 존재한다. 수도권에 있는 전국 규모의 기관만도 國立國會圖書館, 文部省史料館, 國立歷史民俗博物館 등이 있으며, 외무성과 방위청 등의 省廳에도 각기 사료관이 있다. 史料編纂所는 이들 기관과 계속 협력하며 일정한 역할분담 아래 사업을 시행하고 있는 것이다. 따라서 원래는 그런 기관 전부를 소개해야 하겠지만, 보고자의 능력과 보고 시간의 제약 때문에 史料編纂所로 범위를 좁혀서 언급하였다.

그러나 현재 「일본의 사료정리사업」에서 매우 중요한 일익을 담당하고 있는 지방자치단체의 역사편찬에 대하여는 어느 정도 언급하지 않을 수 없다.

전후의 개혁으로 지방자치가 대폭적으로 확대된 결과 각각의 자치체가 소재하는 지역의 역사를 독자적인 관점에서 지극히 세밀하게 조사하고 서술하는 풍조가 널리 퍼졌다. 그런 곳에서는 전쟁 전의 「鄕土誌」 종류와는 달리 서술의 기본이 되는 사료를 독자적으로 조사하고, 本文編과 通史編과는 별도로 史料編 · 資料編을 두는 것이 널리 행해지고 있으며, 더 나아가서 수집한 사료를 보존 · 정리하여 일반인이 열람할 수 있도록 문서관과 역사자료관을 설립하는 일도 흔히 볼 수 있게 되었다. 요컨대 自治團體史의 편찬사업을 통하여 총체적이고 자세한 사료정리사업이 각지에서 진행되고 있는 것이다. 東京大學史料編纂所 · 文部省史料館 · 國立歷史民俗博物館이라는 「중앙」 기관에서는 모두 커버할 수 없는 사료정보가 이들 사업이 진행되는 가운데 발굴되는 경우도 드문 일은 아니다.

이들 사업의 대부분은 문헌 뿐만 아니라 민속행사 · 발굴유물 · 금석문 · 경전 · 器物에서부터 지명이나 古道에 이르는 다양한 역사정보를 채집한 다음에 이것을 사료편 · 자료편으로 집성하고, 다시 通史編 혹은 本文編에서 역사서술로 결실을 맺도록 하는 방법을 채택하고 있다. 역사서술을 通史로 하는 것만이 아니라 各論編을 만드는 경우도 있다. 종래 정치사에 치우치는 경향이 있던 修史事業을 전체사의 방향으로 해방하는 지향점을 가진 것도 평가할 수 있다.

自治團體史의 편찬에는 크게 나누어서 都道府縣 단위의 편찬, 市町村 단위의 편찬, 기타의 3종류가 있다. 「기타」에는 복수의 市町村을 포함하는 舊郡 규모에 이르는 것과, 「町」 · 「字」 · 「學區」 등 市町村 이하의 단위가 있

지만 오히려 예외적이다. 都道府縣 단위에서는 이미 대부분의 자치단체가
전후 편찬한「縣史」를 가지고 있으며, 그 중에는 千葉縣과 沖繩縣처럼 다시
편찬에 들어간 곳도 있다. 市町村 단위에서도 상호 경쟁적으로 대부분「市
町村史」를 만드는 경향이 있으며, 인접한 市町村史 상호간과 縣史와 市町村
史의 사이에서 게재된 사료와 역사 서술에 중복이 보이는 경우도 많다.「縣
史」의 태반은 수십 권에 이르는 것이 대부분이며,「市町村史」라도 10권을
넘는 것이 드물지 않다. 이러한 출판물은 1권이 1000페이지 내외의 큰 책이
되는 것이 보통이며, 전국을 합쳐서 생각하면 정신이 아찔해질 만한 양의
편찬사료와 역사서술이 매일같이 생산되고 있음을 알 수 있다.

그 전부를 소개한다는 것은 도저히 불가능하므로, 여기서는 보고자가 縣
史編纂專門委員會員으로 관여해 온 靜岡縣, 현대사를 중심으로 전후 두 번
째 縣史編纂에 몰두하고 있는 동시에『歷代寶案』이라는 유니크한 한문외교
문서집에서 많은 사료정보를 끄집어내려 하고 있는 沖繩縣, 지역의 관점을
꿰뚫어보면서 시민운동으로 문서관을 설립하고 지역사 연구에 몰두하고 있
는 尼崎市(兵庫縣)의 세 가지 예를 소개하는 것으로 現狀 보고를 대신하려
한다.

2) 靜岡縣의 경우

『靜岡縣史』 편찬은 1985년 縣敎育委員會 아래 縣史編纂室을 설치하고
13개년 계획으로 출발하였다. 편찬 체제는 실무를 담당하는 편찬실을 별도
로 하고 縣知事를 회장으로 하는「縣事編纂委員會」(28명, 이하 인원수는
1993년 10월 현재5))를 최고 의사결정기관으로 하며, 그 아래「縣事編纂專
門委員會」와「縣事編纂調査協力員」을 두었다.

「專門委員會」는 考古(18명)·古代(10명)·中世(12명)·近世(24명)·近現代
(32명)·民俗(22명)·自然災害誌(2~7명)의 7部로 나뉘어져 있다. 각 部會는

---

5)『靜岡縣史だより』제17호, 1993년 10월에 게재된 일람표에 의함.

參與(0~1명)·部會長(1명)·전문위원(2~7명)·특별조사위원(1~7명)·조사위원(0~15명)으로 구성된다. 參與는 필요한 때 조언을 하는 고문 역할이며 3部會에 설치되어 있다. 部會長은 部會의 의사를 집약하고 部會의 활동에 책임을 지는 동시에 「縣事編纂委員會」의 멤버가 된다. 전문위원은 현 내외의 대학을 중심으로 하는 연구기관에 소속된 전문 연구자로 구성되고 전문위원회의 중핵부분을 이루며, 부회의 사료조사·원고작성·교정·출판 등의 책임을 맡는다. 部會長도 전문위원의 일원이다. 특별조사위원은 전문위원에 준하는 대우를 받지만 그 형태는 部會마다 다양하다. 전문위원과 거의 동일한 역할을 맡는 경우, 通史編의 집필자인 경우 등이 있다. 조사위원은 현내의 고교·중학교 교사와 박물관 직원이 되는 경우가 많은데, 각자가 살고 있는 지역에서 사료조사를 맡는 것이 주요 업무지만 通史編의 집필자가 되는 경우도 있다. 필드 워크가 활동의 중요 부분을 차지하는 고고·근세·근현대·민속의 각 部會에는 조사위원의 수가 많지만 資料編 편찬이 종료된 古代部會에는 조사위원이 없다.

「조사협력원」은 현내의 각 市町村에 한명씩 두며, 동부지구 28명, 중부지구 24명, 서부지구 22명이다. 거주 지역의 역사와 史跡에 밝은 이른바 향토사가가 많다. 각 지역에서 자료정보를 편찬실로 통보하는 것과, 전문위원·조사위원이 행하는 현지조사에 협력하는 일이 주요 임무이다.

이상과 같은 체제 아래 진행되고 있는 縣史의 구성은 通史編 7책, 資料編 25책, 別編 3책 전부 35책으로 구성된다. 자료편이 큰 비중을 차지하고 있는데, 이것은 최근의 自治團體史에서 공통되는 경향이다.

通史編은 1.原始·古代, 2.中世, 3.近世 1, 4.近世 2, 5.近現代 1, 6.近現代 2, 7.年表로 구성되어 있으며, 1993년에 원시·고대편이 간행되었다. 1995년에는 근세 1과 근현대 1의 2권이 간행될 예정이다. 연표는 자료편에 수록된 사료와 통사편에 기술된 史實 중에서 중요한 것을 선택하여 편성하는 것으로 縣民의 역사 이해를 돕는 것을 목적으로 한다.

資料編은 考古 3책, 古代 1책, 中世 4책, 近世 7책, 近現代 7책, 民俗 3책으로 구성된다. 고고는 유적과 유물로 나누어 지역별로, 고대와 중세는 사료가 가지는 연대순으로, 근세와 근현대는 테마별로, 민속은 舊國(伊豆・駿河・遠江)별로 각각 자료를 배열하고 있다. 1995년 10월 현재, 95년도 간행예정인 중세 4를 제외하고 24책의 간행이 완료되었다.

別編은 1. 民俗文化史, 2. 自然災害誌, 3. 槪說靜岡縣史의 3책으로 구성되어 있다. 1은 개별민속조사 보고인「民俗誌」20책과 자료편・민속 3책을 소재로 縣 지역의 민속문화에 대하여 역사적 관점을 추가해서 평이하게 서술한 것이다. 2는 縣域에 심대한 피해가 미칠지도 모르는 동해대지진이 예측되는 가운데, 과거의 지진 사례로부터 교훈을 이끌어 내고자 한 것으로, 『靜岡縣史』의 특징 중 하나이다. 3은 版型을 크게 하고 전 페이지에 칼라도판을 사용하여 縣民을 비쥬얼하게 이해하도록 만든 것이며, 이것도 최근 자치단체사에 유례가 많다. 1이 1994년도에 간행되었고, 2가 1995년도에 간행될 예정이다.

『靜岡縣史』의 사업은 本編 35책의 편찬・출판 만이 아니다. 편찬 과정에서 명확해진 사실과 발견된 사료를 소개할 수 있도록『靜岡縣史硏究』라는 잡지를 연 1회 발간하고 있는데, 1995년 10월 현재 제11호까지 나왔다. 또 편찬사업의 상황을 縣民에게 홍보하기 위하여『靜岡縣史소식』이라는 팜플렛을 연 2회 발행하는데 1995년 10월 현재 21호까지 나왔다. 그밖에도 靜岡市에서 열리는『靜岡縣史講演會』와 각 지역별 주제를 다루는「縣史地域講座」를 통해서 縣民에게 縣史編纂의 성과를 알려주고 있다.

여기서 보고자가 관계하고 있는 중세부분에 대하여 편찬사업의 내용을 좀 더 자세하게 살펴보도록 한다. 지금까지 中世部會가 간행한 것은 資料編 中世1, 2, 3의 3册인데, 현재 금년도에 간행하는 中世 4의 편찬이 최종단계에 와 있다. 아울러 1996년도 간행 예정인 通史編 2 中世의 원고를 집필 중이다.

資料編에서 中世의 스타일은 완전한 編年順으로 사료를 배열함과 동시에, 사료 내용을 현대문으로 요약한 것(「要文」이라 칭하고 있다)을 해당 사료의 앞에 첨부하고 있다. 수록하는 사료는 원칙적으로 中世卷이 커버하는 1180년부터 1590년에 이르는 410년동안 성립된 靜岡縣 관계 문자사료의 전부이다. 「縣關係」인가 아닌가를 판정하는 기준은, 현내 지명이 나온 것은 물론 모두 수집하지만, 그 밖에 지명은 없어도 현내에서 발신된 것이 명백한 것, 縣域의 역사로서 특히 중요한 역할을 한 氏와 개인에 관한 것 등을 약간 포함하고 있다. 사료의 형태로는 고문서는 물론, 일기, 系圖, 문예작품, 금석문, 經典奧書, 棟札 등 다양한 분야에 걸쳐 있다.

資料編 편찬을 위한 사료조사 방법에 대하여 中世部會는 縣內에 소재하는 문자사료에 대하여는 일일이 현지로 가서 조서 작성과 사진 촬영을 실시한다는 방침을 세웠다. 사료의 소재지는 예상 밖으로 수가 많아서 한 두점씩 산재해 있는 것을 이잡듯이 찾아서 조사한다는 것은 대단한 노력이 필요했지만 거의 모두 관철할 수 있었다. 이런 방침은 자료편 편찬의 재료수집에 그치지 않고, 현재 현내에 어떤 사료가 어느 정도 존재하는가를 드러냄으로써 장래에 사료를 전수하기 위한 기초를 만드는 것을 목표로 하는 것이었다.

그리고 「縣關係」 사료란 물론 현내에 소재하는 것만은 아니다. 고대·중세의 경우 양적으로는 현 밖에 소재하는 사료가 더 많은 실정이다. 이들 사료에 대하여도 東京大學史料編纂所의 複本類를 모두 조사하는(이 작업을 「めくり」라 부르고 있다) 한편, 중요한 것에 대하여는 현 외의 사료 소재지로 가서 조사한 것도 많다. 그 행적은 北海道에서 九州·四國까지 전국에 미치고 있다.

이렇게 해서 수집된 사료는 원본·사진·複本 등에서 筆寫한 것과, 活字本에서 카피하여 오려낸 것 등의 형태로 원고화하고, 그것을 다시 될 수 있는 한 원본에 가깝도록 대조하면서 잘못 읽은 것을 바로잡는다. 이어서 내용을 파악하고 傍注(인명, 지명 등에 대하여 본문의 우측에 붙인 注記)·按文(그 사료에 대하여 주의해야 할 점을 기록한 문장으로, 본문 뒤에 붙인다), 「要文」을 붙인다. 완성된 원고를 인쇄소에 보내고, 교정쇄(겔)가 만들어지면 다시 원본에 가깝도록 대조를 한다. 이런 교정을 수 차례 반복하고나서 겨우 교정이 끝난다.

中世部會에서도 자료편 편찬이 거의 끝나가고 있으며, 업무의 중심은 通史編 및 年表·槪說靜岡縣史로 옮겨가고 있다. 자료편에 수록된 사료를 읽는 것만으로 통사를 쓸 수 있는 것은 아니므로, 통사의 서술에 나오는 장소로 가서 景觀을 조사하거나, 어느 지역에 남은 각종 사료를 종합적으로 파악해 두는 작업도 함께 진행하면서 원고 집필에 힘쓰고 있는 것이 지금의 상황이다.

현재 『靜岡縣史』의 편찬은 마지막 단계에 접어들고 있다. 아직 간행되지 않은 것은 通史編 6冊, 資料編 1冊, 別編 2冊 합계 9冊인데, 1995년에 3책, 96년에 3책, 97년에 3책을 간행할 예정이며, 1998년 3월에는 전권의 간행 종료와 함께 縣史編纂事業도 끝나게 된다. 1985년 縣史編纂事業을 시작할 때의 계획을 1년도 연기하지 않고 달성할 수 있는 진행이지만, 이것이 반드시 좋은 일이라고만 할 수는 없다.

中世部會의 경우, 편찬을 시작할 당시에는 예상하지 못했던 양의 사료가 확인되었고, 資料編 中世 2 이후는 예정보다 1년 늦게 출판할 수밖에 없었다. 그런데도 편찬 완료는 예정대로 강행하기로 했기 때문에, 資料編 中世 4의 교정을 보면서 通史를 집필하는 곤란한 상황이 되었다. 이런 형편에서는 만족스런 통사가 쓰여질 리가 없다.

縣史編纂事業 전 과정에 걸쳐서 편찬의 진행에 수반하여 계획을 수정해 가는 유연성이 결여되어 있으며, 「이미 결정된 일이니까」라는 식의 획일적인 대응이 두드러진다. 관청에서 결정한 사업을 예산에 따라 집행한다는 「상명하달」식의 관료적 발상이 강하고, 縣民이 편찬에 참가하는 縣史라는

요소는 거의 없다. 말로는 「縣民을 위한 縣史」라고 하면서도 縣民은 어디까지나 수동적인 존재에 지나지 않는 것이다.

이러한 縣史編纂의 실상은 靜岡縣만의 현상이 아니라 필시 대부분의 자치단체에서 볼 수 있는 경향일 것이다. 靜岡縣은 극단적인 예일지도 모른다. 그 배경에는 縣史編纂室이 교육위원회 밑에 설치되었기 때문에 편찬실 직원의 빈번한 인사이동을 피할 수 없고, 자연히 편찬실 직원이 관청 외곽의 실무전담자가 되어 버리는 경향이 문제가 된다(편찬실 직원의 前職은 대개의 경우 교원이며, 연구자로서의 성격을 겸비하고 있음에도 불구하고). 편찬실이 知事에게 직속된 知事部局 체제를 취하는 縣(예를 들면 茨城縣)에서는 전문위원 대우를 받으며 연구에 힘쓰고 있는 편찬실 직원도 드물지 않다. 다만 그러한 縣의 경우에 縣史의 간행이 예정보다 늦어지는 경향이 있다는 것도 사실이다.

3) 沖繩縣의 경우

沖繩縣의 縣史 편찬사업은 1965년에 미군 통치하의 琉球政府에 의하여 착수되었고, 1972년 일본 복귀 후 沖繩縣에 계승되었으며, 1977년에 『沖繩縣史』 全 24권 · 別卷 1로 완성하였다. 그 구성은 資料編이 11冊, 通史와 各論이 12冊, 沖繩近代史辭典이 1冊으로 이루어져 있다. 사업 진행방법의 특징은 대학소속 연구자, 고교 교사, 저널리스트 등 전문분야가 다른 지역 연구자를 동원하고, 편집사무국인 「沖繩史料編集所」에 젊은 연구자 6명을 사료조사관으로 배치했으며, 지역에 뿌리를 내리고, 지역을 배우고, 성과를 지역에 돌려준다는 자세로 관철해 간 점에 있다. 이런 자세는 그 후 각 市町村史 · 字史 · 議會史 · 學校沿革史와 新沖繩縣史에도 계승되었으며, 沖繩縣의 역사편찬에서 커다란 특징이 되었다.6)

---

6) 安仁屋政昭, 「沖繩史硏究와 自治體史編纂」(『歷史評論』 506, 1992) pp.33~34. 『歷史評論』 本號는 「今日의 自治體史編纂」 特輯號이며, 「外國의 地方史」로서 다음

그런데 이 縣史는 「明治 초기의 琉球 처분에서부터 沖繩戰까지의 縣政時代를 중심으로 한 修史事業에 그치고 있으며, 先史時代·琉球王國時代 및 現代가 빠져」[7] 있다. 이것을 염두에 두고 沖繩縣은 1994년에 새로운 縣史 편집계획을 수립한 후 즉시 전 82권이라는 방대한 『新沖繩縣史』의 편찬에 착수했다.

沖繩縣은 ①原始時代, ②독립국으로서 대외교역으로 번성했던 琉球王國時代, ③薩摩藩에 의한 간접통치시대, ④琉球處分에서부터 沖繩戰까지의 沖繩縣時代, ⑤1945년부터 1972년까지의 미군 통치시대, ⑥1972년의 沖繩 반환 후 현재까지라는 다른 어떤 縣에서도 볼 수 없는 격심한 변천을 거쳐 왔다. ④와 ⑥의 시대에는 형식상은 다른 縣과 동일한 위치에 두었지만, ④의 시기 최후에는 일본 고유의 영토 안에서는 유일하게 지상전을 경험하고 막대한 縣民이 희생되었으며, 현대를 포함한 ⑥의 시대에도 일본에 존재하는 미군기지의 75%를 안고 있다는 이상한 상태가 지금까지도 계속되고 있다. 한편, 일본열도의 가장 서쪽에 위치하며 섬만으로 구성되었다는 지리적 특징은 어쩔 수 없이 중국과 동남아시아를 포함한 외부 세계와의 밀접한 관계 속에서 독자의 역사와 문화를 생산하게 되었으며, 특히 ②의 시대에는 「일본」과는 별도의 독립국가를 형성하는 데까지 이르렀다.

이러한 縣의 역사적 특징을 근거로 하여 『新沖繩縣史』에서는 전 9권의 「通史編」에서 ①~⑥의 전 시대를 커버하는 서술을 하고 있다. 卷의 편성은 1.原始·琉球 2.王國時代 I (古琉球) 3.王國時代 II(近世) 4.近代 5.現代로 되어 있고, 커다란 특징은 이 5冊의 간행이 제10년차 이후로 예정되어 있으며,

---

3편의 글도 게재되어 있다.
姬田光義, 『中國の地方史研究の方法』
山內民博, 「韓國における地方史料の發掘の發掘·編纂活動について」
三好洋子, 「イギリスにおける地域史編纂の概況」
7) 『新沖繩縣史編集に關する基本計劃』(新沖繩縣史編集檢討委員會, 1994. 2) P.2. 이하의 기술도 대부분 이 문서에 의함.

그보다 이전에 「槪說編」 2册을 제4~5년차에서, 槪說을 압축하여 영어·스페인어로 번역한 「다이제스트版」 2册을 제7년차에 각각 간행하기로 되어 있다는 점이다. 우선 縣民에게 縣史의 대략적인 흐름을 이해시키는 것과 아울러서, 외국인과 해외에서 활약하는 沖繩縣人에게도 沖繩의 역사를 알게 하려는 자세가 보인다. 그렇긴 하지만, 사료편에 집성된 모든 사료와 통사편의 새로운 서술을 근거로 하지 않고 쓰여지는 槪說이 縣民에게 얼마나 도움이 될 지는 의문이다.

더 큰 특징은 「各論編」이 설치되었고, 더구나 그 비중이 압도적으로 높다는 것이다. 그 내역은 自然環境編 5권, 先史時代編 3권, 琉球王國時代編 7권, 沖繩縣時代編 8권, 沖繩戰編 3권, 美國統治時代編 9권, 복귀 후의 沖繩編 2권, 女性史編 4권, 人物編 2권, 民俗編 5권, 言語編 5권, 文學編 5권, 藝術編 3권, 技術史編 7권, 思想史編 5권으로 되어 있으며 합계 73권이다. 각 「編」의 구성은 「琉球王國時代編」을 예를 들면, 1. 정치, 2. 경제, 3. 사회, 4. 문화, 5. 교육, 6. 외교사, 7. 事典으로 되어 있다. 권수가 적은 「복귀후의 沖繩編」과 「인물편」을 제외하고 각 편의 최종권이 모두 「사전」으로 되어 있는 것이 특히 눈길을 끈다. 「各論編」의 성격은 사료집이 아닌 역사서술이라는데, 그렇다면 先史時代編·琉球王國時代編·沖繩縣時代編·沖繩戰編·美國統治時代編·복귀 후의 沖繩編의 여섯 時代史編은 분명히 通史編과 겹치게 된다. 그 부분에 관한 성격 규정은 아직 정립되지 않은 모양이다.

그밖의 간행 계획에는 「史料編(제1기)」 전 20권이 적혀 있는데, 이것은 『新沖繩縣史』 전 82권(「通史編」 9권과 「各論編」 73권)에 포함되지 않는 것 같다. 이 「史料編」은 제2년차부터 제11년차까지 10년 동안 매년 2책씩 간행될 예정인데, 그 내용은 모두 戰後史料, 특히 최근 미국에서 발견된 영문 사료의 번역이라고 한다. 舊縣史에서는 당시 국제정세의 제약 때문에 조사 불가능했던 사료가 최근의 조사로 방대하게 확인되었으며, 그 간행은 戰後 沖繩史를 다시 쓰게 할 것이 틀림없다.

한편, 1945년 이전의 사료는 어떻게 취급될 것인가. 계획에는 아무 것도 기록되어 있지 않다. 琉球處分에서부터 沖繩戰에 이르는 근대에 대하여는 舊縣史의 資料編 11책이 있지만, 근세 이전에 대하여는 전혀 손을 대지 못하고 있는 것이다. 이처럼 『新沖繩縣史』에서는 資料編·史料編에 명확한 위치 설정이 규정되어 있지 않다는 점이 커다란 특징이다. 縣史 편찬의 목적은 역사연구자에게 사료를 제공하는 데 있는 것이 아니라는 생각에 근거를 두고 있는 것일까.

이상과 같이 『新沖繩縣史』는 『靜岡縣史』에서 본 것처럼 「本土」의 일반적인 縣史와는 두드러지게 다른 편집 방침을 채택하고 있다. 各論編에 자연환경·언어·문학·예술·기술사·사상사의 각 편이 있으며, 각기 상당한 권수가 할당되어 있는 것은 역사학의 범위를 훨씬 벗어난 「沖繩學」의 연구 축적을 반영한 것으로 보인다. 또한 舊 『沖繩縣史』에서도 「戰爭體驗史料集」에서 볼 수 있듯이 縣民이 참가하는 縣史 편찬이라는 자세가 강하지만, 이번의 縣史 편찬에서도 「女性史編」이 마련된 점 등에서 같은 자세가 엿보인다. 1993년을 제1년차로 하는 편집 계획도 18년간에 이르는 긴 기간이고(2010년에 완료), 沖繩史의 결정판을 만들고자 하는 의욕이 느껴진다. 그러나 예정이 순조롭게 달성될 것같지는 않으며, 벌써부터 계획의 전망이 어두운 듯하다.

또 하나 지적해 두어야 할 점은, 『新沖繩縣史』와는 일단 별도의 사업으로 『歷代寶案』의 간행이 縣史보다 먼저 착수되었다는 것이다. 1989년 12월 縣敎育委員會 아래 沖繩縣歷代寶案編集委員會(10명)가 조직되었는데, 동 위원회는 현 교육위원회로부터 자문을 받아 이듬해 3월에 「歷代寶案編集基本計劃에 관한 答辯書」를 제출하였다. 이 답변서는 『歷代寶案』 간행의 의의를 다음 두 가지로 요약하고 있다.

1. 중·근세 대략 500년에 걸친 외교관계 왕복문서이고, 沖繩의 대외통교무역사 및 외교교섭사를 해명하는 제1급의 동시대 사료이며, 또한 그 기간에 있어서 동

아시아 세계의 동향도 알 수 있는 귀중한 사료라는 점.

2. 방대하고 난해한 한문사료이기는 하지만, 본문을 교정하고 譯註本, 英譯本 등을 작성하여 이것을 이용하기 쉬운 형식으로 편집함으로써 향후 역사연구의 진전에 도움을 주고, 아울러 일반에게 보급을 꾀함으로써 국제화 시대에 있어서 縣勢 발전의 기초사료로 활용할 수 있다는 점.

이처럼 『歷代寶案』은 「おもろさうし」 등과 함께 沖繩縣의 독특한 역사를 상징하는 중요한 사료인데, 이 「編集基本計劃」은 校訂本 15책, 補遺(冊封使錄・關東檔案史料) 6책, 譯註本 15책, 總索引 1책, 事典 1책, 英譯本 12책(總索引・事典 각 1권을 포함) 모두 50책을 20년 동안 간행하는 것으로 되어 있다(2008년에 완성).

편찬사업은 沖繩縣歷代寶案編集委員會 및 沖繩縣歷代寶案編集調査委員會(10명, 1991년 11월 설치)의 지도 아래 沖繩縣立圖書館史料編集室이 실무를 담당하고 추진하는데, 1995년 10월 현재 校訂本 제1~4책 및 7책 모두 5권이 간행되었으며 예정보다 약간 늦어지는 것같다. 『歷代寶案』의 편집사업과 병행하여 硏究誌 『歷代寶案硏究』가 1990년 3월에 창간되었고, 1995년 10월 현재로 제5호까지 나왔다. 이 잡지는 硏究史의 기초를 튼튼히 다지려 하는 자세와, 중국인의 논문을 게재하는 등 국제성이 풍부한 점에 특징이 있다.

이상과 같이 沖繩縣의 『歷代寶案』 편집사업은 놀랄만큼 긴 기간과 英譯本 계획에서 볼 수 있는 대담성을 가지고 추진되고 있다. 또한 『歷代寶案』의 사료적 특질에 따라 補遺編(冊封使錄・關連檔案史料)이 계획되고 1991년 3월에는 「淸代 檔案 마이크로 필름의 상호 교환에 관한 中國第一歷史檔案館과 日本沖繩縣敎育委員會와의 覺書」가 조인되는 등 縣 독자적인 외교까지 전개하고 있는 것은 특기할만한 일이다.

지역에 뿌리를 둔 역사편찬이 정착되어 있는 沖繩縣에서는 縣史 이외의 自治體史와 字史・議會史・학교연혁사 등의 편찬이 성행하고 있으며, 위로부터의 지시에 따라 움직이는 것이 아니라, 거꾸로 지역에 밀착한 자료조사의 성과를 自治體史 등으로 펴올리는 자세가 눈에 띈다. 거기에는 縣內 각 自治體史 관계자의 연합조직인 沖繩縣地域史協議會(1978년 결성)의 조언과 지도에 의한 바가 크다.

예를 들어 전쟁 체험 기록을 집성한 『浦添市史』 제5권 자료편 4에는 沖繩國際大學의 石原昌家씨를 중심으로 하는 전 부락, 전 가구를 대상으로 한 설문조사 「戰災實態調査」의 성과가 모두 담겨 있다. 그리고 최근에 市町村 아래 레벨의 행정단위인 「字」의 역사편찬이 활발해졌는데, 縣下 대략 600 남짓한 舊字 중에서 4분의 1을 넘는 字에서 「字誌」를 만들었다고 한다. 주민의 생활실태와 밀착한 역사를 알고 싶다는 요구가 강했기 때문일 것이다. 名護市에서는 字誌의 편찬에 市에서 輔助·指導를 하고 있으며, 『字誌作成入門<名護史誌叢書 8>』(名護市史編纂室, 1991년)이라는 매뉴얼까지 만들어지고 있다.[8]

4) 尼崎市의 경우

兵庫縣 尼崎市는 大阪·神戶 사이의 델타지대에 위치한 주택·공업도시인데, 중세 이래 항구도시로서의 역사를 가진 고장이기도 하다. 『尼崎市史』는 市制 50주년을 앞두고 그 기념사업으로서 1962년에 市史編修室을 설치하고 편찬을 시작하였다.[9] 무수히 많은 市町村 가운데서 특별히 尼崎市를 예로 든 이유는, 이 시가 市史 편찬과정에서 地域資料館으로 「尼崎市立地域研究史料館」을 설립하였고, 이 사료관이 지역에 뿌리를 둔 지역사 연구운동의 거점이 되었기 때문이다.

『尼崎市史』는 1966년부터 1988년에 걸쳐 전 13권·別冊 1권을 간행했

---

8) 田里修, 「戰災實態調査と字誌」(『岩波講座日本通史 別卷 2 地域史研究の現狀と課題』, 岩波書店, 1994, 所收).
9) 이하의 기술은 주로 酒井一, 「地域史と資料館の活動－尼崎の場合－」(同上書, 所收)에 의함.

는데, 사업 발족 당시부터 사료 보존과 지역사 연구(특히 근세~근현대)에 중점을 두었으며, 지역 사료센타의 필요성을 인식하고 있었다. 1970년에 市의 「종합문화센터」 구상이 거론되자 거기에 사료관적 시설을 함께 집어넣는 운동이 거세어졌고, 다음 해에는 그 의견이 시의 정책 시행 계획으로 채택되었다.

같은 해에 市史編集室은 紀要로서 『地域史研究』를 창간하였다. 尼崎市뿐만 아니라 전국에서 지역사 연구의 중심지가 되는 것을 목표로 일부러 「尼崎」라는 글자를 誌名에 넣지 않은 이 잡지는 연3회 간행되었고, 1994년 12월 현재 71호를 헤아리고 있다. 이 잡지에는 市와 縣 안팎에서부터 해외의 사례에 이르기까지 사료관과 문서관에 관한 論稿가 게재되어 있으며, 기타 「지역의 역사를 조사한다」는 시리즈(同誌 65~71호)와, 「兵庫縣下의 空襲에 관한 美軍戰術任務報告」라는 사료 소개(同誌 52·54·55·58·59·61호)가 연재되는 등 紙面에서 생생한 지역사 연구활동의 모습을 엿볼 수 있다. 참고로 시민이 자신의 손으로 지역의 역사를 조사할 때 사용하는 매뉴얼을 목표로 한 「지역의 역사를 조사한다」의 내용을 소개해 둔다.

1. 지명을 조사한다
2. 지리 · 지형을 조사한다
3. 尼崎藩을 조사한다(上)
4. 尼崎藩을 조사한다(下)
5. 「사무보고서」 · 「尼崎市勢要覽」 - 尼崎 근현대사의 기초사료
6. 설문조사의 방법
7. 尼崎의 中世史를 조사한다

1975년 1월, 尼崎市종합문화센터 7층에 「尼崎市立地域研究史料館」이 문을 열었고, 市史 편찬이 끝난 뒤에도 계속해서 사료의 보존과 지역사 연구를 추진할 수 있도록 체제가 정비되었다. 市 레벨의 史料館 · 文書館으로는

1974년에 개관된 藤澤市文書館(神奈川縣)에 이어 두 번째이며, 「尼崎市立地
域研究史料館의 설치 및 관리에 관한 條例」는 이 사료관의 목적을 다음의
두 가지로 정리하고 있다.[10)

1. 날이 갈수록 散逸되고 있는 귀중한 사료를 수집 · 정리 · 보존하며, 공개 이용에
   제공함과 아울러서 후세에 전하는 것.
2. 생활의 장소인 지역의 역사에 대하여 시민의 의식을 심화시키고, 지역사회에 대
   한 기본적 이해와 애정을 키우는 것.

그리고 사료관의 활동내용으로는 ① 사료의 보존 · 공개 및 서비스 ②
尼崎地域史의 조사 · 연구 · 편집 두 가지를 들 수 있다. 그 후 1987년에 「公
文書館法」이 성립되기도 했고, 다수의 자치단체에서 사료관 · 문서관이 만
들어졌지만 그 활동은 ①을 중심으로 하는 것이 많고 ②는 충분히 정착되
어 있다고 할 수는 없다. 그런 점에서도 尼崎의 예는 선구적이라고 할 수
있다.

Ⅲ. 일본 소재 한국사 관계 사료
－前近代를 중심으로－

한마디로 「일본 소재 한국사 관계 사료」라고 해도 역사상 양국 · 양지역
이 맺어 온 길고도 밀접한 관계의 결과로 남겨진 사료는 先史時代부터 현대
에 이르기까지 성격이 다양하고 양도 방대하다. 그리하여 본론으로 들어가
기 전에 「한국 소재 일본사 관계 사료」와 비교해 봄으로써 그 특징을 대충

---

10) 尼崎市史編修室, 「尼崎市立地域研究史料館の設置について」(『地域史研究』 3-3,
    1974) 69쪽.

짚어두고 싶다.

한국측의 어떤 사료에 일본 관계 기사가 있는지 생각해 보면, 16세기 이전에는 『三國史記』・『三國遺事』・『高麗史』・『高麗史節要』・『東文選』・『朝鮮王朝實錄』・『海東諸國記』・『新增東國輿地勝覽』・『經國大典』・『續武定實鑑』・『事大文軌』 등이 바로 떠오르는데, 이들은 각기 국가사업으로 편찬된 「官撰」의 역사・문학・지리・法制書이다. 17세기 이후는 舊奎章閣圖書(현재 서울대학교 소장)에 『承政院日記』를 비롯한 각 官衙의 일기와 기록이 전하고 있는데 이들도 같은 성격이다.

이것은 일본 관계 기사 만의 특징이 아니라 한국 사료의 일반적인 성격이 반영된 것에 지나지 않는다. 한국사에서는 前近代史를 통하여 중앙집권적인 국가기구가 건재하였고, 그것을 받쳐주는 관료시스템 안에서 사료가 산출되어 왔다. 개인이나 가정도 이 관료시스템에서 차지하는 지위에 따라(혹은 과거에 선조가 그러한 지위를 차지하였다는 역사적 기록에 따라) 사회적 지위를 보증받아 왔던 것이다.

여기에 비하여 일본에서는, 고대의 율령국가라 해도 중앙집권적 관료제의 외피를 쓰고 있기는 했지만 그 실질은 국가지배가 향촌사회에서 그렇게 깊이 뿌리박혀 있었던 것은 아니다. 더욱이 율령체제의 이완, 즉 중세로의 이행 속에서 중앙집권적 관료제의 형식화는 점점 더 심해졌으며, 국가권력을 상급귀족・大寺社・막부 등의 「權門」이 나누어 갖게 되었을 뿐만 아니라 향촌사회 자체가 국가에 의한 권리보장에서 멀어져 독자적인 법적 세계를 형성하기 시작한다.

이러한 사회체제 속에서 산출되는 사료는 자연히 국가적 관료제의 시스템에 따르는 것이 아니라 각 「權門」마다 독자적인 지배 시스템을 반영하여 다양한 것이 되고, 더욱이 향촌사회 쪽에 남게 되며, 각 개인과 가정의 권리보장에 대비할 수 있는 형태로 전해지게 된다. 그 결과 일본의 고대・중세 사료는 남겨지는 방식이 현저하게 분산적・비계통적이며, 다양한 성격을 지니게 되었다. 그것은 「일본 소재 한국사 관계사료」에도 그대로 반영되어 있다.

이상과 같은 성격을 갖는 「일본 소재 한국사 관계사료」를 지금부터 살펴보겠지만, 다양하고 단편적이며 양이 많은 사료의 전부를 이 짧은 보고서에서 모두 서술할 수는 없다. 그래서 대상을 보고자가 전공하는 중세를 중심으로 하는 전근대로 한정시키고, 여러 사료들을 ① 한반도에서 전해진 문물, ② 일본측 사료의 한국사 관계 기사, 이렇게 두 가지로 나누어 개관하고자 한다. 이때 ①을 넓게 해석하여 일본으로 건너온 한국인이 남긴 유물도 대상으로 삼으려 한다. 이하 제1절에서 ①을, 제2절에서 ②를 다루기로 한다.

1. 한반도에서 전해진 문물

1) 고 대

일본의 여명기의 역사정보는 한반도와의 관계와 관련하여 기록된 것이 중요한 위치를 차지하고 있다. 문자(漢字)와 종교(佛敎)라는 문명의 등불이 한반도로부터 전해진 당연한 결과이다.

奈良縣 天理市 石上神宮에 소장된 「七支刀」에 새겨진 泰和 4년(369)의 金像嵌 銘文에는 적병을 물리치는 靈力을 가진 이 검을 백제왕이 만들게 하여 倭王에게 보냈다는 의미의 내용이 적혀 있다. 이 銘文으로부터 당시의 百濟와 倭의 관계를 어떻게 이해할 것인가에 대하여 학설이 대립하고 있지만, 일본사에서 수수께끼의 시대라고 일컫는 4세기의 중요한 사료라는 것은 틀림없다.

埼玉縣 行田市 稻荷山古墳에서 출토된 鐵劍에 새겨진 辛亥年(471?) 金像嵌銘과, 동일 시기로 생각되는 熊本縣 菊水町의 船山古墳에서 출토된 철검의 銀像嵌銘은 5세기 후반의 熊略天皇(ワカタケル) 시대의 지방호족과 大和

國家의 관계를 말해 주는 중요한 사료이다. 和歌山縣 橋本市 隅田八幡神社가 소장하는 人物畵像鏡에 새겨진 癸未年(503년이라 하는데 異說이 많다)의 銘文을 포함하여 이러한 것들은 일본에서 최초로 문자를 사용한 것으로 평가받고 있으며, 한반도로부터 건너온 사람들의 손으로 만들어진 것이라는 학설이 주장되고 있다.[11]

奈良市 東大寺 正倉院에서 수집한 佐波理加盤(銅合金製의 사발, bowl)에 붙어 있던 고문서는 이 器物이 신라로부터 전래된 것을 증명하는 동시에, 8세기 무렵 신라 사회의 상황을 전하는 사료이다. 또 같은 正倉院의 華嚴經論의 帙(책갑) 내부에서는 9세기 신라의 「部落文書」가 발견되었다. 그밖에 正倉院에는「新羅楊家上墨」·「新羅武家上墨」이라는 글이 새겨진 墨을 비롯하여 新羅에서 만든 것으로 추정되는 거문고 · 毛氈(모전 ; 깔개) · 수저 · 접시 · 가위 등 신라와 관계되는 문물이 많다.[12] 이러한 예처럼 한반도에서는 소멸된 일차사료가 단편적이지만 남아있다는 점이 일본 소재 한국사 관계 사료의 큰 특징이라고 할 수 있겠다.

2) 중 세

고려에서는 왕실을 중심으로 불교신앙이 번창했으며, 절을 세우고 불상을 만드는 일이 활발했다. 한편 일본의 중세에서도 사찰 세력이 반독립적인 사회를 이루었다고 할 수 있을 정도로 강력하고 독자적인 문화적 세계를 형성하고 있었다. 자연히 중세의 한반도와의 관계는 불교를 매개로 하는 것이 압도적이고 일본에 전해진 문물도 그와 관련된 것이 많다.[13]

---

11) 齊藤忠, 『古代朝鮮文化と日本』(東京大學出版會, 1981) 233~234쪽.
12) 鈴木靖民, 『古代對外關係史の硏究』(吉川弘文館, 1985), 제2편 2·3·4에 상세한 고찰이 있다.
13) 環日本海松江國際交流會議 편, 『環日本海(東海)시리즈92, 고려불교문화와 山陰』(同會議, 1993) 참조.
   한반도로부터 전해진 고려시대의 불교 관계 유물 가운데 국가의 중요문화재로 지정된 것을 알 수 있는 범위에서 아래에 열거한다. 일부 통일신라 및 조선시대

우선 佛像인데,[14] 長崎20개(그 중 對馬16개), 山口4개, 福岡3개, 佐賀2개,
熊本·島根·福井 각 1개 등이며, 서일본 중에서도 九州, 九州 중에서도 對
馬가 압도적인 분포의 중심지이다. 長崎의 對馬를 제외한 4개의 예는 壹岐
가 2개, 松浦 지방이 2개이고, 佐賀의 두 예 중 하나는 唐津市이며, 福岡의
3개 예는 松浦 지방에 인접한 系島郡이 2개, 玄海灘 상의 宗像大島가 1개이

의 유물을 포함한다.

經典－京都市·個人藏의 寫本文殊師利問菩薩經. 長崎縣壹岐·安國寺의 高麗初
彫版大般若經. 和歌山縣高野山町·金剛峯寺의 高麗版一切經. 栃木縣日光市·輪
王寺의 高麗版華嚴經隨疏義鈔.

佛畵－長崎縣平戶市·最敎寺의 八相涅槃圖. 佐賀縣唐津市·鏡神社의 楊柳觀音
像. 鳥取縣智頭町·豊乘寺의 楊柳觀音像. 岡山縣笠岡市·日光寺의 地藏十五像.
香川縣大內町·與國寺의 地藏曼茶羅圖. 德島縣井川町·長樂寺의 楊柳觀音像. 兵
庫縣加古川市·鷄林寺의 阿彌陀三尊像. 同縣神戶市·太山寺의 楊柳觀音像. 京都
市·玉林院의 釋迦三尊像. 同市·大德寺의 楊柳觀音像(2폭). 奈良市·奈良國立
博物館에 보관된 白衣觀音圖. 奈良縣大和郡山市·松尾寺의 釋迦八大菩薩像. 滋
賀縣大津市·聖聚來迎寺의 楊柳觀音像. 三重縣津市·專修寺의 阿彌陀三尊像. 福
井縣敦賀市·西福寺의 主夜神像. 愛知縣御津町·大恩寺의 王宮曼茶羅圖. 靜岡縣
熱海市·世界救世敎의 阿彌陀三尊像. 神奈川鎌倉市·圓覺寺의 地藏菩薩像. 同縣
橫濱市·總持寺의 提婆達多像. 東京都港區·根津美術館의 阿彌陀如來像. 埼玉縣
越生町·法恩寺의 釋迦三尊阿難迦葉像. 兵庫縣神戶市·藥仙寺의 施餓鬼圖(李朝)

佛像－長崎懸對馬三根町·海神社의 如來像(新羅). 同縣對馬美津島町·黑瀨觀
音堂의 如來像(신라). 同縣若松町·極樂寺의 如來像(신라).

梵鐘－大分縣宇佐市·宇佐八幡宮(신라). 山口縣下關市·住吉神社(신라). 島根縣
加茂町·光明寺(신라). 同縣安來市·雲樹寺(신라). 福井縣敦賀市·常宮神社(신
라). 沖繩縣那覇市·波上宮(龍頭만 現存). 佐賀縣唐津市·惠日市. 福岡市·承天
寺. 同市·聖福寺. 同市·志賀海神社. 福岡縣杷木町·圓淸寺. 山口縣光市·賀茂
神社. 島根縣松江市·天倫寺. 廣島市·不動院. 廣島縣竹原市·照運寺. 岡山市·
觀音院. 愛媛縣長濱町·出石寺. 高知縣室戶市·金剛頂寺. 兵庫縣加古川市·尾上
神社. 同市·鶴林寺. 大阪市·鶴滿寺. 滋賀縣大津市·園城寺. 愛知縣江南市·曼
茶羅寺. 新潟縣兩津市·長安寺. 神奈川縣鎌倉市·個人藏. 東京都豊島區·個人藏.
岩手縣盛岡市·個人藏.

佛具－長崎縣對馬嚴原町·多久頭魂神社의 金鼓. 京都市·智恩寺의 金鼓.

14) 이하의 記述은 菊竹淳一,「高麗佛考－西日本に傳存する作品による－」(『九州文化
硏究所紀要』 33호, 1988)에 의함.

다. 중세에 있어서 한반도와 서일본 각 지역을 잇는 海上路를 따라 전해진 것이 명백하고, 게다가 각 지역마다 관계의 밀접한 정도를 충실히 반영하는 결과를 보여주고 있다. 本州의 2개의 예가 모두 日本海 쪽이라는 사실도 그 線으로 해석할 수 있을 것이다. 山口縣의 4개 예 중 防府市가 3개의 예를 차지하는데, 이것은 大內氏와 한반도의 깊은 관계를 반영한 것이라고 생각된다.

이들 불상은 전래 경위 등이 확실치 않은 것이 대부분인데, 所傳 등 주의를 끄는 예를 2~3개를 소개해 본다.

對馬의 嚴原町・万松院의 銅造菩薩形半跏像은 宋代 조각의 영향 아래 고려 초기인 11세기 경에 만들어졌다고 추정되며, 宗家 2대 重尙의 念持佛이라는 이야기가 전해진다. 万松院은 에도시대 초기에 창건된 宗家의 菩提寺이다.

熊本縣 玉名市 高瀨・大覺寺의 銅造如來形座像은 고려 중기인 13세기 후반 무렵에 제작된 것으로서, 원래 남북조 시대 때 지역 領主인 江崎氏가 창건했던 淸源寺에서 전래되었다. 菊池川 하구의 항구도시 高瀨는 島原灣을 북상하는 항로가 내륙의 菊池 방면으로 통하는 하천교통과 博多 방면으로 통하는 육로를 연결해 주는 교통요지인데 이곳에 한반도로부터 전래된 물품이 남아있는 것은 극히 흥미롭다.

島根縣 多伎町 口田儀・本願寺의 銅造菩薩形座像은 고려 후기인 14세기 초에 제작된 것으로, 1394년에 本願寺를 건립한 秀關和尙이 應永 연간(1394~1428)에 한반도로 건너가서 梵鐘과 鐃鉢 등과 함께 가져온 것이라고 한다. 이 梵鐘에는 辛亥年(1011년?)이라는 銘文이 있으며, 현재 松江市의 天倫寺호 옮겨져 있다. 田儀는 일본해 항로의 오랜 항구 중 하나이다.

對馬의 豊玉町 小網・觀音寺의 銅造觀音菩薩形座像은 고려 후기인 14세기 초에 제작된 것으로, 胎內에서 天曆 3년(1330)의 연호를 가진「鑄成結緣文」이 발견되었다. 고려 시대의 原文書로서 희귀한 것이다. 이 문서에는 戒

眞 이하 32명의 連署로 觀音一尊을 주조하여 고려 瑞州의 浮石寺에 안치한다는 취지가 기록되어 있다. 또한 이 절에는 과거 元版 華嚴經 등 五部大乘經이 소장되어 있었는데(현재 同町 仁位의 東泉寺에 소장되어 있음), 이 경전도 한반도를 경유하여 對馬에 도달했던 것으로 생각된다.[15]

다음에 高麗鐘을 보자.[16] 梵鐘의 경우 紀年銘을 가진 것이 많은데, 이것으로 조립 연대를 보면 沖繩縣 那覇市·波上宮鐘(분실)의 顯德 3년(956)을 가장 오래된 것으로 하여 神奈川縣 鎌倉市·鶴岡八幡宮鐘의 至治 4년(1324)까지 이른다. 內譯은 10세기 2개, 11세기 7개, 12세기 2개, 13세기에 6개, 14세기에 1개이다.

불상에 따른 분포 상황을 살펴보면, 현존·망실 모두 합쳐서 42개의 예 가운데 福岡 6개, 廣島·兵庫·京都·千葉 각 3개, 長崎·佐賀·山口·大阪·神奈川·東京 각 2개, 沖繩·宮崎·島根·愛媛·高知·岡山·滋賀·三重·愛和·新潟·山梨·岩手 각 1개가 된다. 西日本에 치우쳐 있는 점에서는 佛像과 공통적이다. 게다가 東京·神奈川·千葉·岩手 등 東日本에 어느 정도 모여있는 것으로 짐작되는데, 鎌倉市鶴岡八幡宮의 것을 제외하고는 개인 소장이며 원래는 西日本에 있었던 것이 많고, 또 大阪市·正祐寺鐘은 원래 宮崎縣 佐土原市平等寺에 있으며, 大阪市鶴滿寺鐘의 追銘에는 長門國 宇部鄕 普濟寺의 이름이 보이고, 京都市正傳永源院鐘의 追銘에는 安芸國 高田郡 吉田庄의 이름이 보이고, 同市長仙院鐘의 追銘에는 筑前國 博多津 息浜 光明寺의 이름이 보이고, 兵庫縣 西宮市辰馬家鐘은 山口縣 周防大島 앞바다에서 발견됐다는 이야기가 전하는 등 원래의 소재지로 되돌려 보면 더욱 西日本 쪽으로의 편재가 현저해진다.

이에 비하여 불상과 확실하게 다른 점도 있다. 무엇보다도 對馬가 1개의

---

15) 村井章介, 『アジアのなかの中世日本』(校倉書房, 1988) X章, 「對馬仁位東泉寺所藏の元版新譯華嚴經について-弘法藏殘卷の發見-」.

16) 坪井良平, 『朝鮮鐘』(1974). 松岡史, 「九州の韓式鐘」(『九州歷史資料館開館十周年記念大宰府古文化論叢』, 吉川弘文館, 1983), 菊竹前揭論文.

에 밖에 없고 또 九州로의 편재도 불상만큼 현저하지 않다는 점, 다음으로 일본 해상로보다는 瀬戸内海 항로를 따라 분포하는 경향이 짙다는 것, 그리고 沖繩부터 카마쿠라까지 분포 지역이 넓고, 宮崎·高知·愛知·鎌倉 등 태평양 쪽의 항로를 따라서도 어느 정도 분포를 볼 수 있다는 점, 등이 주요한 차이점이다. 梵鐘의 경우 對馬보다는 본토용 수입품이며, 가치나 중량도 불상보다 컸던 점이 이와 같은 분포의 원인일 것이다.

高麗鐘에 관하여 또 다른 흥미로운 사실은, 高麗鐘의 양식을 모방하여 일본에서 주조한 결과 고려·일본 두 가지 양식이 혼재하는 결과로 된 작품이 있다는 것이다. 첫 번째는 島根縣 溫泉津町·高野寺鐘인데 11세기 중엽에서 더 내려가지는 않는 것으로 추측되는 鐘이다. 文樣은 고려 양식의 색채가 짙지만 龍頭 부분은 확실히 일본 양식이다. 두 번째는 조선왕조가 건국된 후의 예인데, 對馬의 嚴原町 所藏의 鐘(원래 豊玉町·淸玄寺에 있었다)은 1469년에 筑前國 芦屋의 鑄物師에 의하여 만들어졌다고 하는 銘이며 조선 종의 文樣을 그대로 받아들였다고 한다.[17]

이어서 經典을 살펴보면,[18] 고려시대 말기부터 西日本의 여러 세력이 왜구로 인한 被虜人 송환 등을 명분으로 高麗版 大藏經을 비롯한 經典類를 구하려고 한반도에 사신을 보내는 일이 빈번했으며, 그 결과 西日本 각지에 高麗版 經典이 후세에 남게 되었다. 그 분포는 高麗鐘의 분포와 공통되는 점이 많은 것 같다.

13세기에 새긴 木版 高麗再雕本 大藏經은 長崎縣 對馬 嚴原町·多久頭魂神社, 岡山市·吉備津神社, 香川縣 高松市·法然寺, 和歌山縣 高野山町·金剛峯寺(원래 對馬國府八幡宮), 東京都 港區·增上寺(원래 奈良市·圓成寺), 栃木縣 日光市·輪王寺 등에 남아 있다. 11세기에 새긴 高麗初雕本은 京都市·南禪寺 一切經 속에 포함된 외에 長崎縣 壹岐芦邊町·安國寺에 大

---

17) 的野克之,「高麗と山陰の佛敎美術」(註13書, 所收)
18) 村井章介,『中世日朝貿易における經典の輸入』(東京大學·ソウル大學校第一回シンポジウム報告書,『日韓の交流と比較－歷史と現在－』, 東京大學文學部, 1992)

般若經 219帖이 있고, 그 중 6帖에 重熙 15년(1046)의 墨書奧書가 있다. 安
國寺本과 同版의 大般若經은 長崎縣 上對馬町·長松寺에도 남아 있다.

　마지막으로 고려시대의 佛畵는 전 세계에 220점 정도 확인되고 있는데,
그 중 약 100점은 일본에 있다. 고려 佛畵의 대부분은 阿彌陀如來像, 觀音菩
薩像, 地藏菩薩像 중 하나이며, 그림의 다양성이 부족한 반면에 모양의 아름
다움, 裝飾性의 강함이 특징이다. 지역적 분포는 北九州·瀨戶內海 연안·
日本海 연안에 많으며, 특히 地藏十五像의 경우 대외교역과 해상교통에 편
리한 항구도시에 집중되는 경향을 볼 수 있다고 한다.[19)

　이상과 같은 불교 관계 유물은 어떻게 일본에 전래된 것일까? 追銘을 가
진 19개의 高麗鐘을 살펴보면, 14세기 후반의 追銘을 가진 것 10점이 정리
되어 존재하고 있으며(1367~1394), 前期 왜구의 시대에 왜구에 의하여 약
탈되었을 가능성이 있다. 그러나 전부가 약탈품이라고 생각할 수는 없다.
鹿兒島縣 來町·大日寺鐘(망실)의 明德 5년(1394) 追銘에 「大日本國薩摩州
市來院內山寺에 銅鐘이 있다. 애초에 高麗 商人船에 실려 왔다. 그때 沙門
定範·沙彌 道金 및 了圓이 合勳(힘을 합침)하여 이것을 사서 本寺에 拾入
하다」라는 기록으로 볼 때 명백하다.

　이것은 고려상인이 배에 鐘을 싣고 일본에 팔러 온 예인데, 오히려 무로
마치시대 때 일본인이 조선으로 건너가 조공무역을 행하고 돌아오면서 그
대가로 획득한 예가 더 많을 것이다. 고려에 이어 건국한 조선왕조는 고려
와 달리 유교를 국가이념으로 삼고 불교를 배척하는 경향이 강했던 반면 당
시 일본은 동아시아 속에서도 특히 불교가 성행했던 국가였기 때문에 고려
시대의 불교 관계 물품은 조선에 있어서 훌륭한 대일 수출품이 되었다. 특
히 일본의 여러 세력이 눈독을 들였던 표적이 高麗版 大藏經이며, 기록에
남아있는 사례만도 50部 이상의 대장경이 일본으로 흘러들어 갔다.[20) 이런

---

19) 菊竹淳一, 「高麗の佛敎繪畵」(註13書, 所收).
20) 村井 註18) 論文.

佛典 외에도 佛像·佛具·佛書가 일본인 통교자에게 증여된 것도 적지 않다. 이들 고려시대의 유물이 일본에 전해진 것은 오히려 조선시대 전기, 일본의 무로마치시대로 들어선 후에 더 많아졌다고 생각된다.

다만 무로마치시대가 되면 반드시 불교 일색이 아닌 세련된 문화의 수용도 보인다. 우선 禪宗文化가 길러낸 山水畵에 대하여 살펴보자.[21]

13세기 후반~14세기 초기의 일본 山水畵에는 元代의 江南에서 성행했던 南宋畵風을 모방하려는 경향이 짙었는데, 15세기에 이르자 조선에서 전해진 北宋畵院 계통의 본격적인 畵風이 크게 영향을 미치게 된다. 그 원인으로서는 다음의 두 가지 점을 생각해 볼 수 있다. ①성립 직후의 조선은 왜구정책의 의도도 있어서 幕府와 大內氏에게 빈번히 사신을 보냈던 점. ② 1408년 足利義滿이 죽은 후 얼마 지나지 않아 將軍 義持는 明과의 국교를 단절하였기 때문에 중국문화의 유입이 끊겼고, 일본 畵工의 관심이 조선의 회화로 향했다는 점.

1405년에 죽은 五山僧絶海中津의 贊을 지닌 京都市·相國寺 소장의 중요문화재 「山水畵」는 고려말~조선 초기의 작품으로 추정되고 있다(중국 작품이라는 의견도 있다). 조선이 건국되던 해(1392)에 왜구 금압을 청하러 일본에 왔던 使僧 覺鎚를 相國寺에서 접대한 사람이 絶海였다. 이 覺鎚를 비롯하여 조선 초창기에 연이어 도일했던 조선 사신 중의 누군가가 이 그림을 가져왔을 가능성이 있다.

1410년에 京都를 방문했던 조선국 奉禮使 梁需는 도중에 瀨戶內海에서 해적에게 소지품을 모조리 빼앗기고 거의 알몸으로 풀려나는 재난을 당한 사람인데, 京都의 南禪寺에서 작자불명의 「芭蕉夜雨圖」에 五山의 禪僧들과 山名時熙에 섞여서 贊을 보태고 있다(東京國立博物館 소장). 이 그림의 작자가 梁需와 동행했던 조선인 畵工이라고 볼 수는 없지만 그 필치에서 조선

---

21) 村井章介,「日朝文化交流と五山禪林－詩畵軸を中心に－」(『日本の佛敎』 2, 1995) 參照.

수묵화의 특징을 찾아볼 수 있다.22)

　그리고 무로마치 수묵화의 명인 周文이 1423년 말에 일본국 王使 圭籌·梵齡을 따라 조선으로 건너감으로써 새로운 그림 세계를 연마했다는 것은 잘 알려져 있다. 1424년에는 거꾸로 조선의 수묵화가 秀文이 일본에 와서 「墨竹畵册」을 남기고 있다. 아울러서 大阪市·正木美術館 소장의 傳周文 작 「山水圖」는 博多의 禪寺 사회 속에서 성립한 것으로서 周文作이라고는 단정하기 어렵지만, 白과 墨의 명확한 대비 등의 점에서 조선 畵風의 영향을 찾아볼 수 있다고 한다.

　香雪美術館에 소장되어 있는 雪舟 등 楊筆의 「山水圖」에는 15세기 후반에 활동했던 조선의 두 官人 李蓀과 朴衡文의 贊을 볼 수 있다. 1485년이나 1487년에 조선을 방문했던 大內政弘의 사신이 이 그림을 가지고 건너가서 두 관인의 贊을 받고 가져온 것이라고 생각된다.

　1420년에 日本回禮使로 京都를 방문하고 무로마치 막부와 외교교섭을 한 宋希璟에게는 일본 여행을 상세하게 기록한 紀行詩文集 『老松堂日本行錄』이 있는데, 그 良質의 古寫本(16세기 중엽 이전)이 東京都 文京區의 개인 소장으로 남아 있다.23) 이 책의 체재는 에도시대의 모든 조선통신사들이 남긴 다수의 일본 왕래 기록으로 이어지게 되었다.

3) 近世

　중세의 禪宗 사회 속에서 자라난 喫茶文化는 豊臣秀吉의 측근인 茶人 千利休에 의하여 「茶の湯」, 「茶道」 등으로 크게 일어나는데, 그 미의식은 완성미·균형미보다는 소위 枯淡美에 중점을 두었다. 이리하여 조선시대에 지방의 가마에서 구워져 일상의 雜器로 사용되던 이른바 高麗茶碗이 일본의 茶人들 눈에 띄게 되었고, 에도시대 초기에 「大名物」로써 엄청난 가격으

---

22) 安輝濬, 「朝鮮王朝初期의 繪畵と日本室町時代의 水墨畵」(『水墨美術大系·別卷2 李朝의 水墨畵』, 講談社, 1977) 194~195쪽.
23) 村井章介 校注, 『老松堂日本行錄－朝鮮使節の見た中世日本－』(岩波文庫, 1987).

로 세상 사람들과 大名들에게도 전해지게 되었다. 현재 舊大名家의 전래품과 근대 實業家의 수집품 속에서 각기 고유의 이름이 부여된 조선 전기의 도자기가 종종 발견되고 있다.

16세기 말에 두 번에 걸쳐서 한반도를 침략했던 豊臣秀吉의 군대는 조선의 인민과 국토에 치유하기 힘든 피해를 가져다 주었을 뿐만 아니라, 많은 사람과 문물을 약탈해서 일본으로 가져갔다.[24]

秀吉軍에게 연행된 陶工이 西日本 각 지역에 요업 기술을 전하여 일본의 도자기가 비약적으로 진보하였다. 毛利氏 영내의 山口縣·萩燒·細川氏 영내의 福岡縣·上野燒와 熊本縣·八代燒, 黑田氏 영내의 福岡縣·高取燒, 鍋島氏 영내의 佐賀縣·有田燒, 島津氏 영내의 鹿兒島縣·苗代川薩摩燒 등은 연행된 陶工이 각 번의 산업육성정책의 토대 위에서 개척한 것이다. 일본에서 磁器를 구을 수 있게 된 것은 17세기 전반의 有田이 최초인데, 그 기술을 지도했던 조선인 李參平은 「陶祖」로 존경받고 있다. 島津氏의 군대에 연행되었던 朴平意 일행은 鹿兒島縣의 苗代川에서 조선의 풍속을 유지한 채 강제로 집단거주시켰고, 玉山宮을 정신적인 지주로 삼고 朝鮮白磁의 기법을 따른 薩摩燒를 개발하였다.

그밖에 대량의 서적류를 가지고 가서 이른바 「朝鮮本」으로 일본에 전해진 것, 약탈한 금속활자를 사용하여 江戶 초기에 일시적으로 활자인쇄가 행해진 것, 姜沆·鄭希得 등 일본에 끌려간 주자학자가 일본에서 존경을 받고 주자학이 江戶幕府의 정통사상으로 정착되는 데에 커다란 역할을 한 것 등은 근세 초기의 문화사에서 주목할 만한 사실이다.

1607년에 조선국 왕사 呂祐吉 일행이 江戶를 방문하여 德川秀忠 장군에게 國書를 전달하고 일본·조선 간의 국교회복이 실현되자 이후 1811년까지의 사이에 呂祐古을 포함히여 12회에 걸쳐 이른바 朝鮮通信使가 일본을 방문하였다(최초 2회의 정식 명칭은 「回答兼刷還使」).[25] 통신사에는 주자학

---

24) 內藤雋輔,『文祿慶長の役における被虜人の硏究』(東京大學出版會, 1976).

적 교양을 풍부하게 지닌 문화인이 뽑혔기 때문에 江戶까지 이르는 길에서
일본 유학자들로부터 대환영을 받았다. 그들이 숙박했던 鞆의 福禪寺(廣島
縣 福山市)와 請見關의 請見寺(靜岡縣 淸水市) 등 사찰에는 扁額·聯·色紙
등에 그들의 필적이 많이 남아 있다. 또 1643년에 통신사의 수행원 朴安期
가 江戶에서 막부의 官學校長이라고도 할 수 있는 林羅山과 주고 받은 필담
기록이 「韓客筆語」라는 이름으로 東京大學史料編纂所에 소장되어 있다.

2. 일본측 사료의 한국사 관계 기사

1) 고 대

일본 최초의 正史 『日本書紀』의 고대 부분에는 「百濟紀」·「百濟新撰」
·「百濟本紀」로부터 인용한 부분이 다수 보이는데, 이들은 『日本書紀』에
인용된 逸文으로서만 전해지는 책이다. 百濟에서 성립한 原年代記를 663년
백제가 멸망했을 때 백제인이 지니고 倭國에 망명했고, 이것을 토대로 하여
修辭를 추가하고(「日本」·「貴國」·「天朝」라는 용어 등) 『日本書紀』를 편찬
할 때 史局에 제출한 것이라고 생각된다. 「百濟記」는 近肖古王대로부터 蓋
鹵王대까지 百濟國의 역사를 기록한 책인데 神功·應神·雄略紀에 몇 군데
의 인용이 있다. 「百濟新撰」은 雄略·武烈紀의 5곳에 인용이 있는데 불과하
다. 「百濟本紀」는 武寧王부터 威德王 초기에 걸친 기록인데 繼體·欽明紀의
18곳에 인용이 있으며, 특히 이 2紀는 대부분이 本書에 의한 記事들로 채워
져 있다. 13세기의 『三國史記』·『三國遺事』보다 오래된 기록이 한반도에
남아있지 않은 상황에서 볼 때 『日本書紀』에 인용된 「百濟紀」 등은 한반도
의 고대사 연구에서 중요한 사료이기도 하다.

일본의 고대국가가 확립되는 6세기말 이후 일본과 신라, 일본과 발해 사
이에서 주고 받은 수많은 사신에 관한 기록이 양국에 남아 있지만 일본쪽의

---

25) 三宅英利, 『近世日朝關係史の硏究』(文獻出版, 1986).

기록이 상세한 것이 많다. 『六國史』와 『類聚三代格』 속에 관련기사가 많이
있는 것은 말할 필요도 없으며, 일본에 건너왔던 사신이 일본의 문인 귀족
과의 사이에서 주고받은 한시문이 奈良 시대의 『懷風藻』와 헤이안 시대의
『本朝文粹』・『菅家文草』・『田氏家集』・『扶桑集』 등의 문학작품 속에 남아
있다.

奈良 시대의 대표적인 회화로 알려진 鳥毛立女屛風(樹下美人圖)의 下帖
文書에는 752년에 律令官人들이 신라사신에게 사들인 舶載品 리스트(買新
羅物解)가 있는데, 이것과 일련의 문서는 다른 正倉院文書 및 東京의 尊經閣
소장문서 속에도 있다. 거기에 향료・약재・顔料・염료・금속공예품・器
物・세간살이・佛具・황금・식료품(인삼・솔방울・꿀 등) 등 다종다양한
품명이 나오고 있다. 이러한 신라의 산물 외에 唐・南海・페르시아 등으로
부터 들어온 중계품도 포함되어 당시 신라가 경영하고 있던 광범위한 무역
의 모습을 엿볼 수 있다.

838년부터 847년까지 唐에 건너가서 각지의 名刹을 방문했던 天台宗 승
려 圓仁은 방대한 여행기 『入唐求法巡禮行記』 속에서 산동반도에 있던 신
라인의 마을을 방문했던 일을 적고 있다. 이 기록에서 張寶高를 비롯한 신
라의 해상세력이 唐・新羅・日本을 잇는 항로상에서 종횡무진으로 활약했
던 사실을 알 수 있다.

2) 중 세

고려시대에는 일본과 정식으로 국가간의 관계가 없었지만 외교와 무역
때문에 고려에서 사람이 오는 일은 자주 있었으며, 그 사료는 일본 귀족의
일기와 『日本紀略』・『扶桑略記』・『百鍊抄』 등의 사서에 남아 있다.

주목할 만한 사선을 몇 개 들어보자.

고려는 건국 후 얼마 되지 않아서 가끔씩 일본에 사신을 보내 정식으로
수교를 요청했지만 일본은 그것을 모두 거절하였다. 937년, 940년, 972년,

997년에 「高麗牒狀」이 도래했던 사실이 『日本紀略』·藤原忠平의 일기 『貞信公記』·藤原實資의 일기 『小右記』 및 源經信의 일기 『師記』 承曆 4년 윤 8월 5일條 등에 보인다.

1019년 刀伊(여진족 해적)가 對馬와 九州 북쪽 해안을 습격하고 백성을 붙잡아가는 사건이 있었다(刀伊의 入寇). 고려는 해적선의 귀로 중 한반도 연안에서 兵船을 보내 포로를 구출하고 일본으로 송환하였다. 『小右記』는 이 사건을 상세하게 기록하고 있는데, 특히 고려선에 구출된 筑前國 內藏石女와 對馬國 多治比阿古見이라는 두 여성의 견문기와 이것을 京都에 전하는 大宰府의 보고서를 원 사료 그대로 기재하여 고려의 軍制를 이해하는 양질의 사료가 되기도 한다.

1079년 고려는 국왕 文宗의 중병을 치료하기 위하여 일본에 良醫의 파견을 요청하는 사신을 보냈다. 이듬해에 사신이 일본에 왔지만 일본의 귀족정권은 牒狀의 용어가 무례하다면서 파견을 거절하는 返牒을 보냈다. 이 사건에 대하여 『朝野群載』는 高麗國 禮賓省牒·大宰府解·日本國 大宰府牒의 원문을 기록하고 있으며, 『師記』·『水左記』(源俊房의 일기)에는 조정에서 의논하는 모습을 볼 수 있다. 또 大江匡房이 쓴 返牒은 名文으로 칭송받았기 때문에 『江談抄』·『續古事談』·『十訓抄』 등의 說話集에 관련된 이야기가 수록되어 있다.

長崎縣 五島列島의 武士靑方씨에게 전하는 『靑方文書』 속에 1152년 경 五島小値賀島의 무사 淸原是包가 고려선을 약탈하여 처벌된 사실을 볼 수 있다. 源瀨朝가 伊豆에 유배된 1160년, 고려의 金海府는 對馬의 探銅·探銀工을 감금시켰다(『百鍊抄』). 자세한 내막은 알 수 없지만, 같은 해에 진압된 肥前國人 日向通良의 반란과 관계가 있는지도 모른다. 거의 같은 시기에 太政大臣 藤原伊通은 敎訓書 『大槐秘抄』에서 對馬의 소상인이 약간의 물품을 지니고 고려로 건너가는 모습을 불쾌한 듯이 적었다. 對馬를 중심으로 하는 北九州 주민들의 움직임이 활발해져 갔던 모습을 엿볼 수 있다.

고려가 對馬에 대하여 「進奉船」 제도를 설정하고 무역 관리에 적극적으로 나선 것도 동일한 시기의 일로 추정된다. 그 내용은 1년에 1회, 배는 2척 이하라는 엄격한 규정이었다. 이 進奉船 제도에 대하여는 『吾妻鏡』 安貞 元年(1227) 5월 14일條에 나오는 高麗國全羅州道按察使牒과 平經高의 일기 『平戶記』 仁治 元年(1240) 4월 17일條에 나오는 泰和 16년(1206)의 高麗國 金州防禦使牒이 『高麗史』 世家 · 元宗 4년(1263) 4월 甲寅條와 함께 근본사료 이다.

1220년대에 시작되는 초기 왜구의 활동은 그 연장선 위에서 평가할 수 있다. 1223년 고려의 金州를 습격한 것을 시초로 하여 1290년까지 『高麗史』 에 약간의 기록이 있다. 고려는 여러번 일본에 사신을 보내 왜구의 금압을 요청했다. 이 문제에 관한 일본 측의 사료는 藤原定家의 일기 『明月記』, 勘 解由小路經光의 일기 『民經記』· 『吾妻鏡』· 『百錬抄』 등에 보이고 있는데, 『靑方文書』에 『高麗史』와 부합되는 문자가 있는 고문서가 있어 흥미롭다.

몽골족의 元에 의해서 강요받았다고는 하지만, 고려군이 對馬 · 壹岐 · 北九州를 전쟁터로 삼고 일본의 무사들과 서로 전투를 벌인 13세기 후반의 「蒙古襲來」는 전근대사에서 거의 유일하게 일본이 외국군의 침공을 당한 사건이었던 만큼 극히 많은 사료가 남아있으며, 그 중에는 고려에 관계되는 기사도 적지 않다. 여기에서 모두 거론할 수는 없기 때문에, 池內宏, 『元寇 の新硏究』(東洋文庫, 1931), 相田二郎, 『蒙古襲來の硏究 · 增補版』(吉川弘文 館, 1982), 櫻井淸香, 『元寇と季長總詞』(德川美術館, 1957), 旗田巍, 『元寇ー 蒙古帝國の內部事情ー』(中公文庫, 1965), 川添昭二, 『蒙古襲來硏究史論』(雄 山閣, 1977) 등 그밖의 논저를 참고하기 바란다.

일본에 소재하는 근본사료를 극히 일부만 언급하자면, 勘解由小路兼仲의 일기 『勘仲記』, 『蒙古襲來總詞』, 『八幡愚童訓』, 『日蓮聖人遺文』, 『弘安四年 日記抄』 외에 개개의 무사와 寺社에 전하는 많은 고문서가 있다. 근년에 소 개된 사료로는 東京大學史料編纂所가 보관하는 『高麗牒狀不審之條條』가 있다. 이 문서로 고려의 三別抄軍이 세운 임시정부가 일본에 대하여 원조를 요청했던 사실이 밝혀졌다.

1350년부터 본격화되어 고려의 백성에게 큰 고통을 가져다 준 전기 왜구에 대하여는 『高麗史』·『高麗史節要』 이하 대부분이 고려 측의 사료이며, 그만큼 큰 국제적 영향을 가진 사건임에도 불구하고 일본의 사료에는 거의 나오지 않는다. 그런 가운데 1367년부터 이듬해에 걸쳐 일본을 방문하여 왜구 금압을 요청했던 고려 사신에 대하여는 비교적 많은 사료가 있다[26]. 中原師守의 일기 『師守記』에 회답을 하느냐 안하느냐에 대한 치열한 논의를 전하는 기록이 있고, 『醍醐寺文書』 속에 당시 고려의 수도 開京에 설치되어 있던 征東行中書省에서 일본국 앞으로 보내는 고문서가 있다.

그밖에 三條公忠의 일기 『後愚昧記』, 近衛道嗣의 일기 『愚管記』, 『善隣國寶記』, 『太平記』, 『前田家所藏文書』, 『鹿王院文書』, 『智覺普明國師語錄』 등에도 관련된 기록이 보이고 있다. 그러나 왜구의 해적행위를 직접적으로 전하는 사료는 거의 없으며, 단지 1381년에 무로마치막부에서 九州探題 겸 大隅國守護 今川了俊 앞으로 보낸 指令書에 「大隅國의 악당들이 고려로 건너가서 행패를 부리고 있으니 엄밀히 제지를 가하라」는 내용이 눈에 띌 정도이다(『禰寢文書』).

13세기 중엽부터 약 1세기 동안은 동중국 해상의 교역이 유례없는 활황을 보이던 시대였는데, 사료에 남아 있는 왕래자는 압도적으로 禪僧이었다. 그들의 경우 중국 지향이 강했지만 몇 명은 고려·조선에 대한 지향도 보인다. 五山의 학승 夢巖祖應은 전기 왜구의 시대에 오랫동안 出雲에서 보낸 사람인데, 가끔씩 高麗 어민이 표류해 오는 것을 목격하고 표류자의 심정을 시로 읊고 있다(『旱霖集』). 夢窓疎石의 후계자이며 禪林에서 위세를 떨친 春屋妙葩는 문화면에서도 국제색이 풍부한 유파를 주재하였고, 거기에는 고려

---

26) 中村榮孝, 『日鮮關係史の硏究』上(吉川弘文館, 1965)の「六『太平記』に見える高麗人の來朝－武家政權外交接收の發端－」.

인의 모습도 있었다.

이윽고 1400년을 전후하여 明을 중심으로 하는 册封 · 勘合 · 海禁 체제의 토대 위에서 동아시아 국제관계가 안정기를 맞이하자 일본의 국가외교의 담당자는 五山派의 禪僧에서 나왔다. 그 결과 五山文學 이하의 禪宗史料속에 외교문서 초안을 비롯한 외교사료가 포함되게 되었다. 1392년 朝鮮 건국을 알리기 위하여 일본에 온 사신 覺鎚에게 건넨 답서를 쓴 것은 相國寺주지 絶海中津이었다. 그 서면은 학승 瑞溪周鳳이 쓴 『善隣國寶記』에 인용되어 있다. 『善隣國寶記』 및 『續善隣國寶記』는 禪宗社會가 탄생시킨 외교사의 專著이며 많은 조선관계 문서가 실려 있다.[27] 그밖에도 相國寺에 설치되어 室町將軍의 秘書局 역할도 하였던 蔭涼職의 『蔭涼軒日錄』과 瑞溪周鳳의『臥雲日件錄』 등 禪僧의 일기, 伏見宮 貞成親王의 『看聞日記』, 萬里小路時房의 『建內記』, 中原康富의 『康富記』, 中山定親의 『薩戒記』 등 황족과 귀족의 일기에도 조선 사신의 기록이 드문 드문 보인다.

또 하나, 대조선외교에서 특별한 역할을 했던 것이 對馬라는 지역이다. 進奉船 제도 이래 對馬는 한반도와의 외교에서 독자적인 주체로 행동하게되었는데, 무로마치 시대에는 그런 현상이 더욱 현저해 졌고, 島內에 있어서 守護宗氏의 지위도 조선과의 외교관계의 장악으로 지탱하는 경향이 강해졌다. 宗氏에게 전하는 「大永享祿之比御狀之跡付」 · 「朝鮮送使國次之書契覺」은 한일 통교의 매개체로서의 宗氏의 역할과 관련된 사료이다. 또 에도시대에 수차례에 걸쳐 對馬藩이 영내의 諸家로부터 宗家發給文書를 제출시켜서 만든 사본 『宗家判物寫』에는 다량의 조선관계 기록이 포함되어 있다. 이들 문서의 원본은 상당수가 여전히 對馬의 각지에 전해지고 있으며, 1960년대 이후 國士館大學 · 長崎縣 · 東京大學史料編纂所에서 시행했던 사료조사의 성과가 『對馬古文書』 기타 사진첩으로 史料編纂所에 소장되어 있다.

지방의 일반 민중도 조선 사신의 왕래와 무관하지는 않았다. 『東寺百合

---

27) 田中健夫 編, 『善隣國寶記 · 新訂續善隣國寶記<譯註日本史料>』 (集英社, 1995).

文書』에 수록된 播磨國 矢野莊(현재 兵庫縣 相生市)의 결산장부 속에는 조선 사신의 莊內 통과에 따라 莊民에게 부과된 부담이 기록되어 있다.

중세에 일본을 방문했던 조선인의 일본 관찰 기록은 앞에서 말한『老松堂日本行錄』외에『朝鮮王朝實錄』에도 얼마쯤 보인다. 이에 반하여 중세에 엄청난 수의 일본인이 한반도를 방문했음에도 불구하고 조선 관찰 기록이라고 할 수 있는 사료는 거의 남아 있지 않다. 겨우 중세 말엽인 1539년 大內義隆의 사신으로 서울을 방문하여 大藏經을 구했던 사신 尊海의 도해 기록이 廣島縣 嚴島大願寺의 병풍화 속에 기록되어 있을 뿐이다(『尊海渡海日記』).

한편 14세기말 이후 琉球는 독립 왕국으로서 조선과 기본적으로 대등한 외교관계를 가졌기 때문에『高麗史』·『朝鮮王朝實錄』에 그 관계사료가 보이는 것은 물론이지만, 琉球 측에 전하는 외교문서집『歷代寶案』에도 대조선관계 문서가 수십 통 들어 있다. 1431년부터 1638년에 이르는 문서로서 琉球에서 朝鮮으로 보낸 것이 9통, 朝鮮에서 琉球로 보낸 것이 5통이며, 朝鮮·琉球 간의 외교관계의 실상을 전하는 양질의 사료이다.

3) 근 세

16세기 말에 일어난 豊臣秀吉의 조선침략전쟁에 관한 사료는 이 시대의 일본에 관한 사료의 대부분이 그렇다고 해도 좋을 만큼 막대한 수가 있다. 池內宏,『文祿慶長の役 正編第一』·『別編第一』·『付編·解說』(吉川弘文館 1987<復刊>), 中村榮孝,『日鮮關係史の研究』中(吉川弘文館, 1969), 內藤雋輔,『文祿慶長の役における被虜人の研究』(東京大學出版會, 1976), 北島万次,『朝鮮日々記·高麗日記－秀吉の朝鮮侵掠とその歷史的告發－』(そしえて, 1982), 同,『豊臣秀吉の朝鮮侵掠』(吉川弘文館, 1995) 등의 논저를 참조하기 바란다.

에도시대에 江戶나 日光까지 왔던 이른바 朝鮮通信使에 대하여는 막부가 국가적인 위신을 보이려고 환대에 노력했기 때문에, 막부와 통과하는 각 藩에 방대한 기록이 남아 있다. 현재 각 지방자치단체와 개인의 노력으로 상당한 부분이 소개·활자화되었지만, 조직적이며 망라적인 조사는 이제부터의 과제이다.

제2절 韓日 古代・中世史料의 비교

I. 들어가며

한국에 남아 있는 16세기 이전의 문헌사료라면, 『三國史記』・『三國遺事』・『高麗史』・『高麗史節要』・『東文選』・『朝鮮王朝實錄』・『新增東國輿地勝覽』・『經國大典』・『續武定寶鑑』・『事大文軌』 등이 즉각 떠오르는데, 이 사료들은 모두 국가사업으로 편찬된 「官撰」의 역사・문학・지리・法制書이다. 17세기 이후는 舊 奎章閣圖書(현 서울대학소장)에 『承政院日記』・『備邊司謄錄』을 비롯한 각 관아의 일기와 기록이 전해지고 있는데, 이들도 같은 종류의 성격을 지닌 사료이다.[1]

일본의 중세 이후의 국가체제와는 대조적으로 한국에서는 전근대사를 통해서 중앙집권적인 국가기구가 건재했으며, 그것을 지배하는 관료 시스템 가운데서 사료가 산출되었다. 그 결과 이들 사료는 편찬물의 형태를 취하고, 연속적인 동시에 체계적인 성격을 뚜렷이 가지게 되었다. 예를 들어서 『朝鮮王朝實錄』은 왕조가 존속했던 500년 이상의 세월을 중단됨이 없이 커버하는, 세계에서도 드문 방대한 기록이 되었다. 그러나 역사학 사료라는 관점에서 보자면, 편찬 과정에서 가공이 더해짐에 따라 史書로서 완성된 형태를 취하는 만큼 사료 비판이 필요한 한계성을 가지게 되는 것이다.

물론 문인들의 詩文集[2]과 李舜臣의 『亂中日記』・『壬辰狀草』 등 개인과 가정에 관련된 것도 있지만, 그런 작품도 관료조직 속에서의 지위와 활동을

---

1) 이하의 서술은 村井章介, 「일본의 사료정리사업과 한국관계사료」(한국 국사편찬위원회, 『국사관논총』 73집, 1997)에 의한 부분이 많다.
2) 米谷均, 「古代史料編纂所架藏, 『日本關係朝鮮史料』」(『古文書研究』 48號, 1998년)은, 조선 문인의 詩文集에서 일한관계사료를 발췌한 사료집의 소개이다.

반영한 것이 압도적으로 많다. 개인과 가정도 관료조직에 합당한 지위를 차지함으로써(또는 과거에 조상이 그러한 지위를 차지한 적이 있다는 역사적 기억에 의해) 사회적 지위를 보장받을 수 있는 것이다.

이에 대하여 일본에서는 고대 율령국가라 해도 중앙집권적 관료제의 외피를 입고 있긴 하지만, 그 내실은 국가지배가 향촌사회에 그만큼 깊게 파고들어가 있던 것은 아니었다. 하물며 율령체제의 이완, 즉 중세로의 이행 속에서 중앙집권적 관료제의 形骸化는 점점 더 심해졌고, 국가권력을 상급 귀족 · 大寺社 · 幕府 등의 「權門」이 나누어 소유하게 되었을 뿐만아니라 향촌사회 자신이 국가에 의한 권리보장으로부터 벗어나 독자의 법적 세계를 형성하기 시작한다.

이러한 사회체제 속에서 산출된 사료는 자연히 국가적 관료제 시스템을 따르는 것이 아니라 각 「權門」마다 독자의 지배 시스템을 반영하여 다양한 것이 되고, 더욱이 향촌사회 쪽에 남게 되며, 각 개인이나 가정의 권리보장에 대비하는 형태로 전래하는 것이 된다. 그 결과 일본의 중세사료는 현저하게 분산적 · 비계통적인 형태로 남아 있다. 그렇지만 일면에서 일기나 고문서 등이 기록된 당시의 상태로(물론 사본인 경우가 많지만) 대량으로 남겨지게 되었다. 이러한 일차사료의 풍부함은 아마 세계에서 1·2위를 다툴 정도라고 생각된다.

II. 「刀伊의 入寇」 관계 사료

1019년, 여진족 해적이 對馬 · 壹岐와 九州 北边을 습격하여 인민을 납치한 사건이 있었다(刀伊의 入寇). 고려는 해적선의 귀로인 한반도 동해안에서 병선을 출동시켜 피로인을 되찾아 일본으로 송환했다. 藤原實資의 일기『小右記』는 이 사건을 상세하게 기록하고 있는데, 특히 고려선이 구출한 築前

國의 內藏石女와 對馬國의 多治比阿古見이라는 두 여성의 견문기와 그것을 京都에 전한 太宰府의 보고서가 원사료 그대로 남아 있다. 견문기에는 구조해 준 고려 군선에 대하여 다음과 같이 구체적으로 묘사되어 있다.

> 태워 준 배 안을 보면 통상의 배보다 훨씬 넓었다. 선체는 두 겹으로 되어 있고, 배 위에는 노가 좌우로 4개씩 설치되어 있다. 노 젓는 水夫는 5~6인으로, 병사는 20인 정도가 타고 있다. 노는 걸려 있지 않았다. 또 한 척은 노가 좌우로 7~8개씩 있고 뱃머리에 철로 된 뿔이 달려 있다. 이것은 賊船을 突破하기 위한 것이다. 배 안에는 각종 무기가 설치되어 있다. 갑옷·투구·크고 작은 칼·갈퀴 등이다. 병사들 각자가 이런 무기를 갖고 있는 것이다. 또 화약으로 돌을 날려 적선을 파괴한다. 또 다른 배도 長大한 것은 마찬가지다.

이것은 고려의 군비상황에 대하여 상세한 정보를 원했던 太宰府의 당국자가 적극적으로 캐물었던 것이라고 생각되는데, 고려의 군제에 대한 좋은 사료가 된다.[3]

藤原實資는 친구였던 大宰府 長官 藤原隆家가 편지에 붙여서 보내왔던 위의 견문기를 일기의 표면에 써서 남겨놓았다. 藤原實資가 刀伊의 사건에 관심을 기울인 것은 隆家와 절친하다는 것과 아울러서, 그가 이따금씩 刀伊와의 전투에서 공적이 있던 무사에 대한 恩賞을 심의하는 회의의 座長이었기 때문이다. 이러한 우연이 겹쳐서 희귀한 1차사료가 전해지게 된 것이다.

한편, 이 사건에 관한 고려측의 기록은 『高麗史』 顯宗世家 10年 4月 丙辰條에

> 鎭溟船 兵都部署 張渭男 등이 해적선 8척을 포획하고, 적이 납치한 일본인 남녀 259명을 보호하였다. 供驛令 鄭子良을 일본에 파견해서 그들을 송환시켰다.

---

3) 村井章介, 『1019년의 女眞海賊과 高麗·日本』(『朝鮮文化硏究』 3호, 1996)

고 한 것이 유일하다. 고려에 있어서는 이것도 전후에 몇 번인가 있었던 여진족의 해적사건의 하나에 불과할 뿐,[4] 일본사의 경우만큼 유니크한 사건은 아니었기 때문에 짧고 무미건조한 기사밖에 남지 않았던 것은 부득이한 일이었을 지도 모른다. 그렇지만 고려처럼 기록이 국가 편찬물로 남겨지는 체제 아래에서는 두 여성의 견문기와 같은 생생한 재료가 원형 그대로 전해질 가능성은 거의 없었을 것이다.

Ⅲ. 왜구와 관련된 사료

13세기 초 발생한 왜구에 대하여는 1223년에 고려의 金州를 습격했다는 기록을 시작으로 1290년까지 『高麗史』에 몇 개의 기록가 있다. 고려는 여러 차례 使者를 일본에 보내 왜구의 금압을 요구하였다. 이 사건에 관한 일본측 사료는 藤原定家의 일기 『明月記』, 勘解由小路經光의 일기 『民經記』·『五妻鏡』·『百鍊抄』 등이 있는데, 『靑方文書』에 『高麗史』와 부합하는 문자가 있는 고문서가 있어서 흥미롭다.

前期 왜구의 피크는 1370년대 중반이지만, 『高麗史』 속에 이 시기의 왜구 기사는 중국 正史의 「本紀」에 해당하는 편년적 서술인 「世家」 부분에는 없고, 권말의 列傳 第46 이하에 있는 「辛禑傳」 속에서 발견된다. 사실 「世家」는 恭愍王 23년(1374년)에서 恭讓王 원년(1389년)까지의 기간이 빠져 있고, 「辛禑傳」은 본래 그 사이에 들어갈 만한 내용이다. 왜 이처럼 부자연스런 상태로 되어 있는 것일까.

李成桂는 1388년 恭愍王의 손자 辛昌을 폐하고, 왕가의 먼 친척 중에서 자기 뜻대로 조종할 수 있는 왕으로 恭讓王을 옹립했으며, 이어서 1392년에는 恭讓王마저도 부덕하다는 이유로 폐위시키고 스스로 왕위를 차지했다.

---

4) 池內宏, 『滿鮮사연구중세제일책』(吉川弘文館, 1933) 318~324頁.

이러한 행위가 반역으로 보여지는 것을 피하기 위하여 그는 辛昌의 아버지 辛禑가 공민왕의 實子가 아니며, 왕의 신임이 두터웠던 정치승려 辛旽의 아들이라는 소문을 유포시켰다. 진상은 불명하지만 조선이 건국한 뒤에 편찬된 『高麗史』는 당연히 이성계의 주장이 옳다는 입장에서 쓰여져 있다. 그 결과 辛禑王·辛昌王 2대의 치세를 기술한 「世家」의 기사는 「叛逆傳 第6」의 「辛旽傳」 뒤에 붙여 두고 있다.

이러한 이데올로기적 조작은 「辛禑傳」의 왜구 기사에 사료로서는 곤란한 속성을 부여하는 것이 되었다. 「世家」에서는 각 기사에 원칙적으로 날짜가 적혀 있지만, 「列傳」에서는 월까지로 그치고 날짜는 적지 않는 방침을 채택하고 있다. 그 결과, 많을 경우에는 월 10회 이상이나 되는 왜구기사에서 날짜가 사라져 버렸다.

Ⅳ. 15~16세기 韓日의 상호 관찰기록

1420년에 日本 回禮使로서 京都를 방문하고 무로마치막부와 외교교섭을 행했던 宋希璟에게는 일본 왕래 여행을 상세하게 기술한 기행시문집 『老松堂日本行錄』이 있는데, 그 양질의 古寫本(16세기 중반 이전)이 東京都 文京區의 개인이 소장하고 있다.5) 漢詩를 중심으로 해서, 여기에 붙여진 장문의 序文에 견문을 추가한 이 책의 체재는 에도시대의 이른바 朝鮮通信使가 남긴 다수의 일본 왕래기록으로 계승되었다.

조선인의 日本·琉球 관찰기록은 『朝鮮王朝實錄』에도 풍부하게 보여진다. 사신으로 일본에 건너가거나, 표류하여 일본이나 琉球에 표착했던 사람들로부터 조선 정부는 일본·琉球 정보를 가능한 한 상세하게 알아냈으며, 그것을 정식 기록으로 남기고 있다. 1471년에 조선 領議政 겸 禮曹判書(首

---

5) 村井章介校注, 『老松堂日本行錄－朝鮮使節이 본 中世日本－』(岩波文庫, 1987).

相 겸 外相)인 申叔舟가 저술한『海東諸國紀』는 그러한 정보를 집대성하여 대일본・琉球 외교에 대비한 안내서이다. 신숙주는 일본과의 관계에 대하여「그 情을 탐지하고, 그 禮를 짐작하며, 이로써 그 마음을 받아들인다」고 하는 마음가짐이 중요하다고 하였다. 우선 情, 즉 일본이라는 나라의 실정을 정확하게 아는 것이 가장 중요하며, 그런 인식을 기반으로 禮, 즉 외교에 숙려를 기울이면 상대의 마음을 잡을 수 있으며, 안정적인 교린관계를 구축할 수 있다는 논리이다. 편견에 사로잡히지 않는 객관적인 안목으로 상대를 이해하려고 하는 자세가 인상적이다.

또『海東諸國紀』에는 일본・琉球를 묘사한 몇 장의 지도가 수록되어 있는데, 이것은 博多 상인 道安이 조선에 지참했던 지도를 기초로 한 것이다. 요컨대 이 지도에는 琉球・九州・조선을 잇는 해역에서 일본상인의 활동을 반영하고 있는 셈인데, 아이러니컬하게도 그 내용은 조선의 일본・琉球에 관한 정보수집망에 걸림으로써 비로소 사료로 남겨질 수 있었던 것이다.

일본측의 조선 인식은 15세기에 그처럼 많은 일본인이 조선을 방문했음에도 불구하고 매우 빈약한 것이었다.『老松堂日本行錄』과『海東諸國紀』에 견줄만한 조선관찰 내지 조선연구는 남아있지 않다. 중세 말인 1539년에야 겨우 大內義隆의 사신으로 서울을 찾았던 尊海의 짧은 도해기록이 廣島縣 嚴島・大願寺의 병풍그림 속에 기술되어 있을 뿐이다(「尊海渡海日記」). 그 이유는 첫째로, 중세 일본이 외교정보를 조직적・계통적으로 수집 정리하는 시스템을 갖지 못했다는 점, 둘째로, 중국과는 대등한 관계를 목적으로 하고 조선은 한 단계 아래로 보는 고대 이래의 대외인식의 틀이 조선에 대한 생생한 관심을 품게 하지 않았다는 점에서 구할 수 있다.

1466년에 완성된『善隣國寶記』는 禪僧 瑞溪周鳳이 불교도의 왕래를 중심으로 외교의 추이를 더듬어서 무로마치시대의 외교문서를 수록하고, 후세 외교 당사자의 참고에 도움을 주려고 했던 글이다.[6] 시기적으로나 내용적

---

6) 田中健夫編,『善隣國寶記・新訂續善隣國寶記 <譯註日本史料1>』(集英社, 1995).

으로도 『海東諸國紀』와 비교될 수 있는 책이라 하겠다. 그런데 본서의 주된 관심은 중국과의 관계에 있으며 조선의 취급은 가볍다. 瑞溪는 天竺(인도)·震旦(중국)·本朝의 「三國」을 세계의 구성요소로 하는 전통적인 불교적 세계관에 제약되어 조선 諸國을 중국의 부속물로 인식할 수 밖에 없었다. 서문의 마지막에 「백제는 생각건대 震旦의 땅이다 … 이 기록에 많은 신라·고려의 일을 적은 것도 이것을 震旦의 일부라고 보았기 때문이다」라는 문장이 그것을 잘 보여주고 있다.

V. 文祿·慶長의 役(壬辰·丁酉倭亂)을 말하는 從軍者의 「覺書」

전근대 한일관계사상 최대의 사건인 豊臣秀吉의 조선침략에 관해서는 한일 양쪽에 방대한 사료가 남겨져 있다. 다만 이제까지의 연구에서 주로 이용되어 온 것은 일본측에서는 고문서나 일기 등의 1차 사료, 한국측에는 『朝鮮王朝實錄』 등 국가 편찬의 사서가 중심이었다. 각 시점·각 지역에서의 전투 장소·규모·참가자 등에 대하여는 세부까지 해명되었지만, 그것은 말하자면 鳥瞰的인 구도의 해명에 그치고 있으며, 전쟁에 관여했던 개개인의 수준에서 전쟁이 어떠한 의미를 가지며, 어떠한 경험을 했는가에 대하여는 아직 충분히 밝혀졌다고는 말할 수 없다.

그런 의미에서 주목할 만한 사료는, 전쟁에서 지휘자로서가 아니라 한 병사로써 참가한 사람들이 남긴 기록이다. 『薩藩 舊 記雜錄後篇』을 읽어보면, 병사들이 조선의 전선에서 일본으로 보낸 편지 몇 통을 찾을 수 있다(大嶋忠泰가 처에게 보낸 편지 등). 리얼타임으로 전쟁을 기록했던 귀중한 사료지만, 전쟁의 극히 일부분을 잘라낸 것이기 때문에 수도 그다지 많지 않다. 이에 비하여 에도시대 초기에 島津家의 史局에서 원하여 藩士들이 제출한 「覺書」의 종류는 수십 년 후에 기억을 더듬어서 편철한 2차 사료이지만 각자 나름대로 전쟁의 경험을 총괄했던 것이며, 또한 상당 수가 남아 있다. 그러나 연구에서 사용되고 있는 책은 한 쪽으로 치우쳐 있어서 활자화조차 충분하지 않은 상황이다.

　마지막으로 현재까지 본인의 조사로 판명된 사료의 목록을 게시하여 이후 참고에 이바지하고 싶다(별지 참조).

부록: 文祿・慶長役覺書類(島津藩關係)

A 鹿兒島大學附屬圖書館玉里文庫

① 『諸舊記・上』所收

　a 淵邊量右衛門朝鮮陣覺書 (淵邊元眞, 萬治二, 續群書類從本「島津家高麗軍秘錄」)

　b 奧關助覺書 (奧休安, 万治三)

　c 出水衆中伊東玄宅申出 (寬永一五)

　d 伊東玄宅由緒書 (寬文四)

② 『諸舊記・下』所收

　a 押川强兵衛家由緒申出 (寅年)

　b 御支族大嶋家由緒書

　c 江田藤右衛門申出

③ 『天正年間地頭附他六部合本』所收

　a 中馬大藏允働次第 (中馬重方, 寬永一四)

　b 伊勢貞昌書出 (慶安三)

　c 江田藤右衛門覺書 (丑年)

　d 川上久國泗川在陣記

④ 『永祿以來覺書他六部合本』所收

　a 帖佐彦左衛門覺書(帖佐宗辰, 慶長一六)

⑤ 『面高連長坊俊言自記他十部合本』所收

　a 面高連長坊俊言自記

　b 大重平六高麗覺書

　c 菱刈休兵衛奉公覺

⑥ 『髮切由來記他十部合本』所收

  a 長谷場宗純文明記

  b 川上久國雜記

⑦ 『有馬原城覺書他七部合本』所收

  a 虎狩之記 (「奧關助覺書」의 발췌)

B 東京大學史料編纂所

  ① 寫本·謄寫本

    a 朝鮮國泗川戰場之大抵 (「伊藤玄宅申出」과 동일) 4140.5/31

    b 高麗日記 (「奧關助覺書」와 동일, 都城島陣家本) 2040.5/48

    c 朝鮮軍覺書 (「淵邊量右衛門朝鮮陣覺書」와 동일, 都城島陣家本)
      2040.5/53

    d 帖佐彦左衛門書上 (「帖佐彦左衛門覺書書」와 동일, 都城島陣家本)
      2040.5/71

    e 樺山忠助入道紹劍自記 (鹿兒島縣立圖書館本, 慶長10 『鹿兒島縣
      史料集』三五) 2044/43

    f 長谷場越前自記 (長谷場宗純, 島津忠重本, 慶長八) 2044/49

    g 新納忠元勳功幷家筋大槪 (新納嘉次郎本) 2075/1130

  ② 『群書合輯』 第六册所收 島津家本さ Ⅰ-12-33-323-(6)

    a 玄宅由緒書幷高麗人覺書 (「伊東玄宅由緒書」와 동일)

    b 大山稻助覺書 (寬永5)

  ③ 『舊典類聚』所收 寫本 4140.1/34 및 그 轉寫本 2040.1/27

    大重平六覺書 (第一册) /中馬大藏覺書 (第一册) /押川强兵衛一世覺
    (第一册) /川上久國雜話 (第三册) /朝鮮入亂之記 (第三册) /忠平公軍
    記 (第五册) /奧關助覺書 (第五册) /翰遊集 (第六册) / 舊傳集·坤
    (第八册), 「川上久國雜話」의 일부) /朝鮮國唐島戰死人數記 (第一一

册) /伊地知大膳覺書 (第二一册) /高麗渡 (第二二册, 大嶋忠泰)
④ 『薩藩舊記雜錄後篇』所收 (『鹿兒島縣史料』 舊記雜錄後編 Ⅱ·Ⅲ에
    서 활자화)
    a 樺山紹劍自記 Ⅱ-838, 1016, 1199, 1267, 1486 Ⅲ-175, 487, 687
    b 長谷場越前自記 Ⅱ-839, 916, 1200, 1366
    c 朝鮮日日記 Ⅱ-846, 1017, 1018, 1439 Ⅲ-173, 245, 269, 270,
        272, 273, 274, 354, 405, 406
    d 新納忠增日記 Ⅱ-1019
    e 大嶋久左衛門忠泰高麗道記 Ⅱ-1021
    f 新納忠元動功記 Ⅱ-1027, 1252, 1442 Ⅲ-166, 348, 641, 997
    g 新納忠元日記 Ⅱ-1302
    h 大重平六覺書 Ⅲ-174, 1406
    i 佐多民部左衛門覺書 Ⅲ-513~517
    j 伊東壹岐入道覺書 Ⅲ-639
    k 高柳行文覺書 Ⅲ-581
⑤ 『西藩烈士干城錄』上原尙賢著 (島津忠重本, 文政13) 2043/29

C 鹿兒島縣立圖書館
    ① 『古雜史』 所收 (福島家舊藏本) 9410043085
        a 大重平六覺書
        b 奧關介入道休安高麗陣覺書 (表題誤), 「伊東玄宅申出」과 동일)
        c 奧關介高麗陣覺書之事 (「奧關助覺書」와 동일)
        d 其 (玄) 宅由緒書幷高麗人覺書 (「伊東玄宅由緒書」와 동일)
    ② 『高麗人幷虎狩奧關助覺書』 (福島家舊藏本, 「奧關助覺書」와 동일)
        9410022475
    ③ 『高麗軍覺』(福島家舊藏本, 「淵邊量右衛門覺書」와 동일)9410064152

④ 『朝鮮役及關ケ原役二於ケル井上主膳覺書外二十六名申出聞書自記日記上申狀』所收 (玉里島津家藏本에서 뽑아 昭和初年에 찍은 것) 9410043093

出水衆中伊東玄宅高麗陣覺書 /大重平六高麗覺書 /帖佐彦右衛門覺書 /菱刈休兵衛朝鮮奉行覺 /奧關介入道休安朝鮮陣覺書 /江田藤右衛門覺書 /谷口宮內左衛門覺書 /淵辺量右衛門朝鮮陣覺書

⑤ 『市來孫兵衛琉球正伐日記外十二名日記等』所收 (玉里島津家藏本에서 뽑아 昭和 初年에 찍은 것) 9410043091

大島出羽守忠泰朝鮮渡海日記/大島家由緖書

참고 『西藩烈士干城錄』 권1 「干城錄引書」 보다 가능성 있는 것을 투서

諸家由緖記, 小番家由緖記/箕輪重涉 (澄力) 自記/膽目兵右聞書/川上久辰日記//淵辺量右覺書/伊地知太郎兵衛覺書/伊東玄宅覺書/江田藤右衛門覺書/奧休安覺書/押川公近日記/伊勢貞昌覺書/阿蘇玄寫覺書/朝鮮泗川甲冑記 (川上久國著)/中馬大藏記/新納忠增日記/右松祐盛自記/川上久國日記/帖佐宗辰覺書/大重平六覺書/伊丹親盈覺書/山口伊賀覺書/久國雜話/谷口宮內左覺書/赤塚休意覺書/新納忠元軍勢記/新納忠元弓箭記/伊地知重政自記/上野宗秋覺書/家村源左日記/地田貞安記/伊集院久信自記/有川貞政記 (別云柁城日記)/樺山紹劍自記/原田長治覺書

찾아보기

저 자

무라이 쇼스케村井章介
일본 동경대학대학원 인문학연구과졸업(문학박사)
(현) 동경대학대학원 인문사회계연구과 교수
≪アジアのなかの中世日本≫
≪中世倭人傳≫
≪東アジアの往還－漢詩と外交≫
≪海から見た戦國日本－列島から世界史へ≫
≪東アジアのなかの日本文化≫ 외 다수

역 자

손승철(孫承喆)
성균관대학교 사학과 동 대학원 졸업
 (문학박사)
(현) 강원대학교 사학과 교수
≪조선시대 한일관계연구≫
≪近世の朝鮮と日本≫
≪근세조선의 한일관계연구≫
≪한일관계사료집성≫(전32권) 외 다수

김강일(金剛一)
동국대학교 사학과 졸업
(현) 강원대학교 대학원 박사과정
<조선후기 倭館의 정보수집에 관한 연구>

동아시아속의 중세한국과 일본   값 28,000원

2008년 10월 15일   초판 인쇄
2008년 10월 20일   초판 발행

저　　자 : 村井章介
역　　자 : 손승철·김강일
발 행 인 : 한 정 희
발 행 처 : 경인문화사
편　　집 : 김 경 주
　　　　　121-050 서울특별시 마포구 마포동 324-3
　　　　　전화 : 02-718-4831 ㅣ 팩스 : 02-703-9711
　　　　　homepage : 한국학서적.kr
　　　　　　　　www.kyunginp.co.kr
　　　　　e-mail : kyunginp@chol.com
등록번호 : 제10-18호(1973. 11. 8)

ISBN : 978-89-499-0587-7   93910